四部要籍選刊·子部

聚珍版

墨子閒詁

三

【清】孫詒讓 校注

浙江大學出版社

本册目録

第三册

卷十四

卷十五

墨子附録一卷

墨子閒詁卷十四

瑞安孫詒讓

備城門第五十二

自此至雜守凡二十篇皆禽滑釐所受守城之法也畢云說文云備愼也葡具也經典通用備爲葡具之字此二義俱通詒讓案五十二吳鈔本作五十一圖則前當有兩闕篇未知是否李筌太白陰經守城具篇云禽滑釐問墨翟守城之具墨翟荅以六十六事卽指以下數篇言之六十六事別本陰經作五十六事今兵法諸篇闕者幾半文字復多挩互與李筌所舉事數不相應所記兵械名制錯雜舛牾無可質證今依文詁釋略識辜較亦莫能得其詳也

禽滑釐問於子墨子曰由聖人之言鳳鳥之不出畢云見論語諸侯畔殷周之國畢云殷盛也孫云爾雅云殷中也言周之中葉蘇云殷周皆天子之國言世衰而諸侯畔天子也畢訓殷爲盛孫訓殷爲中皆非詒讓案蘇說是也此蓋通稱王國爲殷周之國呂氏春秋先己篇云商周之國謀失於胷今困於彼兼愛中篇引武王告泰山辭云以祇商夏周初稱中國爲商夏周季稱中國爲殷周辭例正相類甲

兵方起於天下大攻小强執弱吾欲守小國爲之柰何子墨子曰何攻之守禽滑釐對曰今之世常所以攻者臨畢云臨一詩傳云臨臨車也陸德明音義云韓詩作隆孔穎達正義曰臨者在上臨下之名詒讓案後有備高臨篇云積土爲高以臨我城薪土俱上以爲羊黔蒙櫓俱前遂屬之城又備水篇並船爲臨備蛾傅篇有行臨然則臨乃水陸攻守諸械以高臨下之通名不必臨車也臨蠡轉作隆淮南子氾論訓云隆衝以攻又兵略訓云攻不待衝隆雲梯而城拔高注云隆高也

鉤畢云鉤二詩傳云鉤鉤梯也所以鉤引上城者詒讓案備鉤篇今佚鉤蓋即魯問篇所謂鉤距之備備穴篇又有鐵鉤鉅謂以長鉤綴之以攻城管子兵法篇云淩山阬不待鉤梯韓非子外儲說左上篇趙主父秦昭王令工施鉤梯上潘吾及華山皆是也詩皇矣孔疏云鉤援一物正謂梯也以梯倚城相鉤引而上援即引也墨子稱公輸般作雲梯以攻宋蓋此之謂也案依此書則鉤與梯不同孔說未析

衝畢云衝三詩傳云衝衝車也說文云䡴陷敶車也高誘注淮南子云衝車大鐵著其轅端馬被甲車被兵所以衝於敵城也又曰衝所以臨敵城衝突壞之孔穎達詩正義云衝者從傍衝突之稱兵書有作臨車衝車之法按䡴正字衝假音詒讓案詩皇矣孔疏又云墨子有備衝之篇今佚定八年左傳云

主人炎衝杜注云衝戰車六韜軍用篇有武衝大扶胥疑卽
此戰國策齊策云云百尺之衝荀子彊國篇又有渠衝楊注
云渠大也渠衝攻城之大車也韓非子八說篇云平城距衝
疑卽荀子之渠衝矣逸周書小明武篇云具行衝梯莊子秋
水篇云梁麗可 **梯** 畢云梯四案卽雲梯詒讓案說文木部云
以衝城亦卽此 梯木階也後有備梯篇通典有作雲梯法
詳本 **堙** 畢云堙五一本作陻案當爲垔俗加土說文云垔塞
篇 也玉篇云何休曰上城具堙通典云於城外起土爲
山乘城而上古謂之土山今謂之壘道用生牛皮作小屋并
四面蒙之屋中置運土人以防攻擊者注云卽孫子所謂距
闉也鑿地爲道行於城下用攻其城往往建柱積薪於其柱
閒而燒之柱折櫓部城摧詒讓案土山亦見太白陰經攻城
具篇左傳襄六年晏弱圍萊堙之環城傅於堞杜注云堙土
山也書費誓孔疏云兵法攻城築土爲山以闚望城內謂之
距堙孫子謀攻篇作距闉曹操注云距闉者踊土稍高而前
以附其城也尉繚子兵教下篇云地狹而人衆者則築大堙
以臨之蓋堙與高臨略同惟以堙池爲異此書今本備堙無
專篇而本篇後文寇闉池一節蓋卽備堙之法又舊備穴篇
亦有救闉池之文今移入本篇雜 **水** 畢云水六詒讓 **穴** 畢云
守篇又作煙闉堙煙聲同字通 案後有備水篇 穴七
詒讓案後 **突** 畢云突八詒讓案後有備突篇不詳攻法而云
有備穴篇 城百步一突門乃守者所爲疑突與穴略同但

穴爲穴地突爲穴城二者小異耳襄二十五年左傳鄭伐陳宵突陳城杜注云突穿也三國志魏明帝紀裴松之注引魏略載諸葛亮攻陳倉爲地突欲踊出於城裏郝昭於內穿地橫截之則突亦穴地矣未聞其審

空洞畢云空洞九詒讓案說文穴部云空竅也淮南子原道訓高注云洞通也史記大宛傳云徙其城下水空以空其城集解徐廣曰空一作穴此空洞當亦穴突之類其攻法之異同今篇佚無可攷

蟻傅傅舊本作附道藏本吳鈔本竝作傅今案傅乃傅之誤後有備蛾傅篇即此諸本作附字通而與後篇目不相應今校改傅畢云蟻附十蟻同螘孫子云將不勝心忿而蟻附注云使卒徐上城如蟻緣城殺士也

轒轀畢云轒轀十一太公六韜軍略曰凡三軍有大事莫不習用器械攻城圍邑則有轒轀臨衝視城中則有雲梯飛樓太平御覽周遷輿服褋事曰橨榅今之撞車也其下四輪從中推之至敵城下說文云轒淮陽名車穹窿轒玉篇云轒輓兵車作輓輓轀音相近藝文類聚引孫子又作枌轀通典云攻城戰具作四輪車上以羅爲脊生牛皮蒙之下可藏十人塡隍推之直抵城下可以攻掘金火木石所不能敗謂之轒轀車詒讓案畢引六韜據御覽文多譌挩今據軍略篇校正通典本太白陰經孫子謀攻篇云攻城之法脩櫓轒轀曹注云轒轀者其下四輪從中推之至城下也文選長楊賦李注引服虔云轒轀百二十步兵車可寢處說文車部云轀臥車也案備轒轀篇今

佚後備水篇以船爲轒轀與攻城之車異軒車畢云軒車十二詁讓案備軒篇今佚說文車部云軒曲輈藩車也彼謂卿大夫所乘車此攻城軒車未詳其制左宣十五年傳云登諸樓車杜注云車上望櫓此軒車疑即樓車亦即六韜所謂飛樓楚辭招魂王注云軒樓版也敢問守此十二者柰何子墨子曰我城池修守器具推粟足推粟義難通推當爲樵之誤下云爲薪樵挈又云薪食足以支三月以上樵粟即薪食也畢云推粟言輓粟失之上下相親又得四鄰諸侯之救此所以持也國語越語韋注云持守也蘇云持爲守字之訛非且守者雖善盧云此下當有而君不用之五字則猶若不可以守也舊本挩猶字俞據下句補若君用之守者又必能乎守者俞校以意改乎爲守則讀守者不能爲句亦通不能而君用之則猶若不可以守也然則守者必善而君尊用之蘇云尊用猶專用也俞云尊讀爲遵古字通也然後可以守也凡守圍城之法厚以高厚上當有城字疑本作凡守圍之法城厚以高今本圍譌爲圍又移城字著之法上遂不可通後守法章云城小大以此率之乃足以守圍圍亦譌圍即其證也蘇云厚上當

脫垣墉二字非壕池深以廣釋名釋道云城下道曰隊隊翺也言都邑之內人所翺翔祖駕之處也壕之義蓋起於隊凡池上必有道也畢云玉篇云壕胡高切城壕也池舊本譌也王引之云也當爲池壕池深以廣爲句其厚以高上當有與壕池對文者而今本脫之詒讓案王說是也今據正畢云也字疑衍失之樓撕揗吳鈔本作揗畢云說文玉篇無撕集韻云斯或作撕字說文云揗摩也玉篇食尹詳遵二切洪謂撕即高磨撕云揗當作楯通俗文欄檻謂之楯詒讓案撕當作㯕從文高磨㯕㯕亦即㯕之誤揗楯竝當爲脩古脩循二字形近多互譌脩譌爲楯又譌爲揗此郎上文城池修之義守備繕利繕吳鈔本作善薪食足以支三月以上畢云支舊作交以意改詒讓案此郎上文守器具樵粟足之義尉繚子守權篇云池深以廣城堅而厚士民備薪食給弩堅矢強弓戟稱之此守人眾以選吏民和畢云民舊作尺以意改下當有以字詒讓案此不必增以字法也大臣有功勞於上者多主信以義萬民樂之無窮不然父母墳墓在焉不然山林草澤之饒足利不然地形之難攻而易守也不然則有深怨於適而有大功於上不然則賞明可信而

罰嚴足畏也畢云管子九變云凡民之所以守戰至死而不德其上者有數以至焉曰大者親戚墳墓之所在也田宅富厚足居也不然則州縣鄉黨與宗族足懷樂也不然則上之教訓習俗慈愛之於民也厚無所往而得之也不然則山林澤谷之利足生也不然則地形險阻易守而難攻也不然則罰嚴而可畏也不然則賞明而足勸也不然則有深怨於敵人也不然則有厚功於上也此民之所以守戰至死而不德其上者也與此文相似言有此數者方可以守圍城詒讓案自凡守圍城之法以下一百十二字舊本錯在後文長椎柄長六尺頭長尺斧其兩端三步一下今依俞校移此顧校以此一百十二字及後文城下里中家人各葆其左右前後如城上至召三老左葆宫中者與計事得一百八十一字移著後此守術之數也下非今不從此十四者具則民亦不宜上矣然後城可守十四者無一則雖善者不能守矣自此十四者具以下三十字舊本錯在後文備穴者城內爲高樓以謹下今依蘇俞校移此俞云凡守圍城之法以下所說凡十四事其文自明大臣有功勞至萬民樂之無窮其爲一事蓋大臣素有功勞則主信而義之萬民樂之然後可以有爲也此十四者具則民亦不宜上矣總上十四事而言當作則民亦宜其上矣墨子書其字多作丌因誤作不寫者遂移至宜字之上耳詒讓案此文固有譌然

俞改不宜上爲宜其上則義仍未協且此云不宜上卽管子
云此民所以守戰至死而不德其上者也則不字必非譌竊
疑當作則民死不悳上矣悳德字通死與亦悳與
宜並形近而譌蓋此語意全同管子但文略省耳故凡守城
之法備城門爲縣門畢云舊脫門字據太平御覽增詒讓案左傳莊二十八年縣門不發杜注云縣
門施於內城門又襄十年圍偪陽偪陽人啓門諸侯之士門焉縣門發孔疏云縣門者編版廣長如門施關機以縣門上
有寇則發機而下之太白陰經云縣門縣木版以爲重門沈機長二丈沈疑當作渷淮南子齊俗訓渷準泰
族訓作管準渷管關字並通渷機卽左傳疏所謂關機也六韜軍用篇有轉關轆轤廣八尺蓋一扇之廣度爲
之兩相如謂門左右兩扇同度門扇數畢云門扇舊作問扇据下文改數同促令相接三
寸說文戶部云扇扉也扉戶扇也爲縣門之扇編版相銜接者三寸欲使無縫際刂令鄭注云用木曰闔用竹葦曰扇
此門扇亦編木所爲散文通也施土扇上畢云舊土扇作士扇非通典守拒法云城門扇及樓堠以泥塗厚備
火饋云士卽土字無過二寸塹中深丈五畢云說文云塹阬也廣比扇亦八尺而兩之
塹長以力爲度俞云力字無義疑方字之誤塹之末爲之縣卽縣門也可容一

人所以上縣門之法**客至**客舊本爲容王引之云容字義不可通容當爲客客容字相似又涉上文容一人所而誤客至謂敵人至城下也下文曰客馮面而蛾傳之卽其證詒讓案王校是也蘇說同今據正襍守篇作寇至義同月令孔疏云起兵伐人者謂之客敵來禦捍者謂之主**諸門戶皆令鑿而慕孔**畢本慕改幕云舊作慕據下文改詒讓案畢校未塙以襍守篇校之此慕幕並卽彼類此孔卽彼竅亦卽所謂鑿慕幕並當作冪廣雅釋詁云冪覆也冪襍守作類則又與之形誤葢鑿門爲孔竅而以物蒙覆之使外不得見孔竅也與備穴篇鑿連版令容矛略同太白陰經守城具篇云鑿門爲敵所逼先自鑿門爲數十孔出强弩射之**孔之**畢云孔舊作孜以意改之下疑脫閒字蘇云孔字疑誤重襍守篇云寇至諸門戶令皆鑿而類竅之與此合**各爲二幕二一鑿而繫繩長四尺**蘇云幕二之二疑衍雜守篇云各爲二類一鑿而屬繩繩長四尺大如指詒讓案蘇校是也此葢言每門扇鑿二孔皆幂之其一幂而更繫以繩葢備牽挽以爲固也以上鑿幂門戶之法卽太白陰經之鑿門畢謂亦縣門之法非也**城四面四隅**城四面謂四正也城隅見詩邶風及考工記匠人賈疏引五經異義云天子城高七雉隅高九雉公之城高五雉隅高七雉侯伯之城高三雉隅高五雉都城之高皆如子男之城高是城隅高於城率二雉

故匠人鄭注釋爲角浮思皆爲高磿𧗿王引之云磨當爲磿字書無𧗿字蓋𣝅字之譌磿𣝅疊韻字說文櫪𣝅柙指也此音蓋如說文之櫪𣝅而義則不同磿𣝅蓋樓之異名也號令篇曰他門之上必夾爲高樓使善射者居焉女郭馮埴一人一人守之使重室子五十步一擊二篇之意大略相同彼之高樓卽此之高磿𣝅也洪謂卽上之樓𣝅揗云𧗿當作𣝅廣雅釋詁𣝅磨也磨𣝅卽欄檻也俞云王說是也惟以爲樓名則無據疑高下脫樓字本云皆爲高樓磿𣝅號令篇曰宅門之上必夾爲高樓與此同義爲高樓磿𣝅猶云夾爲高樓也磿𣝅卽夾也案王校是也使重室子居亓上舊本室下有乎字畢云疑衍王云亓古其字詒讓案畢校是也今據刪重室子謂貴家子也號令篇云富人重室之親又云使重室子亓畢本皆作丌今並從王校作亓詳公孟篇候適畢云敵字假音史記亦用此字視亣能狀畢云能卽態字說文云態或从人與亣進左右所移處蘇云進下當有退字失候斬以上爲高磿𣝅候適之法適人爲穴而來畢云穴舊作內以意改我亟使穴師選本迎而穴之舊本亟作函畢本本改木又迎作匝王云函當爲亟俗書函亟相似說見魯問篇亟急也選木當爲選士隸書士字或作本因譌而爲本畢改木爲木非匝當爲迎草書字譌言敵人爲穴而來我急使穴師選善

穴之士鑿穴而迎之也下文云適人穴土急壍城內穴亓土直之又曰審知穴之所在鑿穴迎之皆其證也詒讓案王校函改亟匝改迎是也今據正干祿字書匝通作迊故傳寫易譌本與卒隸書亦相近後文城下樓卒率一步一人卒今本譌本可證王定爲士之譌未知是否**爲之且內弩以應之**畢云且當爲具詒讓案內弩卽備穴篇之短弩穴中以拒敵者以上備穴之法蘇云此數語當入備穴篇而錯出於此者**民室杵木瓦石**王引之云木瓦石皆可以作室而杵非其類杵當爲材字之誤也材本作枓枓木作杵二形相似號令篇民室材木卽其證案王校是也蘇云杵樹通用非**可以蓋城之備者**王引之云蓋城之備四字義不相屬蓋當爲盇亦字之誤也俗書盇蓋相似說見非命篇言民室之材木瓦石可以盇守城之備也蘇說同**盡上之**畢云盡舊作蓋以意改言民室中所有盡爲城備**不從令者斬**以上斂材木瓦石之法**昔築**畢云當云皆築詒讓案此上有挩文似言皆有築以備築城也故下云五築有鍤左傳宣十一年孔疏云築是築土之杵六韜軍用篇云銅築銅爲垂長五尺以上三百枚文選羊叔子讓開府表李注引郭璞三蒼解詁云築杵頭鐵沓也**七尺一居屬**說文金部云鍤槍唐也斤部云斸斫也又木部云欘斫也爾雅釋器云斪斸謂之定考工記鄭注引作句欘管子小匡篇又作

鋸欘畢云疑鋸欘五步一壘壘疑當爲虆孟子滕文公篇蓋歸反虆梩而掩之趙注云虆梩籠臿之屬可以取土者也毛詩釋文引劉熙云虆盛土籠也釋文又云虆字或作樏或作虆案樏即欙之省虆欙之别體五築有銻銻疑當作銕銕即夷也與古文鐵字不同書堯典宅嵎夷史記說文並作銕國語齊語云惡金以鑄鉏夷斤斸韋注云夷平也所以削平草地管子小匡篇云惡金以鑄斤斧鉏夷鋸欘尹知章注云夷鋤類也此作銻者形聲相近而誤畢引說文云銻鎕銻也案鎕銻火齊也非此義長斧柄長八尺亦五築所有十步一長鎌柄長八尺說文金部云鎌鍥也刀部云劍鎌也方言云刈鉤自關而西或謂之鉤或謂之鎌六韜軍用篇云艾草木大鎌柄長七尺以上三百枚十步一鬭畢云當爲斲斵譌案說文斤部云斲斫也長椎柄長六尺頭長尺備蛾傅篇作首長尺五寸斧亣兩端椎既有首又斧其兩端未詳其制備蛾傅篇說長椎無此四字疑別械之挩文又案斧疑當爲兌猶下大鋌云兌其兩末也此長椎亦十步一三步一自城四面四隅以下一百三十字舊本錯在後五十二者十步而二下舊校移此今從之三步一似當屬下大鋌爲句大鋌前長尺此下至墻七步而一凡七百字舊本並錯入備穴篇今移此畢云考工記云鋌十之注云鋌讀如麥秀鋌之鋌

鄭司農云鋋箭足入槀中者也說文云鋋銅鐵樸也陸德明周禮音義徒項反詒讓案古兵器無名鋋者鋋疑並鏇之誤說文金部云鏇小矛也六韜軍用篇云曠野草中方胸鏇矛千二百具張鏇矛法高一尺五寸今本六韜亦誤鋋惟施氏講義本不誤後文別有連梃與此異蚤長五寸說文又部云叉手足甲蚤即叉之借字今字通作爪蓋鋋末銳細如車輻蓋弓之蚤也及兩鋋交之置如平不如平不利上如與而同不如平當作如不平言置之必兩鋋平等乃善若不平則用之不利也兌亓兩末畢云兌同銳詒讓案以上具守器之法穴隊若衝隊隊隧字通左哀十三年傳越子伐吳爲二隧杜注云隧道也必審如攻隊之廣狹如當爲知而令邪穿亓穴畢云邪舊作雅據下文改令亓廣必夷客隊毛詩出車傳云夷平也以上備隊之法疏束樹木令足以爲柴摶說文木部云柴小木散材禮記月令鄭注云大者可析謂之薪小者合束謂之柴周禮羽人百羽爲摶鄭注云摶羽數束名也又考工記鮑人卷而摶之鄭衆注云摶讀爲縳一如瑱之縳訓卷縳韋革也廣雅釋詁云縳束也此柴摶亦束聚樹木之名吳鈔本摶作搏後文積摶字道藏本亦作搏毌前面樹毌舊本作毋今從畢校改說文毌部云毌穿物持之也長丈七尺一

以爲外面蓋以大樹相連貫植之於外而積柴摶於其內也以柴摶從横施之從吳鈔本作縱外面以强塗强塗謂以土之性强韌者塗之使不落周禮草人土化之法有强檃鄭注云强堅者管子地員篇說五恋五纑之土潤澤而彊力皆所謂强土也毋令土漏令亣廣厚能任三丈五尺之城以上蓋積柴摶如城之高此亦當於城外爲之以爲城之屏蔽也以柴木土稍杜之畢云此杜甘棠也說文有敷字云閉也讀若杜此及杜門字皆當爲敷之假音以急爲故廣雅釋詁云故事也前面之長短豫蚤接之令能任塗足以爲堞柴摶之上亦爲之堞如城法善塗亣外令毋可燒拔也以上爲柴摶之法大城丈五爲閨門依上文則大城高三丈五尺門之高當不下二三丈此閨門乃別出小門故止高丈五尺與上塹深度同淮南子氾論訓云夫醉者俯入城門以爲七尺之閨也彼宮中小門故高止七尺此城閨小門度倍逾之畢云說文云閨特立之戶上圓下方有似圭詒讓案爾雅釋宮云宮中之門其小者謂之閨此城閨小門與宮中小門名同廣四尺亦一扇之廣度也上縣門廣八尺此閨門廣度半之爲郭門此亦城之外門號令篇有女郭與郛郭之門異郭門在

外爲衡蓋橫木以敷門以兩木當門鑿亣木維敷上堞敷與傅通謂以繩穿鑿而繫之傅著城上堞也爲斬縣梁斬塹之省呂氏春秋權勳篇云斬岸堙谿縣梁即於塹上爲之後云塞外塹去格七尺爲縣梁聆穿疑即下文令耳斷城以板橋連板爲橋架之城塹以便往來下云木橋長三丈六韜軍用篇有渡溝塹飛橋即此邪穿外以板次之倚殺如城報倚殺猶言邪殺經下篇云倚者不可正報當爲執言板橋邪殺爲之如城之形執也城內有傅壞因以內壞爲外蓋爲再重堞蘇云兩壞字皆堞字之訛案蘇說近是鑿亣閉深丈五尺鑿內外堞閒爲塹上云塹中深丈五室以樵蘇云室寔是也言以薪實之詒讓案室讀爲窒聲同字通論語陽貨惡果敢而窒者釋文引鄭注云魯讀窒爲室備蛾傅篇云室中以榆若蒸並以室爲窒蘇說非是爾雅釋言云窒塞也可燒之以待適畢云同敵詒讓案以上爲闉門郭門塹縣梁板橋內外堞之法令耳屬城爲再重樓令耳未詳或與襍守[illegible]羊坅義同爾雅釋宮云四方而高曰臺陜而脩曲曰樓說文木部云樓重屋也下鑿城外堞內深丈五與上內外堞之閒同廣丈二樓若令耳皆令有力者主敵善射者主

發佐皆廣矢疑當作佐以厲矢襍守篇云藺石厲矢諸材器用皆謹部皆有積分數治裾諸延治裾即作薄也備蛾傅篇有置薄伐薄之法備梯篇薄並作裾但二字形聲俱遠不知何以譌易諸延亦未詳堞高六尺部廣四尺依迎敵祠篇城上每步守者一人葢即每步爲一堞堞廣四尺步各留二尺爲夯之空闕此云部者謂城堞閒守者所居立之分號令篇城上吏卒養皆爲舍道內各當其隔部葢亦一堞爲一部也皆爲兵弩簡格兵字舊挩今據道藏本吳鈔本補說文竹部云簡所以盛弩也史記索隱引周成襍字云格攱閣也畢云簡同闌轉射機機長六尺貍一尺貍道藏本作狸下同案貍薶之借字說文艸部云薶瘞也謂機之薶於土者一尺也薶備梯篇作埋俗字備穴篇作俚段借字兩材合而爲之轀材舊本作杖俞云杖當作材詒讓案俞校是也今據正互詳備穴篇轀亦即備穴篇之車輪轀也說文車部云轀臥車也非此義而別有輓字云大車後壓也以此及備穴篇所說轀形制推之似皆以重材爲鎮厭杜塞之用故以車輪等爲之其字葢當作輓前轒轀玉篇亦作轒輓是其證也兩材謂木材亦合兩輪爲轀之類轀長二尺中鑿夫之爲道臂臂長至桓俞云此當作中鑿之爲道夫長若干尺臂長至桓夫字誤移在上遂脫其尺數臂字又誤

壘皆不可通下文曰夫長丈臂長六尺備城門篇襍守篇並云夫長丈二尺臂長六尺故知此文亦並言夫長臂長而傳寫脫去也桓疑垣字之誤詒讓案此疑當作中鑿夫二爲通臂臂長至桓諦繹此文轀蓋有趺有臂有桓趺足也臂橫材也桓直材也與渠荅制略同後文說渠云夫兩鑿中鑿夫二卽兩鑿也夫與趺通卽指轀言之謂鑿夫之中爲二空以關射機之臂通臂蓋以一長木爲之猶後云通舄夫旁爲兩直桓臂長接之故又云臂長至桓也俞棪增乙太多不可從

二十步一令善射之者佐舊本一令二字到今依道藏本吳鈔本乙正下句當云令善射者佐之令本之字誤錯著善射下遂不可通一人皆勿離一人下有挩字下文說藉幕云令一人下上之勿離

城上百步一樓樓四植之檀弓云三家視桓楹鄭注云四植謂桓四植猶言四楹也與戶植異植皆爲通舄蘇云四植卽四柱舄同碣柱下石也詒讓案通舄謂兩植同一舄也舄詳備穴篇下高丈上九尺上云再重樓故上下高度不同廣喪各丈六尺王云喪當爲袤廣雅袤長也案王校是也蘇云喪爲長字之誤非皆爲寍畢云亭字詒讓案後文云城上百步一亭三十步一突九尺下文別有廣高之度此當是長度也廣十尺高八尺鑿廣三尺表二尺王云表亦

當爲表案王校是也蘇云表亦長字之誤非爲竈亦卽亭字城上爲攢火文選西都賦李注引蒼頡篇云攢聚也太白陰經烽燧臺篇及通典兵守拒法並有火攢又疑卽備蛾傅篇之火捽也夫長以城高下爲度夫疑矢之誤或當爲趺省置火亓末城上九尺一弩一戟一椎一斧一艾艾刈之借字國語齊語云挾其槍刈耨鎛韋注云刈鎌也皆積參石蒺藜吳鈔本作蕠洪云參石當是絫石之譌絫石卽礧石後漢書杜篤傳一卒舉礧千夫沈灤李賢注礧石也前書匈奴乘隅下礧石一切經音義卷十七引韻集今守城者下石擊賊曰礧詒讓案洪說是也蒺藜後文作疾犂備穴篇又作蒺藜六韜軍用篇云木蒺藜去地二尺五寸百二十具鐵蒺藜芒高四寸廣八尺長六尺以上千二百具兩鏃蒺藜參連織女芒閒相去二尺萬二千具又軍略篇云設營壘則有衍馬蒺藜渠長丈六尺渠守城械名尉繚子武議篇云無蒙衝而攻無渠荅而守王引之云渠長丈六尺當作渠長丈五尺廣丈六尺備城門篇曰渠長丈五尺襍守篇曰渠長丈五尺廣丈六尺皆其證今本長丈下脫五尺廣丈四字則失其制矣詒讓案王引備城門篇卽此下文夫長丈二尺舊作夫長丈無二尺二字王校據下文改夫爲矢王引之云矢長丈當作矢長丈二尺備城門篇襍守篇並作矢長丈二尺是

其證今脫二尺二字則失其制矣詒讓案夫當爲趺之省王校改矢失之說詳後文下王增二尺二字是也今據增臂長六尺亣貍者三尺樹渠毋傅堞五寸傅舊本譌傑五寸舊作三丈畢云毋傑同貫堞王引之云樹渠傑堞三丈當作樹渠毋傅堞五寸謂渠與堞相去五寸也備城門篇曰渠去堞五寸襍守篇曰樹渠毋傅葉五寸葉與堞同皆其證今本傅作傑涉下堞字而譌五寸又譌作三丈則失其制矣畢改毋爲毌讀與貫同大誤案王校是也蘇說同今據正藉莫畢云幕同詒讓案案通典兵守拒法云布幔複布爲之以弱竿縣挂於女牆八尺折拋瓦之勢則矢石不復及牆太白陰經守城具篇說同說文巾部云幔幕也帷在上曰幕則布幔當卽此藉幕之遺制藉幕及下藉車義疑與備高臨篇技機藉之之藉同長八尺廣七尺亣木也蘇云木疑當作末詒讓案凡幕皆以木材張之則作木亦通廣五尺中藉苴爲之橋苴亦當爲莫幽禮鄭注云橋井上㮨槔故下云下上之詳後及經說下篇索亣端適攻畢云適同敵令一人下上之勿離吳鈔本作一令人上下之勿離道藏本令一亦到蘇云離當爲難之誤詒讓案勿離上下文屢見不誤城上二十步一藉車當隊者不用此數當隊謂當攻隧也左襄二十五年傳云當陳隧

者井埋木刋隊隧通號令篇又作當遂不用此數者當隧則
所用多不定二十步一備蛾傅篇云施縣陣大數二十步一
攻隧所在六步　城上三十步一聾竈 聾道藏本作聾畢本作
一卽此意也　聾今從吳鈔本畢云唐
宋字書無聾字備城門作聾疑皆壟字詒讓案襍守篇亦
作聾聾聾皆字書所無畢疑壟字近是史記滑稽傳云以壠
竈爲椁索隱引皇覽壠竈作聾突此聾當卽聾之誤說文火
部云烓行竈也此壟竈在城上爲之以具火葢卽行竈也
持水者必以布麻斗革盆 持水舊本譌傳火斗譌什王云傳
火當爲持水草書持傳二字右畔
相似故持譌爲傳水火亦字之譌什當爲斗卽後所云持水
麻斗革盆救之也隸書斗字作什與什伍之什相似說文序
所云人持十爲斗也斗與革盆皆所以持水詒讓案王說是
也今據正布麻斗葢以布爲器加以油漆可以挹水者斗卽
枓之借字說文木部云枓勺也勺部云勺所以挹取也喪大
記云沃水用枓革盆葢以革爲盆可以盛水說文革部云鞔
量物之鞔一曰抒井鞔古以革徐鍇繫傳云抒井今言
淘井鞔取泥之器案鞔葢卽挹水之器殆所謂革盆歟　十步
一柄長八尺 謂麻斗之柄說文
木部云杓枓柄也　斗大容二斗以上到三斗 斗舊
本並譌什末斗字又譌十俞云什十並斗字之誤斗大容二
斗以上到三斗猶下文云大容一斗以上至二斗也詒讓案

俞說是也蘇校同上斗字即料之叚字此革盆有柄以挈持又有料以容水其料之容數則二斗以上至三斗不等也

儆裕畢云說文云褣衣物饒也言儆衣物詒讓案褣疑裕字之誤新布長六尺此蓋溼布亦以備火

中拙拙詘借字之柄長丈十步一必以大繩爲箭未詳城上十步一

鈂畢云舊从宂傳寫誤也說文云鈂臿屬玉篇云直深切水缻說文缶部云缶瓦器左襄七年傳具綆缶杜注云缶汲器據下文則疑瓶之誤畢云玉篇云缻同缶容三石以上小大相雜小大舊本作大小今據道藏本吳鈔本乙下文救門火云一垂水容三石以上小大相雜與此文同盆蠡各二財蘇云財當爲具詒讓案蠡當即後文奚蠡財下疑挩自足二字詳備穴篇蘇校非爲卒乾飯人二斗以備陰

雨面使積燥處面謂城四面蘇云言陰雨不能舉火爲乾餼以備也面當作而令使守爲城

內堞外行餐吳鈔本作湌說文食部云餐吞也或作湌廣雅釋詁云湌食也守下挩者字又疑使守或爲吏卒之誤城內堞外謂內堞之外也上文有內堞外堞置器備號令篇云爲內堞內行棧置器備其上殺沙

礫鐵畢云殺粲省文說文云粲糝殺散之也皆爲坏斗說文土部云坏一曰土未燒令陶者

為薄瓴大容一斗以上至二斗即用取三祕合束（三祕無義疑當作參施參譌作參又譌作三祕施亦形之誤）堅為斗城上隔（吳鈔本作鬲案斗疑弋之誤後文說狗屍云其端堅約弋城上守者各有署隔襍守篇云人自大書版著之其署隔）棧（棧交木為之不當剡末此疑當為檥檥亦即弋也後文云弋長七寸剡其末是其證）高丈二剡亓一末（蘇云一字疑衍）為閨門（見前）閨門兩扇令可以各自閉也（謂可閉一開）一救闉池者（畢云闉同堙）以火與爭鼓橐（畢云舊作槖以意改案槖詳備穴篇下有挩文）馮埴外內（埴當為垣形近而誤馮垣在女垣之外葢垣牆之卑者漢書周緤傳顏注云馮陪聲相近此馮垣亦言與女垣為陪貳也旗幟篇云到馮垣到女垣號令篇云女郭馮垣一人是其證）以柴為燔（疑當為藩旗幟篇先到藩後到馮垣可證柴謂傳小木為之管子山國軌篇云握以下為柴楂公羊哀四年傳亡國之社揜其上而柴其下周禮媒氏鄭注柴作棧是二字義同說文訓棧為棚廣雅釋室云藩籬也葢於馮垣外樹柴棧以為藩籬也下文云人居柴則不燔之可知）靈丁（未詳疑椓弋之屬）三丈一火耳施之（火耳疑當作犬牙牙篆文作𤘘耳篆文作𦔮形近而誤後文說狗走云犬耳施之耳亦牙之誤犬牙）

施之言錯互施之令相銜接也十步一人居柴內弩畢云內同納詒讓案上說備穴云爲之具內弩以應之此疑與彼同畢說未允內弩上下亦有捝文弩半弩疑當作柴涉上而誤爲狗犀者環之狗犀疑即後文之狗屍狗走說詳後牆七步而一[illegible]畢云下有脫字詒讓案以上闉池之法疑備堙篇之佚文自大鋋以下七百字舊本錯入備穴篇城壞或中人之下今依顧校移著於此救車火備蛾傅篇云車火燒門備梯篇作煇火此車火疑當作熏火熏與車篆文上半相近而誤爲烟矢射火城門上此謂敵射火攻城也烟矢當作熛矢說文火部云熛火飛也讀若標熛誤作煙又從俗作烟遂不可通孫子火攻篇云烟火必素具煙亦熛之誤鑿扇上爲棧畢云說文云棧棚也詒讓案疑當作杙與弋同即下文之涿弋也然杜君卿所見已作棧未敢輒改塗之畢云涂字俗寫从土本書迎敵祠亦只作涂通典守拒法云門棧以泥厚塗之備火柴草之類貯積泥厚塗之防火箭飛火持水麻斗革盆救之斗革舊本譌升草畢云麻一升草一盆也王云草一盆非救火所用畢說非也升當爲斗隸書斗字作升因譌而爲升草盆當爲革盆備穴篇曰傳火者必以布麻什革盆案傳火當爲持水什當爲斗即所云持水麻斗革盆救之也革盆又見備蛾傅篇詒讓案王校是也今據正王所

引備穴篇文　門扇薄植　畢云說文云欂壁柱　蓋即
今移於前　植戶植也薄假音字　皆鑿半尺　鑿孔
以椓弋然不當　一寸一椓弋　椓舊本譌椽王引之云椽當爲
云半尺疑有誤　椓字本作椓說文椓擊也周南
兔罝傳曰丁丁椓杙聲是也通作涿周官壺涿氏注曰涿擊
之是也涿弋又見下文史記趙世家伐魏敗涿澤今本涿字
亦誤作湪凡經傳中從豕從彖之字多相亂詒讓案王校是
也今據正六韜軍用篇云委環鐵杙長三尺以上三百枚椓
杙大鎚重五斤柄長二尺以上百二十具俗本六　弋長二寸
韜椓譌椽與此相類惟宋施子美講義本不誤
舊本作尺今據道藏本吳鈔本正說文弋部云弋橜也牛椓
弋門上以持塗度不宜太長後文亦云椓弋長七寸畢云說
文云樴　見一寸　畢云見疑閒字詒讓案即上文云　一　相去七
弋也　寸一椓弋也下文亦云弋閒六寸
寸　上云閒一寸者謂一行之中每一　厚塗之以備火城門上
寸一弋此則前後行相去之數也
所鑿以救門火者　下云垂水則不當　各一垂水　方言云罃周
云鑿此疑有誤　洛韓鄭之閒
謂之甀甀即罃之俗畢云垂罃　火三石以上　王云下火字義
字省文說文云罃小口罌也　不可通火當作
容下文言容斗以上容石以上者多矣則火爲容之壞字無
疑顧云火當作大蘇云垂所以盛水者火字衍或即水字之

詒案顧說亦通小大相雜以上救車火之法門植關必環錮植持門直木關持門橫木詳非儒篇說文金部云錮鑄塞也畢云言扃固之環與扃音相近以錮金若鐵鍱之畢云錮字疑衍說文云鍱鏶也此與鏶音同說文云以金有所冒也詒讓案錮疑錮之誤下金字乃錮字偏旁之誤衍者備高臨篇云連弩機郭用銅門關再重鍱之以鐵必堅梳關關二尺畢云梳字未詳疑作琑詒讓案梳琑義並難通形聲亦並不相近竊疑梳並當爲桄說文木部云桄充也楗距門也此桄關卽謂楗令之木鎖是也蓋門植關兩木橫直交午之處別以木鎖控之以其橫亙門閉故謂之桄關下關字當是衍文二尺者桄關之長度淮南子繆稱訓云匠人斲戶無一尺之楗不可以閉藏彼爲尋常房室之門楗止一尺此城門之楗故倍之若門植與關則其長皆竟門必不止一二尺矣說文門部云閉闔門也从門才所以距門也蓋才以十象植與關橫直交午之形下一短畫則正象楗橫亙之形參互審繹可見古楗門之制矣梳關一莧畢云管字假音春秋左氏云北門之管詒讓案管或作筦與莧聲形俱近說苑君道篇楚筦蘇呂氏春秋長見篇筦作莧管卽鎖也月令脩鍵閉愼管籥鄭注云鍵牡閉牝也管籥搏鍵器也孔疏以管籥爲鑰匙鍵爲鑰須二者不同通言之鎖亦謂之管檀弓鄭注云管鍵也是又合管鍵爲一此

一莧與檀弓注義同葢於木鎖之外更加金鎖以爲固故詳著之木鎖金鎖同著於關植之上故爾雅釋宮郭注云植戶持鎖植也封以守印時令人行貌封畢云貌疑視字及視關入桓淺深舊本譌人蘇云人當作入桓所以關也視其淺深謹防之詒讓案蘇校是也今據正桓葢門兩扉旁之直木凡持門之木橫直相交而關又橫貫兩桓以爲固故視其入桓淺深恐其入淺則不固也畢云桓表也非門者皆無得挾斧斤鑿鋸椎蘇云禁此五者防有變也已上言城門關鎖之法畢以爲救車火之法非也城上二步一渠畢云高誘注淮南子云渠漸也案漸同塹詒讓案此渠乃守械以金木爲之畢謂即塹謬渠立程丈三尺程當爲桯考工記輪人葢杠謂之桯立桯即渠之杠直立者也丈三尺當作丈二尺上文及襍守篇說渠並云矢長丈二尺冠長十丈辟長六尺畢云前漢書注云墨子曰城上二步一渠立程長三尺冠長十尺臂長六尺則丈當爲長辟同臂詒讓案渠此篇及襍守篇凡四見並不云長三尺漢書鼂錯傳注引丈作長自是譌文畢據以校此傎矣辟備穴篇正作臂今移前冠葢渠之首臂其橫出之木也二步一荅畢云漢書注云蘇林曰渠荅鐵蒺藜也廣九尺王云此當作二步一荅荅廣九尺上文二步一渠渠立程丈三尺與此文同一

例今本少一荅字則文不足意如湻注漢書鼂錯傳引此重荅字表十二尺畢云表舊作表據前漢書注改詒讓案以上渠荅之法二步置連梃畢云舊作挺以意改說文云梃一枚也孟子音義云丁徒頂切通典守拒法云連梃如打禾連枷狀打女牆外上城敵人衛云梃當从手詒讓案後總舉守城之備亦作梃从木太白陰經守城具篇說連梃與通典同長斧長椎各一物說文木部云椎擊也齊謂之終葵槍二十枚國語齊語云挾其槍刈耨鎛韋注云槍椿也一切經音義引三蒼云木兩端銳曰槍周置二步中以上稚守器之法二步一木弩畢云通典守拒法云木弩以黃連桑柘爲之弓長一丈二尺徑七寸兩弰三寸絞車張之大矢自副一發聲如雷吼敗隊之卒必射五十步以上及多爲矢吳鈔本作夭同節毋以竹箭楛趙搜楡可當作卽毋竹箭以楛趙搜楡可毋與無字通矢材以竹箭爲佳說文竹部云箭矢也爾雅釋地東南之美者有會稽之竹箭焉郭注云竹箭篠也書禹貢云惟箘簵楛釋文引馬融云楛木名可以爲箭方言云杠南楚之閒謂之趙郭注云趙當作桃聲之轉也此新或亦桃之譌搜字書所無疑當爲櫖形近而誤櫖柘之借字說文木部云櫖木出發鳩山山海經北山經作柘木廣韻四十禡云柘櫖同此謂卽倉猝無竹箭則以它木材爲

矢亦可毋畢云本作田譌藏本作柵是也今據正蓋求齊鐵夫蓋當爲盍字形之譌齊疑當爲齎同聲叚借字鐵夫夫亦當爲矢或云夫即鈇備穴篇有鐵鈇然與上下文不相應播以射衙說文手部云播布也謂分布使衆射之畢云衙疑衞字文未詳王云衙說文本作衞今作衙者即衞之譌及櫳樅櫳樅見後蓋亦攻守通用之器

吳鈔本二字竝从手下同畢云已上木弩之法二步積石石重千鈞以上者五百枚說苑辯物篇云三十斤爲鈞畢云後漢書注引作積石百枚重千鈞以上者舊千作中据改詒讓案此見堅鐔傳注千竝作十未知畢據何本毋百盧云疑云毋下百脫下字或尙有脫字以亢疾犁周禮馮質鄭注云亢禦也畢云此疾犁正字漢書注作蒺藜非通典守拒法云敵若木驢攻城用鐵蒺藜下而敦之壁皆可善方未詳

畢云[illegible]纂方詒讓案以上積石之法二步積笠畢云一本作全舊作笠詒讓案吳鈔本作笠說文竹部云笠簦纂稱也非守圍之橫此不知何字譌大一圍長丈二十枚五步一罌說文缶部云罌缶也蘇云下言木罌容十升以上者五十步而十是五步一罌也盛水有奚王云有奚下當有蠡字下句奚蠡即承此而言杜子春注周官鼈人曰瓢謂瓠蠡也瓢蠡奚蠡一聲之轉蘇云奚下脫蠡字說文奚大腹也蠡音黎瓠瓢也漢書

東方朔傳以蠡測海是也奚蠡大容一斗五步積狗屍五百枚狗屍疑即上文之狗
屖屍屖音近通用從又有狗走即此蒸亦行馬柞鄂之類狗屍長三尺喪以弟畢云喪藏也詒讓案
畢讀喪以弟瓮爲句蓋以狗屍爲死狗故藏以瓮缶然無當
守圍之用殆非也今案當讀喪以弟何弟當爲茅茅弟篆文
形近因而致誤狗屍蓋以木爲之而掩覆以茅所以誤敵使陷擠不得出也瓮亣端瓮吳鈔本作甕同案當爲
兌形近而誤猶上文云長椎斧其兩端斧亦兌之誤堅約弋十步積摶大二圍以上摶舊
本作榑道藏本吳鈔本並作搏前柴摶亦作搏今據正摶即束木之名長八尺者二十枚二十
五步一竈竈有鐵鐕畢云舊脫一竈字據太平御覽增鐕鬵字假音說文云鬵大釜也一曰鼎大上
小下若甑曰鬵讀若岑方言云甑自關而東或謂之鬵太平御覽引作鑊容石以上者一畢云太平御覽
引作谷二石以上爲湯戒以爲湯畢云已上積石笠狗屍摶竈之法及持沙毋下千石
畢云毋下猶言毋過詒讓案毋下猶云無滅此言至少之數畢失其義三十步置坐候樓畢云通典
守拒法有云卻敵上建堠樓以版跳出爲櫓與四外烽戍晝夜瞻視樓出於堞四尺畢云說文云堞城上

女垣也堞省文廣三尺廣四尺畢云當云下廣四尺俞云兩言廣義不可通下廣字疑當作長蓋言爲坐僚樓之法廣三尺長四尺也下文言陛之制曰廣長各三尺彼廣長同制故合言之此廣長異制故別言之也板周三面密傳之蘇云傳卽塗也所以防火夏蓋亓上蘇云所以避日詒讓案顧校移後樓五十步一至五十二者十步而二凡百二十三字著於此似未塙今不從五十步一藉車畢云疑卽巢車巢藉音相近詒讓案畢說未塙詳前藉車必爲鐵纂畢云說文云籫治車軸也纂假音字五十步一井屏王云畢斷五十步一井爲句又云屏當爲井案下文言百步一井則此不得又言五十步一井此當以五十步一井屏爲句下文周垣之高八尺謂井屏之垣非謂井垣也旗幟篇云其井井爲屏三十步而爲之圜高丈是其證初學記地部下引此正作五十步一井屏詒讓案井屏卽屏廁非汲井也周禮宮人爲其井匽鄭衆注云匽路廁也旗幟篇圖字乃圂之誤廁圂不潔故以屏垣障蔽之汲井有韓無屏亦不必爲垣也詳旗幟篇周垣之高八尺五十步一方俞云方者房之叚字五十步置一房爲守者入息之所故必爲關籥守之也尚書序乃遇汝鳩汝方史記殷本紀作女房是方房古字通詒讓案此方疑戶字之誤下同後備穴篇云爲之戶及關籥與此下文略同可以互證

方尙必爲關籥守之蘇云尙與上同關籥卽管鑰五十步積薪毋下三百石善蒙塗毋令外火能傷也百步一櫳樅畢云舊[illegible]手非起地高五丈三層下廣前面八尺後十三尺後廣於前五尺亣上稱議衺殺之畢云言稱此而議減其上百步一木樓樓廣前面九尺此無後廣之度疑有挩文高七尺樓⿰車勿居坫畢云⿰車勿疑吻坫疑坫字說文云坫屛牆也又或同阽漢書注如湻曰阽近邊欲墮之意詒讓案⿰車勿坫二字並字書所無畢以⿰車勿爲吻亦無義疑⿰車勿當爲輣之譌說文車部云輣兵車也後漢書光武紀李注引作樓車木樓之近阽者或爲輣車之制與出城十二尺吳鈔本作步百步一井井十甕畢云舊作百步再再十甕據太平御覽改蘇云上既言五十步一井則此一字或誤然太平御覽引亦如此以木爲繫連蘇云繫連所以引甕而汲也詒讓案繫連疑當爲擊邌形近而誤卽後文之頡皋音並相近水器容四斗到六斗者百六斗舊作六什蘇云六什當作六斗到猶至也案蘇校是也今據正左傳襄九年宋災備水器杜注云盆罋之屬百步一積雜秆說文禾部云稈禾莖也或作秆左昭二十七年傳云或取一秉

秆焉畢云一本作秆蘇云秆字誤作杵是也或作杵亦可案蘇說非是 大二圍以上者五十枚

百步爲櫓 畢云說文云櫓大盾也 櫓廣四尺高八尺爲衝術 衝術郎上文之衝隊隊衝一聲之轉禮記月令審端徑術鄭注云術周禮作遂是其例也此下所爲皆以當衝隧

百步爲幽贖 俞云贖即竇字之誤其上本從穴篆文穴字與隸書肉字相似管子後靡篇有鵰字即竇字之誤正與此同可以爲證詒讓案贖當爲隫之誤說文阜部云隫通溝以防水者也與竇聲義竝相近凡从阜从肉字隸變形近易譌備蛾傅篇作回以脾爲障可與此互證幽隫猶言闇溝也 廣三尺高四尺者千 此爲數太多疑非也或當爲一之誤

二百步一立樓 立畢校改大云大舊作立据太平御覽改王云畢改非也初學記居處部鈔本御覽居處部四玉海宮室部所引竝作立樓刻本御覽譌作大樓不足爲據 城中廣二丈五尺二 下二字疑衍此立樓在堞內者之度其出堞外者則五尺下文云出樞五尺是也內外合計之則廣三丈也上文說坐候樓亦云樓出於堞四尺畢云太平御覽引云二百步一大樓去城中二丈五尺 長二丈出樞五尺 樞疑當作拒詳立樓之橫距出堞外者五尺也備高臨篇云臺城左右出巨各二十尺拒巨竝距之借字詳備高臨篇 城上廣

三步到四步乃可以爲使鬬三步者一丈八尺四步者二丈四尺也此言堞內地之廣度必如此乃足容守卒行止及儲庤器用也俾倪廣三尺高二尺五寸畢云說文云陴城上女牆俾倪也杜預注左傳作僻倪衆經音義云三倉云俾倪城上小垣也一云三倉作頓堄又作埤敗蘇云郎睥睨釋名云城上垣曰睥睨言於孔中睥睨非常也陛高二尺五下文有寸字此亦當有說文阜部云陛升高陛也廣長各三尺遠廣各六尺遠廣義不可通疑遠當爲道謂城上下當陛之道也下文云道陛高二尺五寸長十步下廣字道藏本吳鈔本竝作唐文選甘泉賦李注引鄭展云唐道也則唐義亦通城上四隅童異高五尺童異疑當爲重廙說文广部云廙行屋也又疑當爲重婁婁與樓通備蛾傅篇云隅爲樓四尉舍焉尉蓋即下文所謂帛尉商子境內篇云其縣有四尉北堂書鈔職官部引韋昭辨釋名云廷尉郡尉縣尉皆古官也以尉尉人心也凡掌賊及司察之官皆曰尉尉罰也言以罪罰姦非也畢云已上候樓井攏樅木樓井襍秆櫓幽牘立樓之法城上七尺一渠長丈五尺舊本挩此字王據襍守篇補貍三尺畢云貍薶省文去堞五寸夫長丈二尺畢云夫字俱未詳疑即扶字所以著手王云畢說非也夫當爲矢隸

書矢字或作夫見漢泰山都尉孔宙碑又作夫見成陽令唐扶頌竝與夫相似故譌作夫襍守篇渠長丈五尺其埋者三尺矢長丈二尺其字正作矢故知此篇諸夫字皆矢字之譌俞云畢王二說皆非也下文云爲頡皋必以堅材爲夫畢云夫同趺如足兩分也此說得之下云臂長六尺是趺也臂也皆取象於人身畢得之後而失之前偶不照耳襍守篇作矢乃字之誤不當反據以改不誤者後文夫字應讀趺者視此案俞說是也**臂長六尺半植一鑿內後長五寸**疑當作內徑五寸此徑誤爲後又衍長字遂不可通備高臨篇說連弩車衡植左右皆圜內內徑四寸足相比例又上云門關薄植皆鑿半尺半尺郎五寸之徑也內枘古今字楚辭九辨云圜鑿而方枘兮**夫兩鑿**畢云兩舊作雨以意改**渠夫前端下堞四寸而適**謂適相當也**貍渠鑿坎覆以瓦冬日以**畢云中脫一字或是息字**馬夫寒**夫當作矢下說城上之物有馬矢亦誤作夫寒疑塞之譌**皆待命**言待命令而施之下文作水甬亦云覆以瓦而待令**若以瓦爲坎**此謂或郎以瓦爲坎亦可**城上千步一表**千疑當作十**長丈棄水者操表搖之**以告人慮有濺汙也

五十步一廁畢云五下舊衍一五字**與下同圂**畢云說文云圂廁也詒讓案上廁爲城上之廁

圂則城下積不潔之處旗幟篇所謂民圂也蓋城上下廁異而圂同之廁者畢云之往也見爾雅不得操

畢云言不得有挾持詒讓案下有脫文城上三十步一藉車蘇云上作五十步備穴篇作二十步

未詳疑是當隊者不用以上文校之此下當挩此數一二字城上五十步一道陛謂當

道之階也陛詳前高二尺五寸長十步城上五十步一樓𢱉𢱉疑當爲撕草

書相近而譌上文云樓撕揗即此𢱉勇勇必重蘇屬下土字讀云𢱉義未詳或誤術勇疑樓字之誤重土

即重字之誤也當言五十步一樓樓必重重平聲備穴篇言再重樓是也詒讓案此當作樓撕必再重即上文所云屬城

爲再重樓也今本樓再二字並誤爲勇又倒亂失次耳土當屬下樓字讀蘇說失之備蛾傅篇云陽爲樓樓必曲裏亦再

重之譌土樓百步一畢云土舊作士以意改外門發樓疑亦爲縣門也左傳孔疏云縣門有

寇則發機而下之後文縣梁又曰發梁亦其比例左右渠之蘇云渠塹也所以防踰越者爲樓加

藉幕畢云舊作慕以意改詒讓案前作藉莫即幕之省制詳前棧上出之以救外城上皆

毋得有室若也可依匿者畢本也改他云舊作也以意改王云他古通作也不煩改字盡

除去之城下州道內畢云疑周道詒讓案周道見後備水篇周禮量人云營軍之壘舍量其州涂鄭衆注云州涂還市朝而爲道也又考工記匠人云環涂七軌杜子春注云環涂環城之道此州道與州涂環涂義竝略同

百步一積薪毋下三千石以上善塗之薪舊本作藉王引之云積藉不知何物藉當爲薪薪藉字形相似又涉上文兩藉字而誤也積薪必善塗之者所以防火也上文云五十步積薪毋下三百石善蒙塗毋令外火能傷也與此文同一例特彼以城上言之此以城下言之耳襍守篇亦曰塗積薪者厚五寸已上案王校是也蘇說同今據正

城上十八人一什長迎敵祠篇云城上五步有伍長十步有什長蓋城上步一人十步則十人有什長二篇文異義同畢云通典守拒法云城上五步有伍長十步有什長五十步百步皆有將長

屬一吏士疑一當爲十一帛尉有譌挩疑當云百人一百尉迎敵祠篇云城上百步有百長又疑帛或當作亭篆文二字形近畢云帛同伯

百步一亭高垣丈四尺蘇云高垣當作垣高詒讓案疑當作亭垣高郎亭字之誤厚四尺爲閨門兩扇此郎亭垣之門閨門見前令各可以自閉上文同道藏本吳鈔本閉作閈案後行棧內閈亦作此字詳後

亭一尉舊本挩一字王據太平御覽職官部六十七補

今從之此卽上帛尉城上百步一亭故亭一帛尉矣蘇云言亭有尉主之**尉必取有重厚忠信可**
任事者有重厚舊本作有序二字畢云言以資格王云序亦當爲厚厚上當有重字人必重厚忠信然後可以任事故曰尉必取有重厚忠信可任事者號令篇曰葆衛必取成卒有重厚者請擇吏之忠信者無害可任事者令將衛是其證今本厚作序序上又脫重字則義不可通詒讓案王說是也今據補正說詳非攻下篇以上置什長亭尉之法**二**
舍共一井爨此卽什長百尉所居舍也儀禮士虞禮鄭注云爨竈也**灰康粃**吳鈔本康作糠俗字畢云說文云穅穀皮也康或省字秕不成粟也此从米非**杯**畢云麩字假音通典守拒法有灰麩穅粃馬矢詒讓案杯當爲秠之借字秠卽稃也爾雅釋草云秠黑黍秠一稃二米周禮春官敘官鄭注云秬如黑黍一稃二米詩大雅生民孔疏引周禮注稃作秠又引鄭志云秠卽皮其稃亦皮也是秠與稃字亦通說文禾部云稃穭也穭穅也故墨子亦以秠與康粃同舉也通典不知杯卽爲稃故以麩易之與此書字不合也**馬矢**畢云舊作夫據太平御覽引云備城皆收藏灰穅馬矢通典云擲之以眯敵目也**皆謹收藏之城上之備渠譜**畢云冡渠荅假音字譜與幨同淮南子氾論云渠幨以守高誘注云渠壍也一曰甲名國語曰奉文渠之甲是也幨幰所以禦矢也王云譜非

荅之假音字渠譫與渠荅亦不同物畢說非也據高注前說以渠爲塹塹非幨類不得與幨並言之後說以渠爲甲引吳語奉文渠之甲猶爲近之今吳語作奉文犀之渠韋注以渠爲盾是也盾與幨皆所以禦矢故並言之譫荅禮字之誤齊策曰百姓理禮蔽舉衝櫓禮蔽卽高注所云幨幰所以禦矢也故廣雅曰幨謂之幰幨與禮字異而義同詒讓案王說是也此書載渠制甚詳並與高韋所說不同禮疑卽所謂藉幕**藉車**見前**行棧**見後**行樓**疑卽上文之木樓**到**到非守械疑當爲斲俗書或从刀故耕柱篇誤作劉後備穴篇又作劒與到形並相似詳耕柱篇**頡皐**蘇云卽桔槔詒讓案曲禮奉席如橋衡鄭注云橋井上㮮槔釋文作挈皐云依字作桔槔莊子天地篇云鑿木爲機後重前輕挈水若抽數如泆湯其名爲槔釋文云槔或作皐司馬李云桔槔也吳越春秋句踐陰謀外傳作頡橋**連梃****長斧長椎**並見前**長茲**畢云茲疑鎌字通典守拒法有長斧長椎長鎌詒讓案畢說非是茲卽鎡錤也漢書樊噲傳贊雖有茲基顏注引張晏云茲基鉏也國語魯語韋注云耨茲其也一切經音義引蒼頡篇云鉏茲其也說文木部云欘斫也齊謂之鎡錤茲其卽鎡錤之省**距**疑卽備穴篇之鐵鉤鉅**飛衝**疑卽衝車韓非子八說篇有距衝蓋二者攻守通用之**縣口批屈**縣下疑闕梁字縣梁見前批吳鈔本作批並未詳顧校謂批下當接此十

四者具則民亦不宜上矣一段今案彼乃上文錯簡顧說未塙今不從樓五十步一句堞下爲爵穴畢云舊作內以意改王引之云下文云五步一爵穴則此亦當云五步一堞不當云五十步十字蓋涉下文五十步一積竈而衍蘇說同詒讓案王說非也此當讀樓五十步一爲句堞下爲爵穴又爲句爵穴謂於城堞閒爲孔穴也後文云城上爲爵穴下堞三尺與此堞下爲爵穴文足相證三尺而一爲薪皋薪皋未詳二圍長四尺半必有潔畢云當爲挈詒讓案疑卽前頡皋之頡如畢說則與後文爲薪樵挈義同瓦石重二升以上王云升當爲斤隸書斤字或作斤因譌而爲升上畢云疑衍城上沙畢云舊作涉下同俱以意改五十步一積句竈置鐵鐕焉畢云舊作錯据上文改鐕同鬵與沙同處上文說鐵鐕以爲湯及持沙故與沙同處木大二圍長丈二尺以上善耿亓本耿疑聯之誤畢云言連其本亓舊作卞以意改名曰長從疑與上文櫳樅義同五十步三十木橋長三丈毋下五十此有捝誤疑當作毋下二十復使卒急爲壘壁以蓋瓦復之舊本復並譌後卒譌辛畢云辛疑薪字王引之云此當作復使卒急爲壘壁以蓋瓦復之復之卽覆之之謂

以蓋瓦覆壘壁也今本兩復字皆譌作後卒字又譌作辛則義不可通畢以辛爲薪字失之隸書復字作復與後相似隸書卒字或作卒與辛相似案王校是也今據正

用瓦木罌容十升以上者五十步而十盛水且用之

方言云自關而西晉之舊都河汾之閒其大者謂之甀自關而東趙魏之郊謂之瓮或謂之甖甖其通語也甖罌同史記韓信傳以木罌缻渡軍是罌或瓦或木皆可以盛水也諸篇說罌缶所容並以斗計此升疑亦斗之誤

五十二者十步而二

蘇云十二字訛當爲五斗者俞云上二字衍文下二字當爲四古人書四字作三傳寫誤分爲兩二字遂移其一於上耳上十字當爲升上文云容十升以上者五十步而十此云五升者十步而四蓋言盛水之罌大者容十升小者半之容五升其大者則五步而一故五十步而十其小者則五步而二故十步而四也下文五十步丈夫十人丁女二十人又曰廣五百步之隊丈夫千人丁女子二千人是丈夫五十步而十丁女十步而四與此數一律詒讓案五十二者十步而二當作五斗以上者十步而二五斗以上與上文容十斗以上者文例正同上字古文作二與二形近而譌又挩以字遂不可通俞校以二爲衍文非也但十步而二即五十步而十也此容量止得上之半則數不宜同或當從俞校作十步而四爲是耳又顧校以樓十步一至此一百二十六字爲上文夏蓋其

上之下挩文云當與言五十步汝今案顧說可通然無由定其當衍何句未敢輒移姑仍舊本又舊本此下有城四面四隅皆爲高磨𢶒云云凡二百三十二字顧俞兩校定爲上文挩簡並是也今依分爲二段移著於前

城下里中家人各葆亓左右前後如城上葆吳鈔本作保字通此謂相保任也城小人衆葆離鄉老弱國中及也大城也畢校改他云舊作也以意改詒讓案也即古他字不必改說詳前離鄉謂別鄉不與國邑相附者說文𨛜部云鄉國離邑民所封也春秋繁露止雨篇云書十七縣八十離鄉及都官吏葆亦與保通謂保守也淮南子時則訓四鄙入保高注云國竟之民入城郭自保守蘇云城小人衆則不可守宜遣其老弱葆於國中及他大城寇至度必攻主人先削城編此蓋言先除附城室廬然有誤挩唯勿燒勿吳鈔本作毋寇在城下時換吏卒署畢云說文云署部署有所网屬詒讓案言吏卒時移易往來不定在一署也而毋換亓養畢云權也俞云畢說非是養即廝養之養宣十二年公羊傳廝役扈養死者數百人何休注曰炊亨者曰養詒讓案俞說是也吳子治兵篇云弱者給廝養此言吏卒署雖時換而其廝養給使令者則各有定著不得移易也亦見號令篇養毋得上城寇在城下收諸盆

罋畢云改舊作牧以意改詒讓案說文皿部云𥁕盎也又缶部云罋汲缾也罋卽罋之隸變耕積之城下
畢云耕疑𦬊字百步一積積五百言五百箇爲一積也城門內不得有室爲周
官桓吏畢云疑云周宮桓吏詒讓案疑當作爲周宮植吏言城門之內不得有室惟築周宮置吏守之植卽置之
借字宮官植桓並形近而誤備穴篇云爲置吏舍人各一人周宮者回環築都宮中蓋但有序而無室也四尺爲
倪畢云陴倪也古只作此作俔者俗蘇云倪上當脫俾字詒讓案畢蘇以此爲俾倪非也此倪當謂小兒孟子梁惠王
篇云反其旄倪趙注云倪弱小繄倪者也後襍守篇云睨者小五尺不可卒者爲署吏令給事官府若舍此倪卽彼睨聲
同字通彼五尺爲年十四以下巳任署吏此四尺又少於彼或亦令給事周宮中與此下尙有挩文疑以上十六字或當
在後堂下周散道中應客句上四尺之童足任應賓客也行棧內閈閈卽閉字疑當作閈王羲之書黃庭經閉
字如此作與閈闔字異二關一堞未詳除城場外爾雅釋詁云場道也書城下周道旗幟篇云道
廣三十步於城下夾階者各二是也去池百步牆垣樹木小大俱壞伐俱吳鈔本作盡
畢云伐舊作代以意改除去之寇所從來若昵道傒近當作近傒傒與蹊字通釋名釋

道云步所用道曰蹊蹊傒也言射疾則用之故還傒於正道
也蓋正道爲道閒道爲傒昵近義同畢云說文云尼從後近
之傒即谿假音字失之　**若城場皆爲扈樓**　皆舊本譌家今據道藏本吳鈔本正畢云禮記檀弓云毋
扈扈陸德明音義云音戸廣也大也　**立竹箭天中**　畢云天疑矢字詒讓案此竹箭當即後襍守篇牆外水中
所設之竹箭疑天中即水中之誤　**守堂下爲大樓**　謂守宮堂下中門之上爲大樓以候望也此即臺門
之制但加高大耳　**高臨城堂下周散道中應客客待見時召三老在**
葆宮中者與計事得　漢書百官公卿表秦制鄉有三老掌教化後號令篇云三老守閭則邑中里閭
亦置三老管子水地篇云與三老里有司伍長行里史記滑
稽傳西門豹治鄴亦有三老漢書高祖紀漢二年舉民年五
十以上有脩行能率衆爲善置以爲三老鄉一人擇鄉三老
一人爲縣三老與縣令丞尉以事相教復勿繇戍蓋亦放秦
制爲之舊本在譌左宮譌官王引之云左當爲在襍守篇曰
父母昆弟妻子有在葆宮中者乃得爲侍吏是其證得下有
挩文不可考各本得下有自爲之柰何至以謹凡二十四字
乃備穴篇之錯簡蘇云官當作宮王校同詒讓案王蘇校是
也今據正舊本此下有爲之柰何云云五十四字王俞兩校定爲上文及備穴篇之錯簡是也今據分別移正　**先**　當爲

失屬上與計事得失爲句言與客計事審其得失也行德計謀合乃入葆德當爲得古通用此冡上計事得失而言謂所行既得計謀又相合乃聽其入葆城也葆入守無行城無離舍謂自外入葆者不得行城離舍也諸守者審知卑城淺池而錯守焉楚辭國殤王逸注云錯交也謂交錯相更代而守也晨暮卒歌以爲度用人少易守以上四十三字舊本誤錯入襍守篇今審定與此上下文正相承接移著於此卒歌歌疑鼓之誤兵法禁歌哭不當使卒歌也末句有誤守法五十步丈夫十八丁女二十八釋名釋天云丁壯也老小十八計之五十步四十八此城下不當隊者守備之卒每十步則六人與下又城上城下當隊者人數並異四十吳鈔本作四百誤畢云丈夫丁女老小共四十人城下樓卒率一步一人卒舊本譌术王云本當爲卒謂守樓之卒也隸書卒字或作卆因譌而爲本淮南詮言篇其作始簡者其終卒必調漢書游俠傳卒發於睚眦今本卒字並譌作本詒讓案王校是也今據正城下當爲城上此言城上守樓及傳堞者每步一人與上下文城下卒數不同上云城上百步一樓則樓不得在城下明矣城上地陿故一步止一人迎敵祠篇云城上步一甲一戟其贊三人五步有五長十步

有什長百步有百長亦城上每步一人之證二十步二十八城小大以此率之乃足以守圉舊本作圍王云守圉二字義不可通圍當為圉字之誤也守圉即守禦公輸篇子墨子守圉有餘淮南主術篇瘖者可使守圉漢書賈誼傳守圉扞敵之臣並與守禦同案王校是也今據正客馮面而蛾傅之畢云客舊作宕以意改蘇云面字衍詒讓案宕吳鈔本又作蕩非小爾雅廣言云馮依也面謂城四面見上文非衍也主人則先之知畢云二字疑倒主人利畢云言主人先知則主人利詒讓案此上下文疑皆備蛾傅篇之文錯簡於此客適以下文校之疑當作客病客攻以遂畢云同隊十萬物之眾物字疑衍畢云眾一本作數攻無過四隊者上術廣五百步術隊一聲之轉皆謂攻城之道百舊本譌十今據吳鈔本正蘇云下言中術三百步下術五十步則此五十當作五百詒讓案蘇校是也下云廣五百步之隊可證中術三百步下術五十步疑當作下術百五十步諸不盡百五步者此即承上下術言之疑亦當作百五十步主人利而客病廣五百步之隊即上文之上術也丈夫千人丈舊本譌大今從王校改丁女子二千人老小千人畢云

千皆當作十凡四千人舊作凡千人畢云當云四十人王引之云畢說非也丈夫千人丁女子二千人老小千人則下句當云凡四千人不當改上三千字爲十而云凡四十人也上文五十步丈夫十人丁女子二十人老小十人共四十人此廣五百步則人數不得與上文同矣詒讓案王校是也今據補此城下當隊者備守之卒十倍於前不當隊之數也商子兵守篇說守城分三軍壯男爲一軍壯女爲一軍男女之老弱者爲一軍與此法略同而足以應之此守術之數也顧校移上文凡守圍城之法至不然則賞明可信而罰嚴足畏也一段又城下里中家人各葆其左右前後如城上至時召三老在葆宮中者與計事得一段著此下恐不塙今不從使老小不事者守於城上不當術者不當攻隊者守事不急故使老小守之城持出必爲明填持當作將郎千人之將也見號令篇填疑當爲旗之誤下並同令吏民皆智知之王云此本作令吏民皆智之智即知字也今本作智知之者後人旁記知字而寫者因誤合之耳墨子書知字多作智說見天志中篇蘇云智當爲習之訛案蘇說亦通從一人百人以上持出不操填章持亦當爲將一人不當有將蓋十人之誤從人非亓故人言非其故所屬吏卒乃亓積章也畢云

乃疑及字稹上作旗是旗章疑印章之屬言出城從人非故相識人及有印信者止之詁讓案畢以乃爲及是也餘皆失之魏孝文帝弔比干文旗字作旗故此譌作稹前又譌旗畢以旗爲是非也此當云及非其旗章也言雖操旗章而非其所當建之形式也今本及譌乃 千人之將以上止之勿令得旗譌稹又挩非字遂不可通

行行及吏卒從之卒舊本譌率今據道藏本吳鈔本正皆斬具以聞於上此守城之重禁之畢云當爲也夫姦之所生也不可不審也自城下里中家人各葆其左右前後如城上至此並通論守法與前後文論守備器物數度者不同疑皆他篇文之錯誤以先行德計謀合一段在雜守篇證之或故書本皆在彼篇與王云各本此下有候望適人至穴土之攻敗矣凡三百四十五字乃備穴篇之錯簡詒讓案舊本此篇穴土之攻敗矣下又有斬艾與柴長尺至男女相半凡三百九十四字亦備穴篇文今並移正

城上爲爵穴謂於城堞閒爲空穴小僅容爵也蘇云此以下是備高臨篇文釋技機藉之也詒讓案蘇說是也然未知截至何句止姑仍其舊下堞三尺廣其外蘇云此言爵穴之法廣外則狹內令下毋見上上見下也五步一爵穴大容苴王引之云苴字義不可通苴當爲苣苣字之誤也說文苣束葦燒也此云

爵穴大容苣下云內苣爵穴中二丈上下相應故知苣爲苣之譌案王校是也蘇說同高者六尺下者三尺疏數自適爲之畢云言視敵而爲疏促自視字之誤王引之云自蓋因字之誤言因敵之多少而爲疏數也隸書因字或作囙與自相似而誤詒讓案適當讀如字言自稱地形爲疏數必謂適也備梯篇云守爲行城雜樓相見以環其中以適廣陝爲度與此適字義同畢王說非塞外塹去格七尺爲縣梁塞當爲穿此言穿城外爲塹而縣木爲橋梁乃發以圍敵也若如今本作塞外塹則下不當云勿塹矣後文亦云去城門五步大塹之上爲發梁與此可互證格即備蛾傅篇之杜格旗幟篇之牲格也蓋於城外樹木爲之以遏敵人之傅城者或云格與落通六韜軍用篇漢書晁錯傳並有虎落即此城筵陝不可塹者勿塹舊本筵作筵王引之云筵字義不可通筵當爲筵玉篇筵狹也亦作筵與筵相似而誤蘇云筵當與埏同地際也案王說是也今據正城上三十步一聾竈詳前畢云聾疑壟字人擅苣長五節舊本人擅作人擅王引之云入擅二字義不可通入擅當爲人擅擅讀曰撣說文撣提持也古通作擅人擅苣者人持一苣也備水篇曰臨三十人人擅弩交曰三十人共船其二十人人擅有方劍甲鞮瞀十人人擅苗是凡言人擅者皆謂人人手持之也人入擅擅字之誤

詁讓案王校是也今據正六韜敵强篇云人操炬火炬即苣之俗擅操義同長五節節非度名疑當作長五尺尺節當爲即屬下讀今本作節乃尺即二字合爲一字之誤寇在城下聞鼓音燔苣復鼓內苣爵穴中照外蘇云內讀如納諸藉車皆鐵什畢云什與銷音近說文云銷以金有所冒也詒讓案上文云藉車必爲鐵纂纂即此藉車之柱長丈七尺亓貍者四尺柱長丈七尺而貍者四尺則在上者丈三尺較下夫四分之三在上上爲微羸或長丈七尺七當爲六則於率正同下又云柩長丈二尺半夫長三丈以上至三丈五尺夫跌字同馬頰長二尺八寸說文頁部云頰面旁也馬頰蓋象馬兩頰骨橫出之形試藉車之力而爲之困困梱之借字說文木部云梱門橛也橛弋也一日門梱也口部困古文作朱廣雅釋宮云橛機閫朱也即以古文困爲梱梱荀子大略篇云和之璧井里之厥也晏子春秋襍上篇作井里之困困亦即梱也據荀晏二書則梱以木石爲之此藉車以大車輪爲梱者蓋亦於跌下爲之失四分之三在上失當爲夫亦跌之借字藉車夫長三尺依上文當作丈四二三在上當作四之三在上此二句即釋上夫四分之三在上之義疑舊注之錯入正文者馬頰在三

分中馬頰橫材旁出邪夾趺外在三分中卽在上三分內也馬頰長二尺八寸夫長二
十四尺以下不用言不及度則不中用治困以大車輪藉車桓長丈二
尺半桓卽桓楹之桓與柱義同藉車蓋有四直木其二犨者爲柱二不犨者爲桓上文柱長丈七尺犨者四尺則不
犨者丈三尺也此度腑五寸未詳如柾長當爲丈六尺則不犨者亦丈二尺桓羸五寸或爲樌以八夫與諸藉車
皆鐵什復車者在之復疑後之誤在疑左之誤左佐古今字備水篇云城上爲射撅疾佐之寇
闉池來畢云闉疑當爲衝或闉字池城池詒讓案闉是也備穴篇有救闉池之文今移於前爲作水甬
水甬蓋漏水器月令角斗甬鄭注云甬今斛也中空可通水者深四尺堅慕貍之畢本慕改幕云舊作
慕以意改下同詒讓案慕當作冪畢校未允詳前十尺一覆以瓦而待令瓦舊本作月畢以意
改穴王云月亦當爲瓦上文云鑿坎覆以瓦是其證畢改月爲穴非也詒讓案王校是也蘇說同以木大圍
長二尺四分而早鑿之早疑中之誤言鑿木中空之也上文云轀長二尺中鑿夫之可證置
炭火亓中而合慕之慕畢本亦改幕案當爲冪詳既置炭火乃以物合而覆之而以藉車

投之爲疾犁投長二尺五寸大二圍以上備梯篇[illegible]作蒺藜投蓋亦爲機以投之涿弋涿椓之借字詳前畢云弋舊俱作代以意改詒讓案代疑杙之誤弋長七寸弋閒六寸畢云弋舊作我以意改詒讓案並當作杙剡亣末說文刀部云剡銳刺也狗走畢云疑穴之可以出狗者曰狗走詒讓案據下文有蚤則非穴明矣此疑即上文之狗屍惟尺度異耳前救闉池章又作狗犀皆一物也廣七寸長尺八寸蚤長四寸蚤爪同蓋剡銳其末詳前犬耳施之犬舊本誤大今據道藏本吳鈔本正耳當爲牙犬牙施之謂錯互設之上文云靈丁三丈一犬牙施之犬牙亦譌作火耳與此義同以上並備闉池之法與上文錯入備穴篇救闉池之文略同

子墨子曰守城之法必數城中之木十人之所舉爲十挈五人之所舉爲五挈凡輕重以挈爲人數畢云言卽以十挈五挈名其物者以人數也詒讓案挈與契字同十挈五挈謂刻挈之齒以記數也列子說符篇云宋人有遊於道得人遺契者歸而藏之密數其齒曰吾富可待矣爲薪藮挈藮樵之俗集韻四宵云樵或作蕉壯者有挈弱者有挈皆稱亣任凡挈輕重所爲吏人各

得亣任蘇云吏當作使詒讓案此釋皆稱其任句義疑亦舊注錯入正文城中無食則為大殺畢云殺言減詒讓案自子墨子曰至此一段與上下文義不相屬疑當在襍守篇斗食終歲三十六石之上而誤錯著於此去城門五步大壍之高地三丈下地至王引之云此本作高地丈五尺下地至泉三尺而止備穴篇曰高地丈五尺下地得泉三尺而止是其證今本丈五尺譌作三丈至下又脫泉三尺三字則義不可通案王說是也上文亦云壍中深丈五施賊亣中王引之云賊字義不可通賊當為棧上文城上之備有行棧行樓說文棧棚也謂設棚於壍中上為發梁而機巧之以陷敵也詒讓案賊疑亦棧之誤上為發梁畢云梁橋也詒讓案此即上文所謂縣梁也縣梁有機發可設可去故曰發梁而機巧之以下文校之巧蓋引之誤比傳薪土顧云傳當作傅蘇校同云傅義與敷同使可道行謂壍上為機梁上布薪土如道以誘敵也旁有溝壘毋可踰越毋吳鈔本作無而出佻且比且畢改旦云疑佻達字旦達音之緩急王引之云當作而出佻戰且北北敗也佻與挑同言出而挑戰且佯敗以誘敵也故下文曰適人遂入引機發梁適人可禽備穴篇曰穴中與適人遇則皆圍而毋逐且戰北以須鑪火之然彼言且戰北猶此言佻戰且北也

今本脫職字北字又譌作比則義不可通畢改且爲且而以佻旦爲佻逵大誤案王校是也適人遂入畢云舊作八以意改引機發梁適人可禽適人恐懼而有疑心因而離畢云下脫簡

備高臨第五十三吳鈔本作五十五

禽子再拜再拜曰敢問適人積土爲高畢云適同敵以臨吾城周書大明武篇云高堙臨內日夜不解又云城高難上堙之以土疑皆高臨攻城之法與堙略同也薪土俱上以爲羊黔畢云絫守作羊坽未詳其器王云絫守作羊坽非作羊坽也坽與上下兩城字爲韻則作坽者是集韻坽郎丁切峻岸也蒙櫓俱前櫓大盾詳備城門篇謂敵蒙大盾以蔽矢石而俱前攻城也遂屬之城國語晉語韋注云屬會也猶絫守篇云城會兵弩俱上爲之柰何子墨子曰子問羊黔之守邪羊黔者將之拙者也舊本挩之守邪羊黔五字畢注議補羊黔二字王云當作子問羊黔之守邪羊黔者將之拙者也備梯篇曰問雲梯之守邪雲梯者重器也亓動移甚難備蛾傅篇曰子問蛾

傳之守邪蛾傳者將之忽者也襍守篇曰子問羊玲之守邪羊玲者攻之拙者也皆與此文同一例今本脫之守邪羊黔五字則文義不明案王說是也今據補足以勞卒卒舊譌本王云本當爲卒是也今從之說詳備城門篇不足以害城守爲臺城以臨羊黔左右出巨各二十尺臺城卽行城也下備梯篇說行城亦云左右出巨各二十尺與此制同巨當爲距之叚字說文足部云距雞距也儀禮少牢饋食禮俎拒鄭注云拒讀爲介距之距俎距脛中當橫節也此行城編連大木橫出兩旁故亦謂之距蓋與俎距義略同行城三十尺強弩之技機藉之此有捝誤當作強弩射之校機藉之備蛾傳篇云守爲行臨射之校機藉之是其證校此作技備梯篇又作披並形之誤校機疑卽備穴篇之鐵校然其形制未詳藉當讀爲笮聲近叚借說文矛部矠讀若笮卽其例也說文竹部云笮迫也謂發機厭笮以殺敵也奇器口口之畢以奇屬上讀云疑卽藉車非也然則羊黔之攻敗矣備臨以連弩之車備下舊本有矣字畢讀備矣句云備同備王引之云畢說非也備矣之矣卽因上敗矣而衍備臨以連弩之車當作一句讀備臨卽備高臨也備蛾傳篇然則蛾傳之攻敗矣下云備蛾傳爲縣脾猶此云備臨以連弩之車也若以備矣爲句則下句臨以連弩之車文不

成義矣詒讓案王說是也今據刪吳越春秋句踐陰謀外傳陳音說弩射云夫射之道從分望敵合以參連六韜軍用篇有絞車連弩又有大黃參連弩大扶胥三十六乘淮南子氾論訓云連弩以射銷車以鬬高注云連車弩通一弦以牛挽之以乃著左右爲機關發之曰銷車文選閒居賦李注引漢書音義張晏云連弩三十絭共一臂材大方一方一尺舊本材作杖俞云杖當作材詒讓案俞校是也今據正下文云以材大圍五寸蘇云方一誤重長稱城之薄厚兩軸三輪俞云既爲兩軸不得三輪三當爲四古三四字皆積畫因而致誤輪居筐中筐疑謂車闌亦卽車箱詩小雅鹿鳴毛傳云筐篚屬車闌謂之筐猶車笭謂之篚與重下上筐左右旁二植左右有衡植衡吳鈔本作橫下同衡植左右皆圜內內柄同內徑四寸左右縛弩皆於植以弦鉤弦以弦鉤弦義難通上弦字疑當作距卽下文之鉤距公輸篇距誤作强與此相類距卽弩牙釋名釋兵云弩鉤弦者曰牙似齒牙也至於大弦弩臂前後與筐齊卽下文之橫臂也說文弓部云弩弓有臂者也釋名釋兵云弩其柄曰臂似人臂也吳越春秋云琴氏乃橫弓著臂施機設樞又云臂爲道路通所使也筐高八尺爲上下筐之高度弩軸去下筐

三尺五寸連弩機郭同銅同當爲用釋名釋兵云牙外曰郭
爲牙之規郭也含括之口曰機言
如機之巧也亦言爲門戸之樞機開闔有
節也吳越春秋云郭爲方城守臣子也一石三十斤說苑辨物
篇云三十斤爲鈞四鈞爲石然則
弩機用銅凡五鈞爲斤百五十也引弦鹿長奴吳鈔本無長字畢云奴同
弩詒讓案此疑當作鹿
盧收下云以磨鹿卷收筐大三圍半謂筐材圓
圍之度左右有鉤距
方三寸輪厚尺二寸鉤距臂博尺四寸厚七寸長六尺鉤舊本作
銅王云銅距當爲鉤距字之誤也鉤距見上
文及備穴篇案王校是也蘇說同今據正橫臂齊筐外蚤
尺五寸蚤爪同謂臂端刻
細者詳備城門篇有距亦謂橫出旁枝
如雞距也見上博六寸厚三
寸長如筐有儀管子禁藏篇尹注云儀猶
表也謂爲表以發弩有詘勝畢云即通典屈
勝梯詒讓案亦
見太白陰經守城具篇漢書王莽傳服虔注云蓋杠皆有屈
勝可上下屈伸也屈詘字通勝伸亦一聲之轉通志氏族畧
申屠氏音轉作勝屠氏是其例也今俗
本陰經通典漢書注勝或作滕並非可上下爲武重一石
武疑跌
之聲誤以材大圍五寸圍五寸以圓周求徑率算之止徑一
寸五分有奇材太小似非也上文云

筐大三圍半備城門篇云積摶大一圍以上此疑亦當云以材大五圍寸字衍矢長十尺以繩□□矢端如如戈射如不當重疑衍戈當爲弋形近而誤說文隹部云雉者繫射飛鳥也詩鄭風女曰雞鳴孔疏云以繩繫矢而射鳥謂之繳射周禮司弓矢云矰矢茀矢用諸弋射鄭注謂茀矢弩所用也矢恭即茀矢之屬漢書司馬相如傳顏注云以繳係矰仰射高鳥謂之弋射以磨鹿卷收磨鹿吳鈔本作磨䴥不成字道藏本唐字同畢云磨疑麻鹿䴥字之譌收舊作牧以意改王引之云畢說非也磨鹿當爲磿鹿上文云備臨以連弩之車則此謂車上之磿鹿轉之以收繩者也故曰以磿鹿卷收磿鹿猶鹿盧緜之轉耳方言曰維車趙魏之間謂之轆轤廣雅曰維車謂之厤鹿並字異而義同詒讓案王說是也六韜軍用篇有轉關轆轤此卷收即冢上矢端著繩而言古弋射蓋亦用此國策楚策云弋者修其葬盧治其繒繳盧亦即鹿盧也矢高弩臂三尺用弩無數出人六十枚出疑當作矢此謂大矢也用小矢無留疑數之誤十人主此車遂具寇具當作見雜守篇云望見寇舉一烽爲高樓以射道疑當作適城上以荅畢云荅即幨也音之緩急說文無幨字疑古用荅爲之詒讓案荅與幨不同詳備城門篇畢說失之羅疑當作絫絫羅一聲之轉絫即儡詳備城

門篇矢下有抗簡畢云通典典守拒法云弩臺高下與城等去城百步每臺相去亦如之下闊四丈高五丈上闊一丈下建女墻臺內通闇道安屈勝梯人上便卷收中設氈幕置弩手五人備乾糧水火詒讓案通典本太白陰經守城具篇

備梯第五十六

禽滑釐子事子墨子三年手足胼胝畢云骿省文从月面目黧黑畢云黎字俗寫从黑役身給使不敢問欲子墨子其哀之畢云其甚字乃管酒塊脯舊道藏本吳鈔本並作槐畢云乃舊作及以意改塊當為餽饋字假音詒讓案此疑當作澄酒搏脯澄省作登與管形近而誤搏與槐塊形亦相似春秋繁露求雨篇云清酒膊脯澄酒即清酒搏即膊也釋名釋飲食云膊迫也薄椓肉迫著物使燥也說文肉部云膊薄脯膊之屋上也寄于大山非攻中篇大山即泰山此疑亦是時墨子或在齊與也昧菜坐之畢云當為茅蒸昧音同茅詒讓案畢說非也昧菜當讀為滅茅晏子春秋諫下篇云景公獵休坐地而食晏子後至滅葭而席公不說曰寡人不席而坐地二三子莫席而子獨搴草而坐之何也昧茅猶言滅葭亦即搴茅而坐之也昧當作昧與滅古音相近左氏隱元年經公及邾儀父盟于蔑蔑公羊作昧即其比例說文手部云搣批

也批捽也滅亦卽搣之借字也若然昧茅卽是薙搣茅草古書茅字或掍作柔宋本淮南子氾論訓云槽柔無擊說苑說叢篇云言人之惡痛於柔戟並以柔爲茅故此茅字亦作菜也以樵禽子畢云當云以譙禽子王引之云方言自關而西秦晉之閒凡言相責讓曰譙讓上文子墨子甚哀之乃管酒塊脯云云殊無譙讓之意樵蓋醮之借字也士冠禮注曰酌而無酬酢曰醮故上文言酒脯禽子再拜而嘆吳鈔本作歎子墨子曰亦何欲乎畢云亦當爲尒字之誤詒讓案亦字自通不必改尒禽子再拜再拜曰敢問守道子墨子曰姑亡姑亡姑亡言姑無問守道也亦見公孟篇古有亓術者內不親民外不約治呂氏春秋本味篇高注云約飾也以少閒衆以弱輕強身死國亡爲天下笑子亓慎之恐爲身薑畢云同僵亡強薑爲韻禽子再拜頓首願遂問守道曰敢問客衆而勇煙資吾池王云煙當爲堙堙塞也備穴篇救闉池者闉與堙同蘇說同王引之云資疑當爲塡堙塡皆塞也堙煙塡資亦皆字之誤俞云王氏讀煙爲堙是也惟資字尚未得其義資當讀爲茨淮南子泰族篇茨其所決而高之高注曰茨積土塡滿之也是茨與堙同義古茨字或作

蒼爾雅釋草篇茨蒺藜釋文茨本作蒼是也墨子書作資者即薋字而省艸耳說文土部垐以土增大道上茨與垐通詒讓案俞說是也梯臨之攻蓋皆兼用堙法**軍卒並進雲梯既施**通典兵門云以大木爲床下置六輪上立雙牙牙有檢梯節長丈二尺有四桄桄相去三尺勢微曲遞互相檢飛於雲間以窺城中有上城梯首冠雙轆轤枕城而上謂之飛雲梯蓋其遺法太白陰經攻城具篇同**攻備已具武士又多爭上吾城**畢云上舊作土據太平御覽改**爲之奈何**畢云池施多何爲韻**子墨子曰問雲梯之守邪**守舊本闕王云此當作問雲梯之守邪上文曰敢問守道又曰願遂問守道備城門篇曰問穴土之守邪備蛾傅篇曰子問蛾傅之守邪襍守篇曰子問羊坽之守邪皆其證今脫守字則文不成義案王校是也蘇說同今據補**雲梯者重器也亓動移甚難守爲行城雜樓相[illegible]具環亓中**俞云相見即相閒也備城門篇見一寸畢云見疑閒字是其例也**以適廣陝爲度環中藉幕**畢云舊作幕以意改**毋廣亓處**畢云度幕處爲韻**行城之法高城二十尺**謂高出於城上彌高臨篇云行城三十尺此云高城二十尺疑必有一誤**上加堞廣十尺左右出巨各二十**

尺（巨讀爲距見備高臨篇）高廣如行城之法（俞云上文皆言行城而此即云高廣如行城之法義不可通疑高廣上脫襍樓兩字上文云守爲行城襍樓相見以環其中以適廣陝爲度然則行城也襍樓也本有二事故云相見相見即相閒也上文既言行城之法此繼言襍樓故省其文曰襍樓高廣如行城之法）爲爵穴煇𪕋（爵吳鈔本作雀同爵穴制見備城門篇煇當讀爲熏史記呂后紀戚夫人去眼煇耳亦以煇爲熏爵穴煇𪕋盎亦城閒空穴之名明其小僅容罾鼠也𪕋畢本改鼠云舊作𪕋以意改詒讓案𪕋即鼠之變體不必改詩豳風七月穹窒熏鼠此與彼義同蓋以火煙熏穴以去鼠因之小空穴亦謂之熏鼠矣備穴篇有𪕋穴亦即此）施荅亣外（畢云言施幨蓋之詒讓案荅與幨異畢說非詳後）機衝錢城（王引之云錢字義不可通當是棧字之誤衝見襍守篇備城門篇說城上之備有行棧即此所謂棧也城即行城見上文詒讓案六韜發啟篇云無衝機而攻蓋攻守通用此）廣與隊等雜亣閒以鐫劍（說文金部云鐫破木鐫也釋名釋用器云鐫鐏也有所鐏入也廣雅釋言云鐫鑿也劍與鐫異用並舉殊不倫疑當爲斲斲備穴篇亦譌劍可證斲鐫皆所以斫破敵之梯者）持衝十人（此城內之衝以距以城之梯者使十人持之）執劍五人（劍亦疑當爲斲）皆以有力者令案目

者視適案按同爾雅釋詁云按止也謂止目注視欲其審也淮南子泰族訓云欲知遠近而不能教之以金目則射快許注云金目深目所以望遠近射準也此案目疑與金目義同畢云適同敵以鼓發之夾而射之重而射疑挖之字披機藉之披機當從備蛾傅篇作𣙜機城上繁下矢石沙炭以雨之畢云太平御覽引繁作多王引之云炭當爲灰俗書灰字作灰與炭相似而譌灰見備城門篇沙灰皆細碎之物炭則非其類矣襍守篇亦譌作炭太平御覽兵部五十五引此正作灰薪火水湯以濟之審賞行罰以靜爲故從之以急毋使生慮畢云故慮爲韻蘇云言兵貴神速久則變生若此則雲梯之攻敗矣守爲行堞堞高六尺而一等畢云等級施劍亓面劍亦疑當爲斲以機發之衝至則去之不至則施之行堞施斲蓋可以破梯而不能當衝爵穴三尺而一備城門篇說同蒺藜投畢云據備城門當爲疾犁必遂而立疑當作必當隊而立以車推引之裾城外裾上當有置字畢云裾未詳文與備蛾傅同彼裾城外作置薄城外四字下裾字俱作薄詒讓案裾亦見備城門篇蓋於城外別植木爲薄以爲藩衛也

去城十尺裾厚十尺伐裾畢云備蛾傳此下有之法二字小大盡本斷之畢云本備蛾傳作木以十尺為傳畢云備蛾傳作斷此傳字當為㓤之譌也說文云㓤古文斷皀古文叀字雜而深埋之堅築畢云備蛾傳作堅築之襍作離毋使可拔二十步一殺殺葢擁裾左右橫出為之置裾如城之廣袤二十步則為之殺如備穴篇𦣞穴十步則擁穴左右為殺也殺有一鬲鬲備蛾傳篇作壉案當與隔通號令篇有隔部署隔葢擁裾為殺於殺中為隔以藏守圍之人及器具又為門以備出擊敵也鬲厚十尺與裾厚同殺有兩門葢內外兩重門門廣五尺裾門一施淺埋弗築令易拔施下疑有挩字城希裾門而直桀畢云備蛾傳作置揭王引之云城下當有上字希與晞同直與置同桀與楬同言城上之人望裾門而置楬也備蛾傳篇作城上希薄門而置楬是其證今本脫上字則文不成義詒讓案王說是也望裾門而置楬者所以為識別以使出擊敵也縣火四尺一鉤樴說文木部云樴弋也鉤樴葢以弋著鉤而縣火五步一竈竈門有鑪炭畢云舊脫一竈字據備蛾傳增詒讓案畢本挩門字今據吳鈔本道藏本補備蛾傳篇亦有門字令適人盡入煇火燒門

畢云熚備蛾傳作車詻讓案熚亦讀爲熏說文中部云熏火煙上出也車疑亦熏之譌縣火次之出載而立說文車部云載乘也似謂戰車亣廣終隊兩載之閒一火畢云閒下舊有載之門三字据備蛾傳去之當是上三字重文之譌皆立而待鼓而然火舊本待譌持然作撚畢云備蛾傳云待鼓音而燃待持燃撚字相似然此義較長不必改从彼說文云撚執也王云此當依備蛾傳篇作皆立而待鼓而然火謂燒門之人皆待鼓音而然火也畢謂持撚二字不必改又訓撚爲執皆非也既執火則不能又持鼓矣案王說是也今據正即具發之具與俱通備蛾傳篇作俱適人除火而復攻王引之云除字義不可通除當爲辟辟與避同言我然火以燒敵人敵人避火而復攻城也隸書辟字或作辟見漢益州大守高眹脩周公禮殿記及益州大守高頤碑與除相似而誤備蛾傳篇正作敵人辟火而復攻詒讓案除火謂敵屏除城上所下之火左昭十八年傳云振除火災備蛾傳篇作辟義同王說未塙縣火復下適人甚病故引兵而去則令吾死士畢云舊挩士字据備蛾傳增左右出穴門擊遺師畢云猶言餘師蘇云遺蓋遺之誤備蛾傳篇同詒讓案遺疑當爲遁之誤令賁士主將皆聽城鼓之音而出王引

之云賁字義不可通賁當爲者字之誤也隸書者賁二字相似說見天志篇者與諸同秦詛楚文者侯卽諸侯泰山刻石者產得宧卽諸產得宧大戴記衛將軍文子篇道者孝悌盬鐵論散不足篇者生無易由言漢書武五子傳其者寡人之不及與竝以者爲諸上文已令死士出擊矣故諸士及主將皆聽城鼓之音而出卽可勝敵也號令篇有諸人士又云諸吏卒民給纕案賁字不誤賁與虎賁義同宋書百官志云虎賁舊作虎奔言如虎之奔走也風俗通義正失篇云言猛怒如虎之奔赴也是其義也又聽城鼓之音而入因素出兵施伏畢校改素爲數云舊數作素伏作依據備蛾傅改王云鄭注喪服曰素猶故也因素出兵猶言照舊出兵耳畢改素爲數則義不可通備蛾傅篇正作素不作數也夜半城上四面鼓噪畢云說文云噪擾也此省文適人必或畢云同惑有此必破軍殺將以白衣爲服以號相得謂口爲號也號令篇云夕有號六韜金鼓篇云以號相命勿令乏音若此畢云舊作也以意改則雲梯之攻敗矣

備水第五十八

城內塹外周道詳備城門篇廣八步備水謹度四旁高下城地中

徧下此當作城中地徧下令耳亣內畢云耳疑瓦字蘇云令與瓴通六書故曰瓴牝瓦仰蓋者仰瓦受覆
瓦之流所謂瓦溝詒讓案耳疑當爲巨篆文相近卽渠之省此與備城門篇令耳異及下地地深穿之
令漏泉畢云通典守拒法云如有洩水之處卽十步爲一井井之內潛通引洩漏卽其遺法置則瓦井
中畢云則同側視外水深丈以上鑿城內水耳耳亦當爲巨卽水渠字畢云疑瓦字
失之並船以爲十臨畢云言方舟以爲臨高之具臨三十人戰國策楚策云舫船載卒一舫
載五十人此一船止三十人與彼異人擅弩計四有方方畢本作弓云舊作方以意改王云擅與撣同
謂提持也說見備城門篇詒讓案備蛾傅篇云令一人操二丈四矛矛誤作方則此方亦矛之誤有疑當爲酋音近而誤
韓非子八說篇云搢笏干戚不適有方鐵銛有方亦酋矛之誤與此正同此丈疑當云人擅弩什四酋矛或作什六人擅
弩四酋矛什計艸書相近而誤號令篇云諸男女有守於城上者什六弩四兵蓋守法通率十人之中六人挑弩主發四
人執兵主擊刺此云什四酋矛卽四兵也然則臨三十人蓋擅弩者十八人擅矛者十二人與必善畢云善同繕言
勁也以船爲轒轀疑當讀必善以船爲轒轀七字句畢讀恐非此與陸戰以車爲轒轀同詳備城門篇二

十船爲一隊選材士有力者三十人共船亣二十人人擅有
方方畢本亦改弓王云有字疑衍詒讓案疑亦當作亣十二人人擅酋矛與上文什四酋矛文數正合今本十二兩字
譌到酋矛亦譌作有方遂不可通畢王兩校並未審劍甲鞮瞀畢云說文云鞮革履也瞀鍪字假音說文云鍑
屬王引之云畢分鞮鍪爲二物非也鞮鍪卽兜鍪胄也故與甲連文韓策曰甲盾鞮鍪漢書揚雄傳鞮鍪生蟣蝨
介胄被霑汗師古曰鞮鍪卽兜鍪也字亦作鞮鞪漢書韓延壽傳被甲鞮鞪皆共證十人人擅苗下人字舊
本挩今據王校補案疑當作十人人擅弩畢云苗同矛猶苗山卽茅山未塙先養材士爲異舍食
亣父母妻子以爲質視水可決以臨轒轀決外隄城上爲射
檥畢本改檥云說文云檥榦也言矢榦舊从手非今改詒讓案檥卽表儀之正字爾雅釋詁云儀榦也與說文義同然
此下云疾佐之則不得立表檥以射竊疑當爲射機備城門篇有作射機之法彼下文又云二十步一令善射者佐之與
此文亦可互證畢校未塙疾佐之畢云通典守拒法云城中速造船一二十隻簡募解舟檝者載以弓弩鍬钁每
船載三十人自暗門銜枚而出潛往斫營決隄堰覺卽急走城上鼓噪急出兵助之卽其遺法

備突第六十一此篇前後疑有挩文

城百步畢云後漢書注引有爲字一引無一突門此城內所爲以備敵者六韜突戰篇云百步一突門門有行馬突門各爲窯竈窯竈詳後備穴篇竇入門四五尺爲亣門上瓦屋亣字吳鈔本無毋令水潦能入門中吏主塞突門用車兩輪以木東之塗亣上亣舊本作其吳鈔本作亦今據校改亣維置突門內此卽備城門篇之轀也凡轀皆以車輪爲之而維以繩故備蛾傳篇云斬維而下之蘇云維繫也使度門廣狹令之入門中四五尺畢云之後漢書注引作八置窯竈畢云窯後漢書注引作窒非門旁爲橐畢云舊作槖下同据後漢書注改又韓非子云干城拒衝不若堙穴伏櫜櫜當爲橐充竈伏柴艾畢云舊伏作狀以意改後漢書注作又置艾詒讓案袁譚傳李注引伏亦作狀則唐本已誤寇卽入下輪而塞之舊本輪誤輔畢云後漢書注引作輪王云輪字是也上文曰吏主塞突門用車兩輪是其證案王校是也蘇說同今據正鼓橐而熏之

備穴第六十二

〔備城門篇說攻具十二穴在突前此次與彼不同疑亦傳寫移易非其舊也〕

禽子再拜再拜曰敢問古人有善攻者〔古王校改適云舊本適作古古乃適之壞字今改正詒讓案備梯篇說守道云古有其術者則古字似非誤〕穴土而入縛柱施火以壞吾城〔蘇云境內篇云穴通則積薪積薪則燔柱通典兵門說距闉謂鑿地爲道行於城下攻城建柱積薪於其柱圍而燒之柱折城摧卽古穴攻法也〕城壞或中人〔此下舊本有大鋌前長尺云云七百餘字今依顧校移前備城門篇〕爲之柰何子墨子曰問穴土之守邪備穴者城內爲高樓以謹〔王引之云自爲之柰何至以謹凡二十四字舊本誤入備城門篇今移置於此案王校是也蘇說同今據正以謹屬下候望敵人爲句〕候望適人適人爲變築垣聚土非常者〔畢云言以所穴之上築垣〕若彭有水濁非常者〔畢云水濁者穴土之驗王云若猶與也彭與旁通〕此穴土也急壍城內〔畢云玉篇云壍同塹〕穴亣土直之〔畢云亣舊作內亦以意改直當也說文云直正見也〕穿井城內五步一井傅城足〔畢云傅舊作傳以意改〕高地丈五尺

畢云言祝城足之高於地丈五尺者穿之詒讓案此言高地則以深丈五尺爲度畢說失之下地得泉三尺而止舊本無下字王引之云當作下地得泉三尺而止下地與高地對文今本脫下字案王校是也今據補令陶者爲罌容四十斗以上固順之以薄𩊚革固順義難通順當作幎冥頁巾川隸書相近而誤說文巾部云幎幔也亦作幂廣雅釋詁云冥幂覆也固幎之以薄𩊚革謂以革堅覆罌口也文選馬汧督誄李注引作幕罌幂之誤李所舉雖非元文然可推校得其㳺誤之由也畢云郎通典所云以新罌用薄皮裹口如鼓也蘇云唐韻𩊚盧各切音洛說文云生革可以爲縷束也詒讓案薄𩊚革幎罌蓋與冒鼓相似呂氏春秋古樂篇云帝堯命質爲樂乃以麋𩊚置缶而鼓之彼置當作冥郎幂之叚字可證通典如鼓之說置井中使聽耳者伏罌而聽之審知穴之所在鑿穴迎之舊本鑿穴之穴譌作內王校改穴云篆文穴字作內因譌而爲內詒讓案王校是也今據正畢云文選注引云若城外穿地來攻者宜於城內掘井以薄城幕罌內井使聽耳者伏罌而聽審知穴處鑿內迎之太平御覽引云若城外穿地來攻者宜城中掘井以薄甕內井中使聽聽者伏甕聽之審知穴處鑿內而迎之與此微異通典守拒法云地聽於城內八方穿井各[illegible]二丈以新罌用薄皮裹口

如鼓使聰耳者於井中訊罌而聽則去城五百步內悉知之審知穴處助鑿迎之云云即其法也令陶者爲月明王引之云月明當爲瓦罌備城門篇瓦木罌容十升以上是其證隸書瓦字作凡與月相似而誤明者罌之壞字耳案王校是蘇校月字同長二尺五寸六圍王引之云六圍上當有大字備城門篇木大二圍即其證中判之合而施之穴中穴舊本譌內今據王校正偃一偃仰覆一畢云下疑當接後下迫地句柱之外善周塗亓傅柱者勿燒畢云亓傅舊作亦傅以意改柱者勿燒畢云四字衍柱善塗亦竇際縫也畢云勿令泄令氣出也即下文云無兩旁皆如此與穴俱前畢云穴舊作內以意改詒讓案言爲穴柱與鑿穴俱前猶下云令穴者與版俱前也自柱之外至此三十四字並說穴柱與上下文不相冡疑當在後文無柱與柱交者下然首尾文義亦不甚相接未敢輒移附識於此下迫地句此文不屬疑當接上偃一覆一蓋謂施罌穴中其下迫地也置康若灰亓中畢本灰作矢云康即穅字見說文矢舊作疾以意改下同王引之云畢改非也疾乃灰之誤非矢之誤備城門篇囊灰康粃杯其證康灰皆細碎之物故同置於穴中矢則非其類矣灰俗作厌疾本作疾二形相似又涉下文疾鼓橐而誤

耳（詒讓案王校是也今據正下同）勿滿（句）灰康長五竇（五疑互之誤說文木部云梐竟也古文作互此言竟滿其竇猶下云戶內有兩蒺藜皆長極其戶也）左右俱雜相如也（雜猶帀也詳經上篇）穴內口爲竈令如窯（畢云說文云窯燒瓦竈也即今窰字正文）令容七八員艾（員即丸也論衡順鼓篇云一丸之艾）左右竇皆如此竈用四橐（淮南子本經訓云鼓橐吹埵高注云橐冶鑪排橐也）穴且遇（畢云舊作愚據下改）以頡皋衝之疾鼓橐熏之必令明習橐事者（畢云習舊作翟以意改）勿令離竈口（畢云迎與守拒法云審知穴處助鑿迎之與外相遇即就以乾艾一石燒令煙出以板於外外密覆穴口勿令煙洩仍用鞴袋鼓之即其遺法所云以板於外密覆穴口勿令煙洩即下連版法也）連版以穴高下廣陝爲度（陝吳鈔本作狹蘇云陝與狹同詒讓案陝正狹俗詳備城門篇）令穴者與版俱前鑿亓版令容矛（畢云舊作予以意改）參分亓疏數（此言版上鑿空之數蘇云參與三同數讀爲促）令可以救竇穴則遇（蘇云則猶即也）以版當之（畢云當舊作攸以意改）以矛救竇勿令塞竇竇則塞引版而郤（畢云

引舊作弓以意改郄郤字俗寫詁讓案王改郤廣雅釋言云郤退也過一竇而塞之過王校作遇鑿穴竇通穴煙煙通疾鼓橐以熏之從穴內聽穴之左右從舊本作徒畢以意改從王引之云畢改非也敵人穴土而來我於城內鑿穴而迎之此本無他穴可從不得言從穴也徒當爲從謂從穴內聽之也隸書從字作从與徒相似而誤漢書王莽傳司恭司從司明司聽今本從譌作徒案王校是也今據正穴下舊本捝之字今據道藏本吳鈔本補急絕穴前勿令得行若集客穴塞之以柴塗令無可燒版也然則穴土之攻敗矣畢云穴土舊作內土以意改王引之云自候望適人至穴土之攻敗矣凡三百四十五字舊本亦誤入備城門篇今移置於此以謹候望適人六字文義緊相承接不可分屬他篇且上文曰備穴者城內爲高樓下文曰然則穴土之攻敗矣則爲備穴篇之文甚明案王校是也蘇說同今據移正寇至吾城急非常也謹備穴穴疑有應寇句急穴句穴未得慎毋追似言未得敵穴所在則勿出城追敵畢云言已不謹其備且勿追寇凡殺以穴攻者二十步一置穴穴高十尺鑿十尺言穴廣與高等鑿如前如讀爲而

言穴向前鑿之步下三尺謂每步則下三尺然所下太多疑步上有挩字十步擁穴左右橫行高廣各十尺殺舊本重高字畢云兩高字疑當爲扇蘇云高字疑誤重詒讓案道藏本吳鈔本並無下高字是也今據刪殺上疑當有爲字此言凡穴直前十步則左右橫行別爲方十尺之穴謂之殺以備旁出也備梯篇說置裙城外亦云二十步一殺俚兩罌深平城畢云俚同埋詒讓案備城門篇作貍此作俚並薶之叚字置板亓上䏲板以井聽畢云䏲未詳詒讓案䏲疑聯之誤聯版卽上文之連版也五步一密卽上文所謂穿井城內五步一井也蘇云井聽疑誤倒當作井五步一用抬若松爲穴戶抬未詳疑卽梓之異文蘇云抬或桐字之譌亦通戶穴有兩蒺藜戶穴當作戶內蒺藜藜作蔾與六韜軍用篇同詳備城門篇吳鈔本作藜皆長極亓戶戶爲環蓋著環以便開閉壘石外埻吳鈔本作厚畢云埻卽厚字說文云垕古文厚从后土此又俗加詒讓案外厚義難通埻疑埻字之誤玉篇土部及集韻十九鐸字並作墇蓋卽郭之異文與墇字別漢書尹賞傳云致令辟爲郭顏注云郭謂四周之內也此云壘石外埻亦謂壘石爲穴外周郭卽下文云先壘窯壁也高七尺加堞亓上勿爲陛與石以縣陛上

下出入（此皆備敵人之集吾穴也蘇云言穴中勿爲陛階出入者絕而上下也）具鑪橐（畢云舊俱作橐）橐以牛皮鑪有兩缻以橋鼓之百十（畢云橋桔皐也詒讓案百十似言橋之重百上疑挩重字十當爲斤斤譌作什又挩其偏旁耳下文可證）每亦熏四十什（亦畢本作丌道藏本吳鈔本作亦以文義審之此當作毋下重四十斤毋每下亦重熏斤什並形近而誤）然炭杜之（畢云然即燃正文）滿鑪而蓋之毋令氣出適人疾近五百穴（蘇云五百二字乃吾字之譌下言吾穴是）也穴高若下不至吾穴（言客穴與丙穴不正相直也）卽以伯鑿而求通之（伯吳鈔本作百疑當作倚倚邪也詳備城門篇言穴不正相直則必邪鑿之乃可通也後文云丙去竇尺邪鑿之）穴中與適人遇則皆圍而毋逐（蘇云圍與禦同言與敵相持勿逐去之）且戰北（疑當作戰且北言戰而詳北以誘敵使深入穴中也）以須鑪火之然也卽去而入壅穴殺（壅卽擁之俗壅穴殺卽上文所謂十步擁穴左右橫行高廣各十尺者也）有鼠竄（畢云俱鼠字之誤詒讓案疑即後鼠穴然鼠字不當重畢說未塙下一字疑卽竄之異文變穴形爲臼耳說文穴部云竄匿也从鼠在穴中鼠竄猶云鼠

穴矣為之戶及關籥此亦謂殺也關籥當讀為管鑰管即鍹鑰即匙也與備城門篇門植關異說詳彼

獨順得往來行亓中言內能出外不能入也穴壘之中各一狗狗吠即

有人也斬艾與柴長尺畢云柴舊作此以意改詒讓案此疑即柴之省此書多用省借字如以也

為他以之為為志皆其例也備突篇亦云亓竈伏柴艾自斬艾與柴長尺至男女相半凡三百九十四字舊本錯入備城門

篇畢本同王云以下以多言鑿穴之事當移置於備穴篇然未知截至何句為止詒讓案王校甚是而未及移正蘇謂此

錯文當截至諸作穴者五十八男女相半為止是也本篇下文五十八三字前後文義不相屬即錯簡之輕迹未盡泯者

也今據移著於此乃置窯竈中先壘窯壁迎穴為連王引之云連下當有版字而今

本脫之上文曰連版以穴高下廣陜為度是其證鑿井傳城足三丈一上云五步一井六尺為步

五步即三丈也視外之廣陜而為鑿井慎勿失句城卑穴高從穴難

畢云二一穴字舊俱作內以意改蘇云言高下不相值也鑿井城上俞云城上上無鑿井之理城上當作城內即

上文穿井城內之事詒讓案疑當作城下為三四井內新斳井中斳當為甀之誤畢云當為新罌

伏而聽之審之知穴之所在以上文校之審下之字疑衍穴而迎之穴且遇爲頡皋必以堅材爲夫畢云同趺如足兩分也舊本材作枚俞云枚乃材字之誤言必以材之堅者爲頡皋之趺也案俞校是也今據正以利斧施之命有力者三人用頡皋衝之灌以不潔十餘石畢云若穰矢之類趣伏此井中畢云伏舊作狀以意改趣同促詒讓案此當爲柴上文斬艾與柴柴亦作此備突篇亦以柴艾並舉故此下文云置艾其上皆可證置艾亣上七分七分義不可解疑當作七八員三字上文云穴內口爲竈令如窯令容七八員艾是其證盆蓋井口毋令煙上泄旁亣橐口疾鼓之以車輪轀轀輼同上當有爲字以車輪爲轀猶備城門篇云兩材合而爲之轀下文云以車兩走爲蓋也轀郎轀之別體文省作蓋正字當作轀詳備城門篇畢云下文作蓋郎蘊省文說文云蘊積也失之一束樵染麻索塗中以束之染舊本作梁畢云疑梁字蘇云梁爲染之誤染麻索以塗者所以避燒詒讓案蘇說是也備蛾傅篇云染其索塗中今據正鐵鎖六韜軍用篇鐵械鎖參連百二十具又有環利鐵鎖長二丈以上千二百枚此鐵鎖端亦有環與彼制合漢書王莽傳云以鐵鎖琅

當其顈畢云當爲瑣說文無鎖字据備蛾傳作瑣縣正當寇穴口畢云穴舊作内以意改鐵鎖長三丈畢云通典守拒法云先爲桔槔縣鐵鏁長三丈以上束柴葦焦草而燃之隊於城外所穴之孔以煙燻之敵立死已上疊聽連版伏艾縣鎖備穴土之法端環一端鉤言鐵鎖有兩端一端爲環一端爲鉤據通典說鐵鎖蓋以環繫於桔槔而鉤則以束柴葦焦草而燃之者也後文又有鐵鉤鼠穴高七尺鼠畢本改鼠云舊作鼠以意改詒讓案前及備梯篇並作鼠宂從舊本鼠穴猶齍穴亦即備梯篇之熏鼠也五寸廣柱閒也尺也疑亦七之誤謂穴牆兩旁各爲柱其閒七尺二尺一柱此謂穴牆一邊二尺則一柱也柱下傅舄一切經音義引許叔重云楚人謂柱磶曰礎畢云張衡西京賦云雕楹玉磶李善注云廣雅云磶礩也磶古字作舄二柱共一員十一員十一義不可通下文兩言員士疑十一即士字傳寫誤分之然員士亦無義蓋當爲負土周禮冢人賈疏云隧道上有負土此爲穴亦爲隧道故有負土蓋以板橫載而兩柱直楷之故云二柱共一負土下並同兩柱同質畢云礩古字如此詒讓案此與備城門篇樓四植植皆爲通舄制蓋略同横員士謂負土之版横者柱大二圍半必固亣員士無柱與柱交者似謂柱横

直相交然無字必誤上文錯入備城門篇者有柱之外皆周塗其附柱者云云三十四字疑此下之錯簡詳前穴二窯皆爲穴月屋畢云月疑穴字王引之云皆爲穴月屋當作皆爲穴門上瓦屋謂於穴門上爲瓦屋也備突篇曰突門各爲窯竈竇入門四五尺爲亓門上瓦屋是其證隷書瓦字作凡與月相似而誤又脫門上二字則義不可通案王校是也蘇說同爲置吏舍人各一人漢書高帝紀顔注云舍人親近左右之通稱也文穎云舍人主廄內小史官名也必置水蓋以備飲塞穴門以車兩走畢云郎車輪詒讓案備突篇作車兩輪備蛾傅篇亦云車兩走然車輪不當云走義未詳爲蓋蓋亦即轀字畢云蘊省文失之塗亓上以穴高下廣陝爲度令入穴中四五尺維置之入舊本作人蘇云人當作入維繫也此亦見備突篇案蘇校是也今據正當穴者客爭伏門畢云舊穴作內客作容以意改詒讓案道藏本客字不誤門疑門之誤轉而塞之爲窯容三員艾者畢云容舊作客以意改令亓突入伏尺畢云亓突入舊作亦突人以意改一本無伏尺二字詒讓案伏疑即上文之宓二字音近如宓義宓或作伏顔之推家訓書證篇謂俗作密是其例伏傅突一旁畢云傅舊作付以意改以二

槖守之勿離穴尋畢云舊作內予以意改以鐵長四尺半此疑即後文所謂短尋大如鐵服說即刃之二尋未詳畢云舊凡尋字作寻俱以意改內去竇尺內亦當爲穴邪鑿之上穴當心亓矛長七尺謂穴高則用長尋穴中爲環利率穴二六韜軍用篇亦有環利鐵鎖然其義未詳鑿井城上疑亦當爲下詳前俟亓身井且通王云身者穿之壞字也隸書身字或作牙見漢處士嚴發殘碑與穿字下半相似而誤居版上畢云居同倨詒讓案疑當如字畢說未塙而鑿亓一偏偏之借字畢以意改偏非下同已而移版鑿一偏頡皐爲兩夫亦同趺而旁貍亓植而數鉤亓兩端數鉤義難通吳鈔本數作敷疑當讀爲傅謂傅著鉤於頡皐之兩端也亓舊本作其吳本作亦亣當爲亓今校正諸作穴者五十八男女相半自斬文與柴長尺至此三百九十四字並從備城門篇移[illegible]五十八此三字上下文義不屬蓋即上文作穴者五十人之臘字今本上文錯入備城門篇惟此三字尚未刪去耳攻內爲傳士之口受六參蘇云士[illegible]作[illegible]口字誤蓋言器之盛土者詒讓案內亦當爲穴之誤傳疑當爲傅備城門篇云

此傳薪土叉或當作持此書凡言容備物多云持備城門篇云持水持沙此下文云持罌持醯皆是也備城門文舊本錯入此篇者持水字叉譌作傳火鎬疑此傳土亦當爲持土之譌參疑當〔㠯〕爲絫形近而誤備城門篇參石郎礧石可證絫郎虆之叚字虆盛土籠見備城門篇約枲繩以牛亣下可提而與投蘇云枲繩麻繩也牛義未詳疑絆字之誤與當作舉已則穴七人守退壘之中爲大廡一藏穴具亣中蘇云廡古文甒見儀禮注方言云罌周魏之閒謂之甒難穴難疑鑿之誤下並同取城外池脣木月散之什句斬亣穴疑當作取城外池脣木瓦散之外塹亣內上文云穿塹城內是也斬鑿塹之省外什死月內穴竝形之誤深到泉泉舊本誤作界王引之云界字文義不明界當爲泉備城門篇下地得泉三尺而止是其證隸書泉字或作泉見漢郃陽令曹全碑界字作果見衛尉卿衡方碑二形相似而誤案王說是也今據正難近穴爲鐵鈇說文金部云鈇莝斫刀也金與扶林長四尺扶林疑當作鈇枋枋柄通周禮大宰八柄外史作枋財自足財舊本誤則據道藏本吳鈔本正史記孝文紀見馬遺財足索隱云財字與纔同漢書揚雄傳財足以奉郊廟顏注云財讀爲纔同管子度地篇云率部校長官佐財足財自足數適足不過

多也客卽穴漢書西南夷傳顏注云卽若也畢云卽就也非亦穴而應之爲鐵鉤鉅長四尺者財自足鉅與距通荀子議兵篇所謂宛鉅穴徹蘇云徹通也詒讓案蘇說是也畢讀穴上屬云繩與穴等也非以鉤客穴者蘇云此言鐵鉤之用爲短矛短戟短弩䖟矢䖟矢蓋亦短矢也方言云箭其三鐮長尺六者謂之飛䖟郭注云此謂今射箭也文選閒居賦激矢䖟飛李注引東觀漢記光武作飛䖟箭以攻赤眉廣雅釋器云飛䖟箭也此䖟矢疑亦卽飛䖟也財自足穴徹以鬭蘇云矛戟弩矢所以鬭以金劒爲難此義難通疑當作斲以金爲蘄斲俗書或作劉前魯問篇又譌作劉說文刃部劒籀文作劍二形相近蘄與難亦形近而譌見耕柱篇說文斤部云斲斫也斫擊也爾雅釋器云斫謂之鐯蘄卽鐯之俗詳經下篇鐯斫音義同此云斲以金爲蘄卽謂以銅爲斫斲其器之名蘄卽斫指其刃之首故以金爲之後云斧金爲斫與此文例同惟挩以字耳凡斧斤之刃以擊伐爲用故通謂之斫矣長五尺蓋并刃及杘之度後斧長三尺亦蓋杘計之是其例爲鑿畢云說文云鑿斤斧穿也案經典文凡以穿爲孔者此字假音木杘廣雅釋詁云杘柄也畢云說文云杘籆木柄也玉篇丑利切杘有慮枚慮疑鑪之省說文金部云鑪錯銅鐵也謂於木柄爲齒若

鑪錯枚未詳又疑處枚當作鹿盧收見備高臨篇以左客穴左佐古今字左下疑挩一字戒持罌容三十斗以上畢云容舊作客以意改詒讓案上文錯入備城門篇者云令陶者爲罌容四十斗以上斗舊本譌斤王云斤當爲斗隸書斗字或作斤因譌而爲斤案王校是也今據正貍穴中畢云貍舊作貍以意改丈一上文說爲罌置井中井五步一又云三丈一三丈即五步也此云丈一與彼不合疑丈上當有三字而傳寫挩之以聽穴者聲爲穴高八尺廣廣下疑挩尺數善爲傳置疑當作善爲傳埴即上文云善周塗其傳柱者之義具全牛交槀畢云疑茭藁詒讓案畢校非也具全牛交槀疑當作具鑪牛皮槀上云具鑪槀槀以牛皮槀亦並誤作槀此全即鑪字偏旁金形之誤皮與交形亦相近皮及⿰土去疑當作及瓦缶上文云鑪有兩缻衛穴二蓋陳䨟及艾畢云鄭君注公食大夫禮云藿豆葉也說文云𧅫未之少也少言始生之葉䨟省文詒讓案盇當爲蓋此書蓋字多譌爲盇詳非命篇蓋陳䨟及艾言多具此二物也蘇云盇當如上文戒持罌之戒令也失之穴徹熏之以吳鈔本無以字案此當作以熏之今本誤移以字著熏之下校者遂疑爲衍文而刪之耳上文說鐵鉤鉅云穴徹以鉤客穴者又說短矛等云穴徹以鬭並與此文例同可以互證斧

金爲斫斧下疑當有以字斫亦卽斧刃屎長三尺衞穴四爲壘疑當爲壟見備城門篇衞穴四十屬四屬斷之省卽備城門篇之㞕屬爲斤斧鋸鑿钁吳鈔本作钁畢云說文云钁大鉏也玉篇云㞕㞕縛切鋤钁詒讓案六韜軍用篇云棨钁刃廣六寸柄長五尺以上三百枚但钁似與钁不同畢說未塙玉篇金部云鑺局虞切軍器也說文新附亦有此字鉏㯮玉謂書顧命一人冕執瞿孔傳瞿戟屬瞿卽钁但此鑺與鑿類舉似非顧命之瞿疑卽韓詩之銶鑺銶一聲之轉詩豳風破斧毛詩傳云鑿屬曰錡木屬曰銶釋文引韓詩云銶鑿屬也財自足爲鐵校衞穴四說文木部云校木囚也周易集解引虞翻云校者以木絞校者也鐵校蓋鑄鐵爲闌校以禦敵爲中櫓高十丈半廣四尺十丈半於度太高疑丈當作尺備城門篇云百步爲櫓櫓廣四尺高八尺廣與此同而高差二尺半彼蓋小櫓與此爲橫穴八櫓疑當作大櫓六韜軍用篇有大櫓小櫓下疑有挩文蓋具稾枲財自足以燭穴中蓋亦蓋之誤蘇云稾枲可然以爲燭蓋持醯蘇云據文義當作戒持醯醯或醢字之訛俞云醯疑醢之壞字詒讓案此亦當作盇持醯蘇改盇爲戒非廣韻十二齊云醯俗作醓此醓卽醯之誤下並同醓盇可以禦煙春秋繁露郊語篇云人

之言醯去煙今本蘇露醯作醞亦字之誤客卽熏以救目救目分方鑿穴畢云鑿卽鼓蘇云疑鑿字之訛以盎盛醯置穴中蘇云盎疑盆字之訛文盆毋少四斗文道藏本吳鈔本作丈今案當作大卽熏以自臨醯上自當爲目及以沺目畢云玉篇云沺大水也未詳俞云沺疑油之壞字詒讓案沺當爲洒說文水部云洒滌也西部籀文西作卤故譌作田形洒目卽以救目也

備蛾傅第六十三

前備城門篇蛾作蟻俗螘字孫子謀攻篇作蟻附曹注云使士卒緣城而上如蟻之緣牆周書大明武篇云俄傅器櫓俄亦蛾之誤畢云蛾同螘說文云螘蚍蜉也蛾羅也又云蠽蠶化飛蟲也經典多借爲螘者音相近耳傅亦附字假音

禽子再拜再拜曰敢問適人強弱遂以傅城後上先斷王云斷斬也號令篇曰不從令者斷擅出令者斷失令者斷以爲活程畢云城程爲韻王云活者法之誤言敵人蛾附登城後上者則斷之以此爲法程也呂氏春秋愼行篇曰後世以爲法程說苑至公篇曰犯國法程漢書賈誼傳曰後可以爲萬世法程篆書去字作㚎缶字作𠙻二形相似隸書去字作厺缶字作缶亦相似故從去從缶之字傳寫多誤詒讓

象王說是也湉卽俗法字隋鄧州舍利塔銘法作湉與湉略同呂覽高注云程度也斬城爲基斬塹之省或云鏨之省說文金部云鏨小鑿也掘下爲室前上不止畢云上舊作止以意改後射既疾畢云室疾爲葥爲之柰何子墨子曰子問蛾傳之守邪蛾傳者將之忿者也忿舊本作忽洪云孫子謀攻篇將不勝其忿而蟻附之蛾傳卽蟻附禮記蛾子時術之釋文本或作蟻古字通用忽卽忿字之譌案洪校是也今據正守爲行臨射之卽高臨詳前校機藉之備穴篇有鐵校亦詳備高臨篇擢之舊本擢作擢今據道藏本吳鈔本正說文手部云擢引也擢爪持也審校文義當以作擢爲正太氾迫之太氾當爲火湯備梯篇云薪火水湯以濟之燒荅覆之沙石雨之然則蛾傳之攻敗矣備蛾傳爲縣脾畢云疑陴字以木板厚二寸前後三尺旁廣五尺高五尺而折爲下磨車磨當爲磿周禮遂師鄭衆注云抱磿磿下車也當卽此下磿車亦卽備高臨篇之磿鹿蓋縣重物爲機以利其上下皆用此車故周禮王葬以下棺此下縣陴亦川之下云爲之機亦卽此也轉徑尺六寸蘇云轉當作輪詒讓案圓徑尺六寸則其周四尺八寸强

令一人操二丈四方畢云疑矛字訛詒讓案畢校是也考工記廬人云夷矛三尋鄭注云八尺曰尋此即夷矛也刃其兩端居縣脾中以鐵璅吳鈔本作瑣鐵璅見前畢云說文無鎖字此璅與瑣皆無鎖鑰之義古字少故借音用之敷縣二脾上衡敷傅通謂鐵璅傅著縣繫縣脾之上衡也二疑當爲縣之重文蘇云二字誤衍未塙爲之機令有力四人下上之弗離離舊本作雜俞云雜乃離字之誤備城門篇突一旁以二橐守之弗離備穴篇令一善射之者佐一人皆弗離並其證案俞校是也今據正施縣脾大數二十步一攻隊所在六步一蘇云此言設縣脾多寡之數蓋疏數視敵爲之爲纍畢云當爲壘荅廣從丈各二尺王引之云從音縱橫之縱廣從丈各二尺義不可通丈各當爲各丈言荅之廣從各丈二尺也蘇說同詒讓案王說是也下文云荅廣丈二尺以木爲上衡以麻索大徧之疑當作以大麻索編之染其索塗中爲鐵鏁畢云据上文當爲璅玉篇云鏁俗鉤其兩端之縣六韜軍用篇云環利鐵鎖長二丈以上千二百枚環利大通索大四寸長四寸以上六百枚客則蛾傅城燒荅以覆之連箟畢云義未詳抄大皆救

之抄大當作沙大以車兩走卽備城門篇之轀也車兩走卽兩輪此及前備穴篇並以車兩輪爲兩走備突篇云吏主塞突門用車兩輪以木束之塗其上軸閒廣大以圉疑當作圍犯之有誤挽⿰鹵虫其兩端畢云⿰鹵虫未詳廣雅有⿰犭鹵字云大也疑此卽矜異文詒讓案畢說非也⿰鹵虫疑當爲⿰矛虫之變體廣雅釋詁云⿰矛虫刺也玉篇矛部云⿰矛虫刺矛也經典从矛字或變从鹵爾雅釋詁矜苦也釋文矜作⿰鹵今是其例也⿰鹵虫其兩端者上云二丈四矛刃其兩端矣以束輪以下疑挽木字偏偏塗其上蘇云偏字誤重詒讓案下偏字疑當作徧上云以麻索徧之染其索塗中室中以榆若蒸室讀爲窒備城門篇云室以樵可燒之以待敵窒亦作室說文艸部云蒸折麻中榦也周禮甸師鄭注云木大曰薪小曰蒸以棘爲菊命曰火捽一曰傳湯以當隊客則乘隊燒傳湯斬維而下之王引之云燒傳湯三字蒙不相屬燒下當有荅字而今本脫之上文兩言燒荅是其證備城門篇城上二步一荅詒讓案傳湯卽以車兩走所作械名自可燒不必增荅也王校未塙備突篇說輪轀並云維置之故必斬維乃可下也令勇士隨而擊之以爲勇士前行當作以勇士爲前行號令篇云以勇敢爲前行可證城上輒塞壞城城下足爲

下說鑱杙長五尺說當作銳同聲叚借字說文金部云鑱銳也杙舊本作找王引之云找當爲杙備城門篇曰杙閒六寸剡其末此亦云剡其末爲五行行閒廣三尺故知找爲杙之譌案王校是也蘇說同今據正大圍半以上六韜軍用篇云委環鐵杙長三尺以上三百枚畢云圍疑圍皆剡其末爲五行行閒廣三尺貍三尺大耳樹之大耳疑犬牙之誤見備城門篇爲連殳長五尺說文殳部云殳以杖殊人也禮殳以積竹八觚長丈二尺建於兵車旅賁以先驅大十尺殳不得大至丈尺疑有誤梃長二尺畢云梃舊俱从手以意改大六寸索長二尺即備城門篇之連梃凡連殳連梃蓋皆以索係連之椎柄長六尺首長尺五寸備城門篇長椎長六尺頭長尺斧柄長六尺御覽兵部引備衝法用斧長六尺亦與此同備城門篇長斧柄長八尺此短二尺與彼異刃必利皆蓻字書無蓻字疑當作荅桀見備城門篇其一後未詳荅廣丈二尺□□丈六尺垂前衡四寸兩端接尺相覆勿令魚鱗三蘇云雜守云入柴勿積魚鱗簪畢注疑槮字假音竊謂此處三字亦槮字假音也詒讓案蘇說是也言爲荅之法以木兩端相衡接以尺爲度不可鱗次不相

墨十四

衡也著其後行前有前衡此疑當作後衡上下文有前行與此義似不同中央木繩一木疑當作
大長二丈六尺荅樓不會者以牒塞蘇云會猶合也牒當爲牒詒讓案說文片部云
牒札也廣雅釋器云牒版也謂以版塞壁隙蘇說非數暴乾畢云說文云暴晞也荅爲格令風上
下此亦未詳其義堞惡疑壞者疑壞謂未壞而疑其將壞也先貍木十尺一枚一
此字疑衍節壞當作即壞斵植以押慮盧薄於木畢云唐大周長安三年石刻云叜雕叜鄙
即斵字慮字衍文詒讓案押未詳慮即盧字之譌衍畢校得之盧薄漢書王莽傳爲銅薄櫨顏注云柱上枅也畢云
說文云櫨柱上柎也薄壁柱表八尺表疑衷之譌蘇云表當作長非廣七寸經尺一蘇云經徑
同詒讓案疑當作徑一尺數施一擊而下之擊疑即桔橰之桔詳備城門篇下之疑當作上下之桔皋
可上下也爲上下釫而斵之畢云說文云芣兩刃臿也或从从金或从手玉篇云釫同鏵鏵鍪也胡瓜切
經一疑當作徑一尺鈎疑當作鉤上疑有捝字禾樓禾疑當作木備城門篇有木樓羅石羅疑當作
絫聲之轉絫石即礧石見備城門篇縣荅植內毋植外謂縣於荅樓之內也備城門篇云樓四植植即

柞也杜格貍四尺杜格義難通疑當作柞格國語魯語云設穽鄂韋注云穽柞格也柞杜形近而誤周禮雍氏鄭注云擭柞鄂也莊子胠篋篇云削格羅落罝罘之知多則獸亂於澤矣釋文引李頤云削格所以施羅網也柞格柞鄂削格蓋皆穽擭之名旗幟篇有杜格疑亦柞格之誤高者十尺木長短相雜兌其上而外內厚塗之蘇云兌同銳外內疑當作內外或作外向詒讓案外內無誤爲前行行棧見備城門篇縣荅隅爲樓樓必曲裏吳鈔本作禮蘇屬下土讀云曲裏土疑再重二字之誤備穴云爲再重樓是也詒讓案曲裏即再重之譌說詳備城門篇土當屬下讀土五步一毋其二十畾畢云纍字詒讓案土五步一益謂積土也毋其二十畾疑當作毋下二十畾此書其字多作亓與下形近故互譌畾讀爲孟子虆梩之虆古字通用盛土籠也見備城門篇爵穴十尺一爵穴制詳備城門篇下堞三尺廣其外堞舊本譌壤吳鈔本又譌壞蘇云壞當作堞見備城門篇案蘇校是也今據正轉腨城上畢云腨即傳字詒讓案字書無腨字與傳形聲並遠未詳其說樓及散與池散疑當作殺革盆見備城門篇若轉疑當作若傳謂敵傳城也攻卒擊其後煖失治煖當爲緩言不急擊敵則以法

治之車革火未詳此數語與上下文義不相屬疑有譌捝凡殺蛾傅而攻者之法置薄城外蓋於城外植木為藩蔽備梯篇作裾畢云薄疑即薄字所謂壁柱去城十尺薄厚十尺伐操之法畢云操當為薄大小盡本斷之以十尺為斷離而深貍堅築之毋使可拔二十步一殺有𡑞當作鬲畢云方言云𡑞虞望也郭璞注云今云烽火是也此从土俗寫耳說文玉篇無此字案畢說非是厚十尺畢云備梯云殺有一鬲鬲厚十尺殺有兩門門廣五步畢云舊脫一門字據備梯增步備梯作尺詒讓案門不當亦三丈之廣當從尺為是薄門板梯貍之勿築畢云舊脫勿字據備梯增令易拔城上希薄門而置搗王引之云搗字義不可通搗當為楬字之誤也楬杙也希與睎同望也言望薄門而立杙也備梯篇置楬作直桀置直楬桀亦通廣雅楬杙也爾雅雞棲於弋為桀縣火四尺一椅當作樴畢云備梯作鉤樴五步一竈竈門有爐炭傳令敵人盡入畢云舊作人以意改車火燒門車備梯篇作煇此疑熏之誤詳備城門篇縣火次之出載而立畢云舊脫出字據備梯增其廣終隊兩載

之閒一火皆立而待鼓音而然畢云待舊作侍以意改詒讓案舊本作燃俗字今據吳鈔本正蘇讀待字句云鼓音上當有聽字非即俱發之敵人辟火而復攻小爾雅廣言云辟除也此謂敵人屏除所發之火復從舊隧而來攻故下云縣火復下也備梯篇作除火與此義正同王引之讀辟爲避蘇讀同並非縣火復下敵人甚病敵引哭而榆榆畢本作去云舊作榆音之譌據備梯改備梯多有譌異俞云哭當作師說文帀部師古文作𠦝形與哭相似故譌誤爲哭也詒讓案俞說近是榆去音下甚近疑當爲逃之借字古兆聲俞聲字多互通如詩小雅鹿鳴示民不恌毛傳云恌偷也可證則令吾死士左右出穴門擊遺師遺當作遁蘇謂潰之譌亦通令貴士主將皆聽城鼓之音而出貴士即奔士也王引之謂貴當作者即諸之省未塙詳備梯篇又聽城鼓之音而入因素出兵將施伏蘇云素當作數案素不誤詳備梯篇夜半而城上四面鼓噪敵人必或畢云人舊作之據備梯改或與惑同破軍殺將以白衣爲服畢云舊脫白字據備梯增以號相得

墨子閒詁卷十五

瑞安孫詒讓

迎敵祠第六十八

敵以東方來迎之東壇壇高八尺月令鄭注云木生數三成數八堂密八蓋堂爲多之形誤爾雅釋山云山如堂者密郭注引尸子云不知堂密之有美樅俞云密字無義疑當作宎說文宀部宎深也謂堂深八尺也不言尺者蒙上而省宎密相似因誤爲密矣下並同年八十者八人主祭青旗青神長八尺者八弩八八發而止將服必青其牲以雞月令注云雞木畜敵以南方來迎之南壇壇高七尺月令注云火生數二成數七堂密七年七十者七人主祭赤旗赤神長七尺者七弩七七發而止將服必赤其牲以狗賈子新書胎教篇青史氏記云南方其牲以狗狗者南方之牲也此與彼合月令犬屬秋注云犬金畜與此異敵以西方來迎之西壇壇高九尺月令注云金生

數四成數九堂密九年九十者九人主祭白旗素神長九尺者九弩九九發而止將服必白其牲以羊賈子云西方其牲以羊羊者西方之牲也此與彼合月令羊屬夏注云羊火畜與此異敵以北方來迎之北壇壇高六尺月令云注水生數一成數六堂密六年六十者六人主祭黑旗黑神長六尺者六弩六六發而止將服必黑其牲以彘月令注云彘水畜畢云已上與黃帝兵法說同見北堂書鈔詒讓案孔叢子儒服篇孔子高對信陵君問所勝之禮云先使之迎於適所從來之方爲壇祈克於五帝衣服隨其方色執事人數從其方之數牲則用其方之牲節本此從外宅諸名大祠從當作徙形近而誤謂城外居宅及大祠寇至則徙其人及神主入內也靈巫或禱焉給禱牲凡望氣有大將氣茅坤本有有中將氣四字有小將氣有往氣有來氣有敗氣畢云今此法存通典兵風雲氣候祲占也能得明此者可知成敗吉凶舉巫醫卜有所謂巫醫卜居各有所葢讀有所長何亦通長具藥醫之長掌具藥備用宮之疑當作宮養之今本挩養字號令篇云宇

入城先以候爲始得輒宮養之可證善爲舍巫必近公社必敬神之巫卜以請守茅本請作諸案巫卜下亦當有望氣二字守獨智巫卜望氣之請而已三略中略云禁巫祝不得爲吏士卜問軍之吉凶舊本氣誤在之字下畢云智知同言望氣之請唯告守獨知之王云請皆讀爲情墨子書通以請爲情此文當作巫卜以請報守守獨智巫卜望氣之請而已智與知同言巫卜以情報守巫卜望氣之情唯守獨知之而已勿令他人知也號令篇曰巫祝吏與望氣者必以善言告民以請上報守守獨知其請而已是其證舊本脫報守氣之二字又誤倒則義不可通案王校是也蘇校同今據乙其出入爲流言驚駭恐吏民謹微察之王云說文聰司也司今作伺聰字亦作微史記廉頗藺相如傳曰趙使人微捕得李牧漢書游俠傳使人微知賊處師古曰微伺問之也案亦詳號令篇斷罪不赦說文斤部云斷截也車部云斬截也又首部云𩠐截也三字同訓此斷蓋即𩠐字亦即斬也商子賞刑篇云晉文公斷顛頡之脊以徇望氣舍近守官官謂守所治官府茅本作宮牧賢大夫及有方技者若工弟之牧當爲收之誤工謂百工舉屠酤者蘇云酤與沽通賣酒也置廚給事弟之畢云言次第居之古次第字只

作弟詁讓案弟疑當爲鬭之省鬭與秩同言稟食之畢說未允凡守城之法縣師受事周禮地官有縣師上士二人若有軍旅之戒則受灋于司馬以作其衆庶及馬牛車輦會其車人之卒伍使皆備旗鼓兵器以帥而至侯國蓋亦有此官戰國時猶沿其制也出葆循溝防築薦通塗薦與荐通左哀八年傳荐之以棘杜注云荐雍也釋文云荐一作荐築荐通塗謂雍塞通達之塗也脩城百官共財蘇云共讀如供百工即事司馬視城脩卒伍吳鈔本視作施脩作修設守門蘇云門下疑脫一闔字案蘇說非二人掌右闔舊本二誤三俞云左右人數不應有異疑三人是二人之誤蓋門之啓閉皆四人守之啓則有左右之分故曰二人掌右闔二人掌左闔及閉則無左右之分故止曰四人掌閉也案俞說是也茅本正作二人今據正二人掌左闔闔闔之借字猶耕柱篇商奄作商蓋說文門部云闔門扇也左右闔即謂門左右扉蘇讀掌右掌左句誤四人掌閉百甲坐之左文十二年傳云裹糧坐甲荀子正論篇云庶士介而坐道俞云百乃皆字之誤言守門者皆甲而坐也詁讓案百字不誤城下門百甲城上步一甲文正相對城上步一甲一戟備城門篇云城上樓卒率一步一人其贅三人小爾雅廣詁云贅佐也三人爲甲戟士之

佐合迎五人而分守五步非一步有五人也五步有五長十步有什長百步有百長即備城門篇之帛尉也旁有大卒即旗幟篇四面四門及左右軍之將分守四旁中有大將即旗幟篇中軍之將皆有司吏卒長城上當階有司守之移中中處移中不可解疑當爲多卒之誤蓋城止每步一甲城下每門百甲此外多餘者爲多卒猶言羨卒也旗幟篇云多卒爲雙兔之旗商子境內篇云國尉分地以中卒隨之澤急而奏之畢云言居中者擇急事奏之澤當爲擇俞云畢校是也惟未解奏字之義史記蕭相國世家索隱曰奏者趨向之也擇急而奏之謂有急則趨向也士皆有職城之外矢之所遝遝舊本作還蘇云還猶至也王云還當爲遝謂矢之所及也下同案王校是也今據正說詳非攻下篇壞其牆無以爲客菌菌猶言翳也周書王會篇有菌鶴孔注云菌鶴可用爲旌翳是菌有翳蔽之義蘇云菌疑與楓義通意言城外有牆是令敵人得障蔽以避矢宜急壞之三十里之內薪蒸水皆入內水無入內之理當爲木上又脫材字薪蒸細木材木大木也雜守篇云材木不能盡入者燔之是其證狗彘豚鷄食其宍畢云宍肉字異文廣韻云肉俗作宍斂其骸以爲醢說文

酉部云醢肉醬也爾雅釋器云肉謂之醢有骨者謂之臡臡醢亦通偁腹病者以起呂氏春秋直諫篇高注云起興也謂病瘉而興起城之內薪蒸廬室矢之所還舊本亦作還今據王校改皆爲之涂菌蘇云涂菌所以遊矢涂塗同令命昏緯狗纂馬掔緯後漢書張衡傳李注云纂繫也說文手部云掔固也大戴禮記夏小正農緯厥耒傳云緯束也言緯纂必堅固蘇云緯束也掔手苦閑切音慳固也又牽去也與牽通言夜必防閑狗馬勿令驚逸詒讓案掔牽古通然此掔當讀如字似無牽義靜夜聞鼓聲而譟畢云譟字異文詒讓案周禮大司馬云鼓皆駴車徒皆譟鄭注云譟讙也所以閹客之氣也畢云閹遏也所以固民之意也故時譟則民不疾矣凡守城之法以下至此疑他篇之文錯箸於此祝史乃告於四望山川社稷祝史謂大祝大史也周禮大宗伯鄭注云四望五嶽四鎮四瀆案山川蓋謂中小山川在竟內者先於戎先於戎未詳疑當作先以戒下文云先以揮文例同乃退公素服誓于太廟曰其人爲不道蘇云其人疑當作某人詒讓案蘇校是也孔叢子正作某人不道不脩義詳脩吳鈔本作修畢云詳祥同唯乃是王疑當作唯

力是正力乃正王形並相近明鬼下篇云諸侯力正曰予必懷亡爾社稷蘇云懷疑當作懷詒讓案懷猶言思也似不誤滅爾百姓二參子尚夜自厦畢云當爲厲蘇云參即三下參發義同尚下當脫夙字或尚即夙字之訛詒讓案孔叢子云二三子尚皆同心比力死守與此略同以勤寡人和心比力兼左右各死而守兼下疑挩一字畢云左右助也既誓公乃退食舍於中太廟之右茅本太作大中大廟侯國大祖之廟也儀禮聘禮賈疏說諸侯廟制云大祖之廟居中二昭居東二穆居西廟皆別門祝史舍于社百官具御乃斗畢云疑刀斗字誤詒讓案斗疑升之誤下云乃下出侯升望我郊乃命鼓俄升此乃升與力下文正相對公舍在太廟右則升祫即格於廟與鼓于門畢云門舊作問以意改詒讓案孔叢子云乃大鼓於廟門詔將帥命卒習射三發擊刺三行告廟用兵於敵也依文則上斗字當作大未詳右置旂左置旌于隅練名謂門左右隅一置旂一置旌也畢讀右屬上鼓於門爲句誤說文系部云練湅繒也名銘古今字謂以練爲旂旌之旒而書名於上也爾雅釋天說旌旂云纁帛縿練旒九儀禮士喪禮云爲銘各以其物亡則以緇長半幅䞓末長終幅廣三寸書名于末鄭注云銘明旌也今文銘皆爲名周禮司

勳云銘書于王之大常是凡旌旗之屬通謂之銘此作名與禮今文正同說文亦無銘字射參發告勝五兵咸備五兵詳節用上篇乃下出挨畢云當爲俟升望我郊俟國宮廟有門臺故可升望國郊乃命鼓俄升公羊桓二年何注云俄者謂須臾之閒役司馬射自門右役司馬蓋官名掌徒役者蓬矢射之茅參發茅當爲矛蘇屬上讀云似言束茅而射之誤弓弩繼之校自門左校蓋軍部曲吏管子度地篇有部校長官商子境內篇云軍爵自一級以下至小夫命曰校徒操士戰國策中山策云五校大夫高注云五校軍營也又秦策云亡五校校下疑挩射字先以揮不著其兵器有佚挩木石繼之祝史宗人告社左傳哀二十四年杜注云宗人禮官也案即周禮大小宗伯侯國及都家並有之覆之以甑說文瓦部云甑甗也此蓋厭勝之術未詳其義

旗幟第六十九

畢云說文云旗熊旗五游以象罰星士卒以爲期釋名云熊虎爲旗軍將所建象其猛如虎與眾期其下也幟當爲織詩織文鳥章傳云徽織也陸德明音義音志云又尺志反又作識案漢書亦作志而無从巾字王改幟並爲職云墨子書旗識字如此舊本從俗作幟篇內放此詒讓案幟正字當作識號令襍守二

竊微職字並作職者叚借字也王校甚是但司馬貞立應所引並作幟則唐本如是以相承已久未敢輒改

守城之法木為蒼旗火為赤旗薪樵為黃旗石為白旗畢云北堂書鈔引作金為白旗土為黃旗水為黑旗食為菌旗自蒼英旗以上七旗並以色別菌非色名疑當為茜說文艸部云茜茅蒐也茅蒐可以染絳字或作蒨左定四年傳緒茷襍記鄭注引作蒨旆死士為倉英之旗蘇云倉英當即蒼鷹俞云倉英之旗乃青色旗倉英即滄浪也在水為滄浪在竹為蒼筤並是一義此又作倉英者英古音如央故與浪同聲案俞說是也竟士竟疑之借字畢云猶云彊上蘇云猶言勁卒為雩旗畢云虎字假音王云雩即虎之譌非其假音也鈔本北堂書鈔武功部又引此為虎旗上脫二字而虎字則不誤通典兵五亦曰須戰士銳卒舉熊虎旗隸書虎字或作雨見漢殽阮君神祠碑陰與雩字相似而誤多卒為雙兎之旗五尺男子為童旗五尺謂年十四以下詳襍守篇女子為梯末之旗蘇云梯末詳疑當作枯楊生稊之稊弩為狗旗戟為荏旗荏疑即旌字月令季秋載旌旐淮南子時則訓旌作荏荏荏皆旌之譌隸書旌或作㫌形相近周禮司常九旗析羽為旌畢云北堂書鈔引作林旗劒盾為羽

旗蓋卽司常九旗之全羽爲旞車爲龍旗畢云舊作壟據北堂書鈔改車彼作輿詒讓案舊鈔本書鈔仍作車輿今本同騎爲鳥旗騎謂單騎亦見號令篇左傳昭二十五年左師展將以公乘馬而歸孔疏云古者服牛乘馬以駕車不單騎也至六國之時始有單騎蘇秦所云車千乘騎萬匹是也曲禮云前有車騎者禮記漢世書耳經典無騎字也劉炫謂此左師展欲共公單騎而歸此騎馬之漸也案單騎蓋起於春秋之季而盛於六國之初故此書及吳子竝有之凡所求索旗名不在書者皆以其形名爲旗城上舉旗備具之官致財物句之足而下旗俞云下之字衍本作足而下旗蓋城上舉旗則備具之官各致其財物既足而後下旗也之字卽足字之誤而複者當删詒讓案之當作二卽物之重文物足而下旗言致財物既足共城上之用則偃下其旗也凡守城之法石有積樵薪有積菅茅有積茅吳鈔本作茆說文艸部云菅茅也陸璣毛詩艸木疏云菅似茅而滑澤無毛柔韌宜爲索茆茅古字亦通雚葦有積說文艸部云雚薍也葦大葭也雈部云雚小爵也音義竝別此雚當爲雈經典省作萑或假作雚非是周禮司几筵萑席唐石經初刻亦誤作雚木有積炭有積沙有積松柏有積蓬艾

有積麻脂有積金鐵有積粟米有積之王云金鐵當爲金錢字誤也金錢粟米皆守城之要物故並言之若鐵則非其類矣號令篇曰粟米錢金布帛又曰粟米布帛錢金穕守篇曰粟米布帛金錢皆其證太平御覽居處部二十引此正作金錢井竈有處畢云通典守拒法云城上四隊之閒各置八旗若須木樔拯柀舉蒼旗須灰炭稃鐵舉赤旗須檑木樵蕘舉黃旗須沙石甎瓦舉白旗須水湯不潔舉黑旗須戰士鋭卒舉熊虎旗須戈戟弓矢刀劍舉鷙旗須皮氈麻鍱鍬钁斧鑿舉雙兔城上舉旗主當之官隨色而供亦其遺法重質有居畢云言居其妻子五兵各有旗節各有辨說文刀部云辨判也凡符節判析其半合之以爲信驗荀子性惡篇云辨合符驗周禮小宰傳別朝士判書鄭注引故書別判並作辨聲義並相近法令各有貞廣雅釋詁云貞正也又疑或爲員之譌蘇云貞爲具字之訛非輕重分數各有請請與誠通主慎道路者有經愼循之叚字謂循行道路也周禮體國經野鄭注云經謂爲之里數亭尉各爲幟竿長二丈五亭尉即備城門篇之帛尉及迎敵祠篇之百長也帛長丈五廣半幅者大畢云太平御覽引云凡幟帛長五丈廣半幅爲譌案史記高祖紀索隱引墨翟曰幟帛長丈五廣半幅一切經音義

五云墨子以爲長丈五尺廣半幅曰幟也並即據此文是唐本已如此御覽不足據後文城將幟五十尺以次遞減至十五尺止亭尉卑自當丈五尺不宜與城將等也又者大畢本据惠士奇禮說改爲有大屬下寇傳攻前池外廉爲句案著字不誤大當爲六二字形近下文大城大又譌六可互證六即亭尉幟之數蓋每亭爲六幟以備寇警緩急舉踣之用下文舉一幟至六幟解如數踣之並以六爲最多故此先著其總數也惠畢並誤改其文又失其句讀寇傳攻前池外廉廉邊也詳雜守篇城上當隊鼓三舉一幟到水中周周州聲近通用俗又作洲說文川部云水中可居曰州周遶其旁鼓四舉二幟到藩吳鈔本作蕃藩蓋池內厓岸編樹竹木爲牆落備城門篇云馮垣外內以柴爲藩即此雜守篇云牆外水中爲竹箭明水在外牆在內矣鼓五舉三幟到馮垣蓋卑垣在外堞外者詳備城門篇鼓六舉四幟到女垣女垣即堞說文土部云堞城上女垣也阜部云陴城上女牆俾倪也此女垣在馮垣內大城外蓋即號令篇之女郭備城門篇之外堞也備城門篇別有內堞鼓七舉五幟到大城畢云大舊作六以意改下同鼓八舉六幟乘大城半以上鼓無休夜以火如此數寇卻解輒部幟如進

數畢云言數如此行之寇去始解輒部署幟如前也王引之云部讀爲踣謂仆其識也周官大司馬弊旗鄭注曰弊仆也仆踣部古字通呂氏春秋行論篇引詩曰將欲踣之必高舉之踣與舉正相反故寇來則舉識寇去則踣識也如進數者如寇進之識數而遞減之識之數以六爲最多故寇進則自一而遞加之寇退則自六而遞減之也畢以部爲部署失之又誤解如進數三字而無鼓蘇云言夜以火代幟鼓數同寇退則無鼓也城爲隆長五十尺城爲隆疑當作城將爲絳幟絳降降聲類並同左成十八年傳魏絳樂記孔疏引世本絳作降是其證此以隆爲絳猶尚賢中篇以隆爲降也隆下又挩幟字周禮司常鄭注云凡九旗之帛皆用絳城將即大將見號令篇字於四面四門之將故幟高於役十尺四面四門將長四十尺號令篇云四面四門之將必選擇之有功勞之臣及死事之後重者戴云將爲牆字聲誤非其次三十尺其次二十五尺其次二十尺其次十五尺高無下四十五尺此四字衍高無下十五尺即冢上長五十尺以次遞減至此爲極短也城上吏卒置之背王引之云卒字涉下文吏卒而衍下文卒置於頭上則不得又置之背也又案頭上也肩也背也胷也皆識之所置也說文徽識也以絳帛著於背張衡東京賦戎士介而揚揮揮

同徽薛綜曰揮謂肩上絳幟箸其證今不言識者城上吏之上文有脫文耳詒讓案王說是也此置背等並謂吏卒所著小徽識與上將旗不相家下文城中吏卒民男女皆辨異衣章徽令男女可知十八字疑卽此節首之挽文傳寫誤錯著於彼而此小徽識遂與上旗識淆掍不分矣尉繚子經卒令說卒五章前一行蒼章置於首次二行赤章置於項次三行黃章置於胷次四行白章置於腹次五行黑章置於要又兵教篇云將異其旗卒異其章左軍章左肩右軍章右肩中軍章胷前書其章曰某甲某士此上文五十尺至十五尺卽謂將異旗以下乃言卒異章之事二書可互證卒於頭上城下吏卒置之肩畢云舊作眉據禮說改下同左軍於左肩畢云左軍舊作在他據禮說王云下當有右軍於右肩五字而今本脫之詒讓案吳鈔本亦作在他道藏本作在也以字形審之疑當作左應於左肩右應於右肩中軍置之胷畢云此俗字當爲匈或胷各一鼓中軍一三未詳疑當作中軍三言鼓多於左右軍一衍文每鼓三十擊之三十擊之謂或三擊或十擊多少之數不過此也號令篇云中軍疾擊鼓者三又云昏鼓鼓十諸門亭皆閉之諸有鼓之吏謹以次應之當應鼓而不應不當應而應鼓舊本作不當應而不應鼓王云此當作當應鼓而不應鼓不當

應鼓而應鼓今本上下二句皆脫一鼓字蘇云下句當云不當應而應不字衍案蘇校是也道藏本吳鈔本應鼓上正無不字今據刪主者斬畢云言罪其鼓主道廣三十步於城下夾階者各二其井置鐵甕於道之外畢云說文云甕引曲也王引之云弓曲之義與鐵字不相屬且井旁亦非置弓之處竊謂甕乃雍字之譌雍讀若甕備城門篇云百步一井井十甕故曰其井置鐵甕爲屏屏所以障圂開元占經甘氏外官占甘氏云天溷七星在外屏南注云天溷廁也外屏所以障天溷也史游急就篇云屏廁清溷糞土壤三十步而爲之圖亦當作圂高丈爲民圂垣高十二尺以上巷術周道者說文行部云術邑中道也周道詳備城門篇言巷術通周道者必爲之門畢云必舊作心以改門二人守之非有信符勿行不從令者斬自巷術周道[illegible]至此並與旗幟無涉疑宅篇之錯簡城中吏卒民男女皆葕異衣章微王引之云葕字義不可通葕當爲辨辨異二字連文周官小行人曰每國辨異之隸書辨字或作辨見漢李翕析里橋郙閣頌因譌而爲葕王念孫云衣章微當作衣章微職說文微識也墨子書微識皆作微職見號令襍守二篇章亦微識之類也故齊策云變其微章微亦

與徽同此言男女之衣章徽識皆有别也故曰皆辨異衣章徽職令男女可知且此篇以旗職爲名則當有職字明矣今本辨譌作葕徽下又脫職字故義不可通案王校是也蘇引類篇曰蔓葕也非令男女可知此十八字疑當在上文城上吏卒置之背之首錯簡在此諸守牲格者牲格疑當作柞格詳備蛾傳篇三出却適畢云却玉篇云卻字之俗守以令召賜食前守即號令篇之太守以令亦屢見彼篇言傳令來前賜食予大旗予畢本以意改矛屬上讀蘇云予與通用畢誤署百戸邑若他人財物建旗其署令皆明白知之曰某子旗尉繚子兵教上篇云乃爲之賞法自尉吏而下盡有旗戰勝得旗者各視其所得之爵以明賞勸之心左哀十三年傳云彌庸見姑蔑之旗曰吾父之旗也牲格內廣二十五步外廣十步表以地形爲度俞云表乃袤字之誤備穴篇鑿廣三尺袤二尺王氏訂表爲袤之誤正與此同靳卒中教解前後左右靳疑當作勒尉繚子有勒卒令漢書晁錯傳云士不選練卒不服習起居不精動靜不集趨利弗及避難不畢前擊後解與金鼓之音相失此不習勒卒之過也蓋謂部勒兵卒將居中而教其前後左右解字疑誤卒勞者更休之休舊本作修今據吳鈔本茅本正

號令第七十 蘇云墨子當春秋後其時海內諸國自楚越外無稱王者故迎敵祠篇言公誓太廟可證其爲當時之言若號令篇所言令丞尉三老五大夫太守關內侯公乘皆秦時官其號令亦秦時法而篇首稱王更非戰國以前人語此蓋出於商鞅輩所爲而世之爲墨學者取以益其書也倘以爲墨子之言則謬矣詒讓案蘇說未塙令丞尉三老五大夫等制並在商鞅前詳篇中

安國之道道任地始禮記禮器鄭注云道猶從也地得其任則功成地不得其任則勞而無功人亦如此備不先具者無以安主吏卒民多心不一者皆在其將長言責在將與長也諸行賞罰及有治者必出於公王畢云公舊作功一本如此詒讓案茅本亦作公道藏本吳鈔本並作功此對上將長爲文疑當作王公下文云出粟米有期日過期不出者王公有之是其證傳寫到作公王畢遂以王字屬下句失之數使人行勞賜守邊城關塞備蠻夷之勞苦者舉其守卒之財用有餘不足畢云疑卒之誤地形之當守邊者其器備常多者邊縣邑視

其樹木惡則少用言材木不足共用田不辟畢云闢假音字少食田荒農惰則食不足無大屋草蓋少用桑畢云言無大屋之處當留桑以爲蔭一本作乘非詒讓案桑道藏本茅本並作桒俗桑字說文艸部云蓋苫也釋名釋宮室云屋以草蓋曰茨茨次也次比草爲之也草蓋謂以草蓋屋少用桑當作少車乘乘桒形相近言室惡民貧則不能畜車乘馬牛也畢沿誤爲說殊謬多財民好食下有挩誤爲內牒牒疑堞之誤內堞見備城門篇畢引說文云牒札也非此義內行棧亦見備城門篇置器備其上城上吏卒養養卽廝養之養公羊宣七年何注云炊亨曰養蘇云養謂權食誤皆爲舍道內各當其隔部吳鈔本作步太白陰經司馬穰苴云五人爲伍二伍爲部部隊也隔部卽城上吏卒什人所守分地皆有隔以別其疆界下云人自占畫敵著之其署隔則凡署皆有隔養什二人十人爲什言每卒十人則有養二人吉天保孫子集注引曹操云一車駕四馬養二人主炊步兵十人亦十步卒二養與此略同爲符者曰養吏一人養吏吏掌養爲符信者辨護諸門辨護猶言監治也亦見周禮大祝山虞鄭注山虞賈疏引尚書中候握河紀云堯受河圖稷辨護注云辨護者供時用相禮儀案辨卽今辦治字漢書李廣傳顏注

云護謂監視之此養吏辨護諸門亦謂辨治監視諸守門之事與中候注義小異畢云辨卽今辦字正文門者及有守禁者皆無令無事者得稽留止其旁舊本重稽字又止作心道藏本吳鈔本茅本稽字並不重畢云心當爲必或衍一稽字王引之亦刪稽又云改心爲必義仍不可通心當爲止言勿令無事者得稽留而止其旁也隸書止心相似故止譌爲心詒讓案王校是也蘇說同今據刪正倭刻茅本校云心一作止正與王校同不從令者戮敵人但至但茅本作伹从且疑且字之誤千丈之城千茅本作十下丈仍作千雜守篇云率萬家而城方三里此云千丈爲方五里有奇蓋邑城之大者尉繚子守權篇云千丈之城則萬人守之戰國策趙策云今千丈之城萬家之邑相望也齊策亦云千丈之城拔之尊俎之間畢云千當爲十失之必郭迎之舊本迎作近畢云當爲迎之案畢校是也今據正主人利不盡千丈者勿迎也視敵之居曲畢云言所居曲隘詒讓案曲部曲又疑與之誤衆少而應之此守城之大體也其不在此中者皆心術與人事參之心疑當作以凡守城者以亟傷敵爲上亟舊本譌函今據王校正說詳貴問及備城門篇畢云言扞禦傷敵其延日

持久以待救之至明於守者也倭本棲云至下脫不不能此蘇云不疑當作必
乃能守城[illegible]城之法敵去邑百里以上城將如今畢云當爲令王引之云畢說非也如猶乃也言敵人將至城將乃今召五官百長而命之也下文曰輔將如今賜上卿與此文同一例則今非令之譌詒讓案畢說是也此書軍吏有城將郎大將有輔將郎四面四門之將地治之吏有守有令有丞有尉有五官凡守城之事皆城將及守令主之並詳後如令猶言若令下文如今亦如令之譌王說失之盡召五官及百長五官蓋都邑之小吏周制侯國有五大夫因之都邑亦有五官韓非子十過篇云趙襄子至晉陽行其城郭及五官之藏此即都邑之五官殆如後世吏有五曹之類後文吏有丞比五官則五官卑於丞也又左傳成二年晉軍帥之下有司馬司空輿師候正亞旅成十八年及晉語悼公命官別立軍尉而無亞旅成二十五年傳又謂之五吏淮南子兵略訓說在軍五官有司馬尉候司空輿與晉制同竊疑此五官亦與彼相類後文有尉都司空候或即五官之名與亦詳節喪篇以富人重室之親舍之官府府舊本譌作符王引之云符當爲府言舍富人重室之親於官府也下文云其有符傳者善舍官府是其證篇內言官府者多矣若云舍之官符則義不可通此涉上下文諸符字

而誤案王校是也蘇說同今據正謹令信人守衛之謹密爲故俞云故猶事也言務以謹
密爲事也備梯篇以靜爲故備穴篇以急爲故義與此同畢屬下讀失之及傳城及傳舊本譌作乃傳畢云言守
符謹密必有故乃傳用也俞云乃傳當作及傳字之誤也上云敵去邑百里以上此云及傳城其事正相次傳即蛾傳之
傳備蛾傅篇曰遂以傅城是也畢不能訂正而屬上謹密爲故讀之殊不可通案俞校是也今據正守將營無
下三百人守下道藏本吳鈔本茅本有城字四面四門之將必選擇之有功
勞之臣及死事之後重者蘇云重者即重室子也從卒各百人門將并
守他門謂他小門他門之上畢云舊脫門字以意增必夾爲高樓使善射者
居焉女郭馮垣一人一人守之女郭即女垣以其在大城之外故謂之郭釋名釋宮室云
城上垣亦曰女牆言其卑小比之於城若女子之與丈夫也旗幟篇云到馮垣鼓六舉四幟到女垣鼓七舉五幟蘇云一
人疑誤重使重室子室舊本誤字畢云言重家之子謂宮家王云重字予即重室子之譌案王校是也蘇校
同今據正重室子見備城門篇五十步一擊文選長楊賦李注引韋昭云古文隔爲擊此擊疑亦署隔之名

蘇云擊當作樓因城中里爲八部部一吏城內爲八部吏吏各從四人以行衝術畢云衝當爲衝說文云通道也春秋傳曰及衝以擊之詒讓案此術與旗幟篇巷術及後術衢義同與備城門篇衝術異及里中里中父老小不舉守之事及會計者小下疑挩一字王引之云父老下不當有小字蓋涉下文老小而衍舉讀爲吾不與祭之與與舉古字通謂里中父老不與守城及會計之事者案王說亦通蘇云小當作少謂人少不數用也非分里以爲四部此又於一里之部中分之爲四部一長每里四長以苛往來不以時行周禮射人鄭注云苛謂詰問之蘇云苛譏訶也行而有他異者以得其姦吏從卒四人以上有分者此卽八部每部之吏也王引之云分下當有守字而今本脫之則文義不明分守謂卒之分守者也下文曰男女老小先分守者人賜錢千是其證大將必與爲信符大將使人行守操信符信不合及號不相應者蘇云號卽夜閒口號伯長以上輒止之伯百通卽上文百長以聞大將畢云告大將當止不止及從吏卒縱之皆斬諸有罪自死罪以上舊本挩以

字舍從王校補皆還父母妻子同產舊本還作遝王云遝當爲還謂罪及父母妻子同產也下文云歸敵者父母妻子同產皆車裂案王校是也今據正說詳非攻下篇諸男女有守於城上者疑當云諸男子備城門篇云守法五十步丈夫十人丁女二十人老小十人此男子即丈夫也下文別云丁女子則此不當兼有女明矣什六弩四兵蘇云十人爲什兵戎器也言十人之中弩六而兵四之詒讓案蘇說是也六韜軍用篇云甲士萬人強弩六千戟櫓二千矛楯二千與此率正同丁女子老少人一矛蘇云丁女子猶言丁女兒備城門篇卒有驚事驚讀爲警文選歎逝賦李注云警猶驚也蘇云言猝有警急之報中軍疾擊鼓者三城上道路里中巷街說文行部云街四通道也皆無得行行者斬女子到大軍令行者男子行左女子行右無並行皆就其守不從令者斬離守者三日而一徇畢云當爲徇眾經音義云三倉云徇徧也蘇云而字衍詒讓案而一二字疑皆衍文此二句皆冡上文而著其刑不從令者斬即不從男行左女行右之令也離守者即不就其守者也與下文離守絕巷救火者斬義同但無故離守罪重於不從令者故不惟斬之且肆其尸三日所謂

三日徇也義亦詳後而所以備姦也蘇云而字衍詒讓案而乃此字之誤非衍文下文云此所以勸吏民堅守勝圍也是其證里正與皆守宿里門里正即上文里長每里四人與皆守疑當作與有守者下文常見畢云當爲與守皆未塙吏行其部至里門正與開門內吏蘇云內讀如納與行父老之守及窮巷幽閒無人之處舊本無幽字俞云閒上脫幽字幽閒二字連文明鬼篇作幽澗毋人澗即閒之叚字天志篇作幽門無人門即閒之壞字案俞說是也今據增姦民之所謀爲外心罪車裂畢云說文云斬截也从車从斤斬法車裂也詒讓案周禮條狼氏誓馭曰車轘鄭注云謂車裂也此刑與斬別畢引說文未當正與父老及吏主部者不得皆斬得之除畢云舊脫得字據下文增詒讓案芧本得字不脫又賞之黃金人二鎰鎰二十四兩也詳貴義篇蘇云此連坐之法唯得罪人則除其罪且有賞也大將使使人行守使人當作信人上云謹令信人守衞之下云大將使信人將左右救之皆其證長夜五循行蘇云循徇通用短夜三循行四面之吏亦皆自行其守如大將之行不從令者斬諸竈必爲

屏畢云舊必作火屏作井據藝文類聚改火突高畢云火藝文類聚引作必突或突字說文云突竈突突从穴从火从求省玉篇有堗字徒忽切云竈堗魯仲連子竈而五堗也未詳突突誰是案突囪音相近今人猶呼火窗爲煙囪詒讓案說文本云突竈突廣雅釋室云竈窻謂之堗堗突字同與突別畢說非出屋四尺慎無敢失火畢云今江浙人家有高牆出屋如屏云以障火是其遺制失火者斬其端失火以爲事者畢云言因事端以害人若今律故犯詒讓案端似言失火所始以爲事者據下文當作以爲亂事者此挩亂字車裂伍人不得斬伍吳鈔本芓本作五下並同畢云言同伍不舉罪之得之除救火者無敢讙譁畢云說文云讙譁讙譁轉注及離守絕巷救火者斬畢云絕言亂蘇云言守絕巷者毋得擅離蓋防他變也案蘇說非其正及父老有守此巷中部吏皆得救之此當作者二字草書相似因而致誤部吏即城中八部部一吏官尊於里正或有適居是巷者亦得救之部吏亟令人謁之大將畢云部吏二字舊倒據下移詒讓案吳鈔本不倒亟舊本譌函今據芓本正王校同蘇云人乃人之誤案人字不誤大將使信人將左右救之部吏失不言

者斬諸女子有死罪及坐失火皆無有所失逮其以火爲亂
事者如法漢書淮南厲王長傳顏注云逮追捕之也圍城之重禁以上備火之禁敵人卒
而至蘇云卒猝同嚴令吏民無敢讙囂三最並行王引之云最當爲冣冣與聚通
謂三人相聚二人並行也說文冣積也徐鍇曰古以聚物之
聚爲冣冣與最字相似故諸書中冣字多譌作最案王說是
也蘇云三最乃無敢二字之譌失之相視坐泣流涕若視舉手相探說文手部云探遠取
之也相指相呼相麾道藏本吳鈔本芧本作塺畢云舊作歷以意改詒讓案詩大雅無羊云麾之以肱說
文手部云麾旌旗所以指麾也麾俗麾字
然作歷義亦通莊子天地篇云交臂歷指相踵說文止部云歱跟也踵部
歱借字訓以相投說文手部云投擿也相擊相靡以身及衣謂以身及衣相切靡
足跟相躡也
莊子馬蹄篇喜則交頸相靡釋文李云靡摩也
易繫辭剛柔相摩韓注云相切摩也靡摩字通訟駮言語云畢
說文云駮獸如馬駮馬
色不純與此義當爲駮及非令也而視敵動移者斬伍人不
得斬得之除尉繚子伍制令云伍有干令犯禁者揭之免於罪知而弗揭全伍有誅又云吏自什長以上至

左右將上下皆相保也，有干令犯禁者，揭之免於罪，知而弗揭者皆與同罪。伍人踰城歸敵，伍人不得斬，與伯歸敵，隊吏斬，伯，百人也。隊吏，即上文之伯長、百長。與吏歸敵，隊將斬，隊將，即四面四門之將。歸敵者父母妻子同產皆車裂。先覺之，除。蘇云：言先覺察者除其罪也。當術畢云：說文云：術，邑中道也。詒讓案：術、隧通。當術，即備城門篇之當隊，謂當敵攻城之道也。下云郤敵於術同。畢說非。需敵，需，吳鈔本作舒。需讀爲懦。考工記輈人「馬不契需」，鄭眾注云：需讀爲畏需之需。需敵，謂怯敵也。蘇云需待也，非。離地斬，畢云：言離其所。伍人不得斬，得之，除。其疾鬭郤敵於術，敵下終不能復上，疾鬭者隊二人，賜上奉。畢云：玉篇云：俸，房用切，俸祿也。此作奉，古字。而勝圍，戴云：而讀爲如。如勝闈句。城周里以上，封城將三十里地爲關內侯，畢云：韓非子顯學云：關內之侯，雖非吾行，吾必使執禽而朝。史記春申君列傳黃歇上書云：韓必爲關內之侯。又云：魏亦關內侯。則戰國時有關內侯也。詒讓案：戰國策魏策，王與竇屢關內侯。漢書百官公卿表：秦制，賞功勞，爵二十級，十九關內侯。顏注云：言有侯號而居京畿，無國邑。輔將如令賜上卿，令舊本誤今蘇云輔將城將之次者猶裨將也今當爲令詒讓案蘇說是也令據正輔將卽上文四面四門之將也漢書百官表縣令長皆秦官皆有丞尉史記商君傳云集小都鄉邑聚爲縣置令丞秦本紀在孝公十二年國策趙策載趙受上黨千戶封縣令則縣有令皆七國之通制矣丞尉吏比於丞者賜爵五大夫漢書百官表秦爵九五大夫顏注云大夫之尊也呂氏春秋直諫篇荊文王時有五大夫戰國策趙魏楚策亦並有之則非秦制也官吏豪傑與計堅守者畢云二字舊倒以意乙改十人及城上吏比五官者蘇云十人疑士人之譌詒讓案蘇校是也下文云諸人士外使者來必令有以執將士人卽人士也城上吏蓋卽百尉之屬上云盡召五官及百長皆賜公乘漢書百官表秦爵八公乘顏注云言其得乘公家之車也男子有守者爵人二級九章算術衰分篇劉注云墨子號令篇以爵級爲賜蓋卽指此文女子賜錢五千此亦謂有守者男女老小先分守者人賜錢千先當作無說文無古文奇字作无與先相似因而致誤無分守者與上文有守者正相對以其本無分守故止人賜錢千與上有守者男子賜爵女子賜錢五千輕重異也復之三歲無有所與不租稅漢書高帝紀蜀漢民給軍事勞苦復勿租

稅二歲顏注云復者除其賦役也紀又云過沛復其民世世無有所與注云與讀曰豫此所以勸吏民堅守勝圍也吏卒侍大門中者此謂城將所居大門曹無過二人集守篇云守大門者二人夾門而立畢云說文云曹獄之兩曹也在廷東从棘治事者从曰案即兩造造曹音近而蜀志杜瓊曰古者名官職不言曹始自漢以來名官盡言曹吏言屬曹卒言侍曹非也勇敢為前行伍坐蘇云伍坐謂五人並坐令各知其左右前後擅離署戮門尉晝三閱之說苑尊賢篇宗衛相齊罷歸召門尉田饒等二十有七人而問焉漢書高祖功臣侯表有門尉彫路蓋亦沿戰國之制尉吳鈔本作衞誤莫畢云說文云莫日且冥也鼓擊門閉一閱守時令人參之上逋者名蘇云參猶驗也逋謂離署者鋪食皆於署畢云此鋪食字義當作餔說文云餔日加申時食也不得外食蘇云言不得離署而他食也守必謹微察視謁者國策齊策王斗見齊宣王宣王使謁者延入漢書百官公卿表謁者掌賓贊受事應劭云謁請也白也孫子用閒篇云必先知其守將左右謁者門者舍人之姓名執盾漢書惠帝紀注應劭云執楯親近陛衛也高祖功臣侯表有執盾閻澤赤繒賀孔藂某襄張說中涓史記

高祖功臣侯表集解引漢儀注云天子有中涓如黃門皆中官者國語吳語涓人疇韋注云涓人今中涓也史記楚世家作銷人韋昭云今之中涓是說苑奉使篇云縲北犬敬上涓人史記萬石君傳正義如淳云中涓主通書謁出入命也漢書陳勝傳故涓人將軍呂臣爲蒼頭軍注應劭云涓人如謁者曹參傳顏注云中涓親近之臣若謁者舍人之類涓絜也主居中掃絜也及婦人侍前者志意顏色使令言語之請蘇云請讀如情及上飲食必令人嘗皆非請也擊而請故蘇云上句請讀如情下句如字謂請問也詒讓案皆疑若之譌末句當作繫而詰故謂囚繫而詰問其事故也守有所不說吳鈔本葶卜作悅謁者執盾中涓及婦人侍前者守曰斷之斷即斬也詳迎敵祠篇衡之衡與撞通說文手部云撞凡擣也若縛之不如令及後縛者皆斷必時素誠之必吳鈔本作不諸門下朝夕立若坐各令以年少長相次旦夕就位先佑有功有能畢云佑舊作估非此右字俗加人其餘皆以次立五日官各上喜戲居處不莊好侵侮人者一此謂察諸門下侍從吏人之事然五日既太疏闊譌

戲居處不莊好侵侮人者又不宜限以人數於文義終難通疑當作日五閱之各上喜戲居處不莊好侵侮人者名聞與官艸書相近日五誤到下挩之字名又譌作一襍守篇說守大門者二人吏日五閱之上逋者名是其證也諸人士外使者來必令有以執將謂旗章符節之屬畢云令舊作合以意改將依義當爲牂出而還若行縣必使信人先戒舍室乃出迎門守乃入舍門當爲聞言先告守將乃入舍也下文云候以聞守是其證爲人下者常司上之畢云司卽伺字王引之云司古伺字也之讀爲志墨子書或以之爲志字見天志中下二篇言爲人下者常伺察上人之志隨之而行也蘇云司上之當言伺上所之隨而行松上不隨下王引之云松讀爲從學記待其從容鄭注從或爲松是其例也言從上不隨下也必須□□隨客卒守主人及以爲守衞主人亦守客卒客卒謂外卒來助守者主人謂內人爲守卒者二者使互相守察防其爲姦謀也城中戍卒其邑或以下寇謹備之數錄其署漢書董仲舒傳顏注云錄謂存視之也蘇云此卽守客卒之事蓋戍卒之人衞者或其鄉邑已爲敵人所取則必謹防其卒恐生內變也以已通用同邑者弗令

其所守與階門吏爲符階吏即迎敵祠篇所云城上當階有司守之是也符合入勞入舊本作人今據道藏本正符不合牧守言蘇云牧當作收謂收治之詒讓案當作收言守謂收而告之守也後云亟以疏傳言守若城上者城上吳鈔本葬本作上城衣服他不如令者下有挩文宿鼓在守大門中周禮脩閭氏鄭衆注云宿謂宿衞也謂夜戒守之鼓莫令騎若使者操節閉城者皆以執毚字誤昏鼓鼓十諸門亭皆閉之蘇云上云莫鼓擊門閉門此行者斷必擊問行故擊亦繫之誤乃行其罪晨見掌文鼓縱行者諸城門吏各入請籥開門已輒復上籥蘇云籥同鑰詒讓案月令鄭注云管籥搏鍵器也孔疏云管籥以鐵爲之似樂器之管籥措於鍵內以搏取其鍵也周禮司門掌授管鍵以啟閉國門鄭司農注云管謂籥也鍵謂牡有符節不用此令寇至樓鼓五有周鼓有讀爲又言樓鼓五下又周徧鼓以警衆也雜小鼓乃應之尉繚子勒卒令云商將鼓也角帥鼓也小鼓伯鼓也小鼓五後從軍斷命必足畏賞必足利令必行令出輒

人隨省其可行不行人舊本譌入今據道藏本吳鈔本茅本正可字疑衍言凡出令必以人隨而省
察其行不行也號句夕有號備梯篇云以號相得倭本校云夕一作名失號斷句爲守備
程而署之曰某程蘇云程式也置署街街衢階若門當作街衢街衢後文云屯陳
垣外術衢街皆樓蘇云街字譌重非令往來者皆視而放蘇云放依倣也詒讓案放疑當爲物諸
吏卒民有謀殺傷其將長者與謀反同罪有能捕告賜黃金
二十斤謹罪非其分職而擅取之取之舊本倒王引之云擅之取當爲擅取之與擅治
爲之對文今取之二字倒轉則文不成義案王校是也蘇校同今據乙正若非其所當治而擅治
爲之斷諸吏卒民非其部界而擅入他部界輒收畢云舊作牧以意改
以屬都司空若候漢書百官公卿表宗正屬官有都司空令丞如淳云都司空主水及罪人詒讓案說文犾部
云獄司空也復說獄司空此候爲小吏與後候斂之候異都司空候疑即五官之二說詳前候以聞守不
收而擅縱之斷能捕得謀反賣城踰城敵者一人畢云當作歸敵賸歸

字以令爲除死罪二人城旦四人 漢書惠帝紀注應劭云城旦者旦起行治城四歲刑也 反城事父母去者 事疑當爲弃 去者之父母妻子 王云此下有脫文不可考 悉舉民室材木瓦若藺石數 瓦舊本譌凡王引之云凡字義不可通凡當爲瓦字之譌也隸書瓦字作凡與凡相似若猶及也與也謂民室之材木瓦及藺石也材木瓦藺石即備城門篇之材木瓦石藺石又見襍守篇漢書鼂錯傳曰具藺石布渠苔詒讓案王說是也今據正漢書晁錯傳注服虔云藺石可投人石如淳云藺石城上雷石也李廣傳作壘石說文肍部云擔建大木置石其上發以機以槌敵 署長短小大當舉不舉吏有罪諸卒民居城上者 卒茅本作卒衆上當有吏字 各葆其左右 葆吳鈔本作保 左右有罪而不智也 畢云智同知 其次伍有罪若能身捕罪人若告之吏皆構之 顧云構讀爲購說文購以財有所求也蘇云構與購同謂賞也 若非伍而先知他伍之罪皆倍其構賞城外令任城內守任 言城外內守與令分任之令即縣令守即太守也 令丞尉亡得入當 凡守人亡其所司令丞尉當受譴罰皆使得別入當

以自贖即下云必取寇虜是也尉繚子束伍令云亡伍而得伍當之得伍而不亡有賞亡伍不得伍身死家殘又說亡長得長當之亡將得將當之彼法本伍亡而得別伍之人則相抵當免其罪亡長亡將亦然與此入當之法小異而大同滿十人以上令丞尉奪爵各二級百人以上令丞尉免以卒戍蘇云言免官而遣戍諸取當者蘇云當謂其值足以相抵也必取寇虜乃聽之募民欲財物粟米以貿易凡器者以字疑當在欲字下卒以賈予蘇云賈價同言平其值也詒讓案此當作以平賈予雜守篇云皆爲置平賈可證平與隸書卒或作卆相近而誤今本又到其文遂不可通邑人知識昆弟有罪雖不在縣中而欲爲贖若以粟米錢金布帛他財物免出者令許之傳言者十步一人稽留言及乏傳者斷蘇云稽留謂不以時上聞乏傳不爲通也諸可以便事者亟以疏傳言守亟舊本誤函下同今並據茅本正王校同漢書蘇武傳顏注云疏謂條錄之蘇云函謂封進防漏洩也非吏卒民欲言事者亟爲傳言請之吏稽留不言諸者斷畢云諸當爲請縣

各上其縣中豪傑若謀士居大夫畢云其大夫之家居者俞云居乃若字之誤若謀士若大夫猶言或謀士或大夫也秦爵有大夫有官大夫有公大夫有五大夫是民閒賜爵至大夫者多矣上不能悉知故使縣各上其名也上文關內侯五大夫公乘之名悉如秦制則此所謂大夫者非必如周官之大夫也案畢說近是重厚口數多少畢云重厚言富厚官府城下吏卒民家家吳鈔本茅本作皆前後左右相傳保火火發自燔說文火部云燔爇也燔曼延燔人謂延燒他人案蘇云曼同蔓詒讓案說文又部云曼引也夊部云延行也系部云緜系曼延也是曼延字古止作曼蘇謂非此燔人對自燔爲文止謂延燒他人室廬畢讀燔曼延爲句斷句燔人爲句則似以燔人爲傷人亦非是諸以眾彊凌弱少及彊奸人婦女畢云玉篇云奸同姦俗詒讓案吳鈔本作強奸以讙譁者皆斷

諸城門若亭謹候視往來行者符符傳疑周禮司關有節傳鄭注云傳如今移過所文書釋名釋書契云過所或曰傳傳轉也轉移所求執以爲信也崔豹古今注云凡傳皆以木爲之長五寸書符信於上又以一板封之皆封以御史印章所以爲信也未知周制同否疑謂疑其矯僞也若無符皆詣縣

廷言廷舊本譌延今據茅本正說文廴部云廷朝中也縣廷令所治後漢書郭太傳李注引風俗通云廷正也言縣廷郡廷朝廷皆取平均正直也請問其所使請亦當爲詰其有符傳者善舍官府
其有知識兄弟欲見之爲召勿令里巷中蘇云令下脫人字三老守
閭三老詳備城門篇令厲繕夫爲荅當作令繕厲矢爲荅雜守篇云藺石厲矢諸材可證說文厂部云厲旱石也書禹貢孔疏引鄭注云礪磨刀刃石也若他以事者微者不得入里中蘇云此句有錯誤當作若以他事微者不得入里中三老不得入家人家人疑到或作入家人家謂入平民家也傳令里中有以羽蘇云有當作者羽在三所差家人各令其官中倭本校云官一作家蘇云三下當脫老字而差字卽老字之譌誤倒也官當作宮失令若稽留令者
斷家有守者治食吏卒民無符節而擅入里巷官府吏三老
守閭者失苛止畢云言不訶止之舊作小以意改皆斷諸盜守器械財物及
相盜者直一錢以上皆斷吏卒民各自大書於傑傑吳鈔本作桀洪云

傑古通作楬字周禮職幣皆辨其物而奠其錄以書楬之鄭注楬之若今時爲書以著其幣傑楬義同蘇云傑疑隔字之
譌下言著之其署隔是也詒讓案洪說是也傑卽桀叚字桀與楬通詳備蛾傅篇蘇說非著之其署同同當
從下文作隔蘇云同疑何字之譌非守案其署擅入者斷城上日壹發席蓐日上
疑挩三字後云葆宮三日一發席蓐爾雅釋器云蓐謂之茲郭注云蓐席也令相錯發蘇云言互相稽察
有匿不言人所挾藏在禁中者斷吏卒民死者輒召其人與
次司空葬之次司空詳襍守篇勿令得坐泣傷甚者令歸治病家善
養予醫給藥賜酒日二升肉二斤令吏數行閭視病有瘳畢云
說文云瘳疾瘉也輒造事上謂病瘳卽造守所共役也詐爲自賊傷以辟事者畢云
辟同避言詐爲傷疾以避事族之謂夷三族詳後事已守使吏身行死傷家舊挩今據
道藏本吳鈔本茅本增臨戸而悲哀之寇去事已塞禱史記封禪書冬塞禱祠索隱云
塞與賽同賽今報神福也漢書郊祀志顏注云塞謂報其所祈也管子禁藏篇云塞久禱韓非子外儲說右上篇云秦襄

王病百姓爲之禱病愈殺牛塞禱畢云塞卽賽正文守以令益邑中豪傑力鬭諸有功者畢云益字疑衍蘇云益字誤或當爲賞詒讓案畢蘇說非益猶言加賞也商子境內篇云能得爵首一者賞爵一級益田一頃益宅九畝必身行死傷者家以弔哀之身見死事之後城圍罷主亟發使者往勞亟舊本亦譌函今據茅本正王校同蘇云主函謂主文書者勞讀去聲謂慰問也案蘇不知函爲亟字之譌而妄爲之說不可從舉有功及死傷者數使爵祿使下疑挩一字守身尊寵明白貴之令其怨結於敵城上卒若吏各保其左右保上下文皆作葆此當同若欲以城爲外謀者父母妻子同產皆斷左右知不捕告皆與同罪蘇移此二十六字著城下里中家人皆相葆若城上之數二句下今案不必移蘇校非是城下里中畢云里舊作理以意改家人皆相葆若城上之數有能捕告之者封之以千家之邑若非其左右及他伍捕告者及道藏本吳鈔本茅本並作乃亦通封之二千家之邑城禁使卒民不欲寇

徵職和旌者斷使當爲吏吏卒上文常見不當爲下言吏卒民在城上者不得擅下也欲疑效之誤徵職卽徵識之借字詳後和旌謂軍門之旌周禮大司馬職云以旌爲左右和之門鄭注云軍門曰和今謂之壘門立兩旌以爲之孫子軍爭篇云交和而舍曹注云軍門曰和門不從令者斷非擅出令者斷蘇云非擅當作擅非失令者斷倚戟縣下城下舊本譌作不蘇云不疑當作下詒讓案蘇說是也今據正倚戟縣下城言下城不由階陛倚戟縣身以下也上下不與眾等者斷無應而妄讙呼者斷而芧本作爲總失者斷總疑當爲縱縱失謂私縱罪人也譽客內毀者斷畢云言稱敵而自毀以其或惑眾離署而聚語者斷聞城鼓聲而伍後上署者斷入自大書版著之其署隔畢云舊作鬲以意改詒讓案說文自部云隔障也署隔蓋以分別署之界限者守必自謀其先後謀字旗幟篇又云分掘外宅林謀多少謀疑皆爲課之誤非其署而妄入之者斷離署左右共入他署左右不捕挾私書行請謁及爲行書者釋守事而治私家事卒民相盜家室嬰兒

皆斷無赦人舉而藉之（藉與籍通）無符節而橫行軍中者斷客在城下因數易其署而無易其養（謂斷養詳備城門篇）譽敵少以爲衆亂以爲治敵攻拙以爲巧者斷客主人無得相與言及相藉（蘇云藉猶借也）客射以書無得譽（無吳鈔本作毋俞云譽當作舉字之誤也下文曰禁無得舉矢書案俞校是也蘇云譽卽舉敵也非）外示內以善無得應不從令者皆斷禁無得舉矢書若以書射寇犯令者父母妻子皆斷身梟城上（畢云說文云県到首也賈侍中說此斷首到縣県字今多用梟者說文云梟从鳥頭在木上義亦通）有能捕告之者賞之黃金二十斤非時而行者唯守及摻太守之節而使者（漢書百官公卿表郡守秦官景帝中二年更名太守國策趙策說韓靳黈逮馮亭並云太守吳師道謂當時已有此稱以此書證之信然畢云史記趙世家云孝成王令趙勝告馮亭曰敝國君使致命以萬戶都三封太守千戶都三封縣令正義云爾時未合言太守至漢景帝始加太守此言太衍字誤案此書亦云太守則先秦時已有此官張守節言衍字非也摻卽

操異文廣雅云摻操也以爲二字非言行不以時唯守者及操節人可餘皆禁之守入臨城入舊本作人今
據芧本正下文云守入城先以候爲始必謹問父老吏大夫請有怨仇讎不相
解者請當爲諸召其人明白爲之解之守必自異其人而藉之諸亦
與籍通鄭樣守篇所云札書藏之也蘇云藉謂記其姓名也孤之畢云孤舊作狐以意改詒讓案謂不得與其曹
伍相聚而處皆防其爲亂有以私怨害城若吏事者父母妻子皆斷其以
城爲外謀者三族畢云史記云秦文公二十年法初有三族之罪然家語云宰予與田常之亂夷三族
楚世家云鍇人曰新王法有敢饟王從王者罪及三族酷吏列傳云光祿徐自爲曰古有三族則知三族是古甫法非始
於秦有能得若捕告者以其所守邑小大封之守還授其印尊
寵官之令吏大夫及卒民皆明知之豪傑之外多交諸侯者
常請之說文言部云請謁也令上通知之善屬之所居之吏上數選具
之選讀爲饌廣雅釋詁云饌具也食也蘇云具謂供具令無得擅出入連質之蘇云質陟利反

謂質其親屬也術鄉長者父老豪傑之親戚父母妻子王引之云父母二字皆後人所加也古者謂父母為親戚故言親戚則不言父母後人不達故又加父母二字耳篇內言父母妻子者多矣皆不言親戚下文有親戚妻子則但言親戚而不言父母是親戚即父母也案王說是也必尊寵之若貧人食此字衍不能自給食者上食之及勇士父母親戚妻子王亦以父母二字為後人所加是也皆時酒肉王云酒肉上當有賜字而今本脫之則文義不明下文曰父母妻子皆同其宮賜衣食酒肉是其證必敬之舍之必近太守守樓臨質宮而善周質宮即下葆宮畢云質宮言質人妻子之處守樓臨之所以見適必周防之也古者貴賤皆謂之宮必密塗樓令下無見上上見下下無知上有人無人守之所親舉吏貞廉忠信無害可任事者舉當讀為與史記蕭相國世家以文無害為沛主吏掾集解漢書音義云文無害有文無所枉害也律有無害都吏如今言公平吏一曰無害者如言無比陳留閒語也索隱應劭云雖為文吏而不刻害也韋昭云為有文理無傷害也漢書蕭何傳作文毋害顏注服虔云為人解通無嫉害也蘇林云無害若言無比也一

曰害勝也無能勝害之者師古云害傷也無人能傷害之者案無害又見史記漢書酷吏趙禹張湯減宣杜周諸傳及續漢書郡國志衆說舛異詛校諸文當以漢書音義公平吏之義爲是續漢書劉注說亦同其飲食酒肉勿禁錢金布帛財物各自守之慎勿相盜葆宮之牆必三重牆之垣守者皆累瓦釜牆上茅本釜作塗蘇云此防其踰越使有聲聞於人門有吏主者門里莞閉者諸通蘇云門里當作里門莞關古通用書中管叔亦作關叔必須太守之節葆衛必取戍卒有重厚者葆衛謂葆宮之衛卒也請擇吏之忠信者請疑謹之誤以上文校之者字當衍無害可任事者令將衛自築十尺之垣周還牆疑有捝誤門閨者非令衛司馬門吳鈔本無門字門閨者謂守大門及閨門之人當城門當云大城丈五爲閨門廣四尺公羊宣六年傳云入其大門則無人門焉者入其閨則無人閨焉者非疑當爲作言吏卒衛葆宮之門閨者幷令衛司馬門猶上文云門將幷守他門也漢書元帝紀顏注云司馬門者宮之外門也漢官儀云公車司馬掌殿司馬門三輔黃圖云宮之外門爲司馬門史記索隱云天子門有兵欄曰司馬門也列女傳辯通篇鍾離春詔

齊宣王頓首司馬門外國策趙策云武安君為司馬門趨甚疾則戰國時國君之門亦有司馬門之稱此司馬門則似是守令官府之門又非公門賈子等齊篇云天子宮門曰司馬門諸侯宮門曰司馬門是漢初諸侯王宮門亦有是稱蓋沿戰國制

望氣者舍必近太守巫舍必近公社必敬神之巫祝史與望氣者 史吳鈔本茅本作史義並通 必以善言告民以請上報守 舊本作報 守上令據王蘇校乙請讀為情並詳迎敵篇 守獨知其請而已 畢云言望氣縱有不善而必以善告民但私以實告守耳蘇云言以情上報守故獨守知之也 無與望氣妄為不善言 王引之云無即上文巫字因聲同而誤蘇云望氣下當有者字 驚恐民斷弗赦度食不足 句 食民各自占家五種石升數 倭本校云下食恐令譌案所校是也升王校作斗王云史記平準書各以其物自占索隱引郭璞云占自隱度也謂各自隱度其財物多少為文簿送之於官也蘇云五種謂五穀詒讓案周禮職方氏鄭注云五種黍稷菽麥稻 為期其在薄害吏與雜訾 茅本期其二字互易薄害疑當作薄者薄古簿字淮南子原道訓高注云貲量也蘇云訾訓罰也誤 期盡匿不占占不悉令吏卒微

得舊本占不悉作占悉敓作款王引之云占悉當作占不悉令吏卒款得當作令吏卒敓得敓與聽同說文聽司也聽字亦作微上文云守必謹微察迎敵祠篇曰謹微察之言使民各自占其家穀而爲之期若期盡而匿不占或占之不盡令吏卒伺察而得者皆斬也史記平準書曰各以其物自占匿不自占占不悉戍邊一歲沒入緡錢卽用墨子法也今本脫不字敓字又譌作款則義不可通案王說是也今據補正不皆斷有能捕告賜什三賜吳鈔本作賞案下文亦作賞收粟米布帛錢金舊本收誤牧又挩帛字王云牧字義不可通牧當爲收字之誤也收粟米卽承上文令民自占五種數而言布帛錢金則連類而及之耳備城門篇收諸盆甕備高臨篇以磨鹿卷收今本收字並譌作牧月令農有不收藏積聚者正義收俗本作牧案王校是也布下王又增帛字蘇校並同與襍守篇合今並據補正出內畜產蘇云出內卽出納皆爲平直其賈與主券人書之舊本券人二字倒王引之云主人券當作主券人謂與主券之人使書其價也襍守篇曰民獻粟米布帛金錢牛馬畜產皆爲置平賈與主券書之是其證今本券人二字誤倒則義不可通案王說是也今據乙事已皆各以其賈倍償之畢云古償只作賞此俗寫又用其賈貴賤多少賜爵欲爲吏者許

之其不欲爲吏而欲以受賜賞爵祿若贖出親戚所知罪人
者出舊本譌士王引之云贖士二字義不可通士當爲出謂以財物贖出其親戚所知罪人也上文云知識昆弟有罪而欲爲贖若以粟米錢金布帛他財物免出者許之是其證隸書出士二字相似故諸書中出字多譌作士案王說是也
令據正以令許之其受構賞者令葆宮見蘇云官當作宮以與其親與與
鈔本作子欲以復佐上者皆倍其爵賞某縣某里某子家食口二
人積粟六百石某里某子家食口十八積粟百石蘇云此郎自占其石
升之數也出粟米有期日過期不出者王公有之有能得若告之
賞之什三慎無令民知吾粟米多少無吳鈔本作毋以上占收民食之法守入
城先以候爲始蘇云候謂詗知敵情者得輒宮養之勿令知吾守衛之
備候者爲異宮吳鈔本作官父母妻子皆同其宮賜衣食酒肉信
吏善待之候來若復就閒小爾雅廣詁云閒隙也守宮三難難當爲雜襍守篇云

塹再雜此三雜猶言三帀也上亦云葆宮之牆必三重襍訓帀詳經上篇 外環隅爲之樓內環爲樓樓入葆宮丈五尺爲復道 蘇云復與複通上下有道故曰復 葆不得有室 葆宮不得無室疑有挩誤 三日一發席蓐略視之布茅宮中厚三尺以上 未詳其用 發候必使鄉邑忠信善重士有親戚妻子厚奉資之必重發候爲養其親若妻子爲異舍無與員同所 廣雅釋詁云員衆也 給食之酒肉遣他候奉資之如前候反相參審信 蘇云參猶驗也信謂其言 不安 厚賜之候三發三信重賜之不欲受賜而欲爲吏者許之二百石之吏 商子境內篇有千石八百石七百石六百石之令此云二百石之吏下又有三百石之吏蓋殊祿小吏韓非子外儲說右篇云燕王收吏璽自三百石以上皆效之子之 守珮授之印 畢云珮字俗寫从玉 其不欲爲吏而欲受構賞祿皆如前 祿上疑當有爵字上文云其不欲爲吏而欲以受賜賞爵祿以令許之下又云其構賞爵祿罪人倍之皆可證 有能入深至主國者 主國國都 問

之審信賞之倍他候其不欲受賞而欲爲吏者許之三百石之吏爲吏舊本作爲利三百石之吏舊本作三石之吏道藏本茅本候又作候王云利當爲吏上文云不欲受賜而欲爲吏者聽其說吏利俗讀相亂故吏譌作利王引之云三石之吏當作三百石之吏上文候三發三信許之二百石之吏此文能入深至主國者賞之倍他候故許之三百石之吏上文云有能捕告之者封之以千家之邑若非其左右及他伍捕告者封之二千家之邑是其例也今本石上脫百字吏字又譌作候則義不可通案王校是也蘇說同茅本利正作吏今並據補正扞士受賞賜者左傳桓二年杜注云扞衛也國策西周策高注云扞禦也蘇云扞士能卻敵者守必身自致之其親之其親之所見其見守之任蘇云其親之三字譌重上見字疑當作令即上所謂守身尊寵明白貴之者也詒讓案上文云城外令任城內守任故云守之任但義仍難通其欲復以佐上者其構賞爵祿罪人倍之王引之云罪人二字與上下文不相屬蓋衍文詒讓案罪人上當有贖出二字王以爲衍文非出候無過十里出舊本譌士王引之云士亦當爲出謂出候敵人無過十里也下文曰候者日暮出之是其證蘇云此候謂斥候詒讓案說文人部云候伺望也斥

與候不同詳後及雜守篇居高便所樹表表三人守之比至城者三表舊本比爲北王云北字義不可通北當爲比比及也顧蘇說同案茅本正作比不誤今據正王引之云三表當爲五表說見後與城上烽燧相望畢云說文云𤐫燧表候也邊有警則舉火𤐫塞上亭守烽火者燧篆文省漢書注云孟康曰烽如覆米𥷚縣著契皋頭有寇則舉之燧積薪有寇則燔然之也此二字省文晝則舉烽夜則舉火聞寇所從來審知寇形必攻論小城不自守通者言城小不能自守又不能自通於大城也盡葆其老弱粟米畜產遣卒候者無過五十人客至堞去之至堞謂傅城也傅城則堞無所用故去之慎無厭建建讀爲券聲近字通考工記輈人左不楗杜子春云書楗或作券鄭康成云券今倦字也又備守篇作唯弇逮則疑建即逮之形誤逮與怠音近古通非儒篇立命而怠事晏子春秋外篇怠作建二義並通未知孰是候者曹無過三百人此人數與上不同未詳其說日暮出之畢云據上文暮當爲莫爲微職畢云卽徽織微當爲徽說文云徽幟也以絳帛著於背从巾微省聲春秋傳曰揚徽者公徒東京賦云戎士介而揚揮薛綜注云揮爲肩上絳幟如燕尾亦卽

徵也說文又無幟字當借織爲之詒讓案正字當作徵識周禮司常鄭注作徽識以徽徽爲徽幟爲識皆同聲假借字詳前旗幟篇空隊要塞之人所往來者蘇云隊當作隧要塞謂險隘之處也之人二字誤倒詒讓案隊隧字通令可口迹者無下里三人平而迹王引之云此當作人所往來者令可以迹迹者無下里三人平明而迹言人所往來之道必令可以迹其迹者之數無下里三人至平明時而迹之也雜守篇云距阜山林皆令可以迹平明而迹是其證今本可下脫以迹二字平下又脫明字則義不可通周官迹人注迹之言跡知禽獸處雜守篇曰可以迹知往來者少多各立其表城上應之候出越陳表陳表雜守篇作田表田陳古音相近字通川表謂郭外之表也遮坐郭門之外內國語晉語候遮扞衛不行韋注云遮遮罔也晝則候遮夜則扞衛說文辵部云遮遏也案遮雜守篇謂之斥此候與遮二者不同候出郭十里遮卻敵往來多少遮則守郭門不遠出候遮各有表與城上相應蓋郭外候者置表郭內遮者置表與立其表令卒之半居門內令其少多無可知也舊本半作少無可知也作無知可也王引之云此當作令卒之半居門內令其少多無可知也言令此卒半在門外半在門內不令人知我卒之多少也雜守篇云卒半

在內，令多少無可知，是其謚。上文云「慎無令民知吾粟米多少」，意與此同。今本半作少者，涉下句少多而誤；可知又誤作知可，則義不可通。詒讓案：王校是也。蘇說同。茅本正作「無可知」，也不誤，今據正。即有驚，畢云：「即，舊作節，以意改。」蘇云：「驚同警。」見冦越陳表，畢云：「說文云：越，度也。言踰越而來。」詒讓案：陳表，即候所置表。城上以麾指之，畢云：「麾即摩字異文，摩即麾字省文。說文云：摩，旌旗所以指麾也，从手，靡聲。玉篇云：摩，呼爲切。」迹坐擊缶期以戰備從麾所指。畢云：「褋守篇云：斥步鼓整旗，旗以備戰。此作坐擊正，則即擊鼓正期也。」蘇云：「迹坐當從上文作遮坐，擊下脫鼓字，謂坐而擊鼓也。缶期以戰備，當從褋守篇作整旗以備戰。」詒讓案：蘇校近是。迹當作遮，與上迹者爲候不同。擊缶，茅本作繫垂，疑誤。下文五垂乃城上所置表，非遮者所用也。以戰備從麾所指，謂遮者既見冦，則具戰備，從城上旌麾所指，進退而迎敵。此遮者從戰，而候則敵至去之，不從戰，亦其異也。舊讀以戰備屬上句，非。蘇校從褋守篇改戰備爲備戰，尤誤。說互詳褋守篇。望見冦，舊本挩「見冦」二字。王云：「褋守篇：望見冦，舉一烽；入竟，舉二烽。今據補。」舉一垂；入竟，蘇云：「竟同境。」舉二垂；狎郭，畢云：「狎，近。」俞云：「狎郭、狎城兩狎字竝當作甲，後人不達而加犬旁也。甲者，會也。詩大明篇『會朝清明』，毛傳曰：『會，甲也。』是甲與會聲近而義通。甲郭者，會于郭外也甲城者會于城外也此言甲郭甲城襍守篇言郭會城會文異而義同詒讓案俞說是也但甲狎字通詩衛風芄蘭能不我甲毛傳云甲狎也釋文引韓詩甲作狎則舊本作狎於義得通不必定改作甲也**舉三垂入郭**舊本挩郭字王據上文補**舉四垂狎城舉五垂**王引之云垂字義不可通垂當為表上文言候者各立其表則此所舉者皆表也又此文曰望見寇舉一垂入竟舉二垂狎郭舉三垂入郭舉四垂狎城舉五垂即上文所謂此全城者五表也則垂字明是表字之譌隸書表字作𧘝衺字或作垂悳見漢魯相韓勅造孔廟禮器碑二形略相似故表譌作垂通典兵五曰城上立四表以爲候視若敵去城五六十步即舉一表橦梯逼城舉二表敵若登梯舉三表欲攀女牆舉四表夜即舉火如表此舉表二字之明證也又案襍守篇守表者三人更立捶表而望當作更立表而望蓋一本誤作垂一本正作表而校書者誤合之淺人不知垂爲表之誤又妄加手旁耳俞云王非也垂者郵之壞字郵即表也禮記郊特牲篇有郵表畷鄭君說此未明郵表畷蓋一物也古者於疆畔之地立木爲表綴物於上若旌旗之旒謂之郵表畷郵與旒通畷與綴通鄭君引詩爲下國畷郵今長發篇作綴旒是知郵畷即綴旒也以其用而言所以表識也以其制而言若綴旒然此郵表畷所以名也墨子書多古言襍守篇捶表即郵表也郵誤爲垂後人妄加手旁耳重言之曰郵表單

言之則或曰表或曰郵皆古人之常語也王氏竟敢改表郵於義未失而古語亡矣案俞說是也夜以火皆如此王云亦如五表之數去郭百步牆垣樹木小大盡伐除之外空井盡窒之王引之云外空井當作外宅井謂城外人家之井也恐寇取水故塞之故下文云無令可得汲也襍守篇云外宅措井可窴塞是其證若空井則無用塞矣外宅二字襍守篇屢見無令可得汲也舊本挩令字王云案下文曰無令客得而用之襍守篇曰無令寇得用之今據補外空窒盡發之空窒茅本作室屋王引之云外空窒當作外宅室謂城外人家之室也發室伐木皆恐寇得其材而用之也故下文云無令客得而用之襍守篇云寇薄發屋伐木是其證今本外宅作外空誤與上文同室之作窒則又涉上文盡窒之而誤詒讓案王校是也蘇校同但室窒聲類同古多通用備城門篇云室以樵彼以室爲窒與此可互證非誤字也漢韓勑修孔廟碑室字亦作窒木盡伐之諸可以攻城者盡內城中蘇云內讀如納令其人各有以記之事以蘇云當作事已詒讓案蘇說是也以與已同言守事畢也各以其記取之事爲之券舊本各下挩以字畢云各當爲名蘇云各下挩以字事爲之券券當作吏爲之券叓古事字與吏近也案蘇校是

也令據補書其枚數當遂材木不能盡內卽燒之畢云遂同術王云遂與隧同道也內與納同舊本材誤枚卽誤旣王引之云枚木文不成義枚當爲材旣燒之當爲卽燒之言當道之材木不能盡納城中者卽燒之無令寇得而用之也雜守篇云材木不能盡入者燔之無令寇得用之是其證今本材作枚涉上文枚數而誤卽字又誤作旣則義不可通詒讓案王校是也蘇說亦同今據正當遂卽備城門篇之當隊畢讀非無令客得而用之人自大書版著之其署忠有司出其所治忠疑當爲中之誤則從淫之法其罪射畢云謂貫耳俞云古不名貫耳爲射射疑刵字之誤詒讓案說文耳部云聅軍法以矢貫耳也射正字作䠶與聅形近畢據許書義亦通韓非子難言篇云田明辜射舊注云射而殺之案射殺不當云辜彼注未塙務色謾击蘇云此句有誤疑當作矜色謾言詒讓案击卽正字茅本作正謂欺謾正人不以政爲言淫囂不靜當路尼衆畢云尼止舍事畢云言舍其事後就舊本有路字道藏本茅本無今據刪言事急而後至畢云言緩踰時不寍謂不謁告也漢書高帝紀注李斐云休謁之名吉曰告凶曰寍其罪射讙囂駴衆畢云駴駭字異文周禮云鼓皆駴陸德明音義云本亦作駭胡楷反李一音亥

墨十五

又大僕戒鼓鄭君注云故書戒爲駴即駴本戒之俗加也其罪殺非上不諫次主凶言蘇云大字有誤詒讓案疑當爲刺其罪殺無敢有樂器獘騏軍中弊騏疑弈棊之誤說文収部云弈圍棊也有則其罪射非有司之令無敢有車馳人趨有則其罪射無敢散牛馬軍中有則其罪射飲食不時其罪射無敢歌哭於軍中有則其罪射令各執罰盡殺有司見有罪而不誅同罰若或逃之亦殺凡將率鬭其衆失法殺凡有司不使去卒吏民聞誓令俞云去乃士字之誤代之服罪代舊本誤伐王引之云伐字義不可通伐當爲代卒吏民不聽誓令者其罪斬若有司不使之聞誓令則當代之服罪矣案王說是也蘇說同今據正凡戮人於市死上目行此句有誤疑當作死三日徇徇古今字死與尸聲近義通謂陳尸於市三日以徇衆也周禮鄉士云肆之三日左襄二十一年傳楚殺觀起三日棄疾請尸是戮於市者皆陳尸三日也上云離守者三日而一徇亦足互證三與古文上作二相似徇行日日形並相近傳寫譌舛遂不可通謁者侍令門外爲

二曹夾門坐鋪食更無空鋪當爲餔下並同詳前蘇云更代也言餔食時遣其曹更代勿令空門下謁者一長王引之云長下當有者字而今本脫之下文曰中涓一長者是其證守數令入中視其亡者以督門尉文選藉田賦李注引字書云督察也與其官長及亡者入中報四人夾令門內坐二人夾散門外坐四人二人亦謂謁者客見持兵立前鋪食更上侍者名舊本譌民今依道藏本吳本正上文云上通者名守室下高樓室下不得爲樓室當爲堂之誤高上疑當有爲字備城門篇云守堂下爲大樓高臨城則此候者望見乘車若騎卒道外來者道亦從也詳前及城中非常者輒言之守守以須城上候城門及邑吏來告其事者以驗之舊本須誤順蘇云順爲須之訛須待也雜守篇云須告之至以參驗之案蘇校是也今據正樓下人受候者言以報守畢云言傳其言中涓二人夾散門內坐門常閉鋪食更中涓一長者環守宮之術衢說文行部云四達謂之衢置屯道各垣其兩旁高

丈爲埤院畢云院當爲倪立初雞足置此上下文有挩誤初疑勿之誤公孟篇搢忽忽作忍與此相類雞足置謂立物如雞足之形後襍守篇云入柴勿積魚鱗簪又前備蛾傅篇云柤覆勿令魚鱗三此文例與彼正同夾挾視葆食此有挩誤疑當作卒夾視葆舍葆舍猶葆宮也而札書得必謹案視參食者王云參食當爲參驗襍守篇曰吏所解皆札書藏之以須告之至以參驗之是其證此驗誤爲僉又誤爲食耳節不法節當爲卽正請之正請亦當爲止詰屯陳垣外術衢街皆樓茅本無街字屯陳卽上文之屯道樓上疑挩爲字高臨里中樓一鼓𪔵竈𪔵蘢之叚字詳備城門篇樓有一竈者夜以舉火卽有物故句鼓物故猶言事故言有事故則擊鼓也吏至而止止舊本誤正今據茅本正言擊鼓以報吏吏至鼓乃止也夜以火指鼓所城下五十步一廁廁與下同溷備城門篇云城上五十步一廁與下同溷與此略同請有罪過而可無斷者請亦當爲諸之誤令杼廁利之畢云似言罰之守廁蓋云利似謂除去不潔使之通利詒讓案杼當爲抒左傳文六年杜注云抒除也開元占經甘氏外官占引甘氏讚云天溷伏作抒廁糞土利疑誤

襍守第七十一

禽子問曰客眾而勇輕意見威輕意義難通意疑當爲竟之譌竟競古字通與旗幟篇竟士義同輕竟言輕鬭猶下云重下輕去矣以駭主人薪土俱上以爲羊坽羊本作坽从今積土爲高以臨民畢云句脫一字蒙櫓俱前遂屬之城畢云民城爲韻詒讓案坽亦合韻兵弩俱上爲之柰何子墨子曰子問羊坽之守邪舊本挩之字今據王校補羊坽者攻之拙者也足以勞卒不足以害城羊坽之政蘇云政當作攻遠攻則遠害近城則近害城當作攻害並當爲圉圄與圉禦字同此涉上文而誤言遠攻則遠禦之近攻則近禦之也公孟篇云厚攻則厚吾薄攻則薄吾彼吾亦圄之省語意與此異而義同不至城畢云句脫一字詒讓案此當作害不至城即上云不足以害城也因上文兩圄字並譌害此句首害字轉涉彼而挩耳矢石無休左右趣射蘭爲柱後蘭疑即備城門篇之兵弩簡格柱謂楯柱畢云休後爲韻望以固畢云句脫一字厲吾銳卒慎無使顧守者重下攻者

輕去畢云舊作云以意改固顧去爲韻養勇高奮民心百倍多執數少王云多執數少義不可通少當爲賞賞字脫去大半僅存小字因譌而爲少言我之卒能多執敵人者數賞之則卒乃不怠也下文正作多執數賞卒乃不怠蘇說同卒乃不殆畢云舊脫卒字据下文增倍殆爲韻王云怠殆古字通作士不休士當作土即上文之積土也商子兵守篇云客至而作土以爲險阻不能禁禦遂屬之城以禦雲梯之法應之凡待煙衝雲梯臨之法畢云煙同堙詒讓案當依備城門篇作堙必應城以禦之曰不足則以木椁之王引之云椁字義不可通椁當爲揨字之誤也說文朾撞也廣雅曰揨撞刺也揨與朾同謂以木撞其堙衝梯臨也左百步右百步茅本右作文繁下矢石沙炭以雨之薪火水湯以濟之選厲銳卒愼無使顧審賞行罰審賞舊本譌到王云當爲審賞行罰今本審賞二字倒轉則文義不順備梯篇正作審賞行罰案王校是也茅本正作審賞不到今據乙以靜爲故從之以急無使生慮畢云生舊作主以意改詒讓案茅本正作生不誤備梯篇亦作生恚瘱高憤茅本作慎誤畢云說文恚恨也愿古

文勇从心則字當為恿王引之云畢以癒恖為恿之誤是也患當為恙字之誤也恙與養古字通憤與奮同上文云養勇高奮民心百倍是其明證也民心百倍多執數賞卒乃不怠畢云舊乃不二字倒以意改顧故慮倍怠為詐衝臨梯皆以衝衝之渠長丈五尺其埋者三尺畢云埋舊作理以意改矢長丈二尺蘇云備城門篇矢作夫詒讓案當為夫即趺之省詳備城門篇渠廣丈六尺其弟丈二尺蘇云弟與梯同下文作梯是也渠之垂者四尺樹渠無傅葉五寸畢云葉卽㯹字蘇云備城門篇言去㯹五寸與此言合梯渠十丈一梯渠之有梯者謂之梯渠但渠廣丈六尺則不得有十丈若據設渠處言之則城上二步一渠其廣丈二尺二十步而十渠則十二丈也與此數皆不相應未詳渠荅大數里二百五十八渠荅百二十九蘇云備城門篇言城上二步一渠又言二步一荅此里字疑當作步詒讓案此當作里二百五十八步里字不誤今本挩一步字耳里法本三百步而云二百五十八步者蓋就設渠荅之處計之諸所餘四十二步或當門隅及樓闉不能盡設渠荅故不數外道可要塞以難寇其甚害者為築三亭蘇云此言險隘宜守害謂要害築亭

備𤯝望也亭三隅亭三二字舊本到今據茅本乙織女之畢云當云織如之織古幟字陳奐云織女三星
成三角故築防禦之亭以象織女處隅之形詒讓案陳說是也上文不言織則不當云如之畢校未塙此言亭爲三隅形
如織女三星之隅列猶下文云爲擊三隅之也六韜軍用篇云兩鏃蒺藜參連織女是古書多以織女擬三角形之證
令能相救諸距阜畢云距舊作詎以意改蘇云距鉅通用大也山林溝瀆丘陵阡
陌畢云古只爲仟伯郭門若閻術可要塞說云門部云閻里中門也及爲微職畢云
同織案詳號令篇可以迹知往來者少多及所伏藏之處葆民先舉
城中官府民宅室署大小調處葆民即外民入葆者計度城內宮室之大小分處之必均
調也葆者或欲從兄弟知識者許之識字舊本挩王引之云知下當有識字而今本脫之
則文義不完號令篇曰其有知識兄弟欲見之是其證外宅粟米畜產財物諸可以佐
城者送入城中事即急則使積門內事急不及致所積之處則令暫積門內取易致
也此下舊本有候無過五十云云十四字乃下文錯簡今移於後民獻粟米布帛金錢牛馬

畜產皆爲置平賈（號令篇作皆爲平直其價疑置平亦平直之誤）與主券書之使人各得其所長天下事當（畢云長當爲韻）鈞其分職天下事得（畢云職得爲韻）皆其所喜天下事備（畢云喜備爲韻）强弱有數天下事具矣（畢云數具爲韻）（蘇云此八句與前後文語意不倫疑有錯簡）築郵亭者圜之高三丈以上令侍殺（侍當爲備言邪殺爲梯也備城門篇云備殺如城埶可詘蘇云侍當作特殺減也非）爲辟梯（畢云辟即臂字）梯兩臂長三尺（亭高三丈以上則梯長不得止三尺疑尺當爲丈）連門三尺報以繩連之（連門疑當作連版）塹再雜爲縣梁（塹當爲壍塹縣梁見備城門篇再雜猶言再帀詳經上篇）聾竈（當作聾竈詳備城門篇亦言每亭爲一聾竈號令篇云樓一鼓聾竈）亭一鼓寇烽驚烽亂烽（言舉烽有此三等以爲緩急之辨）傳火以次應之至主國止（畢云舊作正以意改）其事急者引而上下之（謂引烽而上下之烽著桔槔頭故可引而上下詳號令篇）烽火以舉（王云）以已輒五鼓傳又以火屬之（畢云火舊作又以意改）言寇所從來者少同

多廣雅釋詁云言問也旦弁還之旦茅本作且疑當爲毋弁建卽號令篇之無厭建後文又作唯弁逑則疑還或爲逑之誤此書逑多誤還逑逑同詳非攻下篇去來屬次烽勿罷望見寇舉一烽入境畢云號令篇作竟是舉二烽射妻妻疑要之譌射要謂急變要害周禮野廬氏鄭注云徑踰射邪趣疾越渠隱也畢云當是女垣譌字詒讓案此方入境尚未郭會安得至女垣畢說非舉三烽一藍舊本挩一字今據道藏本茅本補王校改一爲三畢讀藍郭句云藍爾聲相近言爾郭也謂近之案畢失其句讀不可從郭會謂寇至郭舉四烽二藍二王校改四城會舉五烽五藍王引之云藍字義不可通蓋鼓字之誤鼓字篆文作鼓上屮誤爲廾中𠬪誤爲卧卜止誤爲血遂合而爲藍字此文當云望見寇舉一烽一鼓入境舉二烽二鼓射妻舉三烽三鼓郭會舉四烽四鼓城會舉五烽五鼓上文曰烽火以舉輒五鼓傳正與此舉五烽五鼓相應史記周本紀幽王爲熢燧大鼓有寇至則舉熢火是有熢卽有鼓也今本舉一烽烽舉二烽下脫一鼓二鼓四字舉三烽三鼓舉四烽四鼓鼓字既皆誤作藍而上句三字又誤作一下句四字誤作二唯下文舉五烽五藍藍字雖誤而兩五字不誤猶足見烽鼓相應之數而自一烽一鼓以至五烽五鼓皆可次第而正之矣下文曰夜以火如此數正謂如五烽五鼓之

數則藍爲鼓字之誤甚明畢以藍郭二字連讀又謂藍闈聲相近而以爲蹀躅字大誤案王說是也蘇謂二字及五藍二字並衍先之 夜以火如此數 王引之云號令篇夜以火皆如此亦謂如五表之數 守烽者事急 此下疑有挩文 候無過五十寇至葉隨去之唯弇逮 寇至葉隨去之舊本作寇至隨葉去五字畢以意改葉爲枼王云畢改非也此當作寇至葉隨去之言候無過五十人及寇至堞時即去之也號令篇曰遣卒候者無過五十人客至堞去之是其證今本去下脫之字又升隨字於葉字上則義不可通又云葉與堞同上文樹渠無傳葉五寸亦以葉爲堞詒讓案王校是也今據乙增又此十四字舊本誤錯入上文事即急則使積門內下今移於此號令篇云遣卒候無過五十人客至堞去之愼無厭建候者曹無過三百人日暮出之爲微職與此上下文正同則其爲錯簡無疑矣唯弇逮亦當作無厭逮逮忘通號令篇作無厭建 日暮出之令皆爲微職 距阜山林皆令可以迹平明而迹 句 無迹各立其表下城之應 王引之云此本作平明而迹迹者無下里三人各立其表城上應之言迹者之數每里無下三人各立其表而城上應之也號令篇云迹者無下里三人平明而迹各立其表城上應之是其證今本迹者無下里三人七字祇存無迹二字

城上應之又譌作下城之應則義不可通候出置田表田表候出郭外所置之表郭外皆民田下云田者男
子以戰備從斥卽郭外耕田之民也斥坐郭內外立旗幟蘇云號令篇云候出越陳表遮坐郭門之
外內立其表文校此爲優田與陳通詒讓案斥遮義同淮南子兵略訓斥闉要遮高注云斥堠也此斥爲遮與候異幟俗
字上文微職並作職卒半在內令多少無可知卽有驚驚警同詳號令篇舉孔
表孔疑當作外艸書相似而誤見寇舉牧表牧疑當爲攻亦艸書之誤若上文云攻烽城上以
麾指之斥步鼓整旗旗蘇云步當作坐下旗字衍以備戰從麾所指備戰當從
旗幟篇作戰備卽兵械之屬言斥各持戰備從城上旌麾所指而迎敵也下云田者男子以戰備從斥義同舊讀以備戰
三字屬上句誤指舊本譌止今據道藏本茅本正蘇云號令篇作指田者男子以戰備從斥謂從
斥卒禦敵女子亟走入亟舊本譌函王校改亟茅本正作亟今據正卽見放放當爲寇下文可證
到傳到城止止舊本誤正王引之云上到字當爲鼓正當爲止鼓傳到城止見下文上文又曰烽火以舉輒
五鼓傳蘇云上到字誤衍正爲止字之訛詒讓案王說近是茅本止字不誤今據正守表者三人更立

捶表而望蘇云號令篇言表三人守之與此合捶號令篇作垂詒讓案捶表俞謂郵表是也王校刪捶字非詳號令篇守數令騎若吏行旁視有以知爲所爲蘇云旁當作訪上爲字當作其詒讓案旁視猶言徧視又疑當作行視旁旁謂城之四面也其曹一鼓言守表者每曹有一鼓望見寇鼓傳到城止斗食斗舊本譌升畢云疑斗食俞云以下文推之則升爲斗字之誤無疑案畢說是也蘇校同今據正終歲三十六石蘇云據下言斗食食五升又言日再食是一食五升再食則一斗以終歲計之當三十六石也參食終歲二十四石四食終歲十八石舊本食上挩四字今據道藏本芧本補蘇云當作參食終歲二十石四食終歲十八石然二十下尚當有脫字據下言參食食參升日再食則六升以終歲計之當得二十一石六斗四食食二升半日再食則五升以終歲計之當得十八石也俞云此數不同者上所說是常數下所說是圍城之中民食不足減去其半之數也參食者參分斗而日食其二也故終歲二十四石也句下脫四字當據下文補四食者四分斗而日食其二也故終歲十八石也五食終歲十四石四斗舊本作五食終歲十四石升盧云疑十四石五升否或升字衍俞云五食者五分斗而食其二則每日食四升終歲

當食十四石四斗今作終歲十四石升蓋誤斗爲升又脫四字耳盧謂於數不合非也案俞校是也蘇說同今據補正六食終歲十二石俞云六食者六分斗而食其二也故終歲十二石也蘇云下言六食一升大半是每日食三升有奇以終歲計之當得十二石也斗食食五升上斗字舊本亦譌升今依畢蘇校正參食食參升小半四食食二升半五食食二升六食食一升大半日再食此申析上文斗食以下日再食每食之升數也故末又云日再食以總釋之俞云此依前數而各減其半斗食者每日一斗今則爲五升矣參食者每日六升大半今爲參升小半矣不言小半者傳寫脫去也下文言六食食一升大半則此必言食參升小半可知蓋參食本食六升大半而減之爲三升小半猶六食本食三升小半而減之爲一升大半也無小半二字即於數不足矣四食本食五升故減爲二升半五食本食四升故減爲二升其數甚明詒讓案俞以此爲民食不足依前數而各減其半非墨子之恉而謂參食食參升下當有小半二字則甚塙今據增救死之時日二升者二十日日三升者三十日日四升者四十日日二升者再食每食一升也日三升者每食一升有半也日四升者每食二升也如是而民免於九十

日之約矣（約謂危約）寇近亟收諸雜鄉金器若銅鐵（亟舊本譌函今據茅本正王校同雜鄉當作離鄉言城外別鄉器物皆收入城內也備城門篇云城小人衆葆離鄉老弱國中及他大城）及他可以左守事者（爾云左左助也蘇云左佐通用下同）先舉縣官室居官府不急者材之大小長短及凡數（蘇云凡字誤當作亣與其通書中共多作亣詒讓案凡數猶言大總計數也周禮外史云凡數從政者蘇說非）卽急先發（句）寇薄（蘇云薄謂迫近）發屋伐木雖有請謁勿聽（句）入柴（入讀爲內）勿積魚鱗簪（畢云疑㯭字假音讀若高誘注淮南子積柴之罧詒讓案畢說是也淮南子說林訓本作罧高注云罧者以柴積水中以取魚罧讀沙糝幽州名之爲涔也說文作罧云積柴水中以聚魚也備蛾傅篇說苔云兩端接尺相覆勿令魚鱗三三卽參亦卽㯭之省也爾雅釋器云㯭謂之涔郭注以爲聚積柴木捕取魚之名小爾雅廣獸云潛㯭也潛涔字通蓋通言之凡積聚柴木並謂之㯭㯭潛參簪聲並相近通典兵門說束杙云皆去鑽刊以束爲魚鱗次橫檢而縛之杜卽依此書也太玄經禮次六魚鱗差之乃矢施之魚鱗簪猶言魚鱗次魚鱗差也細繹此與備蛾傅篇文似並謂勿如魚鱗簪而杜佑之意則謂束杙當爲魚鱗次依其說則此

文勿積當路讀與備蛾傳篇語意不同未知是否當隊令易取也當隊即當隧詳備城門篇材木
不能盡入者燔之無令寇得用之商子兵守篇云客至發梁徹屋給從從之不給而熯
之使客無得以助攻備與此同積木各以長短大小惡美形相從大小茅本作小大
城四面外各積其內諸木大者皆以為關鼻畢云言為之紐令事急可曳
乃積聚之城守司馬以上父母昆弟妻子有質在主所乃可
以堅守署都司空都司空蓋五官之一詳號令篇大城四人候二人候亦五官之一
詳號令篇二茅本作一縣候面一四面面各一候亭尉次司空亭尉即備城門篇之帛尉號令
篇之百長其秩蓋次於縣尉次司空亦次於都司空也亭一人吏侍守所者財足廉信畢云言厚祿足以養其廉信詒讓案財足疑當屬上讀財纔通言吏侍守所者纔足應用無定數也財足見備城門篇宅
篇亦多云財自足畢讀恐非是父母昆弟妻子有在葆宮中者乃得為侍吏
諸吏必有質乃得任事守大門者二人守疑當作侍侍號令篇云吏卒侍大門中者

曹無過二人夾門而立令行者趣其外蘇云趣疾行也所以防窺伺者各四戟夾門立此言夾門別有持戟者四人也而其人坐其下吏曰五閭之上逋者名池外廉外舊本譌水王云水廉當爲外廉鄭注鄉飲酒禮曰側邊曰廉池外廉謂池之外邊近敵者也下文曰前外廉三行旗職篇曰大寇傳攻前池外廉皆其證隸書外字或作外見漢司隸校尉魯峻碑與水相似而譌史記秦本紀與韓襄王會臨晉外正義外字一作水案王校是也今據正蘇云廉猶縩也非有要有害必爲疑人令往來行夜者射之謀其疏者蘇云言要害之處必嚴密防守至於人疏之處亦不可不預爲謀也俞云疑人蓋束草爲人形望之如人故曰疑人謀其疏者謀乃誅字之誤案俞說是也牆外水中即城外池也牆疑即旗幟篇之藩爲竹箭畢云舊作箭今改下同詒讓案芧本並作箭蘇云箭當從舊作翦漢書有此字竹翦蓋竹籤也削竹而布之水中所以防盜涉者今案翦字古字書所無俗字書引漢書王尊傳翦張禁字如此作攷漢書各本皆作箭不作翦蘇說據之非也箭尺廣二步言插竹箭之處廣三步也箭下於水五寸下於二字舊到今依蘇校乙雜長短前外廉三行外外鄉內亦內

鄉蘇云於下二字誤倒當作鬵下於水五寸言藏之水中令人勿見也雜長短使之不齊也前亦當作翦外廉者廉其
外令有鋒銳也行讀如杭鄉讀如向詒讓案旗幟篇云前池外廉前外廉三行謂前池之外廉列竹箭三行也蘇說非
三十步一弩廬廬廣十尺袤丈二尺弩廬卽置連弩車之廬也通典兵守拒法有弩
臺制與此略同而步尺數異詳備高臨篇隊有急隊亦謂當攻隊極亟發其近者往佐王引之云
古字極與亟通極發卽亟發也莊子盜跖篇亟去走歸釋文亟急也本或作極荀子賦篇出入甚極又曰反覆甚極楊注
並云極讀爲亟急也淮南子精神篇隨其天貲而安之不極高注云極急也詒讓案王說是也極下道藏本有急字疑衍
其次襲其處漢書揚雄傳顏注云襲繼也蘇云言軍有危急則發其近者往助之近者既發則移其次者居
之以爲接應也守節出入使主節必疏書主節小吏掌符節者與號令篇主券相類周官有掌
節屬地官蓋都邑亦有之署其情令若其事若疑著之誤而須其還報以劍驗
之王云劍驗亦當爲參驗謂參驗其事情也此參譌爲僉又譌爲劍耳隸書參或作叅僉或作叅二形相似而誤案王
校是也蘇說同參驗見後節出使所出門者輒言節出時掺者名畢云言操節人

卽出門者當記其名百步一隊上疑有挩文閤通守舍說文門部云閤門旁戸也爾雅釋宮云小閨謂之閤舊本作閣非相錯穿室治復道爲築墉墉善其上蘇云善與繕通詒讓案此下舊本有先行德至用人少易守凡四十三字當爲前備城門篇之錯簡今審定移正取疏畢云此正字下作蔬俗令民家有三年畜蔬食畜蓄字通下同以備湛旱王云論衡明雩篇曰久雨爲湛畢云言湛溺大水與旱非歲不爲王云畢以歲字絕句不爲屬下讀案不爲二字與下文義不相屬當以歲不爲連讀湛旱水旱也言令民多畜蔬食以備水旱歲不爲也晉語注曰爲成也歲不爲猶玉藻言年不順成也賈子孽產子篇曰歲適不爲是其證常令邊縣豫種畜芫芸烏喙祩葉蘇云芫魚毒也漁者煮之以投水中魚則死而浮出故以爲名芸香草也可以辟蠹烏喙烏頭別名祩葉未詳詒讓案說文艸部云芫魚毒也太平御覽藥部引吳氏本艸云芫華根有毒可用殺魚本艸經云烏頭一名烏喙廣雅釋艸云蘸奚毒附子也一歲爲萴子二歲爲烏喙三歲爲附子四歲爲烏頭五歲爲天雄芸非毒艸當爲芒字之誤爾雅釋艸云葞春草郭注云一名芒草山海經中山經云葌山有木曰芒草可以毒魚朝歌山作莽草周禮翦氏及本艸經同本艸字又作菵並聲近字通芒與

芫皆毒魚之艸葢亦可以毒人祩荸本作株疑當爲株與椒同急就篇云烏喙附子椒芫華皇象本作烏啄付子株元華芫芸株株字形並相近烏喙荸本作烏啄亦與皇同株與烏喙芫華等皆藥之有毒者故此書及史游並兼舉之葉不審何字之譌迵典兵守拒法云凡敵欲攻即去城外五百步內井樹牆屋並塡除之井有塡不盡者投藥毒之外宅溝井可寘句塞說文穴部云寘塞也畢云寘同塡不可句置此其中畢云言此數物有毒可置外宅不可置中顧云左氏傳秦人毒涇上流詒讓案顧說是也不可置此其中言井溝可寘塞則寘塞之不可寘塞者以上所蓄毒艸置其中毋使敵汲也也畢說誤安則示以危危示以安寇至諸門戸令皆鑿而類竅之類備城門篇作慕畢校改幕案彼慕當作冪此類當作幎蓋幎隸書形近類因又誤作類也幎正字冪變體義並詳彼篇下同各爲二類一鑿而屬繩繩長四尺大如指寇至先殺牛羊雞狗烏鴈畢云說文云鴈鵝也此與鴻雁異呂氏春秋云莊子舍故人之家故人令豎子爲殺鴈饗之亦見莊子新序刺奢云鄒穆公有令食鳧鴈必以粃無得以粟皆即鵝也今江東人呼鵝猶曰鴈鵝王云畢說是也烏非家畜不得與牛羊雞狗鵝並言之烏當爲鳧此鳧謂鴨也亦非弋鳧與鴈之鳧廣

雅鳧鶩䳄也䳄與鴨同晏子春秋外篇君之鳧鴈食以菽粟是也故曰殺牛羊雞狗鳧鴈蘇說同收其皮革筋角脂䏣羽畢云舊收作牧皮作支俱以意改䏣即考工記劏字本腦字之譌也毳皆剥之王引之云毳與皮革筋角脂羽並言之亦爲不倫毳字當在上文牛羊雞狗之閒迎敵祠篇亦云狗毳豚雞吏橝桐貞吏疑使之誤橝疑櫝之誤說文木部云櫝槶也故與桐並舉然文尙有捝誤貞字本作自畢云未詳爲鐵錍方言云凡箭其廣長而薄鎌謂之錍郭璞注云江東呼鎞箭蘇云錍賓彌切音卑說文曰鋻錍斧也厚簡爲衡枉厚疑當爲后與後聲近字通簡疑當爲藺之誤前備城門篇亦有兵弩簡格即藺格也枉當爲柱此疑即上文所謂藺爲柱後也事急卒不可遠令掘外宅林疑當作材下同言事急守城之卒不可令遠出則令掘外宅材木徧城內以備用又疑或當作事急卒不可遠卒猝同言倉猝不及致材木也謀多少謀疑當爲課詳號令篇若治城□爲擊即號令篇所云五十步一擊也城下疑缺上字三隅之言擊之形爲三隅不方也重五斤已上諸林木渥水中無過一茷重五斤以上謂材木之小者畢云說文云欆海中大船臣鉉等曰今俗別作筏案唐隆闡禪師碑又作欆此作茷皆欆假音字蘇云林疑當作材渥

漬也。詒讓案：蓏棧是也。論語公冶長集解引馬融云：「編竹木大者曰栰，小者曰桴。」方言云：「簰謂之筏。」通典兵門云：「槍十根爲一束，勝力一人，四千一百六十六根即成一栰。」此後世法，不知墨子所謂一筏數幾何也。塗茅屋若積薪者，厚五寸已上。吏各舉其步界中財物可以左守備者上。王引之云：「步界二字義不可通。步當爲部。吏各有部，部各有界，故曰部界。號令篇云『因城中里爲八部，部一吏』，又云『諸吏卒民非其部界而擅入，皆其罪也』。俗讀部步聲相亂，故部譌作步。上下當有之字。上之，謂上其財物也。備城門篇云『民室材木瓦石可以益城之備者，盡上之』，與此文同一例。今本有脫之字，則文義不明。」又云：「左與佐同。」蘇云：「上謂聞之於上。」有讒人，有利人，有惡人，有善人，有長人，有謀士，有勇士，有巧士，有使士，使士，士謂可以奉使之士。又疑當作信士，號令篇屢言信人，亦或誤爲使人。有內人者外人者，有善人者，有善門人者，蘇云：「上句善下疑脫一字，善門疑善門之譌。」守必察其所以然者，應名乃內之。蘇云：「應名，言名實相應也。內讀如納。」民相惡，若議吏吏所解，吏所解，謂民相惡有讎怨，吏爲解之者，見上號令篇。皆札書藏之。札，舊本譌作禮。王引之云：「禮書當爲札譌古禮字作礼與札相似札譌爲礼後人因改爲禮耳札書見號令篇莊子人閒世篇名也者相札也崔譔曰札或作禮淮南說林篇烏力勝日而服於雌札今本札譌作禮蘇云禮當作謹備城門篇言皆謹收藏也案王校是也今據正以須告之至以參驗之告下疑當有者字吳鈔本挩至字睨者小五尺不可卒者爲署吏令給事官府若舍蘇云睨者二字傳寫錯誤或爲兒童之訛意言弱小未堪爲卒唯給使令而已詒讓案孟子梁惠王篇反其旄倪趙注云倪弱小緊倪者也說文女部云婗嫛婗也廣雅釋親云婗兒子也此睨卽婗之叚字或云睨者小疑當作諸小婗者卽諸之省亦通孟子滕文公篇云五尺之童管子乘馬篇云童五尺荀子仲尼篇云五尺豎子論語泰伯篇可以託六尺之孤周禮鄉大夫賈疏引鄭注云六尺年十五以下然則五尺者葢年十四以下也舍謂守者之私舍號令篇云城上吏卒養皆爲舍道內藺石見號令篇厲矢諸材畢云舊作林以意改蘇云諸與備同詒讓案諸如字器用皆謹部各有積分數號令篇云輕重分數各有請爲解車以枱城矣說文木部云枱耒耑木也案枱卽考工記車人耒庛之正字與此義不相當此枱當爲木材疑卽梓之叚借字枱籒文从辝作辝與梓聲類相近也備穴篇用揺若松爲穴戶揺疑亦卽

枱桙之異文蘇云此句錯誤不可讀解車疑卽軺車據下文是言車之載矢者城矣二字或卽載矢之訛下以字衍案蘇說近是以軺車畢云漢書注服虔云軺音瑤立乘小車也輪軲道藏本芧本軲作軲疑軸之誤亦見經說下畢云此轂字與丈無疑廣雅云軲車也曹憲音枯又音姑廣十尺廣當爲長轂廣長必無十人此亦足證軲之是軸而非轂也轅長丈爲三輻三輻疑當作四輪備高臨篇連弩車兩軸四輪亦誤作三輪廣六尺爲板箱長與轅等說文竹部云箱大車牝服也考工記車人云大車牝服二柯又參分柯之二鄭注云牝服長八尺謂較也鄭司農云牝服謂車箱此車箱長丈益長於常制二尺也高四尺舊本作四高尺蘇云當作高四尺案蘇校是也今據乙正善蓋上治中令可載矢舊本挩中字令據道藏本吳鈔本芧本補子墨子曰凡不守者有五城大人少一不守也畢云舊作者以意改詒讓案芧本正作也不誤城小人衆二不守也人衆食寡三不守也市去城遠四不守也畜積在外富人在虛蘇云虛同墟言不在城邑也五不守也率萬家而城方三里尉繚子兵談篇云量地肥墝而立邑建城稱地以城稱人以人稱粟

三相稱則內可以固守外可以戰勝畢云言大率萬家而城方三里則可守詒讓案方三里者積九里爲地八千一百畝也以萬家分居之蓋每宅不及[illegible]畝貧富相補足以容之矣

墨子目錄一卷 道藏本及明鈔本刻本並無目錄此畢氏所定依意林爲第十六卷今從隋志別爲一卷

卷之五 道藏本六同卷

卷之六

備水第五十八

□□第五十九十二攻具水第六穴第七突第八空洞第九蟻傅第十今唯闕備空洞一篇其次又不當列水突之閒豈爲後人所竄亂與

□□第六十

備突第六十一

備穴第六十二十二攻具穴在突後此篇次與彼不合

備蛾傅第六十三

卷之十五

□□第六十四十二攻具轒轀第十一軒車第十二則當有備轒轀備軒車二篇其次當在此

□□第六十五

□□第六十六

畢沅云按舊本皆無目隋書經籍志云墨子十五卷目一卷馬總意林云墨子十六卷〔詒讓案馬本梁庾仲容子鈔見高似孫子略〕則是古本有目也考漢書藝文志云墨子七十一篇高誘注呂氏春秋云七十二篇疑當時亦以目爲一篇耳藏本云闕者八篇而有其目節用下節葬上中明鬼上中非樂中下非儒上是也當是宋本如此而館閣書目云自親士至雜

守爲六十一篇亡九篇恐是八譌爲九又七十一篇亡其九當存六十二而云六十一亦二之譌也其十篇者藏本并無目亦當是宋時亡之然則宋時所存實止五十三篇耳詒讓案荀子修身篇楊注云墨子著書三十五篇疑當作五十三篇或唐中葉以後此書即有闕佚篇數已與今本同也然詩正義引備衝篇則向存其目而不知列在第幾太平御覽引有備衝法正在此篇則宋初尚多存與詒讓案御覽多本古類書不足證北宋時此書尚有完本也南宋人所見十三篇一本樂臺會注之郎自親士至上同是而潛谿諸子辯云上卷七篇號曰經下卷六篇號曰論共十三篇詒讓案此卽中興館閣書目所載別本書錄所題亦箸錄黃氏日鈔諸子云墨子之書凡二其後以論稱者多衍復其前以經稱者善文法又吳師道戰國策校注五引兼愛中篇楚靈王好士細腰數語云今按墨子三卷中無此文三卷者別本也古墨子篇數不止此是陳

直齋黃東發吳正傳所見墨子皆止十三篇本也又有可疑夫墨子自有經上下經說上下在十三篇之後此所謂經乃親士脩身所染法儀七患辭過三辯七篇與下尚賢尚同各三篇文例不異似無經論之別未知此說何據以意求之或以經上下經說上下及親士脩身六篇爲經詒讓案南宋刊本不如是畢說非其說或近以無子墨子云云故也詒讓案此說亦非詳親士篇然古人亦未言之至樂臺所注見鄭樵通志藝文略而焦竑國史經籍考亦載之似至明尚存詒讓案鄭焦二志多存虛目不足據卒亦不傳何也若錢曾云藏會稽鈕氏世學樓本共十五卷七十一篇內亡節用等九篇者實即今五十三篇之本內著闕字者八篇錢不深核耳

洪頤煊云墨子今本十五卷自親士至雜守凡七十一篇內闕有題八篇無題十篇據陳振孫書錄解題稱漢志七十一篇館閣書目有十五卷六十一篇者多訛脫不相聯屬是無題十篇宋本已闕有題八篇闕文在宋本已後讀書叢錄　詒讓案道藏本即從宋本出有題八篇宋本蓋已闕洪說未塙

墨子附錄一卷

墨子篇目考　墨子佚文　墨子舊叙

墨子篇目考

畢沅述　孫詒讓校補

漢書藝文志

墨子七十一篇名翟爲宋大夫在孔子後

隋書經籍志

墨子十五卷目一卷宋大夫墨翟撰

庾仲容子鈔見高似孫子略畢本無今補

墨子十六卷

馬總意林

墨子十六卷案墨子名翟高誘曰魯人一曰宋人爲宋大夫善守禦務儉嗇所著書漢志七十一篇隋唐志

十五卷目一卷宋志十五卷楊倞荀子注云三十五篇宋潛溪曰二卷親士至經說十三篇明堂策檻刊本十五卷七十一篇與舊志合闕節用下節葬上中明鬼上中非樂中下非儒上共八篇葢楊據篇名總計之宋則未見全書也明刻文多重複似亦非古本但次第正與此同

君子自難而易彼彼字補同下衆人自易而難彼親士篇

靈龜先灼神蛇先暴先原作近

君子雖有學行爲本焉戰雖有陳勇爲本焉喪雖有禮哀爲本焉脩身篇

墨子見染絲而嘆曰染於蒼則蒼染於黃則黃非獨染絲然也國亦有染詒讓案張海鵬本國作人國二字舜染許由桀染干辛干舊作于詳見作十華原有推哆韓非子曰桀有侯哆紂染崇侯也所染篇

聖人爲舟車完固輕利可以任重致遠辭過篇

子自愛不愛父欲虧父而自利弟自愛不愛兄欲虧兄而自利非兼愛也（句非原文）盜愛其室不愛異室故竊異室以利其室亦非（舊訛能詒讓案張本不訛）兼愛（兼愛上篇）

節葬之法三領之衣（原作衣三領）足以朽肉（節葬篇作蔽形）三寸之棺（原作棺三寸）足以朽骸深則通於泉（原作掘穴深不通於泉流不發洩則止節葬篇亦云下無及泉上無通臭節用中篇）

諸侯不得恣已爲政有三公政之（政之之政原作正下同）三公不得恣已爲政有天子政之天子不得恣已爲政有天（舊有下字）政之（天志下篇案此文兩見皆作有天政之）

斷指以存腕（原作腕下云利之中取大害之中取小也害之中取小非取害也取利也）以免於身者利（原作遇盜人而斷指以免身利也言雖受傷而身得免即謂之利　大取篇）

君子如鐘扣則鳴不扣則不鳴美（原作義）女處不出則爭求之行而自衒人莫之娶（公孟篇）

墨子勸弟子學曰汝速學君（原作吾）當仕汝弟子學朞年就墨子責仕（二字補　責求也）墨子曰汝聞魯人（原作語）乎有昆弟五人父死其長子嗜酒不肯預葬其四弟曰兄若送葬我當爲兄沽酒（此下與原文小異）葬訖就四弟求酒四弟曰子葬父豈獨吾父也吾恐人笑歟以酒耳今不學人自笑子故勸子也遂不復求仕

墨子謂門人曰汝何不學對曰吾族無學者墨子曰不然豈謂欲好美而曰吾族無此辭不欲耶欲富貴而曰吾族無此辭不用耶強自力矣

甘瓜苦蔕天下物無全美（二句原書闕見埤雅引）（下二條亦原書所無）

古之學者得一善言附於其身今之學者得一善言務以說人言過而行不及書鈔引新序齊王問墨子曰古之學者爲己今之學者爲人何如對曰古之學者云云說人則爲墨子之言甚明

君子服美則益敬小人服美則益驕詒讓案今本公輸篇後兵法諸篇之前闕第五十一篇以上數條疑皆此篇佚文

案史記墨翟或曰並孔子時或曰在其後張衡謂當子思時出仲尼後也抱朴子小司馬皆言在七十子後史鄒陽書曰宋信子罕之計囚墨翟漢書子罕作子冉意其生稍後孔子而先於孟子者歟竊謂儒與楊墨猶陰與陽而墨較近理故與楊同一塞路同經孟子辭闢而墨氏之書至今猶有傳者甚至尸佼謂孔子貴公墨子貴兼其實則一韓非子顯學篇孔墨並尊史傳以墨附孟范書言墨孟之徒韓呂黎謂孔子必用墨子墨子必用孔子是豈特秦越同舟已哉荀卿書雖不醇其禮論篇譏墨子薄葬反覆數百言大旨謂以倍叛之心事親棺槨三寸衣衾三領爲刑餘罪人之喪又謂刻死而附生所見實出孔鮒詰墨之上唐開元從祀孔庭其以此歟　詒讓案此條於墨子篇目

及馬氏書均無涉姑錄之以存畢考之舊

唐書經籍志

墨子十五卷墨翟撰

新唐書藝文志

墨子十五卷墨翟

宋史藝文志

墨子十五卷宋墨翟撰

崇文總目畢本無今補

墨子十五卷墨翟撰

鄭樵通志藝文畧

墨子十五卷宋大夫墨翟撰墨翟與孔子同時漢志注在孔子後又三卷樂臺注唐志不載當考

馬端臨文獻通考經籍考

墨子十五卷

王應麟玉海

書目云墨子十五卷自親士至雜守爲六十一篇（亡九篇）一本

自親士至上同凡十三篇（詒讓案此即中興館閣書目王氏所引非全文）

晁公武郡齋讀書志

墨子十五卷宋墨翟撰戰國時爲宋大夫著書七十一篇以

貴儉兼愛尊賢右鬼非命尚同（衢本作上同）爲說云荀孟皆非之而

韓愈獨謂辨生於末學非二師之道本然也

陳振孫直齋書錄解題

墨子三卷宋大夫墨翟撰孟子所謂邪說詖行與楊朱同科

者也韓吏部推尊孟氏而讀墨一章乃謂孔墨相爲用何哉漢志七十一篇館閣書目有十五卷六十一篇者多訛脫不相聯屬又二本止存十三篇者當是此本也方楊墨之盛獨一孟子詘言非之諄諄焉惟恐不勝今楊朱書不傳列子僅存其餘墨氏書傳於世者亦止於此孟子越百世益光明遂能上配孔氏與論語並行異端之學安能抗吾道哉

焦竑國史經籍考

墨子十五卷又三卷 樂臺注

四庫全書總目 畢本無今爲補

墨子十五卷 兩江總督採進本 舊本題宋墨翟撰考漢書藝文志墨子七十一篇注曰名翟宋大夫隋書經籍志亦曰宋大夫墨

翟撰然其書中多稱子墨子則門人之言非所自著又諸書多稱墨子名翟因樹屋書影則曰墨子姓翟母夢烏而生因名之曰烏以墨爲道今以姓爲名以墨爲姓是老子當姓老耶其說不著所出未足爲據也詒讓案周亮工說本元伊世珍瑯嬛記宋館閣書目稱墨子十五卷六十一篇此本篇數與漢志合卷數與館閣書目合惟七十一篇之中僅佚節用下第二十二節葬上第二十三節葬中第二十四明鬼上第二十九明鬼中第三十非樂中第三十三非樂下第三十四非儒上第三十八凡八篇尚存六十三篇詒讓案此未數失目十篇也今本實存五十三篇與館閣書目不合陳振孫書錄解題又稱有一本止存十三篇者今不可見或後人以兩本相校互有存亡增入二篇歟抑傳寫者

譌以六十三爲六十一也墨家者流史罕著錄蓋以孟子所闢無人肎居其名然佛氏之教其清淨取諸老其慈悲則取諸墨韓愈送浮屠文暢序稱儒名墨行墨名儒行以佛爲墨蓋得其眞而讀墨子一篇乃稱墨必用孔孔必用墨開後人三教歸一之說未爲篤論特在彼法之中能自嗇其身而時時利濟於物亦有足以自立者故其教得列於九流而其書亦至今不泯耳第五十二篇以下皆兵家言其文古奧或不可句讀與全書爲不類疑因五十一篇言公輸般九攻墨子九拒之事。其徒因採摭其術。附記其末。觀其稱弟子禽滑釐等三百人已持守固之器在宋城上。是能傳其術之徵矣

錢曾讀書敏求記 詒讓案畢本在焦竑國史經籍考前今移此

墨子十五卷潛溪諸子辨云墨子三卷戰國時宋大夫墨翟撰上卷七篇號曰經中卷下卷六篇號曰論共十三篇考之漢志七十一篇館閣書目則六十一篇已亡節用節葬明鬼非樂非儒等九篇今書則又亡多矣潛溪之言如此予藏宏治己未舊抄本卷篇之數恰與其言合又藏會稽鈕氏世學樓本共十五卷七十一篇內亡節用等九篇葢所謂館閣書目本或即此歟潛溪博覽典籍其辨訂不肯聊且命筆而止題爲三卷豈猶未見完本歟抑此書兩行於世而未及是正歟姑識此以詢藏書家

詒讓案墨子書七十一篇即漢劉向校定本箸於別錄而劉歆七畧班固藝文志因之舊本當亦有劉向進書奏錄

宋以後已不傳史記孟子荀卿傳索隱按別錄云今按墨子書有文子文子卽子夏之弟子問於墨子如此則墨子者在七十子之後也此卽劉錄之佚文今考耕柱篇子夏之徒問於子墨子曰君子有鬬乎子政卽據彼文但不見所謂文子者它書載子夏弟子亦無文子竊疑別錄本云魯陽文子見耕柱魯問諸篇作魯陽文君文子爲楚司馬子期之子亦稱後於七十子故舉以爲證小司馬所引捝魯陽二字又誤衍文子卽三字遂若文子爲子夏弟子故不可通耳

又案漢志兵技巧家注云省墨子重則七略墨子書墨家與兵書蓋兩收班志始省兵而專入墨此亦足考劉班箸錄之異同謹附記之劉略入兵技巧家者蓋卽備城門以下二十篇也

墨子佚文　畢沅述　孫詒讓校補

樂者聖王之所非也而儒者爲之過也見荀子當是非樂篇文詒讓案見樂論篇然似約舉非樂篇大意畢以爲佚文未塙

孔子子字皆俗所更墨本用孔子諱見景公公曰先生素不見晏子乎對曰晏子事三君而得順焉是有三心所以不見也公告晏子晏子曰三君皆欲其國安是以嬰得順也聞君子獨立不慙于影今孔子伐樹削迹不自以爲辱身窮陳蔡不自以爲約始吾望儒貴之今則疑之　景公祭路寢聞哭聲問梁丘據對曰魯孔子之徒也其母死服喪三年哭泣甚哀公曰豈不可哉晏子曰古者聖人非不能也而不爲者知其無補於死者而深害生事故也見孔叢詰墨篇疑非儒上第三十八篇文詒讓案二條並見晏子春秋外篇或墨

子亦有是文

堂高三尺索隱云自此已下韓子之文故稱曰也詒讓案後漢書趙典傳注首有堯舜二字韓非子十過篇亦有此文即索隱所據也土階三等茅茨不翦采椽不刮詒讓案後漢書注作斲食詒讓案後漢書注作飯土簋啜土刑詒讓案後漢書注作歠土鉶糲粱之食詒讓案後漢書注作飯藜藿之羹夏日葛衣冬日鹿裘其送死桐棺三寸舉音不盡其哀見史記太史公自序文見文選注後漢書注文皆微異今韓非子雖有之然疑節用中下篇文　詒讓案此司馬談約引墨子語似未必即節用中下篇佚文羣書治要及藝文類聚十一太平御覽八十引帝王世紀云墨子以爲堯堂高三尺土階三等茅茨不翦採椽不斲夏服葛衣冬服鹿裘論衡是應篇云墨子稱堯舜堂高三尺儒家以爲卑下以上諸書及後漢書注文選注疑並據史記展轉援引非唐本墨子書實有此文也

年踰十五則聰明心詒讓案畢本作思今據史記五帝本紀集解校正慮無不徇通矣見裴駰史記集解索隱十五作五十無不作不云作十五非是　詒讓案索隱云俗本作十五非是案謂年老踰五

十不聽明何得云十五蓋小司馬所見墨子猶是足本故據以校正史注俗本之譌

禽滑釐問於墨子曰錦繡絺紵將安用之墨子曰惡是非吾用務也古有無文者得之矣夏禹是也卑小宮室損薄飲食土階三等衣裳細布當此之時黼詒讓案舊本捝盧文弨據御覽八百二十校補今從之黻無所用而務在於完堅殷之盤庚大其先王之室而改遷於殷茅茨不翦采椽不斲以變天下之視當此之時文采之帛將安所施夫品庶非有心也以人主爲心苟上不爲下惡用之二王者以詒讓案舊衍化字今從盧校刪身先于天下故化隆於其時成名於今世也且夫錦繡絺紵亂君之所造也其本皆興於齊景公喜奢而忘儉幸有晏子以儉鐫之然猶幾不能勝夫奢安可窮哉紂爲鹿臺糟邱酒池肉林宮牆文畫雕琢刻

鏤錦繡被堂金玉珍瑋婦女優倡鐘鼓管絃流漫不禁而天下愈竭故卒身死國亡爲天下戮非惟錦繡絺紵之用邪今當凶年有欲予子隨侯之珠者不得賣也珍寶而以爲飾又欲予子一鍾粟者得珠者不得粟得粟者不得珠子將何擇禽滑釐曰吾取粟耳可以救窮墨子曰誠然則惡在事夫奢也長無用好末淫非聖人之所急也故食必常飽然後求美衣必常暖然後求麗居必常安然後求樂爲可長行可久先質而後文此聖人之務禽滑釐曰善見說苑疑節用中下篇文詒讓案節用兩篇無與弟子問荅之語畢說未塙

吾見百國春秋見隋李德林重荅魏收書詒讓案見隋書本傳亦見史通六家篇春秋下畢本有史字今據史通刪攷德林書云史者編年也故晉號紀年墨子又云吾見百國春秋史又無有無事而書年者是重年驗也審

校文義李書史字當屬下爲句畢氏失其句讀遂并史字錄之謬也

禽子問天與地孰仁墨子曰翟以地爲仁太山之上則封禪焉培塿之側太平御覽作沈則生松柏下生黍苗莞蒲水生黿鼉龜魚民衣焉食焉死焉地終不責德焉故翟以地爲仁見藝文類聚又見北堂書抄太平御覽吳淑事類賦文微異

申徒狄曰周之靈珪出於土石楚之明月出於蚌蜃見藝文類聚詒讓案此即後申徒狄謂周公章之文當并爲一條

畫衣冠異章服而民不犯見文選注

墨子獻書惠王王受而讀之曰良書也見文選注詒讓案本書貴義篇云子墨子南游於楚見楚獻惠王王疑即獻書惠王之誤又余知古渚宮舊事二亦云墨子至郢獻書惠王王受而讀之曰良書也與李所引正同彼文甚詳疑皆本墨子佚文但不箸所出書今不據補錄詳貴義篇

時不可及日不可留見文選注

備衝篇見詩正義

備衝法絞善麻長八丈內有大樹則繫之用斧長六尺令有力者斬之見太平御覽疑備衝篇文　詒讓案通典兵守拒法云敵若推轒車我作鑯鐵鐶并屈桑木為之用索相連轒頭適到連以鐶串轒頭於其傍便處分合壯士牽之翻倒弓弩兩射自然敗走條柱蓋即本墨子遺法而以後世名制易之

申徒狄謂周公曰賤人何可薄也周之靈珪出於土石隨之明月出於蜯蜃少豪大豪出於汙澤天下諸侯皆以為寶狄今請退也見太平御覽又一引云周公見申徒狄曰賤人強氣則罰至申徒狄曰周之靈珪出於土口楚之明月出口蜯蜃五象出於漢澤和氏之璧夜光之珠三棘六異此諸侯之良寶也疑今耕柱篇脫文　詒讓案此文當在佚篇中今書耕柱篇雖亦有和璧隨珠三棘六異之文然非申徒狄對周公語畢說非也通志氏族略引風俗通云申徒狄

夏賢人也林寶元和姓纂說同莊子外物篇云湯與務光務光怒申徒狄因以踣河此即應說所本淮南子說山訓高注則云申徒狄殷末人也史記鄒陽傳集解服虔云申徒狄殷之末世人也索隱引韋昭又云六國時人莊子大宗師釋文亦云申徒狄殷時人案依韋說則此周公或為東周周君御覽八百二十有和氏之璧語又韓詩外傳一及新序士節篇並云申徒狄曰吳殺子胥陳殺泄冶而滅其國則狄非夏殷末人可知疑韋說近是

桀女樂三萬人晨譟聞於衢服文繡衣裳見太平御覽詒讓案此管子輕重甲篇文以後御覽所引諸條似多誤以它子書語為墨子不甚足據也今亦未及詳校

秦穆王遺戎王以女樂二八戎王沈於女樂不顧國亡政國之禍見太平御覽

良劍期乎利不期乎莫邪見太平御覽

禹造粉見太平御覽

子禽問曰詒讓案疑當作禽子多言有益乎墨子曰蝦蟆蛙蠅詒讓案當作黽

日夜而鳴舌乾擗然而不聽一引作口乾而人不聽之今鶴鷄時夜而鳴天下振動多言何益唯其言之時也見太平御覽昔夏之衰也有推哆大戲殷之衰也有費仲惡來足走千里手制兕虎見太平御覽　詒讓案此晏子春秋諫上篇文神機陰開剞劂無迹人巧之妙也而治世不以爲民業詒讓案此淮南子齊俗訓文劂彼作劚此誤工人下漆而上丹則可下丹而上漆則不可萬事由此也詒讓案此淮南子說山訓文神明鉤繩者乃巧之具也而非所以爲巧詒讓案此淮南子齊俗訓文神明作規矩神明之事不可以智巧爲也不可以功力致也天地所包陰陽所嘔雨露所濡以生萬殊翡翠瑇瑁碧玉珠文采明朗澤若濡摩而不玩久而不渝奚仲不能放魯般弗能造此之大巧詒讓案此淮南子泰族訓文

夫至巧不用劒　大匠大不斲詒讓案此淮南子說林訓文下大字衍　夫物有以自然而後人事有治也故大匠不能斲金巧治不能鑠木金之勢不可斲而木之性不可鑠也埏埴以爲器刳木而爲舟爍鐵而爲刃鑄金而爲鍾因其可也見太平御覽而文不似墨子或恐誤引他書　詒讓案末條淮南子泰族訓文

右二十一條今本所脫由沅採摭書傳附十五卷末其意林所稱已見篇目考中不更入也

金城湯池水經河水二酈道元注

釜巳水經濟水注云陶巳墨子以爲釜巳也

舜葬於蒼梧之野象爲之耕劉賡稽瑞

禹葬會稽鳥爲之耘稽瑞　以上二條疑節葬上中二篇佚文然說舜葬處與節葬下篇不合未詳

五星光明苣豔如旗旗瑞

右五條畢本無今校增

墨子舊叙

孫詒讓校錄

魯勝墨辯注叙晉書隱逸傳

名者所以別同異明是非道義之門政化之準繩也孔子曰必也正名名不正則事不成墨子著書。作辯經以立名本。惠施公孫龍祖述其學。以正別名顯於世。孟子非墨子其辯言正辭則與墨同荀卿莊周等皆非毀名家而不能易其論也必有形當作名必有形察疑挩形字莫如別色故有堅白之辯名必有分明分明莫如有無故有無序之辯是有不是可有不可是名兩可同而有異異而有同是之謂辯同異至同無不同至異無不異是謂辯同辯異同異生是非是非生吉凶取辯於一物而原極天下之汙隆名之至也自鄧析至秦時名家者世有篇籍率頗難知後學莫復傳習於今五百餘歲遂亾絶墨辯有上下經經各有說凡四篇與其書衆篇連第故獨存今引說就經各附其章疑者闕之又采諸衆雜集爲刑名二篇（刑當作形）略解指歸以俟君子其或興微繼絶者亦有樂乎此也

畢沅墨子注叙（經訓堂本）

墨子七十一篇見漢藝文志隋以來爲十五卷目一卷見隋經籍志宋亡九篇爲六十一篇見中興館閣書目實六十三篇後又亡十篇爲五十三篇卽今本也本存道藏中缺宋諱字知卽宋本又三卷一本卽親士至尙同十三篇宋王應麟

陳振孫等僅見此本有樂臺注見鄭樵通志藝文畧今亡案通典言兵有守拒法而不引墨子備城門諸篇玉海云後漢書注引墨子備突篇詩正義引墨子備衝篇似亦未見全書疑其失墜久也今 上開四庫館求天下遺書有兩江總督採進本謹案亦與此本同自此本以外有明刻本其字少見皆以意改無經上下及備城門等篇詒讓案此刻余有丁秉本蓋無足觀墨書傳述甚少得毋以孟子之言轉多古言古字先是仁和盧學士文弨陽湖孫明經星衍互校此書畧有端緒沅始集其成因徧覽唐宋類書古今傳注所引正其譌謬又以知聞疏通其惑自乾隆壬寅八月至癸卯十月踰一歲而書成世之譏墨子以其節葬非儒說墨者既以節葬爲夏法特

非周制儒者弗用之非儒則由墨氏弟子尊其師之過其稱孔子諱及諸毀詞是非翟之言也。詒讓案此論不塙詳非儒篇。案他篇亦稱孔子亦稱仲尼又以爲孔子言亦當而不可易是翟未嘗非孔孔子之言多見論語家語及他緯書傳注亦無斥墨詞詒讓案墨子蓋生於哀悼閒較之七十子尚略後。孔子安得斥之。此論甚謬至孟子始云能言距楊墨者聖人之徒又云楊墨之道不息孔子之道不著蓋必當時爲墨學者流爲橫議或類非儒篇所說孟子始嫉之故韓非子顯學云墨離爲三取舍相反不同而皆自謂眞孔墨韓愈云辯生于末學各務售其師之說非二師之道本然其知此也今惟親士脩身及經上經下疑翟自著餘篇稱子墨子耕柱篇并稱子禽子則是門人小子記錄所聞以是古書不可忽也且其魯問篇曰凡入國必擇務而從事焉國家昏亂則語之尙賢尙同國家貧則語之節用節葬國家憙音湛湎則語之非樂非命國家淫僻無禮則語之尊天事鬼國家務奪侵凌則語之兼愛是亦通達經權不可執議又其備城門諸篇皆古兵家言有寔用焉書稱中山諸國亡於燕代胡貊之間詒讓案此非攻中篇文舊本作且不著何當爲柤不著何明人不解妄改爲中山諸國畢氏亦沿其謬誤本篇攷中山之滅在趙惠文王四年當周赧王二十年則翟實六國時人至周末猶存故史記云或曰並孔子時或曰在其後班固亦云在孔子後司馬貞按別錄云墨子書有文子文子子夏之弟子問於墨子如此則墨子者在七十子後李善引抱朴子亦云孔子時人或云在其後今按其人在七十子

後○詒讓案文選長笛賦注若史記鄒陽傳鄒陽曰宋信子罕之計而囚墨翟司馬貞云漢書作子冉不知子冉是何人文穎曰子冉子罕也荀卿傳云墨翟孔子時人或云在孔子後又襄公二十九年左傳宋饑子罕請出粟時孔子適八歲則墨翟與子罕不得相輩或以子冉爲是不知如何也又文選亦作子冉注云文子曰子罕也冉音任善曰未詳詒讓案文選鄒陽獄中上書自明注誤以文穎爲文子冄音任亦有誤沅亦不能定其時事又司馬遷班固以爲翟宋大夫○葛洪以爲宋人者○以公輸篇有爲宋守之事○高誘注呂氏春秋○以爲魯人○則是楚魯陽漢南陽縣○在魯山之陽○本書多有魯陽文君問荅○又亟稱楚四竟○非魯衞之魯○不可不察也○先秦之書字少假借後乃偏旁相益若本書源流之字

作原一又作源金以溢爲名之字作盆一又作鎰四竟之字作竟一又作境皆傳寫者亂之非舊文乃若賊敖百姓之爲殺字古文遂而不反合於遂亡之訓關叔之即管叔實足以證聲音文字訓詁之學好古者幸存其舊云如其疏畧以俟敏求君子乾隆四十八年歲在昭陽單閼涂月敘於西安節署之環香閣

孫星衍墨子注後敘 經訓堂本

乾隆四十八年癸卯十二月弇山先生旣刊所注墨子成以星衍涉于諸子之學命作後敘星衍以固陋辭不獲命敘曰墨子與孔異者其學出于夏禮○司馬遷稱其善守禦爲節用班固稱其貴儉兼愛上賢明鬼非命上同此其所長而皆不

知墨學之所出淮南王知之其作要略訓云墨子學儒者之業受孔子之術以爲其禮煩擾而不說厚葬靡財而貧民服傷生而害事故背周道而用夏政其識過于遷固古人不虛作諸子之教或本夏或本殷故韓非著書亦載棄灰之法墨子有節用節用禹之教也孔子曰禹菲飲食惡衣服卑宮室吾無閒然又曰禮與其奢寧儉又曰道千乘之國節用是孔子未嘗非之又有明鬼是致孝鬼神之義兼愛是盡力溝洫之義孟子稱墨子摩頂放踵利天下爲之而莊子稱禹親自操槖耜而襍天下之川腓無胈脛無毛沐甚風櫛甚雨列子稱禹身體偏枯手足胼胝呂不韋稱禹憂其黔首顏色黎黑竅藏不通步不相過皆與書傳所云予弗子惟荒度土功三

過其門而不入思天下有溺者猶己溺之同其節葬亦禹法也尸子稱禹之喪法死於陵者葬於陵死於澤者葬於澤桐棺三寸制喪三日當爲月見後漢書注淮南子要畧稱禹之時天下大水死陵者葬陵死澤者葬澤故節財薄葬閑服生焉又齊俗稱三月之服是絕哀而迫切之性也高誘注云三月之服是夏后氏之禮韓非子顯學稱墨者之葬也冬日冬服夏日夏服桐棺三寸服喪三月而此書公孟篇墨子謂公孟曰子法周而未法夏也子之古非古也又公孟謂子墨子曰子以三年之喪爲非子之三日當爲月之喪亦非也云云然則三月之喪夏有是制墨始法之矣詒讓案孟子云三年之喪齊疏之服飦粥之食自天子達於庶人三代共之則孟子謂夏禮亦三年喪此說與孟子不合孔子則曰吾說夏禮杞不

足徵吾學周禮今用之吾從周又曰周監於二代郁郁乎文哉吾從周周之禮尚文又貴賤有法其事具周官儀禮春秋傳則與墨書節用兼愛節葬之旨甚異孔子生於周故尊周禮而不用夏制孟子亦周人而宗孔故于墨非之勢則然焉若覽其文亦辯士也親士脩身經上經下及說凡六篇皆翟自著經上下畧似爾雅釋詁文而不解其意指又怪漢唐以來通人碩儒博貫諸子獨此數篇莫能引其字句以至于今傳寫譌錯更難鉤乙晉書魯勝傳云勝注墨辯存其敘曰墨子著書作辯經以立名本惠施公孫龍祖其學以正刑名顯於世孟子非墨子其辯言正詞則與墨同荀卿莊周等皆非毁名家而不能易其論也又曰墨辯有上下經經各有說凡

四篇與其書眾篇連第故獨存今引說就經各附其章疑者闕之又采諸眾襍集為刑名二篇畧解指歸以俟君子如所云則勝會引說就經各附其篇恨其注不傳無可徵也備城門諸篇具古兵家言惜其脫誤難讀而弇山先生于此書悉能引据傳注類書匡正其失又其古字古言通以聲音訓故之原豁然解釋是當與高誘注呂氏春秋司馬彪注莊子許君注淮南子張湛注列子並傳於世其視楊倞盧辯空疏淺略則倜然過之時則有仁和盧學士抱經大興翁洗馬覃谿及星衍三人者不謀同時共為其學皆折衷于先生或此書當顯幸其成帙以惠來學不覺僭而識其末也陽湖孫星衍撰

孫星衍經說篇跋　經訓堂本

乾隆癸卯三月星衍方自秦北征巡撫公將刻所注墨子札訊星衍云經上下經說上下四篇有似堅白異同之辯其文脫誤難曉自魯勝所稱外書傳頗有引之否星衍過晉問盧學士又抵都問翁洗馬俱未獲報閱數月重讀淮南齊俗訓有云夫蝦蟇爲鶉生非其類唯聖人知其化因悟與經說上化若鼃爲鶉合又讀列子湯問篇云均髮均縣輕重而髮絕髮不均也均也其絕也莫絕張湛注云髮甚微脃而至不絕者至均故也今所以絕者猶輕重相傾有不均處也若其均也寍有絕理言不絕也又云人以爲不然自有知其然也湛注云凡人不達理也會自有知此理爲然者墨子亦有此說

今按經說下有云均髮均縣輕而髮絕不均也均其絕也莫絕輕下脫重字均其絕也何均下無也字又列子仲尼篇云影不移者說在改也湛注云影改而更生非向之影墨子曰影不移說在改爲也今案經下云過仵景不從說在改爲詒讓（案過仵不當屬此讀孫亦襲舊讀之誤詳經說下篇）其文微異而義亦同是知子家多有若說晉時尚能讀此書唐人則不及此也又楊朱篇禽子曰以吾言問大禹墨翟則吾言當矣湛注云禹翟之教忘己而濟物也亦星衍往言墨子夏教之證比復公而是卷已刊成無容注處公然其言因据增重字又命附其說于卷末俟知十君子焉甲辰上已孫星衍記

汪中墨子序 述學

墨子七十一篇亾十八篇今見五十三篇明陸穩所叙刻視它本爲完其書多誤字文義昧晦不可讀今以意粗爲是正闕所不知又采古書之涉於墨子者別爲表微一卷而爲之敍曰周太史尹佚實爲文王所訪（晉語）克商營洛祝筴遷鼎有勞於王室（周書克殷解書洛誥）成王聽朝與周召太公同爲四輔（賈誼新書保傅篇）數有論諫（淮南子主術訓史記晉世家）身沒而言立東遷以後魯季文子（春秋傳成四年）惠伯（文十五年）晉荀偃（襄十四年）叔向（周語）秦子桑（僖十五年）后子（昭元年）及左邱明（宣十二年）竝見引重遺書二篇（詒讓案原作十二篇今據漢書藝文志校刪十字）劉向校書列諸墨六家之首。說苑政理篇亦載其文莊周述墨者之學而原其始曰。不侈於後世不靡於萬物不暉於數度以繩墨自矯而備世之急古之道術有在於是者。天下篇可謂知言矣古之史官實秉禮經以成國典其學皆有所受魯惠公請郊廟之禮於天子桓王使史角往。惠公止之。其後在於魯。墨子學焉。呂氏春秋當染篇其淵源所漸固可攷而知也劉向以爲出於清廟之守。夫有事於廟者非巫則史史佚史角。皆其人也。史佚之書至漢具存而夏之禮在周已不足徵則莊周禽滑釐傳之禹者莊子天下篇列子楊朱篇非也。司馬遷云墨翟宋大夫或曰並孔子時或曰在其後今按耕柱魯問二篇墨子於魯陽文子多所陳說楚語惠王以梁與魯陽文子韋昭注文子平王之孫司馬子期之子其言實出世本故貴義篇墨子南游於楚見獻惠王獻惠王以老辭獻惠王之爲惠王猶頃襄王之爲襄王由是言之墨子實與楚惠王同時其仕宋當景公昭公之世詒讓案墨子仕宋當在昭公世不得及景公汪誤其年於孔子差後或猶及見孔子矣詒讓案墨子必不及見孔子汪說誤藝文志以爲在孔子後者是也非攻中篇言知伯以好戰亡事在春秋後二十七年又言蔡亡則爲楚惠王四十二年墨子並當時及見其事非攻下篇言今天下好戰之國齊晉楚越又言唐叔呂尚邦齊晉今與楚越四分天下節葬下篇言諸侯力征南有楚越之王北有齊晉之君明在句踐稱伯之後魯問篇越王請裂故吳地方五百里以封墨子亦一證秦獻公未得志之前全晉之時三家未分齊未爲陳氏也檀弓下季康子之母死公輸般請以機封此事不得其年季康子之卒在哀公二十七年楚惠王以哀公七年卽位般固逮事惠王公輸篇楚人與越人舟戰於江公

輸子自魯南游楚作鉤强以備越亦吳亡後楚與越爲鄰國事惠王在位五十七年本書既載其以老辭墨子則墨子亦壽考人與親士脩身二篇其言湻實與曾子立事相表裏爲七十子後學者所述經上至小取六篇當時謂之墨經莊周稱相里勤之弟子五侯之徒南方之墨者苦獲已齒鄧陵子之屬以堅白異同之辨相訾以觭偶不仵之辭相應也公孫龍爲平原君客當趙惠文孝成二王之世惠施相魏當惠襄二王之世二子實始爲是學是時墨子之沒久矣其徒誦之並非墨子本書所染篇亦見呂氏春秋其言宋康染於唐鞅田不禮宋康之滅在楚惠王卒後一百五十七年墨子葢嘗見染絲者而歎之爲墨之學者增成其說耳故本篇稱禽

子呂氏春秋并稱墨子親士篇錯入道家言二條與前後不類今出而附之篇末又言吳起之裂起之裂以楚悼王二十一年亦非墨子之所知也詒讓案吳起之亂墨子似尚及見也詳親士篇今定其書為內外二篇又以其徒之所附著為襍篇倣劉向校晏子春秋例輒於篇末述所以進退之意覽者詳之墨子之學其自言者曰國家昏亂則語之尚賢尚同國家貧則語之節用節葬國家憙音沈湎則語之非樂非命國家淫僻無禮則語之尊天事鬼國家務奪侵陵則語之兼愛非攻此其救世亦多術矣備城門以下臨敵應變纖悉周密斯其所以為才士與傳曰世之學老子者則絀儒學儒學亦絀老子惟儒墨則亦然儒之絀墨子者孟氏荀氏藝文志董無心一卷非墨子今亡孔叢詰墨偽書不數之荀

之禮論樂論，爲王者治定功成盛德之事，而墨之節葬非樂，所以救衰世之敝。其意相反而相成也。若夫兼愛特墨之一端，然其所謂兼者，欲國家慎其封守，而無虐其鄰之人民畜產也。雖昔先王制爲聘問弔恤之禮，以睦諸侯之邦交者，豈有異哉！彼且以兼愛教天下之爲人子者，使以孝其親，而謂之無父，斯已枉矣。後之君子日習孟子之說，而未覩墨子之本書，其以耳食無足怪也。世莫不以其誣孔子爲墨子辠，雖然，自今日言之，孔子之尊，固生民以來所未有矣；自當日言之，則孔子魯之大夫也，而墨子宋之大夫也，其位相埒，其年又相近，其操術不同，而立言務以求勝，雖欲平情覈實，其可得乎？是故墨子之誣孔子，猶孟子之誣墨子也，歸於不相爲謀而已矣吾讀其書惟以三年之喪爲敗男女之交有悖於道至其述堯舜陳仁義禁攻暴止淫用感王者之不作而哀生人之長勤百世之下如見其心焉詩所謂凡民有喪匍匐救之之仁人也其在九流之中惟儒足與之相抗自餘諸子皆非其比歷觀周漢之書凡百餘條並孔墨儒墨對舉楊朱之書惟貴放逸當時亦莫之宗躋之於墨誠非其倫自墨子沒其學離而爲三徒屬充滿天下呂不韋再稱鉅子（去私篇 尚德篇）韓非謂之顯學至楚漢之際而微（淮南子氾論訓）孝武之世猶有傳者見於司馬談所述於後遂無聞焉惜夫以彼勤生薄死而務急國家之事後之從政者固宜假正議以惡之哉乾隆上章困敦涂月選拔貢生江都汪中述（詒讓案汪氏所校墨子及表微一卷今並未見）

此叙揚州刻本爲後人竄改文多譌異今從阮刻本校正。

汪中墨子後序 述學

中既治墨子牽於人事且作且止越六年友人陽湖孫季仇星衍以刊本示余則巡撫畢侍郎盧學士咸有事焉出入群籍以是正文字博而能精中不勞日力於是書盡通其癥結且舊文孤學得二三好古君子與我同志於是有三喜焉既受而卒業意有未盡乃爲後叙以復於季仇曰季仇謂墨子之學出於禹其論偉矣非獨禽滑釐有是言也莊周之書則亦道之曰不以自苦爲極者非禹之道是皆謂墨之道與禹同耳。非謂其出於禹也。昔在成周禮器大備凡古之道術皆設官以掌之官失其業九流以興於是各執其一術以爲學諱其所從出而託於上古神聖以爲名高不曰神農則曰黃帝墨子質實未嘗援人以自重其則古昔稱先王言堯舜禹湯文武者六。言禹湯文武者四。言文王者三。而未嘗專及禹。墨子固非儒而不非周也。又不言其學之出於禹也。公孟謂君子必古言服然後仁墨子旣非之而曰子法周而未法夏則子之古非古也此因其所好而激之，且屬之言服，甚明而易曉，然則謂墨子背周而從夏者，非也，惟夫墨離爲三。取舍相反。倍譎不同。自謂別墨。然後託於禹以尊其術。而淮南著之書爾。雖然。謂墨子之學出於禹。未害也。謂禹制三月之喪。則尸子之誤也。從而信之。非也。何以明其然也古者喪期無數。黃帝堯舜。垂衣裳而天下治。則五服精粗之制立矣。放勳殂落百姓如喪考妣其可見者也夏后氏三年之喪既殯而致事則夏之爲父三年矣禹崩三年之喪畢益避禹之子於箕山之陰則夏之爲君三年矣從是觀之它服術可知也士喪禮自小斂奠大斂奠朔月半薦遣奠大遣奠皆用夏祝使夏后氏制喪三月祝豈能習其禮以贊周人三年之喪哉若夫陵死葬陵澤死葬澤此爲天下大水不能具禮者言之也荒政殺哀周何嘗不因於夏禮以聚萬民哉行有死人尚或殣之此節葬也斂首足形還葬而無槨此又節葬也豈可就是以言周禮哉若然夏不節喪史佚固節喪與夫下殤墓遠棺斂於宮中召公爲言於周公而後行之若是其篤終也先王制禮其敢有不至者哉墨子者蓋學焉而自爲其道者也

故其節葬曰聖王制爲節葬之法。又曰墨子制爲節葬之法。則謂墨子自制者是也。故曰墨之治喪以薄爲其道。（孟子滕文公篇）曰墨子生不歌。死不服。桐棺三寸而無槨。以爲法式。（莊子天下篇）曰墨者之葬也。冬日冬服。夏日夏服。桐棺三寸。服喪三月。（韓非子顯學篇）使夏后氏有是制。三子者不以之蔽墨子矣。

王念孫墨子雜志敘（讀書雜志）

墨子書舊無注釋亦無校本故脱誤不可讀至近時盧氏抱經孫氏淵如始有校本多所是正乾隆癸卯畢氏弇山重加校訂所正復多於前然尚未該備且多誤改誤釋者予不揣寡昧復合各本及羣書治要諸書所引詳爲校正是書傳刻之本唯道藏本爲最優其藏本未誤而佗本皆誤及盧畢孫

三家已加訂正者皆不復羅列唯舊校所未及及所校尚有未當者復加考正是書錯簡甚多盧氏所已改者唯辭過篇一條其尚賢下篇尚同中篇兼愛中篇非樂上篇非命中篇及備城門備穴二篇皆有錯簡自十餘字至三百四十餘字不等其佗脫至數十字誤字衍字顛倒字及後人妄改者尚多皆一一詳辯之以復其舊此外脫誤不可讀者尚復不少葢墨子非樂非儒久爲學者所黜故至今迄無校本而脫誤一至於是然是書以無校本而脫誤難讀亦以無校本而古字未改可與說文相證如說文亯字篆文作亭隸作享又省作亨以爲亨通之亨又轉爲普庚反以爲亨煮之亨今經典中亨煮字皆作亨（俗又作烹）亨行而享廢矣唯非儒篇子路亨（普庚）

反豚其字尚作享說文茍讀若亟其乘屋之亟自急敕也今經典皆以亟代茍亟行而茍廢矣唯非儒篇曩與女爲茍生今與女爲茍義其字尚作茍說文但裼也今經典皆以袒代但袒行而但廢矣唯耕柱篇羊牛犓豢雍與饔同今本雍譌作維人但割而和之其字尚作但又有傳寫之譌可以考見古字者城郭之郭說文本作𩫏今經典皆以郭代𩫏郭行而𩫏廢矣唯所染篇云晉文染於舅犯高偃案國語晉有郭偃無高偃郭即𩫏之借字知高爲𩫏之譌也說文㪙古文殺字今經典中有殺無㪙殺行而㪙廢矣唯尚賢中篇云率天下之民以詬天侮鬼賤傲萬民案賤傲二字語意不倫賤乃賊字之譌殺字古文作㪙與敖相似知㪙譌作敖又譌作傲也說詳本篇說文佚以證反送

也呂不韋曰有侁氏以伊尹侁女今經典皆以媵代侁媵行而侁廢矣唯尚賢下篇云昔伊尹爲莘氏女師僕案有莘氏以伊尹侁女非以爲僕也侁僕字形相似知僕爲侁之譌也說文衞突字本作衞今經典皆以衞代衞衞行而衞廢矣唯備城門篇云以射衝及櫳樅衞衞形相似知衝爲衞之譌也衞謂衞車是書最古故假借之字亦最多如胡作故尚賢中篇故不察尚賢爲政之本也故與胡同降作隆尚賢中篇稷隆播種非攻下篇天命融隆火于夏之城隆竝與降同誠作情尚同下篇今天下王公大人士君子中情將欲爲仁義求爲上士節葬下篇今天下之士君子中請將欲爲仁義求爲上士情請竝與誠同又作請拂作費兼愛下篇即此言行費也下文費作拂知作智節葬下篇智不智下智字與知同志作之天志中篇子墨子之有天之下之字與志同天之即天志本篇之名也宇作野非樂上篇高臺厚榭邃野之居野與宇同佗作也小取篇辟也者舉也物而以明之也也物即佗物佗

俗作他）睎作欣（耕柱篇譬若築牆然能築者築能實壤者實壤能欣者欣欣與睎同）管作關（耕柱篇古者周公旦非關叔公孟篇關叔爲天下之暴人關並與管同）悖作費（魯問篇豈不費哉上文費作悖）從作松（號令篇松上不隨下松與從同）皆足以見古字之借古音之通佗書所未有也其脫誤不可知者則槩從闕疑以俟來哲道光十一年九月十三日高郵王念孫敘昔年八十有八

武億跋墨子（授堂文鈔）

漢書藝文志墨子七十一篇注云墨翟爲宋大夫在孔子後而不著其地惟呂氏春秋慎大覽高誘注墨子名翟魯人也魯即魯陽春秋時屬楚古人于地名兩字或單舉一字是其例也（路史國名紀魯汝之魯山縣非兗地詒讓案此說誤與畢同詳前）翟見諸傳記多稱爲宋大夫以予考之亦未盡舉其實蓋墨子居于魯陽疑嘗爲

文子之臣觀魯問一篇首言吾願主君之上者尊天事鬼下者愛利百姓厚爲皮幣卑辭令亟徧禮四鄰諸侯敺國而以事齊又言吾願主君之合其志功而觀焉詒讓案魯問篇魯君自是魯國君非魯陽文君也詳本篇案春秋左氏傳昭二十九年春公至自乾侯處于鄆齊侯使高張來唁公稱主君注比公于大夫周禮太宰九兩六曰主以利得民注鄭司農謂公卿大夫謂人主友之讐注主大夫君也呂氏春秋愛士篇陽城胥渠處廣門之官夜款門而謁曰主君之臣胥渠有疾注趙簡子晉大夫也大夫稱主者也然則翟之尊文子爲主君意其屬于文子也禮記禮運仕於家爲僕方氏曰僕者對主之稱故仕于家曰僕而大夫稱主是也詒讓案此說亦誤辯詳魯問篇翟在魯瞭然知鄉邦之重始

勸文子屈禮事齊詒讓案文子楚臣何必勸國事齊此於事勢亦不合繼止文子攻鄭皆反覆言之冀以誠人其後文子卒能受聽故于時魯陽之民身不致重困于兵役以保恤其家室皆翟之賜也史記荀卿列傳云翟或曰並孔子時或曰在其後索隱按別錄云墨子書有文子文子子夏之弟子問于墨子如此則墨子者在七十子後也案外傳楚語惠王以梁與魯陽文子注文子平王之孫司馬子期子魯陽公也惠王十年爲魯哀公十六年孔子方卒又翟本書貴義篇子墨子南遊于楚見楚獻惠王楚世家無此名是獻惠卽惠王誤衍一獻字審是則翟實當楚惠王時上接孔子未卒詒讓案墨子之生必在孔子卒後此說亦誤故太史公一云並孔子時說非無據自班志專謂在孔子後後人益爲

推衍至如畢氏据本書稱中山諸國亡于燕代胡貊之國以中山之滅在趙惠文王四年當周赧王二十年則翟實六國時人至周末猶存愚竊以翟既與楚惠王接時。後必不能歷一百九十餘年。尚未卽化。此固不然也。中山諸國之亡。蓋墨子之徒。續記而竄入其師之說。以貽此謬。何可依也。予故爲摭其時地始末如是以附于篇庶覽者得以詳焉

張惠言書墨子經後 茗柯文編

右墨子經上下及說凡四篇晉書魯勝傳云勝注墨辯引說就經各附其章卽此也墨子書多奧言錯字而此四篇爲甚勝注既不傳世莫得其讀今正其句投通其旨要合爲二篇畧可指說疑者闕之古者楊墨塞路孟子辭而闢之自孟子

之後至今千七百餘年而楊氏遂亾墨氏書雖存讀者葢鮮大哉聖賢之功若此盛矣墨氏之言脩身親士多善言其義託之堯禹自韓愈氏以爲與聖賢同指孔墨必相爲用向無孟子則後之儒者習其説而好之者豈少哉老氏之言其始也微不得孟子之辨而佛氏之出又絶在孟子後是以蔓蔓延延日熾月息而楊墨泯焉遂微吾以悲老佛之不遭孟子也當孟子時百家之説衆矣而孟子獨拒楊墨今觀墨子之書。經説大小取。盡同異堅白之術。蓋縱横名法家。惠施公孫龍申韓之屬皆出焉。然則當時諸子之説。楊墨爲統宗。孟子以爲楊墨息。而百家之學。將銷歇而不足售也。獨有告子者。與墨爲難。而自謂勝爲仁。故孟子之書亦辯斥之。嗚呼豈知其後復有烈于是者哉。墨子之言。誖于理而逆于人心者。莫如非命非樂節葬。此三言者。偶識之士。可以立折。而孟子不及者。非墨之本也。墨之本在兼愛。而兼愛者。墨之所以自固而不可破。兼愛之言曰。愛人者人亦愛之。利人者人亦利之。仁君使天下聰明耳目。相爲視聽。股肱畢強。相爲動宰。此其與聖人所以治天下者。復何以異。故凡墨氏之所以自託于堯禹者。兼愛也。尊天明鬼尙同節用者。其支流也。非命非樂節葬。激而不得不然者也。天下之人。唯惑其兼愛之說。故雖他說之誖于理不安于心者。皆從而則之。不以爲疑。孟子不攻其流而攻其本。不誅其說而誅其心。被之以無父之罪。而其說始無以自立。嗟夫藉使墨子之書盡亾。至于今何以見孟子之辨嚴而審簡而有要如是哉孟子曰我知言嗚呼此其驗矣後之讀此書者覽其義則于孟子之道猶引弦以知矩乎張氏墨子經說注必有精論惜未見傳本謹附錄是跋俟更訪之

案孫志祖讀書脞錄云墨子經說四篇丁小山與許周生互相闡繹大有端緒是此四篇又有丁許二家校本今亦未見并志之以俟訪錄小山名杰周生名宗彥並德清人

墨子後語上

孫詒讓

墨子傳略弟一

墨氏之學亾於秦季。故墨子遺事在西漢時已莫得其詳。太史公述其父談論六家之恉。尊儒而宗道。墨蓋非其所憙。故史記攟采極博。於先秦諸子。自儒家外老莊韓呂蘇張孫吳之倫。皆論列言行爲傳。唯於墨子。則僅於孟荀傳末附綴姓名。尚不能質定其時代。遑論行事。然則非徒世代縣邈。舊聞散佚。而墨子七十一篇其時具存。史公實未嘗詳事校覈。亦其疏也。今去史公又幾二千年。周秦故書雅記百無一存。而七十一篇亦復書闕有閒。徵討之難不翅倍蓰然就今存墨子書五十三篇鉤攷之尚可得其較略蓋生於魯而仕宋。其平生足跡所及。則嘗北之齊。西使衛。又屢游楚。前至郢。後客魯陽。復欲適越而未果。文子書偁墨子無煖席。（自然篇。又見淮南子脩務訓）班固亦云墨突不黔。（文選答賓戲。又趙岐孟子章指云墨突不及汙）斯其譣矣。至其止魯陽文君之攻鄭。紬公輸般以存宋。而辭楚越書社之封。蓋其犖犖大者。勞身苦志。以振世之急。權略足以持危應變。而脫屣利祿。不以累其心。所學尤該綜道藝。洞究象數之微。其於戰國諸子。有吳起商君之才。而濟以仁厚。節操似魯連。而質實亦過之。彼韓呂蘇張輩。復安足算哉。謹甄討羣書。次弟其先後。略攷始末。以裨史遷之闕。俾學者知墨家持論。雖間涉偏

駮而墨子立身應世具有本末自非孟荀大儒不宜輕相排笮彼竊耳食之論以爲詬病者其亦可以少息乎

墨子名翟漢書藝文志呂氏春秋當染愼大篇淮南子脩務訓高注姓墨氏廣韻二十五德通志氏族略引元和姓纂云墨氏孤竹君之後本墨台氏後改爲墨氏戰國時宋人墨翟著書號墨子魯人呂覽當染愼大篇注或曰宋人葛洪神仙傳文選長笛賦李注引抱朴子荀子修身篇楊注元和姓纂案此蓋因墨子爲宋大夫遂以爲宋人以本書攷之似當以魯人爲是貴義篇云墨子自魯即齊又魯問篇云越王爲公尚過束車五十乘以迎子墨子於魯呂氏春秋愛類篇云公輸般爲雲梯欲以攻宋墨子聞之自魯往見荊王曰臣北方之鄙人也淮南子脩務訓亦云自魯趨而十日十夜至於郢并墨子爲魯人之塙證畢沅武億以魯爲魯陽畢說見墨子注序武說見授堂文鈔墨子跋則是楚邑攷古書無言墨子爲楚人者渚宮舊事載魯陽文君說楚惠王曰墨子北方賢聖人則非

楚人明矣畢武說殊謬

蓋生於周定王時

漢書藝文志云墨子在孔子後案詳年表

魯惠公使宰讓請郊廟之禮於天子桓王使史角往惠公止之其後在於魯墨子學焉呂氏春秋當染篇高注云其後史角之後也

案漢書藝文志墨家以尹佚二篇列首是墨子之學出於史佚史角疑即尹佚之後也墨子學於史角之後亦足爲是魯人之證

其學務不侈於後世不靡於萬物不暉於數度以繩墨自矯而備世之急作爲非樂命之曰節用生不歌死無服氾愛兼利而非鬬好學而博不異莊子天下篇又曰兼愛尚賢右鬼非命淮南子氾論訓以爲儒者禮煩擾而不說厚葬靡財而貧民久服傷

生而害事故背周道而用夏政（淮南子要略）其稱道曰昔者禹之湮洪水決江河而通四夷九州也名川三百支川三千小者無數禹親自操橐耜而九襍天下之川腓無胈脛無毛沐甚雨櫛疾風置萬國禹大聖也而形勞天下如此故使學者以裘褐爲衣以跂屩爲服日夜不休以自苦爲極曰不能如此非禹之道也不足謂墨（莊子天下篇）亦道堯舜（韓非子顯學篇）又善守禦（史記孟荀傳）爲世顯學（韓非子顯學篇）徒屬弟子充滿天下（呂氏春秋尊師篇）

案淮南王書謂孔墨皆脩先聖之術通六藝之論（主術訓）今攷六藝爲儒家之學非墨氏所治也墨子之學蓋長於詩書春秋故本書引詩三百篇與孔子所刪同引尚書如甘誓仲虺之誥說命大誓洪範呂刑亦與百篇之書同又曰

吾嘗見百國春秋。隋書李德林傳。此與孔子所修春秋異。本書明鬼篇亦引周燕宋齊諸國春秋。而於禮則法夏絀周。樂則又非之。與儒家六藝之學不合。淮南所言。非其事實也。淮南子要略又云墨子學儒者之業受孔子之術尤非。

其居魯也魯君謂之曰吾恐齊之攻我也可救乎墨子曰可昔者三代之聖王禹湯文武百里之諸侯也說忠行義取天下三代之暴王桀紂幽厲讐怨行暴失天下吾願主君之上者尊天事鬼下者愛利百姓厚爲皮幣卑辭令亟徧禮四鄰諸侯敺國而以事齊患可救也非此顧無可爲者本書魯問篇。案魯君顯疑其即穆公。則當在楚惠王後。然無塙證。以墨子本魯人。故繫於前。魯君謂墨子曰我有二子一人者好學一人者好分人財孰以爲太子而可墨子曰未可知也或所爲賞譽爲是也釣者之恭非爲魚賜也餌鼠以蟲（疑當作蠱）非愛之也吾願主君之合其志功而觀焉（同上）楚人常與越人舟戰於江楚惠王時（渚宮舊事二）公輸般自魯南游楚焉始爲舟戰之器作爲鉤拒之備楚人因此若勢亟敗越人公輸子善其巧以語墨子曰我舟戰有鉤拒不知子之義亦有鉤拒乎墨子曰我義之鉤拒賢於子舟戰之鉤拒我鉤拒我鉤之以愛揣之以恭弗鉤以愛則不親弗揣以恭則速狎狎而不親則速離故交相愛交相恭猶若相利也今子鉤而止人人亦鉤而止子子拒而距人人亦拒而距子交相鉤交相拒猶若相害也故我義之鉤拒賢子舟戰之鉤拒（本書魯問篇）（渚宮舊事在此攻宋前今故次於此）公輸般爲楚造雲梯之械成將以攻宋墨子聞之起於魯（本書作齊今據呂氏春秋淮南子改）行十日十夜而至於郢見

公輸般公輸般曰夫子何命焉爲墨子曰北方有侮臣願藉子殺之公輸般不說墨子曰請獻十金公輸般曰吾義固不殺人墨子起再拜曰請說之吾從北方聞子爲梯將以攻宋宋何罪之有荆國有餘於地而不足於民殺所不足而爭所有餘不可謂智宋無罪而攻之不可謂仁知而不爭不可謂忠爭而不得不可謂强義不殺少而殺衆不可謂知類公輸般服墨子曰然胡不已乎公輸般曰不可吾旣已言之王矣墨子曰胡不見我於王公輸般曰諾墨子見王曰今有人於此舍其文軒鄰有敝轝而欲竊之舍其錦繡鄰有短褐而欲竊之舍其粱肉鄰有糟糠而欲竊之此爲何若人王曰必爲竊疾矣墨子曰荆之地方五千里宋之地方五百里此猶文

軒之與敝轝也荆有雲夢犀兕麋鹿滿之江漢之魚鼈黿鼉爲天下富宋所爲無雉兔鮒魚者也此猶粱肉之與糟糠也荆有長松文梓楩柟豫章宋無長木此猶錦繡之與短褐也臣以王吏之攻宋也爲與此同類王曰善哉雖然公輸般爲我爲雲梯必取宋於是見公輸般墨子解帶爲城以褋爲械公輸般九設攻城之機變墨子九距之公輸般之攻械盡墨子之守圉有餘公輸般詘而曰吾知所以距子矣吾不言墨子亦曰吾知子之所以距我吾不言楚王問其故墨子曰公輸子之意不過欲殺臣殺臣宋莫能守乃可攻也然臣之弟子禽滑釐等三百人已持臣守圉之器在宋城上而待楚寇矣雖殺臣不能絕也楚王曰善哉吾請無攻宋矣本書公輸篇公

輸子謂墨子曰吾未得見之時我欲得宋自我得見之後予我宋而不義我不爲墨子曰翟之未得見之時也子欲得宋自翟得見子之後予子宋而不義子弗爲是我予子宋也子務爲義翟又將予子天下本書魯問篇

案墨子止楚攻宋本書不云在何時鮑彪戰國策注謂當宋景公時至爲疏謬詳年表惟渚宮舊事載於惠王時墨子獻書之前最爲近之蓋公輸子當生於魯昭定之閒至惠王四十年以後五十年以前約六十歲左右而是時墨子未及三十正當壯歲故百舍重繭而不以爲勞惠王亦未甚老故尚能見墨子以情事揆之無不符合蘇時學謂卽聲王五年圍宋時事墨子刊誤非徒與王曰請無攻宋之言不

合而公輸子至聲王時，殆逾百歲，其必不可通明矣。詳公輸篇

楚惠王五十年，墨子至郢，獻書惠王，王受而讀之，曰：「良書也。寡人雖不得天下，而樂養賢人。」墨子辭曰：「翟聞賢人進道不行，不受其賞；義不聽，不處其朝。今書未用，請遂行矣。」將辭王而歸，王使穆賀以老辭。渚宮舊事二 穆賀見墨子，墨子說穆賀，穆賀大說，謂墨子曰：「子之言則誠善矣，而君王天下之大王也，毋乃曰賤人之所爲而不用乎？」墨子曰：「唯其可行。譬若藥然，一草之本，天子食之以順其疾，豈曰一草之本而不食哉？今農夫入其稅於大人，大人爲酒醴粢盛以祭上帝鬼神，豈曰賤人之所爲而不享哉？故雖賤人也，上比之農，下比之藥，曾不若一草之本乎？」本書貴義篇 魯陽文君言於王曰：「墨子北方賢

聖人君王不見又不爲禮毋乃失士乃使文君追墨子以書社五里疑當作五百里封之不受而去諸宮舊事二案楚惠王在位五十七年。墨子獻書在五十年。年齒已高。故以老辭。余知古之說蓋可信也舊事一亦云惠王之末墨翟重繭趍郢班子折謀以墨子生於定王初年計之。年蓋甫及三十。所學已成。故流北方賢聖之譽矣。

嘗游弟子公尙過於越公尙過說越王越王大悅謂公尙過曰先生苟能使墨子至於越而教寡人請裂故吳之地方五百里以封墨子公尙過許諾遂爲公尙過束車五十乘以迎墨子於魯曰吾以夫子之道說越王越王大說謂過曰苟能使墨子至於越而教寡人請裂故吳之地方五百里以封子

本書魯問篇墨子曰子之觀越王也能聽吾言用吾道乎公尚過曰殆未能也墨子曰不唯越王不知翟之意雖子亦不知翟之意呂氏春秋高義篇意越王將聽吾言用吾道則翟將往量腹而食度身而衣自比於羣臣奚能以封爲哉抑越不聽吾言不用吾道而我往焉則是我以義糶也鈞之糶亦於中國耳何必於越哉本書魯問篇案此疑王翁中晚年事後又游楚謂魯陽文君曰大國之攻小國譬猶童子之爲馬也童子之爲馬足用而勞今大國之攻小國也攻者農夫不得耕婦人不得織以守爲事攻人者亦農夫不得耕婦人不得織以攻爲事故大國之攻小國也譬猶童子之爲馬也又謂魯陽文君曰今有一人於此羊牛芻豢雍人但割而和之食之不可勝食也見人之作餅

則還然竊之曰舍余食不知明安不足乎其有竊疾乎魯陽文君曰有竊疾也墨子曰楚四竟之田曠蕪而不可勝辟呼虛數千不可勝入見宋鄭之閒邑則還然竊之此與彼異乎魯陽文君曰是猶彼也實有竊疾也本書耕柱篇

魯陽文君將攻鄭墨子聞而止之謂文君曰今使魯四竟之內大都攻其小都大家伐其小家殺其人民取其牛馬狗豕布帛米粟貨財則何若文君曰魯四竟之內皆寡人之臣也今大都攻其小都大家伐其小家奪之貨財則寡人必將厚罰之墨子曰夫天之兼有天下也亦猶君之有四竟之內也今舉兵將以攻鄭天誅其不至乎文君曰先生何止我攻鄭也我攻鄭順於天之志鄭人三世殺其父天加誅焉使三年不全我將助天

誅也。墨子曰：鄭人三世殺其父，而天加誅焉，使三年不全。天誅足矣。今又舉兵將以攻鄭，曰：吾攻鄭也，順於天之志。譬有人於此，其子强梁不材，故其父笞之。其鄰家之父舉木而擊之，曰：吾擊之也，順於其父之志，則豈不悖哉。本書魯問篇

案三世殺其父，當作二世殺其君。此指鄭人弒哀公及韓武子殺幽公而言。蓋當在楚簡王九年以後、鄭繻公初年事也。或謂三世兼駟子陽弒繻公而言，蘇時學墨子刊誤、黃式三周季編略說。則當在楚悼王六年以後，與魯陽文君年代不相及，不足據。魯陽文君即司馬子期之子公孫寬也。魯哀公十六年已嗣父爲司馬，事見左傳。逮鄭繻公被弒之歲，積六十四年。即令其爲司馬時年才及冠，亦已百[illegible]餘歲，其不相及審矣。

宋昭公時嘗爲大夫。史記孟荀列傳、漢書藝文志並不云何時，今攷定當在昭公時。

案墨子仕宋，鮑彪謂當景公昭公時，戰國策宋策注非也。以墨子前後時事校之，其爲宋大夫，當正在昭公時。景公卒於魯哀公二十六年，見左傳。而史記宋世家及六國表謂景公卒於魯悼公十七年，殊謬。下距齊太公田和元年，凡八十三年。墨子晚年及見田和之爲諸侯，則必不能仕於景公時審矣。

嘗南遊使於衞，謂公良桓子曰：「衞小國也，處於齊晉之間，猶貧家之處於富家之閒也。貧家而學富家之衣食多用，則速亾必矣。今簡子之家，飾車數百乘，馬食菽粟者數百匹，婦人衣文繡者數百人。吾取飾車食馬之費，與繡衣之財以畜士，必千人有餘。若有患難，則使數百人處於前，數百人處於後，與婦人數百人處前後，孰安？吾以爲不若畜士之安也。」本書貴義

篇　案此不詳何年據云使於衛或作宋時奉宋君之命而使衛也昭公末年司城皇喜專政劫君

韓非子內儲說下篇云戴驩爲宋大宰皇喜重於君二人爭事而相害也皇喜遂殺宋君而奪其政又外儲說右下篇云司城子罕殺宋君而奪政說疑篇云司城子罕取宋又二柄篇云子罕劫宋君韓詩外傳七史記李斯傳上二世書淮南子道應訓說並同說苑君道篇亦云司城子罕相宋逐其君而專其政司城子罕當卽皇喜。本梁履繩左通補。春秋時名喜者多。以罕爲字。見王引之春秋名字解詁。王應麟謂卽左傳之樂喜。則非也。樂喜宋賢臣。無劫君之事。且與墨子時不相直。史記索隱已辯之矣。呂氏春秋召類篇說前子罕相宋平元景二公亦不逮昭公梁玉繩史記志疑謂後子罕蓋子罕之後以字爲氏非是其事史記宋世家不載史記鄒陽傳稱子罕囚墨子以墨子年代校之前不逮景公後不逮辟公所相直者惟昭公悼公休公三君呂氏春秋召類篇高注云春秋子罕殺昭公攷宋有兩昭公一在魯文公時與墨子相去遠甚一在春秋後魯悼公時與墨子時代正相當子罕所殺宜爲後之昭公惟高云春秋時則誤幷兩昭公爲一耳宋世家雖不云昭公被弒然秦漢古籍所紀匪一高說不爲無徵賈子新書先醒篇韓詩外傳六並云昭公出亡而復國說苑云子罕逐君專政或昭公實爲子罕所逐而失國因誤傳爲被殺李斯韓嬰淮南王書並云劫君劫亦即謂逐也亦未可知宋世家於春秋後事頗多疏略如宋辟公被弒見索隱引紀年而史亦不載是其例矣

而囚墨子

史記鄒陽傳云宋信子罕之計而囚墨翟索隱云漢書作子冉不知子冉是何人文穎云子冉子罕也文選鄒陽獄中上書自明亦作子冉注引文穎說同又云冉音任善云未詳冉不得有任音疑史記信字漢書文選並作任此或校異文云信作任誤作冉音任也新序三亦作子冉蓋皆子罕之誤

老而至齊見太王田和曰今有刀於此試之人頭倅然斷之可謂利乎太王曰利墨子曰多試之人頭倅然斷之可謂利乎太王曰利墨子曰刀則利矣孰將受其不祥太王曰刀受其利試者受其不祥墨子曰并國覆軍賊殺百姓孰將受其不祥太王俯仰而思之曰我受其不祥本書魯問篇北堂書鈔八十三引新序有齊王問墨子語蓋亦太公田和也此皆追稱爲王當在命爲諸侯以後事齊將伐魯墨子謂齊

將項子牛曰伐魯齊之大過也昔者吳王東伐越棲諸會稽西伐楚葆昭王於隨北伐齊取國子以歸於吳諸侯報其讎百姓苦其勞而弗爲用是以國爲虛戾身爲刑戮也昔者智伯伐范氏與中行氏兼三晉之地諸侯報其讎百姓苦其勞而弗爲用是以國爲虛戾身爲刑戮用是也故大國之攻小國也是交相賊也過必反於國同上卒蓋在周安王末年。當八九十歲。

案墨子卒年無攷、以本書校之親士篇說吳起車裂事在安王二十一年。非樂篇說齊康公興樂、康公卒於安王二十三年。自是以後、更無所見。親士篇有孟賁所染篇有宋康王皆後人增益非墨子所逮聞也、則墨子或卽卒於安王末年安王二十六年崩、距齊康公之卒僅三年、葛

洪神仙傳載墨子年八十有二入周狄山學道其說虛誕
不足論然墨子年壽必逾八十則近之耳（詳互年表）
所箸書漢劉向校錄之爲七十一篇（漢書藝文志）
案墨子書今存五十三篇蓋多門弟子所述不必其自箸
也神仙傳作十篇荀子楊注作三十五篇竝非

墨子年表弟二

史遷云墨翟或曰並孔子時或曰在其後（史記孟荀傳）劉向云
在七十子之後（史記索隱引別錄）班固云在孔子後（漢書藝文志蓋本劉歆七
略）張衡云當子思時（後漢書本傳注引衡集論圖緯虛妄疏云公輸班與墨翟竝當子思時出
仲尼後）眾說舛啎無可質定近代治墨子書者畢沅以爲六
國時人至周末猶存既失之太後汪中沿宋鮑彪之說（鮑說

見戰國策宋策注謂仕宋得當景公世又失之太前。宋景公卒於魯哀公二十六年見左傳史記六國年表書景公卒於貞王十八年卽魯悼公十七年遂滅昭公之年以謚景公與左氏不合不可從也據本書及新序墨子嘗見田齊太公和有問荅語田和元年上距宋景公卒年凡八十三年卽令墨子之仕適當景公卒年年才弱冠亦必逾百歲前後方能相及其可信乎殆皆不攷之過竊以今五十三篇之書推校之墨子前及與公輸般魯陽文子相問荅。見貴義魯問公輸諸篇而後及見齊太公和。見魯問篇田和爲諸侯在安王十六年與齊康公興樂。見非樂上篇康公卒於安王二十三年楚吳起之死。見親士篇在安王二十一年上距孔子之卒敬王四十一年幾及百年。則墨子之後孔子蓋信。審覈前後。約略計之。墨子當與子思並時而生。年尚在其後。子思生於魯哀公二年周敬王二十七年也下及事魯穆公年已八十餘不能至安王也史記孔子世家謂子思年止六十二則不得及穆公近代譜諜書或謂子思年百餘歲者並不足據當生於周定王之初年而卒於安王之季蓋八九十歲亦壽考矣其仕宋蓋當昭公之世鄒陽書云宋信子罕之計而囚墨翟（史記本傳）其事他書不經見秦漢諸子多言子罕逐君高誘則云子罕殺昭公（呂氏春秋召類篇注）又韓子說皇喜殺宋君（內儲說上）子罕與喜當即一人竊疑昭公實被放弒而史失載墨子之囚殆即昭之末年事與先秦遺聞百不存一儒家惟孔子生卒年月明箸於春秋經傳然尚不無差異七十子之年孔壁古文弟子籍所傳者亦不能備外此則孟荀諸賢皆不能質言其年壽（元人所傳孟子生卒年月肊撰不足據）豈徒墨子然哉今取定王元年迄安王二十六年凡九十有三年表其年數而以五十三篇書關涉諸國及古書說墨子佚事附箸

之。史記六國年表。魯哀悼、宋景昭年。與左傳不合。今從左傳。本書貴義篇。墨子嘗使衛。年代無攷也。無與衛事相涉者。又墨子當春秋後。非攻下篇。節葬下篇。並以齊晉楚越爲四大國。時燕秦尙未大興。墨子亦未至彼國。今並不列於表。雖不能詳塙。猶瘉於馮虛臆測舛繆不驗者爾

周	定王	元		二		三
魯	哀公	廿七		悼公	元	二
晉 魏韓趙	出公七	魏桓子 韓康子	趙襄子	八		九
齊 田齊	平公十	三 田成子		十四		十五
宋	昭公	元		二		三
鄭	聲公	卅三		卅四		卅五
楚	惠王	廿一		廿二		廿三
越	王句	踐廿	八	廿九		卅
墨子時事	親士篇越王句踐遇吳王之醜而尚攝中國之賢君亦見所染兼愛非攻公孟諸篇					

四	三	十	十六	四	卅六	廿四	卅一
五	四	十一	十七	五	卅七	廿五	王鹿
							郢元
六	五	十二	十八	六	卅八	廿六	二
七	六	十三	十九	七	哀公	廿七	三
					元		
八	七	十四	廿	八	二	廿八	四
九	八	十五	廿一	九	三	廿九	五
十	九	十六	廿二	十	四	卅	六
十一	十	十七	廿三	十一	五	卅一	王不
							壽元

十二	十一	哀公元	廿四	十二	六	卅二	二	
十三	十二	二	廿五	十三	七	卅三	三	
十四	十三	三	宣公元	十四	八 鄭人弒哀公	卅四	四	魯問篇鄭人三世殺其君哀公即其一也
十五	十四	四 魏韓趙與智伯分范中行地	二 田襄子	十五	共公元	卅五	五	非攻中篇智伯攻中行氏范氏并三家以爲一家
十六	十五	五 智伯與魏韓圍趙襄子於晉陽魏韓趙反殺智伯	三	十六	二	卅六	六	非攻中篇智伯圍趙襄子於晉陽韓魏趙氏擊智伯大敗之亦見魯問篇
十七	十六	六	四	十七	三	卅七	七	

十八	十七	七	五	十八	四	卌八	八	
十九	十八	八	六	十九	五	卌九	九	
廿	十九	九	七	廿	六	四十	十	
廿一	廿	十	八	廿一	七	卌一	王翁 元	魯問篇公尙過說越王越王使公尙過迎墨子於魯疑爲王翁中晚年事
廿二	廿一	十一	九	廿二	八	卌二 滅蔡	二	非攻中篇蔡亡於吳越之間
廿三	廿二	十二	十	廿三	九	卌三	三	
廿四	廿三	十三	十一	廿四	十	卌四	四	
廿五	廿四	十四	十二	廿五	十一	卌五	五	

廿六	廿五	十五	十三	廿六	十二	卅六	六
廿七	廿六	十六	十四	廿七	十三	卅七	七
廿八	廿七	十七	十五	廿八	十四	卅八	八
考王元	廿八	十八	十六	廿九	十五	卅九	九
二	廿九	十九	十七	卅	十六	五十	十

魯問篇公輸般至楚爲舟戰器亟敗越人墨子與論鉤拒公輸篇般爲雲梯將攻宋墨子至郢見楚王乃不攻宋渚宮舊事在惠王五十年以前附記於此

貴義篇墨子游楚見惠王王以老辭渚宮舊事惠王

								以書社封墨子不受而歸
三	卅	幽公元	十八	卅一	十七	五一	十一	
四	卅一	二	十九	卅二	十八	五二	十二	
五	卅二	三	廿	卅三	十九	五三	十三	
六	卅三	四	廿一	卅四	廿	五四	十四	
七	卅四	五	廿二	卅五	廿一	五五	十五	
八	卅五	六	廿三	卅六	廿二	五六	十六	
九	卅六	七	廿四	卅七	廿三	五七	十七	
十	卅七	八	廿五	卅八	廿四	簡王元 莒滅	十八	非攻中篇莒亡於齊越之間
十一	元公	九	廿六	卅九	廿五	二	十九	

	元							
十二	二	十	廿七	四十	廿六	三	廿	
十三	三	十一	廿八	卌一	廿七	四	廿一	
十四	四	十二	廿九	卌二	廿八	五	廿二	
十五	五	十三	卅	卌三	廿九	六	廿三	
威烈王元	六	十四	卅一	卌四	卅	七	廿四	
二	七	十五 魏文侯韓武子趙桓子	卅二	卌五	卅一	八	廿五	
三	八	十六 趙獻	卅三	卌六	幽公	九	廿六	魯問篇魯陽文君將攻鄭

	四	五	六	七	八	九	十
	九	十	十一	十二	十三	十四	十五
侯	十七	十八	十九	烈公元	二	三	四
	卅四	卅五	卅六	卅七	卅八	卅九	卅
	卅七	卅八	卅九	五十	五一	五二	五三
元 韓武子伐鄭殺幽公	繻公元	二	三	四	五	六	七
	十	十一	十二	十三	十四	十五	十六
	廿七	廿八	廿九	卅	卅一	卅二	卅三
曰鄭人三世殺其父疑當作二世殺其君即指哀公幽公被殺也詳本篇							

十一	十六	五	卅一	五四	八	十七	卅四	
十二	十七	六	卅二	五五	九	十八	卅五	
十三	十八	七	卅三	五六	十	十九	卅六	
十四	十九	八	卅四 田莊子伐魯攻葛及安陵	五七	十一	廿	卅七	魯問篇齊項子牛三侵魯地此攻葛及安陵或即三侵之一
十五	廿	九	卅五 伐魯取都	五八	十二	廿一	王騶元	齊伐魯取都或亦三侵之一
十六	廿一	十	卅六	五九	十三	廿二	二	
十七	穆公元	十一	卅七	六十	十四	廿三	三	

十八	十九	廿	廿一	廿二
二	三	四	五	六
十二 韓景侯 趙烈侯	十三	十四 魏滅中山	十五	十六
卅八 田和伐魯取郕	卅九	五十	五一	康公元
六一	六二	六三	六四	六五 昭公[illegible]案疑爲[illegible]
十五	十六	十七	十八	十九
廿四	聲王元	二	三	四
四	五	六	七	八
齊伐魯取郕或亦三侵之一		所染篇中山尚染於魏義偃長案中山尚疑卽中山桓公爲魏文侯所滅		呂氏春秋召類篇注子罕殺昭公史記宋信子罕之計而囚墨翟[illegible]昭公實被

				所弑				弑四墨子卽其季年事公輸篇公輸般爲楚造雲梯將攻宋墨子至郢說止之當在惠王時蘇時學謂卽此年聲王圍宋時事非是
廿三	七	十七魏文侯廿二年韓景侯六年趙烈侯六年始命爲諸侯	二	悼公元	廿	五圍宋十月	九	
廿四	八	十八魏廿三韓七趙七	三	二	廿一	六	十	
安王元	九	十九魏廿四韓八趙八	四	三	廿二	悼王元	十一	
二	十	廿魏廿五韓	五	四	廿三	二	十二	

		九趙九						
三	十一	廿一 魏廿 六韓烈侯元趙武侯元	六	五	廿四	三	十三	
四	十二	廿二 魏廿 七韓二趙二	七	六	廿五	四	十四	
五	十三	廿三 魏廿 八韓三趙三	八	七	廿六	五	十五	
六	十四	廿四 魏廿 九韓四趙四	九	八	廿七 鄭人弑繻公	六	十六	魯問篇魯陽文君曰鄭人三世殺君或謂指哀幽繻三君然與文君年不合

七	十五	廿五魏卅韓五趙五	十	休公元	康公元	七	十七	
八	十六	廿六魏卅一韓六趙六	十一田和伐魯取最	二	二	八	十八	黃式三謂魯陽文君將攻鄭在此年未塙○齊伐魯或即魯問篇三侵魯地事
九	十七	廿七魏卅二韓七趙七	十二	三	三	九	十九	
十	十八	孝公元魏卅三韓八趙八	十三	四	四	十	廿	
十一	十九	二魏卅四韓	十四	五	五	十一	廿一	

	十二	十三	十四	十五	十六
	廿	廿一	廿二	廿三	廿四
九 趙九	三 魏卅五 韓十 趙十	四 魏卅六 韓十一 趙十一	五 魏卅七 韓十二 趙十二	六 魏卅八 韓十三 趙十三	七 魏武侯元 韓文侯元 趙敬
	十五	十六	十七	十八	十九 田齊太公和元年始
	六	七	八	九	十
	六	七	八	九	十
	十二	十三	十四	十五	十六
	廿二	廿三	廿四	廿五	廿六
					魯問篇墨子見齊太王卽太公和新序亦載齊王與

		侯元	命爲諸侯					墨子問荅即田和也
十七	廿五	八 魏二 韓二 趙二	廿二 田齊伐魯破之	十一	十一	十七	廿七	齊伐魯或即魯問篇三侵魯地事
十八	廿六	九 魏三 韓三 趙三	廿一 田齊 桓公元	十二	十二	十八	廿八	
十九	廿七	十 魏四 韓四 趙四	廿二 田齊 二	十三	十三	十九	廿九	
廿	廿八	十一 魏五 韓五 趙五	廿三 田齊 三	十四	十四	廿	卅	
廿一	廿九	十二 魏六 韓六 趙六	廿四 田齊 四	十五	十五	廿一 悼王薨羣	卅一	親士篇吳起之裂其事也

臣殺吳起

廿二	卅	十三 魏七 韓七 趙七	廿五 田齊五	十六	十六	肅王元	卅二	
廿三	卅一	十四 魏八 韓八 趙八	廿六 公薨 齊亡〇 田齊六	十七	十七	二	卅三	非樂上篇齊康公與樂萬
廿四	卅二	十五 魏九 韓九 趙九	田齊威王元	十八	十八	三	卅四	以後時事本書無所見疑墨子之卒即在安王季年
廿五	卅三	靜公元 魏十 韓哀侯元 趙十	二	十九	十九	四	卅五	
廿六	共公	二 魏十一 韓二	三	廿	廿	五	卅六	

元	一　二趙十

墨學傳授攷弟三

呂不韋曰孔墨徒屬彌衆弟子彌豐充滿天下（尊師篇）又曰孔墨之後學顯榮於天下者衆矣不可勝數（當染篇）蓋墨學之昌幾埒洙泗斯亦盛矣公輸篇墨子之說楚王曰臣之弟子禽滑釐等三百人淮南王書亦謂墨子服役者百八十人（服役卽徒屬韓非子五蠹篇云仲尼爲服役者七十人卽指七十子而言）皆可使赴火蹈刃死不旋踵（新語思務篇云墨子之門多勇士）而荆吳起之亂墨者鉅子孟勝以死爲陽城君守弟子死者百八十五人則不韋所述信不誣也獲秦隱儒墨學亦微至西漢儒復興而墨竟絕墨子既蒙世大詬而徒屬名籍亦莫能紀述惟本書及

先秦諸子略紀其一二今勼集之凡得墨子弟子十五人（附存三人）再傳弟子三人三傳弟子一人治墨術而不詳其傳授系次者十三人襍家四人大都不逾三十餘人傳記所載盡於此矣彼勤生薄死以赴天下之急而姓名澌滅與艸木同盡者殆不知凡幾嗚呼悕已

墨子弟子

禽子名滑釐學於墨子（呂氏春秋當染篇成玄英莊子疏以滑釐爲字非是案滑釐呂氏春秋當染篇作滑𨤲尊師篇作滑黎列子湯問篇莊子天下篇說苑反質篇作[illegible]列子楊朱篇作骨釐漢書古今人表及列子釋文並作屈釐漢書儒林傳作滑氂是正字當作屈屈氂詳公輸篇）盡傳其學與墨子齊偁（莊子天下篇以墨翟禽滑釐並偁）禽子事墨子三年手足胼胝面目黎黑役身給使不敢問欲墨子甚哀之乃具酒脯寄於太山摵茅坐之

以醮禽子禽子再拜而嘆墨子曰亦何欲乎禽子再拜再拜曰敢問守道本書備梯篇又曰由聖人之道鳳鳥之不出諸侯畔殷周之國甲兵方起於天下大攻小强執弱吾欲守小國爲之柰何墨子曰何攻之守禽子對曰今之世常所以攻者臨鉤衝梯堙水穴突空洞蟻傅轒轀軒車敢問守此十二者柰何本書備城門篇墨子遂語以守城之具六十六事李筌太白陰經守城具篇六十六事一作五十六事今本書備城門以下十餘篇皆其語也楚惠王時公輸般爲楚造雲梯之械成將以攻宋墨子自魯至郢止之使禽子諸弟子三百人持守圉之器在宋城上而待楚寇楚卒不攻宋本書公輸篇禽子問於墨子曰錦繡絺紵將安用之墨子曰惡是非吾用務也古有無文者得之矣夏禹是也卑小宮室損薄飲食土階三

籌衣裳細布當此之時黼黻無所用而務在於完堅殷之盤庚大其先王之室而改遷於殷茅茨不翦采椽不斲以變天下之視當此之時文采之帛將安所施夫品庶非有心也以人主爲心苟上不爲下惡用之二王者以身先於天下故化隆於其時成名於今世也且夫錦繡絺紵亂君之所造也其本皆興於齊景公喜奢而忘儉幸有晏子以儉鐫之然猶幾不能勝夫奢安可窮哉紂爲鹿臺糟邱酒池肉林宮牆文畫雕琢刻鏤錦繡被堂金玉珍瑋婦女優倡鐘鼓管絃流漫不禁而天下愈竭故卒身死國亡爲天下戮非惟錦繡絺紵之用邪今當凶年有欲予子隨侯之珠者不得賣也珍寶而以爲飾又欲予子一鐘粟者得珠者不得粟得粟者不得珠子

將何擇禽子曰吾取粟耳可以救窮墨子曰誠然則惡在事夫奢也長無用好末淫非聖人之所急也故食必常飽然後求美衣必常暖然後求麗居必常安然後求樂爲可長行可久先質而後文此聖人之務禽子曰善說苑反質篇禽子問天與地孰仁墨子曰翟以地爲仁太山之上則封禪焉培塿之側則生松柏下生黍苗莞蒲水生黿鼉龜魚民衣焉食焉死焉地終不責德焉故翟以地爲仁藝文類聚地部引本書禽子問曰多言有益乎墨子曰蝦蟆蛙黽日夜而鳴舌乾擗然而人不聽之今鶴鷄時夜而鳴天下振動多言何益唯其言之時也太平御覽言語部引本書楊朱後於墨子其說在愛己不拔一毛以利天下與墨子相反荀子王霸篇楊注殷敬順列子釋文墨子兼愛上同右鬼非命而楊

子非之淮南子氾論訓禽子與之辯論荀子注列子釋文禽子問楊朱曰去子體之一毛以濟一世汝爲之乎楊子曰世固非一毛之所濟禽子曰假濟爲之乎楊子弗應禽子出語孟孫陽孟孫陽曰子不達夫子之心吾請言之侵若肌膚獲萬金者若爲之乎曰爲之孟孫陽曰有斷若一節得一國子爲之乎禽子默然有閒孟孫陽曰一毛微於肌膚肌膚微於一節省矣然則積一毛以成肌膚積肌膚以成一節一毛固一體萬分中之一物柰何輕之乎禽子曰吾不能所以荅子然以子之言問老聃關尹則子言當矣以吾言問大禹墨翟則吾言當矣列子楊朱篇列子又云衛端木叔者子貢之世也藉其先貲家累萬金不治世故及其死也無瘞埋之資一國之人受其施者相與賦而藏之禽骨釐聞之曰端木叔狂人也辱其祖矣此與墨學無與附箸於此

高石子墨子弟子墨子使管黔敖游高石子於衛衛君致祿甚厚設之於卿高石子三朝必盡言而言無行者去而之齊見墨子曰衛君以夫子之故致祿甚厚設我於卿石三朝必盡言而言無行是以去之也衛君無乃以石爲狂乎墨子曰去之苟道受狂何傷古者周公旦非關叔關管之借字辭三公東處於商蓋人皆謂之狂後世稱其德揚其名至今不息且翟聞之爲義非避毀就譽去之苟道受狂何傷高石子曰石去之焉敢不道也昔者夫子有言曰天下無道仁士不處厚焉今衛君無道而貪其爵祿則是我爲苟啗人食也墨子說而召禽子曰姑聽此乎夫倍義而鄉祿者我常聞之矣倍祿而鄉義者於高石子焉見之也本書耕柱篇

高何齊人學於墨子（呂氏春秋尊師篇）

縣子碩（呂覽碩作石字通）與高何皆齊國之暴者也指於鄉曲學於墨子為天下名士顯人（呂氏春秋尊師篇）治徒娛縣子碩問於墨子曰為義孰為大務墨子曰譬若築牆然能築者築能實壤者實壤能欣者欣（欣讀為睎）然後牆成也為義猶是也能談辯者談辯能說書者說書能從事者從事然後義事成也（本書耕柱篇）

公尚過（呂氏春秋高義篇作上）墨子弟子（呂覽高義高注）墨子南遊使於衛關中載書甚多弦唐子見而怪之曰吾夫子教公尚過曰揣曲直而已今夫子載書甚多何有也墨子曰昔者周公旦朝讀書百篇夕見七十士故周公旦佐相天子其脩至於今翟上無君上之事下無耕農之難吾安敢廢此翟聞之同歸之物信

有誤者然而民聽不鈞是以書多也今若過之心者數逆於精微同歸之物既已知其要矣是以不教以書也而子何怪焉本書貴義篇　墨子游公尚過於越公尚過語墨子之義越王說之謂公尚過曰子之師苟肯至越而教寡人請以故吳之地陰江之浦書社三百以封夫子本書魯問篇作請裂故吳之地方五百里以封子墨子公尚過許諾遂爲公尚過束車五十乘以迎墨子於魯曰吾以夫子之道說越王越王大說謂過曰苟能使墨子至於越而教寡人請裂故吳之地以封子據本書魯問篇補呂氏春秋作公上過往復於子墨子　墨子曰子之觀越王也能聽吾言用吾道乎公尚過曰殆未能也墨子曰不唯越王不知翟之意雖子亦不知翟之意若越王聽吾言用吾道翟度身而衣量腹而食比於賓萌未

敢求仕越不聽吾言不用吾道而受其國是以義糶也義糶何必越雖於中國亦可呂氏春秋高義篇本書魯問篇略同

耕柱子墨子弟子墨子怒耕柱子耕柱子曰我毋愈於人乎墨子曰我將上大行駕驥與羊子將誰歐耕柱子曰將歐驥也墨子曰何故歐驥也耕柱子曰驥足以責墨子曰我亦以子爲足以責墨子游耕柱子於楚二三子過之食之三升客之不厚二三子復於墨子曰耕柱子處楚無益矣二三子過之食之三升客之不厚墨子曰未可知也毋幾何而遺十金於墨子曰後生不敢死有十金於此願夫子之用也墨子曰果未可知也本書耕柱篇

魏越墨子弟子墨子使之游越曰既得見四方之君子則將

孰先語墨子曰凡入國必擇務而從事焉國家昏亂則語之尚賢尚同國家貧則語之節用節葬國家憙音湛湎則語之非樂非命國家淫僻無禮則語之尊天事鬼國家務奪侵淩則語之兼愛非攻故曰擇務而從事焉本書魯問篇

隨巢子墨子弟子漢書藝文志 梁玉繩云隨巢當是氏或謂氏隋名巢無據詒讓案隋經籍志隨巢子注云巢似墨翟弟子則以巢爲名墨子之術尚儉隨巢子傳其術史記自序正義引韋昭說箸書六篇漢藝文志

胡非子廣韻十一模云胡非複姓齊胡公之後有公子非因以胡非爲氏梁玉繩云則胡非子齊人也詒讓案隋經籍志胡非子注云非似墨翟弟子則亦以非爲名墨子弟子箸書三篇漢書藝文志

管黔滶墨子弟子本書耕柱篇見前

高孫子墨子弟子本書魯問篇見後

治徒娛墨子弟子 本書耕柱篇見前

跌鼻墨子弟子墨子有疾跌鼻進而問曰先生以鬼神爲明能爲禍福爲善者賞之爲不善者罰之今先生聖人也何故有疾意者先生之言有不善乎鬼神不明知乎墨子曰雖使我有病鬼神何遽不明人之所得於病者多方有得之寒暑有得之勞苦百門而閉一門焉則盜何遽無從入 本書公孟篇

曹公子墨子弟子墨子仕曹公子於宋三年而反睹墨子曰始吾游於子之門短褐之衣藜藿之羹朝得之則夕弗得弗得祭祀鬼神今而以夫子之故家厚於始也有家享謹祭祀鬼神然而人徒多死六畜不蕃身湛於病吾未知夫子之道之可用也子墨子曰不然夫鬼神之所欲於人者多欲人之

處高爵祿而以讓賢也多財而以分貧也夫鬼神豈唯擢黍拑肺之爲欲哉今子處高爵祿而不以讓賢一不祥也多財而不以分貧二不祥也今子事鬼神唯祭而已矣而曰病何自至哉是猶百門而閉一門焉曰盜何從入若是而求福於百怪之鬼豈可哉本書魯問篇

勝綽墨子弟子墨子使勝綽事齊項子牛項子牛三侵魯地而勝綽三從墨子聞之使高孫子請而退之曰我使綽也將以濟驕而正嬖也今綽也祿厚而譎夫子夫子三侵魯而綽三從是鼓鞭於馬靳也翟聞之言義而弗行是犯明也綽非弗之知也祿勝義也本書魯問篇

案曹公子及勝綽二人皆游墨子之門而以違道見責蓋

未能傳其術者。今以附於諸弟子之末。

彭輕生子問墨子曰往者可知來者不可知墨子曰藉設而親在百里之外則遇難焉期以一日也及之則生不及則死今有固車良馬於此又有駑馬四隅之輪於此使子擇焉子將何乘對曰乘良馬固車可以速至墨子曰焉在不知來本書魯問篇

孟山譽王子閭曰昔白公之禍執王子閭斧鉞鉤要直兵當心謂之曰爲王則生不爲王則死王子閭曰何其侮我也殺我親而喜我以楚國我得天下而不義不爲也又況於楚國乎遂死而不爲王子閭豈不仁哉墨子曰難則難矣然而未仁也若以王爲無道則何故不受而治也若以白公爲不義

何故不受王誅白公然而反王故曰難則難矣然而未仁同上

弦唐子本書貴義篇

案以上三人並見本書是否墨子弟子無可質證謹附綴於此以備攷

墨子再傳禽子弟子

許犯學於禽滑釐呂氏春秋當染篇

索盧參東方之鉅狡也學於禽滑釐爲天下名士顯人呂氏春秋尊師篇

墨子再傳胡非子弟子

屈將子案屈爲楚公族著姓屈將子疑亦楚人好勇聞墨者非鬬帶劒危冠往見胡非子劫而問之曰將聞先生非鬬而將好勇有說則可

無說則死胡非子爲言五勇屈將說稱善乃解長劍釋危冠而請爲弟子焉太平御覽四百九十二四百三十七引胡非子五勇之論甚詳見後胡非子佚文此不備錄

墨子三傳許子弟子

田繫學於許犯顯榮於天下呂氏春秋當染篇

墨氏名家者傳授不可攷附鉅子

田俅子漢書藝文志俅一作鳩鳩俅音近馬驌繹史以爲一人是也齊人學墨子之術呂氏春秋首時篇淮南子道應訓高注田鳩欲見秦惠王留秦三年而弗得見客有言之於楚王者往見楚王楚王說之與將軍之節以如秦至因見惠王告人曰之秦之道乃之楚乎呂氏春秋首時篇淮南子道應訓云出舍喟然而嘆告從者曰吾留秦三年不得見不識道之可以從楚也徐渠問田鳩曰臣聞智士不襲下而遇君聖人不見功而接上今陽城胥渠

今韓子譌令今據盧文弨顧廣圻校正明將也而措於屯伯屯韓子譌毛今據顧校正下同公孫亶回聖相也而關於州部何哉田鳩曰此無他故異物主有度上有術之故也且足下獨不聞楚將宋觚而失其政魏相馮離而亡其國二君者驅於聲詞眩乎辯說不試於屯伯不關乎州部故有失政亡國之患由是觀之夫無屯伯之試州部之關豈明主之備哉韓非子問田篇楚王謂田鳩曰墨子者顯學也其身體則可其言多而不辯何也曰昔秦伯嫁其女於晉公子令晉爲之飾裝晉疑魯之譌從文衣之媵七十人至晉晉人愛其妾而賤公女此可謂善嫁妾而未可謂善嫁女也楚人有賣其珠於鄭者爲木蘭之櫃薰桂椒之櫝綴以珠玉飾以玫瑰輯以羽翠鄭人買其櫝而還其珠此可謂善賣櫝矣

未可謂善鬻珠也今世之談也皆道辯說文辭之言人主覽其文而忘其用（其韓子作有今以意改）墨子之說傳先王之道論聖人之言以宣告人若辯其辭則恐人懷其文忘其用（此字韓子無據顧校增）直以文害用也此與楚人鬻珠秦伯嫁女同類故其言多不辯（韓非子外儲說左上篇）箸書三篇（漢書藝文志墨家田俅子三篇本注云先韓子蓋班固亦謂即田鳩也）

相里子（韓非子顯學篇元和姓纂）名勤（莊子天下篇墨師也姓相里名勤　釋文引司馬彪云姓纂云晉大夫里克爲惠公所滅克妻司成氏攜少子李連逃居相城因爲相里氏李連玄孫相里勤見莊子案此疑唐時譜諜家之妄說恐不足據）南方之墨師也（成玄英莊子疏）爲三墨之一（韓非子顯學篇）箸書七篇（姓纂引韓子云相里子古賢也著書七篇案韓子無此文漢書藝文志墨家亦無相里子書姑存以備攷）

相夫氏（韓非子顯學篇　元和姓纂二十陌有伯夫氏引韓子云伯夫氏墨家流也則唐本相或作伯或當作柏）

與相形近亦三墨之一

鄧陵子南方之墨者誦墨經莊子天下篇　案姓纂云楚公子食邑鄧陵因氏焉據此則鄧陵子蓋楚人亦三墨之一韓非子顯學篇有箸書姓纂云鄧陵子著書見韓子案韓子亦無此文

韓非子顯學篇云自墨子之死也有相里氏之墨有相夫氏之墨有鄧陵氏之墨墨離爲三

苦獲南方墨者莊子天下篇

已齒南方墨者莊子天下篇　釋文引李頤云苦獲已齒二人姓字也案姓字當作姓名疑並楚人

相里氏弟子

五侯子莊子天下篇　陶潛集聖賢羣輔錄　案五侯蓋姓五五與伍同古書伍子胥姓多作五非五人也

相里勤弟子與南方之墨者苦獲已齒鄧陵子之屬俱誦墨經而倍譎不同相謂別墨莊子天下篇

案墨經卽墨辯今書經說四篇及大取小取二篇蓋卽相里子鄧陵子之倫所傳誦而論說者也

又案陶潛集集聖賢羣輔錄末附載三墨云不累於俗不飾於物不尊於名莊子天下篇作不苟於人不忮於衆此宋鉶尹文之墨鉶當從莊子作銒卽孟子之宋牼也裘褐爲衣跂蹻爲服日夜不休以自苦爲極者相里勤五侯子之墨俱誦墨經而背譎不同相爲別墨以堅白此亦本莊子而文義未全豈僞託者失其句讀抑傳寫有挩誤邪此苦獲已齒鄧陵子之墨此別據莊子天下篇爲三墨與韓非書殊異北齊陽休之所編陶集卽有此條宋本陶集宋庠後記云八儒三墨二條此似後人妄加非陶公本意攷莊子本以宋鈃尹文別爲一家不云亦爲墨氏之學以所舉二人學術大略攷之其崇儉非鬭雖與墨氏相近荀子

非十二子篇以墨翟宋銒並稱而師承實迥異乃強以充三墨之數而韓非所云相夫氏之墨者反置不取不知果何據也宋銒書漢書藝文志在小說家云黃老意尹文書在名家今具存其大道上篇云大道治者則名法儒墨自廢又云是道治者謂之善人藉名法儒墨者謂之不善人則二人皆不治墨氏之術有明證矣近俞正燮癸巳類稿墨學論亦以宋牼為墨徒誤與羣輔錄同羣輔錄本依託。不出淵明。而此條尤疏謬。今不據補錄

我子六國時人元和姓纂引風俗通為墨子之學著書一篇漢藝文志顏注引劉向別錄

纏子廣韻二仙云纏又姓漢書藝文志有纏子著書案漢志無纏子此誤修墨子之業以教於世儒有董無心者其言修而謬其行篤而庸欲事纏子纏子

曰文言華世不中利民傾危繳繞之辭並不爲墨子所修勸善兼愛則墨子重之（意林引纏子）纏子與董無心相見講道纏子稱墨家佑鬼神引秦穆公有明德上帝賜之十九年董子難以堯舜不賜年桀紂不夭死（論衡福虛篇）著書一卷（意林）

墨家鉅子

莊子天下篇說墨云以巨子爲聖人皆願爲之尸冀得爲其後世郭象注云巨子最能辯其所是以成其行釋文巨向秀崔譔本作鉅向云墨家號其道理成者爲鉅子若儒家之碩儒呂氏春秋上德篇云墨者以爲不聽鉅子不察又有墨者鉅子孟勝田襄子腹䵍三人高誘以鉅子爲人姓名非也以莊呂二子所言推之墨家鉅子蓋若後世儒

家大師開門授徒遠有端緒非學行純卓者固不足以當之矣

孟勝爲墨者鉅子善荆之陽城君高注云鉅子孟勝二人學墨道者也非是陽城君令守於國毀璜以爲符約曰符合聽之荆王薨案即悼王羣臣攻吳起兵於喪所陽城君與焉荆罪之陽城君走荆收其國孟勝曰受人之國與之有符今不見符而力不能禁不能死不可其弟子徐弱諫孟勝曰死而有益陽城君死之可矣無益也而絕墨者於世不可孟勝曰不然吾於陽城君也非師則友也非友則臣也不死自今以來求嚴師必不於墨者矣求賢友必不於墨者矣求良臣必不於墨者矣死之所以行墨者之義而繼其業者也我將屬鉅子於宋之田襄子田襄

子賢者也何患墨者之絕世也徐弱曰若夫子之言弱請先死以除路還殁頭前於孟勝因使二人傳鉅子於田襄子（高注云二人孟勝之弟子也）孟勝死弟子死之者八十三人二人（舊本無此二字畢校補）以致令於田襄子欲反死孟勝於荆田襄子止之曰孟子已傳鉅子於我矣不聽（不舊本譌當畢校正）遂反死之（呂氏春秋上德篇）

案吳起之死在周安王二十一年時墨子當尚在（詳親士篇）則孟勝田襄子或親受業於墨子亦未可知其爲鉅子豈即墨子所命爲南方墨者之大師者邪孟勝之死也必屬鉅子於田襄子明以傳學爲重亦若儒家之有師承宗派佛氏之有傳授衣盋矣

田襄子宋之賢者孟勝死荆陽城君之難使弟子二人屬鉅

子於田襄子（呂氏春秋上德篇　案田襄子言行無攷說苑尊賢篇有衛君問田讓語疑即田襄子附識以備攷）

腹䵍爲墨者鉅子居秦其子殺人秦惠王曰先生之年長矣非有它子也寡人已令吏弗誅矣先生之以此聽寡人也腹䵍對曰墨者之法殺人者死傷人者刑此所以禁殺傷人也夫禁殺傷人者天下之大義也王雖爲之賜而令吏弗誅腹䵍不可不行墨子之法不許惠王而遂殺之呂不韋曰子人之所私也忍所私以行大義鉅子可謂公矣（呂氏春秋去私篇高注云鉅姓子通稱腹䵍字也畢沅云鉅子猶鉅儒鉅公之稱腹乃其姓耳案畢說是也）

孟勝弟子

徐弱孟勝弟子與孟勝同死楚陽城君之難（見前）

墨氏襍家凡治墨術而無從攷其學業優劣及傳授端緒者

夷之治墨家之道者孟子滕文公上篇趙注因徐辟而求見孟子孟子曰吾固願見今吾尚病病愈我且往見夷子不來他日又求見孟子孟子曰吾今則可以見矣不直則道不見我且直之吾聞夷子墨者墨之治喪也以薄爲其道也夷子思以易天下豈以爲非是而不貴也然而夷子葬其親厚則是以所賤事親也徐子以告夷子夷子曰儒者之道古之人若保赤子此言何謂也之則以爲愛無差等施由親始徐子以告孟子孟子曰夫夷子信以爲人之親其兄之子爲若親其鄰之赤子乎彼有取爾也赤子匍匐將入井非赤子之罪也且天之生物也使之一本而夷子二本故也蓋上世嘗有不葬其親者

其親死則舉而委之於壑他日過之狐狸食之蠅蚋姑嘬之其顙有泚睨而不視夫泚也非爲人泚中心達於面目蓋歸反虆梩而掩之掩之誠是也則孝子仁人之掩其親亦必有道矣徐子以告夷子夷子憮然爲閒曰命之矣孟子滕文公上篇

謝子呂氏春秋去宥篇淮南子脩務訓高注云謝姓也子通稱關東人也學墨子之道呂覽高注說苑雜言篇作祁射子梁玉繩呂子校補云祁乃地名祁屬太原正是關東恐未篤

唐姑果淮南子脩務訓作唐姑梁高注云唐姓名姑梁說苑雜言篇作唐姑秦之墨者淮南子高注云秦大夫疑誤東方墨者謝子將西見秦惠王淮南子說苑並云惠王說之惠王問唐姑果唐姑果恐王之親謝子賢於已也對曰謝子東方之辯士也淮南子作山東辯士其爲人甚險將奮於說以取少主也淮南子作固權說以取少主王因藏怒以待之謝子至說王王弗聽淮南子云後日

復見逆而弗聽謝子不說遂辭而行呂氏春秋去宥篇

某翟鄭人兄緩呻吟裘氏之地釋文云裘氏地名祇三年而緩爲儒使其弟墨儒墨相與辯其父助翟十年而緩自殺莊子列禦寇篇郭注云翟緩弟名案未詳其姓氏

案唐姑果娼賢自營違墨氏尚賢尚同之指鄭人翟爭論儒墨而殺其兄則亦非悌弟也故附於墨學襍家之末又孟子告子篇趙注謂告子兼治儒墨之學其人無可攷本書公孟篇有告子亦恐非一人淮南子人閒訓云代君爲墨而殘許注云代君趙之別國不詳其名及時代則疑是趙武靈王子代君章見趙世家此並無可質證謹附識於此以備攷

墨子後語下

孫詒讓

墨子緒聞弟四　墨學通論弟五　墨家諸子鉤沈弟六

墨子緒聞弟四

墨氏之學微矣七國時學者以孔墨並稱孔子言滿天下而墨子則遺文佚事自七十一篇外所見殊尠非徒以其爲儒者所擯絀也其爲道瘠薄而寡澤言之垂於世者質而不華務申其意而不馳騁其辭故莊周謂其道大觳使人憂使人悲其行難爲而楚王之問田鳩亦病其言多而不辯田鳩荅以墨子之說傳先王之道論聖人之言若辯其辭則恐人懷其文忘其用（韓非子外儲説左上）蓋孟荀之議未興世之好文者固已弗心慊矣秦漢諸子若呂不韋淮南王

書所采摭至博至其援舉墨子之言亦多本書所已見絶無異聞然孔氏遺書自六蓺外緯候之誣家語孔叢之僞集語之襍眞贋糅莒不易别擇而墨氏之言行以誦述者少轉無叚託傅益之弊則其僅存者雖不多或尚碻然可信與今采本書之外秦漢舊籍所紀墨子言論行事無論與本書異同咸爲甄緝或一事而數書並見亦悉附載之以資讐勘而七十一篇佚文則畢氏所述略備固不勞綴錄也

齊王問墨子曰古之學者爲己今之學者爲人何如對曰古之學者得一善言以附其身今之學者得一善言務以悅人北堂書鈔八十三太平御覽六百七引新序　案齊王當作齊太王此與意林引本書佚文略同而文較詳故錄之說

苑反質篇又有禽滑釐問墨子語畢氏已采入佚文今不録

景公外傲諸侯內輕百姓好勇力崇樂以從嗜欲諸侯不說百姓不親公患之問於晏子曰古之聖王其行若何晏子對曰其行公正而無邪故讒人不得入不阿黨不私色故羣徒之卒不得容薄身厚民故聚斂之人不得行不侵大國之地不耗小國之民故諸侯皆欲其尊不劫人以兵甲不威人以衆彊故天下皆欲其彊德行教訓加於諸侯慈愛利澤加於百姓故海內歸之若流水今衰世君人者辟邪阿黨故讒諂羣徒之卒繁厚身養薄視民故聚斂之人行侵大國之地耗小國之民故諸侯不欲其尊劫人以甲兵威人以衆彊故天下不欲其彊災害加於諸侯勞苦施於百姓故讎敵進伐天

下不救貴戚離散百姓不與（元槧本譌興據盧文弨校正）公曰然則何若敬曰請卑辭重幣以說於諸侯輕罪省功以謝於百姓其可乎公曰諾於是卑辭重幣而諸侯附輕罪省功而百姓親故小國入朝燕魯共貢墨子聞之曰晏子知道道在爲人而失在爲己（元本挩在字據孫星衍校增）爲人者重自爲者輕景公自爲而小國不爲與爲人而諸侯爲役則道在爲人而行在反已矣（黃以周云行蓋得之剝文）故晏子知道矣（晏子春秋內篇問上）

景公與晏子立于曲潢之上晏子稱曰衣莫若新人莫若故公曰衣之新也信善矣人之故相知情（有挩誤）晏子歸負載使人辭于公曰嬰故老耄無能也請毋服壯者之事公自治國身弱于高國百姓大亂公恐復召晏子諸侯忌其威而高國

服其政田疇墾辟蠶桑豢牧之處不足元本牧譌收據盧文弨校正絲蠶於燕牧馬于魯共貢入廟墨子聞之曰晏子知道景公知窮矣晏子春秋內篇雜上　右墨子遺說

公輸般爲蒙天之階階成將以攻宋墨子聞之赴於楚行十日十夜而至於郢見般曰聞子爲階將以攻宋宋何罪之有無罪而攻之不可謂仁胡不已也公輸般曰不可吾旣以言之王矣墨子曰胡不見我於王公輸般曰諾墨子見楚王曰今有人於此舍其文軒鄰有敝輿而欲竊之舍其錦繡鄰有短褐而欲竊之舍其粱肉鄰有糟糠而欲竊之此爲何若人王曰此爲竊疾耳汪繼培云一作必竊疾矣墨子曰荊之地方五千里宋之地方五百里此猶文軒之與敝輿也荊有雲夢犀兕麋鹿

盈溢江漢之魚鼈黿鼉爲天下饒宋所謂無雉兔鮒魚者也猶粱肉之與糟糠也荆有長松文梓楩枏豫章宋無長木此猶錦繡之與短褐也臣以王之攻宋也爲與此同類王曰善哉請無攻宋藝文類聚八十八引尸子又太平御覽三百三十六引尸子云般爲蒙天之階階成將以攻宋墨子請獻十金般曰吾義固不殺人墨子再拜　本書公輸篇文略同

公輸般爲楚設機將以攻宋墨子聞之百舍重繭往見公輸般謂之曰吾自宋聞子吾欲藉子殺人宋本作王吳師道云一本作𤯔唐武后人字黄丕烈云公輸篇正作人公輸般曰吾義固不殺人墨子曰聞公爲雲梯將以攻宋宋何罪之有義不殺王而攻國是不殺少而殺衆敢問攻宋何義也公輸般服焉請見之王墨子見楚王曰今有人於此舍其文軒鄰有弊輿而欲竊之

舍其錦繡鄰有短褐（鮑本短作裋）而欲竊之舍其粱肉鄰有糟糠而欲竊之此爲何若人也王曰必爲有竊疾矣墨子曰荆之地方五千里宋方五百里此猶文軒之與弊輿也荆有雲夢犀兕麋鹿盈之江漢魚鼈黿鼉爲天下饒宋所謂無雉兔鮒魚者也此猶粱肉之與糟糠也荆有長松文梓楩枏豫樟（鮑本作章）宋無長木此猶錦繡之與短褐也臣以王吏之攻宋（臣宋本作惡黄云即惡字案惡武后臣字）爲與此同類也王曰善哉請無攻宋（戰國策宋策）

公輸般爲高雲梯欲以攻宋墨子聞之自魯往裂裳裹足日夜不休十日十夜而至於郢見荆王曰臣北方之鄙人也聞大王將攻宋信有之乎王曰然墨子曰必得宋乃攻

之乎亾其不得宋且不義猶攻之乎王曰必不得宋且有不義則曷爲攻之墨子曰甚善臣以宋必不可得王曰公輸般天下之巧工也已爲攻宋之械矣墨子曰請令公輸般試攻之臣請試守之於是公輸般設攻宋之械墨子設守宋之備公輸般九攻之舊本挩公輸般三字畢沅據御覽三百二十校補墨子九却之不能入故荆輟不攻宋墨子能以術禦荆免宋之難者此之謂也呂氏春秋愛類篇　案呂氏春秋愼大覽高注云墨子曰使公輸般攻宋之城臣請爲宋守之備公輸般九攻之墨子九卻之又令公輸般守備墨子九下之諸書並止言輸攻墨守惟此注更有輸守墨攻事不知何據謹附識於此

昔者楚欲攻宋墨子聞而悼之自魯趨而往舊本挩王念孫據北堂書鈔補十日十夜足重繭而不休息裂裳裹足裂下舊本衍衣字王據書鈔刪

至於郢見楚王曰臣聞大王舉兵將宋攻計必得宋而後攻之乎亾其苦衆勞民亾宋本作亡頓兵剉鋭剉傳本作挫今從宋本正負天下以不義之名而不得咫尺之地猶且攻之乎王曰必不得宋又且爲不義曷爲攻之墨子曰臣見大王之必傷義而不得宋王曰公輸天下之巧士作爲雲梯之械爲字傳本挩據宋本補設以攻宋曷爲弗取墨子曰令公輸設攻臣請守之於是公輸般設攻宋之械墨子設守宋之備九攻而墨子九卻之弗能入於是乃偃兵輟不攻宋淮南子脩務訓

公輸般爲雲梯之械將攻宋墨翟行自齊行十日夜至郢獻千金於般曰北方有侮臣者願子殺之般不悅曰吾義固不殺人墨子再拜曰吾聞子之梯以攻宋楚有餘於地

不足於民殺所不足爭所有餘不可謂智宋無罪而攻不可謂仁子義不殺少而殺眾不可謂知類般子服翟曰何不已乎曰既言之王矣曰胡不見吾於王遂見之墨解帶爲城以褋爲械般設九攻而墨九卻之般詘而曰吾知所以距子矣問其故墨曰般意不過欲殺臣殺臣則宋莫能守然臣弟子禽滑釐等三百人持臣守器在宋城上以待楚矣王曰請無攻宋渚宮舊事二

子墨子游公上過於越公上過語墨子之義越王說之謂公上過曰子之師苟肯至越請以故吳之地陰江之浦書社三百以封夫子公上過往復於子墨子子墨子曰子之觀越王也能聽吾言用吾道乎公上過曰殆未能也墨子曰不唯越

王不知翟之意雖子亦不知翟之意若越王聽吾言用吾道翟度身而衣量（舊校云一作裹）腹而食比於賓萌未敢求仕（高注云賓客也萌民也）越王不聽吾言不用吾道雖全越以與我吾無所用之越王不聽吾言不用吾道而受（舊校云一作愛）其國是（舊校云一作退）以義翟也義翟何必越（畢云兩翟字當是糶字之譌）雖於中國亦可（呂氏春秋高義篇）○（本書魯問篇文略同）

墨子至郢獻書惠王王受而讀之曰良書也是寡人雖不得天下而樂養賢人請過（此上下有挩文）進曰百種（疑當作進粟百鍾）以待官舍人不足須天下之賢君墨（下挩子字）辭曰翟聞賢人進道不行不受其賞義不聽不處其朝今書未用請遂行矣將辭王而歸王使穆賀以老辭（余注云時惠王在位已五十年矣）魯陽文君言於王曰

墨子北方賢聖人君王不見又不爲禮毋乃失士乃使文君追墨子以書社五里疑當作五百里封之不受而去渚宮舊事二　案首數語與貴義篇及文選注所引本書佚文略同見附錄　右墨子遺事

墨子爲木鳶三年而成蜚一日而敗弟子曰先生之巧至能使木鳶飛墨子曰不如爲車輗者巧也用咫尺之木不費一朝之事而引三十石之任致遠力多久於歲數今我爲鳶三年而成蜚一日而敗惠子聞之曰墨子大巧巧爲輗拙爲鳶韓非子外儲說左上　淮南子齊俗訓云魯般墨子以木爲鳶而飛之三日不集而不可使爲工也論衡儒增篇云儒書稱魯般墨子之巧刻木爲鳶飛之三日而不集　案本書魯問篇說公輸子削竹木以爲鵲與此略同疑傳聞之異

夫班輸之雲梯墨翟之飛鳶張注云墨子作木鳶飛三日不集自謂能之極也弟子東門賈禽滑釐聞偃師之巧以告二子二子終身不

敢語藝而時執規矩列子湯問篇案東門賈禽班輸弍子故云以告二子或謂亦墨子弟子非是

墨子服役百八十人皆可使赴火蹈刃死不旋踵化之所致也淮南子泰族訓案主術訓又云孔丘墨翟脩先聖之術通六藝之論口道其言身行其志慕義從風而爲之服役者不過數十人與此小異

墨子見岐道而哭之呂氏春秋疑似篇高注云爲其可以南可以北言乖別也賈子新書審微篇云故墨子見衢路而哭之悲一跬而繆千里也案荀子王霸篇又云楊朱哭衢涂蓋傳聞之異

墨子非樂不入朝歌之邑淮南子說山訓史記鄒陽傳云邑號朝歌而墨子迴車又說山訓高注云墨子尚儉不好樂聲名朝歌墨子不入

墨子見荆王錦衣吹笙因也呂氏春秋貴因篇高注云墨子好儉非樂錦與笙非其所服也而爲之因荆王之所欲也藝文類聚四十四引尸子云墨子吹笙墨子非樂而於樂有是也

蓋聞孔丘墨翟晝日諷誦習業夜親見文王周公旦而問焉

呂氏春秋博志篇

繞梁之鳴許史鼓之非不樂也墨子以爲傷義故不聽也文選七命李注引尸子

右墨子瑣事

墨子者名翟宋人也仕宋爲大夫外治經典內修道術著書十篇號爲墨子世多學者與儒家分途務尚儉約頗毀孔子有公輸般者爲楚造雲梯之械以攻宋墨子聞之往詣楚脚壞裂裳裹足七日七夜到見公輸般而說之曰子爲雲梯以攻宋宋何罪之有有餘於地而不足於民殺所不足而爭所有餘不可謂智宋無罪而攻之不可謂仁知而不爭不可謂忠爭而不得不可謂彊公輸般曰吾不可以已言於王矣墨子見王曰於今有人捨其文軒隣有一弊輿而欲竊之舍其

錦繡隣有短褐而欲竊之舍其粱肉隣有糟糠而欲竊之此爲何若人也王曰若然者必有狂疾翟曰楚有雲夢之麋鹿江漢之魚鼉爲天下富宋無雉兔鮒魚猶粱肉與糟糠也楚有杞梓豫章宋無數丈之木此猶錦繡之與短褐也臣聞大王更議攻宋有與此同王曰善哉然公輸般已爲雲梯謂必取宋於是見公輸般墨子解帶爲城以幞爲械公輸般乃設攻城之機九變而墨子九拒之公輸之攻城械盡而墨子之守有餘也公輸般曰吾知所以攻子矣吾不言墨子曰吾知子所以攻我我亦不言王問其故墨子曰公輸之意不過殺臣謂宋莫能守耳然臣弟子禽滑釐等三百人早已操臣守禦之器在宋城上而待楚寇矣雖殺臣不能絶也楚乃止不

復攻宋墨子年八十有二乃歎曰世事已可知榮位非常保將委流俗以從赤松子游耳乃入周狄山精思道法想像神仙於是數聞左右山閒有誦書聲者墨子卧後又有人來以衣覆足墨子乃伺之忽見一人乃起問之曰君豈非山岳之靈氣乎將度世之神仙乎願且少留誨以道要神人曰知子有志好道故來相候子欲何求墨子曰願得長生與天地相畢耳於是神人授以素書朱英丸方道靈教戒五行變化凡二十五篇告墨子曰子有仙骨又聰明得此便成不復須師墨子拜受合作遂得其驗乃撰集其要以爲五行記乃得地仙隱居以避戰國至漢武帝時遣使者楊違束帛加璧以聘墨子墨子不出視其顏色常如五十許人周游五嶽不止一

處葛洪神仙傳　右附錄

案墨子法夏宗禹與黃老不同術晉宋以後神仙家妄撰墨子爲地仙之說於是墨與道乃合爲一阮孝緒七錄有墨子枕中五行要記一卷五行變化墨子五卷隋志並云梁有今亡案抱朴子內篇遐覽云變化之術大者唯有墨子五行記本有五卷昔劉君安未仙去時鈔取其要以爲一卷葛氏所說甚詳蓋五行變化卽五卷之全書要記卽劉安所鈔一卷也隋書經籍志醫方類有墨子枕內五行記要一卷宋史藝文志神仙類有太上墨子枕中記二卷皆卽是書抱朴子神仙金汋經又載墨子丹法蓋皆道家僞託之書也蓋卽葛傳所謂五行記者明鬼之論忽變爲服食練形而七十一篇之外又增金丹變化之書斯皆展轉依託不可究詰魏晉之間俗尚浮靡嫁名僞冊榛薉編錄此亦其一矣開元占經引墨子占疑亦段託稚川之傳惟與公輸般論攻守事見

本書餘皆肊造不足論以其晉人舊帙姑錄附於末以識道家不經之談所由肇耑至於年代彌遠詭說日孳生有夢烏之徵伊世珍瑯嬛記引賈子說林謂墨子姓翟名烏其母夢日中赤烏入室驚覺生烏遂名之其說謬妄不足辯說林古亦無是書蓋卽世珍所肊撰也終以服丹而化陶弘景真誥稽神樞篇云墨狄子服金丹而告終若茲之類誣誕尤甚今無取焉

墨學通論弟五

春秋之後道術紛岐倡異說以名家者十餘然惟儒墨爲最盛其相非亦最甚墨書既非儒儒家亦闢楊墨楊氏晚出復擯儒墨而兼非之然信從其學者少固不能與墨抗行也莊周曰兩怒必多溢惡之言人間世篇況夫樹一義以爲櫫楬而欲以易舉世之論沿襲增益務以相勝則不得其

乎豈非勢之所必至乎今觀墨之非儒固多誣妄其於孔子亦何傷於日月而墨氏兼愛固諄諄以孝慈爲本其書具在可以勘驗班固論墨家亦云以孝視天下是以尚同而孟子斥之至同之無父之科則亦少過矣自漢以後治教嫥一學者咸宗孔孟而墨氏大絀然講學家剽竊孟荀之論以自矜飾標識綴文之士習聞儒言而莫之究察其於墨也多望而非之以迄於今學者童丱治舉業至於皓首習斥楊墨爲異端而未有讀其書深究其本者是暖姝之說也安足與論道術流別哉今集七國以逮於漢諸子之言涉墨氏者而殿以唐昌黎韓子讀墨子之篇條別其說不加平議雖復申駁襍陳然否錯出然視夫望而非之者固較然其不同也

至後世文士泉講學家之論則不復甄錄世之君子有秉心敬恕精究古今學業純駁之故者讀墨氏之遺書而以此篇證其離合必有以持其是非之平矣秦漢諸子及史傳涉儒墨者甚夥華文汜論無所發明及荀韓諸子難節葬兼愛之論而未明斥墨子者今並不錄

墨子之言昭昭然爲天下憂不足夫不足非天下之公患也特墨子之私憂過計也今是土之生五穀也人善治之則畝數盆一歲而再獲之楊注云獲讀爲穫然後瓜桃棗李一本數以盆鼓然後葷菜百疏以澤量然後六畜禽獸一而剸車楊云剸與專同言一獸滿一車黿鼉魚鱉鰌鱣以時別一而成羣然後飛鳥鳧鴈若烟海然後昆蟲萬物生其間可以相食養者不可勝數也夫天地之生物也固有餘足以食人矣麻葛繭絲鳥獸之羽毛

齒革也固有餘足以衣人矣夫有餘不足非天下之公患也特墨子之私憂過計也天下之公患亂傷之也胡不嘗試相與求亂之者誰也我以墨子之非樂也則使天下亂墨子之節用也則使天下貧非將墮之也說不免焉墨子大有天下小有一國將蹙然衣麤食惡憂戚而非樂若是則瘠瘠則不足欲不足欲則賞不行墨子大有天下小有一國將少人徒省官職上功勞苦與百姓均事業齊功勞若是則不威不威則賞罰不行賞不行則賢者不可得而進也罰不行則不肖者不可得而退也賢者不可得而進也不肖者不可得而退也則能不能不可得而官也若是則萬物失宜事變失應上失天時下失地利中失人和天下敖然若燒若焦楊云敖讀爲熬墨

子雖爲之衣褐帶索饙菽飲水惡能足之乎楊云饙與啜同既以伐其本竭其原而焦天下矣故先王聖人爲之不然知夫爲人主上者不美不飾之不足以一民也不富不厚之不足以管下不威不強之不足以禁暴勝悍也故必將撞大鐘擊鳴鼓吹笙竽彈琴瑟以塞其耳必將錭琢刻鏤黼黻文章以塞其目楊云錭與彫同必將芻豢稻粱五味芬芳以塞其口然後衆人徒備官職漸慶賞嚴刑罰以戒其心使天下生民之屬皆知己之所願欲之舉在是于也故其賞行楊云是于猶言于是言生民所願欲皆在于是也說苑亦作是于也皆知己之所畏恐之舉在是于也故其罰威賞行罰威則賢者可得而進也不肖者可得而退也能不能可得而官也若是則萬物得宜事變得應上得天時下得地利中

得人和則財貨渾渾如泉源汸汸如河海（楊云汸讀爲滂水多貌也）暴暴如丘山不時焚燒無所臧之夫天下何患乎不足也故儒術誠行則天下大而富使有功（楊云大讀爲泰優泰也）撞鐘擊鼓而和詩曰鐘鼓喤喤管磬瑲瑲降福穰穰降福簡簡威儀反反既醉既飽福祿來反此之謂也（謝墉云管磬瑲瑲元刻作磬筦將將）故墨術誠行則天下尚儉而彌貧非鬭而日爭（楊云墨子有非攻篇非攻即非鬭也）勞苦頓萃而愈無功愀然憂戚非樂而日不和（楊云萃與顇同）詩曰天方薦瘥喪亂弘多民言無嘉憯莫懲嗟此之謂也（荀子富國篇　右難節用）

夫樂者樂也人情之所必不免也故人不能無樂樂則必發於聲音形於動靜而人之道聲音動靜性術之變盡是矣故人不能不樂樂則不能無形形而不爲道則不能無亂先王

惡其亂也故制雅頌之聲以道之使其聲足以樂而不流使其文足以辨而不諰謝墉云禮記樂記作論而不息史記樂書作綸而不息此作諰乃諰之訛莊子人閒世篇氣息茀然向本作諰崔本亦同使其曲直繁省廉肉節奏足以感動人之善心謝云繁省史記同禮記作繁瘠使夫邪汙之氣無由得接焉是先王立樂之方也而墨子非之奈何故樂在宗廟之中君臣上下同聽之則莫不和敬閨門之內父子兄弟同聽之則莫不和親鄉里族長之中長少同聽之則莫不和順故樂者審一以定和者也比物以飾節者也合奏以成文者也謝云禮記作節奏合以成文史記同足以率一道足以治萬變是先王立樂之術也而墨子非之奈何故聽其雅頌之聲而志意得廣焉執其干戚習其俯仰屈伸而容貌得莊焉行其綴兆要其節奏而行列得正

焉進退得齊焉故樂者出所以征誅也入所以揖讓也征誅揖讓其義一也出所以征誅則莫不聽從入所以揖讓則莫不從服故樂者天下之大齊也中和之紀也人情之所必不免也是先王立樂之術也而墨子非之奈何且樂者先王之所以飾喜也軍旅鈇鉞者先王之所以飾怒也先王喜怒皆得其齊焉謝云禮記齊作儕是故喜而天下和之怒而暴亂畏之先王之道禮樂正其盛者也而墨子非之故曰墨子之於道也猶瞽之於白黑也猶聾之於清濁也猶之楚而北求之也夫聲樂之入人也深其化人也速故先王謹爲之文樂中平則民和而不流樂肅莊則民齊而不亂民和齊則兵勁城固敵國不敢嬰也如是則百姓莫不安其處樂其鄉以至足其上

矣然後名聲於是白光輝於是大四海之民莫不願得以爲師是王者之始也樂姚治以險則民流僈鄙賤矣流僈則亂鄙賤則爭亂爭則兵弱城犯敵國危之如是則百姓不安其處不樂其鄉不足其上矣故禮樂廢而邪音起者危削侮辱之本也故先王貴禮樂而賤邪音其在序官也曰修憲命審誅賞禁淫聲以時順修使夷俗邪音不敢亂雅太師之事也墨子曰樂者聖王之所非也而儒者爲之過也君子以爲不然樂者聖人之所樂也而可以善民心其感人深其移風易俗故先王導之以禮樂而民和睦夫民有好惡之情而無喜怒之應則亂先王惡其亂也故修其行正其樂而天下順焉故齊衰之服哭泣之聲使人之心悲帶甲嬰軸歌於行伍使

人之心傷姚治之容鄭衞之音使人之心淫紳端章甫舞韶歌武使人之心莊故君子耳不聽淫聲目不視女色口不出惡言此三者君子慎之凡姦聲感人而逆氣應之逆氣成象而亂生焉正聲感人而順氣應之順氣成象而治生焉唱和有應善惡相象故君子慎其所去就也君子以鐘鼓道志以琴瑟樂心動以干戚飾以羽旄從以磬管（謝云元刻作簫管與禮記同）故其清明象天其廣大象地其俯仰周旋有似於四時（謝云元刻周旋作還隨）故樂行而志清禮修而行成耳目聰明血氣和平移風易俗天下皆寧莫善於樂（謝云宋本作美善相樂）故曰樂者樂也君子樂得其道小人樂得其欲以道制欲則樂而不亂以欲忘道則惑而不樂故樂者所以道樂也金石絲竹所以道德也樂

行而民鄉方矣故樂者治人之盛者也而墨子非之且樂也者和之不可變者也禮也者理之不可易者也樂合同禮别異禮樂之統管乎人心矣窮本極變樂之情也著誠去僞禮之經也墨子非之幾遇刑也明王已没莫之正也愚者學之危其身也君子明樂乃其德也亂世惡善不此聽也於乎哀哉不得成也弟子勉學無所營也謝云勉元刻作免古通用荀子樂論篇　右難非樂

墨子稱景公問晏子以孔子而不對又問三皆不對公曰以孔子語寡人者衆矣俱以爲賢人今問子而不對何也晏子曰嬰聞孔子之荆知白公謀而奉之以石乞勸下亂上教臣弒君非聖賢之行也見非儒下篇　詰之曰楚昭王之世夫子應聘如荆不用而反周旋乎陳宋齊衞楚昭王卒惠王立十年令

尹子西乃召王孫勝以爲白公宋咸注云史云二年此云十年是時魯哀公十五年也夫子自衛反魯居五年矣白公立一年然後乃謀作亂亂作在哀公十六年秋也夫子已卒十旬矣墨子雖欲謗毀聖人虛造妄言奈此年世不相值何

墨子曰孔子至齊見景公公悅之封之於尼谿晏子曰不可夫儒浩居而自順浩宋本作法明刻本作浩與非儒篇同今從之立命而怠事崇喪遂哀盛用繁禮其道不可以治國其學不可以導家非儒篇作衆此疑誤公曰善見非儒下篇詰之曰即如此言晏子爲非儒惡禮不欲崇喪遂哀也察傳記晏子之所行未有以異於儒焉又景公問所以爲政晏子荅以禮云景公曰禮其可以治乎晏子曰禮於政與天地並此則未有以惡於禮也晏桓子卒晏嬰斬

衰枕草苴經帶杖藁菲食粥居於倚廬遂哀三年此又未有以異於儒也若能以口非之而躬行之晏子所弗爲

墨子曰孔子怒景公之不封已乃樹鴟夷子皮於田常之門（見非儒下篇）詰之曰夫樹人爲信己也記曰孔子適齊惡陳常而終不見常病之亦惡孔子交相惡而又任事其然矣記又曰陳常弒其君孔子齋戒沐浴而朝請討之觀其終不樹子皮審矣

墨子曰孔子爲魯司寇舍公家而奉季孫（見非儒下篇）詰之曰若以季孫爲相司寇統焉奉之自法也若附意季孫季孫既受女樂則孔子去之季孫欲殺囚則孔子赦之非苟順之謂也

墨子曰孔子厄於陳蔡之間子路烹豚孔子不問肉之所由

來而食之剝人之衣以沽酒孔子不問酒之所由來而飲之見非儒下篇詰之曰所謂厄者沽酒無處藜羹不粒之食七日若烹豚飲酒則何言乎厄斯不然矣且子路爲人勇於見義縱有豚酒不以義不取之可知也又何問焉

墨子曰孔子諸弟子子貢季路輔孔悝以亂衞陽虎亂魯佛肸以中牟叛漆雕開形殘見非儒下篇詰之曰如此言衞之亂子貢季路爲之耶斯不待言而了矣陽虎欲見孔子孔子不見何弟子之有佛肸以中牟叛召孔子則有之矣爲孔子弟子未之聞也且漆雕開形殘非行已之致何傷於德哉

墨子曰孔子相魯齊景公患之謂晏子曰鄰有聖人國之憂也今孔子相魯爲之若何晏子對曰君其勿憂彼魯君弱主

也孔子聖相也不如陰重孔子欲以相齊則必强諫魯君魯君不聽將適齊君勿受則孔子困矣今本書無畢沅云疑非儒上篇佚文詁之曰按如此辭則景公晏子畏孔子之聖也上乃云乃宋本作而非聖賢之行上下相反若晏子悖可也否宋本作不然則不然矣

墨子曰孔子見景公公曰先生素不見晏子乎對曰晏子事三君而得順焉是有三心所以不見也公告晏子晏子曰三君皆欲其國安是以嬰得順也聞君子獨立不慙於影今孔子伐樹削迹不自以爲辱身窮陳蔡不自以爲約始吾望儒貴之今則疑之畢云疑非儒上篇佚文詁之曰若是乎孔子晏子交相毀也小人有之君子則否孔子曰靈公汙而晏子事之以潔莊公怯而晏子事之以勇景公侈而晏子事之以儉晏子君

子也梁丘據問晏子曰事三君而不同心而俱順焉仁人固多心乎晏子曰一心可以事百君百心不可以事一君故三君之心非一也而嬰之心非三也孔子聞之曰小子記之晏子以一心事三君君子也如此則孔子譽晏子非所謂毁而不見也景公問晏子曰若人之衆則有孔子乎對曰孔子者君子行有節者也晏子又曰盈成匡（晏子春秋外篇作盆成适此疑誤）父之孝子兄之弟弟也其父尚爲孔子門人（尚晏子春秋作嘗古通）門人且以爲貴則其師亦不賤矣是則晏子亦譽孔子可知也夫德之不修己之罪也不幸而屈於人己之命也伐樹削迹絶糧七日何約乎哉（明刻本作故據宋本正）若晏子以此而疑儒則晏子亦不足賢矣

墨子曰景公祭路寢聞哭聲問梁丘據對曰魯孔子之徒也其母死服喪三年 喪宋本作哀 哭泣甚哀公曰豈不可哉晏子曰古者聖人非不能也而不爲者知其無補於死者而深害生事故也 畢云疑非儒上篇佚文 詰之曰墨子欲以親死不服三日哭而已於意安者卒自行之空用晏子爲引而同乎已適證其非耳且晏子服父禮則無緣非行禮者也 曹明問子魚曰觀子詰墨者之辭事義相反墨者妄矣假使墨者復起對之乎荅曰苟得其理雖百墨吾益明白焉失其正雖一人猶不能當前也墨子之所引者矯晏子晏子之善吾先君先君之善晏子其事庸盡乎曹明曰可得聞諸子魚曰昔齊景公問晏子曰吾欲善治可以伯諸侯乎 伯明刻作霸今從宋本 對曰官未具也

臣亟以聞而君未肯然也臣聞孔子聖人然猶居處勸惰廉隅不修則原憲季羔侍氣鬱而疾宋本作一食血氣不休今從明刻本與晏子春秋內篇問上合志意不通則仲由卜商侍德不盛行不勤則顏閔冉雍侍今君之朝臣萬人立車千乘不善之政加於下民者衆矣未能以聞者臣故曰官未備也此又晏子之善孔子者也子曰晏平仲善與人交久而敬之此又孔子之貴晏子者也曹明曰吾始謂墨子可疑今則決妥不疑矣孔叢子詰墨篇

右難非儒

三年之喪是强人所不及而以僞輔情也三月之服是絶哀而迫切之性也夫儒墨不原人情之終始而務以行相反之制淮南子齊俗訓高注云三月之服夏后氏之禮

右難節葬

聖賢之業皆以薄葬省用爲務然而世尚厚葬有奢泰之失

者儒家論不明墨家議之非故也墨家之議右鬼以爲人死輒爲神鬼而有知能形而害人故引杜伯之類以爲效驗儒家不從以爲死人無知不能爲鬼然而賻祭備物者示不負死以觀生也陸賈依儒家而說故其立語不肯明處劉子政舉薄葬之奏務欲省用不能極論是以世俗內持狐疑之議外聞杜伯之類又見病且終者墓中死人來與相見故遂信是謂死如生閔死獨葬魂孤無副丘墓閉藏穀物乏匱故作偶人以侍尸柩多藏食物以歆精魂積浸流至或破家盡業以充死棺殺人以殉葬以快生意非知其內無益而奢侈之心外相慕也以爲死人有知與生人無以異孔子非之而亦無以定實然而陸賈之論兩無所處劉子政奏亦不能明儒

家無知之驗墨家有知之故事莫明於有效論莫定於有證
空言虛語雖得道心人猶不信是以世俗輕愚信禍福者畏
死不懼義重死不顧生竭財以事神空家以送終辯士文人
有效驗若墨家之以杜伯爲據則死無知之實可明薄葬省
財之教可立也今墨家非儒儒家非墨各有所持故乖不合
業難齊同故二家爭論世無祭祀復生之人故死生之義未
有所定實者死人闇昧與人殊途其實荒忽難得深知有知
無知之情不可定爲鬼之實不可是通人知士雖博覽古今
窺涉百家條入葉貫不能審知唯聖心賢意方比物類爲能
實之夫論不留精澄意苟以外效立事是非信聞見於外不
詮訂於內是用耳目論不以心意議也夫以耳目論則以虛

象爲言虛象效則以實事爲非是故是非者不徒耳目必開心意墨議不以心而原物苟信聞見則雖效驗章明猶爲失實失實之議難以教雖得愚民之欲不合知者之心喪物索用無益於世此蓋墨術所以不傳也　墨家之議自違其術其薄葬而又右鬼右鬼引效以杜伯爲驗杜伯死人如謂杜伯爲鬼則夫死者審有知如有知而薄葬之是怒死人也情欲厚而惡薄以薄受死者之責雖右鬼其何益哉如以鬼非死人則其信杜伯非也如以鬼是死人則其薄葬非也術用乖錯首尾相違故以爲非非與是不明皆不可行王充論衡薄葬篇

右難明鬼節葬

儒家之宗孔子也墨家之祖墨翟也且案儒道傳而墨法廢

者儒之道義可爲而墨之法議難從也何以驗之墨家薄葬右鬼道乖相反違其實宜以難從也乖違如何使鬼非死人之精也右之未可知今墨家謂鬼審人之精也厚其精而薄其屍此於其神厚而於其體薄也薄厚不相勝華實不相副則怒而降禍雖有其鬼終以死恨人情欲厚惡薄神心猶然用墨子之法事鬼求福福罕至而禍常來也以一況百而墨家爲法皆若此類也廢而不傳蓋有以也論衡案書篇

右難明鬼

墨子貴兼孔子貴公皇子貴衷田子貴均列子貴虛料子貴別囿其學之相非也數世矣而已何焯校云而下疑脫不字皆弇於私也爾雅釋詁邢昺疏引尸子廣澤篇　呂氏春秋不二篇云老耽貴柔孔子貴仁墨翟貴廉關尹貴清子列子貴虛陳駢貴齊陽生貴己孫臏貴勢王廖貴先兒良貴後案呂覽云墨子貴廉廉疑即兼之借字

孟子曰楊氏爲我是無君也墨氏兼愛是無父也無父無君是禽獸也（孟子滕文公上篇）孟子曰墨子兼愛摩頂放踵利天下爲之（告子下篇）

不侈於後世不靡於萬物不暉於數度（釋文云暉崔本作渾）以繩墨自矯而備世之急古之道術有在於是者墨翟禽滑釐聞其風而說之（說成玄英本作悅）爲之大過（大成本作太）已之大順（釋文云順或作循案成本作循疏云循順也）作爲非樂命之曰節用生不歌死無服墨子氾愛兼利而非鬬其道不怒又好學而博不異不與先王同毀古之禮樂黃帝有咸池堯有大章舜有大韶禹有大夏湯有大濩文王有辟雍之樂武王周公作武古之喪禮貴賤有儀上下有等天子棺槨七重諸侯五重大夫三重士再重今墨子

獨生不歌死不服桐棺三寸而無槨以爲法式以此教人恐不愛人以此自行固不愛己未敗墨子道〔釋文云敗或作毀墨子是一家之正故不可以爲敗也崔云未壞其道〕雖然歌而非歌哭而非哭樂而非樂是果類乎其生也勤其死也薄其道大觳〔郭注云觳無潤也〕使人憂使人悲其行難爲也恐其不可以爲聖人之道反天下之心天下不堪墨子雖獨能任奈天下何離於天下其去王也遠矣墨子稱道曰昔者〔成本無者字〕禹之湮洪水決江河而通四夷九州也名山三百支川三千〔釋文云支川本或作支流〕小者無數禹親自操橐耜而九雜天下之川腓無胈脛無毛沐甚雨櫛疾風置萬國禹大聖也而形勞天下也如此〔釋文橐作槖云槖舊古考反崔郭音託字則應作橐崔云囊也司馬云盛土器也九音鳩本亦作鳩聚也雜本或作杂音同崔云所治非一故曰雜也崔本甚作湛音淫詒讓案此

墨語下　三

當從橐爲是釋文末非成本亦作橐疏同司馬義又云舟檝往來九州雜易又解凡經九度言九雜也又本作鳩者青鳩雜川谷以導江河也案九雜猶言九帀也成引一解云經九度者是也諸說並未得其恉使後世之墨者多以裘褐爲衣以跂蹻爲服日夜不休以自苦爲極釋文云李云麻曰屩木曰屐屐與跂同屩與蹻同曰不能如此非禹之道也不足謂墨相里勤之弟子五侯之徒南方之墨者苦獲已齒鄧陵子之屬俱誦墨經而倍譎不同相謂別墨以堅白同異之辯相訾以觭偶不仵之辭相應以巨子爲聖人釋文云巨子向崔本作鉅皆願爲之尸冀得爲其後世至今不決墨翟禽滑釐之意則是其行則非也將使後世之墨者必自苦以腓無胈脛無毛相進而已矣亂之上也治之下也雖然墨子眞天下之好也將求之不得也雖枯槁不舍也才士也夫莊子天下篇駢於辯者纍瓦結繩

竄句遊心於堅白同異之間而敝跬譽無用之言非乎而楊墨是已莊子駢拇篇

不知壹天下建國家之權稱上功用大儉約而僈差等曾不足以容辨異縣君臣然而其持之有故其言之成理足以欺惑愚衆是墨翟宋鈃也荀子非十二子篇

今以一人兼聽天下日有餘而治不足者使人為之也大有天下小有一國必自為之然後可則勞苦耗顇莫甚焉如是則雖臧獲不肯與天子易埶業以是縣天下一四海何故必自為之為之者役夫之道也墨子之說也論德使能而官施之者聖王之道也儒之所謹守也荀子王霸篇

墨子有見於齊無見於畸楊注云畸謂不齊也墨子著書有上同兼愛是見齊而不見畸也

有齊而無畸則政令不施楊注云夫施政令所以治不齊者若上同則政令何施也　荀子天論篇

墨子蔽於用而不知文楊注云欲使上下勤力股無胈脛無毛而不知貴賤等級之文飾也宋子蔽於欲而不知得慎子蔽於法而不知賢申子蔽於埶而不知知楊云下知音智惠子蔽於辭而不知實莊子蔽於天而不知人故由用謂之道盡利矣楊云由從也若由於用則天下之道無復仁義皆盡於求利也由俗謂之道盡嗛矣楊云俗當爲欲嗛與慊同快也由法謂之道盡數矣由埶謂之道盡便矣由辭謂之道盡論矣由天謂之道盡因矣此數具者皆道之一隅也夫道者體常而盡變一隅不足以舉之曲知之人觀於道之一隅而未之能識也故以爲足而飾之內以自亂外以惑人上以蔽下下以蔽上此蔽塞之禍也

荀子解蔽篇

世之顯學儒墨也儒之所至孔丘也墨之所至墨翟也自孔子之死也有子張之儒有子思之儒有顏氏之儒有孟氏之儒有漆雕氏之儒有仲良氏之儒（道藏本良作梁聖賢羣輔錄同今從宋本良梁字通）有孫氏之儒（顧廣圻云即荀卿案顧說是也羣輔錄作公孫氏疑不足據）有樂正氏之儒自墨子之死也有相里氏之墨有相夫氏之墨有鄧陵氏之墨故孔墨之後儒分爲八墨離爲三取舍相反不同而皆自謂真孔墨孔墨不可復生將誰使定世之學乎孔子墨子俱道堯舜而取舍不同皆自謂真堯舜堯舜不復生將誰使定儒墨之誠乎殷周七百餘歲虞夏二千餘歲而不能定儒墨之真今乃欲審堯舜之道於三千歲之前意者其不可必乎

無參驗而必之者愚也弗能必而據之者誣也故明據先王必定堯舜者非愚則誣也愚誣之學雜反之行明主弗受也墨者之葬也冬日冬服夏日夏服桐棺三寸服喪三月世主以爲儉而禮之（主字舊本脫今據盧文弨顧廣圻校補）儒者破家而葬服喪三年大毀扶杖世主以爲孝而禮之夫是墨子之儉將非孔子之侈也是孔子之孝將非墨子之戾也今孝戾侈儉俱在儒墨而上兼禮之（韓非子顯學篇）

夫弦歌鼓舞以爲樂盤旋揖讓以脩禮厚葬久喪以送死孔子之所立也而墨子非之兼愛尚（宋本作上）賢右鬼非命墨子之所立也而楊子非之（淮南子氾論訓）

墨子學儒者之業受孔子之術以爲其禮煩擾而不悅（許注云悅

易也王念孫云當爲倪厚葬靡財而貧民服傷生而害事王云當云久服此挩久字故背周道而用夏政禹之時天下大水禹身執虆臿今本譌垂據宋本正以爲民先剔河而道九岐鑿江而通九路辟五湖而定東海當此之時燒不暇撌濡不給扢死陵者葬陵死澤者葬澤故節財薄葬閑宋本作閒服生焉淮南子要略

蓋墨翟宋之大夫善守禦爲節用或曰並孔子時或曰在其後史記孟子荀卿傳

墨者儉而難遵是以其事不可偏循然其彊本節用不可廢也墨者亦尙堯舜道言其德行曰堂高三尺土階三等茅茨不翦采椽不刮食土簋集解徐廣曰一作𡒊啜土刑糲粱之食藜藿之羹夏日葛衣冬日鹿裘其送死桐棺三寸舉音不盡其哀教

喪禮必以此爲萬民之率使天下法若此則尊卑無別也夫世異時移事業不必同故曰儉而難遵要曰彊本節用則人給家足之道也此墨子之所長雖百家弗能廢也史記自序司馬談論六家要指

儒譏墨以上同兼愛上賢明鬼而孔子畏大人居是邦不非其大夫春秋譏專臣不上同哉孔子泛愛親仁以博施濟衆爲聖不兼愛哉孔子賢賢以四科進襃弟子疾没世而名不稱不上賢哉孔子祭如在譏祭如不祭者曰我祭則受福不明鬼哉儒墨同是堯舜同非桀紂同修身正心以治天下國家奚不相悅如是哉余以爲辯生於末學各務售其師之說非二師之道本然也孔子必用墨子墨子必用孔子不相用

不足爲孔墨韓愈昌黎集讀墨子　右通論

墨家諸子鉤沈第六

劉歆七略諸子十家墨爲弟六漢志箸錄六家自墨子書外史佚遠在周初爲墨學所從出史佚書漢以後不傳近馬國翰輯本一卷僅錄左傳周書所載史佚語及遺事數條無出定其爲二篇之佚文今不錄胡非隨巢二子皆墨子弟子田俅與秦惠王同時似亦逮見墨子者我子則六國時爲墨學者我子書漢以後不傳古書亦絕無援引者時代或稍後與田俅書惟阮孝緒七錄尚箸錄唐初已亾見隋志隋經籍志唐經籍蓺文志及梁庾仲容子鈔見意林及高似孫子略馬總意林僅錄胡非隨巢二家餘並不存而別增纏子一家則卽漢志儒家董無心之書也至宋崇文總目而盡亾惟纏子爲董子宋時尚存崇文

目及宋史藝文志並入儒家使非墨子本書具存則九流幾絕其一甚足悕也田俅以下四家之書近世有馬國翰校輯本田俅隨巢書別有仁和勞格輯本不及馬本之詳檢覈羣書不無遺闕今略爲校補都爲一篇孤文碎語不足以攷其閎恉然田俅盛陳符瑞非墨氏徵實之學與其自對楚王以文害用之論亦復乖牾或出依託隨巢胡非則多主於明鬼非鬭與七十一篇之恉若合符契而隨巢之說兼愛曰有疏而無絕有後而無遺則尤純篤無疵是知愛無差等之論葢墨家傳述之末失後人抵巇蹈瑕遂爲䠶者之的其本意固不如是也捊而録之以見先秦墨家沿流之論或亦網羅放失者所不廢乎

墨家諸子箸錄

漢書藝文志諸子

尹佚二篇（周臣在成康時也）田俅子三篇（先韓子）我子一篇（顏注引劉向云爲墨子之學）隨巢子六篇（墨翟弟子）胡非子三篇（墨翟弟子）墨子七十一篇（名翟爲宋大夫在孔子後）

右墨六家八十六篇

墨家者流蓋出於清廟之守茅屋采椽是以貴儉養三老五更是以兼愛選士大射是以上賢宗祀嚴父是以右鬼（如淳曰右鬼謂信鬼神如杜伯射宣王是親鬼而右之師古曰右猶尊尚也詒讓案右鬼即本書明鬼三篇）順四時而行是以非命（蘇林曰非有命者言儒者執有命而反勸人脩德積善政教與行相反故譏之也如淳曰言無吉凶之命但有賢不肖善惡）以孝視天下是以上同（如淳曰言皆同可以治也師古曰墨子有節用兼愛上賢明鬼神非命上同等諸篇故志歷序其本意也）此其所長也及蔽者爲之見

儉之利因以非禮推兼愛之意而不知別親疏

阮孝緒七錄子錄

墨部四種四帙一十九卷（廣弘明集三）

案阮錄久佚其細目弘明集未載以隋志攷之蓋墨子十五卷目一卷隨巢子一卷胡非子一卷田俅子一卷（隋志云梁有卽據阮錄言之）通爲四帙一十九卷與都數正合

隋書經籍志子

墨子十五卷目一卷（宋大夫墨翟撰）隨巢子一卷（巢似墨翟弟子）胡非子一卷（非似墨翟弟子梁有田俅子一卷亡）右三部合一十七卷

墨者強本節用之術也上述堯舜之道夏禹之行茅茨不翦糲粱之食桐棺三寸貴儉兼愛嚴父上德以孝示天下右鬼

神而非命漢書以爲本出清廟之守然則周官宗伯掌建邦之天神地祇人鬼肆師掌立國祀及兆中廟中之禁令是其職也愚者爲之則守於節儉不達時變推心兼愛而混於親疏也

舊唐書經籍志丙部子録

墨子十五卷（墨翟撰）　胡非子一卷　右墨家二部凡一十六卷

唐書藝文志丙部子録

墨子十五卷（墨翟）　隨巢子一卷胡非子一卷　右墨家類三家三部一十七卷

馬總意林（高似孫子略載梁庾仲容子鈔目同）

胡非子一卷　墨子十六卷　纏子一卷　隨巢子一卷

案宋史藝文志墨家唯存墨子一種餘均不箸錄崇文總目以後諸家書錄並同並詳畢氏篇目考鄭樵通志藝文略全錄漢隋唐諸志徒存虛目無關攷證今並不錄晁公武郡齋讀書志本列子楊朱篇張湛注及唐柳宗元說以晏子春秋入墨家與各史志並異亦不足據

隨巢子佚文

執無鬼者曰越蘭問隨巢子曰鬼神之智何如聖人曰聖也疑當作賢於聖也越蘭曰治亂由人何謂鬼神邪隨巢子曰聖人生於天下未有所資鬼神爲四時八節以紀育人乘雲雨潤澤以繁長之皆鬼神所能也豈不謂賢於聖人意林一

有疏而無絕有後而無遺大聖之行兼愛萬民疏而不絕賢者欣之不肖者則憐之賢而不欣是賤德也不肖不憐是忍

人也同上　太平御覽四百一引大聖之行五句[illegible]林二一句作賢則欣之不肖則矜之

有陰而遠者有憚明而功者杜伯射宣王於畝田是憚明而功者荀子王霸篇楊注　案畝田卽圃田見本書明鬼篇

明君之德察情爲上察事次之晉書石崇傳自理表

史皇產而能書北堂書鈔七

禹產於碾石啟生於石藝文類聚六　太平御覽五十一書鈔一引啟生碾石　案淮南子脩務訓云禹生於石史皇產而能書疑並用隨巢子文史記六國表集解引皇甫謐云禹生石紐碾石疑卽石紐也

禹娶塗山治鴻水通轘轅山化爲熊塗山氏見之慙而去至嵩高山下化爲石禹曰歸我子石破北方而生啟馬驌繹史十二

昔三苗大亂龍生于廟犬哭于市御覽九百五　案此與本書非攻下篇文同

三苗將亾天雨血夏有冰地坼及泉青龍生於廟日夜出晝

墨子後語下

日不出劉恕通鑑外紀帝舜紀引隨巢子汲冢紀年疑兼用二書文

昔三苗大亂天命殛之夏后受於玄宮類聚無殛之及后字受作屬御覽八百八十二無於玄宮三字海錄碎事引作天命夏禹於玄宮有大神人面鳥身降而福御覽八十二作輔八百八十二作富之案此與非攻下篇文略同司祿益食而民不飢司金益富而國家實御覽作寶司命益年而民不夭類聚碎事並無益食而民不飢司金八字御覽八十二無司祿益食二句四方歸之禹乃克三苗而神民不違御覽無此句闢土以王類聚十引至神民不違御覽八十二又八百八十二引至四方歸之海錄碎事十節引五句

三苗大亂天命殛之夏后受之無方之澤出神馬四方歸之稽瑞

夏桀德衰岱淵沸御覽七十

夷羊在牧史記周本紀集解飛拾滿野史記周本紀索隱天鬼不顧亦

不賓滅同上　案史記周本紀武王曰維天不饗殷自發未
生至於今六十年麋鹿在牧蜚鴻滿野天享殷乃今
有成維建殷其登名民三百有六十夫不顯亦不賓滅集解
徐廣曰此事出周書及隨巢子索隱亦云亦見周書及隨巢
子顧復脫錯是隨巢子蓋全
用彼文而多錯異今無可攷

姬氏之興河出綠圖書鈔一百五十八　案此
與本書非攻篇文略同

殷滅周人受之河出圓圖也書鈔九十六

天賜武王黃鳥之旗以伐殷書鈔一百二十御覽三百四十
案此與本書非攻篇文同

幽厲之時天旱地坼御覽八百七十九

幽厲之時奚祿山壞天賜玉玦於羿遂以殘其身以此爲福
而禍御覽八百五

召人以環絕人以玦書鈔一百二十八
御覽六百九十二

胡非子佚文

胡非子脩墨以教有屈將子好勇聞墨者非鬬帶劒危冠往見胡非子劫而問之曰將聞先生非鬬而將好勇有說則可無說則死太平御覽四百九十六下云胡非子為言五勇屈將子悅服蓋約引意林引無此段御覽四百三十七引無首句作屈將予好勇見胡非刻而問曰聞先生非鬬士而好勇下二句同刻即劫之譌御覽兩下無將字馬本依繹史引補胡非子曰吾聞勇有五等夫意林無此七字負長劒赴榛薄析御覽作折文選注同兕豹搏熊羆此御覽無此字下並同獵徒之勇也負長劒赴深泉文選注引作淵此唐人避諱改斬御覽作折文選注同蛟龍搏黿鼉此漁人之勇也登高陟危御覽作登高危之上鵠御覽作鶴立四望顏色不變此陶缶之勇也缶御覽作匠案說苑善說篇林既對齊景公云夫登高臨危而目不眴而足不陵者此工匠之勇悍也以彼淩此則御覽是也剽必刺視必殺御覽作若迮視必殺此五刑之勇也昔齊桓公以魯爲南境魯公憂之三日不食御覽作昔齊桓公伐魯無魯公二句曹劌聞

之觸齊軍見桓公曰臣聞君辱臣死君退師則可不退則臣請擊頸以血濺君矣（意林作曹沫請擊頸以血濺桓公無聞之以下二十四字御覽引有之而無請擊頸三字馬互參校補）桓（意林無桓字）公懼不知所措（御覽無此句）管仲乃勸（御覽作曰許）與之盟而退（意林無而退二字）夫曹劌匹夫徒步之士布衣柔屨之人也（柔疑當爲枲形近而譌）唯無怒一怒而劫萬乘之師存千乘之國此謂君子之勇勇之貴者也（太平御覽別引云夫曹劌疋夫一怒而御齊侯之師此君子之勇意林引作夫曹沫匹夫之士布衣柔屨之人一怒卻萬乘之師千乘之國此君子之勇也）晏嬰疋夫一怒而沮崔子之亂亦君子之勇也五勇不同公子將何處屈將悅稱善乃解長劍釋危冠而請爲弟子焉（太平御覽四百三十七意林一引無晏嬰以下四十五字文選王子淵聖主得賢臣頌李注引負長劍赴榛薄折兕豹赴深淵斷蛟龍五句）

善爲吏者樹其德北堂書鈔七十七

目見百步之外而不能見其眥藝文類聚十七

一人曰吾弓良無所用矢一人曰吾矢善無所用弓羿聞之曰非弓何以往矢非矢何以中的令合弓矢而教之射御覽三百四十七

田俅子佚文

黃帝時稽瑞有常字有草生於帝稽瑞無此字庭階若佞臣入朝則草稽瑞有屈而二字指之名曰屈軼稽瑞下有草字是以佞人不敢進也文選王元長三月三日曲水詩序李注　稽瑞

少皞生於稚華之渚渚一旦化爲山澤鬱鬱蔥蔥焉太平御覽八百七十二

少昊氏都于曲阜鞬鞮毛人獻其羽裘御覽六百九十四

少昊之時赤燕一雙御覽作白鸞一銜羽而飛集少昊氏之戶遺其丹書藝文類聚九十九御覽九百二十二

堯爲天子蓂莢生于庭爲帝成厤也文選張平子東京賦注又張景陽七命注又王元長三月三日曲水詩序注又陸佐公新刻漏銘注

昔帝堯之爲天下平也出庖廚爲帝去惡稽瑞蓂莢注引○平也二字有誤

堯時有獬廌緝其毛爲帝帳白孔六帖九十八御覽八百九十引有作獲毛作尾爲上有以字　稽瑞獬豸注引云堯時獲之緝其皮以爲帳

渠搜之人服夏禹德獻其珍裘毛出五彩光曜五色御覽六百九十四

商湯爲天子都于亳有神手牽白狼口銜金鉤而入湯庭類聚

九十九

殷湯爲天子白狐九尾稽瑞

周武王時倉庭國獻文章騶稽瑞文犀駭雞注引章騶疑當作犀駭末又挩雞字

纏子佚文

纏子脩墨氏之業以教于世儒有董無心者其言修而謬其行篤而庸言謬則難通行庸則無主欲事纏子纏子曰文言華世不中利民傾危繳繞之辭者並不爲墨子所修勸善兼愛則墨子重之意林一

纏子曰墨家佑鬼神秦穆有明德上帝賜之九十年論衡福虛篇案秦穆公事見本書明鬼篇秦今本譌鄭當據此校正九十當作十九本書不誤

桀爲天下酒濁而殺廚人紂王天下熊蹯不熟而殺庖人太平

御覽九百八

董子曰子信鬼神何異以踵解結終無益也纏子不能應意林

董無心曰無心鄙人也罕得事君子不識世情文選陶淵明雜詩李注又陸士衡文賦注又陶淵明辛丑歲七月赴假還江陵夜行塗口詩注引並無無心鄙人也句

董無心曰離婁之目察秋毫之末於百步之外可謂明矣文選班孟堅荅賓戲注　案以上三條並董子難語今附於後

馬國翰云纏子一卷不詳何人漢隋唐志皆不著此書之目書亦佚馬總意林始載纏子一卷引其書二節中言與儒者董無心論難按漢志儒家董子一篇名無心難墨子王充論衡亦載董無心難纏子天賜秦穆公以年之說文選注引纏子亦載董無心言葢本董子之書取爲纏子如

孔穿與公孫龍論臧三耳孔叢子公孫龍兩書並載之類

纏子輯本序

案漢書蓺文志儒家董子一篇名無心難墨子隋唐舊經籍新蓺文宋諸史志並一卷並入儒家晁公武讀書志云吳祕注玉海引中興館閣書目云董子一卷與學墨者纏子辯上同兼愛上賢明鬼之非纏子屈焉是纏子與董子塙爲一帙主墨言之則題纏子鄭樵通志蓺文略以董子箸錄而入墨家則非主儒言之則題董子無二書也館閣書目謂纏子屈於董子與意林纏子不能應之言合則是書自是先秦儒家遺籍入墨家爲非其實其書明時尚有傳本見陳第世善堂書目今則不復可得佚文僅存六事不足徵其論難之恉也

漢志墨子書列在爲墨學者我子及隨巢子胡非子之後其叙錄偁墨家出於清廟之守茅屋采椽是以貴儉養三老五更是以兼愛宗祀嚴父是以右鬼以孝視天下是以上同及蔽者爲之見儉之利因以非禮推兼愛之意而不知別親疏其文蓋出別錄然則詳劉向之意七十一篇之書多弟子所論纂孟荀孔鮒諸所據以排斥墨氏者抑亦有蔽者增坿之言其本師之說不盡如是也墨子生當春秋之後戰國之初憤文勝之極敝欲一切反之質家乃遂以儒爲詬病其立論不能無偏宕失中故傳其說者益倍譎不可訓然其哀世變而恤民殷之心宜可諒也南皮張尚書嘗語紹箕曰荀卿有言矯枉者必過其直諸子志在

救世淺深純駁不同其矯枉而過直一也自非聖人誰能無過要在學者心知其意斯可矣自太史公敘六家劉向條九流各以學術名其家獨墨家乃繫以姓豈非以其傳學多方周於世用儒家之匹亞異夫一曲不該姝姝自悅者與今觀其書務崇儉約又多名家及兵技巧家言備城門以下二十□篇今亾九篇漢志兵技巧家注云省墨子不言篇數省者別錄有而志省也两漢諸子多別行本篇數多寡不一觀管子晏子孫卿書錄可見任宏因楊僕兵錄之舊專輯兵書與劉向所定箸未必一本漢志兵家都數注云省十家二百七十一篇以兵權謀家省九家二百五十九篇計之則技巧家之墨子僅十二篇疑字有挩誤明鬼非命往復以申福善禍暴之義與佛氏果報之說同經上以下四篇兼及幾何算學光學重學則又今泰西之所以利民用而致富強者也然西人覃思藝事期於便己適

用爲閑侈以自娛樂而已墨子備世之急而勞苦其身又善守禦而非攻而西人逐逐焉惟兼并之是務其宗旨蓋絕異今西書官私譯潤辟覽日衆況於中國二千年絕學强本節用百家不能廢之書知言君子其惡可過而廢之乎往讀鎮洋畢氏注本申證頗多而疑滯尚未盡釋蓋墨書多引古書古事或出孔子删修之外其難通一也奇字之古文旁行之異讀譌亂迻竄自漢以來殆已不免加以誦習者稀楷槧俗書重貤㸒謬無從理董其難通二也文體繁變有專家習用之詞有雅訓簡質之語有名家奧衍之恉有兵法藝術隱曲之文其難通三也江都汪氏中武進張氏惠言皆嘗爲此學勒有成書而傳本未覯世丈孫

仲頌先生旁羅異本博引古書集畢氏及近代諸儒之說從善匡違增補扇略取許叔重淮南閒詁之目以署其書太史公曰書缺有閒其軼乃時時見於他說鄭康成尚書大傳叙曰音聲猶有譌誤先後猶有差舛重以篆隸之殊不能無失數子各論所聞以己意彌縫其閒別作章句所謂閒者即指音聲之譌誤先後之差舛篆隸之殊失而言彌縫其閒猶云彌縫其闕也先生此書援聲類以訂誤讀求文例以迻錯簡推篆籀隸楷之遷變以刋正譌文發故書雅記之晻昧以疏證軼事其所變易灼然如晦之見明其所彌縫奄然若合符復析許注淮南全袠不可得見以視高誘張湛諸家之書非但不愧之而已紹箕幸與校字

之役既卒業竊喜自此以後孤學舊文盡人通曉亦淵如
先生所云不覺僭而識其末也黄紹箕謹跋

傳古樓景印

四部要籍選刊·子部

聚珍版

墨子閒詁

二

【清】孫詒讓 校注

浙江大學出版社

本册目録

第二册

墨子閒詁卷八

瑞安孫詒讓

明鬼上第二十九闕

明鬼中第三十闕

明鬼下第三十一淮南子氾論訓作右鬼高注云右猶尊也漢書藝文志亦同顏注引此作明鬼神疑衍神字明訓明鬼神之實有也

子墨子言曰逮至昔三代聖王既沒天下失義諸侯力正畢云正同征詒讓案節葬下篇作征字通周禮禁暴氏禁庶民之亂暴力正者鄭注云力正以力强得正也是以存夫爲人君臣上下者之不惠忠也父子弟兄之不慈孝弟長貞良也正長之不强於聽治賤人之不强於從事也民之爲淫暴寇亂盜賊畢云舊脫亂字據下文增以兵刃毒藥水火退無罪人乎

道路率徑蘇云退疑當作遏下文同俞云退字無義疑迫字之誤謂迫而奪其車馬衣裘也率徑二字亦無義據下文此語兩見而皆無率徑二字疑爲衍文詒讓案二說皆非也退當爲迓字之誤迓與禦通書牧誓弗迓克奔釋文引馬融本迓作禦云禁也史記周本紀弗迓作不禦集解引鄭注云禦彊禦禦謂彊暴也孟子萬章篇云今有禦人於國門之外者趙注云禦人以兵禦人而奪之貨即其義也率徑當讀爲術徑屬上道路爲句率聲與朮聲古音相近廣雅釋詁云率述也白虎通義五行篇云律之言率所以率氣令生也周禮典同鄭注云律述氣者也述氣即率氣是其證說文行部云術邑中道也月令審端徑術鄭注云術周禮作遂夫間有遂遂上有徑遂小溝也步道曰徑杜臺卿玉燭寶典引蔡邕月令章句云術車道也徑步道也案二說並通漢書刑法志亦云術路如淳注云術大道也俞以率徑爲衍文亦誤奪人車馬衣裘以自利者並作由此始是以天下亂此其故何以然也則皆以疑惑鬼神之有與無之別不明乎鬼神之能賞賢而罰暴也今若使天下之人偕若信鬼神之能賞賢而罰暴也舊本偕作借畢云借本書尚賢中作藉此俗改王云上言若使則下不得又言借若余謂若字涉上

文而衍借叚借字之誤借與皆通湯誓予及女皆亾孟子梁惠王篇皆作偕周頌豐年篇降福孔皆晉書樂志皆作偕言使天下之人皆信鬼神之能賞賢而罰暴則天下必不亂也舊本罰暴二字倒轉據上文改則夫天下豈亂哉今執無鬼者曰鬼神者固無有旦暮以爲教誨乎天下舊本下有之字畢文以意增人字王云畢補非也此文本作旦暮以爲教誨乎天下今本天下下有之字者涉下句天下之衆而衍畢不解其故而於之下補人字誤矣下文天下之衆即天下之人也案王說是也今據刪疑天下之衆使天下之衆皆疑惑乎鬼神有無之別吳鈔本無惑字是以天下亂是故子墨子曰今天下之王公大人士君子實將欲求興天下之利除天下之害故當鬼神之有與無之別以爲將不可以不明察此者也舊本明上挩不字今從王校補俞云此本作故當鬼神之有與無之別不可以不察者也下文曰既以鬼神有無之別以爲不可不察已然則吾爲明察此此文以爲字即涉下文而衍明察此字即涉下文而誤下云不可不察正承此而言故知此文無明字也蘇云下以字當作不案俞說是也今從之此字不當刪詳非攻下篇

旣以鬼神有無之別以爲不可不察已然則吾爲明察此其說將柰何而可子墨子曰是與天下之所以察知有與無之道者必以衆之耳目之實知有與亡爲儀者也亾吳鈔本作無亾古無字篇中諸有無字疑古本並作亾請惑聞之見之請當爲誠墨子書多以請爲情又以情爲誠彼此亦以請爲誠詳尙同中下二篇惑與或通戴云請誠字之誤失之則必以爲有莫聞莫見則必以爲無舊挩則必以爲有以下九字王據下文及非命篇補今從之若是何不嘗入一鄉一里而問之自古以及今生民以來者亦有嘗見鬼神之物聞鬼神之聲則鬼神何謂無乎若莫聞莫見則鬼神可謂有乎何可豁出義兩通不知孰爲正字今執無鬼者言曰夫天下之爲聞見鬼神之物者不可勝計也亦孰爲聞見鬼神有無之物哉子墨子言曰若以衆之所同見與衆之所同聞則若昔者杜伯是

也周宣王殺其臣杜伯而不辜畢云史記索隱引作不以罪杜伯曰吾君殺我而不辜若以死者爲無知則止矣若死而有知不出三年必使吾君知之其三年畢云文選注引作必死吾君之期韋昭注國語引三作二太平御覽引作後三年俞云必使吾君知之絶句其下脫後字本作其後三年太平御覽引此文正作後三年但删其字耳韋昭注國語引作後二年雖誤三爲二而後字固在皆可爲證文選劉孝標重答劉秣陵書注引作必死吾君之期則誤其爲期而屬上讀且誤使爲死又脫知字文不成義不足據也詒讓案宋尤袤本文選注惟其作期餘並與今本同國語韋注宋明道本亦正作三年畢俞並誤據俗本疏矣史記周本紀正義引周春秋亦作後三年據史記宣王四十六年崩則殺杜伯當在四十四年通鑑外紀載殺杜伯於四十六年非也今本竹書紀年云宣王四十三年王殺大夫杜伯其子隰叔出奔晉則不數所殺年亦通周宣王合諸侯而田於圃田車數百乘田於圃吳鈔本作舍於圃畢云田與佃通說文云佃中也春秋傳曰乘中佃一轅車案今左氏作衷佃同又案韋昭注國語文選注史記索隱引俱無此字顏師古注漢書有俞云田於圃田者圃田地名詩車攻篇東有甫草箋言往狩鄭箋以鄭有甫田說之

爾雅釋地作鄭有圃田，即其地也。畢讀圃字絕句，非是。詒讓案：周語云杜伯射王於鄗，韋注云鄗，鄗京也。史記周本紀集解引徐廣云豐在京兆鄠縣東，鎬在上林昆明北，有鎬池，去豐二十五里，皆在長安南數十里。周禮職方氏鄭注云圃田在中牟。以周地理言之，鄗在西都，圃田在東都，相去殊遠。又韋引周春秋宣王會諸侯田於圃，明道本圃作囿。史記封禪書索隱、周本紀正義所引並與韋同。論衡死僞篇云宣王將田于圃，則漢唐舊讀並於圃字斷句，皆不以圃爲圃田。荀子王霸篇楊注引隨巢子云杜伯射王於畝田，畝與牧聲轉字通，疑即鄗鄗京遠郊之牧田，亦與圃田異。但隨巢子以圃田爲畞田，假可爲俞讀左證。近胡承珙亦謂此即圃田，而謂國語鄗即敖鄗麻，韋以爲鄗京之誤，其說亦可通，姑兩存之，俟通學詳定焉。田車者，考工記云田車之輪六尺有六寸，鄭注云田車，木路也，駕田馬。畢引左傳中佃，非此義。從數千人滿野，畢云：太平御覽引作車徒滿野，節文。俞云：從乃徒字之誤，車數百乘，徒數千人，徒與車爲對文。御覽引作車徒滿野，是其證。詒讓案：俞校近是，但此當以徒數千爲句，人屬下滿野爲句，非以徒與車爲對文也。日中，杜伯乘白馬素車，朱衣冠，朱衣冠，蓋韋弁服也。周禮司服凡兵事韋弁服，鄭注云韋弁，以韎韋爲弁，又以爲衣裳也。韎、朱色近，通稱。執朱弓，挾朱矢，追周宣王，射之車上，舊本射之作射入畢云文選注引作射之詒讓案之字是也今據改中心折脊殪車中後漢書光武紀李注云殪仆也伏弢而死畢云弢太平御覽引作韔一引作伏弓衣義同詒讓案史記索隱文選注引並作弢與今本同論衡死僞篇亦作韔說文弓部云弢弓衣也左成十六年傳楚共王使養由基射呂錡中項伏弢畢又云國語云內史過曰杜伯射王于鄗韋昭注曰杜國伯爵陶唐氏之後周春秋曰云云與此略同地理志杜陵故杜伯國有周右將軍杜主祠四所又國語范宣子曰昔匄之祖在周爲唐杜氏韋昭曰周成王滅唐而封弟唐叔虞遷唐于杜謂之杜伯封禪書曰杜主故周之右將軍今陝西長安縣南杜豐當是之時周人從者莫不見遠者莫不聞著在周之春秋國語晉語司馬侯謂悼公曰羊舌肸習於春秋韋注云春秋紀人事之善惡而目以天時謂之春秋周史之法也時孔子未作春秋又楚語莊王使士亹傅太子申叔時告之曰教之春秋以感勸其心公羊莊七年傳云不脩春秋曰雨星不及地尺而復何注云謂史記也古者謂史記爲春秋管子法法篇云故春秋之記臣有弒其君子有弒其父者矣尹注云春秋因周公之凡例而諸侯之國史也史通六家篇隋書李德林傳並引墨子云吾見百國春秋蓋即此史通又云汲冢瑣語記太丁時事目爲夏殷春秋又有晉春秋記獻公十七年事爲君者以

教其臣爲父者以譏其子畢云說文云警戒也此異文曰戒之愼之凡殺不辜者其得不祥鬼神之誅畢云舊作誅據後文改若此之憯遫也憯遫義同玉篇手部云撍側林切急疾也憯與撍通易豫朋盍簪釋文云簪鄭云速也李作撍淮南子本經訓云兵莫憯於志而莫邪爲下高注云憯猶利也並與此義相近道藏本吳鈔本並無也字畢云說文云遫籀文速云遫與戚義同以若書之說觀之則鬼神之有豈可疑哉非惟若書之說爲然也道藏本吳鈔本並無也字昔者鄭穆公史記鄭世家穆公蘭文公子然此實當爲秦穆公之譌畢云郭璞注山海經引此作秦穆公又太平御覽太平廣記引穆作繆詒讓案郭引作秦是也玉燭寶典引墨子曰昔秦穆公有明德上帝使句芒賜之壽十九年也即約此文論衡福虛篇云儒家之徒董無心墨家之役纏子相見講道纏子稱墨家佑鬼神是引秦穆公有明德上帝賜之十九年纏子難以堯舜不賜年桀紂不夭死堯舜桀紂猶爲尚遠且近難以秦穆公晉文公夫諡者行之迹也迹生時行以爲死諡穆者誤亂之名文者德惠之表有誤亂之行天賜之年有德惠之操天奪其命乎案穆公之霸不過晉文晉文之諡美於穆公天不加晉文以命獨賜穆公以年是天報誤亂與穆公同也又無

形篇云傳言秦穆公有明德上帝賜之十九年北齊書樊遜傳遜對問禍福報應亦云秦穆有道句芒錫祥以諸書證之則不當作鄭明矣下文凡鄭字並當作秦當晝日中處乎廟當吳鈔本作嘗古字通用有神入門而左鳥身畢云海外東經云東方句芒鳥身人面太平廣記引作人面鳥身蕭云脫人面二字素服三絕三絕無義疑當作玄純玄與三純與絕艸書並相近因而致譌素衣玄純蓋即深衣采純明與凶服異也畢引說文云絕刀斷絲也非此義面狀正方畢云太平廣記引作而狀方正戴云面乃而字之誤詒讓案山海經郭注引作方而則面字非誤鄭穆公見之乃恐懼犇神曰無懼畢云舊脫此四字據太平廣記增太平御覽引作一曰字一本作神曰二字帝享女明德女吳鈔本作汝使予錫女壽十年有九錫吳鈔本作享使若國家蕃昌子孫茂毋失鄭亦當作秦穆公再拜稽首曰敢問神名畢本名作明云舊脫此字太平御覽引云敢問神明為何太平廣記引云公問神明案明同名也王云鈔本御覽神鬼部二正作敢問神名刻本名作明誤也明古讀若芒不得與名通詒讓案王校是也楚辭遠遊洪興祖補注引亦作名今據補正曰予為句芒句芒地示五祀之木神月令春其神

句芒是也左傳昭二十九年蔡墨說少昊氏之子重爲句芒此人鬼爲木官配食句芒者非地示也若以鄭穆公之所身見爲儀則鬼神之有豈可疑哉非惟若書之說爲然也昔者燕簡公畢云案史記簡公平公子周敬王十六年公元年也詒讓案論衡書虛篇說此事作趙簡子死僞篇作趙簡公並誤惟訂鬼篇作燕簡公與此同殺其臣莊子儀而不辜顧云論衡訂鬼書虛死僞作莊子義莊子儀曰吾君王殺我而不辜簡公時燕尚未稱王此王字疑後人所加死人毋知亦已毋吳鈔本作無死人有知不出三年必使吾君知之期年燕將馳祖畢云祖道王云畢說非也法苑珠林君臣篇作燕之有祖澤猶宋之有桑林國之大祀也據此則祖是澤名故又以雲夢比之下文燕簡公方將馳於祖塗亦謂祖澤之塗也然則祖非祖道之謂詒讓案王說是也祖與沮菹字通王制云山川沮澤孔疏引何胤隱義云沮澤下溼地也孟子滕文公篇趙注云菹澤生草者也今青州謂澤有草者爲菹也燕之有祖當齊之社稷王引之云當猶如也又齊之下校增有字詒讓案國語魯語云莊公如齊觀社曹劌諫曰齊棄太公之法而觀民於社又曰今齊社而往觀旅非先王之訓也韋注

云旅衆也襄二十四年左傳云楚子使遠啟彊如齊聘齊社蒐軍實使客觀之宋之有桑林左襄十年傳云宋公享晉侯於楚丘請以桑林杜注云桑林殷天子之樂名呂氏春秋愼大篇云武王勝殷立成湯之後於宋以奉桑林高注云桑山之林湯所禱也故所奉也莊子養生主篇云合於桑林之舞釋文引司馬彪云桑林湯樂名案杜預司馬彪並以桑林爲湯樂左傳孔疏引皇甫謐說又以桑林爲大護別名似皆不據以此書證之桑林當即祭桑林之樂蓋湯禱旱於桑林後世沿襲遂以盛樂冠桑林矣楚之有雲夢也爾雅釋地云楚有雲夢郭注云今南郡華容縣東南巴丘湖是也周禮職方氏荊州其澤藪曰雲瞢此男女之所屬而觀也周禮州長鄭注云屬猶合也聚也日中燕簡公方將馳於祖塗莊子儀荷朱杖而擊之殪之車上史記十二諸侯年表燕簡公在位十二年卒當敬王二十七年魯哀公二年則殺莊子儀事當在簡公十一年也但依左傳昭三年北燕伯款即簡公史表則以爲惠公其元年當周景王元年在位九年卒歷悼共平三世而後至簡公與左傳殊不合未知孰是論衡死僞篇云簡公將入於桓門莊子義起於道左執彤杖而捶之斃於車下與此小異疑兼采它書桓古與和通桓門當即周禮大司馬中冬狩田之和門與此云馳於祖塗不同也當是時

燕人從者莫不見，遠者莫不聞，著在燕之春秋。諸侯傳而語之曰（語，吳鈔本作言）：凡殺不辜者，其得不祥，鬼神之誅，若此其憯遬也。以若書之說觀之，則鬼神之有，豈可疑哉？非惟若書之說爲然也（惟，吳鈔本作唯）。昔者宋文君鮑之時（君，吳鈔本作公。論衡祀義篇云：宋公鮑之身有疾），有臣曰祐觀辜（顧云：論衡訂鬼作宋夜姑。詒讓案：字書無祐字，論衡祀義篇云祝曰夜姑，則祐當即祝之譌，祝即周禮大小祝也。觀辜疑亦夜姑之譌。左傳昭二十五年魯有申夜姑，釋文：夜本或作射。又文六年晉狐射姑，穀梁作狐夜姑。春秋桓九年經有曹世子射姑，左傳定二年又有邾大夫夷射姑，是古人多以射姑爲名之證），固嘗從事於厲（論衡祀義篇云：掌將事於厲者。盧云：厲，公厲、秦厲之屬也。宋歐陽士秀以厲爲神祠，以管子請桓公立五厲祀堯之五吏爲證，後世統謂之廟），祩子杖揖出與言曰（類篇示部引廣雅云：祩，詛也。畢云：祩，祝字異文，祩子即祝史也。玉篇云：祩，之俞切，呪詛也，又音注。言神馮於祝子而言也。蘇云：下言舉揖而槀之，則揖宜从木爲楫。俞云：下文祩子舉揖而槀之，揖未知何物，疑此文本作祩子揖杖出，下文本作株子舉杖而槀之。尚書大傳八十者杖於朝見君揖杖鄭注曰揖挾也此揖杖之義也因揖杖誤倒爲杖揖後人遂改下文之舉杖爲舉揖以合之耳舉杖而槀之猶定二年左傳云奪之杖以敲之槀卽敲之叚音詒讓案祩疑禂之異文說文示部云禂禱牲馬祭也周禮甸祝禂牲禂馬鄭注云禂讀如伏誅之誅今侏大字也畢以祩爲祝異文說無所據上觀辜已是祝則祩子不當復爲祝竊疑當是巫巫能接神故厲神降於其身謂之祩子猶楚辭謂巫爲靈子也蘇校謂揖當作楫近是論衡祀義篇作厲鬼杖檝而與之言又云舉檝而掊之檝卽楫之俗然說文木部云楫舟櫂也於義難取竊疑楫實當作杸篆文形近而誤說文殳部云杸軍中士所持殳也與殳音義同淮南子齊俗訓云搢笏杖殳許愼注云殳木杖也但漢人引已作楫未敢輒改觀辜是何珪璧之不滿度量酒醴粢盛之不淨潔也犧牲之不全肥淮南子時則訓高注云全無虧缺也畢云全謂純色與牷同秋冬夏冬選失時蓋言祭厲失其常時畢云選同算詒讓案選下有撓字後文云官府選効必先祭器則選下疑撓効字選當讀爲饌具之饌畢說非詳後豈女爲之與意鮑爲之與王引之云意與抑同論語學而篇求之與抑與之與漢石經抑作意觀辜曰鮑幼弱在荷繦之中畢云荷與何同漢書注李奇云繦絡也以繒布爲之絡負

小兒師古曰郎今之小兒繃也居丈反詒讓案繦吳鈔本作繈繈正字繦借字說文衣部云繈負兒衣也論語子路篇繈負其子而至矣集解包咸云負者以器曰繈呂氏春秋明理篇云道多褓繦高注云繈小兒被也繈褸格上繩也孫奭孟子音義引博物志云繈褓織縷爲之廣八寸長一尺二寸以負小兒於背上史記魯世家云成王少在強葆之中鮑何與識焉盧云此云在荷繦之中則非春秋時衣文公也詒讓案宋世家無兩文公且不當名謚并同此蓋墨子傳聞之誤不得謂宋別有文公鮑也盧說非官臣觀辜特爲之左襄十八年傳中行獻子禱于河偁官臣偃杜注云守官之臣祩子舉揖而槀之揖疑亦當爲投蘇校改楫亦通俞校改杖杖未塙論衡祀義篇云厲鬼舉櫼而掊之斃於壇下此槀疑當讀爲敲同聲叚借字左定二年傳云奪之杖以敲之釋文云敲苦孝反又苦擊反說文作毃云擊頭也字林同又一曰擊聲也口交反又口卓反訓從敲云橫擿也案今本說文攴部擿作擿畢云槀同敲殪之壇上當是時畢云舊脫此字一本有宋人從者莫不見遠者莫不聞畢云舊脫者字一本有詒讓案道藏本吳鈔本並有著在宋之春秋諸侯傳而語之曰諸不敬慎祭祀者鬼神之誅至若此其憯遫也道藏本吳鈔本

無也字以若書之說觀之鬼神之有豈可疑哉非惟若書之說爲然也惟吳鈔本作唯昔者齊莊君之臣畢云君事類賦引作公舊脫臣字據太平御覽事類賦增有所謂王里國畢云太平御覽事類賦引作王國卑下同疑此非中里徼者畢云太平御覽事類賦引作徼下同此二子者訟三年而獄不斷公羊宣元年何注云古者疑獄三年而後斷齊君由謙殺之恐不辜猶謙釋之畢云由與猶同故兩作王云由猶皆欲也謙與兼同言欲兼殺之兼釋之也大雅文王有聲篇匪棘其欲禮器作匪革其猶周官小行人其悖逆暴亂作慝猶犯令者大戴記朝事篇猶作欲是猶卽欲也猶由古字亦通蘇說同恐失有罪乃使之人共一羊畢云太平御覽事類賦引之作二盟齊之神社畢云事類賦無神字二子許諾畢云太平御覽事類賦引作二子相從於是泏洫畢云說文云泏水皃讀若窟洫未詳擬皿字言以水潠皿洪云泏洫當是泏盟之譌詒讓案泏皿殊不辭洪謂泏盟之譌於字形亦遠竊謂此當作涵血涵猷聲同唐人書函字或作凾與出形近故譌血又涉泏字而誤加水也摡羊而灑其血畢云太平御覽事類賦引已上八字作以羊血灑社則漉

當爲灑字之誤搖字書無此字盧云玉篇有搖字云磊搖也烏可烏寡力可三切王引之云搖卽剄字也廣雅曰剄刑刻剄也吳語自剄於客前賈逵曰剄剄也作搖者或字耳此文本作搖羊出血而灑其血謂剄羊出血而灑其血於社也太平御覽獸部十三引作以羊血灑社者省文耳今本出血作洫血洫下文灑字而誤加氵又誤在搖羊之上則義不可通案王以洫血爲出血未塙而讀搖爲剄則是也洪說同讀王里國之辭既已終矣畢云四字事類賦作已盡二字讀中里徼之辭未半也畢云太平御覽事類賦引也作祭羊起而觸之畢云事類賦引作觸中里徼折其腳祧神之此有挩誤畢云疑當云跳神之社詒讓案羊跳安能毆人使殪畢說不合事情而槀之殪之盟所當是時齊人從者莫不見遠者莫不聞畢云太平御覽引云齊人以爲有神驗事類賦引云齊人以爲有神疑以意改著在齊之春秋諸侯傳而語之曰請品先不以其請者畢云品當爲盟下請當爲情王引之云畢謂品當作盟是也上請字當爲諸先當爲共隸書先字或作兂與共相似而誤共字當在盟字上共盟見上文諸猶今人言諸凡也言凡共盟而不以其情者必受鬼神之誅也上文曰諸不敬慎祭祀者鬼神之誅至若此其憯

遬也是其諸今本諸譌作請其譌作先盟譌作品又升品字於先字上則義不可通下請字卽情字也墨子書通以請爲情不煩改字俞云先字之義尚不可曉王氏改爲其字而移在盟字之上似亦未安先疑矢字之誤矢誓古通用盟矢卽盟誓也矢字隸書或作夫見孔宙碑先字隸書或作先見北海相景君碑兩形相似而誤案俞說是也鬼神之誅至若此其憯遬也以若書之說觀之鬼神之有豈可疑哉

是故子墨子言曰雖有深谿博林幽澗毋人之所王云深谿博林幽澗毋人卽天志上篇所謂林谷幽閒無人也幽澗亦幽閒之誤幽閒毋人正指深谿博林言之若作幽澗則與深谿相複施行不可以不董顧云爾雅董正也蘇云董疑謹字之誤俞云董字無義疑堇字之誤堇借爲謹言不可以不謹也管子五行篇修暨水土以待乎天堇尹知章注曰堇誠也訓堇爲誠卽讀堇爲謹也說文堇古文作董形與董相似故誤案俞說是也見有鬼神視之今執無鬼者曰夫衆人耳目之請畢云當爲情下同詒讓案請卽情之叚借不必改字非命中篇作情豈足以斷疑哉柰何其欲爲高君子於天下高君子無義高疑當作尙下又挩士字尙士卽上士也下文云則非所以爲君

予之道也又云此非所以爲上士之道也即遥冢此文而有復信衆之耳目之請哉有讀爲又衆之疑當同上文作衆人下同子墨子曰畢云舊脫墨子二字以意增若以衆之耳目之請以爲不足信也不以斷疑不識若昔者三代聖王堯舜禹湯文武者足以爲法乎故於此乎自中人以上皆曰若昔者三代聖王足以爲法矣若苟昔者三代聖王足以爲法然則姑嘗上觀聖王之事昔者武王之攻殷誅紂也使諸侯分其祭曰使親者受內祀謂武王克殷分命諸侯使主殷祀也非攻下篇云王既已克殷成帝之來分主諸神祀紂先王是也受內祀謂同姓之國得立祖王廟也郊特牲孔疏引五經異義云古春秋左氏說天子之子以上德爲諸侯者得祖所自出魯以周公之故立文王廟左傳宋祖帝乙鄭祖厲王猶上祖也疏者受外祀此謂異姓之國祭山川四望之屬祭統說周錫魯重祭云外祭則郊祀是也內祭則大嘗禘是也彼大祀非凡諸侯所得祀蓋不在所受之列故武王必以鬼神爲有是故攻殷伐紂使諸侯分

其祭若鬼神無有則武王何祭分哉（祭吳鈔本作祀）非惟武王之事爲然也故聖王（故當爲古下文古聖王古者聖王文屢見可證）其賞也必於祖其僇也必於社（詳後）賞於祖者何也告分之均也僇於社者何也告聽之中也（江聲云分之均謂頒賞平均聽之中謂斷辠允當也）非惟若書之說爲然也且惟昔者虞夏商周三代之聖王其始建國營都日必擇國之正壇置以爲宗廟（考工記匠人營國方九里左祖右社前朝後市呂氏春秋慎勢篇云古之王者擇天下之中而立國擇國之中而立宮擇宮之中而立廟劉逢祿云壇場祭壇場也置措也）必擇木之脩茂者（脩吳鈔本作修）立以爲菆位（畢云菆蕝字假音說文云蕝朝會束茅表位曰蕝春秋國語曰茅蕝表坐韋昭曰蕝謂束茅而立之所以縮酒劉云菆位社也王云畢說非也菆與叢同位當爲社字之誤也隸書社字漢魯相韓勑造孔廟禮器碑作社史晨祠孔廟奏銘作社因譌而爲位急就篇祠祀社稷叢臘奉叢一本作菆顏師古曰叢謂草木岑蔚之所因立神祠即此所謂擇木之脩茂者立以爲菆社也秦策恒思有神叢高注曰神祠叢樹也莊子人閒世

篇曰見櫟社社樹其大蔽牛呂氏春秋懷寵篇曰問其叢社大祠民之所不欲廢者而復興之太玄聚次四曰牽羊示于叢社皆其證也置以爲宗廟承上賞於祖而言立以爲菆社承上僇於社而言則位爲社字之誤明矣史記陳涉世家又閒令吳廣之次近所旁叢祠中索隱引墨子云建國必擇木之脩茂者以爲叢位則所見本社字已誤作位而菆字作叢則不誤也又耕柱篇曰季孫紹孟伯常治魯國之政不能相信而祝於禁社禁社乃菆社之誤菆亦與叢同淇云史記陳涉世家索隱引墨子作叢位菆卽叢字叢位謂叢社之位詒讓案王說是也六韜略地篇云家樹社叢勿伐社叢卽叢社也必擇國之父兄慈孝貞良者以爲祝宗劉云祝太祝宗宗伯也必擇六畜之勝腯肥倅畢讀倅毛爲句云粹字假音作倅異文也劉刪勝字讀與畢同顧云倅字句詒讓案素問王冰注云勝者盛也淮南子時則訓云視肥臞全粹高注云粹毛色之純也又齊俗訓云犧牛粹毛宜於廟牲此畢所本依其讀則勝當爲衍文但以文例校之似顧讀爲長毛以爲犧牲周禮小宗伯毛六牲鄭注云毛擇毛也牧人凡陽祀用騂牲毛之陰祀用黝牲毛之注云毛之取純毛也山海經南山經郭注云毛言擇牲取其毛色也珪璧琮璜畢云琮舊作璜本如此案吳鈔本不誤稱財爲度必擇五穀之芳黃以爲

酒醴粢盛故酒醴粢盛與歲上下也逸周書糴匡篇云成年穀足賓祭以盛年饑舉祭以薄大荒有禱無祭祭則薄資即與歲上下之法故古聖王治天下也故必先鬼神而後人者此也故讀為固故曰官府選効選讀為僎說文人部云僎具也廣雅釋詁云效具也効俗效字必先祭器祭服畢藏於府祝宗有司畢立於朝犧牲不與昔聚羣畢云昔之言夕王逸注楚詞曰昔夜也詩曰樂酒今昔不聚羣言別羣也詒讓案此言祭牲當特繫不與常時所畜羣聚耳周禮充人云掌繫祭祀之牲牷祀五帝則繫于牢芻之三月享先王亦如之凡散祭祀之牲繫于國門使養之是也畢說非故古者聖王之為政若此古者聖王必以鬼神為王云為下當有有字而今本脫之必以鬼神為有見上文其下仍有脫文不可考其務鬼神厚矣又恐後世子孫不能知也故書之竹帛傳遺後世子孫畢云文選注引作以其所獲書於竹帛傳遺後世子孫又一引作以其所行此無四字咸恐其腐蠹絕滅王引之云咸字文義不順當是或字之誤言或恐竹帛之腐蠹絕滅故又琢之盤盂鏤之金石也後世子孫

不得而記故琢之盤盂鏤之金石以重之有恐後世子孫有吳鈔本作又字通畢云當爲猶非不能敬著以取羊畢云言敬威以取祥也孫云說文云著讀若威又云羊祥也秦漢金石多以羊爲祥故先王之書聖人王云此下脫二字或當云聖人之言一尺之帛一篇之書語數鬼神之有也重有重之吳鈔本有作又王云有與又同此其故何則聖王務之今執無鬼者曰鬼神者固無有則此反聖王之務反聖王之務則非所以爲君子之道也今執無鬼者之言曰先王之書愼無一尺之帛一篇之書王云愼無二字義不可通愼無當爲聖人上文曰故先王之書聖人一尺之帛一篇之書是其證語數鬼神之有重有重之重下有字亦讀爲又畢云重有重下舊有亦何書三字衍文亦何書之有哉吳鈔本之有二字到子墨子曰周書大雅有之古者詩書多互稱吳鈔本無大雅二字大雅曰文王在上於昭于天大雅文王篇文毛傳云在上在民上也於歎辭昭見也鄭箋云文王初爲西伯有功於民

其德著見於天故天命之以爲王使君天下也崩謚曰文周雖舊邦，其命維新。毛傳云乃新在文王也鄭箋云大王聿來胥宇而國於周王迹起矣而未有天命至文王而受命言新者美之也有周不顯，帝命不時。毛傳云有周周也不顯顯也顯光也不時時也時是也鄭箋云周之德不光明乎光明矣天命之不是乎又是矣文王陟降，在帝左右。毛傳云言文王升接天下接人也鄭箋云在察也文王能觀知天意順其所爲從而行之案依墨子說謂文王既死在帝之左右則與毛鄭義異穆穆文王，令問不已。問吳鈔本作聞穆穆毛詩作亹亹問作聞毛傳云亹亹勉也鄭箋云勉勉乎不倦文王之勤用明德也其善聲聞日見稱歌無止時也若鬼神無有，則文王既死，彼豈能在帝之左右哉？此吾所以知周書之鬼也。且周書獨鬼，而商書不鬼，則未足以爲法也。然則姑嘗上觀乎商書，曰：「嗚呼！古者有夏，方未有禍之時，百獸貞蟲，淮南子墜形訓云萬物貞蟲各有以生原道訓云蚑蟯貞蟲高注云貞蟲細腰之屬也又說山訓云貞蟲之動以毒螫注云貞蟲細腰蜂蜾蠃之屬無牝牡之合曰貞案貞當爲征之叚字乃動物之通稱高說未眩說詳非樂上篇允及飛鳥王引之云允猶以也言百獸貞蟲以及飛鳥也以與用同義故允可訓爲用亦可訓爲以說文曰允從儿㠯聲㠯用允一聲之轉耳莫不比方莊子田子方篇云日出東方而入於西極萬物莫不比方案比方猶言順道也易比象傳云比下順從也樂記樂行而民鄉方鄭注云方猶道也矧隹人面畢云隹古惟字舊誤作住江聲說同王引之云古惟字但作隹古鐘鼎文惟字作隹石鼓文亦然又夏竦古文四聲韻載道德經惟字作隹墨子多古字後人不識故傳寫多誤矧惟者語詞康誥曰矧惟不孝不友又曰矧惟外庶子訓人酒誥曰矧惟爾事服休服采矧惟若疇圻父薄違農父若保宏父皆其證也鹽鐵論未通篇曰周公抱成王聽天下恩塞海內澤被四表矧惟人面含仁保德靡不得其所錄役篇曰普天之下惟人面之倫莫不引領而歸其義後漢書章帝紀曰訖惟人面靡不率俾和帝紀曰戒惟人面無思不服並與墨子同意詒讓案王說是也顧說同人面言有面目而爲人非百獸貞蟲飛鳥之比也國語越語范蠡曰余雖靦然而人面哉余猶禽獸也胡敢異心山川鬼神亦莫敢不寧書僞孔傳云莫無也言皆安之蘇云二語見商書伊訓餘略同若能共允江聲云共讀爲恭恭恪也允誠也隹天下之合畢云隹舊作住亦誤江王說同下土之葆葆保字通詩大雅崧

高南土是保鄭箋云保守也安也漢書天文志顏注引宋均云葆守也察山川鬼神之所以莫敢不寍者以佐謀禹也此吾所以知商書之鬼也商書舊本作商周王蘇據上文改是也今從之且商書獨鬼而夏書不鬼商書舊本作禹書王蘇據上文改今從之則未足以爲法也然則姑嘗上觀乎夏書禹誓曰畢云此孔書甘誓文文微有不同書序云啟與有扈戰于甘之野作甘誓與此不同而莊子人間世云禹攻有扈呂氏春秋召類云禹攻曹魏屈驁有扈以行其教皆與此合詒讓案呂氏春秋先已篇云夏后柏啟與有扈戰於甘澤而不勝是呂覽有兩說或禹啟皆有伐扈之事故古書或以甘誓爲禹誓與說苑政理篇云昔禹與有扈氏戰三陳而不服禹於是修教三年而有扈氏請服說亦與此合大戰于甘尚書釋文引馬融云甘有扈南郊地也甘水名今在鄠縣西畢云其地在今陝西鄠縣王乃命左右六人下聽誓于中軍孔書云乃召六卿詩棫樸正義引鄭康成云六卿者六軍之將僞孔傳云天子六軍其將皆命卿孫星衍云鄭注周禮大司馬云天子六軍三三而居一偏賈誼新書云紂將與武王戰紂陳其卒左臆右臆是天子親征王爲中軍六卿左右之也曰有扈氏史記正義云地

理志鄠縣古扈國有戸亭訓纂云戸扈鄠三字一也古今字不同耳尚書釋文云有扈國名與夏同姓馬云姒姓之國爲無道者漢書地理志云右扶風鄠縣古扈國夏啟所伐者也案即今陝西鄠縣**威侮五行怠棄三正**尚書釋文引馬融云建子建丑建寅三正也史記夏本紀集解引鄭康成云五行四時盛德所行之政也威侮暴逆之三正天地人之正道僞孔傳云五行之德王者相承所取法有扈與夏同姓恃親而不恭是則威虐侮慢五行怠惰棄廢天地人之正道言亂常王引之謂書及此威字並當爲烕烕之誤烕者蔑之叚借字亦通**天用勦絶其命**僞孔傳云勦截也截絶謂滅之畢云勦字同剿說讙案勦當从刀舊本从力誤唐石經尚書亦譌勦說文刀部云剿絶也引書作剿水部灑字注引作剿**有曰**有讀亦爲又**日中今予與有扈氏爭一日之命**

且爾卿大夫庶人予非爾田野葆士之欲也孔書無此三十二字孫云墨子所見古文書與今本異或脫簡或孔子所删也葆同保鄭注月令云小城曰保俗作堡言不貪其土地人民俞云葆士無義士疑玉字之誤葆玉即寶玉也史記周本紀展九鼎葆玉徐廣曰葆一作寶即其例也案俞說近是**予共行天之罰也**共吳鈔本作恭孔書云今予惟恭行天之罰僞孔傳云恭奉也史記夏本紀恭亦作共與此同呂氏

春秋先己篇高注引書作龔孫云恭當作龔說文龔慤也言謹行天罰左不共于左右不共于右史記集解引鄭康成云左車左右車右共孔書並作攻又首句下多汝不恭命四字史記夏本紀亦無孔傳云左車左左方主射攻治也治其職右車右勇力之士執戈矛以退敵若不共命孔書亦作汝不恭命考工記鄭注云若猶女也段玉裁云墨子作共共其義蓋亦訓供奉如柴誓無敢不共也御非爾馬之政若不共命孔書作御非其馬之正汝不恭命傳云御以正馬爲政三者有失皆不奉我命史記夏本紀正亦作政是以賞于祖而僇于社于舊本並作於今據吳鈔本改下二句同賞于祖者何也言分命之均也僇于社者何也孔書作用命賞于祖弗用命戮于社僇戮字通史記夏本紀亦作僇孔傳云天子親征必載遷廟之祖主行有功則賞祖主前示不專又載社主謂之社事不用命奔北者則戮之於社主前社主陰陰主殺親祖嚴社之義言聽獄之事也王云事者中之壞字也中者平也與均字對文上文曰僇於社者何也言聽之中也是其證詒讓案事疑當爲衷篆文二字形近中衷通故古聖王必以鬼神爲賞賢而罰暴是故賞必於祖而僇必於社此吾所以知夏

書之鬼也故尚者夏書尚者舊本作尚書王云尚書夏書文不成義尚與上同書當爲者言上者則夏書其次則商周之書也此涉上下文書字而誤案王說是也今據正其次商周之書語數鬼神之有也重有重之有亦讀爲又此其故何也則聖王務之以若書之說觀之則鬼神之有豈可疑哉於古曰疑有挩字吉日丁卯周以子卯爲忌日疑此卯當爲丣二字形近而誤周代祝社方方謂秋祭四方地示后土句芒等也詩小雅甫田云以社以方毛傳云方迎四方氣於郊也鄭箋云秋祭社與四方爲五穀成熟報其功也此周代祝社方疑當爲用代祝社方周用祝祝並形近而誤歲於社者考歲上疑有挩文於吳鈔本作于又無者字案社者當爲祖若歲於祖若考言薦歲事於祖及考也少牢饋食禮云用薦歲事于皇祖伯某以延年壽若無鬼神彼豈有所延年壽哉是故子墨子曰當若鬼神之能賞賢如罰暴也當若當作當若此書文例多如是詳尚同中篇如吳鈔本作而畢云如與而音義同故字書而訓須也需亦从而聲蓋本施之國家施之萬民實所以治國家利萬民之道

也吳鈔本治利二字互易若以爲不然王云此五字隔斷上下文義蓋涉下文若以爲不然而衍是
以吏治官府之不絜廉絜舊本作潔今據吳鈔本改下並同男女之爲無別者
鬼神見之民之爲淫暴寇亂盜賊以兵刃毒藥水火退無罪
人乎道路退亦當爲迓下同說詳前奪人車馬衣裘以自利者有鬼神見
之畢云見舊作現非詒讓案吳鈔本作見不誤是以吏治官府不敢不絜廉見善
不敢不賞見暴不敢不罪民之爲淫暴寇亂盜賊以兵刃毒
藥水火退無罪人乎道路奪車馬衣裘以自利者由此止是
以莫放幽閒擬乎鬼神之明顯明有一人畏上誅罰戴云是以莫放幽閒至畏上誅罰二十一字疑卽上下文之誤而衍者當刪去詒讓案戴說是也上文云民之爲淫暴寇亂盜賊以兵刃毒藥水火退無罪人乎道路率徑奪人車馬衣裘以自利者並作由此始是以天下亂與此文略同由此止與由此始天下治與天下亂文正相對中不當閒以此二十一字明矣是以天下治故鬼神之明不可

爲幽閒廣澤畢云閒當爲澗詒讓案閒字不誤詳上文及天志上篇山林深谷鬼神之
明必知之鬼神之罰不可爲富貴眾強爲畢本作恃云舊脫此字一本有王云不
可下一字乃爲字非恃字也下文曰此吾所謂鬼神之罰不可爲富貴眾強勇力強武堅甲利兵者此也文凡兩見是其明
證矣上文曰鬼神之明不可爲幽閒廣澤山林深谷鬼神之明必見之與此文同一例不可爲富貴眾強云云猶孔子言
仁不可爲眾也其一本作不可恃恃字乃後人以意補之與上下文不合案王說是也今據補勇力強武堅
甲利兵鬼神之罰必勝之若以爲不然昔者夏王桀貴爲天
子富有天下上詬天侮鬼下殃傲天下之萬民王云殃傲二字義不相屬
是殃殺之誤下文殷王紂殃傲天下之萬民同案王說是也此書殺字多譌爲傲詳尚賢中篇祥上帝伐元
山帝行伐吳鈔本作代畢云此何未詳故於此乎天乃使湯至明罰焉畢云至同
致湯以車九兩周禮夏官敘官云二十五人爲兩古者兵車一兩卒二十五人九兩止二百二十五人於
數太少疑非也此九兩疑當作九十兩呂氏春秋云良車七十乘數略相近鳥陳鴈行六韜鳥雲澤兵篇有

烏雲之陳云所謂烏雲者烏散而雲合變化無窮者也 湯乘大贊 畢云疑輦字俞云畢非也湯乘大贊即書序所謂升自陑者校傳云湯升道從陑出其不意是也呂氏春秋簡選篇亦云登自鳴條蓋湯之伐桀必由陑道從高而下故書序言升呂覽言登墨子言乘乘即升也登也詩七月篇毛傳曰乘升也襄二十三年左傳杜注曰乘登也升陑登鳴條皆以地言則乘大贊亦必以地言但不能知其所在耳 犯遂下衆人之螪遂 畢云疑有誤字詒讓案疑當作犯逐夏衆人之郊遂逐遂形誤夏下郊螪聲誤 王乎禽推哆大戲 畢云乎禽當爲手禽或云乎同呼呂氏春秋簡選云殷湯以良車七十乘必死六千人以戊子戰於郕遂禽移大犧高誘云桀多力能推大犧因以爲號而禽克之案移即推移此書所染云夏桀染于干辛推哆古今人表作雅侈此下又云推哆大戲主別兕虎指畫殺人則推哆大戲是人名無疑哆移侈戲犧皆音相近也高誘注呂氏春秋誤詒讓案淮南子主術訓云桀之力能推移大犧高蓋本彼而誤 故昔夏王桀 昔下當有者字 貴爲天子富有天下有勇力之人 畢云舊脫力字人字据太平御覽增 推哆大戲 晏子春秋內篇諫上云推侈大戲足走千里手裂兕虎 生列兕虎 生列舊本作主別畢云主別太平御覽引作生捕王云主別兕虎本作生列兕虎列即今

裂字也說文列分解也裂繒餘也義各不同艮九三列其夤大戴記曾子天圓篇割列禳瘞管子五輔篇博帶黎大袂列皆是古分列字今分列字皆作裂而列但爲行列字矣鈔本太平御覽皇王部七引墨子作生裂兕虎故知今本生別爲生列之譌刻本作生捕者淺人以意改之耳案王說是也今據正指畫殺人人民之衆兆億侯盈厥澤陵詩周頌下武毛傳云侯維也然不能以此圉鬼神之誅圉禦字通詩大雅桑柔篇孔棘我圉鄭箋云圉當作禦此吾所謂鬼神之罰不可爲富貴衆强勇力强武堅甲利兵者此也且不惟此爲然昔者殷王紂貴爲天子富有天下上詬天侮鬼畢云詬太平御覽引作詬鬼下御覽引有神字下殃傲天下之萬民傲亦當依王校作殺播棄黎老僞古文書泰誓云播棄犂老孔傳云鮐背之耇稱犂布棄不禮敬山井鼎七經孟子考文引古本書犂作黎與此同孔疏云孫炎曰耇面凍梨色似浮垢也然則老人面色似梨故稱梨老傳以播爲布布者徧也言徧棄之不禮敬也方言云梨老也燕代之北鄙曰梨國語吳語云今王播棄黎老韋注云鮐背之耇稱黎老王引之云黎老者耆老也古字黎與耆近尚書西伯戡黎釋文大傳黎作耆是其例

也

賊誅孩子誅吳鈔本作殺說文口部云咳小兒笑也古文作孩書微子云我舊云刻子論衡本性篇引刻子亦作孩子此謂紂誅殺小兒也楚毒無罪爲王云楚毒本作焚炙此因焚譌爲楚則楚炙二字義不可通後人不得其解遂以意改爲楚毒耳焚炙卽所謂炮格之刑也焚炙刳剔皆實有其可指之刑若改作楚毒則不知爲何刑矣北堂書鈔政術部十五出焚炙無罪四字注曰墨子云殷紂則墨子之本作焚炙無罪甚明僞古文泰誓焚炙忠良刳剔孕婦卽用墨子而小變其文詒讓案王說是也泰誓僞孔傳云忠良無罪焚炙之孔疏云焚炙俱燒也殷本紀炮格之刑是紂焚炙之事也

刳剔孕婦僞古文書泰誓同孔傳云懷子之婦刳剔視之孔疏云刳剔謂割剝也說文云刳判也今人去肉至骨謂之剔去是則亦判之義也皇甫謐帝王世紀云紂剖比干妻以視其胎卽引此爲刳剔孕婦也

庶舊鰥寡號咷無告也楚辭離世王注云號咷讙呼也太玄經范注云號咷憂聲也

故於此乎天乃使武王至明罰焉武王以擇車百兩擇車猶呂氏春秋云簡車選車說文手部云擇柬選也

虎賁之卒四百人逸周書克殷篇云周車三百五十乘陳於牧野王旣誓以虎賁戎車馳商師孔注云戎車三百五十乘則士卒三萬一千五百人有虎賁三千五百人也書敘云武王戎車三

百兩虎賁三百人與受戰于牧野孟子盡心篇云武王之伐
殷也革車三百兩虎賁三千人史記周本紀云遂率戎車三
百乘虎賁三千人甲士四萬五千人風俗通義三王篇引尚
書武王戎車三百兩虎賁八百人禽紂于牧之野呂氏春秋
簡選篇云武王虎賁三千人簡車三百乘以要甲子之事於
牧野而紂爲禽貴因篇作選車三百虎賁三千案諸書所言
數並差異未知孰是先庶國節窺戎畢云未詳洪云史記周本紀乃告司馬司徒司空諸節集解馬融曰
諸受符節有司也庶節即諸節窺戎即觀兵此當本於尚書泰誓篇與殷人戰乎牧之野王乎
禽費中乎亦當爲手史記殷本紀紂用費中爲政正義云費姓仲名也畢云中讀如仲惡來見所染篇衆
畔百走許吳鈔本作牧王引之云百字義不可通百走蓋皆走之誤蘇云百字誤當作而案王說近是武王
逐奔入宮畢云逐太平御覽引作遂萬年梓株未詳折紂而繫之赤環畢云太平
御覽引作折紂而出環作轘是言繫之朱輪詒讓案此無攷荀子解蔽篇云紂縣於赤旆正論篇云縣之赤旂並與此異
畢說未塙載之白旗逸周書克殷篇云商辛奔內登于鹿臺之上屏遮而自燔于火武王入適王所擊之以輕
呂斬之以黃鉞折縣諸太白孔注云折絕其首以爲天下諸侯僇故昔者殷王紂貴

為天子富有天下有勇力之人費中畢云太平御覽引作仲惡來崇侯虎見所染篇指寡殺人上說推哆大戲作指畫畢云寡畫字假音太平御覽引作畫人民之眾兆億侯盈厥澤陵然不能以此圉鬼神之誅此吾所謂鬼神之罰不可為富貴眾強勇力強武堅甲利兵者此也且禽艾之道之曰得璣無小畢云此即纖祥字翟灝云逸周書世俘解有禽艾侯之語當即此禽艾蘇云禽艾蓋逸書篇名呂覽報更篇云此書之所謂德幾無小者也得璣與德幾古字通用詒讓案說苑復恩篇云此書之所謂德無小者也疑亦即本此今書偽古文伊訓亦云惟德罔小滅宗無大則此言鬼神之所賞無小必賞之鬼神之所罰無大必罰之今執無鬼者曰意不忠親之利而害為孝子乎蘇云忠當作中非攻篇言上中天之利中中鬼之利下中人之利意與此同子墨子曰古之今之為鬼疑當作古今之為鬼此衍一之字非他也有天鬼疑當有神字周禮大宗伯天神地示人鬼此則天神地示總曰鬼神散文得通也亦有山水

鬼神者，亦有人死而爲鬼者。今有子先其父死，弟先其兄死者矣，意雖使然，畢本使作死，云一本作使。詒讓案：道藏本、吳鈔本並作使，今從之。然而天下之陳物，謂陳說事故。文選古詩李注云：陳猶說也。曰先生者先死，若是，則先死者非父則母，非兄而姒也。爾雅釋親云：女子同出，謂先生爲姒，後生爲娣。長婦謂稚婦爲娣婦，娣婦謂長婦爲姒婦。王引之云：而猶則也。今絜爲酒醴粢盛，絜，道藏本作潔，即絜之俗。以敬愼祭祀，若使鬼神請有，請，畢本改誠，云舊作請，一本如此，下依改。詒讓案：道藏本、吳鈔本並作請，此篇多以請爲誠，詳前。是得其父母姒兄而飲食之也，豈非厚利哉？若使鬼神請亡，請，畢本作誠，道藏本、吳鈔本作請，今據改。亡、無通。是乃費其所爲酒醴粢盛之財耳。自夫費之，非特注之汙壑而棄之也，自當爲且。舊本無非字，畢云一本作非直注之。特與直音近，故特亦作犆。蘇云：特字上當有非字。俞云：一本作非直注之，是也。直、特固得通用，而非字則必當有。墨子蓋謂非空棄之而已，且可以合驩聚衆也。今脫非字，則義不可通，下文正作非直注之汙壑而棄之也，當據補案蘇俞校是也今據補內者宗族外者鄉里皆得如具飲食之此謂祭祀與兄弟賓客爲獻酬又詩小雅湛露孔疏引尚書大傳云燕私者祭已而與族人飲亦是也國語楚語云日月會于龍豣家于是乎嘗祀百姓夫婦擇其令辰以昭祀其先祖於是乎弇其州鄉朋友婚姻比爾兄弟親戚是祭祀并燕州鄉朋友等即所云宗族鄉里也雖使鬼神請亡請畢本作誠今依道藏本吳鈔本改此猶可以合驩聚衆驩吳鈔本作歡下同取親於鄉里今執無鬼者言曰鬼神者固請無有請畢[illegible]云作誠今依道藏本吳鈔本改是以不共其酒醴粢盛犧牲之財吾非乃今愛其酒醴粢盛犧牲之財乎吳鈔本挩非字又今在乃上以文義校之疑當在吾上今吾語前後屢見其所得者臣將何哉臣字誤畢云一本無此字此上逆聖王之書內逆民人孝子之行而爲上士於天下此非所以爲上士之道也舊本挩之字也字王云上文曰則非所以爲君子之道也與此文同一例今據補是故子墨子曰今吾爲祭祀也非直注之汙壑而棄之也上以交鬼

之福蘇云鬼下當有神字下以合驩聚衆取親乎鄉里若神有畢云若神當云若鬼神詒讓案疑當云若誠有誠神一聲之轉則是得吾父母弟兄而食之也俞云弟兄當作兄姒義見上文則此豈非天下利事也哉是故子墨子曰今天下之王公大人士君子中實將欲求興天下之利除天下之害當若鬼神之有也將不可不尊明也尊明謂尊事而明著之以示人也卽明鬼之義聖王之道也

非樂上第三十二荀子富國篇楊注云墨子言樂無益於人故作非樂篇

子墨子言曰仁之事者俞云仁之事者當作仁人之所以爲事者見兼愛中篇詒讓案疑當云仁者之事下文云仁者之爲天下度也可證必務求興天下之利除天下之害將以爲法乎天下利人乎卽爲不利人乎卽止且夫仁者之爲天下度也非爲其目之所美耳之所樂口之所甘身體之所安

以此虧奪民衣食之財仁者弗爲也是故子墨子之所以非樂者非以大鍾鳴鼓琴瑟竽笙之聲爾雅釋樂云大鍾謂之鏞說文金部云鏞大鍾淳于之屬以爲不樂也非以刻鏤華文章之色畢云一本無華字以爲不美也非以犓豢煎炙之味犓吳鈔本作芻說文火部云煎熬也方言云煎火乾也凡有汁而乾謂之煎以爲不甘也非以高臺厚榭邃野之居王引之云野即宇字也古讀野如宇故與宇通周禮職方氏其澤藪曰大野釋文野劉音與與宇古同音楚辭招魂高堂邃宇王注曰邃深也宇屋也鹽鐵論取下篇曰高堂邃宇廣廈洞房易林恆之剝曰深堂邃宇君安其所皆其證若郊野之野則不得言邃且上與高臺厚榭不倫下與之居二字義不相屬矣以爲不安也雖身知其安也口知其甘也目知其美也耳知其樂也然上考之不中聖王之事下度之不中萬民之利是故子墨子曰爲樂非也今王公大人雖無造爲樂器王云雖與唯同無詞也說見尚賢中篇以爲事乎國家非直掊潦

水折壤坦而爲之也折舊本譌拆，今據道藏本、吳鈔本及王校正。坦，畢本改作垣，云「舊作坦，以意改」。俞云：「畢改坦爲垣，是也。壤疑壞字之誤。捪者，說文手部云『杷也，今鹽官入水取鹽爲捪』。捪拆者，說文广部云『𢇍，卻屋也』。一切經音義引說文作卻屋也。隸變作斥，俗又加手耳。行潦之水而捪取之，毀壞之垣而拆卻之，不足爲損益。若王公大人造爲樂器，豈直如此此哉！故曰非直捪潦水，拆壞垣而爲之也。」詒讓案：畢、俞說竝非也。此拆當讀爲擿。耕柱篇云「夏后開使飛廉折金於山川」，此義與彼正同，說詳彼注。壤謂土壤。坦讀爲壇，聲近叚借字。韓詩外傳閔子曰「出見羽蓋龍旂旃裘相隨，視之如壇土矣」，莊子則陽篇「觀乎大山，木石同壇」，與此書義竝同。壤坦猶言壇土也。墨子意謂王公大人作樂器，非捪取之於水，擿取之於地所能得，故下文卽言將必厚措斂乎萬民以爲鍾鼓等也。諸說竝未得其恉。將必厚措斂乎萬民王云：「措字以昔爲聲，措斂與籍斂同。」案：王說是也。籍斂見節用上篇。以爲大鍾鳴鼓琴瑟竽笙之聲。古者聖王亦嘗厚措斂乎萬民，以爲舟車，既以成矣，以，王校作已。曰：「吾將惡許用之？」畢云：「惡許，猶言何許。」王引之云：「言吾將何所用之也。文選謝朓在郡臥病詩李注曰：『許猶所也。』許、所聲近而義同。說文：『所，伐木聲也。詩曰：伐木所所。』今詩作許許，洪說同。」曰：

舟用之水，車用之陸，君子息其足焉，小人休其肩背焉。休，吳鈔本作息。言小人休息其負荷之勞也。故萬民出財齎而予之，予，吳鈔本作與。周禮掌皮云「歲終則會其財齎」，鄭注云「財，斂財本數及餘見者。齎，所給予人以物曰齎」。鄭司農云「齎或爲資」。又稾人云「掌受財于職金，以齎其工」，注云「齎，給市財用之直」。此謂萬民出財齎以給爲舟車之費也。不敢以爲慼恨者，何也？以其反中民之利也。然則樂器反中民之利亦若此，即我弗敢非也。然則當用樂器譬之若聖王之爲舟車也，即我弗敢非也。譬，吳鈔本作辟。王云：「此文兩言然則，兩言即我弗敢非也，皆上下相應。舊本譬之以下十六字誤入上文竽笙之聲之下，今移置於此。」民有三患：飢者不得食，寒者不得衣，勞者不得息，三者民之巨患也。然即當爲之撞巨鍾，王引之云：「即與則同。」當與儻同。詒讓案：當、嘗字通，嘗，試也，詳天志下篇，下同。文選東京賦李注云：「撞，擊也。」巨，大義同。擊鳴鼓，彈琴瑟，吹竽笙，畢云：「文選注引作吹笙竽。」而揚干戚，小爾雅廣言云：「揚，舉也。」民衣食之財將安可得

乎荀子勸學篇楊注云安語助王引之經傳釋詞得下補而具二字云安猶於是也言衣食之財將於是可得而具也

即我以爲未必然也意舍此王云此下有脫文不可考俞云此三字乃承上文而作轉語也意通作抑論語學而篇抑與之與漢石經抑作意是其證也抑舍此者言姑舍此弗論而更論它事也上文言樂之無益於飢者寒者勞者下文言樂之無益於大國攻小國大家伐小家而以此三字作轉語王謂此下有脫文非今有

大國即攻小國有大家即伐小家強劫弱衆暴寡詐欺愚貴

傲賤寇亂盜賊並興不可禁止也然即當爲之撞巨鍾擊鳴

鼓彈琴瑟吹竽笙而揚干戚天下之亂也將安可得而治與

即我未必然也俞云我下脫以爲二字當據上文補是故子墨子曰姑嘗厚措

斂乎萬民以爲大鍾鳴鼓琴瑟竽笙之聲以求興天下之利

除天下之害而無補也是故子墨子曰爲樂非也今王公大

人唯毋處高臺厚榭之上而視之唯舊本作惟今據吳鈔本改鍾猶是延

鼎也延鼎蓋謂偃覆之鼎玉藻鄭注云延冕上覆也是延有覆義鍾上弇下侈與鼎相反虛縣弗擊則與鼎偃覆相
類又疑延當讀為壁羨之羨周禮玉人鄭注云羨猶延也典瑞注云羨不圜之貌延鼎謂如鼎而橢不正圜鼻兒氏賈疏云
古鍾如今之鈴不圜弗撞擊將何樂得焉哉其說將必撞擊之惟勿撞
擊勿語詞惟勿猶云唯毋唯無蘇云勿當作毋書中多用毋字蓋與務通非是將必不使老與遲
者王云遲讀為稺遲字本有稺音遲稺又同訓為晚廣雅遲稺晚也故稺通作遲老與遲者耳目不
聰明股肱不畢強畢疾也義詳兼愛中下兩篇聲不和調明不轉朴畢云朴疑
聅正字玉篇云聅補八切目骨俞云明下文作肩疑音字之誤此句作明則涉上文耳目不聰明而誤也朴當作抃抃亦以形似
故誤抃者變之段字僞書堯典篇於變時雍孔宙碑作於卞時雍卽其例也上句云聲不和調此云音不轉變正以類相
從矣詒讓案俞說以朴為抃近是明卽謂目也似不誤將必使當年王云當年壯年也當有盛壯之義晏子外
篇曰兼壽不能殫其教當年不能究其禮呂氏春秋愛類篇曰士有當年而不耕者女有當年而不績者淮南子齊俗篇
曰丈夫丁壯而不耕婦人當年而不織管子揆度篇曰老者譙之當壯者遣之邊戍當壯卽丁壯也丁當一聲之轉因

其耳目之聰明股肱之畢強聲之和調眉之轉朴畢云眉一本作明案明眉通字穆天子傳云眉曰西王母之山卽名也詩猗嗟名兮爾雅云目上爲名亦卽眉也使丈夫爲之廢丈夫耕稼樹藝之時使婦人爲之廢婦人紡績織紝之事今王公大人唯毋爲樂唯舊本作惟今據吳鈔本改虧奪民衣食之財舊本譌時今從王校正以拊樂如此多也廣雅釋詁云拊擊也書舜典予擊石拊石僞孔傳云拊亦擊也是故子墨子曰爲樂非也今大鍾鳴鼓琴瑟竽笙之聲既已具矣畢云據上文當有王公二字大人鏽然奏而獨聽之畢云鏽字說文玉篇俱無將何樂得焉哉其說將必與賤人不與君子王云此本作必將與賤人與君子下文與君子聽之與賤人聽之卽承此文而言今本作不與君子不字乃後人不曉文義而妄加之詒讓案此疑當作不與賤人必與君子謂所與共聽者非賤人則君子也王校未塙與君子聽之畢云舊脫首三字一本有廢君子聽治與賤人聽之廢賤人之從事今王公大人惟毋爲

樂虧奪民之衣食之財以拊樂如此多也是故子墨子曰爲樂非也昔者齊康公畢云案史記康公名貸宣公子當周安王時詒讓案齊康公與田和同時墨子容及見其事但康公衰弱屬於田氏卒爲所遷廢恐未必能興樂如此之盛竊疑其爲景公之誤惜無可校論也興樂萬俞云興猶喜也禮記學記篇不興其藝鄭注曰興之言喜也歆也尚書堯典庶績咸熙史記五帝紀作眾功皆興揚雄劇秦美新引作庶績咸喜是興與喜一聲之轉其義得通興樂萬者喜樂萬也樂即本篇非樂之樂萬謂萬舞也蘇云此亦見太平御覽興樂萬萬人作有樂工萬人愚謂正文當以興樂萬爲句而萬人當屬下爲句蓋萬不可以數言當爲萬舞之萬萬人猶舞人也興樂萬猶興樂舞也斯於事義爲協若以數言則樂至萬萬人雖傾國之力不足以共之雖至無道之君不聞有此審爾則墨子當先以爲譏而篇中尚無此意則萬非人數曉然矣詒讓案蘇說是也周禮鄉大夫舞師並云興舞鄭注云興猶作也即此興樂萬之義萬人不可衣短褐短褐即裋褐之借字說文衣部云裋豎使布長襦褐粗衣方言云襜褕其短者謂之裋褕又云襜襦江湘之閒謂之𧞤𧞤即裋之俗墨子書此及魯問公輸三篇字並作短韓非子說林上篇賈子新書過秦下篇戰國策宋策史記孟嘗君傳文選班彪王命論並同史記

秦本紀「夫寒者利裋褐」，徐廣云「一作短，小襦也」，索隱云「蓋謂褐布豎裁，爲勞役之衣，短而且狹，故謂之短褐，亦曰豎褐」。列子力命篇云「衣則短褐」，殷敬順釋文云「裋音豎，許慎注淮南子云：楚人謂袍爲裋。又有作短褐者，誤」。荀子大略篇云「衣則豎褐不完」，楊注云「豎褐，僮豎之褐，亦短褐也」。案短、豎並裋之同聲叚借字，唐人說或讀短如字，或以短爲字誤，或釋豎爲僮豎，皆非也。不可食穅糟，畢云：「穅字从禾，俗寫誤从米。」蘇云：「御覽作糟穅。」曰食飲不美，蘇云：「御覽食飲作飲酒。」面目顏色不足視也，衣服不美身體從容醜羸不足觀也。畢云：「一本作身體容貌不足觀也，太平御覽引作身體從容不足觀也。」王云：「醜羸二字後人所加也。楚辭九章注、廣雅釋詁曰：從容，舉動也。古謂舉動爲從容。身體從容不足觀，謂衣服不美，則身體之一舉一動皆無足觀也。後人乃加入醜羸二字，夫衣服不美，何致羸其身體？且身體從容不足觀，與面目顏色不足視對文，加醜羸二字，則與上文不對矣。鈔本北堂書鈔衣冠部三引此作身體從容不足觀，無醜羸二字，太平御覽服章部十、飲食部七所引並同。」是以食必粱肉，衣必文繡，此掌不從事乎衣食之財，畢云：「掌，一本作常。」詒讓案：掌、常字通，下同。而掌食乎人者也。是故子墨子曰：今王公大人惟毋爲樂虧奪民衣食之財以拊樂如此多也毋道藏本吳鈔本竝作無字通舊本爲下挩樂字今據王校補是故子墨子曰爲樂非也今人固與禽獸麋鹿蜚鳥貞蟲異者也蜚與飛通貞蟲詳明鬼下篇宋翔鳳云貞通征此言蜚鳥征蟲即三朝記所謂蜚征也詒讓案宋說是也莊子在宥篇云災及草木禍及止蟲釋文引崔譔本作正蟲亦即貞蟲也征正字貞正竝聲近叚借字今之禽獸麋鹿蜚鳥貞蟲因其羽毛以爲衣裘因其蹄蚤畢云蹄即蹢省文蚤即爪假音以爲絝屨吳鈔本絝作袴畢云絝即絝正文說文云絝脛衣也因其水草以爲飲食故唯使雄不耕稼樹藝唯舊本作惟今從吳鈔本改唯雖字通蘇云惟當作雖雌亦不紡績織紝衣食之財固已具矣今人與此異者也賴其力者生史記高帝紀以臣無賴集解晉灼云賴利也畢云生舊作主下同以意改不賴其力者不生君子不強聽治卽刑政亂賤人不強從事卽財用不足今天下之士君子以吾言不然然卽姑嘗數天下分

事而觀樂之害蘇云卽與則通用王公大人蚤朝晏退聽獄治政文選任彥昇天監三年策秀才文李注引退作罷聽作斷此其分事也士君子竭股肱之力亶其思慮之智蘇云非命篇亶作殫詒讓案亶殫聲近字通太玄經范望注云亶盡也內治官府外收斂關市山林澤梁之利以實倉廩府庫此其分事也農夫蚤出暮入耕稼樹藝多聚叔粟叔舊本作升王云升當爲叔叔與菽同大雅生民篇蓺之荏菽檀弓啜菽飲水左氏春秋定元年隕霜殺菽釋文竝作叔管子戒篇出冬蔥與戎叔莊子列御寇篇食以芻叔漢書昭帝紀以叔粟當賦並與菽同尚賢篇云蚤出莫入耕稼樹藝聚菽粟是其證也草書叔升二形相似晏子諫篇合升斗之微以滿倉廩說苑正諫篇升斗作菽粟齊策先生王斗文選任昉齊竟陵文宣王行狀注引作王叔漢書古今人表作王升後漢書周章字次叔叔或作升文選左思魏都賦注引張升反論陳琳荅東阿王牋注作張叔及論昭七年左傳正義作張叔皮論皆以字形相似而誤非命篇多聚升粟誤與此同此其分事也婦人夙興夜寐紡績織紝多治麻絲葛緒綑布縿畢云綑舊作細盧云當爲綑與捆同

非命下正作綑繆鄭君注禮記云縑也繆讀如綃王云繆當爲緤凡書傳中從枼之字多變而從參故緤誤爲繆集韻緤纖也細布緤猶言細布帛說文緤帛如紺色或曰深繒從系枼聲讀若枼枼玉篇予老切廣雅曰緤謂之縑檀弓布幕衛也緤幕魯也鄭注曰緤縑也緤讀如綃今本檀弓亦譌作繆又說文繆旌旗之游也從糸參聲玉篇所銜切兩字判然不同並譌案王說是也前辭過篇作梱布絹絹卽綃之誤綑梱並稛之俗詳非命下篇此其分事也今惟毋在乎王公大人說樂而聽之卽必不能蚤朝晏退聽獄治政是故國家亂而社稷危矣今惟毋在乎士君子說樂而聽之吳鈔本惟毋作唯無卽必不能竭股肱之力亶其思慮之智內治官府外收斂關市山林澤梁之利以實倉廩府庫是故倉廩府庫不實今惟毋在乎農夫說樂而聽之惟吳鈔本作唯下同卽必不能蚤出暮入耕稼樹藝多聚叔粟是故叔粟不足多聚叔粟舊本作升今據王校正又舊本挩是故叔粟四字王據上下文補今惟毋在乎婦人說樂而聽之卽

不必能夙興夜寐畢云舊脫能字以意增詒讓案依上文當作必不能紡績織紝吳鈔本作織紝紡績多治麻絲葛緒綑布縿綑舊本亦誤細今依盧校正是故布縿不興曰孰爲大人之聽治而廢國家之從事曰樂也俞云而廢二字當在大人之上國家二字當作賤人後人不達文義而誤改也此本云孰爲而廢大人之聽治賤人之從事曰樂也言大人聽樂則廢聽治賤人聽樂則廢從事也上文曰與君子聽之廢君子聽治與賤人聽之廢賤人之從事是其證也是故子墨子曰爲樂非也何以知其然也曰先王之書湯之官刑有之左傳昭六年叔向曰商有亂政而作湯刑竹書紀年祖甲二十四年重作湯刑呂氏春秋孝行覽云商書曰刑三百罪莫重於不孝高注云商湯所制法也曰其恒舞于宮畢云其孔書云敢有詒讓案舞吳鈔本作武字通伊訓僞孔傳云常舞則荒淫是謂巫風僞孔傳云事鬼神曰巫畢云是孔書作時文見伊訓其刑君子出絲二衛畢云此緯字假音說文云緯織橫絲也小人否似言小人則無刑此官刑故嚴於君子而寬於小人又疑否當爲咅即倍之省言小人之罰倍於君子也似二伯黃徑此文有挩誤僞古文伊訓

采此而獨遺其刑以下數句蓋魏晉時傳本已不可讀故詒不取非命下篇節引下文作大誓疑此下文自是周書與湯刑本不相冡因有挩誤遂淆挸莫辨也蘇云伯黃二字或伊尹之訛亦非**乃言曰嗚乎**道藏本吳鈔本並作呼**舞佯佯**吳鈔本作洋洋畢云舞當為舞舞與謨音同孔書作聖謨洋洋元遺山續古今考亦引作洋洋顧云此正是舞字故用之以非樂二十五篇書何足據耶詒讓案顧說是也此猶詩魯頌閟宮云萬舞洋洋毛傳云洋洋衆多也**黃言孔章**畢云黃孔書作嘉是王引之云畢說非也舞佯佯黃言孔章上帝弗常九有以亡即下文之萬舞翼翼章聞于天天用弗式也此承上文恆舞于宮而言言耽於樂者必亡其國故下文云察九有之所以亡者徒從飾樂也東晉人改其文曰聖謨洋洋嘉言孔彰惟上帝不常則與墨子非樂之意了不相涉而畢反據之以改原文傎矣詒讓案王說是也黃疑當作其其篆文作㒷與黃古文作灸二字形近非命下篇引大誓云其行甚章與此語意略同下文上帝弗常四句彼引大誓亦有之**上帝弗常**王引之云常讀大雅抑篇曰肆皇天弗尚之尚謂天弗右也爾雅釋詁尚右也尚古通作常晚出古文尚書咸有一德篇襲墨子而改之曰厥德非常九有以亡蓋未知尚為常之借字也**九有以亡**毛詩商頌玄鳥奄有九有傳云九有九州也文選冊魏公九錫文李注引韓詩作九域有域一聲之

轉上帝不順畢云孔書無此八字降之百殃畢云百舊作日非殃祥字異文郭璞注山海經音祥玉篇云殃徐羊切女鬼也詒讓案吳鈔本作日殃孔書作惟上帝不常作善降之百祥作不善降之百殃孔傳云祥善也天之禍福惟善惡所在不常在一家其家必壞喪壞道藏本吳鈔本並作懷字亦通畢云孔書云墜厥宗已上文亦見伊訓察九有之所以亡者徒從飾樂也於武觀曰國語楚語云啟有五觀韋注云觀洛汭之地水經巨洋水酈注云國語曰啟有五觀謂之姦子五觀蓋其名也所處之邑其名爲觀左傳昭元年杜注云觀國今頓丘衞縣畢云汲郡古文云帝啟十年放王季子武觀于西河十五年武觀以西河叛彭伯壽帥師征西河武觀來歸注武觀五觀也楚語士娓曰夏有五觀韋昭云五觀啟子太康昆弟也春秋傳曰夏有觀扈惠棟云此逸書敘武觀之事即書敘之五子也周書嘗麥曰其在夏之五子忘伯禹之命假國無正用胥興作亂遂凶厥國皇天哀禹賜以彭壽思正夏略五子者武觀也彭壽者彭伯也五子之歌墨子述其遺文周書載其逸事與內外傳所稱無殊且孔氏逸書本有是篇漢儒習聞其事故韋昭注國語王符撰潛夫論皆依以爲說啟乃淫溢康樂惠棟云啟乃當作啟子溢與泆同江聲說同江又云啟子五觀也啟是賢王何至淫溢據楚語士亹比五觀于朱均管蔡則五觀

是淫亂之人故知此文當爲啓子乃字誤也詒讓案此即指啓晚年失德之事乃非子之誤也竹書紀年及山海經皆盛言啓作樂楚辭離騷亦云啓九辯與九歌夏康娛以自縱不顧難以圖後兮五子用失乎家巷並古書言啓淫溢康樂之事淫溢康樂即離騷所謂康娛自縱也王逸楚辭注云夏康啓子太康也亦失之

野于飲食

畢云野于疑作于野孫星衍說同孫又云于往也俞云畢非也此本以啓乃淫溢康樂爲句野于飲食爲句野于飲食即下文所謂渝食于野也與左傳室於怒市於色文法正同

將將銘莧磬以力

畢云句未詳莧疑筦字之誤形聲相近孫說同孫又云將將上疑有脫文作樂聲也樂聲鏘鏘銘力於磬管江云莧當爲莧莧喜說也胡官反俞云將將銘莧磬以力疑有脫文蓋亦八字作二句也力字與食字爲韻畢失其讀故但知下文翼式是韻也王紹蘭云莧筦音近通用非誤也力即勒字銘莧磬以力謂作筦磬之銘而勒之詒讓案將將銘疑當作將將鍠鍠詩周頌執競云鍾鼓喤喤磬筦將將說文金部引詩喤喤作鍠鍠毛傳云喤喤和也將將集也說文足部云蹩行皃引詩曰管磬蹩蹩則將亦蹩之借字此力雖與上食下翼式韻協然義不可通且下文酒野亦與力韻不合竊疑此當作將將鍠鍠筦磬以方方與鍠自爲韻力方形亦相近儀禮鄉射禮鄭注云方猶併也管磬以方謂管磬併作猶詩言笙磬同音矣諸說並非

湛濁于酒

渝食于野惠云湛與耽同耽淫濁亂也江云湛濁沈湎也言飲酒無度渝讀當爲輸轉輸饋食于野言游田無度也孫云湛與媅通渝與輸通詒讓案湛沈通江說得之渝當讀爲偷同聲叚借字表記鄭注云偷苟且也謂苟且飲食於野外燕游之所惠孫說並未允萬舞翼翼詩商頌那云萬舞有奕毛傳云奕奕然閑也奕翼字通小雅采薇傳亦云翼翼閑也章聞于大惠云當作天畢及江說同天用弗式孫云萬舞之盛顯聞於天天弗用之畢云翼式爲韻海外西經云大樂之野夏后啟于此儛九代大荒西經云夏后開上三嬪于天得九辯與九歌以下据此則指啟盤于游田書序大康尸位及楚詞夏康娛云云疑太康夏康即此云淫溢康樂淫之訓大然則太康疑非人名而孔傳以爲啟子不可奪也詒讓案楚辭夏康娛夏當從王引之讀爲下戴震謂康娛即康樂非太康說亦致塙畢謂書序太康亦非夏帝則謬說不足據也故上者天鬼弗戒戒當爲式此卽彖上引書天用弗式之文下者萬民弗利是故子墨子曰今天下士君子請將欲求興天下之利請畢本改誠云舊作請一本如此詒讓案請誠字通詳前除天下之害當在樂之爲物將不可不禁而止也

墨子閒詁卷九

瑞安孫詒讓

非樂中第三十三闕

非樂下第三十四闕

非命上第三十五

漢書藝文志如湻注云言無吉凶之命但有賢不肖善惡祭法孔疏引孝經援神契云命有三科有受命以任慶有遭命以謫暴有隨命以督行受命謂年壽也遭命謂行善而遇凶也隨命謂隨其善惡報之白虎通義壽命篇及王充論衡命義篇說三命略同墨子所非者即三命之說也

子墨子言曰古者王公大人爲政國家者皆欲國家之富人民之眾刑政之治然而不得富而得貧不得眾而得寡不得治而得亂則是本失其所欲得其所惡是故何也子墨子言曰執有命者以襍於民閒者眾執有命者之言曰命富則富

命貧則貧命衆則衆命寡則寡命治則治命亂則亂命壽則壽命夭則夭命王云此下有脫文不可考雖強勁何益哉上以說王公大人下以駔百姓之從事畢云駔字假音說文云駔从馬且聲劉逵注左思賦引說文子助反故執有命者不仁故當執有命者之言不可不明辨然則明辨此之說將柰何哉子墨子言曰必立儀吳鈔本無曰字案疑當作言必立儀今本曰言二字涉上誤到管子禁藏篇云法者天下之儀也尹注云儀謂表也言而毋儀譬猶運鈞之上而立朝夕者也畢云巡中篇作員音相近廣雅云運轉也高誘注淮南子云鈞陶人作瓦器法下轉鈞者史記集解云駰案漢書音義曰陶家名模下圓轉者爲鈞索隱云韋昭曰鈞木長七尺有絃所以調爲器具也言運鈞轉動無定必不可立表以測景詒讓案管子七法篇云不明於則而欲出號令猶立朝夕於運均之上尹注云均陶者之輪也立朝夕所以正東西也今鈞既運則東西不可準也案運員音近古通國語越語廣運百里山海經西山經作廣員百里莊子天運篇釋文引司馬彪本作天員立朝夕謂度東西也周禮大司徒云日東則景夕日西則景朝司儀

云凡行人之儀不朝不夕考工記匠人云晝參諸日中之景夜考之極星以正朝夕晏子春秋雜篇云古之立國者南望南斗北戴樞星彼安有朝夕哉春秋繁露深察名號篇云正朝夕者視北辰是非利害之辨不可得而明知也故言必有三表洪云非命中篇非命下篇此段文義大略相同皆作言有三法法說文作灋表古文作䙬字形相近何謂三表子墨子言曰有本之者本謂考其本始下篇作有考之者有原之者廣雅釋詁云源度也原源字通劉歆列女傳頌小序云原度天道此原之亦謂察度其事故也有用之者於何本之上本之於古者聖王之事於何原之下原察百姓耳目之實於何用之廢以爲刑政盧云廢置也中篇作發王云盧說非也廢讀爲發故中篇作發而爲刑政下篇作發而爲政乎國發廢古字通觀其中國家百姓人民之利此所謂言有三表也然而今天下之士君子或以命爲有句蓋嘗尚觀於聖王之事蓋上舊本有盇字王云或以命爲有絕句下文云豈可謂有命哉盇卽蓋字之譌蓋字俗書作盖形與盇相近故蓋譌作盇史記楚世家還蓋長城以爲防徐廣曰

葢一作盖今云盖𦱊者一本作盖一本作𦱊而後人誤合之
耳葢與盍同盍何不也檀弓曰子葢言子之志於公乎孟子
梁惠王篇葢亦反其本矣嘗試也尙與上同言今天下之士
君子或以命爲有則何不試上觀於聖王之事乎下文曰今
天下之士君子或以命爲有盖嘗尙觀於先
王之書益亦𦱊字之譌案王校是也今據刪古者桀之所亂
湯受而治之紂之所亂武王受而治之此世未易民未渝爾雅
釋言云渝變也在於桀紂則天下亂畢云舊脫在字据下文增在於湯武則天下
治豈可謂有命哉然而今天下之士君子或以命爲有葢嘗
尙觀於先王之書葢舊本亦譌益王據上文改先王之書所以出國家畢云
舊脫以字据下文增布施百姓者畢云舊脫此字据下文增憲也爾雅釋詁云憲法也周禮秋官有布
憲管子立政篇云布憲於國國語周語云布憲施舍于百姓韋注同爾雅先王之憲亦嘗有曰福
不可請而禍不可諱諱當讀爲違同聲叚借字禮記緇衣大甲曰天作孽猶可違也鄭注云違猶辟
也下同敬無益暴無傷者乎所以聽獄制罪者刑也先王之刑

亦嘗有曰福不可請禍不可諱敬無益暴無傷者乎所以整設師旅進退師徒者誓也先王之誓亦嘗有曰福不可請禍不可諱敬無益暴無傷者乎是故子墨子言曰吾當未鹽數當疑尙之譌畢云鹽盡字之譌天下之良書不可盡計數大方論數大方即大較也後漢書郎顗傳李注云方法也史記律書索隱云大較大法也而五者是也畢云五當爲三即上先王之憲之刑之誓是今雖毋求執有命者之言不必得雖唯通毋語詞詳尙賢中篇不亦可錯乎錯與廢義同詳節葬下篇今用執有命者之言是覆天下之義覆天下之義者是立命者也百姓之誶也說百姓之誶者畢云爾雅云誶告也陸德明音義云沈音粹郭音碎言以此告百姓蘇云誶猶訊誶謂不道之言也俞云誶讀爲悴說文心部悴憂也猶曰百姓之憂也故曰說百姓之誶者是滅天下之人也畢釋非是案俞說是也是滅天下之人也然則所爲欲義在上者義在上文未備據下文當作義人在上今本挩人字何也曰

義人在上天下必治上帝山川鬼神必有幹主畢云幹當爲幹此管字假音詒讓案後漢書竇憲傳李注云幹主也或曰古管字漢書食貨志顏注云幹讀爲管同謂主領也漢隸榦幹皆作幹經典多通用但此幹字似當讀如字說文木部云榦本也榦者本榦對枝言之也荀子儒效篇云以枝代主而非越也楊注云枝枝子若然家適謂之榦支子謂之枝榦主者猶言宗主耳萬民被其大利何以知之了

墨子曰古者湯封於亳畢云當爲薄說文云亳京兆杜陵亭也从高省乇聲史記集解云徐廣曰京兆杜縣有亳亭索隱云秦寧公與亳王戰亳王奔戎遂滅湯社皇甫謐云周桓王時自有亳王號湯非殷也此亳在陝西長安縣南若殷湯所封是河南偃師之薄書傳及本書亦多作薄惟孟子作亳葢借音字後人依改亂之顧炎武不考史記反以此譏許君地里之謬是以不狂爲狂也絕長繼短禮記王制云凡四海之內絕長補短方三千里孟子滕文公篇云今滕絕長補短將五十里也戰國策秦策韓非說秦王曰今秦地形斷長續短方數千里又楚策莊辛對楚王曰今楚雖小絕長續短猶以數千里此云絕長繼短猶國策云斷長續短也方地百里與其百姓兼相愛交相利移則分畢云言財多則分也移或多字洪云禮記郊特牲順成之方其蜡乃通以

移民也鄭注移之言羨也移古通作侈字侈亦是有餘之義率其百姓以上尊天事鬼是以天鬼富之諸侯與之百姓親之賢士歸之未殺其世殺毀鈔本作沒下同而王天下政諸侯政正通正猶長也詳親士篇昔者文王封於岐周孟子離婁篇云文王生於岐周趙注云岐山下周之舊邑漢書地理志云右扶風美陽禹貢岐山在西北中水鄉周大王所邑又云大王徙邠文王作酆畢云岐岐山周周原絕長繼短方地百里舊本作地方今從道藏本乙與上文合與其百姓兼相愛交相利則王云是以上不當有則字蓋即利字之誤而衍者上下文是以天鬼富之諸侯與之百姓親之賢士歸之是以上并無則字俞云則上脫移字下脫分字上文曰與其百姓兼相害交相利移則分是其證也王氏謂則即利字之誤而衍者非案俞說近是是以近者安其政遠者歸其德聞文王者皆起而趨之罷不肖股肱不利者荀子成相篇云君子賢而能容罷楊注云罷弱不任事者國語齊語云罷士無伍韋注云無行曰罷管子小匡篇尹注云罷謂乏於德義者處而願之曰柰何乎使文王之地及我吾則吾利蘇云

我字衍文或去上吾字亦可俞云則上吾字豈上利字竝衍文豈不亦猶文王之民也哉是以天鬼富之諸侯與之百姓親之賢士歸之未殁其世而王天下政諸侯政舊本作征蘇云征當從上文作政蓋政者正也征政古通用詒讓案吳鈔本作政今據正政諸侯謂長諸侯也詳親士篇鄉者言曰畢云鄉同嚮義人在上天下必治上帝山川鬼神必有幹主萬民被其大利吾用此知之是故古之聖王發憲出令設以爲賞罰以勸賢畢云中篇作勸沮是王云原文是勸賢不得徑改爲勸沮余謂勸賢下當有沮暴二字勸賢承賞而言沮暴承罰而言尚賢篇曰賞不當賢而罰不當暴則是爲賢者不勸而爲暴者不沮矣尚同篇曰賞譽不足以勸善而刑罰不可以沮暴皆其證是以入則孝慈於親戚親戚卽父母也詳兼愛下篇尚賢中篇云入則不慈孝父母出則弟長於鄉里坐處有度出入有節男女有辨辨別同尚賢中篇云男女無別是故使治官府則不盜竊守城則不崩叛崩當爲倍之叚字尚賢中篇云守城則倍畔猶此下文云守城則崩叛也倍與

背同逆周書時訓篇云遠人背叛倍與崩一聲之轉古字通用說文人部倗讀若陪位邑部鄘讀若陪即崩倍相通之例君有難則死出亡則送此上之所賞而百姓之所譽也執有命者之言曰上之所賞命固且賞非賢故賞也上之所罰命固且罰不暴故罰也王引之云不與非同義故互用俞云上之所罰命固且罰不暴故罰也十三字當爲衍文說詳下是故入則不慈孝於親戚出則不弟長於鄉里坐處不度出入無節男女無辨是故治官府則盜竊守城則崩叛君有難則不死出亡則不送此上之所罰百姓之所非毀也執有命者言曰上之所罰命固且罰不暴故罰也上之所賞命固且賞非賢故賞也俞云上之所賞命固且賞非賢故賞也十三字當爲衍文蓋上文說賞事故述執有命者之言曰上之所賞命固且賞非賢故賞也此文是說罰事故述執有命者之言曰上之所罰命固且罰不暴故罰也今上文衍上之所罰云云此文衍上之所賞云云皆於文義未合即此文之罰賞倒置而其傳寫誤衍之

跡居然可見矣以此爲君則不義爲臣則不忠爲父則不慈爲子則不孝爲兄則不良爲弟則不弟良與兄義不甚切疑良當爲長逸周書諡法篇云教誨不倦曰長即其義也此以兄長對弟弟亦即家上云出則弟長於鄉里爲文尚賢中篇云出則不長弟鄉里國語齊語亦云不長弟於鄉里諡法云愛民長弟曰恭此並以長教幼爲長幼事長爲弟淺人不解長字之義而改爲良遂與上弟長之文不相應矣而强執此者此特凶言之所自生而暴人之道也舊本作者道藏本作昔畢據下文改特舊本譌持王云持字義不可通持當爲特呂氏春秋忠廉篇注曰特猶直也言此直是凶人之言暴人之道也下文同案王校是也今據正然則何以知命之爲暴人之道昔上世之窮民貪於飲食惰於從事是以衣食之財不足畢云舊脫食字據上文增而飢寒凍餒之憂至不知曰我罷不肖從事不疾必曰我命固且貧舊本脫固字今據吳鈔本補此與上文例同昔上世暴王昔舊本譌作若王據上文改昔今從之道藏本吳鈔本並作苦則當屬上讀不忍其耳目之淫心涂之辟

畢云涂猶術王引之云畢說非也心涂本作心志耳目**不順**之淫心志之辟並見中篇下篇作心意亦心志之譌**其親戚遂以亡失國家傾覆社稷不知曰我罷不肖為政不善必曰吾命固失之於仲虺之告**書敘云湯歸自夏至于大坰仲虺作誥禮記緇衣尹吉曰鄭注云吉當為告告古文誥字之誤也**曰我聞于夏人矯天命布命于下**偽孔傳云言託天以行虐於天下乃桀之大罪畢云孔書作夏王有罪矯誣上天以布命于下**帝伐之惡**畢云非命中作式是惡式代形相近之是音相近也**龔喪厥師**偽孔傳云天用桀無道故不善式用爽明也用商受王命用明其眾言為言也畢云孔書作帝用不臧式商受命用爽厥師龔用喪爽音同江聲云師眾也言桀執有命天用是憎惡之用喪其眾孫星衍云用為龔聲相近**此言湯之所以非桀之執有命也於太誓曰紂夷處**天志中篇作紂越厥夷居**不肎事上帝鬼神**天志中篇無鬼神二字畢云孔書作乃夷居弗事上帝神祇**禍厥先神禔不祀**天志中篇禍作棄禔作示畢云孔書作遺厥先宗廟弗祀禔同示詒讓案說文示部云禔安也易曰禔既平今易坎九五作祇既平釋文云祇京作禔是祇禔聲近古通用之

證乃曰吾民有命天志中篇無民字孔書民上有有字無廖排漏道藏本作扁案此當從中篇作毋僇其務義詳彼注天志中篇作無廖僔務亦誤畢云孔書作乃曰吾有民有命罔懲其侮天亦縱棄之而弗葆畢云孔書無此文舊本棄在之下王云縱之棄當作縱棄之縱棄猶放棄也中篇作天不亦棄縱而不葆天志篇作天亦縱棄紂而不葆皆其證詒讓案王說是也今據乙葆吳鈔本作保此言武王所以非紂執有命也畢云紂下據上文當有之字今用執有命者之言則上不聽治下不從事上不聽治則刑政亂下不從事則財用不足上無以供粢盛酒醴供吳鈔本作共祭祀上帝鬼神下無以降綏天下賢可之士舊本挩下無以三字王據上下文補爾雅釋詁云綏安也外無以應待諸侯之賓客內無以食飢衣寒將養老弱俞云將養爲持養之誤詳尚賢中篇故命上不利於天中不利於鬼下不利於人而強執此者此特凶言之所自生特舊本亦譌持依王校改而暴人之道也是故子墨子言曰

今天下之士君子忠實（畢云忠下篇作中）欲天下之富而惡其貧，欲天下之治而惡其亂，執有命者之言不可不非，此天下之大害也。

今天下之士君子忠實畢云忠下篇作中欲天下之富而惡其貧欲天下之治而惡其亂執有命者之言不可不非此天下之大害也

非命中第三十六

子墨子言曰凡出言談由文學之爲道也由爲義相近下篇云今天下之君子之爲文學出言談也則不可而不先立義法畢云義上篇作儀義儀同若言而無義譬猶立朝夕於員鈞之上也譬吳鈔本作辟員上篇作運聲義相近則雖有巧工必不能得正焉然今天下之情僞未可得而識也故使言有三法三法者何也有本之者有原之者有用之者於其本之也考之天鬼之志聖王之事於其原之也徵以先王之書用之柰何發而爲刑畢云據上篇有政字此言之三法也今天下之士

君子盧云此下當有或以命爲有五字或以命爲亡我所以知命之有與亡者以衆人耳目之情知有與亡有聞之有見之謂之有莫之聞莫之見謂之亡然胡不嘗考之百姓之情畢云舊脫不字據下文增詒讓案然與則義同然胡不亦見尙同下篇此下文繫言之則云然則胡不自古以及今生民以來者亦嘗見命之物聞命之聲者乎則未嘗有也若以百姓爲愚不肖耳目之情不足因而爲法然則胡不嘗考之諸侯之傳言流語乎自古以及今生民以來者亦嘗有聞命之聲見命之體者乎則未嘗有也然胡不嘗考之聖王之事古之聖王舉孝子而勸之事親尊賢良而勸之爲善發憲布令以教誨長短經運命篇引無布字明賞罰以勸沮舊本挩明字今據長短經引補又勸沮長短經作沮勸勸吳鈔本作賞非若此則亂者可使治而危者可使安矣若以爲不然

昔者桀之所亂湯治之紂之所亂武王治之此世不渝而民不改上變政而民易教（政治要長短經並作止）其在湯武則治其在桀紂則亂安危治亂（安危上長短經有則字）在上之發政也則豈可謂有命哉（長短經無則字）夫曰有命云者亦不然矣今夫有命者言曰（有命上疑挩執字）我非作之後世也自昔三代有若言以傳流矣今故先生對之（畢云未詳生當爲王案顧校季本吳鈔本並作王俞云此子墨子託爲先生之言以折執有命者之說畢謂生當爲王非是詒讓案疑當作今胡先生非之諸校並未得其義）曰夫有命者不志昔也三代之聖善人與（畢云下篇作不識昔也志卽識字與讀如歟詒讓案不志不識並猶云不知禮記哀公問鄭注云志讀爲識識知也）意亡昔三代之暴不肖人也（意與抑同意亡語詞詳非攻下篇畢云亡同無也下篇作與同）何以知之（畢云言有命之說不識出之昔者聖善人乎意亡此言出之暴不肖人乎彼固亡知之妄言）初之列士桀大夫（說苑臣術篇云列士者所以參大夫也桀與傑字通白虎

（通義聖人篇引禮別名記云萬人曰傑說文人部云傑埶也材過萬人也呂氏春秋孟秋紀高注云才過萬人曰桀毛詩衛風邦之桀兮傳云桀特立也）愼言知行此上有以規諫其君長下有以教順其百姓（畢云順同訓詁讓案舊本此下有故上有以規諫其君長下有以教順其百姓二句盧云此已上十七字衍文案盧校是也吳鈔本亦無今據刪）故上得其君長之賞下得其百姓之譽列士桀大夫聲聞不廢流傳至今而天下皆曰其力也必不能曰我見命焉（見字吳鈔本挩俞云必不能曰下有闕文下文必不能曰我罷不肖我從事不疾必曰我命固且窮是其證也）是故昔者三代之暴王不繆其耳目之淫（畢云言不糾其繆詁讓案繆卽糾之叚字）不愼其心志之辟（治要作僻畢云僻同）外之敺騁田獵畢弋（畢云說文云古文彌从支）內沈於酒樂而（自必不能曰以下至此凡四十五字舊本誤入下文身在刑僇之中之下王移置於此）不顧其國家百姓之政繁爲無用暴逆百姓使下不親其上是故國爲虛厲（厲公孟魯問二篇並作戾字通畢云陸德明莊子音義云

李云居宅無人曰虛死而無後曰厲身在刑僇之中自不顧其國家以下至此凡三十五字舊本誤入上文必不能曰之上王移置於此舊本不顧上又衍一字王據下篇刪不肎曰二字舊挩畢據下文增不曰二字治要引有此三字今據補我罷不肖舊本無我字畢據一本增顧校季本有我爲刑政不善必曰我命故且亡故下文作固同雖昔也三代之窮民治要窮作僞與下同亦由此也蘇云由與猶同內之不能善事其親戚畢云事一本作親詒讓案親戚謂父母詳兼愛下篇外不能善事其君長外下疑挩之字惡恭儉而好簡易貪飲食而惰從事衣食之財不足使身至有饑寒凍餒之憂饑吳鈔本作飢必不能曰畢云必舊作心以意改案顧校季本正作必我罷不肖我從事不疾必曰我命固且窮雖昔也三代之僞民亦猶此也繁飾有命以教眾愚樸人久矣治要無樸人二字王云愚樸下衍人字戴云不當刪詒讓案家語王言篇民敦而俗樸王肅注云樸愨愿貌聖王之患此也故書之竹帛琢之金石於先王

之書仲虺之告曰我聞有夏人矯天命布命于下帝式是惡用闕師（畢云闕當是喪厥二字下篇作用爽厥師孫星衍云厥爲闕形相近）此語夏王桀之執有命也湯與仲虺共非之先王之書太誓之言然曰紂夷之居而不肎事上帝棄闕其先神而不祀也（以天志中篇及上篇校之此闕當爲厥其字衍）曰我民有命毋僇其務（畢云言毋勠力其事也上二篇俱當从此孔書作罔懲其侮義與或云僞泰誓不足據不如此文詒讓案毋僇當爲侮僇二字平列言紂惟陵侮僇辱民是務也荀子彊國篇云無僇乎族黨而抑卑其後世無毋侮古通無僇與抑卑文相儷與此毋僇義亦正同楊注釋爲無刑戮之恥失之）天不亦棄縱而不葆（吳鈔本作保畢云文與上篇小異王云孟子滕文公篇注曰不亦者亦也畢本不亦作亦不非）此言紂之執有命也武王以太誓非之有於三代不國有之曰（上有字當讀爲又蘇云所引蓋古逸書不字疑誤詒讓案不疑當作百三代百國或皆古史記之名隋書李德林傳引墨子云吾見百國春秋）女毋崇天之有命也命三不國亦言命之無也

命三二疑當爲令三下當挩代字於召公之執令於然此有挩誤疑當作於召公之非執命亦然召公蓋即召公奭亦周書佚篇之文令與命字通於亦字誤上篇云此言湯之所以非桀之執有命也又云此言武王所以非紂執有命也是其證且畢云當爲曰敬哉無天命惟予二人而無造言周禮大司徒有造言之刑鄭注云造言訛言惑衆不自降天之哉得之疑當作不自天降自我得之在於商夏之詩書曰命者暴王作之且今天下之士君子將欲辯是非利害之故吳鈔本辯作辨當天有命者畢云天當爲夫不可不疾非也王云呂氏春秋尊師篇注云疾力也執有命者此天下之厚害也是故子墨子非也非下當有之字

非命下第三十七

子墨子言曰凡出言談則必可而不先立儀而言畢云一本作則必先立義而言蘇云當作不可不先立儀而言必字誤上而字衍命云則必可當作則不可中篇曰則不可而不先立義法是

（其謬也不可而者不可以也王氏念孫說）若不先立儀而言，譬之猶運鈞之上而立朝夕焉也，我以爲雖有朝夕之辯（吳鈔本作辨），必將終未可得而從定也。是故言有三法。何謂三法？曰：有考之者，有原之者，（畢云：舊脫有字，一本如此）有用之者。惡乎考之？考先聖大王之事。惡乎原之？察衆之耳目之請（畢云：據前篇當爲情。詒讓案：請、情古通，不必改字）。惡乎用之？發而爲政乎國，察萬民而觀之。此謂三法也。故昔者三代聖王禹湯文武方爲政乎天下之時，曰：必務舉孝子而勸之事親，尊賢良之人而教之爲善。是故出政施教，賞善罰暴。且以爲若此，則天下之亂也，將屬可得而治也（國語魯語韋注云：屬，適也），社稷之危也，將屬可得而定也。若以爲不然，昔桀之所亂，湯治之；紂之所亂，武王治之。當此之時，世不渝而民不易（畢云：文選注引此治作理）

（世作時民作人皆唐人避諱改）上變政而民改俗存乎桀紂而天下亂存乎湯武而天下治天下之治也湯武之力也天下之亂也桀紂之罪也若以此觀之夫安危治亂存乎上之爲政也則夫豈可謂有命哉故昔者禹湯文武方爲政乎天下之時曰必使飢者得食寒者得衣勞者得息亂者得治遂得光譽令問於天下（羣書治要問作聞當同下篇亦云光譽令聞問聞通）夫豈可以爲命哉故以爲其力也（故固通）今賢良之人尊賢而好功道術（治要功作蓄畢云一本無功字）故上得其王公大人之賞下得其萬民之譽遂得光譽令問於天下亦豈以爲其命哉又以爲力也（力上亦當有其字）然今夫有命者不識昔也三代之聖善人與意亡昔三代之暴不肖人與意亡（詳非攻下篇蘇云也字衍意讀如抑亡當作亦案蘇說非）若以說觀之則必非昔三代

聖善人也（若以說疑當作以若說）必暴不肖人也然今以命爲有者昔三代暴王桀紂幽厲貴爲天子富有天下於此乎不而矯其耳目之欲（畢云而讀如能一本無此字非案畢讀是也陳壽祺說同）而從其心意之辟（王據中篇以心意爲心志之譌今案志意義同似非譌字）外之歐騁田獵畢弋內湛於酒樂（畢云中篇湛作沈）而不顧其國家百姓之政繁爲無用暴逆百姓遂失其宗廟（遂與隊通法儀篇云遂失其國家）其言不曰吾罷不肖吾聽治不強必曰吾命固將失之雖昔也三代罷不肖之民亦猶此也不能善事親戚君長甚惡恭儉而好簡易貪飲食而惰從事衣食之財不足是以身有陷乎飢寒凍餒之憂其言不曰吾罷不肖吾從事不強又曰吾命固將窮（戴云又當依上文改作必）昔三代僞民亦猶此也昔者暴王作之窮人術之（畢云舊脫人字一本有術同述詒讓

案樂記知禮樂之情者能作識禮樂之文者能述述史記樂書作術此皆疑眾遲樸畢云言祖樸實之人王引之云遲字義不可通遲當爲遇字之譌也遇與愚同晏子春秋外篇盛爲聲樂以淫愚民墨子非儒篇愚作遇莊子則陽篇匿爲物而愚不識釋文愚一本作遇韓子南面篇愚贛窳惰之民宋乾道本愚作遇秦策今愚惑與罪人同心姚本愚作遇言此有命之說或作之或述之皆足以疑眾愚樸樸謂質樸之人也中篇作教眾愚樸是其證畢說非詒讓案遲疑當爲穉管子重令篇云菽粟不足末生不禁民必有飢餓之色而工以彫文刻鏤相穉也謂之逆尹注云穉驕也莊子列御寇篇云人有見宋王者錫車十乘以其十乘驕穉莊子釋文引李頤云自驕而穉莊子也案莊子穉與管子同李說未塙此遲樸似亦卽驕穉愿樸之意與中篇文自不同不必改爲愚也先聖王之患之也固在前矣是以書之竹帛鏤之金石琢之盤盂傳遺後世子孫遺吳鈔本作示案此文亦見兼愛下天志中貴義魯問諸篇並作遺則吳本非是曰何書焉存王云焉猶於也詒讓案王說是也此到句猶云存於何書禹之總德有之曰蘇云總德蓋逸書篇名允不著著疑當爲若允不若信不順也惟天民不而葆吳鈔本惟作唯畢云而同能葆同保既防凶心

天加之咎不慎厥德天命焉葆仲虺之告曰我聞有夏人矯天命 當依上中二篇補布命二字 于下帝式是增 畢云當作惡或憎字江聲云式用也增讀當爲憎說文憎惡也或作帝式是惡或作帝伐之惡伐之字誤當从式是孟子盡心下篇云士憎茲多口趙岐注解憎爲增多之增則增憎字通顧云增卽憎字明道本晉語懼子之應且增也今本作憎易林渙之蠱獨宿增夜道藏本韓非子論其所增 用爽厥師 爽上篇作喪惠棟云周語單襄公曰晉侯爽二韋昭曰爽當爲喪字之誤也 彼用無爲有故謂矯 公羊僖三十三年何注云詐稱曰矯 若有而謂有夫豈爲矯哉 爲吳鈔本作謂 昔者桀執有命而行湯爲仲虺之告以非之太誓之言也於去發 孫星衍云或太子發三字之誤莊述祖云去發當爲太子發武王受文王之事故自稱太子述文王伐功告諸侯且言紂未可伐爲太誓上篇俞云古人作書或合二字爲一如石鼓文小魚作𩵋散氏銅盤銘小子作孛是也此文大子字或合書作𡘋其下闕壞則似厺字因誤爲去耳詩思文篇正義引大誓曰惟四月大子發上祭於畢下至於孟津之上又云太子發升舟中流白魚入於王舟王跪取出涘以燎之注曰得白魚之瑞卽變稱王應天命定號也疑

古大誓三篇其上篇以太子發上祭於畢發端至中下兩篇則作於得魚瑞之後無不稱王矣故學者相承稱大誓上篇爲太子發以別於中下兩篇亦猶古詩以篇首字命名之例也詒讓案孫莊俞說近是陳喬樅云去字疑是告之譌非

曰惡乎君子惡莊校改於天有顯德其行甚章莊云有當爲右助也言天之助明德其行事甚章著蘇云書泰誓曰嗚呼我西土君子天有顯道厥類惟彰爲鑑不遠鑑吳鈔本作監莊云鑑當爲監在彼殷王蘇云殷宜作夏泰誓曰厥鑑惟不遠在彼夏王詒讓案僞古文不足據蘇說非也詩大雅蕩云殷鑒不遠在夏后之世鄭箋云此言殷之明鏡不遠也近在夏后之世謂湯誅桀也後武王誅紂今之王者何以不用爲戒此書與彼詩文異而意則同謂人有命謂敬不可行謂祭無益謂暴無傷蘇云此四句今書泰誓在厥鑑惟不遠之上上二句作謂己有天命謂敬不足行下同上帝不常九有以亡蘇云二語今泰誓無之上句見伊訓下句見咸有一德詒讓案常當讀爲尚尚右也詳非樂上篇僞古文書咸有一德云厥德匪常九有以亡僞孔傳云人能常其德則安其位九有諸侯桀不能常其德湯伐而兼之並襲此文而失其恉上帝不順祝降其喪蘇云今泰誓弗作不其作時莊云祝斷也言天將斷棄其身詒讓案泰誓

僞孔傳云祝斷也天惡紂逆道斷絕其命故下是喪亡之誅非樂上篇引湯官刑亦有此四語末句作降之百殃 惟我有周受之大帝 畢云文略見孔書泰誓蘇云今泰誓下句作誕受多方莊校改帝爲商云言天改殷之命而周受之陳喬樅校同云商字作帝非是此節皆有韻之文作商則與上文叶今訂正之案莊陳校是也 昔紂執有命而行 昔下吳鈔本有者字 武王爲太誓去發以非之 去發亦當爲太子發陳喬樅謂當云周公旦告發以非之肊說不足據 曰子胡不尚考之乎商周虞夏之記從十簡之篇以尚皆無之 蘇云尚當作上古字通用也俞云說同詒讓案皆無之謂皆以命爲無也 將何若者也是故子墨子曰今天下之君子之爲文學出言談也 吳鈔本天下下無之字 非將勤勞其惟舌 畢云惟一本作頼王云惟與頼形聲俱不相近若本是頼字無緣誤而爲惟一本作頼者後人以意改之耳惟舌當爲喉舌喉誤爲唯因誤爲惟耳潛夫論斷訟篇愼已喉舌以示下民今本喉作唯其誤正與此同凡從矦從隹之字隸書往往譌溷隸書矦字作矦隹字作隹〔口二形相似海內東經少室在雍氏南一曰緱氏緱與雍形相近晏子諫篇昔夏之衰也有推侈大戲韓子說疑篇推侈作侯

後淮南兵略篇疾如鏃矢高注曰鏃金鏃翦羽之矢也今本鏃作錐後漢書臧宮傳妖巫維汜維或作縱方言雞雛徐魯之閒謂之𪇆子今本作秋侯子皆以字形相似而誤而利其脣呡也畢云呡脣字省文說文云吻口邊也又有脣字云或从月从昏此省日耳中實將欲其國家邑里萬民刑政者也此句有挩字吳鈔本欲下有爲字今也王公大人之所以蚤朝晏退蚤舊本作早今據吳鈔本改聽獄治政終朝均分而不敢怠倦者何也舊本敢下有息字即怠之衍文畢云一本無此字是今據刪曰彼以爲強必治不強必亂強必寧不強必危故不敢怠倦今也卿大夫之所以竭股肱之力殫其思慮之知吳鈔本作智內治官府外斂關市山林澤梁之利以實官府而不敢怠倦者何也曰彼以爲強必貴不強必賤強必榮不強必辱故不敢怠倦今也農夫之所以蚤出暮入強乎耕稼樹藝多聚叔粟叔舊本誤升今據王校正而不敢怠倦者何也曰彼以

爲强必富不强必貧强必飽不强必飢故不敢怠倦今也婦人之所以夙興夜寐畢云舊脫以字据上文增詒讓案吴鈔本不挩强乎紡績織紝多治麻統葛緒畢云說文云統絲曼延也緒約字假音王云畢說非也統當爲絲非樂篇作多治麻絲葛緒是其證墨子書言麻絲者多矣未有作麻統者且麻絲爲古今之通稱若統爲絲曼延則不得與麻竝舉矣蓋俗書統字作絖與絲相似故絲譌爲統非說文之統字也蘇云統絲蓋形近而誤緒蓋與絮通綑布縿畢云說文云稛稛束也此俗寫詒讓案孟子滕文公篇云捆屨織席趙注云捆猶叩椓也織屨欲使堅故叩之也孫氏音義云案許叔重云捆織也从木者誤也淮南子脩務訓云捆纂組高注云捆叩椓案此文本書凡三見辭過篇作稛非樂上篇作綑此又作捆與孟子淮南子字同然稛綑捆三字說文竝無之惟禾部有稛字故畢以爲即稛之俗葢从囷从囷聲形竝相近故展轉譌變錯異如是要皆稛之俗別矣縿當依王校作繰詳非樂上篇而不敢怠倦者何也曰彼以爲强必富不强必貧强必煖不强必寒故不敢怠倦今雖毋在乎王公大人蕢若信有命而致行之畢讀蕢字句斷云此蕢字假音

俞云蕢字乃藉字之誤藉若猶言假如也本書屢見案俞說近是畢讀非則必怠乎聽獄治政矣卿大夫必怠乎治官府矣農夫必怠乎耕稼樹藝矣婦人必怠乎紡績織紝矣王公大人怠乎聽獄治政卿大夫怠乎治官府則我以爲天下必亂矣農夫怠乎耕稼樹藝婦人怠乎紡績織紝則我以爲天下衣食之財將必不足矣若以爲政乎天下上以事天鬼天鬼不使畢云當爲便字王云爾雅使從也天鬼不從猶上文言上帝不順耳小雅雨無正篇云不可使得罪于天子鄭箋訓使爲從管子小匡篇魯請爲關內之侯而桓公不使邪請爲關內之侯而桓公不使不使謂不從也使非便字之誤案王說是也下以持養百姓持舊本作待王云待字義不可通待養當爲持養字之誤也周官服不氏以旌居乏而待獲注待當爲持天志篇曰食飢息勞持養其萬民荀子勸學篇曰除其害者以持養之榮辱篇曰以相羣居以相持養楊倞注持養保養也分言之則曰持曰養管子明法篇曰小臣持祿養交晏子春秋問篇曰士者持祿游者養交是也案王說是也蘇校同今據正百姓不利必

離散不可得用也是以入守則不固出誅則不勝故雖昔者三代暴王桀紂幽厲之所以共抎其國家畢云抎失王云共字義不可通當是失字之誤隸書失字或作𠂱與共相似說文抎有所失也尙賢篇云失損其國家傾覆其社稷抎損古字通天志篇云國家滅亡抎失社稷齊策云守齊國唯恐失抎之皆其證傾覆其社稷者此也是故子墨子言曰今天下之士君子中實將欲求興天下之利除天下之害當若有命者之言不可不强非也舊本此十三字挩落不完作當若有命者言也七字王云此本作當若有命者之言不可不强非也淮南脩務篇注曰强力也言有命之言士君子不可不力非之也中篇作不可不疾非疾亦力也下文曰將不可不察而强非者此也是其證今本言上脫之字也上脫不可不强非五字則義不可通案王校是也今據補曰命者暴王所作窮人所術術與述通見上非仁者之言也舊本仁作人誤今據道藏本吳鈔本正今之爲仁義者將不可不察而强非者此也

非儒上第三十八 闕

非儒下第三十九

畢云孔叢詰墨篇多引此詞此述墨氏之學者設師言以折儒也故親士諸篇無子墨子言曰者翟自著也此無子墨子言曰者門人小子臆說之詞并不敢以誣翟也例雖同而事異後人以此病翟非也說文云儒柔也術士之稱詒讓案荀子儒效篇云逢衣淺帶解果其冠略法先王而足亂世術繆學雜舉不知法後王而一制度不知隆禮義而殺詩書其衣冠行僞已同於世俗矣然而不知惡者其言議談說已無以異於墨子矣然而明不能分別呼先王以欺愚者而求衣食焉得委積足以揜其口則揚揚如也隨其長子事其便辟舉其上客億然若終身之虜而不敢有他志是俗儒者也是周季俗儒信有如此所非者但并以此非孔子則大氐誣詆增加之辭儒墨不同術亦不足異也畢氏强爲之辭理不可通

儒者曰親親有術尊賢有等王引之云此即中庸所謂親親之殺尊賢之等今云親親有術者殺與術聲同近而字通也說文殺字從殳杀聲而無杀字五經文字曰杀古殺字今案杀字蓋從乂朮聲說文乂芟艸也從丿乀相交或從刀作刈廣雅刈殺也哀元年左傳芟殺其民芟與乂刈同是乂即殺也故杀字從乂而以朮爲聲乂

字篆文作𣁁今在木字之上故變曲爲直而作乂其實一字也說文無乂部故杀字無所附而不收杀與术並從木聲故聲相近轉去聲則殺音色介反术音遂聲亦相近故墨子書以術爲殺言親疏尊卑之異也孔穎達禮記正義云五服之節降殺不同是親親之衰殺公卿大夫其爵各異是尊賢之等案墨子下文亦專舉喪服言蓋欲破親親有殺以佐其兼愛節葬之說也其禮曰喪父母三年舊本下有其字畢云其與期同言父在爲母期也王云其字涉下文伯父叔父弟兄庶子其而衍節葬篇父母死喪之三年下無其字是其證畢讀其爲朞而以喪父母三年其爲句大謬詒讓案王說是也今據刪禮蓋即指喪服經妻畢云舊脫此字據下文增後子三年後子詳節葬篇伯父叔父弟兄庶子其畢云與期同詒讓案公孟篇正作期戚族人五月以上述喪服並詳節葬篇若以親疏爲歲月之數則親者多而疏者少矣是妻後子與父同也若以尊卑爲歲月數則是尊其妻子與父母同而親伯父宗兄而卑子也宗兄見曾子問言適長爲宗子者故下文云其宗兄守其先宗廟數十年盧云似當云而卑與子同也王引之云而卑子也當作卑而庶子也而讀爲如言卑其伯

父宗兄如庶子也上文云伯父叔父弟兄庶子其今本卑而二字倒轉又脫庶字王念孫云親伯父宗兄親當爲視言視伯父宗兄如庶子之卑也視親字相似又涉上下文親字而誤淮南兵略篇上視下如弟今本視譌作親俞云王氏引之謂而讀爲如當從之惟謂當作卑如庶子則以意增益未爲可據今按視伯父宗兄如卑子者卑子卽庶子乃取卑小之義僖二十二年左傳公卑邾杜注曰卑小也故凡從卑得聲者並有小義廣雅釋詁稗小也方言曰藆小者謂之箄史記孟子荀卿列傳於是有稗海環之索隱曰稗海小海也漢書衛青傳得右賢稗王十餘人師古曰稗王小王也若言稗將也然則卑子之稱正與稗王稗將一律矣

逆孰大焉吳鈔本逆孰到

其親死列尸弗斂小爾雅廣言云列陳也舊本挩斂字畢云弗與祓同王云喪禮無祓尸之事畢說非也此本作列尸弗斂今本脫斂字耳死三日而後斂則前二日猶未斂也故曰列尸弗斂列者陳也鈔本北堂書鈔地部二引此正作列尸弗斂案王校是也今據補

登屋窺井挑鼠穴探滌器而求其人焉此非喪禮之復也士喪經云復者升自前東榮中屋北面招以衣曰臯某復是登屋也說文水部云滌洒也滌器洒濯之器若槃匜之屬窺井以下並喪禮所無蓋謾語也

以爲實在則戇愚甚矣書鈔地部引實作誠畢云說文云戇愚也愚戇也玉篇戇

陟絳切顏師古注漢書云古音下紺反今則竹巷反如其亡也必求焉僞亦大矣王引之云如其亡也二句與僞字義不相屬如當爲知言既知其亡而必求之則僞而已矣蘇說同取妻身迎祗褍爲僕畢云說文云祗敬也褍衣正幅則褍亦正意與端同王校作袛云畢說非也袛當爲袨隸書袨字作袨與袛相似故袨誤爲袛袨褍即玄端也周官司服其齊服有玄端素端鄭注曰端者取其正也服虔注昭元年左傳曰禮衣端正無殺故曰端端與褍同故說文以褍爲衣正幅也玉篇袨黑衣也淮南齊俗篇尸祝袀袨大夫端冕高注曰袀純服袨黑齋衣也即周官所云齊服玄端也莊子達生篇祝宗人玄端即淮南所云尸祝袀袨也詒讓案士昏禮親迎主人爵弁纁裳緇袘郊特牲說諸侯則玄冕此云玄端者蓋據庶人攝盛之服言之秉轡授綏士昏禮云壻御婦車授綏鄭注云壻御者親而下之綏所以引升車者僕人必授人綏此上云爲僕即指親御之事如仰嚴親俞云仰當作御字之誤也天志下篇以御其溝池王氏引之謂御當爲抑隸書抑御兩形相似而誤正可與此互證詒讓案此非昏禮之親迎也若然墨氏之昏禮無親迎昏禮威儀如承祭祀顛覆上下悖逆父母下則妻子畢云言爲妻子法則詒讓案此疑當重父母二字父母下則妻子言喪父母下同妻子也今本涉上文挩

父母二字遂與下句文例不合畢說失之 妻子上侵事親若此可謂孝乎儒者 畢云儒舊作傳據下文改當云儒者曰王云晏子春秋外篇行之難者在內而儒者無其外儒亦誤作傳 迎妻妻之奉祭祀 吳鈔本妻不重疑當作迎妻與之奉祭祀說文舁部與古文作𢍁與妻篆文形近又涉上而誤禮記哀公問公曰冕而親迎不已重乎孔子對曰合二姓之好以繼先聖之後以為天地宗廟社稷之主君何謂已重乎墨子所非與哀公言相類 子將守宗廟故重之 哀公問孔子曰妻也者親之主也敢不敬與子也者親之後也敢不敬與 應之曰此誣言也其宗兄守其先宗廟數十年死喪之其 畢云同期 兄弟之妻奉其先之祭祀弗散 盧云當為服 則喪妻子三年必非以守奉祭祀也 守下據上文當有宗廟二字 夫憂妻子以大負絫 憂妻子謂憂厚於妻子猶下文云厚所至私也國策趙策云夫人優愛孺子說文夊部云憂和之行也引詩曰布政憂憂今詩商頌長發作優案古無優字優厚字止作憂今別作優而以憂為𢝊愁字墨子書多古字此亦其一也以與已同言偏厚妻子已為大負纍絫乃又飾辭文過託之奉祭祀守宗廟故下云又曰所以重親也 有曰 有當讀為又 所

以重親也爲欲厚所至私畢云舊作和以意改輕所至重豈非大姦也哉有强執有命以說議曰上有字亦讀爲又壽夭貧富安危治亂固有天命不可損益莊子至樂篇孔子曰命有所成而形有所適也夫不可損益窮達賞罰幸否畢云說文云幸吉而免凶也从屰从夭夭死之事故死謂之不幸有極廣雅釋詁云極中也逸周書命訓篇云天生民而成大命命司德正之禍福立明王以順之曰大命有常小命日成成則敬有常則廣廣以敬命則度至于極此古說有命之遺言也人之知力吳鈔本知作智不能爲焉羣吏信之則怠於分職庶人信之則怠於從事吏不治則亂舊本挽吏字王據上文補農事緩則貧貧且亂政之本王云此句有脫文詒讓案疑當作倍政之本下文云倍本棄事而安怠傲而儒者以爲道教是賊天下之人者也賊舊本譌作賤今依王蘇校正詳尚賢中篇且夫繁飾禮樂以淫人舊本無樂字吳鈔本有以下句文例校之有者是也下文晏子曰好樂而淫人可證今據補久喪僞哀以謾親畢云說文云謾欺也玉篇云莫般馬諫二反陸德明

周禮音義云徐望仙反立命緩貧而高浩居畢云同傲倨說文云居蹲也案畢據史記孔子世家

義亦見後倍本棄事而安怠傲畢云舊作傲以意改貪於飲食舊本作酒今據吳鈔本校

改下亦云得饜飲食惰於作務荀子非十二子篇云偷儒憚事無廉恥而耆飲食必曰君子固不用力是子游

氏之賤儒也此所非與彼相類陷於飢寒危於凍餒無以違之禮記緇衣鄭注云違猶辟

也是若人氣若道藏本作苦吳鈔本同案人氣疑當作乞人此家上飢寒凍餒而言氣與乞通古乞作气即

雲气字下文云夏乞麥禾是其證鼸鼠藏畢云爾雅有鼸鼠陸德明音義云孫炎云鼸者頰裏也郭云以頰內

藏食也字林云即鼢鼠也說文云鼸鼢也玉篇云鼸胡簟切囧鼠也鼸舊作鼰誤詒讓案夏小正云正月田鼠出田鼠者嗛

鼠也嗛鼸字通謂儒者得食則藏之若鼸鼠裏藏食物矣而羝羊視畢云爾雅云羊牡羒注羝廣雅云二歲曰

羝說文云羝牡羊也陸德明音義云字林云羘羊也然則羝羒羘皆牡羊賁彘起畢云易大畜云豶豕之牙崔憬

曰說文豶劇豕今俗猶呼劇豬是也案說文作豮豕崔以意改之豮與犗義同劇者犗假音玉篇云豶扶云切犗也君

子笑之怒曰散人焉知良儒畢云漢書云宂食注曰文穎曰宂散也說文云宂椒也从宀儿

在屋下無田事玉篇云如勇切則此云散人猶宂人詒讓案莊子人間世篇匠石夢櫟社曰而幾死之散人此言儒者詘君子之語畢氏讀散人句斷誤夫夏乞麥禾疑挩春乞云云夫假即春字上半缺剝僅存者五穀旣收大喪是隨言秋冬無可乞則爲人治喪以得食也子姓皆從特牲饋食禮云子姓兄弟如主人之服鄭注云所祭者之子孫言子姓者子之所生喪大記云卿大夫父兄子姓立于東方注云子姓謂衆子孫也姓之言生也國語楚語帥其子姓韋注云衆子姓同姓也列子說符篇張注云種姓也得厭飲食畢治數喪足以至矣至下疑有挩文因人之家翠畢云廣雅臎肥也此古字王引之云因人之家肥文不成義翠當讀爲脺玉篇脺思醉切廣韻云貨也謂因人之家財也韓子說疑篇破家殘脺是也古無脺字故借翠爲之以爲畢云疑有脫字詒讓案以文例校之因人之家（與下恃人之野文正相對疑當作因人之家以爲翠翠當依畢詁爲肥此特文誤到耳無挩字也恃人之野以爲尊畢云言禾麥在野富人有喪乃大說喜曰此衣食之端也此與荀子所謂得委積足以揜其口則揚揚如也者相類儒者曰君子必服古言然後仁王云服古言三字文義不順當依公孟篇作必古言服然後仁俞云

此本作君子必古服古言然後仁脫上古字公孟篇作必古言服然後仁亦當作必古言古服脫下古字案王說是也應之曰所謂古之言服者皆嘗新矣舊本挩言服二字今依王引之校增謂古言服其始制之時皆爲新積久乃成古也而古人言之服之則非君子也然則必服非君子之服言非君子之言而後仁乎舊本古人言之服之挩言之二字則非君子也挩非字服非君子之服上服字譌作法並依王引之校增又曰君子循而不作顧云廣雅釋言循述也論語曰君子述而不作應之曰古者羿作弓呂氏春秋勿躬篇云夷羿作弓畢云羿羿省文說文云羿古諸侯也一曰射師詒讓案說文弓部云芎帝嚳射官夏少康滅之羿芎音義同作弓者自是古射官非夏少康所滅者伃作甲史記夏本紀帝少康崩子帝予立索隱云予音宁系本云季杼作甲者也國語魯語云杼能帥禹者也夏后氏報焉韋注云杼禹後七世少康之子季杼也畢云伃即杼少康子盧云世本作輿詒讓案史記索隱及費誓正義引世本並作杼盧據玉海所引未塙奚仲作車呂氏春秋君守篇同高注云奚仲黃帝之後任姓也傳曰爲夏車正封于薛說文車部云車夏后時奚仲所造山海經海內經云奚仲生吉光吉光是始以木爲車郭注云世

本云奚仲作車此言吉光明其父子共創作意以是互稱之續漢書輿服志劉注引古史考云黃帝作車引重致遠其後少昊時駕牛禹時奚仲駕馬依譙周說奚仲駕馬車非其所作司馬彪劉昭並從之於義爲長巧垂作舟畢云北堂書鈔引作倕太平御覽作錘事類賦引作工倕太平御覽引有云禹造粉疑在此俞云巧垂當作功垂字之誤也周官肆師職注曰古者工與功同字然則功垂即工垂也莊子胠篋篇攦工倕之指釋文曰倕音垂堯時巧者也堯典咨垂女共工是稱工垂者工其官垂其名詒讓案山海經海內經云義均是始爲巧倕是始作下民百巧楚辭九章亦云巧倕又見七諫俞說未塙然則今之鮑函車匠畢云考工記有函鮑鄭君注云鮑讀爲鮑魚之鮑書或爲鞄蒼頡篇有鞄甍陸德明音義云劉音僕說文云鞄柔革工也从革包聲讀若朴周公曰柔皮之工鮑氏鞄即鮑也皆君子也而羿伃奚仲巧垂皆小人邪且其所循人必或作之言所述之事其始必有作之之人也然則其所循皆小人道也也邪古通吳鈔本作耶又曰畢云又舊作人以意改君子勝不逐奔穀梁隱五年傳云伐不踰時戰不逐奔司馬法仁本篇云古者逐奔不過百里又天子之義篇云古者逐奔不遠墨子所述儒者之言與穀梁同荀子議兵篇亦云服者不禽犇命

者不揜函弗射也揜吳鈔本作掩禮記表記鄭注云揜猶困迫獲案函疑亟之形誤下同詳魯問篇儀禮聘禮鄭注云賓之意不欲奄卒主人也此揜亟亦奄卒之意謂敵困急則不忍射之也韓非子外儲說左上云宋襄公曰寡人聞君子曰不推人於險不迫人於阨郎此義又疑函當爲臽之譌說文臼部云臽小阱也今經典通作陷漢書司馬遷傳函糞土之中而不辭漢紀函作陷於義亦通施則助之胥車畢云施舊作强據下文改詒讓案畢因下文施字兩見故據改然施强義並未詳似言軍敗而走則助之挽重車而文有挽誤應之曰若皆仁人也則無說而相與句仁人以其取舍是非之理相告無故從有故也弗知從有知也無辭必服見善必遷何故相王云何故相下當有與字而今本脫之則義不可通相與謂相敵也古謂相敵爲相與襄二十五年左傳一與一誰能懼我哀九年傳宋方吉不可與也越語彼來從我固守勿與與字竝與敵同義言既爲仁人則無辭必服見善必遷何故兩相敵也上文曰若皆仁人也則無說而相與是其明證矣若兩暴交爭其勝者欲不逐奔掩函弗射施則助之胥車雖盡能猶且不得爲君子也意暴殘之國

也聖將爲世除害 聖下疑挩人字 興師誅罰勝將因用儒術令士卒曰 舊本儒作傳王云傳術二字義不可通傳術當爲儒術毋逐奔云云皆儒者之言也故曰用儒術令士卒隸書儒或作儒傳或作傳二形相似而誤上文儒者迎妻儒誤作傳案王說是也今據正 毋逐奔揜函勿射施則助之胥車暴亂之人也得活天下害不除 王云也字涉上下文而衍此言暴亂之人爲天下害聖人興師誅罰將以除害也若用儒術令士卒曰毋逐奔云云則暴亂之人得活而天下之害不除矣是暴亂之人下本無也字 是爲羣殘父母而深賤世也 戴云賤乃賊字之誤 不義莫大焉又曰君子若鍾 畢云君舊作吾據上文改 擊之則鳴弗擊不鳴 此亦見公孟篇公孟子告墨子語學記云善待問者如撞鍾叩之以小者則小鳴叩之以大者則大鳴畢云此出說苑云趙襄子謂子路曰吾嘗問孔子曰先生事七十君無明君乎孔子不對何謂賢邪子路曰建天下之鳴鐘撞之以莛豈能發其音聲哉詒讓案說苑所云與此文義絕不相應畢援證未當 應之曰夫仁人事上竭忠事親得孝務善則美有過則諫 俞云得字務字傳寫互易事親務孝言事親者務爲孝也與事

上竭忠相對得善則美美言有善則美之伓與有過則諫相對此爲人臣之道也今擊之則鳴弗擊不鳴隱知豫力畢云言隱其先知豫事之識俞云豫猶儲也荀子儒效篇仲尼將爲司寇魯之鬻牛馬者不豫賈家語相魯篇孔子爲政三月則鬻牛馬者不儲賈是豫與儲義通隱知豫力兩文相對言隱藏其知儲蓄其力也畢失其義并失其讀詒讓案畢讀固誤俞釋豫爲儲亦非豫當爲舍之叚字豫从予聲古音與舍同部節葬下篇云無敢舍餘力隱謀遺利而不爲親爲之者矣隱知猶彼云隱謀豫力即彼云舍餘力也豫古無儲訓荀子云不豫賈豫當如周禮司市注讝豫之義家語改豫作儲乃王肅私定非古訓也恬漠待問而後對爾雅釋言云漠清也漢書賈誼傳顏注云漠靜也淮南子詮言訓云故中心常恬慔莫泰族訓云靜莫恬淡宋本莫作漠漠慔莫竝通雖有君親之大利弗問不言若將有大寇亂盜賊將作若機辟將發也畢云辟同闢詒讓案畢說非也莊子逍遙遊篇云中於機辟死於罔罟釋文引司馬彪云辟罔也又山木篇云然且不免於罔羅機辟之患鹽鐵論刑德篇云罻羅張而縣其谷辟陷設而當其蹊則機辟蓋掩取鳥獸之物辟字又作臂楚辭哀時命云外迫脅於機臂兮上牽聯於繒雉王注云機臂弩身也案爾雅釋器云繴謂之罿司馬

彪釋辟爲罔蓋卽以爲嬖之借字王說與司馬義異未知孰是他人不知已獨知之雖其君親皆在不問不言是夫大亂之賊也以是爲人臣不忠爲子不孝事兄不弟交疑友之誤遇人不貞良夫執後不言之朝物執後不言謂拘執居後不肯先言之朝物疑有挩誤見利使已雖恐後言蘇云使當作便雖當作唯俞云雖當作唯古字通也蓋言利之所在唯恐後言也下文云君若言而未有利焉則高拱下視會噎爲深曰惟其未之學也正與此文反復相明言苟無利則君雖言之而已亦以未學謝也正所以破儒者擊之則鳴弗擊不鳴之說君若言而未有利焉則高拱下視說文手部云拱斂手也會噎爲深畢云說文云噲咽也讀若快噎飯窒也會與噲同不言之意曰唯其未之學也唯舊本作惟據吳鈔本改其當爲某用誰急句遺行遠矣誰當作雖蓋言事急則退避而遠行荀子非十二子篇云正其衣冠齊其顏色嗛然而終日不言是子夏氏之賤儒也此所非與彼相類夫一道術學業仁義也皆大以治人小以任官遠施周偏舊本皆譌昔周譌周並從王校正偏吳鈔本作徧畢本同王云與偏

同畢本改爲徧非詳非攻下篇近以脩身舊本脩作循王云此文本作皆大以治人小以任官遠施周徧近以脩身言君子之行仁義皆大以治人小以任官遠則所施周徧近則以脩其身也今本皆作昔周作用脩作循則義不可通隸書脩循相亂案王說是也今並據正不義不處非理不行務興天下之利曲直周旋利則止俞云利則止當作不利則止傳寫脫不字也非樂上篇曰必務求興天下之利除天下之害將以爲法乎天下利人乎即爲不利人乎即止與此文有詳略而義正同此君子之道也以所聞孔某之行畢云某字舊作孔子諱今改下放此則本與此相反謬也謬吳鈔本作繆

齊景公問晏子曰孔子爲人何如晏子不對公又復問不對吳鈔本無復字景公曰以孔某語寡人者衆矣俱以賢人也以下當據孔叢子詰墨篇增爲字今寡人問之而子不對何也晏子對曰嬰不肖不足以知賢人雖然嬰聞所謂賢人者入人之國必務合其君臣之親而弭其上下之怨孔某之荆史記孔子世家楚昭王迎孔子至楚事在哀公

六年知白公之謀而奉之以石乞石乞見哀十六年左傳此事不可信列子說符篇呂氏春秋精通篇淮南子道應訓並載白公與孔子問荅或因彼而誤傳與君身幾滅而白公僇畢云孔叢詰墨云白公亂在哀公十六年秋也孔子已卒十旬蘇云此誣罔之辭殊不足辨唯據白公之亂在景公卒後十二年而晏子之卒更在景公之先又安能預知後事而先與景公言之嬰聞賢人得上不虛得下不危言聽於君必利人教行下必於上俞云此本作教行於下必利上與上句言聽於君必利人相對爲文教行下脫於字而利字又誤作於義不可通矣是以言明而易知也行明而易從也舊本作行易而從也王云行易而從文不成義當作行明而易從與上句文同一例下文曰行義可明乎民又曰行義不可明於民皆其證案王說是也今據正行義可明乎民謀慮可通乎君臣今孔某深慮同謀以奉賊俞云同乃周字之誤深慮周謀相對爲文言其慮深沈其謀周密也勞思盡知以行邪勸下亂上教臣殺君畢云孔叢引殺作弒非賢人之行也入人之國而與人之賊非義之類也知人不忠趣

之爲亂畢云趣讀促非仁義之也畢云脫字逃人而後謀避人而後言言上後字舊本作后今據吳鈔本改行義不可明於民明吳鈔本作謀誤謀慮不可通於君臣嬰不知孔某之有異於白公也是以不對景公曰嗚乎道藏本吳鈔本作呼貺寡人者衆矣儀禮士昏禮記云吾子有貺命鄭注云貺賜也此貺與貺命義同畢云貺當爲況此俗寫非夫子則吾終身不知孔某之與白公同也孔某之齊見景公史記孔子世家以此爲昭公二十五年魯亂孔子適齊以後事景公說欲封之以尼谿史記孔子世家同晏子春秋外篇作爾稽孫星衍云尼爾稽谿聲皆相近詒讓案尼谿地無攷呂氏春秋高義篇又作景公致廩丘以爲養以告晏子晏子曰不可夫儒浩居而自順者也盧云晏子外篇與此多同浩居作浩裾畢云案史記作倨傲自順顧云漢書酷吏郅都傳丞相條侯至貴居也讀作倨詒讓案王制云喪祭用不足曰暴有餘曰浩鄭注云浩猶饒也居裾並倨之叚字家語三恕篇云浩裾者則不親王肅注云浩裾簡略不恭之貌不可以教下好樂而淫人晏子作好樂緩於民不可

使親治立命而怠事，不可使守職；宗喪循哀，畢云：「孔叢、史記宗作崇。」詒讓案：宗崇字通。詩周頌烈文鄭箋云：「崇，厚也。」書盤庚僞孔傳云：「崇，重也。」循，史記、孔叢作遂，晏子作久喪道哀。王云：「循、遂一聲之轉。遂哀，謂哀而不止也。三年問曰：『三年之喪，二十五月而畢，若駟之過隙，然而遂之，則是無窮也。』」不可使慈民；晏子作子民。慈子字通。禮記緇衣云：「故君民者，子以愛之，則民親之。」又云：「故長民者，章志貞教，尊仁以子愛百姓。」國語周語云：「慈保庶民，親也。」機服勉容，盧云：「晏子作異于服，勉于容。」詒讓案：大戴禮記本命篇盧注云：「機，危也。」危服蓋猶言危冠。勉，俛之借字。考工記矢人「前弱則俛」，唐石經俛作勉，是其證也。機服勉容，言其冠高而容俛也。不可使導眾。孔某盛容脩飾以蠱世，吳鈔本脩作修。晏子作盛聲樂以後世。文選西京賦薛綜注云：「蠱，惑也。」弦歌鼓舞以聚徒，繁登降之禮以示儀，務趨翔之節以觀眾；趨，吳鈔本作超。觀，舊本作勸，吳鈔本作觀，與晏子外篇合，今據正。博學不可使議世，博，舊本作儒。畢云：「晏子儒作博，議作儀。」王云：「作博者是。此言孔子博學而不可以爲法於世，非議其儒學也。今本作儒學者，博誤爲傳，又誤爲儒耳。隸書傳、儒相似，說見上文。儀、議古字通。」案：王說是也，今據正。勞思不可以補民畢云三字舊脫盧据晏子增絫壽不能盡其學當年不能行其禮案當年壯年也詳非樂上篇抱朴子外篇省煩引墨子作累世不能盡其學當年不能究其事與史記略同積財不能贍其樂繁飾邪術以營世君畢云說文云營惑也家語云營惑諸侯高誘注淮南子曰營惑也營同營營與眴音相近盛爲聲樂以淫遇民晏子作以淫愚其民案遇與愚通詳非命下篇畢云當爲愚民其道不可以期世俞云晏子春秋雜篇作其道也不可以示世此文期字亦示字之誤古文其字作亓見集韻示誤爲亓因誤爲期矣其學不可以導眾畢云孔叢作家非今君封之以利齊俗晏子作今欲封之以移齊國之俗畢云史記云君欲用之以移齊俗作移是非所以導國先眾公曰畢云二字舊脫据孔叢增善吳鈔本又無此字於是厚其禮畢云厚其二字舊脫盧据晏子增留其封敬見而不問其道問吳鈔本作利誤孔某乃恚舊本作孔乃志道藏本孔下又空一字季本吳鈔本並作孔子諱今據增某字晏子作仲尼迺行畢本志改恚云恚舊作志盧改怒於景公與晏子乃樹鴟夷子皮畢云即范蠡也韓非子云鴟夷子皮事田成子

成子去齊走而之燕鴟夷子皮負傳而從按史記貨殖傳云范蠡變名易姓適齊爲鴟夷子皮蘇云據史記范蠡亡吳後乃變易姓名適齊爲鴟夷子皮然亡吳之歲乃孔子卒後六年景公卒後十七年又安知蠡之適齊而樹之田氏之門乎此與莊周所言孔子見盜跖無異眞齊東野人之語也詒讓案淮南子氾論訓云昔者齊簡公釋其國家之柄而專任大臣故使陳成田常鴟夷子皮得成其難說苑指武篇又云田成子常與宰我爭宰我夜伏卒將以攻田成子鴟夷子皮聞之告田成子卽此於田常之門田常卽陳恆見春秋哀十四年經公羊恆作常莊子盜跖篇云田成子常殺君竊國而孔子受幣蓋戰國時有此誣妄之語錢大昕云田常弑君之年越未滅吳范蠡何由入齊此淮南之誤也告南郭惠子以所欲爲荀子法行篇有南郭惠子問於子貢楊注云未詳其姓名蓋居南郭因以爲號莊子有南郭子綦案見齊物論篇南郭惠子尚書大傳略說作東郭子思說苑雜言篇作東郭子惠史記索隱引世本陳成子弟有惠子得或卽此人朱彝尊孔子弟子攷謂卽衛惠叔蘭誤歸於魯有頃閒齊將伐魯畢云言伺其閒蘇云閒當作閒案蘇校亦通告子貢曰賜乎舉大事於今之時矣乃遣子貢之齊因南郭惠子以見田常勸之伐吳以教高

國鮑晏使毋得害田常之亂勸越伐吳三年之內齊吳破國之難史記孔子弟子列傳載田常欲作亂於齊憚高國鮑晏故移其兵欲以伐魯孔子聞之使子貢至齊說田常伐吳又說吳救魯伐齊與齊人戰於艾陵大破齊師越王聞之襲破吳越絕書陳成恆內傳所載尤詳云子貢一出存魯亂齊破吳彊晉霸越卽其事伏尸以言術數吳鈔本無言字蘇云當云不可以言計數也尸下脫不可二字詒讓案疑當作以意術數意言篆文相近卽億之省術率通詳明鬼下篇廣雅釋言云率計校也猶言以十萬計孔某之誅也畢云言孔子之責也蘇云誅當作謀孔某爲魯司寇史記孔子世家云定公九年由司空爲大司寇舍公家而奉季孫畢云奉舊作於據孔叢改季孫相魯君而走經傳無此事亦謾語也季孫與邑人爭門關說文門部云關以木橫持門戶也決植決植上疑有挩文爾雅釋宮云植謂之傳郭注云戶持鎖植也一切經音義引三蒼云戶旁柱曰植畢云列子云孔子勁能招國門之關而不肎以力聞呂氏春秋愼大云孔子之勁舉國門之關而不肎以力聞此云決植卽其事也說文云植戶植也似言季氏爭關而出孔子決門植以縱之詒讓案左傳襄十年偪陽人啟門諸侯之士門焉縣門發郰人紇抉之以出門者

孔疏服虔云抉擫也謂以木楓抉縣門使舉令下容人出也抉疑抉之借字又疑流俗傳譌以鄒大夫事爲孔子也淮南子道應訓云孔子勁杓國門之關又主術訓孔子力招城關高注云招舉也以一手招城門關端能舉之**孔某窮於蔡陳之閒**畢云孔叢窮作厄**藜羹不糂**內則鄭注云凡羹齊宜五味之和米屑之糝畢云蓺文類聚引作藜蒸不糂北堂書鈔作不糝太平御覽作糂一作糝荀子云七日不火食藜羹不糂楊倞云糂與糝同蘇覽反說文云糂以米和羹也一曰粒也古文糂从參則糂糝古今字**十日子路爲享豚**享吳鈔本作亨畢云孔叢太平御覽引享作亨俗寫耳享卽亨字王云爲字後人所加享卽今之亨字也經典省作亨後人誤讀爲燕享之享故又加爲字耳孔叢子詰墨篇藝文類聚獸部中太平御覽人事部百二十七飲食部十一獸部十五引此皆作予路烹豚無爲字**孔某不問肉之所由來而食**畢云蓺文類聚引作不問肉所從來卽食之**號人衣**畢云號褫字之誤孔叢作剝詒讓案說文衣部云褫奪衣也非攻上篇云扡其衣裘扡褫字同**以酤酒**酤吳鈔本作沽畢云孔叢酤作沽同**孔某不問酒之所由來而飲哀公迎孔某**孔子窮於陳蔡之閒在哀公六年十一年季康子迎孔子自衛反魯卽其時也**席不端弗坐**弗吳鈔本

作不下句仍作弗論語鄉黨篇云席不正不坐皇侃義疏云舊說云鋪之不周正則不坐之也故范甯云正席所以恭敬也

割不正弗食文選王昭君詞李注引兩弗字並作不論語鄉黨篇文同皇疏云古人割肉必方正若不方正割之故不食也江熙云殺不以道爲不正也案此當從皇說江說非

子路進請曰何其與陳蔡反也畢云文選注引反作與

孔某曰來吾語女舊本作與女畢云當爲語女詒讓案道藏本季本並作語女吳鈔本作語汝今據正

爨與女爲苟生畢云苟且王云畢說非也苟讀爲亟其乘屋之亟亟急也說文苟自急敕也從羊省從勹口勹口猶慎言也與苟且之苟從艸者不同爨與女爲苟生今與女爲苟義者爨謂在陳蔡時也今謂哀公賜食時也苟急也言爨時則以生爲急今時則以義爲急也若以苟爲苟且之苟則苟義二字義不可通矣文選石崇王昭君辭注引此亦誤以爲苟且之苟案苟字不見經典唯爾雅亟速也釋文曰亟字又作苟同居力反此釋文中僅見之字釋文而外則唯墨子書有之亦古文之僅存者良可貴也俞云王氏以苟爲說文自急敕之苟然求之文義亦似未合本文言爲苟生爲苟義不言以生爲急以義爲急也此字仍當爲苟且之苟苟生者苟可以得生而止也苟義者苟可以得義而止也儀禮燕禮聘禮記並有賓爲苟敬之文鄭注聘禮記曰燕私樂之禮崇恩殺敬也

又曰苟敬者主人所以小敬也然則苟敬之義亦謂苟可以致敬而止此言爲苟生爲苟義正與爲苟敬一律蓋古語有然未可隱改也淮南子繆稱篇云小人之從事也曰苟得君子之從事也曰苟義文義正與此相近案俞說亦通今與女爲苟義畢云舊云囊與女爲苟義脫五字據文選注增夫飢約則不辭妄取以活身舊本辭下有忘字畢云此字衍詒讓案道藏本吳鈔本季本並無今據刪贏飽則僞行以自飾舊本贏作羸又挩則字王云羸飽僞行以自飾本作羸飽則僞行以自飾贏之言盈也僖二十八年左傳我曲楚直其衆素飽杜注曰直氣盈飽盈飽卽贏飽正對上文飢約而言今本飽下脫則字羸飽又譌作羸飽則義不可通詒讓案吳鈔本正作贏今據補正汙邪詐僞吳鈔本汙邪到孰大於此孔某與其門弟子閒坐曰夫舜見瞽叟就然畢云舊作然就孫以意改孟子云舜見瞽叟其容有蹙韓非子忠孝云記曰舜見瞽叟其容造焉孔子曰當是時也危哉天下岌岌荀子亦同作造案就蹵造三音皆相近詒讓案禮記曲禮足蹵釋文云蹵本又作蹴大戴禮保傅篇靈公造然失容賈子胎教篇作戚然易容新序雜事篇作靈公蹴然易容此書以就爲蹵爲造猶新序以蹴爲戚爲造也孟子趙注云其容有蹵蹵不自安也又公孫丑篇曾西蹵然注云蹵然猶蹵踖

也此時天下圾乎畢云圾舊作坂以意改孟子韓非子作岌岌詒讓案孟子萬章篇云孔子曰於斯時也天下殆哉岌岌乎趙注云孔子以爲君父爲臣岌岌乎不安貌也故曰殆哉莊子天地篇云殆哉圾乎天下郭注云圾危也管子小問篇云桓公言欲勝民管仲曰危哉君之國岌乎義並同周公旦非其人也邪非其人疑當作其非人人與仁字通言周公不足爲仁即指下舍其家室而言三國志魏志裴松之注及長短經懽誡篇並引尸子云昔周公反政孔子非之曰周公其不聖乎以天下讓不爲兆民也非仁與不聖之論略同蓋戰國時流傳有是語何爲舍亓家室而託寓也舍亓舊本作舍亦盧校改爲亦舍畢本從之王云亦字義不可通亦當爲亓亓古其字也墨子書其字多作亓說見公孟篇耕柱篇曰周公旦辭三公東處於商奄蓋即此所謂舍其家室而託寓者盧改舍亦爲亦舍非是詒讓案王說是也今據正以上並謂孔子誣舜與周公也孔某所行心術所至也其徒屬弟子皆效孔某徒屬猶言黨友故後兼舉陽貨佛肸言之呂氏春秋有度篇云孔墨之弟子徒屬充滿天下子貢季路輔孔悝亂乎衛畢云舊脫亂字據孔叢云以亂衛增詒讓案莊子盜跖篇跖曰子路欲殺衛君而事不成身菹於衛東門之上是子教之不至也案子貢未聞與孔悝之

難亦謏語也鹽鐵論殊路篇云子路仕衛孔悝作亂不能救君出亾身菹於衛子貢子皋遁逃不能死其難然則時子貢或適在衛與**陽貨亂乎齊**畢云孔叢作魯詒讓案此當從孔叢作魯左傳定九年陽貨奔齊又奔晉無亂齊之事論語皋䕫引古史考謂陽貨亦孔子弟子蓋卽本此書而誤也**佛肸以中牟叛**論語陽貨篇云佛肸召子欲往子路曰佛肸以中牟畔子之往也如之何集解孔安國云晉大夫趙簡子之邑宰史記孔子世家佛肸爲中牟宰趙簡子攻范中行伐中牟佛肸畔使人召孔子左傳哀五年夏趙鞅伐衛范氏之故也遂圍中牟卽其時也肸蓋范中行之黨孔安國以爲趙氏邑宰誤也**桼雕刑殘**桼正字經典多段漆爲之刑吳鈔本陂改形畢云孔叢作漆雕開形殘詰曰非行己之致詒讓案孔子弟子列傳有漆雕哆漆雕徒父二人此所云或非開也韓非子顯學篇說孔子卒後儒分爲八有漆雕氏之儒又云漆雕之議不色撓不目逃行曲則違於臧獲行直則怒於諸侯此亦非漆雕開明甚孔叢爲詰不足據也刑形字通淮南子隆形訓西方有形殘之尸宋本形亦作刑**莫大焉**畢云莫上當脫一字**夫爲弟子後生**後生亦弟子也耕柱篇耕柱子遺十金於墨子曰後生不敢死又云後生有反子墨子而反者並弟子之稱**其師**其上有挩字**必脩其言**脩吳鈔本作修**法其行力不足**

知弗及而後已今孔某之行如此儒士則可以疑矣

墨子閒詁卷十

瑞安孫詒讓

經上第四十

畢云此翟自著故號曰經中亦無子墨子曰云云按宋潛谿云上卷七篇號曰經中卷下卷六篇號曰論上卷七篇則自親士至三辯也此經似反不在其數然本書固稱經詞亦最古豈後人移其篇第與唐宋傳注亦無引此故譌錯獨多不可句讀也詒讓案畢下四篇皆名家言又有算術及光學重學之說精眇簡奧未易宣究其堅白異同之辯則與公孫龍書及莊子天下篇所述惠施之言相出入莊子又云相里勤之弟子五侯之徒南方之墨者苦獲已齒鄧陵子之屬俱誦墨經而倍譎不同相謂別墨以堅白同異之辯相訾以觭偶不仵之辭相應莊子所言即指此經晉書魯勝傳注墨辯敘云墨辯有上下經經凡四篇與其書眾篇連第故獨存亦斷此四篇也莊子駢拇篇又云駢於辯者纍瓦結繩竄句遊心於堅白同異之閒而敝跬譽無用之言非乎而楊墨是已據莊子所言則似戰國之時墨家別傳之學不盡墨子之本恉畢謂翟所自著攷之未審凡經與說舊並旁行兩截分讀今本誤合并寫之遂掍淆譌捝益不可逐今別攷定附著於後而篇中則仍其舊

故所得而後成也畢云說文云故使爲之也或與固同事之固然言已得成也詒讓案此言故之爲辭凡事因得此而成彼之謂墨子說與許義正同畢疑或與固同失之義詳經說上止謂事歷久則止以久也畢云以同巳體分於兼也周禮天官敘官鄭注云體猶分也說文秝部云兼并也蓋并眾體則爲兼分之則爲體畢云孟子云有聖人之一體必說文八部云必分極也不已也畢云言事必行知材也此言智之體也畢云言材知俞云知讀爲智故經說上曰知也者所以知也所以知者即智也淮南子主術篇任人之才難以至治高誘注曰才智也才與材通才訓智故智亦訓材平同高也詩小雅伐木鄭箋云平齊等也畢云言上平陳澧云此即海島算經所謂兩表齊高也又幾何原本云兩平行線內有兩平行方形有兩三角形若底等則形亦等其理亦賅於此詒讓案陳說是也洪頤煊謂高當是亭之譌非慮說文心部云慮謀思也求也畢云謀慮有求同長以㱏相盡也盧文弨云㱏古文正亦作㱏畢云㱏即正字唐大周石刻投心㱏覺如此詒讓案集韻四十五勁云正唐武后作㱏亦見唐岱岳觀碑陳云按幾何原本有兩直線一長一短求於長線減去短線之度其法以兩線同輳圜心以短線爲界作圜與長線相交即與短線等此即所謂以正相盡也云以正者圜線與兩直線相交皆

成十字也知接也此言知覺之知莊子庚桑楚篇云知者接也淮南子原道訓云感而後動性之害也物至而神應知之動也知與物接而好憎生焉畢云知以接物中同長也畢云中孔四量如一俞云爾雅釋言齊中也是中與齊同義故以同長釋之陳云說云中自是也相若也按幾何原本云圜界至中心作直線俱等恕明也恕舊本譌恕畢云恕己及人故曰明非是今從道藏本吳鈔本作恕顧云恕卽智字詒讓案顧說是也此言知之用周禮大司徒鄭注云知則於事厚有所大也陳云說云厚惟無所大按幾何原本云面者止有長有廣蓋面無厚薄言厚必先有面之長廣故云有所大也其說云無所大者謂但言厚則無以見其長廣也詒讓案陳說非是此云有所大者謂萬物始於有形既有而積之其厚不可極說云無所大者言無爲有之本有因無生則因無而積之其厚亦不可極此皆比儗推極之語謂與經辭若相反而意實相成也莊子天下篇惠施曰無厚不可積也其大千里釋文引司馬彪云物言形爲有形之外爲無無形與有形相爲表裏故形物之厚盡於無厚無厚與有同一體也其有厚大者其無厚亦大高因廣立有因無積則其可積因不可積者苟其可積何但千里乎惠子語亦與此經畧同仁體愛也國語周語云博愛於人爲仁說苑修文篇云積愛爲仁日中句𤴓南也經說上無說𤴓亦正字中國處赤道北故

日中爲正南。**義，利也。**左昭十年傳云義利之本也孝經唐明皇注云利物爲義畢云易曰利者義之和。**直，參也。**亦無說畢云說文云直正見也論語子曰立則見其參于前陳云此卽海島算經所謂後表與前表參相直也。**禮，敬也。**樂記云禮者殊事合敬者也。**圜，**句**一中同長也。**畢云一中言孔也量之四面同長鄒伯奇云郞幾何言圜面惟一心圜界距心皆等之意陳云幾何原本云圜之中處爲圜心一圜惟一心無二心故云一中也同長義見前劉嶽雲云此謂圜體自中心出徑綫至周等長也。**行，爲也。**經說上云志行爲也。**方，**句**柱隅四讙也。**讙吳鈔本作驩疑皆雜之誤呂氏春秋論人篇云圜周復雜高注云雜猶匝淮南子詮言訓云以數雜之壽高注云雜帀也說文帀部云帀周也周髀算經云圓出於方趙爽注云方周匝也周易乾鑿度鄭康成注云方者徑一而匝四也此釋方形爲柱隅四雜者謂方柱隅角四出而方幂則四圍周帀亦卽算術方一周四之義方周謂之雜猶呂覽謂圜周爲雜矣雜守篇云塹再雜與此四雜義正同說苑修文篇云如矩之三雜規之三雜周則又始窮則反本也彼云矩三雜疑當作矩四雜古書三四字積畫多互譌畢云讙疑雜字劉嶽雲云此謂方體四雜皆有隅等面等邊等角也今案畢劉說似未塙淮南子天文訓高注云四角爲維若作維則與柱隅義復不若四雜之切也。**實，榮也。**畢云實至則名榮倍爲二也畢云倍之是爲二忠以爲利而强低也畢云言以利人爲志而能自下詒讓案畢說非也低疑當爲君君與氐篆書相似因而致誤氐復誤爲低耳忠爲利君與下文孝爲利親文義正相對荀子臣道篇云有能比智力率羣臣百吏而相與彊君撟君君雖不安不能不聽遂以解國之大患除國之大害成於尊君安國謂之輔案此云强君與荀子義同以爲利即解大患除大害尊君安國之事也端體之無序而最前者也畢云序言次序說文云耑物初生之題也王引之云序當爲厚經說上云端仳兩有端而后可次無厚而后可是其證也無厚者不厚也訓端以無厚者凡物之見端其形皆甚微也厚與序隸書相似而誤說見非攻下篇陳云說云端是無同也按端即西法所謂點也體之無序即西法所謂線也序如東序西序之序猶言兩旁也幾何原本云線有長無廣無廣是無兩旁也又云線之界是點點是線之盡處是最前也又云直線止有兩端兩端之間上下更無一點是無同也詒讓案畢說是也經說下仳兩有端而后可二句非此經之說王誤引之又誤連上文端字爲句並繆無序之序當爲敘之叚字言端最在前無與相次敘者故說云端是無同也若如王說則與說不相應魯勝墨辯敘云名必有分明分明莫如有無故有無序之辯蓋即指此文然則晉時所傳墨子正作無序不當如王校明矣陳以點釋

端甚精而訓序爲旁則亦未得其義孝利親也賈子道術篇云子愛利親謂之孝有閒中也畢云閒隙是二者之中陳云說云有閒謂夾之者也閒謂夾者也按幾何原本云直線相遇作角爲直線角又云在多界之閒爲形皆是有閒也綫與界夾之也信言合於意也言言與意相合無僞飾閒不及旁也閒謂中空者則上有閒中也之義畢云言閒僕誤佴自作也畢云說文云佴佽也此云自作未詳也俞云作疑佐字之誤爾雅釋言佴貳也佐與貳義相近老子以道佐人主者唐景龍二年石刻作以道作人主者作佐形似本易相混而此又涉下文有三作字故誤耳詒讓案作疑當作佽經說上有佽字即比之借字比猶次也言自相次比是謂之佴說云與人遇人衆循即相次比之意也節葬下篇云佴乎祭祀亦次比之義俞說未審纑閒虛也盧云纑猶壚壚之壚王引之云盧說非也纑乃櫨之借字經說上云纑閒虛也者兩木之閒謂其無木者也則其字當作櫨衆經音義卷一引三倉云櫨柱上方木也釋名以木爲之兩櫨之閒則無木故曰櫨閒虛也者兩木之閒謂其無木者也陳云攷九章算術劉徽注云凡廣從相乘謂之冪即此所謂纑也又海島算經云以表高乘表閒李淳風云前後表相去爲表閒則所謂兩木之閒無木者詒讓案王陳二說不同王說近是纑櫨同聲段借字文選魏都賦李注引說文云欂櫨柱上枅也

禮記明堂位鄭注作欂盧釋名釋宮室云盧在柱端如都盧負屋之重也欂櫨單舉之則曰櫨淮南子主術訓云短者以爲朱儒枅櫨**謂**畢云字書無此字詒讓案孟子睊睊胥讒孫奭音義云睊一作謂謂睊狷並同聲假借字**作嗛也**洪云字書無謂字當與涓字同義說文涓小流也故此云作嗛也嗛卽慊字詒讓案謂當爲獧之借字字又作狷論語云狷者有所不爲也故經說上云爲是之詒彼也弗爲也狷孟子作獧同作嗛者國策魏策高注云嗛快也言狷者絜己心自快足嗛古或借謙慊爲之大學自謙鄭注云謙讀爲慊慊之言厭也洪讀嗛爲慊慊於義可通然非厭足之本字也

盈莫不有也廣雅釋詁云盈滿也**廉作非也**畢云廉察之廉作與狙聲近言狙伺詒讓案廉作非與上文謂作嗛文例同則不當如畢讀廉疑當作慊慊假也作非謂所爲不必無非故說云己惟爲之知其[illegible]也**堅白不相外也**此卽公孫龍堅白石之喻相外言同體也詳經說上**不令不爲所作也**畢云言使人爲之不自作**攖相得也**莊子大宗師釋文引崔譔云攖有所繫著也畢云玉篇云攖結也**任士損己而益所爲也**畢云謂任俠說文云甹俠也三輔謂輕財者爲甹甹與任同**似有以相攖有不相攖也**似當依說作仳形近而誤仳與比通言相合比者有相攖相次比者不相攖故下文云次

勇志之所以敢也賈子道術篇云持節不恐謂之勇畢云敢決次無閒
無閒而不相攖也而不攖攖也攖攖當作相攖言兩物相次則中無閒隙然不相連合故云不相攖也力刑之所
以奮也畢云刑同形言奮身是強力法所若而然也荀子不苟篇楊注云法效也畢云若順言
有成法可從生刑與知處也畢云刑同形言人處世惟形體與知識詒讓案此言形體與知識合并同
居則生畢說未憭佴所然也吳鈔本無然字畢云然猶順耳之言貳或爲佽字假音說文云佽必然也詒讓
案爾雅釋詁云佴貳也郭注云佴次爲副貳次貳與順義近畢疑爲佽之假音則非臥知無知也畢云臥而
夢似知也而不可爲知詒讓案知卽上生形與知處之知言知識存而臥時則無知也畢謂夢知則失之說所以
明也經說上無說說文言部云說說釋也一曰談說謂談說所以明其意義畢云解說夢臥而以爲
然也說文云㝱寐而有覺也夢不明也經典通叚夢爲㝱畢云言夢中所知以爲實然佽不可爾雅釋言
云佽助也然說無佽義疑當爲彼下文辯爭彼也彼今本亦或作佽是其證兩不可也言既有彼之不可卽
有此之不可是彼此兩皆不可也平句知無欲惡也說文兮部云平正也謂欲惡兩忘辯爭

彼也彼吳鈔本作彼辯勝畢云讀如勝負當也畢云讀如當意利所得而喜也爲句窮知而縣於欲也畢云言知之所到而欲爲縣同懸詒讓案此言人爲欲所縣係則知有時而窮義詳經說上畢說求墒害所得而惡也已句成亡言已有此二義治求得也畢云言事既治所求得使句謂故言使有此二義謂吳鈔本作爲非畢云說文云故使爲之也譬明美也國語晉語韋注云明著也言著人之善名句達類私言名有此三義誹明惡也謂句移舉加言謂有此三義舉擬實也說文手部云擬度也謂量度其實而言之知句聞說親畢云聞舊作閒据經說上改詒讓案言知有此三義名句實合爲言名有此三義言出舉也謂舉實而出之口聞句傳親傳道藏本吳鈔本並誤作傅言聞有此二義且畢云舊衍一且字以意刪言然也見句體盡言見有此二義鈕樹玉云疑當見體爲句先之君臣萌畢云疑同名或同氓鈕云萌郎氓字上文已婁見詒讓案鈕說是也詳尚賢上篇通約也謂尊卑上下等差不一道而約之不過此三名故說云君以若名者也合句缶宜必言合有此三義功利民也欲缶權利且惡缶

權害大取篇云於所體之中而權輕重之謂權權非爲是也亦非爲非也權正也斷指以存擘利之中取大害之中取小也且字疑衍賞上報下之功也爲句存亡易蕩治化言爲有此六義罪犯禁也同句重體合類言同有此四義罰上報下之罪也異句二不體不合不類舊本體上挩不字今依畢校補吳鈔本亦不挩此言異者亦有此四義也同讀從侗通異而俱於之一也之一猶言是一也謂合衆異爲一同異交得謂言語同異各得其義放有無放疑當爲知說云恕有無恕當爲恕之譌知恕字同久句彌異時也王云彌徧也畢云言不易其時故曰久非宇句彌異所也舊本宇誤守畢云言不移其所故曰守王引之云彌異所非不移其所之謂也畢說非是今案守當爲宇宇形相似而誤彌徧也宇者徧乎異所之稱也經說上解此云宇東西南北東西南北可謂異所矣而徧乎東西南北則謂之宇故曰宇彌異所也高誘注淮南原道篇云四方上下曰宇蔡邕注典引云四表曰宇四表即東西南北也案王說是也今據正聞耳之聰也經說上無說疑有缺佚窮句或有前不容尺也有前謂有端也經說上云尺前於區穴而後於端蓋以布幅爲喻自端至尺爲半不容尺謂不及半明其

易窮也

循所聞而得其意。畢云循猶云從

心之察也。無說畢云之舊作也據下文改

盡句

莫不然也。

言口之利也。無說

始當時也。

執所言而意得見心之辯也。無說說文言部云辯治也

化句徵易也。言變易之徵論

諾不一利用。謂辭氣不同於用各有所宜若說所云五諾也

損偏去也。說文手部云損減也畢云言損是去其半

服執說音利

畢云音利二字舊注未詳其義詒讓案說文言部云說言相說何也唐韻音女加切與利音絕遠集韻六至利紐下亦不收此字惟十二霽有說字音研計切伺也音略相近類篇言部又引埤倉云詀說言不同也居佳切亦與此音義不相應攷說釋此文云執服難成言務成之九則求執之以相推校疑音利當作言利二字本是正文誤作小注說云九則求執之九當即說之壞字求執即說文所謂言相說伺也傳寫舛誤改言利二字爲小注校者不憭又改言爲音緟悮貤謬遂不可究詰矣服謂言相從而不執執謂言相持而不服說則不服不執而相伺若鬼谷子所謂抵巇者三者辭義不同而皆可於用上文云言口之利也又云諾不一利用此以服執說爲言之利與彼義蓋畧同

巧轉則求其故

轉當爲傳聲同字通說云觀巧傳法是也故謂舊所傳法式國語齊語云工相語以事相示以巧考工記云知者創物巧

者述之傳法求故卽所謂述也巧傳則求其故與下文法同則觀其同法異則觀其宜句法正同說亦并爲一條釋之畢讀巧轉爲句則求其故大益爲句並繆

大益無說未詳其義此與前云損偏去也損益義似正相對疑謂凡體損之則小益之則大也以旁行句讀次第校之疑當在巧轉則求其故句上錯著於此而又佚其說耳

儇稹秪吳鈔本作祇畢云稹䅵說上作眴詒讓案當爲環俱秪皆聲之誤俱說作眴音亦相近秪說作民當作氏卽柢之省爾雅釋言云柢本也毛詩節南山傳云氐本是二字義同凡物有耑則有本環之爲物旋轉無耑若互相爲本故曰俱柢

法同則觀其同禮記少儀云下依於法

庫盧云庫疑𢉐與障同見下文

易也洪云易當是物字之譌庫者物所藏也言法異則當觀其所宜物經說上篇庫區穴若斯貌常明庫非譌字詒讓案此當從盧校作𢉐經說下景𢉐字亦誤庫可證但說無易義未詳洪說緣誤爲訓又誤并下句爲一經並不足據

法異則觀其宜句

動句

或從也從當作徙徙經下篇云宇或徙此與彼文義正同彼徙字今本亦譌爲從可證說文辵部云徙迻也或當爲域之正字或徙言人物迻其故所處之地域是動之理也詳經下

止句

因以別道謂道有宜止者有不宜止者因以別也與經下止類以行之義亦畧同

讀此書旁行句

正無非畢云說文

云非違也从飛下𢃼取其相背言此篇當旁行讀之卽正讀亦無背於文義也此篇舊或每句兩截分寫如薪考定本故云旁行可讀詒讓案畢謂此篇每句兩截分寫是也而釋無非爲無背則非此缶無非三字亦是經文謂聖人以正道有所非與無所非同說云若聖人有非而不非卽釋此經可證惟讀此書旁行五字乃後人校書者附記篇末傳寫者誤羼入正文又移箸於缶無非三字之上而其義遂莫能通矣又案此經云正無非說則云聖人不非義雖可通而正聖二文究不甚合竊疑此正亦當作聖集韻四十五勁云聖唐武后作𤯔今所見唐岱岳觀碑則作𤯔葢从長从正从王缶卽正也集韻字形微譌此書正字皆用武后所製作缶此聖字或亦本作𤯔壞挩僅存缶形耳惟說詒簡畧無可質證附識於此俟通學詳定焉

經下第四十一

止句類以行人說云止彼以此其然也說是其然也我以此其不然也疑是其然也則是言辭相執拒之意不當言行人疑人當作之類以行之謂以然不定其是非可以類推所謂同也小取篇云夫辭以類行者也卽此義

說在同此亦取類推之義經說上云有以同類同也

所存與者當作與存者今本挩一存字說云室

堂所存也某子存者也 於存與孰存駟異說 顧云當云說在異與說在同對文而句多譌脫詒讓案今以說校之此三字自爲下經發端語本不屬所存與者於存與孰存讀亦不與說在同對文顧說繆駟疑當爲四之誤下又挩足字說云謂四足獸與牛馬與謂與說義同 推類之難 言四足獸爲總名而獸各自有散名不能以類推也 說在之大小 之上疑挩名字凡總名爲大散名爲小詳經說下顧讀之字句亦非 五行毋常勝說在宜 言視其生克之宜 物盡同名 物猶事也謂意異而辭同 二與鬭 句 愛食與招 句 白與視 吳鈔本作二 麗與 顧云據說似當有暴字 夫與履 說作屨義同以上並中同名之義詳經說下 一 句 偏棄之 棄吳鈔本作弃經說下作偏去與此下文及經上合去棄義同 謂凡物或分析一體爲二或絫比兩一爲二皆可去其一偏對下不可偏去而二爲文 謂而固是也說在因 說無因義因蓋與固是義同公孫龍子堅白篇云離也者因是力與知果不若因是莊子齊物論篇云因是因非因非非因是此云固是猶言因是矣或固當爲因之誤畢讀固字句斷云言固陋失之 不可偏去而二 凡物有二斯有偏有偏必可去此共一而體性相含者則雖二而不可偏去若下所云是也 說在見與俱 說文

人部云俱偕也經上云同異而俱於之一也又經說上釋俱爲合同並與此義合言所見者爲一所含而不見者又爲一此皆名有二而不可偏去者也即說堅白見不見之義

一與二即說白一堅二色性同體者也廣與脩脩舊誤作循俞云循乃脩字之誤蓋以廣脩相對爲文隸書脩與循相似古書二字互誤者不可枚舉經說下篇遺循堅白循亦脩之誤廣脩與堅白皆二字平列詒讓案俞校是也今據正此言若平方之冪有廣有脩二者異名而數度相函則二而一也

無欲惡之爲益損也說在宜爲益損疑當作無益損宜謂欲惡任情惟意所適

不能而不害說在害經說下有說而義多難通大意似謂凡事有害於人者不能不足爲害

損而不害說在餘說文食部云餘饒也謂物饒多則損之爲宜

異類不吡吳鈔本作吡此當與經說上篇仳字聲義同畢云說文無此字玉篇云吡吡必切鳴吡吡今案畢引玉篇非此義

說在量量謂量度其理數之異同

知而不以五路說在久未詳

偏去莫加少去猶言相離謂均分一體爲二是爲兩偏然與其合時體多少無增減

說在故言如故即說云無變也

必熱依說疑當作火不熱火必形近而誤又挩不字耳莊子天下篇亦有此文

說在頓說無頓義疑當作視說云以目見火若以火見

火謂火熱也非以火之熱大意謂目中所見者火之光不見其熱也視與見義同假必誖說文人部云假非眞也又言部云誖亂也或作悖說在不然說云假必非也誖與非義同正者爲是則假者爲非非即不然也凡此書言誖者皆爲非詳說下知其所以不知說在以名說無名義疑當作明謂或知或不知明辨無遺取物之所以然句與所以知之句與所以使人知之句不必同說在病說云物或傷之然也病與傷義同無不必待有句說在所謂言所謂不同猶說無馬無失陷之喻疑謂不可必說在逢句循句遇句過言疑合此四義擢慮不疑擢當作權形近而誤亦作搉廣雅釋訓云揚搉嫴權無慮都凡也凡古書言大略計算者重言之曰揚搉嫴權無慮單言之則曰權曰慮文選左思魏都賦云權惟庸蜀與鴝鵒同巢荀子用兵篇云慮率用賞慶刑罰埶詐而已矣楊注云慮大凡也此又合兩文言之曰權慮其義一也說在有無謂約計其大數合與一句或復否說在拒相拒即不合所謂否也說無疑有闕佚且然句不可正而不害用工工與功古字通用工猶言從事也且然者將然而未然不能質定故不可正庸因時乘勢正可從事故不害用工孟

子公孫丑篇云必有事焉而勿正勿正猶此云不可正有事猶此云用工孟子語意與此正同趙岐注殊不了**說在宜歐**說無宜歐義未詳歐吳鈔本作毆以字形校之與後文寡區頗相近然義亦難通且彼論鑒景與此文亦不甚應也竊疑此當作害區害與蓋古字通爾雅釋言蓋割裂也釋文引舍人本蓋作害是其證荀子大略篇云言之信者在乎區蓋之閒漢書儒林傳云疑者丘蓋不言蘇林注云丘蓋不言不知之意也案丘區古音相近見曲禮鄭注區蓋者當爲疑信相參疏略不盡之謂韓詩外傳云殖盡於己而區略於人區蓋猶區略也此釋且然爲害區者即荀子之區蓋亦即不可正之義經典凡言姑且苟且者並謂粗略不精詩邶風泉水鄭箋亦云聊且口略之辭**物一體也說在俱一惟是**惟當作唯經上云同異而俱於之一也唯是者謂物名類相合則此呼彼應而是也說云唯是當牛馬即此義詳經說下**均之絕不**吳鈔本作否古通用**說在所均**謂均其縣則將絕而不絕也說云均其絕也莫絕**宇或徙**畢云舊作從以意改詒讓案說文戈部云或邦也或从土作域此即邦域正字亦此書古宇之一也徙者言宇之方位轉徙不常屢遷而無窮也經說下云或知是之非此也又知是之不在此也然而謂此南北過而以已爲然此云徙即不在是及過而以已爲然之義**說在長宇久**謂宇長行之必久後文云行脩

以久脩即長也堯之義也生於今而處於古生於今與處於古義迕生疑當作任形近而誤說云舉友富商也是以名示人也任與舉義同言於今舉堯之義說下文又云在堯善治自今在諸古也在疑亦任之誤

而異時古今異時說在所義說云所義之實處於古二謂二人臨鑑而立句景到畢云即今影倒字正文鄒伯奇云謂窪鏡也詒讓案此所謂格術也沈括夢溪筆談云陽燧照物迫之則正漸遠則無所見過此則倒中間有礙故也如人搖艣臬爲之礙本末相格算家謂之格術鄒復光鏡鏡詅癡云光線自闊而狹名約行線約行線愈引愈狹必交合爲一而成角名交角線兩物相射約行線自此至彼若中有物隔則約行線至所隔之物而止設隔處有孔則射綫穿孔約行不至彼物不止如彼物甚遠則約行必交穿交而過則此之上邊必反射彼下邊此之左邊必反射彼右邊者勢也能無成倒影乎塔影倒亟此其理也算家稱爲格術案沈鄒二說即此景到之義多而若少劉嶽雲云此爲凹面回光鏡也凸面透光鏡亦能令景顛倒考工記金錫相和謂之鑑燧之劑據此古無透光鏡知爲凹面回光鏡矣依光學理置一物於凹鏡中心以外即於凹鏡中心與聚光點之閒成物顛倒之形象但較之實形稍小若以此物置於凹鏡中心與聚光點之閒即在中心以外亦成物顛倒之形但較之實形稍大此言多而若

少與校實形稍小之款合是以知人必立於凹鏡中心以外也案劉說是也畢云若猶順疑誤**說在寡區**說無此義寡區義未詳疑當作空區與經說上區穴義同謂鏡中窪如空穴考工記梟氏鄭注云隧在鼓中窐而生光有似夫隧是古陽遂即窪鏡也經說下此條之說在下文住景二說在重之後與此錯互不合疑傳寫移易非其舊也**狗犬也**說文犬部云犬狗之有縣蹏者也狗孔子曰狗叩也叩氣吠以守爾雅釋畜云犬未成豪狗此疑同爾雅義謂同物而大小異名**而殺狗非殺犬也可**莊子天下篇辯者曰狗非犬即此義畢讀非字句失之成玄英莊子疏引此作然狗非犬也非元文莊子釋文司馬彪云狗犬同實異名名實合則彼所謂狗此所謂犬也名實離則所謂狗異於犬也**說在重**經說上云二名一實重同也**鑑位**畢云當云鑑立古位立字通王云上文云臨鑑而立此亦當云臨鑑立**景一小而易一大而缶說在中之外內**景舊本譌量王引之云量當作景字相似而誤也經說下云鑑中之內鑑者近中則所鑑大景亦大遠中則所鑑小景亦小而必正起於中緣正而長其直也中之外鑑者近中則所鑑大景亦大遠中則所鑑小景亦小而必易合於中而長其直也彼文言鑑言景言易言正並與此同是其證也俞云易讀爲施詩何人斯篇我心易也釋文曰易韓詩作施戰國韓策易三川而歸史

記韓世家作施三川是易與施古字通施者邪也淮南子要略篇接徑直施高注曰施邪也孟子離婁篇施從良人之所之趙注曰施者邪施而行丁公著音迤說文辵部迤衺行也是迤正字施叚字此作易者又其叚字也一小而易猶言一小而邪與一大而缶相對爲文缶即正字經說下篇木柂景短大木正景長小以柂與正對即其例也詒讓案王校是也今據正經說下此條之說在下文景之小大說在地正遠近之後與此敘次亦不合亦傳寫移易非其舊

使般美般譌作賜未詳其義說在使句

鑑團景一無說說文口部云團圜也蓋謂鑑正圜則光聚於一夢溪筆談云陽遂向日照之則光聚向內離鏡一二寸聚爲一點著物火發此與下文不堅白文義不相蒙當自爲一經亦似尚有闕文

不堅白說在此下當有挽字說似并入下無久與宇堅白說在因章釋之下文荊之大別爲一經與此不相蒙也

荊之大其沈淺也說在具沈當爲沆具說作貝並當爲有皆形之誤沆謂澤也呂氏春秋先己篇云夏后伯啟曰吾地不淺高注云淺褊也言荊地廣大而其國所有之沆澤則不害其褊淺故云說在有莊子天下篇辯者曰郢有天下與此意異而辭可相證義互詳經說下

無久與宇堅白說在因說無久字及因義未詳

以檻爲摶說云以檻之摶也見之則此檻當爲檻摶道藏本作慱吳鈔本作博並非

以義攷之摶蓋謂束木備城門篇云疏束樹木令足以爲柴摶之摶樝一大木所成摶則合衆小木爲之今以樝之大爲摶之小其類不相當故云無知**於以爲無知也說在意**意卽意度也言意度之而不識樝與摶之大小不相當是爲無知

在諸其所然未者然說云在堯善治自今在諸古也自古在之今則堯不能治也在疑當作任所然謂所已然卽謂自今任諸古也未者然疑當作諸未然卽所謂自古任諸今也古書諸或作者聲之省也者未然上亦尙有挩字今無從校補**說在於是推之**說無推義末二字或當在上文作推之諸未然又疑當屬下讀則推爲椎之誤下章說云段椎錐俱事於履可用也是也但椎之意義亦難通疑未能明不敢肊定**意**

未可知此與下文不相屬說亦無此義或當別爲一經而俛其半下經又挩其發端語遂并爲一與**說在**

可用過仵畢云卽午字與文玉篇云仵古吳切偶敵也非此義詒讓案過當爲遇形近而誤莊子天下篇觭偶不仵釋文仵音誤徐音五同也集韻十姥云仵偶也案此仵當卽啎之異文說文午部云午啎也啎逆也廣雅釋言云午仵也漢書天文志云遻布於午仵啎與遻義並同過仵猶言遇遻也可用遇仵並見說義詳彼畢孫王皆讀過仵屬下景不從爲句與說不合不可從

景不徙說在改爲徙舊本譌從王引之云從當爲徙徙移也列子仲尼篇

景不移者說在改也張湛注云景改而更生非向之景引墨子曰景不移說在改爲也是其證詒讓案王校是也今據正莊子天下篇云飛鳥之景未嘗動也釋文引司馬彪云鳥動影生影生光亡亡非往生非來墨子曰影不徙也正作徙可以據校以此經及莊列張馬諸說綜合論之大意蓋謂景必亡而更生始有更改若其不亡則景常在後景仍前景無所改易故說云光至景亡若在盡古息息卽不徙之義也

一少於二而多於五俞云數至於十則復爲一故多於五經說下篇曰一五有一焉一有五焉五有一者一二三四之一也一有五者一十一百之一也說在建說無建義疑當作進卽算位之二五進一十也

住景二住疑當作位與立字同見上文說在重此明二景重累之義光學家有光複淺深之差說云二光夾一光是也

非半弗斱畢云玉篇云斱竹略切破也廬云非此義此當與斫斲義同沅案斱卽斲字異文耳詒讓案集韻十八藥云斱說文斫謂之斱或从斤作斲此斱卽斲之變體舊本作斲譌斲斫同詁與斱音義亦略同而字則異畢說未審則不動說在端若盡其端則無半可言是終古不能斲也故云不動

景到在午有端與景長說在端說云足敝下光故成景於上首敝上光故成景於下在遠近有端與於光故景庫內也此卽光學所謂約行線由後而斂交聚成點端卽點也劉嶽

雲云古者橫直交互謂之午儀禮度而午注云一縱一橫曰午是也其形爲ㄨㄨ者光線之交點在訓若尚書在治曶之在察也言審察其交點所在也詒讓案劉訓午爲交點是也而訓在爲察則非凡約行線中有物隔則光線必交穿交而過則成倒景在午有端與景長長謂線對端爲點而言謂凡光在交聚成點之時則有礙於光線之行故穿交而景到也鄒伯奇格術補云密室小孔漏光必成倒景雲鳥東飛其影西逝又云日無數光點俱射入小孔中是爲光線交過孔則侈而至地遂成日體之影皆可證此書之義**可無也**言凡有者必可無**有之而不可去說在嘗然**嘗然者今雖無而實爲昔之所有故云不可去**景迎日說在摶**經云景日之光反燭人則景在日與人之閒迎日即回光反燭之義但說無摶義道藏本作傳吳鈔本作博亦並難通以形聲校之疑當作轉謂鑑受日之光轉以射人成景亦即反燭之義也今本涉下而誤耳**缶而不可擔說在摶**擔當作搖周禮矢人夾而搖之釋文云搖本又作擔擔即搖之變體漢隸凡从䍃之字或變从詹漢書天文志亦云元光中天星盡搖搖與擔形近而誤史記建元以來王子侯表千鍾侯劉搖漢書王子侯表作劉擔是其證說文手部云摶圜也圜回者隨所置而正故云不可搖義詳經說下道藏本摶作搏吳鈔本作博並形之誤**景之小大說在地缶遠近**

地當爲柂柂卽施之叚字柂正文正相對言景隨地而易也說亦云遠近柂正是其證劉嶽雲云缶卽去字謂人與鑑相去遠近也依光學理發光點與受光處距遠其景必小較近其景必巨書與此欵合也詒讓案劉說光遠近大小之理是也而釋缶爲去字則與說不合非是

宇進無近說在敷說云進行者先敷近後敷遠說文攴部云敷㪟也寸部云尃布也敷卽敷之俗義則與尃近蓋分布履步之謂書禹貢云禹敷土義亦同言宇宙雖大而人行履步由近可以及遠

天而必缶天依說當作大卽上文一大而正之義說在得說無得義未詳

行循以久循當爲脩說云民行脩必以久也說在先後句

貞而不撓說在勝貞當爲負說云招負衡木加重焉而不撓是也說文木部云橈曲木也撓卽橈之俗

一法者之相與也盡王云畢以一字屬上句非詒讓案說云一方盡類則此盡下當挩類字

若方之相合也合舊本譌召王引之云召當作合經說下云或木或石不害其方之相台也台亦合之誤一同也一法同法也廣雅與如也盡猶皆也言同法者之彼此相如也皆若物之方者之彼此相合也案王校是也今據正說在方句

契與枝板說在薄此義難通說云挈有力也又云收上者愈喪下者愈得參互校覈疑契當作挈同聲叚借字也說文手部云挈縣持

也挈與提義同枝當作收板字則涉上收字而衍又說無薄義疑當爲權之誤

狂舉不可以知異狂舉猶言妄說亦見公孫龍子詳經說下說在有不可言辯異同不當其物則其說不可立

牛馬之非

牛與可之同說在兼兼謂兼舉牛馬也荀子正名篇云單足以喻則單單不足以喻則兼兼即其義可之疑當作不可即承上經爲文言兼舉牛馬則非牛亦非馬即不可謂之牛謂之馬也

倚者不可正疑當作止此言轉重法故說云梯者不得流流與此文相對非邪正之謂說在剃說云車梯則剃當作梯蓋聲之誤

循此循此與彼此同說在異循此二字疑衍說無循義

推之必往推依說當作桂往疑當作住蓋謂凡物楷柱之則住而不動說云方石去地尺關石於其下縣絲於其上使適至方石不下柱也住即不下之義說在廢材廢亦置也謂置材於地若說所云方石說下又云廢石於平地此義與彼同

唱和同患言唱而不和和而不唱其患同詳經說下說在功謂無功

買無貴說云刀輕則糴不貴說在仮其賈畢云仮反字異文下倣此詒讓案集韻二十阮反或作仮〔□〕說文辵部返重文作仮云春秋傳返从彳仮蓋彼之誤文叚借爲反字

聞所不知若所知則兩知之說在告言聞所告而知

賈宜則讐 謂議其賈直所宜經說上云賈宜貴賤也畢云售字古只作讎後省前漢書高帝紀云高祖每酤留飲酒讐數倍如淳曰讐亦售也 說在盡 盡猶適足言無所絀 以言爲盡誖 句 誖 謂人言有是非槩庳其非亦非也 說在其言 在其二字舊本到今據道藏本吳鈔本乙言當辨其言之可否 無說而懼說在弗心 心當作必安危不可必故懼說云在軍不必其死生聞戰亦不必其生前也不懼今也懼是其證 唯吾謂 句 非名也則不可說在仮 唯舊本作惟今據吳鈔本正說文口部云唯諾也言部云諾譍也禮記玉藻云父命呼唯而不諾孔疏云唯恭於諾也呂氏春秋圜道篇云唯而聽唯止唯吾謂言吾謂而彼應之若非其正名則吾謂而彼將不唯故不可也仮亦與反同反者謂不應也莊子寓言篇云與己同則應不與己同則反義亦詳經說下 或過名也說在實 或域正字過名謂過之而成是名若過北而成南過南而成北說云然而謂此南北過而以此爲然是也實謂方域有定與方名無定文相對莊子庚桑楚篇說字爲有實而無乎處域與宇同故經下又云宇或徙 無窮不害兼 謂兼愛 說在盈否 即說人盈無窮不盈無窮之義 知 句 知之否之足用也誖 篇內誖字多爲詩之譌此疑亦當同然說無此義未詳 說

在無以也吳鈔本以作已案說作以已以字同不知其數而知其盡也說在明者明疑當作問說云盡問人則盡愛其所問即其義謂辯無勝必不當謂兩辯則當者勝無勝則必不當不說在辯不知其所處不害愛之說在喪子者吳鈔本作有非經說下無說喪子謂子亡失不知其所在也然無害於親之愛之無不讓也不可說在始始疑當作殆詳經說下仁義之為內外也內內外舊本到今據吳鈔本乙未內字誤疑當為非說在作顏說無此義畢讀在件句絕云此亦未詳其義詒讓案件顏顏疑當作頡頡件呂氏春秋明理篇云其民頡啎百疾高注云頡猶大啎逆也件啎字通詳前頡顏形近而誤傳寫又到其文遂不可通耳頡件即說所云狂舉也又疑此當作件觭即莊子天下篇所謂觭偶不件也觭誤作顏經說下篇觭倍之觭作顧與此正相類件觭亦抵牾不合之意於一有知焉有不知焉說在存說云於石一也堅白二也而在石此云存即在石之義謂堅白在石之中視之知其白而不知其堅拊之知其堅而不知其白義具公孫龍子堅白論篇說詳經說下或云存疑當作石亦通學之益也說在誹者以經說下校之此疑當作學之無益也說在諄者〔口〕言庳學為無益於論為誹

也此挽一無字而誖又涉下文而誤爲誹遂不可通

有指於二而不可逃 謂指一得二無所逃也

說在以二絫 畢云說文云絫增也从厽从糸絫十黍之重也漢書注孟康曰絫音累蠡師古曰絫孟康音來戈反此字讀亦音纍纏之纍詒讓案絫當爲參二參卽二三廣雅釋言云參三也說云若智之則當指之智告我則我智之兼指之以二也衡指之參直之也

誹之可否不以衆寡 卽說云多誹少誹

說在可非 句

所知而弗能指說在春也逃臣狗犬貴者 春字誤說同未詳貴者說作遺者是當據正

非誹者諄說在弗非 諄當作誖形近而誤言人有所誹而當則非其誹者誖弗非卽當理之謂

知狗而自謂不知犬 句

過也說在重 亦卽重同之義詳前俞云畢讀說在重物爲句非也上文云狗犬也而殺狗非殺犬也可說在重文義與此相近然則此文亦當以說在重斷句矣

物甚不甚 舊本作物箕不甚俞云疑當作物甚不甚言有甚有不甚也甚誤作其又誤爲箕耳案俞說是也今據正吳鈔本甚作順尤誤

說在若是 說云莫長於是莫短於是

通意後對 言問人以知否必先通其意指而後對之

說在不知其誰謂也 言不知其人果欲知否若說問贏所應不同

取下以求上

也說在澤顧云澤字句詒讓案顧讀是也說云取高下以善不善爲度不若山澤是是與是同說在不州此有譌字說亦難通畢云疑云不同詒讓案莊子寓言篇云同於己爲是是或即此義

經說上第四十二

故此目下文小故句有之不必然吳鈔本誤作必不然無之必不然體也若有端五字疑涉下文而衍大故句有之必無然若見之成見也此疑當作大故有之必然無之必不然與上云小故有之不必然無之必不然文正相對小故大故謂同一言故而語有輕重事有大小也今本上句挩然字下句挩三字遂不可通末句義亦難通以經校之上見字當爲得之誤得正字作㝵壞挩僅存上半遂成見字故古書多互譌下見字當爲是字之誤言得彼乃能成此也顧云此釋經上故所得而後成也體句若二之一尺之端也尺之端謂於尺幅中分之其前爲端經上云端體之無序而最前者也此後文亦云尺前於區穴而後於端皆其義也此端與小爾雅廣度倍丈謂之端義異凡數兼一成二故一爲二之分幅兼端爲尺故端爲尺之分一者二之一體端者尺之一體也畢云此釋經上體分於兼也知材句知也者所以

知也上二知字讀爲智言知生於智荀子正名篇云所以知之在人者謂之知知有所合謂之智而必知言無所不知若明管子宙合篇云見察謂之明此叚目喻知也下文以睨況慮言不必見以見況知則必見矣此以明況智則所見尤審焯取譬不同而義並相貫畢云此釋經上知材也慮此亦目下文也凡下云知云恕者並述經而後釋其義畢皆誤屬上讀俞文謂皆涉下而衍並未達其義慮也者以其知有求也而不必得之言以知求索而得否不可必若睨謂有求而不必得若睨而視之見不見未可必也莊子庚桑楚篇云知者之所不知猶睨也說文目部云睨衺視也畢云此釋經上慮求也知句知也者以其知過物而能貌之貌吳鈔本作皃過擬當爲過與經云接同義若見畢云此釋經上知接也恕舊本譌恕顧云當從經作恕是也今據正下同恕也者以其知論物而其知之也著句若明與上經知材也義同而體用則微別此釋經上恕明也仁句愛已者非爲用已也不若愛馬己當爲民民唐人避諱闕筆與已形近因而致誤言仁君之愛民非爲將用民而愛之以市恩不若人之愛馬爲其共用而愛之也淮南子精神訓云聖王之養民非求用也性不能已與此義正同著若明

三字無義疑涉上文而衍畢云此釋經上義句志以天下爲
仁體愛也言當觀仁於愛物案畢說非是
芬而能能利之不必用畢云此釋經上義利也言意以爲美而施之又忘其勞俞云志當作者草
書相似而誤能能屬上無義當作而能利之不能必用下文
孝以親爲芬而能能利親不必得亦當作而能利親不能必
得誤與此同詒讓案畢俞說並非此下能字當讀如詩書柔
遠能邇之能漢書百官公卿表顏注云能善也能能利之言
能善利之也志字亦不誤惟芬義不可通疑當爲耑之誤禮
芬篆文作耑芬與耑形近不必用言不必人之用其義也
句貴者公賤者名言賤者稱貴者爲公而自名也而俱有敬僈焉言貴賤之中復有敬
僈之別荀子不苟篇云君子寬而不僈楊注云僈與慢同怠惰也畢云僈慢字異文等異論也禮有貴賤尊卑
等差之異論當讀爲倫畢云此釋經上禮敬也行句所爲不善名句行也所爲善名
句巧也若爲盜王引之云善疑當爲著形相似而誤也言所爲之事不著名是躬行也所爲之事著名是
巧於盜名者也畢云此經釋上行爲也言所爲之事無善名
是躬行也有善名是巧於盜名也詒讓案畢說近是巧疑當
爲竊竊與盜文義正相貫竊俗書作窃下半與巧相似故譌
大戴禮記文王官人篇規諫而不類道行而不平曰巧名者

也逆周書巧作觽是其證實句其志氣之見也使人如己言待人以實與己身無異不若金聲玉服不字疑當作必玉服卽佩服之玉周禮玉府共王之服玉鄭衆注云服玉冠飾十二玉禮記月令春服蒼玉夏服赤玉中央土服黃玉秋服白玉冬服玄玉鄭注云凡所服玉謂冠飾及所佩者之衡璜也呂氏春秋孟春紀高注云服佩也並此玉服之義言其實充美則見於外者若金聲玉服之昭著卽所謂榮也文選西都賦李注引尚書大傳云皆莫不磬折玉音金聲玉色玉服與玉色義亦相近畢云此釋經上實榮也忠句不利弱子亥亥疑當爲孩說文口部云咳小兒笑也古文作孩明鬼下篇云賊誅孩子子亥猶云孩子弱子孩謂小主也言忠臣之強若其逆若不利於小主卽書金縢管叔流言謂周公將不利於孺子之意足將入止容此疑當爲正此言雖強君而事君必以敬此其所以爲忠也畢云此釋經上忠以爲利而強低也案低君之誤孝句以親爲芬而能能利親不必得畢云此釋經上孝利親也言不以爲德詒讓案芬疑亦耑之誤能能利親亦謂能善而利之也不必得謂不必中親之意莊子外物篇云人親莫不欲子之孝而孝未必愛畢說非信句不以其言之當也不亦當爲必之譌使人視城得金言告人以城上有金視而果得之明

言以信也畢云此釋經上信言合於意也佴句與人遇人衆循漢書司馬遷傳云僕又佴之蠶室如淳云佴次也若人相次也此與說文佴佽之訓正合言人相與相遇皆相佽此之意衆循未詳疑循當爲揗同聲叚借字說文手部云揗摩也言人衆相摩切畢云此釋經上佴自作也字書無循字詒讓案經作疑佽之誤詷當讀爲獧說詳經上爲是爲是之台彼也畢云台一本作治顧云台讀當爲詒季本作治詒讓案顧說是也說文言部云詒相欺詒也謂獧者不爲欺人之言下爲是二字蓋誤衍弗爲也畢云此釋經上謂作嗛也廉疑當爲慊已惟爲之惟當作雖同聲叚借字知其𥃍也舊本𥃍上有也字畢云一本作知其思耳也是此釋經上廉作非也詒讓案經廉亦疑當爲慊慊禮記坊記注云慊恨不滿之貌也孟子公孫丑篇吾何慊乎哉趙注云慊少也淮南子齊俗訓高注云慊恨也𥃍上別本無也字是今據刪字書無𥃍字別本作思耳顧校季本同亦非以文義校之當爲諰之譌荀子彊國篇云雖然則有其諰矣楊注云諰懼也此其𥃍即荀子之其諰與論語愼而無禮則葸之葸聲義亦相近此冢上爲文言狷者則有所不爲慊者已雖或爲非而心常自恨猶知懼也所令非身弗行弗吳鈔本作不疑當依經作所所行言使他人作之非身所親行也畢云此釋經上令不爲所作也任句爲身之

所惡即經所謂損己以成人之所急即經所謂益所爲畢云此釋經上任士損己而益所爲也言任俠輕財勇句以其敢於是也命之命猶名也言因敢得名不以其不敢於彼也害之畢云此釋經上勇志之所以敢也言勇懶力句重之謂下句與重奮也與疑當作舉言凡重者必就下有力則能舉重以奮也畢云此釋經上力刑之所以奮也案刑形同生句楹之生楹吳鈔本作盈畢云楹當爲形商不可必也畢云此釋經上生刑與知處也商不可必言不可知量詒讓案商疑當爲常聲近而誤言生無常形與知合則生離則死也經刑亦與形同臥句夢臥夢義易明故逃而不釋平句惔然惔與憺同集韻四十九敢云憺或作惔說文心部云憺安也即經所謂無欲惡畢云此釋經上臥知無知也夢臥而以爲然也平知無欲惡也利句得是而喜則是利也其害也非是也害句得是而惡則是害也其利也非是也畢云此釋經上利所得而喜也害所得而惡也治句吾事治矣人有治南北此義難通疑當作人治有南北言吾事治則自治其身人治則當廣求之四方亦求得之意畢云此釋經上治求得也譬之句必其行也其

言之忻說文心部云忻闓也司馬法曰善者忻民之善閉民之惡卽此義使人督之督篤之借字書微子之命云曰篤不忘左僖十二年傳云謂督不忘督卽篤也爾雅釋詁云篤厚也言使人厚於爲善行畢云此釋經上譽明美也句誹必其行也其言之忻誹譽義相反說不宜同疑皆涉上而誤下亦有挩文畢云此釋經上誹明惡也舉道藏本吳鈔本作譽涉上而誤告以文名舉彼實也春秋文八年宋殺其大夫司馬宋司城來奔公羊傳云司馬者何司城者何皆官舉也何休注云皆以官名舉言之荀子儒效篇亦云繆學雜舉案此舉與公羊荀子義正同文名言以文飾爲名又疑此篇之字多誤爲文此文名亦當作之名之名猶言是名與彼實文相對亦通畢云此釋經上舉擬實也故言也者諸口能之出民者也王引之云當作故言也者出諸口能之民者也出字誤倒在下能下又脫一字能與而通謂言出諸口而加之民也繫辭傳曰言出乎身加乎民詒讓案王說移易太多似未塙竊疑口能卽謂口之所能猶經上云言口之利也民當爲名之誤後文云聲出口俱有名出名亦謂言出而有名猶經云出舉也民若畫俿也民疑亦名之誤字書無俿字太玄經止次七車纍其俿范望注云俿輪也案非此義畢云俿虎字異文詒讓案此葢言名與實不同言也謂言猶石致

也此義難通言也下疑當有者字畢云石當爲實此釋經上言出舉也詒讓案實致亦無義石疑名之誤猶與由通謂言用名以致之且句自前曰且自後曰巳方然亦且呂氏春秋音律篇高注云且將也若石者也畢云此釋經上且言然也俞云若石者也涉下句君以若名者也而衍又誤名爲石耳此當讀云且句自前曰且句自後曰已句方然亦且蓋凡事從事前言之或臨事言之皆可曰且如歲且更始之且事前之且也如詐且有且之且毛傳曰此也此方然之且也惟從事後言之則爲已然之事不得言且故云自後曰已詒讓案若石者也疑當作臣民也者乃約述經語以起下文今本譌挩不可通遂誤以爲上章之結語矣君句以若名者也畢云此釋經上若臣名通約也名經上作萌誤詒讓按經云萌即氓字不誤此言君之名對臣民而立故云以若名若即指臣民也畢說非功不待時若衣裘不疑當爲必言功之利民必合時宜若夏衣而冬裘也舊本重功不待時若衣裘七字畢云疑衍詒讓案吳鈔本亦無今據刪畢云此釋經上功利民也賞句罪不在禁惟害無罪殆姑殆疑當爲隸之叚字說文隶部云隸及也姑姑與辜通言罪不必犯禁惟害無罪則及罪也上報下之功也罰句上報下之罪也上報下之功也六字當在罪不在禁上乃

述經語而未著說今本貿亂不可通畢云此釋經上賞上報下之功也罪犯禁也罰上報下之罪也侗說文人部云侗
大皃又言部云詷共也引周書云在夏后之詷今書顧命詷作侗釋文引馬融本字義並與許同禮記祭統云同之言詷
也是同侗詷三字並通故此經作同說作侗也二人而俱見是楹也楹亦形之誤若事君
事舊本作是今據道藏本吳鈔本正言猶眾人同事一君此釋經上同異而俱於之一也久句古今旦莫
舊本久上衍今字旦譌且王引之云上今字因下今字而衍且當爲旦言古今異時旦莫異時而偏歷古今旦莫則久矣
故曰久古今旦莫故經上云久彌異時也彌偏也案王校是也顧校亦以且爲旦今並據刪正宇句東西家
南北顧云家字衍王校同詒讓案家猶中也四方無定名必以家所處爲中故著家於方名之閒非衍文也今不據
刪畢云此釋經上久彌異時也守彌異所也案守宇之誤窮句或不容尺有窮言前雖或有不容尺
之餘地然此不容尺之外即爲盡處是有窮也莫不容尺無窮也言未有前不容尺而能無窮者也畢
云此釋經上窮或有前不容尺也盡吳鈔本作靜誤但止動但疑當作俱謂盡與俱義略同止動謂事無動
靜皆然即經所謂莫不然也畢云此釋經上盡莫不然也始句時或有久或無久始當無

久言始者或時已歷久而追溯其本或時未歷久而甫發其端二者皆謂之始但始必當無久時若已有久則不得爲始也列子釋文引始時作夫物疑誤無並作无畢云此釋經上始當時也

化句若鼃爲鶉列子天瑞篇亦有此文釋文引此末有也字畢云此釋經上化徵易也孫星衍云淮南齊俗訓云夫蝦蟇爲鶉生非其類唯聖人知其化詒讓案說文黽部云鼃蝦蟆屬淮南書即本此荀子正名篇云狀變而實無別而爲異者謂之化有化而無別謂之一實

損偏去也者兼之體也舊本無去字今依王校補兼之體即上文一之二尺之端之義兼者合眾體偏去言於衆體中損去其一體也經上云體分於兼也亦即此義其體或去或存謂其存者損存上舊本挩或字王引之云經上云損偏去也則此當云損偏去也者兼之體也其體或去或存謂其去者損寫者脫誤耳詒讓案王校增或字是也今據補謂其存者損似言對存者而言謂之損存字恐非誤今不據改畢云此釋經上損偏去也

儇當爲環詳經上昫民也畢云昫經作租此釋經上儇租秖詒讓案昫當爲俱民當爲氐經作儇租秖亦誤說詳經上

庫當作庫詳經上區穴若句斯貌常貌吳鈔本作皃管子宙合篇云區者虛也區穴猶云空穴區穴若猶言若區穴文偶到耳斯貌常疑常作所謂庫備城門篇時令人行視封祇今本亦誤作貌可證

當障音近而誤言雖有區穴視之則障而不見也畢云此釋經上庫易也案庫亦障之誤**動**句**偏祭從者**此義難通從亦當作徙經云動或徙與經下宇或徙二文正同則是遷地之義疑偏祭當作偏際謂動則周偏所接之域經說下云區宇不可偏舉偏徧字亦通詳非攻下篇**戶樞免瑟**呂氏春秋盡數篇云戶樞不螻動也免瑟疑當作它蠶它即蛇正字說文它部云它虫也上古艸居患它故相問無它乎或作蛇从虫干祿字書蠶俗作蚕它蚕與免瑟形近而譌下文免蚓免亦即蛇字耕柱篇白若之龜龜今本譌作黽龜亦从它也皆可以互證戶樞與它蠶皆常動之物畢云此釋經上動或從也案從亦徙之誤**止**句**無久之不止當牛非馬**當猶言是也經上云辯勝當也郭謂是者勝也淮南子齊俗訓云從牛非馬疑即此義**若矢過楹**矢舊本譌夫王引之云夫當作矢矢之過楹久則止而不行故曰無久之不止若矢過楹鄉射禮記曰射自楹閒故以矢過楹爲喻詒讓案莊子天下篇云鏃矢之疾而有不行不止之時疑此義與彼略同**有久之不止當馬非馬**莊子齊物論篇云以馬喻馬之非馬不若以非馬喻馬之非馬也疑即此義或謂當作當馬非牛亦通此與上云當牛非馬二句並與上下文不相冡疑當爲後彼凡牛樞非牛章文**若人過梁**梁謂橋梁若人過橋梁不過不錯箸於此但不知當屬何句耳

止也畢云此釋經上止以久也 必句 謂臺執者也 執道藏本吳鈔本作埶非畢云臺疑握字說文云𡔛古文握握執言執持必然者也詒讓案畢說是也握古文又見淮南子詮言訓今本亦誤臺又俶眞訓云臺簡以游太清高注云臺猶持也釋名釋宮室云臺持也築土堅高能自勝持也莊子庚桑楚篇云靈臺者有持而不知其所持而不可持者也釋文云靈臺謂心有靈智能任持也則臺似本有持訓不破字亦可通 若弟兄一然者一不然者必不必也是非必也 言或然或不然則是有必有不必是非所謂必也畢云此釋經上必不已也 同句 捷與狂之同長也 捷吳鈔本作㨗畢云一本作㨗案顧校季本同 心中自是往相若也 捷讀爲插詩小雅鴛鴦篇戢其左翼釋文引韓詩云戢捷也捷其噣於左也儀禮鄉射禮注云搢插也釋文插作捷是其證狂當爲往之誤所插者即重差之立表亦即考工記匠人之置槷是也謂插表於地同長即同高也插一表於中以測日出入之景而規畫其端更於景東西南北端各立一表而以中一表爲心外四表爲邊規畫其邊周匝成圜形則自圜邊爲多綫以往湊中點其長諸綫必正相等此即同長相若之義亦詳經上畢云此釋經上下相盡也中同長也同高也同長以正 厚句 惟無所大也 畢云此釋經上厚有所大也言唯其大無所加是所

謂大也詒讓案畢說未允此謂積無成有其厚不可亟也與經文相反而實相成詳經下

圜句規寫攴也寫謂圖畫其象周髀算經云笠以寫天趙爽注云寫猶象也攴吳鈔本作支下同攴支義並未詳疑當爲交之誤後備城門篇薪食足以支三月以上支今本誤交此交誤作攴猶彼支誤作交也凡以規寫圜形其邊綫周帀相湊謂之交或爲直綫以湊圜心中交午成十字形亦謂之交考工記匠人云爲規識日出之景與日入之景鄭注云日出日入之景其端則東西正也又爲規以識之者爲其難審也自日出而畫其景端以至日入既則爲規測景兩端之內規之規之交乃審也度兩交之閒中屈之以指臬則南北正鄭說可證此規寫交之義畢云此釋經上圜一中同長也

方句矩見攴也見攴疑亦當爲交矩寫交者以矩寫方形其邊綫周帀相湊及隅綫相午貫亦皆謂之交也畢云此釋經上方柱隅四讙也案讙當爲欉之誤

倍句二尺與尺但去一言相較一尺也畢云此釋經上倍爲二也

端句是無同也即最前之義畢云此釋經上端體之無序而最前者也

有閒畢云此與下閒舊作閒俱以意改謂夾之者也謂有物夾之畢云此釋經上有閒中也

閒句謂夾者也夾者即中也

尺前於區穴而後於端尺與上文前不容尺之尺義同謂凡物前盡處爲端後距

端一尺爲尺更後盡處則爲區穴區穴謂空隙若布帛裁削之縫際皆是也此葢以布幅爲況凡古布幅皆廣二尺二寸爲衣則削其邊各一寸縫之儀禮喪服賈公彥疏云整幅二尺二寸凡用布爲衣物及射侯皆去邊幅一寸爲縫殺是也葢去兩邊縫削各寸則幅止二尺中半適一尺矣**不夾於端與區內**不疑當作必謂前有端後有區穴尺在其中爲二者所夾也畢云內疑穴字**及及**疑當作不及**非齊之及也**言所謂不及者非不齊之謂及止謂相接齊則盡其邊際二者同而異也畢云此釋經上閒不及旁也**纑閒虛也者**舊本挩閒字王據經增今從之纑與櫨同詳經上**兩木之閒謂其無木者也**櫨爲柱上小方木兩櫨之閒空虛之處則無木畢云此釋經上纑閒虛也**盈**何**無盈無厚**言物必有盈其中者乃成厚之體無所盈則不成厚也**於尺無所往而不得**此上下文雖多云尺然此尺字實當作石形近而誤經說下擦石於平地石亦謂尺可證此與下文並以堅白石爲釋言石之堅與白彌滿全體則隨在皆有堅亦隨在皆有白故云無所往而不得亦即所謂相盈也畢云此釋經上盈莫不有也**得二**二亦謂堅白也公孫龍子堅白論篇云無堅得白其舉也二無白得堅其舉也二此云得二則得白又得堅也**堅異處不相盈**堅下當有白字**相非**

是相外也經說下云於石一也堅白二也故云得二蓋離堅白爲二而異處則堅非白白亦非堅是爲不相盈亦即爲相外若合而同體則堅內含有白白內亦含有堅是爲不相外此義亦見公孫龍子互詳經說下畢云此釋經上堅白不相外也攖句尺與尺俱不盡言尺與尺相攖則前尚有餘地故兩俱不盡端與端俱盡與舊本譌無俱舊本譌但今以意改經上云端體之無序而最前者也是端前更無餘地故相攖則兩俱盡尺與或盡或不盡尺與下當有端字誤錯箸於後言尺與端相攖則端盡尺不盡堅白之攖相盡此言堅白雖殊而同託於石性色相含徧滿無閒故其攖爲相盡即經說下堅白相盈之義體攖不相盡言凡物兩體相攖雖攖而各自爲體不能相含是即不相盡也畢云此釋經上攖相得也端此與上下文不相屬蓋即上尺與端或盡或不盡句之挩字誤錯箸於此王讀端仳爲句疑誤仳畢云疑似字王引之云仳與比通比者並也詒讓案王說是也集韻六至云仳及也與比義亦相近兩有端而后可畢云有一本作目此釋經上似有以相攖有不相攖也詒讓案顧校季本有亦作目后吳鈔本作後經似亦即仳之誤次句無厚而后可后吳鈔本作厚非無厚疑當作無序見經上言序次齊平更無差等而其體終不合并也畢云此釋經上次無

閒而不攖攖攖也案攖攖當作相攖法句意規員三也俱可以爲法說文員部云員物數也禮記少儀云工依於法游於說鄭注云法謂規矩尺寸之數說謂鴻殺之意畢云此釋經上法所若而然也佴然也者民若法也若猶順也畢云此釋經上佴所然也彼凡牛樞非牛此義難通牛樞疑木名爾雅釋木云蘦荎郭注云詩曰山有蘦今之刺榆今毛詩唐風蘦作樞牛樞疑即刺榆之大者古艸木大者多以牛爲名若爾雅茭牛蘄終牛蕀之屬是也牛樞叚牛爲名則非眞牛故曰非牛兩也無以非也謂牛樞與牛非者實不同則不足辯也辯或謂之牛謂之非牛疑當作辯者或謂之牛或謂之非牛是爭彼也是不俱當不俱當必或不當必上畢本有不字今據道藏本吳鈔本刪言兩辯相非不能皆當則必有一不當者也不若當犬當犬若上云當牛當馬言辯牛之是非而不當不若謂狗爲犬之當也經說下云同則或謂之狗其或謂之犬也異則或謂之牛牛或謂之馬也俱無勝是不辯也辯也者或謂之是或謂之非當也者勝也即此章之義可以互證畢云此釋經上彼不可兩不可也辯爭彼也辯勝當也案經作爭即彼之誤爲句欲難其指畢云難即難與文誼讓案字書無難字畢說不知何據此云難指後文又云難脯義亦並

不可逗穚疑竝當爲斵之譌文耕柱篇備穴篇斵竝譌作𣂪經下篇斵舊本或譌从着故文譌从養也斵與斫義同亦詳經下篇斵指謂斫手指斵脯謂斫乾脯也智不知其害是智之罪也若智之愼文也文當爲之之誤無遺於其害也而猶欲難之則離之史記管蔡世家索隱云離即罹罹被也案離俗作罹同詩王風兎爰逢此百罹釋文云罹本亦作離離之謂因欲而離患也是猶食脯也騷之利害未可知也畢云騷膘字假音讀如山海經云食之已騷詒讓案騷之利害疑言臭之善惡欲而騷騷上疑脫得字是不以所疑止所欲也廧外之利害未可知也畢云廧字牆俗寫詒讓案左傳襄二十六年寺人惠牆伊戾釋文牆作廧趨之而得力則弗趨也俞云力字無義疑人字之誤篆書人字作𠔉故誤爲力耳趨之而得爲句人則弗趨也爲句詒讓案力疑當爲刀經說下亦云王刀皆謂泉刀也趨之而得刀句言若有人言牆外有泉刀趨之即得而不信者則弗趨也前說信云不以其言之當也使人視城得金此趨牆外得刀與視城得金語意正同俞讀非是是以所疑止所欲也俞云蓋趨之則得利而人以爲利害未可知止而弗趨是以所疑止所欲也觀爲窮知而縣於

欲之理畢云儽縣字異文讀如縣挂之纇詒讓案儽與莊子寓言篇無所縣其罪之縣義同郭象注云縣係也言所爲爲欲所牽係則知或有時而窮**離脯而非恕也**畢云恕惁字異文字書無此字詒讓案恕卽智之異文詳經上畢說非爾雅釋器云魚曰斮之卽此斮脯之義**離指而非愚也所爲與不**讀爲否**所與爲相疑也非謀也**謂不暇審計而爲之所謂縣於欲也畢云此釋經上爲窮知而縣於欲也大指言所知一事必待爲之而信其利害否則懸於欲不以疑而自止**已**句**爲衣**句**成也治病**句**亡也**言爲衣則以衣成爲已治病則以病亡爲已亡猶言無病也漢書郊祀志云病良已注孟康云已謂病愈也畢云此釋經上巳成亡**使**句**令謂**句**謂也不必成濕**言以命令謂人爲之不必待成而後爲使也盧云方言自關而西秦晉之間凡志而不得欲而不獲高而有墜得而中亡謂之溼楊倞注荀子引作濕此濕字與方言義同他合反詒讓案方言溼有此義然古書罕見盧援以釋此似不甚塙荀子不苟篇云窮則棄而儑楊注引方言濕爲釋韓詩外傳儑作累淇顚熩謂荀子之儑卽說文人部云儽垂皃一曰嬾解乘覆也案洪說甚是說文人部又有儑字云相敗也老子儽儽兮其不足以無所歸釋文云儽一本作儑敗也欺也淮南子俶眞訓云孔墨之弟子皆以仁義

之術教導於世而不免於儡其身蓋儡儽聲義並相近此書之濕當作㶟荀子之儑當作儽經典凡从畾从纍之字與从㬎之字往往相掍儽即說文儡儽之叚字不必成儡言雖使爲之而其事之成敗則未可必儡與成成義正相對也 **故也必待所爲之成也** 故也下當有者字此與經上故所得而後成義同言因此故而致彼如是必所爲已成乃可爲使也畢云此釋經上使謂故

名 句 **物** 句 **達也** 言物爲萬物之通名荀子正名篇云故萬物雖衆有時而欲偏舉之故謂之物物也者大共名也即此義 **有實必待文多也** 多當作名言名爲實之文也上文云舉告以文名舉彼實也可證或謂此文多與前文名並當作之名亦通 **命之馬** 句 **類也** **若實也者必以是名也** 言命馬爲馬則凡馬類同是實皆同是名也荀子正名篇云有時而欲徧舉之故謂之鳥獸鳥獸也者大別名也即此義 **命之臧** 句 **私也** 臧即臧獲之臧詳後大取篇言於人之賤者而命爲臧則臧非人之通名故曰私也 **是名也止於是實也** 言有是臧之實而後謂之臧明名止於一人也此釋經上名達類私 **聲出口俱有名** 後文云所以謂名也 **若姓宇** 吳鈔本作字 **與舉云疑** **灑謂狗犬命也** 灑吳鈔本作洒義並難通命也亦與經不相應疑當作鹿謂狗犬移也灑鹿形近而

說言移他名以謂此
物猶言指鹿爲馬狗犬句舉也謂直舉物名卽上文云舉
告以文名舉彼實也之義叱狗說文言部云叱訶也漢書儒林傳王式曰何狗曲
也顏注云意怒故妄發言言狗者輕賤之甚也加也
謂以惡語相加說文力部云加語相增加也論語
集解引馬融云加陵也畢云此釋經上謂移舉加知句傳受
之句聞也方不㢓集韻四十漾云㢓或作障說也身觀焉句親也畢云此釋經上
知聞說親言所爲知者有三得之傳受是耳所聞
也非方土所阻是人所說也身自觀之則親見也所以謂句
名也所謂句實也名實耦句合也志行句爲也畢云此釋經上名實合爲
聞句或告之句傳也身觀焉句親也畢云此釋經上聞傳親見句時者
體也二者盡也體卽經上體分於兼之義時疑當爲特特者奇也二者耦也特者止見其一體二者盡見
其衆體特二文正相對畢云此釋經上見體盡古此與下文爲目當依經作合兵吳鈔本作力立反中
志工此義難通疑當作甚迹反中志正猶云反經合道正也臧之爲臧疑當爲義宜也非
彼必不有句必也聖者用而勿必聖疑當爲宜或當爲正經上正無非說亦作聖可證

必也者可勿疑此釋經上合正宜必仗者兩而勿偏仗無義以經文推之疑當作權艸書形近而譌經說下篇右權交繩權今本誤校與此相類言兩權利害無所偏主畢云此釋經上欲正權利且惡正權害

爲句早臺早疑當爲甲後文劍甲字亦譌早可證說詳後臺謂城臺門臺詩鄭風出其東門毛傳云闍城臺也禮記禮器云天子諸侯臺門存也言爲甲以備戰於城及宮門爲臺以備守皆以求存爲爲也病句亡也言治病之爲求其亡左成十年傳晉侯有疾秦伯使醫緩爲之呂氏春秋至忠篇文摯治齊王疾曰請以死爲王高注云爲治也此即上文已爲衣成也治病亡也之義買鬻俞云說文貝部賣衒也讀若育今經典通以鬻爲之易也霄盡畢云霄與消同詒讓案爾雅釋天雨霓爲霄雪釋文霄本亦作消蕩也順長句治也鼃買句化也畢云此釋經上爲存亡易蕩治化俞云鼃買義難曉上文雖有化若鼃爲鶉之文然買鶉音義俱遠形又不相似鼃疑賣字之誤上文云買鬻易也此云賣買化也文異而義同詒讓案買疑當爲罩即鶉之省俞改鼃爲賣則與上文義重複不足據

同句二名一實句重同也不外於兼句體同也亦與經云體分於兼義同分體統合於兼體之內故云不外於兼俱處於室句合同也說文

人部云俱偕也有以同句類同也說文犬部云種類相似唯犬爲甚畢云此釋經上同重體合類異句二必異句二也必讀爲畢詒名實俱異是較然爲二物也不連屬句不體也不同所句不合也不有同句不類也畢云此釋經上異二不體不合不類舊脫不體不字同異交得交吳鈔本誤於言同異各得其義若下文有無多少之類於福家良疑當作於富家食恕有無也恕當作知與知通比周禮小胥鄭注云比猶校也度多少也免蚓還園免當作宅即蛇之正字前宅蠶譌作兔瑟與此正同蚓字亦見經說下字書所無此以宅蚓同舉說下云蚓與瑟孰瑟瑟亦蠶之譌又以蚓與蠶同舉則其爲蛇蠶同類之蟲無疑竊疑此蚓字即螾之別體後漢書吳漢傳李注引十三州志云朐䏰其地下溼多朐䏰蟲䏰音閏即螾之音轉蚓从刃爲聲猶以䏰爲螾也方言云蛐蟺自關而東謂之螾蛩北燕謂之蚰蚭彼蚰字亦說文所無與此蚓字形相近疑蚰蚭亦當爲蚓蚭蚓螾字同蚭虫聲轉傳寫譌作蚰郭璞逐音爲奴六反矣園疑當作圜亦形之誤還與旋同蛇螾皆蜿蟺屈曲而行故下云去就也去就也彼此相背爲去相還爲就鳥折用桐鳥疑當爲舄折疑當爲稉于祿字書云象通作舄北齊南陽寺碑象作舄並與鳥形相近稉折偏旁

（亦略相類象謂象人即偶人也說文人部云偶桐人也越絕書記吳王占夢云桐不爲器用但爲偏當與人俱葬淮南子繆稱訓云魯以偶人葬而孔子歎宋本許注云偶人桐人也周禮冢人言鸞車象人鄭注引孔子謂爲偏者不仁論衡感虛篇云廚中木象生肉足史記刺客傳索隱引象作烏與此可互證梗者戰國策齊策云有土偶人與桃梗相與語土偶曰子東國之桃梗也刻削子以爲人趙策又云土梗木梗史記孟嘗君傳桃梗作木偶人是木偶人謂之象人或謂之偏亦謂之梗以桐爲之亦曰桐人故云象梗用桐）堅柔也（此言象人與生人不同者一堅一柔也老子云人之生也柔弱其死也堅強故堅強者死之徒柔弱者生之徒即此堅柔之義）劍尤早（吳鈔本作蚤此義未詳以意求之疑當作劍戈甲戈尤形近而譌篆文早作𣅀从甲故甲譌作早言劍戈以殺人求其死甲以衛人求其生故下云死生也此與孟子矢函韓子矛盾之喻語意略同）死生也處室子（孟子告子趙注云處子處女也莊子逍遙遊釋文云處子在室女也）子母長少也（言子則有母長少相對爲名）兩絕勝（言二色相勝）白黑也中央（句）旁也（謂有四旁乃有中央此與經上有閒中也閒不及旁也同義）論行行行學實（衍兩行字）是非也（言人之論說行爲學問名實四者各有是非之異）難宿（未詳）成未也（謂成）

與未成兄弟句俱適也適讀爲敵言相合俱相耦敵此與上文若兄弟一然一不然者義略同身

處志往句存亡也身處爲存志往爲亡亡與忘通此與經上生形與知處也義略同霍爲姓

句故也霍疑當爲虎經說下霍字凡見並同說詳彼故疑當爲叚叚與假同此與經說下狗假霍也猶氏霍也義

略同賈宜句貴賤也此與經下賈宜則讐義同已上並辯言語之同異釋經上同異交得放有無諸

句超城員止也超城二字誤員止疑當爲負正九章算術方程篇有正負負卽下云過五諾若負正卽下

云正五諾也相從謂彼謂而我從之相去說文去部云去人相違也謂口諾而意不從先知先已

知之是句可相從一相去二先知三是四可五說文言部云諾譍也言人之譍諾其辭氣不同隨所用而異有此

五者五色疑當作五也也色形近而誤卽所謂五諾也下文正五諾云云似當箸此下畢云此釋經上諾不一利用

長短前後輕重援小取篇云援也者曰子然我奚獨不可以然也此疑亦論言之不同然下尚有挩文

執服難成執謂人各執持一說服謂服從人之說也周禮謂人鄭注云成平也難成謂平議其是非難論定也

言務成之九則求執之此義難通經有說字說未見疑九卽說之壞字說文說訓言相說何求執

卽相說何之意此釋經上服執說音利音疑言之誤法法取同觀巧傳法取此擇彼擇請

爲釋釋捨古通見節葬下篇言取此法則捨彼法也問故觀宜畢云此釋經上巧轉則求其故法同則觀其同

法異則觀其宜彖轉傳字通以人之有黑者有不黑者也止黑人與以有

愛於人有不愛於人心愛人是孰宜心以上文推校兩心字皆當爲止言因人有

不黑者而禁其庳人之黑因人有不愛者而禁其愛人二者皆不宜禁者也皆釋經止字之義彼舉然者以

爲此其然也則舉不然者而問之經說下釋止云彼以此其然也說是其然也我以此

其不然也疑是其然也義正同此釋經上止因以別道若聖人有非而不非而不非而與如通言

聖人於人雖有所非而非其所當非則與無所非同此釋經上正無非正五諾自此至篇末似皆釋五諾正負

之義以經校之當屬上文五也之下而傳寫貿亂誤錯箸於末也皆人於知有說皆疑當爲若於知卽

上五諾之先知也過五諾句若負舊本譌員今據吳鈔本正負者不正之謂列子仲尼篇樂正子輿庳

公孫龍說云其負類反倫有如此者負諾亦謂非正諾也無直無說直疑當爲知聲轉而誤上正五諾云如此

過五諾云無知亦正相對此數句義難盡通其大意似謂正者或已知或有說過者或未知或無說五諾即上經所謂諾不一也用五諾即上經所謂利用若自然矣言所擬出於自然顧云此說五諾當在經說下詒讓案經下無五諾但有五路亦與五諾不同顧說未塙

經說下第四十三此篇以經下校之文有闕佚畢注疏謬殊甚與經尤多不相應今並依經別爲攷正畢本句讀亦多舛誤今不悉論篇中論景鑒及升重轉重諸法爲今泰西之說所從出原未辟涉以竢達者

止句彼以此其然也說是其然也我以此其不然也疑是其然也左傳哀十二年杜注云止執也謂彼此然不各執一辭即經所謂類行也此釋經下止類以行人說在同人即之之譌之謂四足獸與爾雅釋鳥云四足而毛謂之獸此謂獸爲四足毛物之大名生鳥與畢讀與生鳥句義並不可通疑當作牛馬與此謂牛馬爲四足獸之種別下云若牛馬四足物盡與句大小也物盡猶言盡物之數莊子天下篇惠施曰大同而與小同異此之謂小同異萬物畢同畢異此之謂大同異此云物盡即謂萬物畢同畢異也蓋物爲總名大也獸爲四足動物之專名小也猶荀子正名篇以萬物爲大共名鳥獸爲大別

名是也然牛馬復爲獸獸類之種別是又獸爲四足之大名牛馬爲四足之小名明大小無定隨所言而變也此與經下文物盡同名義亦同畢讀物盡句非此釋經下駟異說推類之難說在之大小經駟異說當作四足異說在下蓋挩名字此然是必然則俱謂同物同名即莊子所謂小同經上云同異而俱於之一也爲麋同名爲疑當爲如艸書相似而誤麋舊本誤麋今據道藏本吳鈔本正謂若是麋則其名盡同此釋經下物盡同名俱鬭顧讀句不俱二顧讀句二與鬭也二舊本誤三顧改爲二云三字誤蓋讓案顧校是也今據正以下並廣推物同名之說經說上云俱處於室合同也言二人相合斯謂之俱若俱鬭雖是二人然是不相合之俱故云不俱二與下文云俱一義略同此釋經下二與鬭包當作疑色肝句肺句子句愛也言四者異物而同爲人所愛也橘茅吳鈔本作茆食與招也言橘以食而茅以招周禮司巫云掌望祀望衍旁招以茅但此文與同名不相應竊疑此橘當爲梂爾雅釋木云梂木瓜毛詩衛風木瓜傳云木瓜梂木也可食之木說文梂从林矛聲與橘上半形相近聲類與茅同此謂二字同音而一以食一以招同言異實也招道藏本作抬誤畢云已上釋經下愛食與招白馬多白句視馬不多視視馬蓋言馬之善視者此謂白馬視馬辭意異而辭例同

白與視也。畢云已上釋經下白與視爲麗不必麗不必麗與暴也此文難通麗與暴也上文衍不必二字公孫龍子通變篇云黃其馬也其與類乎碧其雞也其與暴乎暴則君臣爭而兩明也兩明者昏不明非正舉也非正舉者名實無當驪色章焉故曰兩明也疑卽此與暴之義麗亦或卽驪之譌文但公孫龍書與類與暴義並難通而此上下文並以某與某相對爲文則與彼書又似不相應疑未能明竢更研覈爲非以人是不爲非若爲夫勇不爲夫爲屨以買衣爲屨吳鈔本首屨字上無爲字誤此疑當作若爲夫以勇不爲夫爲屨以買不爲屨蓋爲非以人是不爲非者凡已爲非理之事爲非議人所爲之非亦爲非今席人之非則曰非其自爲非經下云非誹者誖卽此非字之義若爲夫以勇不爲夫者上夫爲勇夫之夫下夫爲夫婦之夫言以勇偁夫則非爲夫婦之夫爲屨以買不爲屨者言爲屨而買之於人則非其所自爲也此並論異意同辭二句文例畧同可以互校今本爲夫下挩一以字不爲屨不又譌衣遂不可通夫與屨也畢云已上釋經下麗與夫與屨屨同屨詒讓案經麗與下疑挩暴字二與一亡句不與一在此言分一體亡者一旣化二卽爲無一公孫龍子通變篇云曰二有一乎曰二無一卽此義偏去下疑挩之字言分一體爲二偏則可去其一偏也此釋經下一偏棄之 未 此字疑衍或卽前說之字之譌 有文實也 經說上云舉告以文名舉彼實也則文實猶言名實或謂文並當爲之之誤亦通 而後謂之 何 無文實也則無謂也 謂有名實始有所謂無名實則無所謂大指與公孫龍子名實篇所論略同 不若敷與美 此義難通不字疑衍敷與美疑當作假與義經下云使般美亦似當作使假義也漢衡方碑假作儆魏高湛碑假作儆與敷般並相似此言有名實可謂則與類相比附是謂之義無名實可謂則當假借他物以謂之是謂之假卽後文假必非也之義 謂是 何 則是固美也 美疑亦當作義之誤 謂也 疑當讀爲他 則是非美 疑亦當作義非義卽所謂假也 無謂則報也 報疑當作執言我無謂則彼將堅執其說經說上云執服難成是也此釋經下謂而固是也說在因 見不見離一二不相盈廣脩堅白 脩舊本譌循今據俞校正此言若堅白在石見白不見堅見堅不見白白一也堅二也二者離則不能相盈相盈猶相函含也若離者合之則無不相盈如廣脩本爲二而從衡相函則爲一堅白亦爲二而色性相含則爲一此皆二而一者也此釋經下不可偏去而二說在見與俱一與二廣與循循卽脩之譌公孫龍子堅白篇云堅白石三可乎曰不可曰二可乎曰可曰何哉曰無堅得白其舉也

二無白得堅其舉也二曰得其所白不可謂無白得其所堅不可謂無堅而之石也之於然也非三也曰視不得其所堅而得其所白者無堅也拊不得其所白而得其所堅者無白也曰天下無白不可以視石天下無堅不可以謂石堅白不相外藏三可乎曰有自藏也非藏而藏也曰其白也其堅也而石必得以相盈其自藏柰何曰得其白得其堅見與不見離一一不相盈故離離也者藏也曰石之白石之堅見與不見二與三若廣脩而相盈也其非舉乎曰循石非彼無石非石無所取乎白石不相離者固乎然其無已曰於石一也堅白二也而在於石故有知焉有不知焉有見焉有不見焉故知與不知相與離見與不見相與藏藏故孰謂之不離即此青之義

舉不重言無重不舉不與箴畢云疑當云不舉箴詒讓案箴即鍼之叚字一切經音義引字詁云鍼又針箴二形今作針說文金部云鍼所以縫也非力之任也言箴之舉與不舉於力無與即下文舉之則輕廢之則重非有力也之義爲握者之頠倍非智之任也俞云字書無頠字疑觭字之誤玉篇角部觭女卓切握也詒讓案頠當爲觭形近而誤其讀當爲奇周禮大卜杜子春注云觭讀爲奇偶之奇說文角部云觭角一俛一仰也漢書五行志服虔注云觭音奇偶之奇莊子天下篇云觭偶不仵經上云倍爲二也觭倍者觭爲一倍爲二與觭偶義同或云倍即偶之譌亦通此言握物而

使人射其奇偶之數雖或億中不足以爲智故云非智之任也若耳目異謂視聽殊用亦證經異類之義木與夜孰長智與粟孰多此義並未詳爵謂貴爵親貴其所親者行德行之貴賈賈直之貴四者孰貴吳鈔本挩此字非麋與霍孰高霍吳鈔本作藿此字篇中四見此與麋同舉下文又與狗同舉則必爲獸名以字形校之疑當作虎俗書虎霍二字上半形相近旗幟篇虎旗譌作雩旗可以互證史記楚世家西周武公曰若使澤中之麋蒙虎之皮人之攻之必萬於虎矣麋與霍孰霍此句疑涉上文衍蚓與瑟孰瑟蚓即蚓之異文弟一瑟字疑當作蠶並詳經說上篇弟二瑟字疑當爲長涉上譌文而又譌或謂此當作蛇與龜孰長莊子天下篇云龜長於蛇於義得通但經說上云免瑟又云免蚓以文義校之免當爲宅則蚓不得又爲蛇字或說不可通於彼也此皆言輕重多少長短貴賤之迥異者不足相比釋經下異類不吡說在量吡此同偏句俱一無變偏者一之分分之則偏合之則一所謂俱一也然分合雖不同而一全體二半體無增減故云無變即經云無加少也俱一說詳後此釋經下偏去莫加少說在故假吳鈔本此字不重假必非也而後假說文人部云假非真也小取篇云假者今不然也狗假霍也猶氏霍也霍亦

並當爲虎言狗假虎名猶以虎爲氏也古名禽獸草木亦通謂之氏大戴禮記勸學篇云蘭氏之根懷氏之苞是也此釋經下假必誖說在不然

物或傷之句然也即經云物之所以然也見之句智也智讀爲知下同即經云所以知之也告之句使智也即經云所以使人知之也告舊本譌吉王引之云吉當爲告智與知同欲使知之故告之也下文曰告我則我智之詒讓案王校是也今據正物或傷之即經所謂病也見之則知其病告之則使人知其病此釋經下取物之所以然與所以知之與所以使人知之不必同說在病

疑逢此述經與下爲目畢云舊作逢下同以意改爲務則士此語難通以意求之疑當作爲鑿則土說文虛部云鑪土鑿也金部云鑿鏤屬也禮記內則孔疏引隱義云鑿土釜也鑿墼字通士土形近古書多互譌史記殷本紀相土周禮梓人注引世本作相士是其證言土壤至賤而爲鑿者或用土爲之明物無貴賤逢所便利也爲牛廬者夏寒說文广部云廬寄也秋冬去春夏居此牛廬蓋以養牛若馬之㡿周禮圉師夏㡿馬鄭注云㡿廡也廡所以庇馬涼吳子治兵篇云夏則涼廡蓋牧馬牛者並有之凡爲廬者欲其暖而㡿則取其夏寒此即經逢字之義逢也舉之則輕廢之則重非有力也公羊宣八年傳云去其有聲者廢其無聲者何注云廢置也此與前

舉箴之喻同 沛從削非巧也 沛當爲杮說文木部云杮削木札樸也隸變作柿言木柿從所削不足爲巧也 若石羽 此未詳其說莊子天下篇云若羽之旋若磨石之隧此或與彼同蓋亦循從自然之義 循也 循舊本譌楯今依經下改說文彳部云循行順此亦當詁爲順與柿從削之從義同 鬭者之敝也以飲酒若以日中 日中謂市也易繫辭云日中爲市市以日中時爲最盛即周禮司市所謂大市日昃而市故因謂市爲日中猶嫁娶之禮用昏因謂之昏也古市朝或謂之日中之朝晏子春秋外篇云刑死之罪日中之朝君過之則赦即司市之國君過市則刑人赦是其證也凡飲酒及市皆易啟爭鬭故下云不可知也 是不可智也 智知通下同 愚也 依經當作遇過也愚遇聲之誤 智與 句 以已爲然也與 句 愚也 依經當作過也蓋過涉上文而譌爲遇又譌爲愚下文云過而以已爲然可證過謂已過之事言或固知之抑或本不知而以已然之事推之此釋經下疑說在逢循遇過 俱 句 俱一 經上云同異而俱於之一也又經說上云俱處於室合同也言合者則爲一 若牛馬四足 牛馬者散名而兼言之也四足者大名而通言之也兼與通言皆爲一上文云謂四足獸與牛馬與即其義 惟是 句 當牛馬 惟經同亦當作唯謝希深公孫龍子注云唯應

辭也言或牛或馬名實相符則此呼而彼應是名當其物也經說上云當牛非馬又云當馬非馬公孫龍子名實篇亦有唯當之論與此義同詳後**數牛數馬**句**則牛馬二**句**數牛馬**句**則牛馬一**俞云數牛數馬則牛馬二謂分牛馬而數之也數牛馬則牛馬一謂合牛馬而數之也畢讀惟是當牛馬數爲句失之

若數指句**指五而五一**言合數之爲五指分數之則爲一指者五也亦俱一與牛馬二一之義此

釋經下物一體也**長宇**此述經文畢讀說在俱一惟是長屬上句非**徙而有處宇**莊子庚桑楚篇云有實而無乎處者宇也有長而無本剽者宙也文子自然篇老子曰往古來今謂之宙四方上下謂之宇淮南子齊俗訓莊子齊物論釋文引尸子又庚桑楚釋文引三蒼說並同宇者猶互諸方其位不定各視身所處而爲名若處中者本以南爲南設令徙而處北則復以中爲南更益向北則並鄉所爲北者亦轉而成南矣四方隨所徙而易並放此然方位雖屢徙不同而必實有其處故云徙而有處莊子云無乎處者則據其轉徙無常者言之與此文義不相硋也

宇南北在旦有在莫宇徙久旦舊本譌且王引之云經說上云宇東西南北此不當言南北而不及東西蓋有脫文且當爲旦有讀爲又此言宇徙則自南而北自東而西歷時必久屢更旦莫故云宇徙久又云在旦又在莫

經說上云久古今且莫是也畢云已上釋經下宇或從說在長宇久詒讓案王說是也但此云宇南北乃約舉之詞王擬其不當不及東西非也後文說或云然而謂此南北與此文例正同無堅得白必相盈也此即堅白石之論謂視之但見石之白不見石之堅而堅之性自含於白之中故云必相盈也此義亦見公孫龍子堅白論篇並詳前此釋經下不堅白說在無久與宇堅白說在因經及說似皆未全在堯善治在疑當作任下同任猶舉也自今在諸古也自古在之今則堯不能治也言堯不能治今世之天下下文云堯之義也是聲也於今所義之實處於古亦即此義此釋經下在諸其所然未者然說在於是推之在疑亦任之誤未者然三字疑當作諸未然文亦有挩誤景俞讀句光至景亡俞讀句若在俞讀句盡古息俞云句首景字舉經文而說之光至景亡者謂所以有景由無光也下文曰足敝下光故成景於上首敝上光故成景於下是也光之所至則景亡矣若在盡古息又與上句反復相明言景若在則光盡古息也盡古猶終古也考工記則於馬終古登陁也莊子大宗師篇終古不忒是終古爲古人恒言釋名釋喪制曰終盡也故終古亦曰盡古也畢讀皆誤詒讓案若在盡古息息當訓爲止即經不從之義亦即莊子天下篇所謂飛鳥之景未嘗動也司馬彪亦據此釋之大意

蓋謂有光則景亡，有景則光蔽，若其景在則後景卽前景盡古常息止於是，形雖動而景若止而無改也。畢讀景光至句，景亡若在句，並誤。俞斜之是也，而以息爲亡則與經不合。此釋經下景不從說在改爲。

景。句二光夾一光，一光者景也。謂若日在東而西縣鑒，鑒受日光反射人而成景，是日光與鑒光爲二，而人景在日與鑒之間，是卽二光夾之也。

景光之人煦若射。之猶與也。言景光與人參相射。說文火部云：「煦，蒸也，一曰赤皃。」又日部云：「昫，日出溫也。」此煦疑當爲昫之叚字，謂如日出時之光四射也。此釋經下住景二說在重，住疑當作位，讀爲立。

下者之人也高，句高者之人也下，句足敝下光，敝，蔽之叚字。故成景於上；首敝上光，故成景於下。陳澧云：「此解窪鏡照人影倒之故也。」畢云以表言，非也。劉嶽雲云：「卽西法所謂射光角與回光角相等，由交點射景入壁，故令景倒也。」詒讓案：此卽塔影到垂之義，詳經下。此釋經下二臨鑑而立，景到多而若少，說在寡區。寡疑空之誤，卽謂窪鏡中爲圓空也。但說無多少寡區之義，又經此條在前宇或從說在長宇久條後，與說敘次不合，竊疑此當並屬下條，以下經亦有景到之文也。而二臨鑑景到一經說或已不存，此篇文本多挩譌，疑未能定也。

在遠近有端與於光。此疑卽格術之義，端卽沈括艣臬之喻與。

於光謂礙光綫之射亦詳經下**故景庫內也**畢云庫舊作庫盧以意改詒讓案盧校是也謂景障於內即光學家所謂約行綫交聚處不見物是也此釋經下景到在午有端與景長說在端**景**句**日之光反燭人**句**則景在日與人之間**劉嶽雲云此釋回光之理如人依鑑立日射鑑上若人與日之間有壁其距鑑與日距鑑交角等則人必成景於上若其閒無壁則回光綫成景極長而射於無量遠空界中凡海與沙漠恒見樓臺人物之象即此理然雖無量遠空界中仍爲景在人與日之閒也詒讓案日照於東則人景在西今以西鑒之光反燭人成景則景又在東矣故云在日與人之閒即上文景二光夾一光之意此釋經下景迎日說在摶摶疑轉之誤**景**句**木柂**柂迤之叚字詳經下道藏本作柂畢云猶言木斜**景短大**近地故景短而大**木正**句**景長小**遠地故景長而小**大小於木則景大於木非獨小也**大小於木疑當作光小於木獨疑當作猶言景不與木同鄭復光云光與物大小相等其景雖遠相等而無盡物大光小則景漸遠漸大而無量**遠近臨正鑒**疑當作臨鑑立前經云臨鑒而立**景寡**疑當作景多寡屬下讀**貌能白黑**貌吳鈔本作皃能與態同備城門篇態作能此又能之省劉嶽雲云此論因光見色之理也日光具紅黃藍綠

紫橙黃靛藍七色試以三棱透光鏡即見若物盡受全日之光則爲白色若滅其入質之光綫則爲黑色 遠近梔正 句 異於光鑒 此似言光之所照與鑒之受光各因物而異劉嶽雲云言照物之遠近邪正惟鑒者制其光辨異之使明晰也詒讓案此釋經下景之小大說在地缶遠近地即梔之誤 景當俱就 疑當作景就當俱與下去亦當俱文正相對去就疑亦據遠近言之俱謂所照之景不一而同見於鑒也 去尒當俱 畢云尒疑亦字 俱用北 未詳 鑒者之臭 臭疑並當作具具與俱通大取篇亦云具同 於鑒無所不鑒景之臭無數而必過正 此言鑒者不一則景亦無數然必過正之義亦難通 故同處其體俱 經說上云俱處於室合同也 然鑒分 謂兩體同而景不同 鑒中之內 句 鑒者近中 句 則所鑒大 大上吳鈔本有者字 景亦大 句 遠中 句 則所鑒小 句 景亦小 陳云此謂突鏡也劉嶽雲云近遠指人距鑑面言近中遠中指人距鏡中心言據此仍當爲凹面鏡也 而必正起於中 句 緣正而長其直也 此謂突鏡邊容下而中高處其面正平故有內外界中之內謂平面之內景必正起於中心緣其正而外射爲長直綫也 中之外 句 鑒者近中 句 則

所鑒大句景亦大句遠中句則所鑒小句景亦小句而必易合於中而長其直也舊本合於下無中字王引之云於下蓋脫中字上文云必正起於中緣正而長其直也此亦當云易合於中詒讓案王校是也今據補此謂突鏡平面之外與邊分界處其景近大遠小與平面同惟面既不平則光線邪射其景亦易易卽邪也此釋經下鑑立景一小而易一大而缶說在中之外內經此後有鑑團景一一條無說又此二條並在前不堅白說在無久與宇說在因之前與說敍次亦不合並傳寫之誤鑒鑒者近則所鑒大景亦大亣遠亣舊本作亦王引之云亦遠當作亣遠亣古其字與亦相似又因上下文亦字而誤詒讓案王校是也今據正此對上文鑒者近言之所鑒小景亦小而必正景過正以上與上文略同景過正之義亦未詳此釋經下天而必正說在得天大之誤劉嶽雲云景過正者言光綫必正行也畢云已上以鏡言故招負衡木招當爲橋聲近字通親士篇喬木亦作招木可證曲禮云奉席如橋衡鄭注云橋井上橰槔衡上低昂孔疏云衡橫也說苑文質篇云爲機重其前輕其後命曰橋莊子天地篇云鑿木爲機後重前輕其名爲槹釋文云槔本又作橋吳越春秋句踐陰謀外傳作顚橋淮南子主術訓云今夫橋直植立而不動俛仰取制焉

彼以橋爲直明與衡橫別高注云橋桔皋上衡也植柱權衡者高并橋與衡爲一非**加重焉**畢云加舊作如以意改**而不撓**言平而不偏撓**極勝重也**畢云極謂權也詒讓案古書無訓極爲權者畢說非也極當卽上文之衡木說文木部云極棟也屋棟爲橫木引申之凡橫木通謂之極漢書枚乘傳云單極之綆斷幹顏注引孟康云西方人名屋梁爲極單一也一梁謂井鹿盧也言鹿盧爲綆索久鍥斷井幹也枚云單極與此極正同謂桔皋上之一衡木也汲綆繫於其上故久鍥而斷井幹孟說以爲井鹿盧未塙而以屋棟況極則不誤極勝重者言加重於一偏而不撓者因衡木前重能勝之也**右校交繩**校疑權之譌艸書相近交繩疑謂繫權之繩與他繩相交絓**無加焉而撓極不勝重也衡加重於其一旁**句**必捶**畢云此錘字假音陸德明考工記音義云直僞反劉直危反**權重相若也相衡則本短標長**廣雅釋詁云標末也畢云標猶杪末也**兩加焉重相若**句**則標必下**謂本標加物重相若而標以長獨下撓卽下文長重者下之義**標得權也**謂標長故偏得其權之重此釋經下貞而不撓說在勝貞卽負之誤**挈有力也**說文手部云挈縣持也提挈也**引無力也**引者牽引之名謂旁牽之橫引之力輕於直挈**不正**

畢云舊作心以意改所挈之止於施也疑當作正於拖也於猶如也如猶與也見王引之經傳釋詞施與迤拖並同謂邪也詳經下正於拖猶言正與邪也繩制挈之也若以錐刺之言持錐刺其繩則不正也挈謂上挈之此與下云收並述經而釋之長重者下句短輕者上句上者愈得句下下者愈亡此當衍一下字謂挈之有力也上昂之力愈增則下低之力愈失繩直權重相若句則正矣畢云正舊作心以意改收廣雅釋詁云收取也謂下引之上者愈喪下者愈得上者權重盡則遂挈此謂下收之有力遂隊通見法儀篇權重盡則標仰隊其所挈畢云已上以權衡言鄒伯奇云此一段升重法也詒讓案此釋經下契與枝板說在薄契即挈之譌枝即收之譌板字衍薄疑當爲權兩輪高當云爲高兩輪爲輲四輪高卑不同故車成梯形也畢云禮記云載以輲車鄭注云輲讀爲輇或作輇說文云輇蕃車下庳輪也又鄭注既夕記云許叔重說有輻曰輪無輻曰輇車梯也凡車兩輪而平此四輪而前高後低是爲卑梯古蓋有於車爲梯故史記集解引服虔說以軒車爲雲梯重其前弦其前畢云弦直也詒讓案弦其前疑當作引其後隸書弦引形近隸釋漢陳球碑引作弘廣韻十六軫云

引弦同並其證載弦其前載弦其軲疑當作載引其後載引其軲下云縕之引軲可證畢云玉篇云軲古胡切廣雅云軲車也曹憲音枯又音姑案軲轂音相近疑轂字異文詒讓案軲疑軸之形譌下同車梯引其後及軸者蓋所以行之而縣重於其前句是梯畢云舊作梯据上文改下同挈且挈則行疑當作挈且引則行凡重句上弗挈說文所謂縣持下弗收旁弗劫劫疑抾之借字廣雅釋言云抾抲也與引義略同則下直直與正義同言其重心必就下而正扡句或害之也扡當爲前木椸之椸言重物不挈之收之劫之則下必正其不正者必或挈或收或劫害之也沠言扡則重勢偏下而流不得止也畢云公羊傳桓十年有云沠血陸德明音義云古流字梯者不得沠畢云舊作不据上改詒讓案吳鈔本正作沠不誤直也言梯雖邪而仍不流者以其邪而仍兼直勢也故必旁引之而後行今也廢尺於平地廢亦置也尺疑當爲石下云絣石絫石是其證重不下句無跡也畢云玉篇云跡蒲唐切蹎跡欲行皃正字通以爲腿字之俗詒讓案跡字之義與此文無會正字通尤俗冊不足據也此疑當爲踦之形誤戰國策云必有踦重者矣言廢石於平地則雖重而必正平者以其無偏重也故云無踦若夫縄之引軲

也是猶自舟中引横也說文木部云横闌木也此葢以為舟前横木之名廣雅釋水云舼謂之桄集韻十一唐云桄舟前木也一切經音義云桄古文横同是二字音近字通言車梯之引其軸與舟中引其横皆是旁引之故行也倚倍拒堅堅當作掔說文手部云掔固也又與牽通見迎敵祠篇言相依倚相倍負相楮拒相掔引船倚焉則不正畢云唐宋字書無船字正字通云俗字舊注音嗔走貌詒讓案此字未詳疑當為邪隷釋漢戚伯著碑邪作躬變牙為身變邑為吕與出相似因而致誤正疑當作止此以轉重言欲其利轉而不止也誰誁石絫石耳此義難通畢讀誰誁句云誁并字異文已上以車制言鄒云此一段轉重法也詒讓案集韻十五青及類篇立部並以竮為竮之或體與此文義無會畢說近是而讀非誰與唯通言唯石與石相合并重絫則邪倚而止也此釋經下倚者不可正說在剃剃梯之譌正疑當作止畢謂車制非夾寖者畢云寖寑字省文詒讓案說文宀部寑籀文省人作寑此又省又作寖集韻四十七寑云寑古作寖法也法疑當為柱說文木部云柱楹也案通言之柱楹同析言之堂上兩柱謂之楹房室及牆序閒依壁而立者謂之柱夾寢卽謂夾寢室也方石去地尺句關石於其下方石之下別以石為關縣絲於其上使適至方石句不下

句　柱也爾雅釋言云榰柱也謂石柱絲絲故不下膠絲去石句　挈也謂上提挈其絲絲絕
句　引也言下引之則絲絕此釋經下推之必往說在廢材推往即柱住之誤未變而名易句　收
也收依經下當爲仮仮反字同言刀與糴輕重貴賤相反買畢讀買刀句誤刀糴相爲賈說文入部
云糴市穀也畢云刀謂泉刀　刀輕則糴不貴句　刀重則糴不易句　王刀無
變句　糴有變句　歲變糴則歲變刀言糴之貴賤每歲不同則刀之重輕亦隨而變此釋
經下買無貴說在仮其賈若鬻子句　賈盡也者盡去其以不讐也其下據下文亦
當有所字言其所以不讐者爲弔賈未盡其數也若盡其數則其所以不讐者盡去矣　其所以不讐去
句　則讐句　正賈也宜不宜謂讐者之正賈有宜不宜正欲不欲謂所讐者有欲不欲
以意爲正若敗邦鬻室國語越語云身斬妻子鬻嫁子無子疑申論無不讐之義此釋經下賈宜
則讐說在盡　在軍不必其死生聞戰亦不必其生當作其死生或當作在軍不必
其生聞戰亦不必其死在軍謂方出師而兵未接鬭戰則聞其已接戰也　前也不懼前謂在軍也　今也

懼今謂鬭戰也此釋經下無說而懼說在弗心心卽必之誤或或卽邦域正字故下云謂此南北前經下云宇或徙說云宇南北與此義正同彼宇或亦卽宇域也詳前知是之非此也謂南或非南北亦非北有知是之不在此也有與又同謂南北在彼在此名實無定卽宇或徙之義公孫龍子名實篇云夫名實謂也知此之非此也知此之不在此也則不謂也與此經名實義亦同然而謂此南北卽宇南北之義過而以已爲然此謂以身所在之域爲中儵過此而北則前日所在之域轉謂之南自此以前每進益北則所過成南若由中過南則南轉成北所過亦然故云過而以已爲然莊子天下篇惠施曰我知天下之中央燕之北越之南是也釋文引司馬彪云天下無方故所在爲中卽此義也始也謂此南方故今也謂此南方言始與今所謂南方者過而屢變卽過而以已爲然之義也此釋經下或過名也說在實智論之非智無以也疑有挩誤此釋經下知知之否之足用也諄說在無以也經文亦有譌挩謂句所謂舊本所譌非今據道藏本吳鈔本正非同也則異也同則或謂之狗其或謂之犬也言狗犬同物異則或謂之牛牛或謂之馬也言牛馬異物下牛字疑當爲九與上句文

例同俱無勝句是不辯也謂是非兩同無以相勝則不成辯莊子齊物論云是若果是也則是之異乎不是也亦無辯然若果然也則然之異乎不然也亦無辯即其義辯也者或謂之是或謂之非當者勝也畢本當下有也字今據道藏本吳鈔本刪言是非互見得其當則勝也此釋經下謂辯無勝必不當說在辯無讓者酒謂凡賓主獻酬之酒於禮無讓未讓句始也不可讓也此釋經無不讓也不可說在始未讓始也疑當作不讓殆也殆始形近而誤經同凡相近而不讓謂之殆後文若殆於城門與於臧也九字文無所屬疑本在此下而誤錯於彼說詳後於石一也堅白二也而在石謂堅白含於石體之中即經所謂存也故有智焉有不智焉可顧云智即知字詒讓案故下疑挩謂字以下智並與知通此謂石一而知堅者不知白知白者不知堅文亦見公孫龍子堅白篇說詳前此釋經下於一有知焉有不知焉說在存有指謂有所指也公孫龍子指物論篇有非有非指之說與此似異子智是句有智是吾所先舉句重以下文校之疑當作子智是有智吾所无舉是重有又字通无先形近而譌子知是是其一又并知吾所无舉是其重也吾所无舉即下文所云吾所不舉其重與下文是一文亦正相儷重謂二名一

實下文所謂智智狗重智犬是也子智是若知狗知吾所无舉若因狗知犬大重則若狗犬同類也則子智是而不智吾所先舉也先无之譌是一對上重及下二三言之謂唯知其一若知狗而不知犬謂有智焉有不智焉也謂知其一而不知其二是一猶上經云於一有知焉有不知焉也其智之則當指之智告我則我智之智告我謂彼已知無指以告我兼指之以二也謂并吾所無舉者而指之若指狗則兼指犬指一而所指二也衡指之參直之也參三同經云二二絫絫亦參之誤二二參即二三也言從衡指之則參相直以一兼二參直爲三也若曰必獨指吾所舉毋舉吾所不舉毋舉吾下吳鈔本有之字吾所舉者一也所不舉者二與三也則者固不能獨指則下當捝指字言於此有二物或同類或同處今特指此物勢必兼直彼物故不能獨指即經所謂不可逃也又莊子天下篇云指不至至不絕疑亦即此旃之義蓋若甲乙同處欲指甲而勢不能不兼直乙既兼直乙則所指不得謂專至甲故云不至不絕釋文引司馬彪說絫誤此釋經下有指於二而不可逃說在以二絫所欲相不傳意相疑亦指之誤若未校未詳且其所智是也智亦與知通下並同所不智是

也則是智是之不智也惡得爲一是智者所已知也是之不知者所未知也則不能并爲一矣謂而有智焉有不智焉所春也未詳其執固不可指也執當爲埶卽古勢字徐鉉說文新附云勢經典通用埶禮運在埶者去鄭注云埶埶位也釋文云埶本亦作勢後魯問篇亦以埶爲勢今本並誤執可證逃臣不智其處不知其所匿之處狗犬不智其名也若韓盧宋鵲遺者巧弗能兩也兩疑當爲网或作罔孟子公孫丑篇以罔市利趙注云罔羅而取之网與兩形近而誤言人偶有遺物雖使至巧罔羅索取之不能必得也此釋經所知而弗能指說在春也逃臣狗犬貴者貴卽遺之譌智句智狗吳鈔本智下有者字衍重句智犬經說上云二名一實重同也義詳前則過依經當作不智則過今本挩二字不重則不過不重則名實過異宜其不知故不過此釋經知狗而自謂不知犬過也說在重通問者曰通卽經云通意言問以通其意恉也子知覊乎畢云覊當爲覊卽驘省文詒讓案說文馬部云驘驢父馬母者也从馬[illegible]聲或从贏作驘此蓋从贏省聲而以㠯爲西則傳寫之譌應之曰覊何謂也彼曰覊施句則智之施疑當作也謂告以驘之名物若不問

戳何謂徑應以弗智句則過不問戳何謂而徑應以弗知則不知而復無求知之意人將不復告是終於不知矣故謂之過句且應必應此義難通疑當作且問必應涉下而誤耳問之時若應長應有深淺長疑當作其形近而誤深若應之曰戳何謂淺若徑應以弗知是也此釋經下通意後對說在不知其誰謂也大常中在大道藏本吳鈔本作天以文義推之疑當作人畢云据下文常當爲堂兵人句長所長吳鈔本作常非此疑當作其人其所今本兩其字譌兵長二字遂不可通室堂句所存也此謂其所其子其疑當爲某之譌後旗幟篇云建旗其署曰某子旗存者也此謂其人據在者而問室堂惡可存也在者即存者義同惡可存也當作惡所存也上云堂室所存也下云主存者以問所存並其譌言問存者以在室或在堂也主室堂而問存者孰存也言問在室堂者爲何人也是一主存者以問所存句一主所存以問存者此釋經下所存與者於存與孰存經者上挩存字五合謂五行相合水土火當作木生火火離然此言火離木而然易離彖傳云離麗也莊子外物篇云木與木相靡則然是其義也火鑠金火多也金靡炭

靡礷之段字說文石部云礷石磑也研礷也言金能礷研炭使消散金多也合之府水道藏本吳鈔本作木非畢云府疑同腐詒讓案疑當作合之成水言金得火則銷鑠而成水莊子外物篇云金與火相守則流是也畢說未然木離木疑當作木離土離亦與麗同義易離彖云百穀艸木麗乎土此釋經下五行毋常勝說在宜若識麇與魚之數惟所利無欲惡此釋經下無欲惡之為益損也說在宜言麇魚以共膳羞無欲惡猶言無愛憎惟所利猶言惟人所皆即經所謂宜也傷生損壽說以少連說吳鈔本作設此義難通疑連當作適謂節嗇以養性也下云適足不害亦其證呂氏春秋適音篇云和心在於行適高注云適中適也是誰愛也嘗多粟或者欲不有能傷也疑當作或者欲有不能傷也言多粟而或欲有之然徒欲不能傷其粟之多也若酒之於人也言酒能害人不能飲酒不為害也且恕人利人恕吳鈔本作恕下句仍作恕愛也則唯恕弗治也唯舊本作惟今據吳鈔本改唯與雖通治疑當為給言卹愛利人而力不能徧給此釋經下不能而不害說在害損飽者去餘言損去其多餘者適足不害能害飽能與而過害飽疑當作飽害言若食適足不害於人而過飽乃為害若傷

麋之無脾也脾讀爲髀少牢饋食禮云腊用麋又云髀不升鄭注云近竅賤也古文髀皆作脾此與古文禮
正同言麋以共祭而髀不登於祭俎故傷麋雖無髀無害於爲腊以共祭亦損而不害之意且有損而后
益智者智字疑衍若瘧病之之於瘧也畢云瘧即瘧省文說文云瘧熱寒休作今經典省几
此省已一也已卽以字詒讓案廣雅釋詁云瘧病也此瘧或當爲瘧之省文下之字當作人言人患瘧者以病損爲益也
此釋經下損而不害說在餘智以目見而目以火見而火不見公孫龍子堅白論篇
云且猶白以目以火見而火不見則火與目不見而神見神不見而見離彼文以目下盖捝見目二字義與此正同莊子
天下篇辯者曰目不見亦卽此義也惟以五路智久不當未詳此釋經知而不以五路說在久以
目見下當捝火字若以火見火句謂火熱也非以火之熱言火雖熱而所
見者光也非以其熱莊子天下篇云火不熱此卽其義淮南子詮言訓許注云公孫龍以白馬非馬冰不寒炭不熱爲論
彼炭疑亦火之誤此釋經下必熱說在頓必卽火之誤下又捝不字我有若視曰智智並與知通雜
所智與所不智而問之則必曰是所智也是所不智也取去

俱能之收謂所知去謂所不知是兩智之也此釋經下知其所以不知說在以名無句若無焉句則有之而后無后吳鈔本作後無焉焉疑當作馬馬爲物名必先有馬乃可言無馬也無天陷句則無之而無天疑當作失戒人無失陷爲虛言則先未有此事而豫相救戒亦可言無所謂不必待有也此釋經下無不必待有說在所謂擢疑擢當爲摧詳經下無謂也未詳臧也今死而春也得文文死也可此義不可通春也與臧也對舉疑春當爲廝廝養之養形近而誤得文疑當作得之大意似謂亡臧而得養略足相當但文尚有譌挩不能盡解此釋經下擢慮不疑說在有無擢亦摧之誤且句猶是也此引申比況之義詩周頌載芟匪且有且匪今斯今毛傳云且此也孔疏云且亦今時此云猶是也與此今義相近且然句必然舊本作且且必然吳鈔本作且必然王引之云且且必然當作且然必然以下三句文義例之可知詒讓案王校是也今據正經說上云自前曰且自後曰已方然亦且此即方然之義言且之爲言雖尚未然而事勢湊會必將至於是且已句必已句且用工而後已者必用工而後已舊本必用工下挩而字王引之云後上亦當有而字詒讓案王校是也今據補用工猶言從事也此釋經

下且然不可正而不害用工均句髮均縣句輕重而髮絕不
說在宜歐宜歐疑當作害區
均也均句其絕也莫絕舊本輕下捝重字孫星衍云列子湯
問篇云均髮均縣輕重而髮絕髮不
均也均也其絕也莫絕張湛注云髮甚微脆而至不絕者至
均故也今所以絕者猶輕重相傾有不均處也若其均也盡
有絕理言不絕也今輕下脫重字均其絕也句均下無也字
詒讓案孫校是也畢亦據補重字此釋經下均之絕不說在
所堯霍此二字爲下文發耑篇中霍字婁見以義推之並當
均爲虎之譌此亦當同說詳前畢云据下文作臛疑非
或以名視人或以實視人舉友富商也是以名視人也指是
臛也臛當同上作霍是以實視人也視與示通舉友之富商以示人
是示以名也指霍以示人是示
以實堯之義也是聲也於今謂聲名所義之實處於古言堯
也傳於今之義
施於當時不能及今郎經與時之義此釋經上堯之義若殆
也生於今而處於古而異時說在所義生疑當爲任
於城門與於臧也此九字上下文無所屬疑當在上文無讓
者酒未讓始也不可讓也之下皆釋經下
無不讓也不可之義凡古人行禮賓主入門必讓若與人同
入城門而相殆則無爲讓臧爲賤人不足與爲禮則不必讓

也荀子榮辱篇云巨涂則讓小涂則殆楊注云殆近也此殆異於讓之義**狗**句**狗犬也謂之殺犬可**以經文校之當作而殺狗謂之殺犬不可莊子天下篇云狗非犬成玄英疏云狗之與犬一物兩名名字既空故狗非犬也狗犬同實異名名實合則彼謂狗此謂犬也名實離則彼謂狗異於犬也墨子曰狗犬也然狗非犬也案此經云殺狗非殺犬亦即名實離之義然成引經語亦有刪佚非其元文**若兩䏂**未詳集韻十五灰云脂䏂腫大皃非此義䏂疑當爲腢或爲脾儀禮士喪禮鄭注云腢肩頭也說文骨部云髃肩前也脾亦髀之叚字見前言同一髃髀而有左右之異以喻狗犬同物而異體也此釋經下狗犬也而殺狗非殺犬也可說在重**使**句**令使也**此與經說上使令謂謂也文例同**我使我我不使亦使我**此義難通以經校之此我字或當經之美字疑並當爲義蓋兩文皆誤而一存其上半一存其下半也此似當云義使使義不使亦使義言義者使令之使乃其正也以義使之爲使以義不使之亦爲使不使謂禁止之也末義字總釋上語**殿戈亦使殿不美亦使殿**義亦難通此殿字當經之殷字亦兩文皆誤無可推校意必求之疑殿並當爲假戈與美並當爲義假云假義亦使假不義亦使假言假者假設之使非其正也以假設合義爲使假設不合義亦爲使也末假字亦總釋上語此肊說無可

質詻而前云不若敷與美敷美似亦假義之譌綜校諸譌文約略相類聊復箸之此釋經下使殷美說在使

荆沇

荆之貝也則沇淺非荆淺也沇當爲沆說文水部云沆大澤也徐鍇繫傳引博物志云停水東方曰都一名沆太平御覽地部引述征記云齊人謂湖曰沆水經巨馬河篇督亢澤注引風俗通云沆漭也言乎淫淫漭漭無崖際今本風俗通義山澤篇沆作沇又云沆澤之無水斥鹵之類也並形之誤漢書刑法志山川沈斥荀悅漢紀沈作坑坑與沆字正同蓋沆爲藪澤此荆沆即荆之沆澤荆之貝當作荆之有言沆在荆則沆即爲荆之所有也然沆包於荆畺域之中則沆雖淺陝無害於荆之廣大故曰沆淺非荆淺此釋經下荆之大其沇淺也說在具也具亦有之誤

若易五之一也之猶與也下同以楹之摶也見之摶即備城門篇之柴摶積摶蓋聚束柴木之名此言楹大而摶小若以五易一多少之數不相當也其於意也不易蓋謂意度之則知其不當易

先智意相也先智以經下校之疑當作无智說文无古文奇字無與先形近而誤无智即經云無知也相下疑有悅字若楹輕於秋秋當讀爲萩說文艸部云萩蕭也左傳伐雍門之萩釋文萩作秋彼萩爲楸之段字與此義異而或作秋則可互證此亦喻輕重之失當與楹之摶同意其於意也洋然未詳此釋經下

以櫼爲摶於以爲無知也說在意櫼卽櫼之誤**段椎錐俱事於履可用也**段吳鈔本作斷事作視並誤說文殳部云段椎物也木部云椎擊也齊謂之終葵金部云錐銳也詩大雅篤公劉取厲取鍛毛傳云鍛段石也說苑雜言云干將鏌鋣以之補履曾不如兩錢之錐**成繪屨過椎**繪疑當爲緒過當爲遇下同說文糸部云緒帛也古爲屨冬皮夏葛蓋亦或以繪帛爲之**與成椎過繪屨同**句**過件也**件字書無此字道藏本作件吳鈔本同畢云件當爲舛異文詒讓案當依經下作件件與啎同過經同亦當作遇史記天官書云逢俉化言說文午部云啎逆也夊部云夆啎也爾雅釋詁云遘逢遇遻也漢書敘傳鄧展注引作寤逢過也遇逢義同啎遻過逆音竝相傳件俉寤聲相近遇件猶言逢俉夆啎亦猶言逆啎也此謂繪爲作履屨之材段椎錐爲作履屨之器材與器兩者過件以成履屨相須而爲用也此釋經下意未可知說在可用過件**一**句**五有一焉一有五焉十二焉**五有一焉謂積一而爲五也一有五焉謂一十之半爲五也十二焉疑當作十二五焉謂一十有二五也此釋經下一少於二而多於五說在建建疑進之誤**非斮半**斮櫡之別體此疑當作斮非半卽約經云非半弗斮也而反辭以明其義**進前取也**非半而斮之則每斮前進也**前則中無爲半**言半者必前後

之中進前取盡其猶端也端即前也經上云端體之無序而端則中無所謂半最前者也此言雖取中斲之終必前極其端前後取則端中也前後端之中即所謂半斲必半毋與非半毋吳鈔本作無不可斲也盡其端則無半不復可斲莊子天下篇云一尺之捶日取其半萬世不竭釋文引司馬彪云若其可析則常有兩若其不可析其一常在故曰萬世不竭即此義也此釋經下非半弗斲則不動說在端可無也

已給則當給不可無也此以經校之擬當作已然則嘗然不可無也然與給艸書形近而誤凡事之言已然者即嘗然今雖無而昔之爲有則審矣故云不可無猶經云不可去也此釋經下可無也有之而不可去說在嘗然久有窮無窮此五字與上下文皆不屬以經校之亦不相應疑當在後民行脩必以久也之下而誤錯在此正九畢云一本作凡詒讓案顧校季本亦作凡今以文義校之當是丸之形誤謂正圜之丸下云摶即圜丸之形無所處而不中縣摶也摶道藏本吳鈔本作摶非考工記云直者中縣正丸即立圜隨所轉側而其中綫必正直故云無所處而不中縣即經不可擔之意此釋經下正而不可擔說在摶擔即擔之誤偃宇不可偏舉偃區偏偏並聲同字通宇也宇當作宇進行者先敷近後敷遠敷猶

布（也）詳經下。行者行者二字衍必先近而後遠此釋經下宇進無近說在敷遠近

脩也先後久也遠下舊本有脩字俞云上脩字衍文遠近脩也先後久也相對爲文以地之相去言曰脩以時之相去言曰久案俞說是也今據刪脩吳鈔本並作修脩叚字民行脩必以久也此釋經下行循以久說在先後循即脩之誤一方盡類俱有法而異或木或石不害其方之相合也盡類猶方也舊本一方盡類並作一方貌盡合作台盡類猶方也作盡貌猶方也吳鈔本下貌字作皃王引之云當作一方盡類或木或石不害其方之相合也俱有法而不異盡類猶方也一方盡類者一同也言同具方形則共方盡相類也隸書類貌相似故類誤爲貌又誤倒於盡字上耳或木或石不害其方之相合也者言物之方者雖有方木方石之異而不害其方之彼此相合也作台者字之誤耳俱有法而不異盡類猶方也者言其法同則彼此盡相類亦猶方與方之盡相類也傳寫者上下錯亂又脫不字耳一方盡類云云則經下所謂一法者之相與也盡若方之相合也詒讓案王校改貌盡並爲盡類台爲合是也今並據正呂氏春秋別類篇云小方大方之類也即此一方盡類之義但俱有法而異句似不必移蓋上言一方盡類明其方之同下言俱有法而異明同方之中仍有異也盡類

猶方也猶與由通言其所以盡相類者由於同方也物俱然此釋經下一法者之相與盡若方之相合也說在方盡下亦當有類字牛狂與馬惟異俞云狂與惟皆性字之誤詒讓案呂氏春秋壅塞篇云牛之性不若羊羊之性不若豚高注云性猶體也俞謂狂爲性之誤是也惟則非誤字以公孫龍子校之當作牛性與馬雖異雖公孫龍書作唯並與雖通言牛馬性雖異然其所以異者不在齒與尾也詳後以牛有齒句馬有尾句說牛之非馬也不可俞云此言牛性與馬性異非徒以牛有齒馬有尾爲別也是俱有詒馬亦有齒牛亦有尾大戴禮記易本命云戴角者無上齒無角者膏而無前齒蓋牛有下齒馬有後齒也公孫龍子通變篇謂牛無尾者以其有尾而短耳非實無尾也不偏有偏無有句曰盧云當有牛字之與馬不類句用牛有角舊本角上挩有字盧云用牛當爲牛有王引之云用非誤字川者以也以牛有角馬無角說牛與馬之不類故云曰牛與馬之不類用牛有角馬無角也下文若舉牛有角馬無角以是爲類之不同也是狂舉也以亦用也上文以牛有齒馬有尾說牛之非馬也不可文義亦同則用非誤字可知但可云用牛下脫有字耳案王校是也今據增馬無角句是類不同也若舉牛有角馬無角以是爲

類之不同也是狂舉也公孫龍子亦有正舉狂舉之文以意求之蓋以舉之當者爲正不當者爲狂此書經說通例凡是者曰正曰當非者曰狂曰亂曰誖義與公孫龍書略同此疑當作以是爲類之同也是狂舉也今本涉上文而衍一不字則不得爲狂舉矣猶牛有齒馬有尾或不非牛而非牛也可此言有齒之獸與牛相類或不得謂非牛而實非牛也若爾雅釋嘼牛屬犘牛犦牛之類則或非牛或牛而牛也可疑當作則或非牛而牛也可言或有非牛而與牛相類則亦可謂之牛也故曰牛馬非牛也未可此言兼舉牛馬則不可謂非牛猶公孫龍子云羊合牛非馬牛馬牛也未可此亦兼舉牛馬既兼有馬則又不可竟謂是牛則或可或不可而曰牛馬牛也未可亦不可言可不可兩說未定則竟庳謂牛馬之爲牛爲馬者未可亦非也且牛不二馬不二而牛馬二前云數牛數馬則牛馬二數牛馬則牛馬一則牛不非牛馬不非馬而牛馬非牛非馬句無難此謂單舉牛則不可謂非牛單舉馬則不可謂非馬若兼舉牛馬則與牛異與馬亦異卽經云說在兼之義荀子正名篇云有牛馬非馬也此惑於用名以亂實者也公孫龍子通變篇云牛與羊

唯異羊有齒牛無齒而牛之非羊也羊之非牛也未可是不
俱有而或類焉羊有角牛有角牛之而羊也羊之而牛也未
可是俱有而類之不同也羊牛有角馬無角馬有尾羊牛無
尾故曰羊合牛非馬也非馬者無馬也無馬者羊不二牛不
二而羊牛二是而羊而牛非馬可也若舉而以是猶類之不
同若左右猶是舉牛羊有毛雞有羽謂雞足一數足二二而
一故三謂牛羊足一數足四四而一故五牛羊足五雞足三
故曰牛合羊非雞非有以非雞也與馬以雞寧馬材不材其
無以類審矣舉是謂亂名是狂舉即此書之義但兩書文義
皆究復與行不可盡通耳已上釋經下狂舉不可以知異說
在有不可牛馬之非牛與可之同說在兼彼句正名者彼此謂言當其名彼此可句彼
彼止於彼句此此止於此此謂彼此之名有定彼此不可句彼且此也
彼此亦可擬當云彼且此也此亦且彼也此謂彼此之名無定彼此止於彼此若是而
彼此也則彼亦且此此也此字吳鈔本不重此申上彼此可之義疑當作則彼不且此此不且
彼也今本不譌亦又捝三字公孫龍子名實篇云正其所實
者正其所名也其名正則唯乎其彼此焉謂彼而彼不唯乎
彼則彼謂不行謂此而此不唯乎此則此謂不行其以當爲
當也不當而亂也故彼彼當乎彼則唯乎彼其謂行彼此此

墨十　四五

當乎此則唯乎此其謂行此其以當而當也以當而當正也故彼止於彼彼此止於此可彼此而彼且此此彼而此且彼不可則此章之塙詁文莊子齊物論篇云物無非彼物無非是自彼則不見自知則知之故曰彼出於是是亦因彼又云是亦彼也彼亦是也彼亦一是非此亦一是非果且有彼是乎哉果且無彼是乎哉亦與此義略同畢云已上釋經下循此與彼此同說在異案經有譌

唱無過即下云唱而不和過疑當作遇過與偶通下同無所周疑當爲用之誤謂所唱不足用即唱而不和之意若稗當爲稗說文禾部云稗禾別也此喻無所用若荑稗和無過即下云和而不唱使也謂人不唱使然不得已明非和者之過唱而不和是不學也唱者爲教則和者爲斆故不和爲不學也智少而不學必寡以經及下文校之疑當作功必寡和而不唱是不教也智而不教畢云智下當有少字詒讓案疑當作智多而不教與上文智少而不學正相對功適息謂無功使人奪人衣罪或輕或重使人予人酒或厚或薄句首疑捝一字此蓋喻不和不唱之無功以上釋經下唱和同患說在功

聞在外者所不知也謂在外而聞有人在室不知其人若何或曰在室者之色若是其色言告以在

至者之色與在外者相若是所不智若所智也以下智並與知同所不知謂在室者所知謂在外者猶白若黑也若猶與也儀禮燕禮云冪用綌若錫言問其色白與黑誰勝兩舉其色則無勝是若其色也是若疑到言告以色若是若白者必白今也智其色之若白也故智其白也夫名以所明正所不智名吳鈔本作明誤不以所不智疑所明句若以尺度所不智長言以所明正所不知若不知物之長而以尺度之也畢讀長外爲句大誤外句親智也句室中句說智也此與經說上云知方不㢓說也身觀親也義同言在外之色爲親見而知以室中之色若在外之色則聞人之說而後知也畢云已上釋經下聞所不知若所知則兩知之說在告以詩以詩猶言以爲詩詩卽非也與下以當交義正相對不可也言以人之言爲詩者必其言之不可信者也出入之言可以下交校之出入當作之人形近而誤是不詩則是有可也有可信者卽不得盡席爲詩之人之言不可句以當句必不審審疑亦當作當言以不可爲當是必不當也此卽公孫龍子以當當不當而亂之義此釋經下以言爲盡詩詩說在其言爲惟

句謂是霍可惟當依經作唯霍疑亦虎之誤下並同說詳前唯應辭也此言叚物爲名若謂之爲虎也而彼
應之曰唯則可上文云惟是當牛馬彼惟亦唯之叚字與此義可互證經以非名爲不可明是名則可莊子寓言篇云與
己同則應不與己同則反同於己爲是是異於己爲非非而猶之非夫霍也言彼雖非真虎而既唯我
所謂則是謂之可者也謂彼是是也謂所謂與其名相應不可謂者毋惟乎其謂
言凡不可謂者必無人唯我之所謂彼猶惟乎其謂句則吾謂不行當作則吾謂行此衍
一字不彼若不惟其謂句則不行也此即公孫龍子謂彼而彼不唯乎彼則彼謂不行謂
此而此不唯乎此則此謂不行之義此釋經下唯吾謂非名也則不可說在仮無南者盧云南當讀如難上下文
俱有無難之語詒讓案盧說非也此此南即指南方無南猶言南無窮也古者中國所治地南不盡南海又天官家不知有
南極故於四方獨以南爲無窮莊子天下篇惠施曰南方無窮而有窮蓋名家有持此義者有窮則可盡
句無窮則不可盡句有窮無窮未可智智與知同下並同則可盡不
可盡不可盡畢云此三字疑衍未可智可吳鈔本作有誤人之盈之否未可

智 亦之字疑衍謂人在四方盈否未知 而必人之可盡 句 不可盡亦未可智 當作人之可盡不可盡亦未可智此訛上文而挽人之可盡四字 而必人之可盡愛也 疑當作而必人之不可盡愛也今本挽不字盡愛即兼愛之說故經云無窮不害兼 誖 言持此論者不可也蓋謂人不可盡愛則有害於兼愛之說故墨子非之 人若不盈先窮 先當作無亦无之誤 則人有窮也 謂人若不能盈無窮既不能盈即是有窮也 盡有窮無難 句 盈無窮 句 則無窮盡也 謂人若盈無窮則無窮既可盈即界有盡也 盡有窮無難 以上六句皆難人不可盡愛之說此釋經下無窮不害兼說在盈否 不二智其數 不二難通疑當為不一 一惡智愛民之盡文也 文當作之下同 吳鈔本重盡字衍 或者遺乎其問也 問舊本譌門今據道藏本正言慮所問有所遺忘則雖愛民不能盡其數 盡問人則盡愛其所問 言於心無不愛 若不智其數而智愛之盡文也無難 已上釋經下不知其數而知其盡也說在明者明疑即問之誤 仁仁愛也 疑衍一仁字或當作仁愛人也古人仁字通 義利也愛利 句 此也 言愛利心在於己明其同在內 所愛

所利句彼也言所愛所利惠加於人明其同在外愛利不相爲內外所愛利亦

不相爲外內吳鈔本作內外其爲仁內也義外也爲謂字通此見孟子公孫丑篇告子語管子戒篇亦云仁繇中出義由外作舉愛與所利也偏舉所愛之在此故云內偏舉所利之在彼故云

外是狂舉也此釋經下仁義之爲內外也內說在仵顏經末內字當作非仵顏疑觭仵之誤若左目

出右目入舊本挩出字今據道藏本吳鈔本補若吳鈔本作𡰪誤學也言學者或有此以爲不

知學之無益也故告之也是使智學之無益也智亦與知同是教

也其學無益告之使知是謂之教以學爲無益也教誖此言學者不專篤若左目出右目入則雖學亦無益矣但學者不知其學之無益此教者所當告也若因此遂庠學爲皆無益則於教誖矣此釋經下學之益也說

在誹者經益上當有無字誹疑誖之誤論誹謂誹議人它論其所誹之當否誹之可不可句以

理之可誹依經當作非雖多誹句其誹是也句其理不可非王校作誹未塙

雖少誹句非也王引之云當作論誹之可不可以理之可誹不可誹理之可誹雖多誹其誹是也其

理不可誹雖少誹非也今本論誹下衍誹字以理之可誹下脫不可誹理之可誹七字其理不可誹誹又譌作非詁讓案審校文義似無挩誤王校並未塙今也謂多誹者不可是猶以長論短言誹有可否不容概以多誹者爲非若短長各有所宜不可相論也此釋經下誹之可否不以衆寡說在可非不誹當作非誹謂非其好誹議人者依經非已之誹也言席誹者之非是謂非誹不非誹句非可非也卽上云以理之可非不可非也謂人實有非而我非之是非其所可非也是我所非自當人不可席我爲非也是不非誹也言凡誹人而或議其非者爲其有妄誹實有可非也若所誹不妄則不可非是不當非其所誹也此釋經下非誹者諄說在弗非諄諄之誤物甚長甚短句莫長於是句莫短於是句是之是也是卽莫長於是莫短於是之是言必如是而後爲甚長甚短非是也者莫甚於是言若非是者則不得爲甚長甚短莫甚上疑挩非字此釋經下物甚不甚說在若是取高下以善不善爲度不若山澤句處下善於處上句下所請上也請當作謂言因下見上則所謂上者但微高於下而已不必如山與澤之高下懸絕莊子天下篇惠施曰天與地卑山與澤平

荀子正名篇亦云山淵平並此意也此此釋經取下以求上也說在澤不是此約舉經文爲是目不讀如否是則

是且是焉今是文於是而不於是文當作之下並同不下亦當有之字故是不

文是不文則是而不文焉今是不文於是而文與是此句與上云今

是文於是而不於是句正相對則而文與是當作而是文於是是文皆即是之之誤上文而不於是又當作而不之於是

傳寫互有捝字耳故文與是不文同說也此節文譌捝難通參互推校大意以是與不對舉是

文與不文對舉凡不字並當讀爲否文字疑衍之字之誤餘並未詳此釋經下是是與是同說在不州經亦有捝誤

經上篇旁行句讀畢氏新攷定本今重校正　畢云本篇云讀此書旁行今依錄爲兩截旁讀成文也

故所得而後成也　止以已同久也

體分於兼也　必不已也

知材也　平同高也

慮求也　同長以缶古正字相盡也

知接也

恕知同明也

仁體愛也

義利也

禮敬也

行爲也

實榮也

忠以爲利而強低當作君也

孝利親也

信言合於意也

佴自作疑當作仳也

中同長也

厚有所大也

日中缶南也無說

直參也無說

圜一中同長也

方柱隅四讙當作襍也

倍爲二也

端體之無序而最前者也

有閒中也

閒不及旁也

纑櫨迥間虛也

誯（狷進）作嗛也
廉（疑當作慊）作非也
令不爲所作也
任士損己而益所爲也
勇志之所以敢也
力刑（形同）之所以奮也
生刑（形同）與知處也
臥知無知也
夢臥而以爲然也
平知無欲惡也

盈莫不有也
堅白不相外也
攖相得也
似（當作仳）有以相攖有不相攖也
次無閒而不攖（當作相）攖也
法所若而然也
佴所然也
說所以明也（無說）
攸（疑當作彼）不可兩不可也
辯爭彼也辯勝當也

利所得而喜也
害所得而惡也
治求得也
譽明美也
誹明惡也
擧擬實也
言出擧也
且言然也
君臣萌（氓通）通約也
功利民也

爲窮知而縣於欲也
已成亡
使謂故
名達類私
謂移（說作命誤）擧加
知聞說親
名實合爲
聞傳親
見體盡
合（說作古誤）缶宜必
欲缶權利且（疑衍）惡缶權害

賞上報下之功也

罪犯禁也

罰上報下之罪也

同（說作侗）異而俱於之一也

久彌異時也宇彌異所也

窮或有前不容尺也

盡莫不然也

始當時也

化徵易也

損偏去也

為存亡易蕩治化

同重體合類

異二不體不合不類

同異交得放（說作恕疑當作知）有無

聞耳之聰也（無說）

循所聞而得其意心之察也（無說）

言口之利也

執所言而意得見心之辯也

諾不一利用

服執說（音利疑當作言利二字乃正文誤作小

大益無說

儇𥜤秪說作儇昫民案當作環俱氐

庫當作庳易也

動或從當作徙也

經下篇旁行句讀畢本無今攷定

止類以行人疑當作之說在同

駟疑當作四足異說推類之難說

注

巧轉依說當作傳則求其故

法同則觀其同

法異則觀其宜

止因以別道讀此書旁行案此條舊本誤入正文今附注於此

正無非

所存與當有存字者於存與孰存

五行毋常勝說在宜

在（疑挩名字）之大小

物盡同名二與鬬愛食與招

白與視麗與（依說當有暴字）夫與

履（說作屨）

一偏棄（說作去）之

謂而固是也說在因

不可偏去而二說在見與俱

一與二廣與循（當作脩）

異類不吡（仳同）說在量

無欲惡之爲益損（疑當作無益損）也

說在宜

不能而不害說在害

損而不害說在餘

知（說作智通）而不以五路說在久

偏去莫加少說在故

假必誖說在不然

取物之所以然與所以知之

與所以使人知之不必同

說在病

疑說在逢循遇過

合與一或復否說在拒無說

物一體也說在俱一惟唯同是

有誤

必熱依說當作火不熱說在頓疑當作覢

知舊作智通下同其所以不知說在

以名疑當作明

無不必待有說在所謂

擢疑當作權慮不疑說在有無

且然不可正而不害說在宜

歐疑當作害區

均之絕不不否過說在所均

宇或域正字徙說在長宇久　堯之義也生疑當作任於今而處於古而異時說在所義

二臨鑑而立景到多而若少說在寡疑當作空區說在住景二條後以下三經皆說鑑當與說景諸條類列疑皆傳寫亂之　狗犬也而殺狗非殺犬也可說在重

鑑位立同景一小而易一大而缶說在中之外內說在景之小大條後亦傳寫之誤　使殷美疑當作使段義說在使

鑑團景一無說下有挽字

不堅白說在下有挽字　荆之大其沈當作沆淺也說在具說作貝疑當作有

無久與宇堅白說在因
在諸其所然未者然（疑當作諸未然）
說在於是推之
景不徙說在改爲
住（疑當作位位立字通）景二說在重
景到在午有端與景長說在
端
景迎日說在摶（疑當作轉）
景之小大說在地（當作杝）缶遠

以檻（當作楹）爲摶於以爲無知
也說在意
意未可知（說無此義疑有挩誤）說在可
用過（當作遇）仵（說作件誤）
一少於二而多於五說在建
（疑當作進）
非半勿斱則不動說在端
可無也有之而不可去說在
嘗然
缶而不可擔（當作搖）說在摶
宇進無近說在敷

近

天依說當作大而必正說在得　行循依說當作脩以久說在先後

貞依說賞作負而不撓說在勝　一法者之相與也盡依說當有類字

芳方之相合也說在方

契挈迺與枝當作收板疑涉上衍說在　狂舉不可以知異說在有不

薄　可

牛馬之非牛與可之同說在

兼

倚者不可正疑當作止說在剃當作梯　循此循此與彼此同說在異

推依說當作柱之必往疑當作住說在　唱和同患說在功

廢材
買無貴說在仮（反同）其賈
賈宜則讐說在盡
無說而懼說在弗心（當作必）
或（域正字）過名也說在實
知知之否之足用也諄（疑當作誖）
說在無以也
謂辯無勝必不當說在辯

聞所不知若所知則兩知之
說在告
以言爲盡誖誖說在其言
唯吾謂非名也則不可說在
仮
無窮不害兼說在盈否
不知其數而知其盡也說在
明（疑當作問）者
不知其所處不害愛之說在
喪子者（無說）

無不讓也不可說在始（疑當作殆）

於一有知（說作智通下同）焉有不知焉說在存

有指於二而不可逃說在以二絫（當作參）

不知而不能指說在春（字誤）也逃臣狗犬貴（說作遺）者

知（說作智通下同）狗而自謂不知犬過也說在重

通意後對說在不知其誰謂

仁義之爲內外也內（疑當作井）說在仵顏（有誤）

學之（依說疑當有無字）益也說在誹（依說疑當作誖）者

誹之可否不以衆寡說在可非

非誹者諄（當作誖）說在弗非

物甚不甚說在若是

取下以求上也說在澤

也

是是與是同說在不州有誠

墨子閒詁卷十一

瑞安孫詒讓

大取第四十四

畢云篇中言利之中取大即大取之義也意言聖人厚葬固所以利親盛樂固所以利子而節葬非樂則利尤大也墨者固取此詒讓案畢說非也此與下篇亦墨經之餘論其名大取小取者與取譬之取同小取篇云以類取以類予即其義篇中凡言臧者皆指臧獲而言畢並以葬親爲釋故此亦有厚葬節葬之說並謬此篇文多不相屬蓋皆簡札錯亂今亦無以正之也

天之愛人也薄於聖人之愛人也畢云言天地之大人猶有憾其利人也厚於聖人之利人也大人之愛小人也薄於小人之愛大人也畢云言不如小人之姑息其利小人也吳鈔本無此字厚於小人之利大人也以臧爲其親也而愛之畢云說文云葬臧也即藏字正文謂葬親顧云臧賤稱也篇內同義亦互見小取篇詒讓案顧說足正畢說之謬此臧即臧獲之臧詳小取篇言臧善事吾親因而愛利之也非愛其親

也非字疑衍此篇多以一是一非相對言之以臧爲利其親也而利之利字舊本挩今據吳鈔本補利之謂資給之非利其親也以樂爲利其子而爲其子欲之樂謂音樂畢云當有非字誤愛其子也以樂爲利其子而爲其子求之非利其子也疑當作非求其子也畢云此辯葬之非利親樂之非利子卽節葬非樂之說也案畢說謬於所體之中而權輕重之謂權吳鈔本作於所體輕重之中而權其輕重之謂權案其字疑當有文選運命論李注引尸子云聖人權福則取重權禍則取輕權非爲是也非非爲非也俞云當作非爲非也衍一非字詒讓案當作亦非爲非也上非字乃亦之誤無衍文權正也經上篇云欲正權利惡正權害斷指以存掔意林引作腕畢云此捥字正文舊作腕誤說文云掔手掔也揚雄曰掔握也从手臤聲鄭注士喪禮云手後節中也古文掔作捥利之中取大害之中取小也畢云當爲者非取害也取利也其所取者人之所執也言爲人所持執不能自免遇盜人而斷指以免身利也其遇盜人害也淮南子說山訓云斷指而

免頭則莫不利爲也故人之情於利之中則爭取大焉於害之中則爭取小焉意本於此斷指與斷腕畢云玉篇云腕烏段切手腕亦作捥案捥腕皆掔字之俗利於天下相若無擇也死生利若一無擇也當作非無擇也謂必舍死取生殺一人以存天下非殺一人以利天下也此對下是殺己以利天下爲文當作非殺人以利天下也一字涉上而衍殺己以存天下是殺己以利天下於事爲之中而權輕重之謂求求爲之非也疑當作非爲之也挩二字害之中取小求爲義非爲義也此疑當接後不可正而正之句爲暴人語天之爲是也而性句爲暴人歌天之爲非也諸陳執既有所爲而我爲之陳執執之所爲因吾所爲也若陳執未有所爲而我爲之陳執陳執因吾所爲也暴人爲我爲天之以人非爲是也而性此文多譌挩爲是也而性語前後兩見疑性並當作惟惟與唯通經下篇云物一體也說在俱一惟是說云惟是當牛馬惟是亦即唯是謂言是則應之也此義似與彼同而上下文仍難通

不可正而正之（上云權正也言於不可正之中而權其正）利之中取大（此節疑當據上文非爲義也下）非不得已也害之中取小不得已也所未有而取焉是利之中取大也於所既有而棄焉是害之中取小也義可厚厚之義可薄薄之謂倫列（謂上當重之字戰國策宋策高注云倫等也服問鄭注云列等比也）德行君上老長親戚此皆所厚也爲長厚不爲幼薄（句）親厚厚（厚其近親）親薄薄（薄其遠親）親至薄不至（言有至親無至薄）義厚親不稱行而顧行（顧當爲類後云厚親不稱行而類行其類在江上井即釋此節行謂德行）爲天下厚禹爲禹也爲天下厚愛禹（此句厚字疑衍）乃爲禹之人愛也（人愛二字疑到）厚禹之加於天下（據下文之下當有爲字言所以厚愛禹者爲其德加於天下畢云言禹之厚德及天下非）而厚禹不加於天下（言所厚止於禹身不偏及天下）若惡盜之爲加於天下（言惡盜爲其害及天下畢云言盜之惡行及天下非）而惡盜不加於天下（言所惡止於盜身不偏及天下）

愛人不外已已在所愛之中言已亦猶是人也已在所愛愛加於已倫列之愛已愛人也言愛已亦可謂之愛人此下疑當接後臧之愛已非爲愛已之人也句荀子正名篇云聖人不愛已此惑於用名以亂名者也聖人惡疾病畢云言自重其身不惡危難畢云言爲人則不避艱險正體不動疑當作四體不勤欲人之利也非惡人之害也畢云言欲存其身以利人非惡人之以危難害已聖人不爲其室臧之故在於臧此義難通畢云言臧當在下非聖人不得爲子之事似言聖人事親愛無窮而事必有所盡聖人之法死亡親亡忘通謂親死而忘之即薄喪之義爲天下也厚親分也以死亡之句體渴興利此即節喪下篇疾從事之意畢云說文云渴盡也竭負舉也今經典多以竭爲渴此云云者謂盡其利以厚喪也案畢說非是有厚薄而毋倫列之興利爲已此下疑當接下天下之利句語經畢云意言聖人厚葬之說爲自厚其親語其經耳經猶云正非必欲天下人如是也故下辨之詒讓案語經者言語之常經也此總目下文畢說非語經也當爲者畢云也同者非非白馬焉此即白馬

非馬之說公孫龍子有白馬論詳小取篇執駒焉說求之畢云案列子仲尼云公子牟曰白馬非白形名離也孤犢未嘗有母非孤犢也似與此意同執駒焉說求之舞似當云執駒馬說求之無母即孤犢之論乎詒讓案莊子天下篇云孤駒未嘗有母白馬孤駒蓋名家常語所謂語經也說求之上疑挽有字與下無說文相對畢說非此皆舞說非也舞當從畢校爲無之誤而句讀則非漁大之舞大疑當作殺犬之無犬經下云狗犬也而殺狗非殺犬也可即此義殺俗作煞釋慧苑華嚴經音義云漁聲類作魰二形相近而譌非也所謂無說三物必具然後足以生必與畢通此下疑當接後以故生以理長以類行也者句三物即指故理類而言生謂辭之所由生也臧之愛己此節疑當接上文愛己愛人也下非爲愛己之人也言臧自愛其身非爲愛己之爲人也厚不外己厚下當有人字上文云愛人不外己愛無厚薄舉己非賢也舉當作譽義利不義害句志功爲辯志舊本作之今據道藏本吳鈔本正下文云志功不可以相從也有有於秦馬疑當作有友於秦焉有有於馬疑當作有友於口焉也智來者之馬也未詳愛衆衆世與愛寡世相若兩世字畢並以意改作也王校

從之王引之云愛衆衆也下衆字衍當作愛衆也與愛寡也相若又案下文凡學愛人與小圜之圜云云文義不相屬疑當在愛衆也上凡學愛人乃統下文之詞愛衆也云云則承上句而詳言之也古書錯簡耳詒讓案此當作愛衆衆世與愛寡世相若衆世寡世以廣陝言下文尚世後世以古今兼言文自相對凡學愛人句亦非此處錯簡畢王校並未允

愛之有相若有與又通**愛尚世與愛後世**王云尚與上同**一若今之世人也**王引之云今之世人當作今世之人今世與尚世後世相對爲文也**鬼非人也兄之鬼兄也**王引之云鬼非人也當作人之鬼非人也鬼寫者脫去人之二字耳小取篇云人之鬼非人也兄之鬼兄也是其證詒讓案無人之二字義自可通今不據增**天下之利驩**驩猶悅也天志中篇云今有人於此驩若愛其子竭力單務以利之此疑當陵上與利爲己句**聖人有愛而無利俔日之言也**說文人部云俔譬諭也日疑當作曰又疑當爲儒者之言儒俗作傳與俔相似而誤**乃客之言也天下無人子墨子之言也**無人即兼愛之義言人已兩忘則視人如已矣子墨下舊無子字今據吳鈔本補**猶在**似言害指大取小然其害猶在上疑有挩文**不得已而欲之非欲之也**舊本重非欲之三字畢云

一本無詁讓案顧校季本亦無今據刪此卽前害之中取小不得已也之義疑當在上文是害之中取小也下非殺

臧也王引之云非殺臧也上有脫文以下二句例之當云專殺臧非殺臧也專殺盜非殺盜也

凡學愛人學當爲譽前云譽己非賢也後又云愛人非爲譽也此句或當接後利人也爲其人也句小圜

之圜與大圜之圜同方至尺之不至也方當爲不與不至鍾之至

不異鍾當爲千里二字之至當作之不至謂尺與千里遠近異而其爲不至則同故下云遠近之謂今本千里二字

誤合爲重字校者又誤金爲鍾遂不可通續漢書五行志童謠以董字爲千里草與此可互證其不至同者

遠近之謂也是璜也畢云說文云璜半璧也是玉也此與上是字疑並當作意意楹

非意木也意是楹之木也意指之人也非意人也王引之云當作意人

之指非意人也意度也言所度者人之指非度人也下文云一指非一人也是其證意獲也說文犬部云獲獵所

獲也乃意禽也俞云乃意禽也當作非意禽也與上文非意木也非意人也一律詒讓案乃字不誤此與上文

反正相對言獵者之求獲欲得禽也志功不可以相從也志卽意求之也功謂求而得之利人

也爲其人也（畢云爲一本作非）富人（言譬人之富）非爲其人也（畢云舊二字倒一本

如此）有爲也以富人（言有所爲以使人富）富人也治人有爲鬼焉（言治人之事兼

有事鬼若祭祀之類）爲賞譽利一人非爲賞譽利人也亦不至無貴於

人（無貴疑當作無賞譽言賞譽雖不能徧及人亦不至因此遂不用賞譽也）智親之一利（畢云智同知）

未爲孝也亦不至於智不爲己之利於親也（言雖不足爲孝亦不至於明知

己之有利於親而不爲之）智是之世之有盜也（上之字當衍吳鈔本無下之字蓋世之二字誤到校

者又於下增一之字遂致複出盜當作人涉下而誤）盡愛是世（俞云當作智是世之有盜也不盡是世下文智

是室之有盜也不盡是室也可證詒讓案俞校未塙以文義推之當作智是世之有人也盡愛是世即兼愛之義）智

是室之有盜也不盡是室也（不盡下以下文推之當有惡字）智其一人之盜

也不盡是二人（畢云二當爲一詒讓案當作不盡惡是人此挩惡字衍二字耳）雖其一人之

盜苟不智其所在盡惡其弱也（弱疑當爲朋形近而誤言盜雖止一人然不能審知其誰

某則盡惡其朋黨也諸聖人所先爲人欲名實欲疑效之誤名實不必名疑當作實不必名上名字誤衍苟是石也白句敗是石也敗當爲取盡與白同言白石之白皆同是石也唯大唯雖通吳鈔本作惟不與大同言大石之中仍有大小之異是有便謂焉也便疑當爲使以形貌命者必智是之某也貌吳鈔本作皃下同焉智某也焉猶乃也不可以形貌命者唯不智是之某也唯亦與雖通智某可也諸以居運命者爾雅釋詁云運徙也畢云居運言居住或運徙苟人於其中者皆是也人當作入入是去非文正相對去之因非也諸以居運命者若鄉里齊荊者皆是諸以形貌命者若山丘室廟者皆是也智與意異舊本挩異字今據吳鈔本補上文擧智意二者之文甚詳重同經說上云二名一實重同也具同具當爲俱經說上云俱處於室合同也連同國語楚語韋注云連屬也同類之同經說上云有以同類同也同名之同丘同丘與區通詳經下篇謂同區域而處鮒同鮒附通史記魏世家屈侯鮒說苑臣

術篇齘作附附周禮大司徒鄭注云附麗也也 是之同 畢云一本又有同字 然之同同根之同 此四字疑當在前同名之同下此下文有非之異有不然之異二句正與上文是之同然之同相對明不當以此句亂其閒也 有非之異有不然之異有其異也爲其同也爲其同也異 此下疑當接下長人之異短人之同一節 一曰乃是而然 吳鈔本作是 二曰乃是而不然三曰遷 昔是而今不然 四曰強 貌是而情不然 子深其深淺其淺益其益尊其尊 以上似並辨辭氣之異同俞云尊當讀爲劕說文刀部劕減也劕有減損之義故與益其益對文成義 察次山比因至優指復 句 次察聲端名因請復 此文挩誤不可校以意推繹兩次字疑皆當作欲即盜之壞字一優字二復字皆得之誤請讀爲情情請復即下文之請得也審校文義疑首句當作察盜止此室因指得次句當作察盜聲端名則情得上云智是室之有盜也不盡是室也言察盜之止於是室乃因人指而得之若察盜之聲而得其名則因藉其情而得之也大恉蓋如是今本止此室譌爲山比至而以至字到著因下又涉復字而衍一優字察次復到作次察遂無從捷正矣端名亦難通疑端當爲揣之誤 正夫辭惡者人右

以其請得焉正當爲匹右疑有之誤有與或義同請亦讀爲情下同此以籍獄爲喻也辭惡謂不受惡左宣二年傳通辭爲法受惡杜注云爲法受屈與此義可相證言匹夫雖賤而不肯受屈必欲自明其志則可以得其情實諸所遭執而欲惡生者人不必以其請得焉惡生謂樂於就死也言遭囚執而不求生則雖有屈抑而不欲自明故不能必得其情實也聖人之附瀆也附道藏本吳鈔本並作拊畢云瀆字未詳仁而無利愛而吳鈔本作人利愛生於慮謂以仁待人而無私愛利之心凡愛利皆生於自私之心不足爲仁也經說上云慮也者以其知有求也昔者之慮也非今日之慮也昔者之愛人也非今之愛人也愛獲之愛人也生於慮獲之利謂因賴其利而愛之慮獲之利非慮臧之利也臧獲異人故所慮與所利不同舊本無下慮獲之利四字王引之云生於慮獲之利下當更有慮獲之利四字慮獲之利非慮臧之利也而愛臧之愛人也乃愛獲之愛人也相對爲文案王說是也今據增而愛臧之愛人也乃愛獲之愛人也言所愛雖異其爲愛人則同臧獲統於人之內也去其愛而天下利弗能去也疑當作弗

能不去也言去一人而利天下雖在所愛不能不去也昔之知牆非今日之知牆也蘇云牆疑當作臧俞云牆字不可通乃嗇字之誤呂氏春秋情欲篇論早定則早知嗇先己篇嗇其大寶高注並曰嗇愛也昔之知嗇非今日之知嗇猶上文云昔者之愛人也非今之愛人也詒讓案蘇說近是此下疑當接後文藉臧也死而天下害句貴爲天子其利人不厚於正夫顧云正當作匹俞校同詒讓案顧校是也此書匹夫字多譌作正夫詳節葬下篇此言利人之心貴賤所同蘇云正讀如征誤一二子事親此上疑當接上文義厚親不稱行而類行下或遇孰或遇凶孰道藏本吳鈔本並作熟畢云言歲孰歲凶其親也相若言不以孰凶而事親有厚薄非彼其行益也非加也疑當作非彼其行益加也外執無能厚吾利者執疑執之譌謂外物不能使吾利親之心加厚藉臧也死而天下害吾持養臧也萬倍吾愛臧也不加厚藉卽假借字首句臧字舊本誤藏今據吳鈔本正持養義詳非命下篇言假令臧死而害及天下則吾之持養之也當萬倍然爲天下去害非愛臧加厚也長人之異短人之同其貌同者也貌吳鈔本作皃下並同故同俞云長人之異短人之同當作

（長人之與短人也同下二句正釋長人短人所以同之故也下文曰指之人也與首之人也異人之體非一貌者也故異將劍與挺劍異劍以形貌命者也其形不一故異故與此文一律可證）指之人也與首之人也異（首之人謂以首向人）人之體非一貌者也故異將劍與挺劍異（將𢪊之借字說文手部云𢪊扶也挺拔也）劍以形貌命者也其形不一故異楊木之木與桃木之木也同諸非以舉量數命者敗之盡是也（敗疑亦當爲取形近而誤此言不以量數舉者若一人爲人百人亦爲人故云取之盡是也）故一人指非一人也是一人之指乃是一人也（王引之云故一下衍人字一人之指上衍是字當作故一指非一人也一人之指乃是一人也）方之一面非方也（言方冪與方周方體不同）方木之面方木也以故生（以上當有夫辭二字下文可證廣雅釋詁云故事也此疑當接上部經節下）以理長以類行也者（二字當乙蘇云據下文當作辭以類行者也非）立辭而不明於其所生忘也（顧云忘當爲妄）今人非道無所行（道與理同此釋以理長之義言不循道則辭不可行）唯有

強股肱而不明於道唯與雖通其困也可立而待也夫辭以類行者也立辭而不明於其類則必困矣故浸淫之辭文選洞簫賦李注云浸淫猶漸冉相親附之意也其類在鼓栗在下吳鈔本有於字此文有譌蘇云此下言其類者十有三語意殊不可曉疑皆有說以證明之如韓非儲說所云者而今已不可考矣聖人也爲天下也其類在于追迷畢云言能追正迷惑詒讓案以下並釋以類行之義而文多難通畢以意說之皆不甚塙今無可質證姑存以備攷或壽或卒其利天下也指若畢云言其指相若蘇云指當作相其類在譽石畢云疑譽名言聖人有壽有不壽其利天下同則譽在也詒讓案畢說未塙疑當作礜石說文石部云礜毒石也山海經西山經云礜石可以毒鼠郭璞注云今礜石殺鼠蠶食之而肥此言礜石害鼠而利於蠶以況或壽或卒之利害不同也一日而百萬生愛不加厚此疑釋藉臧也死而天下害一節之義其類在惡害畢云言意多所愛而不行者畏難之故愛二世有厚薄而愛二世相若二一當爲上字之誤說文古文上作二與二形相似上世與尚世義同此釋上文愛尚世與愛後世一若今之世人也其

類在蛇文此文有譌洪云文當作玄玄即蚿字之省莊子秋水篇夔憐蚿蚿憐蛇蛇亦取相愛爲義案洪說未塙愛之相若擇而殺其一人畢云言愛二人同擇而殺其一殺一人減也詒讓案此似釋上文殺一人以存天下非殺一人以利天下一節之義畢說失之其類在阬下之鼠阬舊本譌院今據道藏本吳鈔本正爾雅釋詁云阬虛也得鼠則殺之爲其害物也小仁與大仁行厚相若大仁舊本作大人今從吳鈔本仁與人迥此似釋上文大人之愛小人也一節之義其類在申有譌挩凡興利除害也上文云興利爲己此疑釋其義其類在漏雍吳鈔本作厚壅疑扁雍之譌王云雍與甕同井九二甕敝漏釋文甕作雍北山經縣雍之山郭璞曰音汲甕水經晉水篇作縣甕漢紀孝成紀申徒狄蹈甕之河漢書鄒陽傳甕作雍詒讓案王說是也此似言甕之害在於漏去其漏則得汲水之利也厚親不稱行而類行此釋上文義可厚厚之一節之義其類在江上井不爲己之可學也學疑譽之誤上文云爲己非譽也此或釋其義其類在獵走愛人非爲譽也其類在逆旅言附求利而愛人此釋上文爲賞譽利一人一節之義愛人之親若愛其親此疑釋上文以臧爲其親也一

節之義　其類在官苟有譌　兼愛相若一愛相若言愛一人與兼愛衆人同一愛相若四字重出當是衍文此疑釋上文愛衆衆也一節之義　其類在死也畢云一本作虵詒讓案顧校季本亦作虵此文有譌

小取第四十五

夫辯者將以明是非之分審治亂之紀明同異之處察名實之理處利害國語魯語云智者處物韋注云處名也淮南子說林訓云見之明白處之如玉石決嫌疑句焉摹略萬物之然說文手部云摹規也淮南子本經訓高注云畧約要也俞云然字無義疑當作狀狀誤爲肰因誤爲然　論求羣言之比以名舉實經說上云舉告以文名舉彼實也　以辭抒意史記平原君傳集解引別錄鄒衍曰辯者抒意通指明其所謂漢書劉向傳一抒愚意顏注云抒謂引而泄之也畢云紀理疑比意爲韻古四聲通　以說出故以類取以類予畢云故取予爲韻　有諸己不非諸人無諸己不求諸人或也者不盡也易乾文言云或

之考疑之也假者今不然也畢云假設是尚未行效者爲之法也所效者所以爲之法也故中效畢云中去聲則是也不中效則非也此效也辟也者畢云辟同譬說文云譬諭也諭古文喻字舉也物而以明之也畢云舉也也字疑衍王云也非衍字也與他同舉他物以明此物謂之譬故曰辟也者舉他物而以明之也墨子書通以也爲他說見備城門篇詒讓案王說是也潛夫論釋難篇云夫譬喻也者生於直告之不明故假物之然否以彰之荀子非相篇云談說之術分別以喻之譬稱以明之侔也者比辭而俱行也說文人部云侔齊等也謂辭義齊等比而同之援也者曰子然句我奚獨不可以然也說文手部云援引也謂引彼以例此推也者以其所不取之同於其所取者予之也淮南子氾經訓高注云推求也此云取與求義同謂所求者在此所不求者在彼取彼就此以得其同所謂予之也是猶謂也者同也吾豈謂也者異也夫物有以同而不不讀爲否率遂同率遂聲近義同廣雅釋詁云率述也率遂述古並通用耕柱篇云古之善者不遂遂即述也明鬼下篇率徑月令作徑術鄭注謂即周禮匠人

之遂徑並其證也辭之侔也畢云之侔一本作侔之詁讓案顧校季本亦作侔之有所至而正疑當作止其然也有所以然也其然也同句其所以然不必同其然也同舊本挩上三字王引之云同其所以然不必同當作其然也同其所以然不必同承上文其然與所以然言之也下文其取之也同其所以取之不必同文義正與此合寫者脫去上三字耳其取之也有所以取之舊本無所字王引之云以上當有所字下文其所以取之不必同卽承此言之也上文其然也有所以然也文義正與此合寫者脫所字案王校是也今據增其取之也同句其所以取之不必同句是故辟侔援推之辭畢云譬也侔也援也推也卽上四者行而異轉而危俞云危讀爲詭漢書天文志司詭星出正西史記天官書詭作危是危詭古字通行而異轉而詭詭亦異也遠而失句流而離本句則不可不審也不可常用也故言多方莊子天下篇惠施多方呂氏春秋必己篇高注云方術也殊類異故則不可偏觀也偏與徧通下同夫物或乃是而然或是而不然或一周而一不周周舊本並作害王引之云兩害字俱

當作周隸書周字與害相似故誤爲害下文此一周而或一不周者也與此相應字正作周案王說是也今據正

是而一不是也不可常用也故言多方殊類異故則不可偏觀也非也王引之云此本作或一是而一非也當以非也二字接或一是而一下其不可常用也以下三句則因上文而衍不是也三字又後人所增蓋後人不知不可常用云云爲衍文之隔斷正文者又不知非也二字本與或一是而一作一句乃足以不是也三字耳下文云白馬馬也乘此乃一是而一非者也與此相應當據以刪正

白馬乘馬也畢云張湛注列子云白馬論曰馬者所以命形也白者所以命色也命色者非命形也詒讓案張本公孫龍子文

驪馬馬也說文馬部云驪馬深黑色乘驪馬乘馬也獲人也愛獲愛人也臧人也愛臧愛人也畢云方言云臧獲奴婢賤稱也荆淮海岱襍齊之間罵奴曰臧罵婢曰獲齊之北鄙燕之北郊凡民男而壻婢謂之臧女而婦奴謂之獲亡奴謂之臧亡婢謂之獲王逸注楚詞云臧爲人所賤繫也獲爲人所係得也或曰臧守藏者也獲主禽者也此乃是而然者也獲之親舊本作視畢云當爲事王引之云畢說非也視乃親字之譌獲之親人也獲事其親非事人也兩親字上下相應猶下文

云其弟美人也愛弟非愛美人也兩弟字亦上下相應案王說是也今據正人也獲事其親非事人也其弟美人也愛弟非愛美人也畢云言使其弟有美容而愛弟者非以容也車木也乘車非乘木也船木也人船畢云當爲乘船蘇云人當爲入之誤非人木也盜人人也多盜非多人也無盜非無人也奚以明之惡多盜非惡多人也欲無盜非欲無人也畢云此所謂辯名實之理世相與共是之若若是則雖盜人人也衍一人字愛盜非愛人也不愛盜非不愛人也殺盜人非殺人也盜下人字衍荀子正名篇云殺盜非殺人也此惑於用名以亂名者也無難盜無難矣據下文疑衍盜無難三字此與彼同類世有彼而不自非也墨者有此而非之無也故焉舊本故在也上王引之云無故也焉當作無也故焉也故即他故下文云此與彼同類世有彼而不自非也墨者有此而非之無也故焉文正與此同今本也故二字倒轉則義不可通案王校是也今據乙所謂內膠外閉爾雅釋詁云膠固也謂內膠固而外閉塞與

心毋空乎空讀為孔內膠而不解也此乃是而不然者也舊本然作殺畢云據上當為然一本作然王亦校改然云案上文白馬馬也以下但言是不言非故曰此乃是而然者也獲之親人也以下言是又言非故曰此乃是而不然者也且夫讀書非好書也以下亦是非並言而以此三句承之則亦當云此乃是而不然者也寫者脫去不字耳蘇云然與殺字形相近遂展轉致訛詒讓案畢王蘇校是也顧校季本亦作然今據正且夫讀書非好書也疑當作夫且讀書非讀書也好讀書好書也且鬬雞非雞也畢云言人使之鬬好鬬雞好雞也且入井非入井也止且入井止入井也且出門非出門也止且出門止出門也據上文當亦有此相與共是之五字若若是且夭非夭也壽夭也疑當重夭字有命非命也非執有命非命也無難矣此與彼同類舊本挩類字畢云據上當有類字王說同今據補世有彼而不自非也墨者有此而罪非之畢云據上無罪字蘇云罪字衍即而非兩字之訛王說同詒讓案罪疑當作眾形近而譌言墨者有此論而眾其非之似非衍文上文無此字轉是誤挩耳無也

故焉舊本誤作無故焉也王顧並據道藏本正吳鈔本同畢本亦誤云據上文焉也當倒尤非所謂內膠外閉與心毋空乎內膠而不解也此乃是而不然者也舊本挖不字今依王校補詳前愛人待周愛人而後爲愛人不愛人不待周不愛人不周愛因爲不愛人矣舊本不周愛作不失周愛俞云周猶偏也失字衍文此言不愛人者不待徧不愛人而後謂之不愛人也有不徧愛因爲不愛人矣今衍失字義不可通乃淺人不達文義而加之案俞說是也今據刪乘馬不待周乘馬然後爲乘馬也有乘於馬因爲乘馬矣逮至不乘馬待周不乘馬而後爲不乘馬此一周而一不周者也舊本不待周乘馬句挖不字而後爲不乘馬句挖爲字下又衍而後不乘馬五字王引之云待周乘馬然後爲乘馬也待上當有不字不待周乘馬所謂不周也下文待周不乘馬所謂周也以相反爲義而後不乘馬不上當有爲字猶上文云然後爲乘馬也寫者脫去耳其重出之而後不乘馬五字則衍文也案王說是也今據增刪居於國則爲居國有一宅於國而不爲有國桃之實桃也棘之實

非棘也棘之實棗也故云非棘詩魏風園有棘其實之食毛傳云棘棗也說文朿部云棘小棗叢生者問人之病問人也惡人之病非惡人也人之鬼非人也兄之鬼兄也祭人之鬼非祭人也祭人之鬼舊本挩人字王引之云祭之鬼當作祭人之鬼承上文人之鬼而言也寫者脫人字案王說是也今據補祭兄之鬼乃祭兄也之馬之目盼顧云淮南說山訓作盻此作盼誤也畢云上之疑當爲大王引之云上之非大字之譌之猶於也言於馬之目盼則謂之馬盼於馬之目大而不謂之馬大於牛之毛黃則謂之牛黃於牛之毛眾而不謂之牛眾也蘇云之馬猶言是馬盼視也詒讓案說文目部云盼白黑分也盻一目小也馬目不可以言盼顧校近是之當從蘇訓爲是前經說諸篇義多如此則爲之馬盼畢云爲當作謂之馬之目大而不謂之馬大莊子天下篇釋文引司馬彪云狗之目盻謂之盻狗狗之目大不曰大狗此乃一是一非郎襲此文而易馬爲狗之牛之毛黃則謂之牛黃之牛之毛眾而不謂之牛眾一馬馬也二馬馬也馬四足者一馬而四足也非兩馬而四足也一馬馬也王引之云一馬

馬也二一馬馬也已見上文此一馬馬也四字蓋衍馬或白者畢云白舊作自以意改案顧校季本正作白二馬而或白也非一馬而或白此乃一是而一非者也

耕柱第四十六

子墨子怒耕柱子墨子弟子耕柱子曰我毋俞於人乎荀子榮辱篇楊注云俞讀爲愈淮南子說山訓高注云愈勝也畢云古愈字只作俞太平御覽引作愈子墨子曰我將上大行大吳鈔本作太蘇云大讀爲太畢云高誘注呂氏春秋云大行在河內野王縣北山在今河南懷慶府城北亦名羊腸坂駕驥與羊王云羊不可與馬並駕羊當爲牛太平御覽地部五引此已誤作羊藝文類聚地部及白帖五並引作牛子將誰敺畢云子舊作我據藝文類聚太平御覽改說文云敺古文驅从攴藝文類聚引作驅耕柱子曰將敺驥也子墨子曰何故敺驥也耕柱子曰驥足以責畢云藝文類聚引作以驥足責王云驥足以責本作以驥足責言所以敺驥者以驥之足責故也此正答墨子何故敺驥之問今本倒以字於足字之下則非其旨矣類聚白帖御覽並作以驥足責蘇云言任敺策也子墨子

曰畢云子墨二字舊倒據太平御覽增我亦以子爲足以責王云本作我亦以子爲足責此正荅耕柱子以驥足責之辭今本足責作足以責亦誤類聚御覽無以字蘇云亦責備賢者之意巫馬子謂子墨子曰畢云藝文類聚引謂作問蘇云巫馬子爲儒者也疑卽孔子弟子巫馬期否則其後裔歟案史記孔子弟子傳云巫馬施少孔子三十餘歲計其年齒當長墨子五六十歲未必得相問答此或其子姓耳鬼神孰與聖人明智子墨子曰鬼神之明智於聖人猶聰耳明目畢云藝文類聚襍器物部引作聰明耳目之與聾瞽也畢云藝文類聚引瞽作盲昔者夏后開畢云昔者藝文類聚引作若後漢書注引云開治詒讓案治字不當有崔駰傳注蓋誤衍蘇云開卽啟也漢人避諱而改之使蜚廉折金於山川畢云藝文類聚後漢書注太平御覽玉海俱引蜚作飛蘇云此爲夏之蜚廉詒讓案初學記鱗介部文選七命注並作飛又畢本折改採云舊作折據文選注改山海經云其中多金或在山或在水諸書引多無川字非王云畢改非也折金者擿金也漢書趙廣漢傳其發姦擿伏如神顏師古曰擿謂動發之也管子地數篇曰上有丹沙者下有黃金上有慈石者下有銅金上有陵石者下有鉛錫有銅上有赭者下有鐵君謹封而祭之然則與折取

之遠矣彼言折取之此言折金其義一也說文曰硩上擿山巖空青珊瑚墮之從石折聲硩與折亦聲近而義同後漢書崔駰傳注藝文類聚雜器物部初學記鱗介部太平御覽珍寶部九路史疏仡紀廣川書跋玉海器用部引此竝作折金文選注作採金者後人不曉折字之義而妄改之非李善原文也又云山水中雖皆有金然此自言使蜚廉折金於山不兼川言之後漢書注文選注藝文類聚初學記太平御覽而引此皆無川字則川字乃後人以意加之也案王說是也

陶鑄之於昆吾

吳鈔本無之字畢云藝文類聚後漢書注文選注俱引作以鑄鼎於昆吾吾文選注作吳括地志云濮陽縣古昆吾國故城縣西三十里昆吾臺在縣西百步在顓帝城內周回五十步高二十丈卽昆吾虛也王云陶鑄之於昆吾本作鑄鼎於昆吾此淺人不曉文義而改之也金可言鑄不可言陶上言折金故此言鑄鼎此言鑄鼎故下言鼎成若以陶鑄竝言則與上下文皆不合矣後漢書注文選注藝文類聚初學記竝作鑄鼎太平御覽作鑄之路史作鑄陶玉海作陶鑄之則羅長源所見本已有陶字蓋唐宋閒人改之也詒讓案呂氏春秋君守篇云昆吾作陶高注云昆吾顓頊之後吳回之孫陸終之子己姓也爲夏伯制作陶冶通典州郡篇云濮州濮陽縣卽昆吾之虛亦曰帝丘案濮陽故城在今直隸大名府開州西南卽古昆吾國也夏啟使蜚廉就其地而鑄鼎故文選張協七命云銘德於昆吳之

鼎吾吳字通濮陽古亦名帝丘呂氏春秋應言篇云市丘之鼎宋本蔡邕集薦邊文禮書作帝丘之鼎亦即指夏鼎言之

是使翁難雉乙卜於白若之龜舊本無雉字今據玉海增白畢校改爲目云舊脫乙字又作白若之龜誤藝文類聚引作使翁難乙灼目若之龜玉海引作使翁難雉乙卜於白若之龜當从目若者周禮云北龜曰若爾雅釋魚云龜左睨不類右睨不若賈公彥疏禮以爲睥睨是目若之說也若順也王云舊本譌作白苦之龜畢據藝文類聚改爲目若之龜引爾雅以爲目若之證殊屬附會今考初學記路史廣川書跋玉海並引作白若之龜白字正與今本同未敢輒改詒讓案白若道藏本作目苦吳鈔本季本作白苦初學記引亦作使翁難乙灼白若之龜江淹集銅劒讚敘云昔夏后氏使九牧貢金鑄九鼎於荊山之下於昆吾氏之墟白若甘攙之地虞荔鼎錄文略同似皆本此書亦作白若而以爲地名疑誤但此文舊本譌挩難通審校文義當以玉海所引校長翁當作𦬇說文口部嗌籀文作𦬇經典或叚爲益字漢書百官公卿表𦬇作朕虞是也𦬇與翁形近而譌下篇哭泣不秩聲嗌嗌亦誤作翁是其證難當爲斱備穴篇剄以金爲斱斱今本亦譌難又經說上篇斱指斱牖斱並作難皆形近譌易斱斱與斮音義同詳經下篇斱雉猶言斮雉即謂殺雉也史記龜策傳說宋元王得神龜云乃刑白雉及與驪羊以血灌龜於壇中央蓋以雉羊之血釁龜也乙當作

已已與以同言啟使伯益殺雉以釁龜而卜也玉海所引雉字尚未譌今本又捝雉字遂以翁難乙爲人姓名眞郢書燕說不可究詰矣又博物志云昔夏啟筮徙九鼎啟果徙之似卽此事而傳聞小異**曰**畢本曰上增龜字云舊脫龜字據玉海增王云曰者翁難乙既卜而言其占也下文乙又言兆之由曰卽其證自鼎成四足而方以下六句皆是占詞畢依玉海於曰上加龜字非也龜曰二字義不可通蓺文類聚作使翁難乙灼目若之龜龜成曰則曰上本無龜字明矣詒讓案玉校是也但此下文六句似是啟使益命龜之辭故辭終曰上饗明將鑄鼎以其祭言也下又言兆之繇乃是占詞王以下六句並爲占詞恐非**鼎成三足而方**王云三足本作四足此後人習聞鼎三足之說而不知古鼎有四足者遂以意改之也蓺文類聚廣川書跋玉海引此皆作四足則三字必元以後人所改也博古圖所載商周鼎四足者甚多未必皆僞無稽廣川書跋曰祕閣二方鼎其一受太府之量一秭七斗又一受量損二斗二升四足承其下形方如矩漢人謂鼎三足以象三德又謂禹之鼎三足以有承也韋昭以左氏說莒之二方鼎乃謂其上則方其下則圓方其時古鼎存者盡廢其在山澤邱隴者未出故不得其形制引墨子鼎成四足而方以爲古鼎四足之證王引之云左傳莒之二方鼎服虔曰鼎三足者圓四足者方則漢人說方鼎固有知其形制者詒讓案銅劍讚亦作三足**不炊而**

自烹畢云此言字俗寫玉海引作亨蓺文類聚引作不灼自成詒讓案說文火部云炊爨也銅劍讚及鼎錄並云不炊而自沸論衡儒增篇云世俗傳周鼎不爨自沸不投物物自出漢時俗語蓋出於此不舉而自臧畢云玉海引作藏詒讓案銅劍讚作不舁而自藏鼎錄亦作藏稽瑞引墨子曰神鼎不灼自熟不爨自沸不汲自滿五味生焉疑卽此異文炊灼熟烹舉爨字形並相近不遷而自行畢云太平御覽引作㩮說文云㩮古文遷从手西則㩮實古拪字後加爲遷耳今書又作遷皆傳寫者以少見改之又蓺文類聚引俱無而字以祭於昆吾之虛舊本作墟今據吳鈔本正畢云此虛字俗寫括地志云昆吾故城在濮陽縣西三十里詒讓案此卽漢書郊祀志說九鼎嘗鬺亨上帝鬼神也上鄉畢云疑同尚饗乙又言兆之由畢云舊脫乙字又字作人据蓺文類聚玉海改蓺文類聚由作繇無兆之二字玉海亦作繇詒讓案乙當作已由繇通言已卜又言其兆占也左傳閔二年杜注云繇卦兆之占辭曰饗矣上文命龜云上饗此兆從之故云饗矣逢逢白雲逢逢通毛詩小雅采菽傳云蓬蓬盛貌莊子秋水篇云蓬蓬然起於北海一南一北一西一東王云蓺文類聚同太平御覽路史玉海並作一東一西王引之云作一東一西者是一東一西當在一南一北之上雲與西爲韻西古讀若駪駪征

夫之戠說見六書音均表北與國爲韻大雅文王有聲篇鎬京辟廱自西自東自南自北無思不服廱與東爲韻北與服爲韻是其例也而諸書所引一南一北句皆在上則其誤久矣九鼎既成遷於三國銅劒讚作定之國都疑誤畢云北國爲韻藝文類聚引作而遷三國夏后氏失之殷人受之殷人失之周人受之此言夏鼎也漢書郊祀志云禹收九牧之金鑄九鼎象九州皆嘗鬺亨上帝鬼神其空足曰鬲以象三德饗承天祜夏德衰鼎遷于殷殷德衰鼎遷于周此以禹爲啟蓋傳聞之異夏后殷周之相受也數百歲矣使聖人聚其良臣與其桀相而謀桀傑通詳非命中篇謀舊本誤諫王引之云諫字與上下文義不合諫當爲謀字之誤也管子立政九敗解諫臣死而諂臣尊今本諫作謀與此文互誤淮南主術篇耳能聽而執正進諫高注諫或爲謀言雖聖人與良臣桀相共謀必不能知數百歲之後也案王校是也蘇說同今據正豈能智數百歲之後哉畢云智一本作知下同藝文類聚引云此知必千年無聖之智豈能知哉而鬼神智之是故曰鬼神之明智於聖人也猶聰耳明目之與聾瞽也與吳鈔本作於治徒娛縣子碩問於子墨子曰二人

蓋並墨子弟子呂氏春秋尊師篇云高何縣子石齊國之暴者也指於鄉曲學於子墨子即此縣子碩也蘇云疑即檀弓縣子瑣未塙爲義孰爲大務子墨子曰譬若築牆然譬吳鈔本作辟能築者築能實壤者實壤能欣者欣畢云說文云掀舉出也與欣同王引之云舉出之事與築牆無涉欣當讀爲睎說文曰睎望也呂氏春秋不屈篇曰今之城者或操大築乎城上或負畚而赴乎城下或操表掇以善睎望此云能築者築即彼所云操大築乎城上也能實壤者實壤即彼所云負畚而赴城下也能欣者欣欣與睎同即彼所云操表掇以善睎望也睎字從希得聲古音在脂部欣字從斤得聲古音在諄部諄部之音多與脂部相通故從斤之字亦與從希之字相通說文曰昕從日斤聲讀若希左傳□曹公子欣時漢書古今人表作郗時是其證也然後牆成也爲義猶是也能談辯者談辯能說書者說書能從事者從事然後義事成也巫馬子謂子墨子曰子兼愛天下未云利也我不愛天下未云賊也俞云廣雅釋詁云有也此兩云字均當訓有功皆未至子何獨自是而非我哉子墨子曰今有燎者於此畢云說文云燎

放火也舊於此二字倒一本如此一人奉水將灌之一人摻火將益之畢云摻舊操字異文唐人別有音非也功皆未至子何貴於二人巫馬子曰我是彼奉水者之意意舊本作義今據道藏本吳鈔本正而非夫摻火者之意子墨子曰畢云舊脫墨子二字以意增吾亦是吾意而非子之意也子墨子游荊耕柱子於楚畢云游謂游揚其名而使之仕王云耕柱子上不當有荊字耕荊聲相近則荊蓋耕字之誤而衍者魯問篇曰子墨子游公尚過於越蘇云篇首但言耕柱子此多一荊字疑衍文二三子過之食之三升三升蓋謂每食之數襍守篇云參食食參升小半日再食說苑尊賢篇田需謂宗衛曰三升之稷不足於士閻若璩謂古量五當今一則此今之大半升耳莊子天下篇說宋鈃尹文曰請欲固置五升之飯足矣先生恐不得飽弟子雖飢不忘天下此復少於彼明其更不飽矣客之不厚二三子復於子墨子曰耕柱子處楚無益矣二三子過之食之三升客之不厚子墨子曰未可智也畢云智一本作知下同毋幾何而遺十金於子墨子曰吳鈔

本無於字孟子公孫丑篇趙注云古者以一鎰爲一金鎰二十兩也史記燕世家正義引臣瓚云秦以一鎰爲一金公羊隱五年何注云古者以金重一斤文選王命論李注引韋昭云一斤爲一金二說不同未知孰是畢云十金當爲千金之誤俞云戰國齊策乃使操十金注二十兩爲一金然則十金爲二百兩矣墨氏崇儉其送以十金餽遺不爲不豐畢意增益厚誣古人殊爲無謂後生不敢死後生即弟子之稱非儒下篇云弟子後生畢云稱不敢死者稱古人書疏稱死事常文有十金於此願夫子之用也子墨子曰果未可智也巫馬子謂子墨子曰子之爲義也王云舊本脫曰子二字今以意補人不見而耶鬼而不見而富王引之云耶字義不可通蓋服之壞字也富讀爲福福富古字通而汝也人不見而服者未見人之服汝也鬼不見而富者未見鬼之福汝也故下文曰而子爲之有狂疾也服與福爲韻蘇云耶當作聑詒讓案王讀富爲福是也聑疑助之譌王蘇校並未塙而子爲之有狂疾子墨子曰今使子有二臣於此畢云謂家臣其一人者見子從事不見子則不從事其一人者見子亦從事不見子亦從事子誰貴於此

二八巫馬子曰我貴其見我亦從事不見我亦從事者子墨子曰然則是子亦貴有狂疾也子夏之徒問於子墨子曰史記索隱引別錄云今按墨子書有文子文子即子夏之弟子問於墨子如此則墨子在七十子之後也案今本無文子或在佚篇中君子有鬭乎子墨子曰君子無鬭子夏之徒曰狗豨猶有鬭豨道藏本吳鈔本作豨下同說文豕部云豨豕走豨豨也方言云豬南楚謂之豨惡有士而無鬭矣子墨子曰傷矣哉言則稱於湯文行則譬於狗豨傷矣哉巫馬子謂子墨子曰舍今之人而譽先王畢云先舊作大一本如此下同是譽槁骨也譬若匠人然智槁木也畢云智同知而不智生木子墨子曰天下之所以生者以先王之道教也今譽先王是譽天下之所以生也可譽而不譽非仁也畢云舊脫非字一本有子墨子曰和氏之璧韓非子和氏篇云楚人和氏得玉璞楚山中奉而獻之厲王厲王使玉人相之曰石也王以和爲誑

而刖其左足及厲王薨武王即位和又奉其璞而獻之武王使玉人相之又曰石也王又以和爲誑而刖其右足武王薨文王即位和乃抱其璞而哭於楚山之下王乃使玉人理其璞而寶焉遂命曰和氏之璧案淮南子覽冥訓高注以和氏所獻者爲楚武王文王成王與韓子不同未知孰是**隋侯之珠**淮南子覽冥訓高注云隋侯漢東之國姬姓諸侯也隋侯見大蛇傷斷以藥傅之後蛇於江中銜大珠以報之因曰隋侯之珠蓋明月珠也畢云文選李斯上秦始皇書注引隋作隨**三棘六異**史記楚世家云居三代之傳器吞三翮六翼以高世也索隱云三翮六翼亦謂九鼎也空足曰翮六翼即六耳翼近耳旁宋翔鳳云棘同翮異同翼亦謂九鼎也爾雅釋器附耳外謂之釴翼釴字通釋器又云款足者謂之鬲即翮也漢書郊祀志鑄九鼎其空足曰鬲以象三德蘇林曰足中空不實者名曰鬲也**此諸侯之所謂良寶也**畢云藝文類聚引云申徒狄曰周之靈珪出於土石楚之明月出於蚌蜃太平御覽引云周公見申徒狄曰賤人強氣則罰至申徒狄曰周之靈珪出於土口楚之明月出口蚌蜃五象出於漢澤和氏之璧夜光之珠三棘六異此諸侯之良寶也又一引云申徒狄謂周公曰賤人何可薄邪周之靈珪出於土石隋之明月出於蚌蜃少豪大豪出於汚澤天下諸侯皆以爲寶狄今請退也文各不同當是此和氏之璧上脫文詒讓案周公申徒狄語當在

佚篇與此文不相冡也詳佚文可以富國家衆人民治刑政安社稷乎曰不可所謂貴良寶者爲其可以利也而和氏之璧隋侯之珠三棘六異不可以利人是非天下之良寶也今用義爲政於國家人民必衆刑政必治社稷必安所爲貴良寶者可以利民也而義可以利人故曰義天下之良寶也葉公子高問政於仲尼論語述而集解孔安國云葉公名諸梁楚大夫食采於葉僭稱公左定五年傳葉公諸梁杜注云司馬沈尹戌之子葉公子高也莊子人間世釋文云字子高曰善爲政者若之何仲尼對曰善爲政者遠者近之而舊者新之言待故舊如新無厭怠也畢云論語作近者說遠者來詒讓案韓非子難三篇亦云葉公子高問政於仲尼仲尼曰政在悅近而來遠子貢問曰何也仲尼曰葉都大而國小民有背心故曰政在悅近而來遠子墨子聞之曰葉公子高未得其問也仲尼亦未得其所以對也葉公子高豈不知善爲政者之遠者近也

畢云也當爲之而舊者新是哉畢云一本無是字蘇云是當作之問所以爲之若之何也不以人之所不智告人畢云智一本作知以所智告之畢云舊以所二字倒一本如此故葉公子高未得其問也仲尼亦未得其所以對也

子墨子謂魯陽文君畢云文選注云賈逵國語注曰魯陽文子楚平王之孫司馬子期之子魯陽公即此人其地在魯山之陽地理志云南陽魯陽有魯山縣古曰即淮南所云魯陽公與韓戰日反三舍者也蘇云魯陽文君即魯陽文子也國語楚語曰惠王以梁與魯陽文子文子辭與之魯陽是文子當楚惠王時與墨子時世相值詒讓案楚語韋注說與賈同文君即左哀十九年傳之公孫寬又十六年傳云使寬爲司馬淮南子覽冥訓高注云魯陽楚之縣公楚平王之孫司馬子期之子今南陽魯陽是也曰大國之攻小國譬猶童子之爲馬也畢本無也云一本有也字文選注云幽求子曰年五歲閒有鳩車之樂七歲有竹馬之歡詒讓案道藏本季本吳鈔本並有也字今據補童子之爲馬足用而勞畢云言自勞其足謂竹馬也詒讓案此直言童子戲效爲馬耳不必竹馬畢說並非今大國之攻小國也攻者農夫不得耕婦

人不得織以守爲事攻人者亦農夫不得耕婦人不得織以攻爲事故大國之攻小國也譬猶童子之爲馬也子墨子曰言足以復行者常之不足以舉行者勿常畢云舊脫不字一本有不足以舉行而常之是蕩口也貴義篇亦有此章而文小異蕩口此篇亦兩見葢謂不可行而空言是徒敝其口也經下篇云霄盡蕩也即消磨敝盡之義

子墨子使管黔滶畢云疑敖字蘇云滶與游字形相近當誤衍詒讓案畢說是也說文水部有滶字从水敖聲此借爲敖檀弓有齊人黔敖此墨子弟子與彼名同游高石子於衛魯問篇有高孫子呂氏春秋尊師篇有墨子弟子高何未知即高石子否衛君致祿甚厚設之於卿畢云舊作鄉一本如此下同詒讓案顧校季本作卿荀子臣道篇楊注云設謂置於列位高石子三朝必盡言而言無行者去而之齊見子墨子曰衛君以夫子之故舊本捝衛字今據道藏本季本吳鈔本補致祿甚厚設我於卿石三朝必盡言而言無行是以去之也衛君無乃以石爲狂

平無吳鈔本作毋子墨子曰去之苟道受狂何傷古者周公旦非關叔畢云關卽管字假音一本改作管非是左傳云掌其北門之管卽關也辭三公東處於商蓋畢云商蓋卽商奄尙書金縢云周公居東二年王云案商蓋當爲商奄蓋字古與盍通盍奄草書相似故奄譌作盍又譌作蓋韓非子說林上篇周公旦已勝殷將攻商奄今本奄作蓋誤與此同昭二十七年左傳吳公子掩餘史記吳世家刺客傳竝作蓋餘亦其類也顧蘇說同詒讓案王說是也左昭九年傳云蒲姑商奄吾東土也孔疏引服虔云商奄魯也又定四年傳云因商奄之民命以伯禽而封於少皞之墟說文邑部奄作郁云周公所誅郁國在魯史記周本紀索隱引括地志云兗州曲阜縣奄里卽奄國之地又引鄭康成云奄國在淮夷之北案商奄卽奄單言之曰奄累言之則曰商奄其實一也詩豳風破斧云周公東征四國是皇毛傳云四國管蔡商奄也彼商卽殷與奄爲二國非左傳墨子之商奄也人皆謂之狂後世稱其德揚其名至今不息且翟聞之爲義非避毀就譽畢云舊二字倒一本如此詒讓案顧校季本不到去之苟道畢云舊二字倒一本如此詒讓案季本亦不到受狂何傷高石子曰石去之焉敢不道也昔者

夫子有言曰天下無道仁士不處厚焉今衛君無道而貪其祿爵則是我爲苟陷人長也畢云陷一本作處詒讓案苟陷人長疑當作苟啗人食啗陷聲同食長形近故譌說文口部云啗食也依或本則當爲苟處人厚與上文相應然義較短子墨子說而召子禽子曰卽禽滑釐見公輸篇姑聽此乎夫倍義而鄉祿者說文人部云倍反也蘇云倍背同鄉向同我常聞之矣倍祿而鄉義者於高石子焉見之也

子墨子曰世俗之君子貧而謂之富則怒無義而謂之有義則喜豈不悖哉

公孟子曰先人有則三而已矣子墨子曰孰先人而曰有則三而已矣子未智人之先有蘇云此節文有錯誤

後生有反子墨子而反者荀子解蔽篇楊注云反倍也下反當爲返之段字廣雅釋詁云反歸也者下當有曰字蓋門人有倍墨子而歸者其言如是我豈有罪哉吾反後言彼有先反者吾雖反尚在其後子墨子曰是猶三軍北句失後之人求賞也謂戰敗失道而後歸不得

與殿者同賞公孟子曰君子不作術而已畢云術同述詒讓案此即非儒篇所云君子循而不作也子墨子曰不然人之其不君子者蘇云其當爲甚字之誤下言次不君子可證古之善者不誅畢云誅疑當爲述術誅遂疑皆聲誤下同俞云誅當爲訹字之誤也上文君子不作術而已此云古之善者不訹術與訹並述之叚字其字並從术聲故得相叚借也若作誅則與述聲絕遠矣案俞說是也今也善者不作蘇云今也當爲今世詒讓案也即之之譌蘇校未塙其次不君子者古之善者不遂畢云疑當爲述月令以遂爲術已有善則作之欲善之自己出也今誅而不作是無所異於不好遂而作者矣吾以爲古之善者則誅之今之善者則作之欲善之益多也畢云意言古之善者多故但述而行之今之善者少故須作作者欲善之多無異於述也蘇云此言述作不可偏廢皆務爲其善而已述主乎因故以古言作主乎剏故以今言述而又作則善益多矣畢注似未得本意案蘇說是也

巫馬子謂子墨子曰巫馬子蓋巫馬期之族史記孔子弟子傳巫馬施字子旗集解引鄭康成孔子弟子目錄云魯人故下云愛魯人於

鄒人家語弟子解作陳人非也我與子異畢云子舊作之一本如此我不能兼愛我愛鄒人於越人愛魯人於鄒人愛我鄉人於魯人愛我家人於鄉人愛我親於我家人愛我身於吾親以爲近我也擊我則疾擊彼則不疾於我疾猶痛也說文手部云擊攴也疒部疾痛並訓病也我何故疾者之不拂而不疾者之拂說文手部云拂過擊也畢云舊不疾二字倒一本如此故有我有殺彼以我無殺我以利蘇云二句當有脫譌以下文語意攷之當言有殺彼以利我無殺我以利彼也有我二字疑衍俞云此當作彼我有殺彼以利我無殺我以利彼子墨子曰子之義將匿邪意將以告人乎巫馬子曰我何故匿我義畢云一本作意非吾將以告人子墨子曰然則一人說子謂說其義而從之一人欲殺子以利己十人說子十人欲殺子以利己天下說子天下欲殺子以利己一人不說子一人欲殺子以子爲施不祥言者也十

人不說子十人欲殺子以子爲施不祥言者也天下不說子天下欲殺子以子爲施不祥言者也說子亦欲殺子不說子亦欲殺子是所謂經者口也殺常之身者也常疑當作子此下亦有挩誤子墨子曰子之言惡利也言惡所利若無所利而不言是蕩口也不言疑當作必言蕩口義見前

子墨子謂魯陽文君曰今有一人於此羊牛犓豢犓吳鈔本作犓道藏本同畢云此豢字俗寫太平御覽引作芻豢維人但割而和之畢云維人當爲饔人之誤但割即袒割說文云但裼也从人旦聲經典用但爲第字之義而忘其本詒讓案雍維形近而誤儀禮公食大夫禮少牢饋食禮並有雍人雍雝之隸變即饔之省食之不可勝食也道藏本無不可二字有食之二字吳鈔本同畢本增不可二字無食之二字云舊挩不可二字据太平御覽增詒讓案以文義校之食之不可四字當並有今據增見人之作餅畢云作舊作生皆据改詒讓案生則字似不誤說文食部云餅麪餈也還然竊之還疑睘之借字說文目部云睘驚視也曰舍余食畢云言捨以爲余食蘇云舍余食者

言舍其芻豢羊牛之食而從事於竊也詒讓案舍舍予之叚字古書予字或作舍詳非攻中篇舍余食猶言舍我食也不知日月安不足乎畢云或當云明不足乎戴云安字語詞無實義詒讓案日月疑耳目之誤言其見物而貪也其有竊疾乎魯陽文君曰有竊疾也子墨子曰楚四竟之田畢云四竟二字舊作三竟據太平御覽改曠蕪而不可勝辟畢云太平御覽引云楚四境之田蕪曠不可勝闢魯陽楚縣故云然也評靈數千畢云說文云評召也顔云靈令也戴云靈令之叚字詒讓案依畢顧說則數千爲評令之人數與上下文義並不貫皆未足據也評靈當爲呼虛凡經典評召字多叚呼爲之二字互通周禮大卜鄭注漢書高帝紀應劭注並云釁呼文選蜀都賦李注引鄭康成易注云拆呼說文土部云埲埲也呼即埲之叚字埲本訓墟引申爲埲隙呼虛謂閒隙虛曠之地此與上文並即公輸篇荆國有餘於地而不足於民之意非攻中篇云今萬乘之國虛數於千不勝而入廣衍數於萬不勝而辟與此文義正同虛靈俗書形近而誤詳天志下篇不可勝畢云下當脫用字詒讓案據非攻篇疑挩入字見宋鄭之閒邑閒邑言空邑與王制閒田義同則還然竊之此與彼異乎魯陽文君曰是猶彼也實有

竊疾也子墨子曰季孫紹與孟伯常治魯國之政蘇云季孫紹與孟伯常不見於春秋當為季康子孟武伯之後與墨子同時者也詒讓案禮記檀弓悼公之喪季昭子問於孟敬子鄭注云昭子康子之曾孫名強敬子武伯之子名捷此季孫紹孟伯常當即昭子敬子之子若孫也不能相信而祝於叢社畢云舊本譌禁下同王云禁社乃叢社之誤叢與叢同爾雅灌木叢木釋文曰叢本或作叢漢書東方朔傳叢珍怪師古曰叢古叢字案王校是也洪說同今據正叢社詳明鬼下篇曰苟使我和王引之云苟猶尚也是猶弇其目畢云說文云弇蓋也而祝於叢社也俞云也當作曰其下句即祝詞也上文而祝於禁社曰苟使我和是其證苟使我皆視豈不繆哉子墨子謂駱滑氂吳鈔本作犛下仍作氂案此與禽子同名曰吾聞子好勇駱滑氂曰然我聞其鄉有勇士焉吾必從而殺之子墨子曰天下莫不欲與其所好度其所惡畢云度謂渡去也王引之云畢說非也與當為譽度當為廢皆字之誤也廢度草書相似故廢譌作度史記麻書名察廢驗今本廢字亦譌作度與與廢好與惡皆對文今子聞其鄉有勇士焉必從

而殺之是非好勇也是惡勇也

墨子閒詁卷十二

瑞安孫詒讓

貴義第四十七

子墨子曰：萬事莫貴於義。今謂人曰：予子冠履而斷子之手足，子爲之乎？必不爲。何故則冠履不若手足之貴也。又曰：予子天下而殺子之身，子爲之乎？必不爲。何故則天下不若身之貴也。王云：案何故則皆本作何則，後人誤以則字下屬爲句，故於何下加故字耳。何則與何也同義。辭過篇曰：何則其所道之然也。尚賢篇曰：何則皆以明小物而不明大物也。荀子宥坐篇曰：何則陵遲故也。秦策曰：臣恐韓魏之卑辭慮患而實欺大國也，此何也。史記春申君傳作何則，是其證。太平御覽人事部十一、六十二，資產部二引此竝作何則，無故字。詒讓案：故字似非衍文，御覽所引或有刪節，王校未塙。爭一言以相殺，是貴義於其身也。貴義疑當作義貴。畢云：太平御覽引作義貴於身。故曰：萬事莫貴於義也。子墨子自魯卽齊毛詩鄭風東門之墠傳云卽就也言由魯至齊畢云二字舊倒以意改過故人畢云太平御覽引作之齊遇故人謂子墨子曰畢云四字太平御覽引作故人今天下莫爲義子獨自苦而爲義子不若已子墨子曰今有人於此有子十人一人耕而九人處則耕者不可以不益急矣何故則食者衆而耕者寡也王校亦删故字今天下莫爲義則子如勸我者也畢云太平御覽人事部六十二資產部二引作子宜勸又作子宜勸我王云此不解如字之義而以意改之也如猶宜也言子宜勸我爲義也如字古或訓爲宜何故止我畢云太平御覽故作以

子墨子南游於楚見楚獻惠王畢云檢史記楚無獻惠王也蓺文類聚引作惠王是又案文選注引本書云墨子獻書惠王王受而讀之曰良書也恐是此間脫文蘇云獻惠王卽楚惠王也蓋當時已有兩字之謚詒讓案此文挩佚甚多余知古渚宮舊事二云墨子至郢獻書惠王王受而讀之曰良書也是寡人雖不得天下而樂養賢人請過進曰百種以待官舍人不足須天下之賢君墨子辭曰翟聞賢人進道不行不受其賞義不聽不處其朝今書未用請遂行矣將辭王而歸王使

穆賀以老辭魯陽文君言於王曰墨子北方賢聖人君王不見又不爲禮毋乃失士乃使文君追墨子以書社五里封之不受而去此與文選注所引合必是此篇佚文但余氏不明著出墨子文亦多刪節舛今未敢據增余書誤惠王亦止作惠王疑依書本作獻書惠王傳寫挩獻諸存獻校者又更易上下文以就之耳獻惠王以老辭蘇云楚惠王以周敬王三十二年立卒於考王九年始癸丑終庚寅凡五十七年墨子之游蓋當其暮年故以老辭詒讓案渚宮舊事注云時惠王在位已五十年矣系說疑本墨子書注然則此事在周考王二年魯悼公之二十九年也使穆賀見子墨子子墨子說穆賀穆賀大說謂子墨子曰子之言則成善矣畢本成改誠云舊作成據藝文類聚改一本同詒讓案顧校季本亦作誠王云古或以成爲誠不煩改字而君王天下之大王也毋乃曰賤人之所爲而不用乎畢云藝文類聚引作用子又節子墨子曰唯其可行譬若藥然畢云藝文類聚引作焉草之本吳鈔本本作木下同蘇云草之本上當脫一字天子食之以順其疾畢云藝文類聚引順作療豈曰一草之本而不食哉畢云藝文類聚引食作用今農夫入其稅於大

人大人爲酒醴粢盛畢云粢當爲齍說文云齍稷在器以祀者盛解同俱从皿亦見周禮也前文皆同此義以祭上帝鬼神豈曰賤人之所爲而不享哉故雖賤人也上比之農下比之藥曾不若一草之本乎且主君亦嘗聞湯之說乎主君謂穆賀也戰國策史記載蘇秦說六國時齊楚魏韓燕諸王皆稱秦爲主君索隱云禮卿大夫稱主今嘉蘇子合從諸侯襃而美之故稱曰主君案後魯問篇稱魯君亦曰主君戰國策秦策樂羊對魏文侯魏策魯君對梁惠王亦並稱主君則戰國特主君之稱蓋通於上下司馬貞據春秋時制謂唯大夫稱主非也昔者湯將往見伊尹令彭氏之子御彭氏之子半道而問曰君將何之湯曰將往見伊尹彭氏之子曰伊尹天下之賤人也尚賢中篇云伊摯有莘氏女之私臣親爲庖人故曰天下之賤人若君欲見之吳鈔本若君作君若亦令召問焉彼受賜矣湯曰非女所知也吳鈔本女作汝今有藥此蘇云藥下當脫於字食之則耳加聰目加明則吾必說而強食之今夫伊尹之於

我國也譬之良醫善藥也而子不欲我見伊尹是子不欲吾善也因下彭氏之子不使御彼苟然然後可也盧云此下疑有脫文詒讓案此七字與上文亦不相應上下似並有挩佚子墨子曰凡言凡動利於天鬼百姓者爲之凡言凡動害於天鬼百姓者舍之凡言凡動合於三代聖王堯舜禹湯文武者爲之凡言凡動合於三代暴王桀紂幽厲者舍之子墨子曰言足以遷行者常之不足以遷行者勿常不足以遷行而常之舊本脫下不足二字王據上句補與耕柱篇合今從之是蕩口也蘇云耕柱篇亦有此文上遷字作復下二遷字作舉子墨子曰必去六辟辟僻之借字嘿則思畢云默字俗寫从口言則誨動則事使三者代御舊本作使者三代御畢云此言三世爲人御必能抑然自下若去其喜怒樂悲愛而有聖人之用心也俞云使者三代御當作使三者代御三者即嘿言動三事也御用也荀子禮論篇時舉而代御楊注曰御進用也此云代御義與彼同言更迭用此三者則必爲

聖人也因三者二字傳寫誤倒畢遂曲爲之說謬矣案俞說是也今據正必爲聖人必去喜去怒去樂去悲去愛而用仁義俞云去愛下當有去惡二字傳寫脫之喜怒樂悲愛惡其六者皆宜去之即上文所謂去六辟也手足口鼻耳疑挩一目字從事於義必爲聖人子墨子謂二三子曰爲義而不能必無排其道言於道不能無出入莊子大宗師篇郭注云排者推移之謂也譬若匠人之斲而不能無排其繩畢云排猶背子墨子曰世之君子使之爲一犬一彘之宰宰即膳宰也見儀禮燕禮禮記文王世子玉藻舊本挩一犬二字王據羣書治要補云魯問篇亦云竊一犬一彘不能則辭之使爲一國之相不能而爲之豈不悖哉子墨子曰今瞽曰鉅者白也俞云鉅無白義字當作豈豈者皚之叚字廣雅釋器皚白也皚省作豈又誤作巨因爲鉅矣呂氏春秋有始覽南方曰巨風李善注文選木元虛海賦王子淵洞簫賦潘安仁河陽縣作詩並引作凱風蓋亦省凱爲豈而誤爲巨也可以爲證黔者黑也吳鈔本黑作墨非畢云說文云黔黎也秦謂民爲黔首謂黑色也雖明目者無以

易之兼白黑使瞽取焉不能知也 淮南子主術訓云問瞽師曰白素何如曰縞然曰黑何若曰黮然援白黑而示之則不處焉與此語意同 故我曰瞽不知白黑者 知吳鈔本作能以上文校之疑當作不能知今本及吳本並挩一字耳 非以其名也以其取也今天下之君子之名仁也雖禹湯無以易之兼仁與不仁而使天下之君子取焉不能知也故我曰天下之君子不知仁者非以其名也亦以其取也子墨子曰今士之用身不若商人之用一布之愼也 周禮泉府鄭注云布泉也其藏曰泉其行曰布 商人用一布布 下布字當作市言用一布市物也 不敢繼苟而讎焉 繼苟義不可通疑當作謑詢卽謑詬之或體也說文言部云詬謑詬恥也或作詢从句謑或从奊作謨楚辭九思云違羣小兮謑詢王注云謑詢恥辱垢陋之言也荀子非十二子篇云無廉恥而忍謑詢楊注云謑詬詈辱也字本作謨詢漢書賈誼傳云頑頓亡恥奊詬亡節顏注云奊詬謂無志分也呂氏春秋誣徒篇云草木雞狗鳥獸不可譙詬遇之譙詬遇之則亦譙詬報人譙詬亦謨詬之譌蓋謑詬本訓恥因以爲恥詈人之

語又引申之人之蒙恥辱無決擇亦謂之謑詬此以市布爲喻亦言不敢輕易無決擇而譬物也畢云譬卽售字正文必擇良者今士之用身則不然意之所欲則爲之厚者入刑罰薄者被毀醜則士之用身不若商人之用一布之愼也子墨子曰世之君子欲其義之成吳鈔本義作治而助之脩其身則慍是猶欲其牆之成而人助之築則慍也豈不悖哉子墨子曰古之聖王欲傳其道於後世是故書之竹帛鏤之金石傳遺後世子孫欲後世子孫法之也今聞先王之遺而不爲是廢先王之傳也王云遺字義不可通遺當爲道此涉上文傳遺而誤也上文曰古之聖王欲傳其道於後世故此文曰今聞先王之道而不爲是廢先王之傳也

子墨子南遊使衛遊吳鈔本作游畢云北堂書抄作使於衛關中載書甚多畢云關中猶云扃中關扃音相近詒讓案畢說是也文選張衡西京賦旗不脫扃薛綜注云扃關也左傳宣十二年孔疏引服虔云扃橫木校輪閒蓋古乘車箱輢閒以木爲闌中可庋物謂之扃亦謂

之闕故墨子於關中載書矣弦唐子見而怪之廣韻一先云弦又姓風俗通云弦子後左傳鄭有商人弦高曰吾夫子教公尚過曰公尚過呂氏春秋高義篇作公上過高注云公上過子墨子弟子也案王符潛夫論志氏姓篇衛公族有公上氏廣韻一東云衛大夫有公上王尚上字通過疑亦衛人揣曲直而已說文手部云揣量也今夫子載書甚多何有也子墨子曰昔者周公旦朝讀書百篇畢本無書字云本多作讀書百篇纆史同藝文類聚引無書字北堂書鈔凡三引兩引無一引有無者是也詒讓案道藏本吳鈔本並有書字今不據刪夕見漆十士畢云漆七字假音今俗作柒藝文類聚引作七詒讓案唐代岱嶽觀碑五經文字石本七字並作漆故周公旦佐相天子其脩至於今吳鈔本脩作修翟上無君上之事下無耕農之難吾安敢廢此畢云北堂書鈔引云相天下猶如此況吾無事何敢廢乎翟聞之同歸之物信有誤者易繫辭云天下同歸而殊塗孔疏云言天下萬事終則同歸於一蓋謂理雖同歸而言不能無誤然而民聽不鈞吳鈔本作均畢云均字假音是以書多也今若過之心者數逆於

精微周禮鄉師鄭注云逆猶鉤考也同歸之物既已知其要矣是以不教以書也而子何怪焉畢云言苟得其精微則無用以書爲教子墨子謂公良桓子曰蘇云公良桓子蓋衞大夫詒讓案史記孔子弟子列傳有公良孺陳人則陳亦有此姓衞小國也處於齊晉之閒猶貧家之處於富家之閒也貧家而學富家之衣食多用則速亡必矣今簡子之家廣雅釋言云簡閱也飾車數百乘馬食菽粟者數百匹婦人衣文繡者數百人吾取飾車食馬之費與繡衣之財以畜士俞云吾當爲若字之誤也必千人有餘若有患難則使百人處於前數百於後畢云數百下當脫人處二字王云百人亦當爲數百人上文曰千人有餘故此分言之曰數百人處於前數百人處於後今作百人則與上下文不合與婦人數百人處前後孰安吾以爲不若畜士之安也子墨子仕人於衞畢云舊脫人字一本有詒讓案荀子富國篇楊注引作子墨子弟子仕於衞則疑仕於衞上挩弟子二字所仕者

至而反子墨子曰何故反對曰與我言而不當畢云後作審詒讓案荀子注引亦作當疑償之叚字曰待女以千盆女吳鈔本作汝盆畢本改益云舊作盆誤古無鎰字只作益或作溢漢書食貨志云黃金以溢爲名注孟康曰二十兩爲溢也賈逵國語注云二十四兩王云古鎰字皆作溢無作益者此言千盆五百盆皆謂粟非謂金也荀子富國篇云今是土之生五穀也人善治之則畝數盆楊倞曰蓋當時以盆爲量引考工記曰盆實二鬴又引墨子曰待女以千盆授我五百盆則盆非益之譌也富國篇又云瓜事部六十二桃棗李一本數以盆鼓鼓亦量名授我五百盆盆畢本亦改益非下同故去之也子墨子曰授子過千盆則子去之乎對曰不去子墨子曰然則非爲其不審也爲其寡也子墨子曰世俗之君子視義士不若負粟者今有人於此負粟息於路側欲起而不能君子見之無長少貴賤必起之何故也王云故字亦後人所加入御覽引無故字曰義也今爲義之君子畢云之舊作也據太平御覽改奉承先王之道以語之縱不說而行

說吳鈔本作悅又從而非毀之則是世俗之君子之視義士也不若視負粟者也道藏本也作之畢云一本脫此字子墨子曰商人之四方市賈信徙畢云當爲倍徙下同詒讓案畢校是也徙蓰字通雖有關梁之難盜賊之危必爲之今士坐而言義無關梁之難盜賊之危此爲信徙不可勝計然而不爲則士之計利畢云則舊作財一本如此不若商人之察也

子墨子北之齊遇日者史記日者傳集解云古人占候卜筮通謂之日者索隱云名卜筮曰日者以墨所以卜筮占時候日通名曰者故也畢云文選劉孝標辯命論注引遇作過日者曰帝以今日殺黑龍於北方畢云事類賦引殺作屠而先王之色黑舊本生誤王今據吳鈔本顧校季本正不可以北淮南子要略云操舍開塞各有龍忌許注云中國以鬼神之事曰忌北胡南越皆謂之請龍案此日者以五色之龍定吉凶疑即所謂龍忌許君請龍之說未詳所出恐非古術也畢云北事類賦作往子墨子不聽遂北至淄水不遂而反焉畢云舊脫至淄水不遂五字據史記日者傳集解及

事類賦增史記集解云墨子不遂而反焉又多二字淄水出今山東益都縣西南顏神鎮東南三十五里原山經臨淄縣東北流至壽光縣北入海日者曰我謂先生不可以北子墨子曰南之人不得北北之人不得南其色有黑者有白者何故皆不遂也且帝以甲乙殺青龍於東方以丙丁殺赤龍於南方以庚辛殺白龍於西方以壬癸殺黑龍於北方畢本此下增以戊己殺黃龍於中方云此句舊脫據太平御覽鱗介部一增王云畢增非也原文本無此句今刻本御覽有之者後人不知古義而妄加之也古人謂東西南北爲四方者以其在四旁也若中央爲四方之中則不得言中方一謬也行者之所向有東有西有南有北而中不與焉二謬也鈔本御覽及容齋續筆所引皆無此句詒讓案王說是也此即古五龍之說鬼谷子盛神法五龍陶弘景注云五龍五行之龍也水經注引遁甲開山圖云五龍見教天皇被迹榮氏注云五龍治在五方爲五行神說文戊部云戊中宮也象六甲五龍相拘絞也義並同然則五龍自有中宮但日者之言不妨約舉四方耳若用子之言則是禁天下之行者也畢云舊脫天字之字據太平御覽增是圍心而虛天

下也蘇云闈心未詳闈或當作違吳玉搢云闈心卽違心古闈違字通子之言不可用也子墨子曰此上疑有挩文吾言足用矣舍言革思者舍下亦當有吾字蘇云革更也是猶舍穫而攗粟也國語魯語收攟而烝韋注云攟拾也一切經音義引賈逵云攟拾穗也攗攟字同畢云攗拾也一本作攈非以其言非吾言者畢云太平御覽引其作他是猶以卵投石也盡天下之卵其石猶是也不可毀也畢云太平御覽作石猶不毀也

公孟第四十八

公孟子謂子墨子曰惠棟云公孟子卽公明子孔子之徒詒讓案潛夫論志氏姓篇衛公族有公孟氏左傳定十二年孔疏謂公孟縶之後以字爲氏則自有公孟氏非公明氏也說苑脩文篇有公孟子高見顓孫子莫及曾子此公孟子疑卽子高蓋七十子之弟子也君子共己以待蘇云共讀如恭謙案荀子王霸篇云則天子共己而已楊注云共讀爲恭或讀爲拱垂拱而已也案此共己當讀爲拱已非儒篇云高拱下視是也問焉則言不問焉則止譬若鍾然扣則鳴不扣則不鳴非儒下篇述儒者之

言曰君子若鍾擊之則鳴弗擊不鳴卽此畢云說文云扣牽馬也攷擊也讀若扣此假音耳子墨子曰是言有三物焉子乃今知其一身也吳鈔本其下有有字王引之云身字義不可通身當爲耳隸書身字或作耳見漢荊州從事苑鎮碑與耳相似故耳誤爲身管子兵法篇教其耳以號令之數今本耳誤爲身所謂是言有三物者不扣則不鳴者一雖不扣必鳴者二而公孟子但云不扣則不鳴是知其一而不知其二也故曰子乃今知其一耳今本耳誤爲身下文衍也字又未知其所謂也若大人行淫暴於國家進而諫則謂之不遜因左右而獻諫則謂之言議此君子之所疑惑也吳鈔本所下有以字疑惑謂言之無益而有害則君子遲疑不敢發此明不扣而不鳴之一物一若大人爲政將因於國家之難譬若機之將發也非儒篇云若將有大寇亂盜賊將作若機辟將發也與此義同然君子之必以諫然而大人之利蘇云此下有脫簡下文有之也君得之則必用之矣十一字當在此若此者雖不扣必鳴者也若大人舉不義之異行雖得大巧之經可行於軍旅之事欲攻

伐無罪之國有之也君得之則必用之矣以廣辟土地著稅僞材畢云僞疑當爲䝨說文云此古貨字讀若貴蘇云有之以下十一字當在上文然而大人之利句下誤錯於此此文當云欲攻伐無罪之國以廣辟土地著稅僞財詒讓案畢所校近是史記貨殖傳子贛廢著鬻財集解徐廣云著讀如貯漢書作發貯爾雅釋詁云廢稅舍也此著稅猶云廢著言或廢置或貯言之也出必見辱所攻者不利而攻者亦不利是兩不利也若此者雖不扣必鳴者也以上明不扣必鳴之二物畢云已上申明卻其一身失之且子曰君子共已待問焉則言不問焉則止譬若鍾然扣則鳴不扣則不鳴今未有扣子而言是子之謂不扣而鳴邪謂上當有所字是子之所謂非君子邪畢云已上申明又未卻其所謂公孟子謂子墨子曰實爲善人孰不知句譬若良玉處而不出有餘糈良玉當爲良巫之誤糈舊誤情王校下文諸精字皆爲糈惟此未正今審校當與彼同淮南子說山訓云巫之用糈藉高注云糈祀神之米譬若美女處而不出人爭

求之行而自衒內則奔則爲妾鄭注云奔或爲衒列女傳辯通篇齊鍾離春衒嫁不售畢云說文云衒行且賣也衒或字人莫之取也之舊本作知畢云知一本作之詒讓案作之是也意林作人莫之娶今據正今子偏從人而說之偏舊本作徧畢以意改徧道藏本季本吳鈔本正作偏王以偏爲古徧字並非攻下篇何其勞也子墨子曰今夫世亂求美女者衆美女雖不出人多求之今求善者寡畢云言好德不如好色不強說人人莫之知也且有二生於此善筮舊本筮譌星王據下文改一行爲人筮者一處而不出者行爲人筮者此十一字舊挩王據上下文義補與處而不出者其糈孰多糈舊本誤精王云精當爲糈字之誤也莊子人閒世篇鼓筴播精釋文精如字一音所字則當作糈是糈與精字形相似而易譌也郭璞注南山經曰糈先呂反今江東音所說文糈糧也言兩人皆善筮向一行一處其得米孰多也史記貨殖傳云醫方諸食技術之人焦神極能爲重糈也是其證案王校是也今據正下同公孟子曰行爲人筮者其糈多子墨子曰仁義鈞吳鈔本作均行說人者其功

善亦多何故不行說人也公孟子戴章甫畢云戴本多作載以意改詒讓案顧校季本正作戴士冠禮記云章甫殷道也鄭注云章明也殷質言以表明丈夫也論語先進篇端章甫集解鄭玄云衣玄端冠章甫諸侯日視朝之服禮記儒行魯哀公問孔子儒服對曰丘長居宋冠章甫之冠此公孟子儒者故亦儒服與搢忽畢云搢即晉字俗寫忽即笏字古文尚書在治忽亦用此字舊作怱誤詒讓案儀禮既夕木笏鄭注云今文笏作忽史記夏本紀集解引鄭康成本書作在治曶云曶者笏也忽曶笏字竝通釋名釋書契云笏忽也君有教命及所敬白則書其上備忽忘也儒服而以見子墨子曰君子服然後行乎其行然後服乎子墨子曰行不在服公孟子曰何以知其然也子墨子曰昔者齊桓公高冠博帶金劍木盾畢云說文云盾瞂也所以扞身蔽目象形經典周禮音義云食允反又音允詒讓案此所言皆朝服朝服未有用盾者盾疑亦曶之誤但木曶非貴服所未詳也以治其國其國治昔者晉文公大布之衣牂羊之裘牂道藏本吳鈔本並从牛誤韋以帶劍並詳兼愛中下篇以治其國其國治昔者楚莊

王鮮冠組纓說文系部云組綬屬也其小者可以爲冠纓玉藻云玄冠朱組纓天子之冠也玄冠丹組纓諸侯之齊冠也此朝服當爲冠弁服但組纓爲常制不足爲華侈與鮮冠絳衣博袍文例不相應疑此組當爲纚之叚字荀子樂論篇云亂世之徵其服組纚義詳節用篇絳衣博袍畢云太平御覽引作襃衣博襃王云哀十四年公羊傳反袂拭面涕沾袍何注曰袍衣前襟也絳本作綘王引之云絳當爲綘字之誤也綘與縫同集韻縫或省作綘漢丹陽太守郭旻碑爾綘袞口綘即縫字字從夆不從夅縫衣大衣也字或作逢又作摓洪範子孫其逢馬注曰逢大也儒行衣逢掖之衣鄭注曰逢猶大也大掖之衣大袂襌衣也莊子盜跖篇摓衣淺帶釋文曰摓本又作縫列子黃帝篇釋文向秀注曰儒服寬而長大荀子非十二子篇其冠進其衣逢儒效篇逢衣淺帶解果其冠楊倞注並曰逢大也列子黃帝篇上文逢衣徒也縫綘逢摓字異而義同綘衣與博袍連文縫博皆大也淮南齊俗篇作裾衣博袍高注曰裾襃也襃亦大也氾論篇又云襃衣博帶詒讓案王說是也今據正絳衣即禮經侈袂之衣周禮司服鄭注云士之衣袂皆二尺二寸而屬幅其袪尺二寸大夫以上侈之侈之者蓋半而益一焉半而益一則其袂三尺三寸袪尺八寸博袍即謂綘衣之前襟廣雅釋器云袍長襦也彼燕居之服非聽治所用與此袍異也以治任大椿謂絳衣博袍即漢晉以後之朝服絳紗袍大誤

其國其國治昔者越王句踐剪髮文身淮南子齊俗訓云越王句踐劗髮文身南面而霸天下又云越人劗鬋許注云鬋斷也剪鄙鬋之俗以治其國其國治此四君者其服不同其行猶一也翟以是知行之不在服也公孟子曰善吾聞之曰宿善者不祥畢云讀如無宿諾請舍忽畢云舊作忽易章甫復見夫子可乎子墨子曰請因以相見也若必將舍忽易章甫必舊本作不畢云不一本作必亦是蘇云不字誤一本作必是也畢注以不爲句非案蘇說是也今據正而後相見然則行果在服也畢云言其意在服也公孟子曰君子必古言服句然後仁孟子告子篇荅曹交曰子服堯之服誦堯之言行堯之行是堯而已矣公孟子之言同於彼但孟子推重行而公孟子唯舉言服故爲墨子所折子墨子曰昔者商王紂卿士費仲爲天下之暴人明鬼下篇作費中中仲古今字箕子微子爲天下之聖人此同言而或仁不仁也畢云言同時之言而仁不仁異周公旦爲天下之聖人關叔

爲天下之暴人（闕叔郎管叔詳耕柱篇）此同服或仁或不仁然則不在古服與古言矣且子法周而未法夏也（畢云謂節葬節用之術墨氏之學出于夏）子之古非古也公孟子謂子墨子曰昔者聖王之列也上聖立爲天子其次立爲卿大夫今孔子博於詩書察於禮樂詳於萬物若使孔子當聖王則豈不以孔子爲天子哉子墨子曰夫知者必尊天事鬼愛人節用合焉爲知矣今子曰孔子博於詩書察於禮樂詳於萬物而曰可以爲天子是數人之齒而以爲富（畢云齒作也俞云數人之年安得以爲富畢說非也齒者契之齒也古者刻竹木以記數其刻處如齒故謂之齒易林所謂符左契右相與合齒是也列子說符篇宋人有遊於道得人遺契者歸而藏之密數其齒曰吾富可待矣此正數人之齒以爲富者蓋古有此喻案俞說是也蘇說同）公孟子曰貧富壽夭齰然在天（說文齒部云齰齧也非此義畢云齰同錯）不可損益又曰君子必學子墨

子曰教人學而執有命是猶命人葆而去畢云葆言包裹其髮亓冠也亓畢本作丌云舊作亦卻是此字之譌丌卽其字以意改王引之云古其字亦有作亓者玉篇亓古文其是其證今本墨子其作亦則是亓之譌非丌之譌也後凡亓譌作亦者放此案王說是也今並據正公孟子謂子墨子曰有義不義無祥不祥無畢本改有云舊作無據下文改王云畢改非也公孟子之意以爲壽夭貧富皆有命而鬼神不能爲禍福故曰有義不義無祥不祥墨子執非命之說以爲鬼神實司禍福義則降之祥不義則降之不祥故曰有祥不祥有祥不祥乃墨子之說非公孟子之說不得據彼以改此也顧蘇說同子墨子曰古聖王古下吳鈔本有者字皆以鬼神爲神明而爲禍福畢云而同能執有祥不祥是以政治而國安也自桀紂以下皆以鬼神爲不神明不能爲禍福執無祥不祥是以政亂而國危也故先王之書子亦有之曰戴云子亦疑當作亓子亓古其字其子部箕子周書有箕子篇今亡孔晁作注時當尚在也亓傲也畢云以下亓字舊皆作亦出於子不祥此言爲不善之

有罰爲善之有賞子墨子謂公孟子曰喪禮君與父母妻後子死畢云後子嗣子也三年喪服義詳節葬下非儒下二篇伯父叔父兄弟期族人五月族人上王校增戚字說詳節葬下篇姑姊舅甥皆有數月之喪或以不喪之閒誦詩三百周禮大司樂鄭注云以聲節之曰誦弦詩三百禮記樂記注云弦謂鼓琴瑟歌詩三百周禮小師注云歌依詠詩也舞詩三百謂舞人歌詩以節舞左襄十六年傳云晉侯與諸侯宴于溫使諸大夫舞曰歌詩必類是舞有歌詩之證墨子意謂不喪則又習樂明其曠日廢業也毛詩鄭風子衿傳云古者教以詩樂誦之歌之弦之舞之與此書義同若用子之言則君子何日以聽治庶人何日以從事公孟子曰國亂則治之國治則爲禮樂舊本脫國字王據下文補國治則從事國富則爲禮樂王云下國治當爲國貧治與亂對富與貧對國亂則治之即上文所謂君子聽治也國貧則從事即上文所謂庶人從事也非儒篇曰庶人怠於從事則貧故曰國貧則從事今本貧作治者涉上文國治而誤子墨子曰國之治盧云此下脫治之故治也五字

治之廢則國之治亦廢國之富也從事故富也從事廢則國之富亦廢下事字舊本譌作是今據道藏本吳鈔本正故雖治國勸之無饜畢云猶云饜之無已然後可也今子曰國治則爲禮樂亂則治之是譬猶噎而穿井也畢云說文云噎飯窒也飯窒則思飲俞云晏子春秋襍上篇噎而遽掘井說苑襍言篇作譬之猶渴而穿井渴字較噎爲勝疑此文亦當作渴因噎字古作饐漢書賈山傳祝饐在前師古曰饐古噎字是也形與渴微似故渴誤爲噎案畢說是也死而求醫也古者三代暴王桀紂幽厲薾爲聲樂畢云說文云薾華盛言盛也或侈假音字不顧其民是以身爲刑僇國爲戾虛者吳鈔本無者字王云戾虛當爲虛戾魯問篇曰是以國爲虛戾身爲刑戮也趙策曰齊爲虛戾又曰社稷爲虛戾先王不血食戾猶厲也非命篇曰國爲虛厲身在刑僇之中是虛戾卽虛厲也小雅節南山篇降此大戾大雅瞻卬篇戾作厲小宛篇翰飛戾天文選西都賦注引韓詩戾作厲孟子滕文公篇樂歲粒米狼戾鹽鐵論未通篇狼戾作梁厲莊子人間世篇國爲虛厲身爲刑僇釋文李云居宅無人曰虛死而無後爲厲皆從此道也公孟子曰

無鬼神又曰君子必學祭祀畢云當爲禮詒讓案卽五禮之吉禮子墨子曰執無鬼而學祭禮是猶無客而學客禮也客禮卽五禮之賓禮是猶無魚而爲魚罟也說文网部云罟网也爾雅釋器云魚罟謂之罛詩碩人正義引李巡云魚罟捕魚具也公孟子謂子墨子曰子以三年之喪爲非子之三日之喪亦非也畢云三日當爲三月韓非子顯學云墨者之葬也冬日冬服夏日夏服桐棺三寸服喪三月高誘注淮南子齊俗云三月之服是夏后氏之禮而後漢書王符傳注引尸子云禹制喪三日亦當爲月子墨子曰子以三年之喪非三日之喪是猶倮謂撅者不恭也舊本倮作果今從道藏本改吳鈔本又作裸畢云果當爲裸說文云袒也玉篇云倮赤體也撅當爲蹶說文云僵也一曰跳也洪云禮記內則不涉不撅鄭注撅揭衣也謂袒衣與揭衣其露體不恭一也晏子春秋外篇上吾識晏子猶譬倮而高撅者也其義與此同俞云畢謂撅當爲蹶失之蹶與裸兩意不倫不當取以爲喻內則不涉不撅撅衣雖不恭然裸則更甚故曰是猶果謂撅者不恭也公孟子謂子墨子曰知有賢於人謂偶有一事賢於他人則可謂知

平子墨子曰愚之知有以賢於人有以吳鈔本作亦有而愚豈可謂知
矣哉公孟子曰三年之喪學吾之慕父母俞云吾下脫子字管子海王篇吾子
食鹽二升少半尹知章注曰吾子謂小男小女也此文公孟子曰三年之喪學吾子之慕父母故下子墨子曰夫嬰兒子
之知獨慕父母而已嬰兒子卽吾子也子墨子曰夫嬰兒子之知畢云衆經音義云倉頡篇
云男曰兒女曰嬰獨慕父母而已父母不可得也然號而不止此亓
故何也亓顧校季本作其卽愚之至也然則儒者之知豈有以賢於
嬰兒子哉子墨子曰問於儒者蘇云曰字誤倒當作問於儒者曰何故爲樂
曰樂以爲樂也說文木部云樂五聲八音總名引申爲哀樂之樂此第二樂字用引申之義古讀二義同
音故墨子以室以爲室難之樂記云故曰樂者樂也君子樂得其道小人樂得其欲又禮器云樂者樂其所自成仲尼燕
居云行而樂之樂也荀子樂論篇亦云樂者樂也此卽墨子所席儒者之說子墨子曰子未我應
也今我問曰何故爲室曰冬避寒焉夏避暑焉室以爲男女

之別也俞云避寒避暑爲男女之別三句皆以室言不當於男女之別句獨著室字室乃且字之誤古書且字或誤爲宜詩假樂篇釋文曰且君且王一本且並作宜是也且誤爲宜因誤爲室矣詒讓案室當作宫辭過篇云宫牆之高足以別男女之禮節用上篇云宫牆足以爲男女之別皆於避寒暑外別言之此亦當同俞說未允則子告我爲室之故矣今我問曰何故爲樂曰樂以爲樂也畢云舊脫爲字據上文增是猶曰何故爲室曰室以爲室也子墨子謂程子曰蘇云程子即程繁也見三辯篇儒之道足以喪天下者四政焉儒以天爲不明畢云舊脫天字據下文增以鬼爲不神天鬼不說此足以喪天下又厚葬久喪重爲棺椁多爲衣衾送死若徙三年哭泣扶後起杖後行並詳節葬下篇耳無聞目無見此足以喪天下又弦歌鼓舞畢本鼓作鼓云此鼓字从支與鐘鼓字異彼从支詒讓案畢校非也詳兼愛中篇習爲聲樂此足以喪天下又以命爲有貧富壽夭治亂安危有極矣有極猶言有常詳非儒下篇

不可損益也。爲上者行之，必不聽治矣；必不二字舊到，今據吳鈔本乙，與下文合。爲下者行之，必不從事矣。此足以喪天下。程子曰：甚矣，先生之毀儒也。子墨子曰：儒固無此若四政者，而我言之，若舊本作各，王云：「此各當爲此若，若亦此也。言儒無此四政也。下文曰『今儒固有此四政者』，是其證。今本此若作此各，則文義不順。墨子書多謂此爲此若，說見尚同篇。」案：王說是也，今據正。則是毀也。今儒固有此四政者，而我言之，則非毀也，告聞也。畢云：「言告所聞。」程子無辭而出。子墨子曰：迷之。迷之義不可通，疑迷當爲還之誤，謂墨子評程子，令還也。反，後坐，畢讀反爲句，後又爲句，云：「言惑於此說者，請反而後，後留之。」王云：「畢說非也。後當爲復。復、後字相似，故書傳中復字多譌作後。反爲一句，復坐爲一句，謂程子反而復坐也。今本復作後，則義不可通。」進復曰，王云：「復，如孟子『有復於王者曰』之復。」謂程子進而復於墨子也。鄉者先生之言有可聞者焉，生舊本譌王，今據吳鈔本正。下同。畢云：「聞當爲閒。」詒讓案：畢校是也。孟子云「政不足與閒也」，趙注云：「閒，非也。」若先生之言，則是不譽禹，不毀桀紂，也此因墨子言不毀儒而遂難之言人不能無毀譽也子墨子曰不然夫應孰辭稱議而爲之孰辭習孰之辭猶云常語議吳鈔本作義案稱議上當有不字應孰辭不稱議而爲之謂應習孰之辭則信口酬荅不待稱議而後對故下云敏也此明前云不毀儒非不毀桀紂之謂不可以習孰應對之語辭以相難畢云孰當爲孰亦通敏也厚攻則厚吾薄攻則薄吾王引之云吾讀爲禦寇之禦禦古通作吾通策曰王非戰國守吾之具其將何以當之乎是其證詒讓案王校是也吾當爲圄之省說文口部云圄守也應孰辭而稱議是猶荷轅而擊蛾也此即申應孰辭不必稱議之恉畢云蛾同蟻

子墨子與程子辯稱於孔子畢云稱述孔子程子曰非儒句何故稱於孔子也子墨子曰是亦當而不可易者也俞云亦當爲亣古文其字也言我所稱於孔子者是其當而不可易者也其字即以孔子言本篇其字多誤爲亦畢氏已訂正而未及此今鳥聞熱旱之憂則高魚聞熱旱之憂則下當此雖禹湯爲之謀必不能易矣鳥魚可謂愚矣禹湯猶云因焉王云云猶或也言鳥魚雖愚禹湯猶或因

之也古者云與或同義今翟曾無稱於孔子乎畢云言孔子之言有必不能易者此下舊有有游於子墨子之門者謂子墨子曰先王以鬼爲神明知能爲禍人哉二十七字今據一本移後有游於子墨子之門者身體強良良吳鈔本作梁後魯問篇亦云強梁然義似不同思慮徇通史記黃帝本紀黃帝幼而徇齊集解徐廣曰墨子曰年踰五十則聰明心慮不徇通矣裴駰案徇疾也索隱云徇齊家語及大戴禮並作叡齊一本作慧齊叡慧皆智也史記舊本亦有作濬齊蓋古字假借徇爲濬濬深也義亦並通案徐引墨子今無此文蓋在佚篇中說文人部云侚疾也徇即侚之譌莊子知北游篇云思慮恂達又借恂爲之欲使隨而學子墨子曰姑學乎吾將仕子勸於善言而學其年意林引作朞年畢云同期年詒讓案此書期年字多作其詳節葬下篇而責仕於子墨子子墨子畢云舊脫二字以意增曰不仕子子亦聞夫魯語乎吳鈔本無夫字語意林引作人魯有昆弟五人者亣父死畢云亣舊作亦下同一本俱作其詒讓案意林正作其下並同亣長子嗜酒而不葬亣四弟曰子與我葬畢云與舊作無一本如此當爲子沽酒勸

於善言而葬已葬而責酒於其四弟吳鈔本無其字四弟曰吾末子子酒矣末道藏本吳鈔本並作未子葬子父我葬吾父豈獨吾父哉子不葬則人將笑子故勸子葬也今子爲義我亦爲義豈獨我義也哉子不學則人將笑子故勸子於學有游於子墨子之門者子墨子曰盍學乎對曰吾族人無學者子墨子曰不然夫好美者豈曰吾族人莫之好故不好哉夫欲富貴者豈曰我族人莫之欲畢云已上八字舊脫據一本增故不欲哉畢云太平御覽引云墨子謂門人曰汝何不學對曰吾族無學者墨子曰不然豈有好美者而曰吾族無此不欲邪富貴者而曰吾族無此不用也與此微異好美欲富貴者不視人猶强爲之畢云此下舊接爲善者富之云云二百六十四字今據文義移後一本此下亦接夫義天下之大器也夫義天下之大器也何以視人必强爲之畢云必當爲不已上十六字舊脫在則盜何遽無從下今據一本移正蘇云此勉之之詞必字不誤詒讓案依

蘇說則當讀何以視人句斷下云必強爲之乃勉其爲義非責其不爲也考意林約引此文作強自力矣則馬總所讀似已如是然今以語氣校之竊疑必字當在視人上仍爲詰責之辭與上文不視人云云文例正相對也

有游於子墨子之門者謂子墨子曰先生以鬼神爲明知先生舊本訛先王今據道藏本吳鈔本正又舊本神爲二字到轉王校乙正吳鈔本不到能爲禍人哉福畢云人哉已上二十七字舊在今翟曾無稱於孔子乎下今據一本在此一本又無知能爲禍人哉六字案吳鈔本亦無知能以下六字又畢本挩福字今本並有今增王云此當以能爲禍福連讀不當有人哉二字下文曰先生以鬼神爲明能爲禍福爲善者賞之爲不善者罰之是其證今本禍福二字之間衍人哉二字則義不可通詒讓案王說因是但疑當作能爲人禍福哉人哉二字恐非衍文未敢肊定姑仍舊本爲善者富之王云富與福同爲暴者禍之舊本挩爲字王補今吾事先生久矣而福不至意者先生之言有不善乎王引之云意者疑詞廣雅曰意疑也鬼神不明乎我何故不得福也子墨子曰雖子不得福吾言何遽不善而鬼神何遽不明王云遽亦何也連言何遽

（者古人自有複語耳漢書陸賈傳使我居中國何遽不若漢）子亦聞乎匿徒之刑之有刑乎（俞云之刑二字衍文子亦聞乎匿徒之有刑乎徒謂胥徒給徭役者匿徒而避役蘇說同詒讓案此疑當作匿刑徒之有刑乎衍一之字刑徒又誤到耳蓋即左傳昭七年所謂僕區之法孔疏引服虔云爲隱匿亡人之法是也）對曰未之得聞也（畢云之得二字舊倒以意移）子墨子曰今有人於此什子（言其賢過子十倍下云百子同）子能什譽之而一自譽乎對曰不能有人於此百子子能終身譽亓善而子無一乎對曰不能子墨子曰匿一人者猶有罪今子所匿者若此亓多將有厚罪者也何福之求子墨子有疾跌鼻進而問曰（問下吳鈔本有焉字）先生以鬼神爲明能爲禍福爲善者賞之（舊本挩爲字王校補）爲不善者罰之今先生聖人也何故有疾意者先生之言有不善乎鬼神不明知乎子墨子曰雖使我有病何遽不明（何上疑挩鬼神二字）人之所得於病

者多方有得之寒暑有得之勞苦百門而閉一門焉則盜何遽無從入王云舊本脫閉字八字今據魯問篇及太平御覽疾病部一引補詒讓案王校是也淮南子人閒訓云宰有百戶閉其一盜何遽無從入郎本此文畢云舊有夫義天下之大器也云云十六字据一本移前二三子有復於子墨子學射者子墨子曰不可夫知者必量亓力所能至吳鈔本作夫智者亦必量力所能至而從事焉國士戰且扶人猶不可及也畢云及猶兼今子非國士也豈能成學又成射哉二三子復於子墨子曰告子曰言義而行甚惡顧云日當爲曰蘇云告子曰之曰當作日或爲[illegible]字之誤下墨子言告子[illegible]言而身不行是其證也然此告子自與墨子同時後與孟子問荅者當另爲一人詒讓案曰字不誤此亦當作告子曰墨子言義而行甚惡蓋告子嘗以此言毀墨子而二三子爲墨子述之故下文墨子云稱我言以毀我行又云告子毀猶愈亡也今本告子曰下悅墨子二字遂若二三子席告子行惡與下云毀皆不相應矣顧蘇說並未懷又案孟子告子篇趙注云告姓也子男子之通稱也名不害兼治儒墨之道者嘗學於孟子趙氏疑亦隱據此書以此

告子與彼爲一人王應麟洪頤煊說並同然以年代校之當以蘇說爲是請棄之子墨子曰不可稱我言以毀我行愈於亡亡無字同有人於此翟甚不仁經說下云仁愛也言與翟甚不相愛也仲尼燕居云食饗之禮所以仁賓客也尊天事鬼愛人甚不仁猶愈於亡也今告子言談甚辯言仁義而不吾毀上下文兩言毀則此不當云不吾毀不字當是衍文告子毀畢云二字倒今移猶愈亡也二三子復於子墨子曰告子勝爲仁畢云文選陳孔璋爲曹洪與魏文帝書注引無爲字蘇云勝爲仁者言仁能勝其任也或以勝爲告子名未知然否詒讓案文選陳琳書云有子勝斐然之志李注引此文釋之則崇賢似以勝爲告子之名閻若璩四書釋地又續引或說謂告子名不害字子勝並無塙證疑不足據子墨子曰未必然也告子爲仁譬猶跂以爲長畢云跂舊作跛據文選注改此企字假音爾雅云其踵企陸德明音義云去豉反本或作跂說文云企舉踵也跂足多指二字異隱以爲廣畢云隱文選注引作偃隱偃音相近亦通言企足以爲長仰身以爲廣偃猶仰不可久也告子謂子墨子曰我治國爲政

我下疑當有能字故下墨子難之曰惡能治國政子墨子曰政者口言之身必行之今子口言之而身不行是子之身亂也子不能治子之身惡能治國政子姑亡畢云言子姑無若此詒讓案姑亡亦見備梯篇子之身亂之矣吳鈔本無身字畢云一本作子姑防子之身亂之矣是

墨子閒詁卷十三

瑞安孫詒讓

魯問第四十九

魯君畢云：當是魯陽文君，楚縣之君。蘇云：此魯君自是魯國君，故以齊攻爲患，畢注非也。俞云：魯陽文君耕柱篇再見，此篇亦屢見，子墨子之意皆勸以無攻小國，與此不同。且此篇有魯君，又有魯陽文君，別而書之，其非一人明甚。詒讓案：蘇、俞說是也。以時代攷之，此魯君疑即穆公。謂子墨子曰：吾恐齊之攻我也，可救乎？子墨子曰：可。昔者三代之聖王禹湯文武，百里之諸侯也，說忠行義取天下；三代之暴王桀紂幽厲，讐怨行暴失天下。俞云：怨字乃忠字之誤，言與忠臣爲讐也。上文說禹湯文武曰說忠行義取天下，與此相對可證。吾願主君之上者尊天事鬼，下者愛利百姓，厚爲皮幣，卑辭令，亟徧禮四鄰諸侯，亟舊本誤作函，今以意校正。爾雅釋詁云：亟，疾也，速也。本篇亟字多誤爲函，詳後。敺國而以事齊患可救也非此顧無可爲者非此顧舊本作非願二字畢云言非此之爲須王云畢說非也願當爲顧字之誤也顧願草書相似顧與固通顧上當有此字言非此固無可爲者也此字卽指上數事而言今本顧誤作願又脫此字則義不可通案王說是也今據補正齊將伐魯子墨子謂項子牛曰項子牛蓋田和將伐魯事詳後伐魯齊之大過也昔者吳王東伐越棲諸會稽吳伐越事詳非攻中篇國語越語云越上句踐棲於會稽之上韋注云山處曰棲西伐楚葆昭王於隨葆保通左傳定四年吳入郢楚鬬辛與其弟巢以王奔隨北伐齊取國子以歸於吳舊本國下衍太子二字王云國太子本作國子謂齊將國書也吳敗齊於艾陵獲國子事見春秋哀十一年淺人誤以國爲國家之國因加太字耳案王說是也今據刪諸侯報其讐百姓苦其勞而弗爲用是以國爲虛戾虛戾義詳公孟篇身爲刑戮也昔者智伯伐范氏與中行氏兼三晉之地詳非攻中篇此三晉謂晉卿三家卽智氏范氏中行氏也故非攻篇云并三家以爲一家與韓趙魏不同諸侯報其讐百姓苦其勞而弗爲用是以國

爲虛戾身爲刑戮用是也王云用是二字涉上文而衍上文是以國爲虛戾身爲刑戮也無用是二字是其證故大國之攻小國也是交相賊也過必反於國子墨子見齊大王曰畢云太平御覽無大字下同蘇云大當讀泰即太公田和也蓋齊僭王號之後亦尊其祖爲大王如周之古公云俞云大公者始有國之尊稱故周追王自亶父始而稱大王齊有國自尚父始而稱大公以及吳之大伯晉之大叔皆是也田齊始有國者和也故稱大公猶尚父稱大公也至其後子孫稱王則亦應稱大王矣猶亶父稱大王也因齊大王之稱它書罕見故學者不得其說太平御覽引此文遂刪大字矣詒讓案蘇俞說是也據史記田敬仲世家及六國年表田莊子卒於周威烈王十五年子大公和立安王十六年田和始立爲諸侯墨子見大王疑當在田和爲諸侯之後今有刀於此試之人頭倅然斷之畢云卒字異文作倅讀如倉倅可謂利乎大王曰利子墨子曰多試之人頭倅然斷之可謂利乎大王曰利子墨子曰刀則利矣孰將受其不祥大王曰刀受其利試者受其不祥畢云言持刀之人子墨子曰并國覆軍賊敖

百姓畢云舊作敖非太平御覽引作殺案說文云敖古文殺出此今依改正案畢校是也說詳尚賢中篇孰將受其不祥大王俯仰而思之曰我受其不祥魯陽文君將攻鄭子墨子聞而止之謂陽文君曰畢云謂下當脫魯字今使魯四境之內畢云謂魯陽大都攻其小都大家伐其小家殺其人民取其牛馬狗豕布帛米粟貨財則何若魯陽文君曰魯四境之內皆寡人之臣也今大都攻其小都大家伐其小家奪之貨財則寡人必將厚罰之子墨子曰夫天之兼有天下也亦猶君之有四境之內也今舉兵將以攻鄭天誅亓不至乎道藏本吳鈔本亓並誤亦魯陽文君曰先生何止我攻鄭也我攻鄭順於天之志鄭人三世殺其父蘇云父當作君據史記鄭世家云哀公八年鄭人弒哀公而立聲公弟丑是爲共公三十年共公卒子幽公已立幽公元年韓武子伐鄭殺幽公鄭人立幽公弟駘是爲繻公二十七年子陽之黨共弒繻公是三

世弑君之事也詒讓案黃式三周季編畧亦同蘇説黃氏又據此云三年不全以魯陽文君攻鄭在安王八年即鄭繻公被弑後三年也然二説並可疑攷魯陽文君名寬爲楚司馬子期之子據左傳子期死白公之難在魯哀公十六年次年寬即嗣父爲司馬則白公作亂時寬至少亦必已弱冠鄭繻公之弑在魯穆公十四年上距哀公十六年已八十四年文子若在約計殆逾百歲豈尚能謀攻鄭乎竊疑此三世並當作二世蓋即在韓殺幽公之後幽公之死當魯元公八年時文子約計當七十餘歲於情事儻有合耳天加誅焉使三年不全呂氏春秋本生篇高注云全猶順也三年不全猶玉藻云年不順成我將助天誅也子墨子曰鄭人三世殺其父而天加誅焉使三年不全天誅足矣今又舉兵將以攻鄭曰吾攻鄭也順於天之志譬有人於此其子强梁不材老子云强梁者不得其死莊子山木釋文云彊梁多力也詩大雅蕩毛傳云彊梁禦善也孔疏云彊梁任威使氣之貌故其父笞之其鄰家之父舉木而擊之曰吾擊之也順於其父之志則豈不悖哉子墨子謂魯陽文君曰攻其鄰國殺其民人

取其牛馬粟米貨財則書之於竹帛鏤之於金石以爲銘於鍾鼎傳遺後世子孫曰莫若我多周禮司勳云戰功曰多畢云我多舊作多吾一本如此詒讓案顧校季本亦作我多今賤人也亦攻其鄰家殺其人民取其狗豕食粮衣裘畢云粮糧字俗寫亦書之竹帛以爲銘於席豆以遺後世子孫曰莫若我多亓可乎亓道藏本吳鈔本並誤亦魯陽文君曰然吾以子之言觀之則天下之所謂可者未必然也子墨子爲魯陽文君曰畢云爲謂字詒讓案吳鈔本作謂世俗之君子皆知小物而不知大物今有人於此竊一犬一彘則謂之不仁竊一國一都則以爲義譬猶小視白謂之白大視白則謂之黑吳鈔本無則字是故世俗之君子知小物而不知大物者此若言之謂也此若畢改爲若此云舊二字倒一本如此案顧校季本同王云畢改非也古者謂此爲若連言之則曰此若此若言之謂也已見尚賢篇又節

葬篇曰以此若三聖王者觀之又曰以此若三國者觀之墨子書言此若者多矣它書亦多有之案王說是也魯陽文君語子墨子曰吳鈔本語作謂楚之南有啖人之國者橋節葬下篇作炎人而以食子爲輆沐國俗與此不同竊疑啖人之名卽起於食子此篇是也橋未詳其國之長子生則鮮而食之畢云鮮一本作解詒讓案節葬下篇亦作解顧云作解者誤古鮮解字或相亂殷敬順釋列子用鮮字訓非也謂之宜弟美則以遺其君君喜則賞其父後漢書南蠻傳云交阯其西有噉人國生首子輒解而食之謂之宜弟味旨則以遺其君君喜而賞其父今烏滸人是也李注引萬震南州異物志云烏滸地名也在廣州之南交州之北則漢時尚相傳有是國也豈不惡俗哉子墨子曰雖中國之俗亦猶是也殺其父而賞其子何以異食其子而賞其父者哉苟不用仁義何以非夷人食其子也魯君之嬖人死魯君爲之誄魯人因說而用之蘇云第二句君字當作人第三句人字當作君傳寫誤也子墨子聞之曰誄者道死人之志也釋名釋典藝云誄累也累列其事而稱之

也

今內說而用之，是猶以來首從服也。來首疑即貍首。史記封禪書云「萇弘設射貍首。貍首者，諸侯之不來者」。大射儀鄭注說貍首云「貍之言不來也」。蓋貍與來古音相近，故貍首亦謂之來首。服謂服馬。以來首從服，言以貍駕車，明其不勝任也。

魯陽文君謂子墨子曰：「有語我以忠臣者，令之俯則俯，畢云：「頫字俗寫。」令之仰則仰，處則靜，呼則應，可謂忠臣乎？」子墨子曰：「令之俯則俯，令之仰則仰，是似景也；畢云：「古影字只作景，葛洪加彡，而明刻淮南子有注云『古影字』，或以此爲高誘文，則非。始于葛洪。」案：道藏本淮南子注無此三字，蓋明人妄增耳。今尚書亦有影響字，寫者亂之。處則靜，呼則應，是似響也。管子心術篇云「若影之象形，響之應聲也」。漢書天文志亦云「如景之象形，響之應聲」。君將何得於景與響哉？若以翟之所謂忠臣者，上有過則微之以諫，微者，覹之借字。說文見部云：「覹，司也。」漢書游俠傳「使人微知賊處」，顏注云：「微，伺問之也。」此微之以諫，亦言伺君之閒而諫之也。已有善則訪之上，而無敢以告。爾雅釋詁云：「訪，謀也。」謂進其謀於上，而不敢以告人也。外匡其邪，而入其善，而吳鈔本作以入其善謂納之於善也畢云匡字舊闕注云太祖廟諱上字蓋宋本如此今增尚同而無下比尚與上通舊本無同字王云此文具見尚同三篇舊本脫同字今補是以美善在上而怨讐在下舊本挩是字王據尚賢篇補安樂在上而憂慼在臣此翟之所謂忠臣者也舊本挩所字今據吳鈔本補魯君謂子墨子曰我有二子一人者好學一人者好分人財孰以爲太子而可子墨子曰未可知也或所爲賞與爲是也畢云與舊作譽以意改詒讓案畢校是也而讀爲爲賞與句則非此當讀或所爲賞與爲是也八字句與卽譽之叚字言好學與分財或因求賞賜名譽而僞爲是不必眞好也前大取篇云爲賞譽利一人非爲賞譽利人也是其證魡者之恭畢云釣字俗寫从魚藝文類聚引作釣案玉篇有魡字云丁叫切亦作釣餌取魚出此墨書如此類字由後人抄寫以意改爲大都出自六朝凡秦以前書傳皆篆簡耳不應有此以相傳旣久亦不改也詒讓案集韻三十四嘯云釣或作魡吳鈔本作魡魚之恭疑誤顧校季本魡作釣莊子刻意篇釣魚閒處釋文作魡云本亦作釣淮南子說山訓云釣者使人恭非爲魚賜也畢云本無魚字云賜字一本作魚賜哉

文類聚作魚餔讓案當作魚賜今本挩一字耳道藏本吳鈔本竝有魚字今據增餌鼠以蟲畢云餌舊作珥非據藝文類聚改詒讓案蛕蓋餌之俗體集韻七志云蛕釣魚食也蛕非所以餌鼠疑當爲蠱字之誤山海經南山經郭注云蠱蠱毒是蠱有毒義餌鼠以蠱卽謂毒鼠故云非愛之也春秋成五年經蟲牢春秋繁露竹林篇作蠱牢非愛之也吾願主君之合其志功而觀焉魯人有因子墨子而學其子者其子戰而死其父讓子墨子說文言部云讓相責讓子墨子曰子欲學子之子今學成矣戰而死而子慍是猶欲糶糶讐則慍也吳鈔本糶糴二字互易畢云售字正作讐王云糶當爲糴廣雅糴買也糶賣也故云是猶欲糶糴讐則慍也今本糶作糴誤竟不可通豈不費哉顧云費與拂同王云費讀爲悖卽上文之豈不悖哉也緇衣口費而煩鄭注曰費或爲悖作悖者正字作費者借字也案王說是也魯之南鄙人有吳慮者畢云太平御覽引作吳憲冬陶夏耕自比於舜子墨子聞而見之吳慮謂子墨子下當有曰字義耳義耳焉用言之哉子墨子曰子之所謂義者畢云

所謂二字舊倒以意改詒讓案吳鈔本顧校季本正作所謂亦有力以勞人有財以分人乎勞謂爲人任其勞也羣書治要引尸子貴言篇云益天下以財爲仁勞天下以力爲義吳慮曰有子墨子曰翟嘗計之矣翟慮耕而食天下之人矣舊本而食二字在天下之下王據下盛句乙正然後當一農之耕王云盛與成同下兩盛字放此謂耕事已成也古字或以盛爲成詒讓案此云極盛不過當一農之耕也下並同王說未塙分諸天下不能人得一升粟籍而以爲得一升粟籍吳鈔本作耤畢云籍耤字假音其不能飽天下之飢者既可睹矣翟慮織而衣天下之人矣盛然後當一婦人之織分諸天下不能人得尺布籍而以爲得尺布舊本挩以字今依上文增其不能煖天下之寒者既可睹矣翟慮被堅執銳救諸侯之患患下當依上文增矣字盛然後當一夫之戰一夫之戰其不御三軍既可睹矣睹吳鈔本作覩說文目部云睹見也古文作覩翟以爲不若誦先王

之道而求其說通聖人之言而察其辭上說王公大人次匹
夫徒步之士畢云次下當脫說字王公大人用吾言國必治匹夫徒步
之士用吾言行必脩吳鈔本作修故翟以爲雖不耕而食飢句不
織而衣寒句功賢於耕而食之織而衣之者也故翟以爲雖
不耕織乎而功賢於耕織也吳慮謂子墨子曰義耳義耳焉
用言之哉子墨子曰籍設而天下不知耕教人耕與不教人
耕而獨耕者畢云舊脫不字一本有其功孰多吳慮曰教人耕者其功
多子墨子曰籍設而攻不義之國鼓而使眾進戰與不鼓而
使眾進戰而獨進戰者其功孰多吳慮曰鼓而進眾者其功
多子墨子曰天下匹夫徒步之士少知義而教天下以義者
功亦多何故弗言也若得鼓而進於義則吾義豈不益進哉

子墨子游公尚過於越公尚過說越王越王大說畢云舊作悅下同此俗寫字今改正蘇云越王當爲句踐之後謂公尚過曰先生苟能使子墨子於越而教寡人於上依下文當有至字請裂故吳之地方五百里吳鈔本無方字畢云時吳已亡入越故曰故吳以封子墨子公尚過許諾遂爲公尚過束車五十乘說文束部云束縛也以迎子墨子於魯曰吾以夫子之道說越王越王大說謂過曰苟能使子墨子至於越而教寡人吳鈔本無於字請裂故吳之地方五百里以封子子墨子謂公尚過曰子觀越王之志何若志吳鈔本作意意越王將聽吾言用我道則翟將往量腹而食度身而衣自比於羣臣奚能以封爲哉奚舊本作不畢云一本作奚是今據正抑越不聽吾言越下當有王字不用吾道而我往焉則是我以義糶也爾雅釋詁云糶賣也畢云糶舊作糶下同以意改呂氏春秋作翟鈞之糶句亦

於中國耳何必於越哉 畢云呂氏春秋高義云子墨子游公上過於越公上過語墨子之義越王說之謂公上過曰子之師苟肯至越請以故吳之地陰江之浦書社三百以封夫子公上過往復於子墨子子墨子曰子之觀越王也能聽吾言用吾道乎公上過曰殆未能也子墨子曰不唯越王不知翟之意雖子亦不知翟之意若越王聽吾言用吾道翟度身而衣量腹而食比於賓萌未敢求仕越王不聽吾言不用吾道雖全越以與我吾無所用之越王不聽吾言不用吾道而受其國是以義翟也義翟何必越雖於中國亦可即用此文義翟亦當爲義耀

子墨子游魏越 墨子弟子 曰既得見四方之君子則將先語 蘇云即子將奚先之意

子墨子曰凡入國必擇務而從事焉國家昏亂則語之尚賢尚同國家貧則語之節用節葬國家憙音湛湎 吳鈔本湛作沈湛沈字通說文水部云湎沈於酒也史記宋世家云紂沈湎于酒初學記二十六引韓詩云齊顏色均眾寡謂之沈閉門不出者謂之湎畢云說文云憙說也 則語之非樂非命國家淫僻無禮 僻吳鈔本作辟 則語之尊天事鬼國家務奪侵凌即語之兼愛非攻 即吳鈔本作則與上文同 故

曰擇務而從事焉舊本挩攻故二字王據上文及非攻篇補蘇說同曰當作日非子墨子出曹公子而於宋舊本出上有曰字王云此本作子墨子出曹公子於宋猶上文言子墨子游公尚過於越也今本衍曰字而字則義不可通俞云王說是也然出字義不可通出當爲士字之誤史記夏本紀稱以出徐廣曰一作士是其例也士與仕通子墨子士曹公子於宋卽仕曹公子於宋也貴義篇曰子墨子仕人於衛詒讓案王校是也蘇說同今據刪曹公子亦墨子弟子三年而反睹子墨子曰吳鈔本睹作覩始吾游於子之門短褐之衣畢云短从豆聲讀如裋案詳非樂上篇藜藿之羹舊本挩藜字之字王以意補朝得之則夕弗得祭祀鬼神祭祀不以藜藿又不當在夕此疑當重弗得二字言雖藜藿之羹尚不能朝夕常給故不得祭祀鬼神也今而以夫子之教句家厚於始也舊本無今字又教作政王云此言吾始而家貧今而以夫子之教家厚於始也今本脫今字教字又誤作政則義不可通案王校是也今據補正俞云政乃故字之誤蓋子墨子仕曹公子於宋則宋必致祿故曰以夫子之故家厚於始也耕柱篇曰君以夫子之故致祿甚厚案俞說亦通有家厚此與上文複疑厚當爲享有讀爲又言又於家爲享祀周禮記

人鬼為享謹祭祀鬼神然而人徒多死六畜不蕃身湛於病內則鄭注云湛猶漬也吾未知夫子之道之可用也子墨子曰不然夫鬼神之所欲於人者多欲人之處高爵祿則以讓賢也多財則以分貧也夫鬼神豈唯擢季拑肺之為欲哉王引之云季蓋黍字之譌祭有黍有肺故云擢黍拑肺蘇云季疑當作肝意言鬼神非徒貪嗜飲食者也詒讓案王校是也說文手部云擢引也拑脅持也於此義並無取竊疑擢當為攫之譌呂氏春秋任數篇云顏回攫其甑中而食之曲禮云飯黍毋以箸又鄭注云禮飯以手即所謂攫也拑義未詳今子處高爵祿而不以讓賢一不祥也多財而不以分貧二不祥也今子事鬼神唯祭而已矣而曰病何自至哉是猶百門而閉一門焉曰盜何從入若是而求福於有怪之鬼此義難通據下文疑亦當作求百福於鬼神豈可哉魯祝以一豚祭而求百福於鬼神子墨子聞之曰是不可今施人薄而望人厚則

人唯恐其有賜於己也今以一豚祭而求百福於鬼神（當重鬼神二字）唯恐其以牛羊祀也古者聖王事鬼神（吳鈔本無者字）祭而已矣（謂無所求也禮器云祭祀不祈鄭注云祭祀不爲求福也）今以豚祭而求百福則其富不如其貧也彭輕生子曰（疑亦墨子弟子）往者可知來者不可知子墨子曰籍設而親在百里之外（籍亦藉之叚字）則遇難焉期以一日也及之則生不及則死今有固車良馬於此又有奴馬四隅之輪於此（畢云駑古字只作奴一本作駑說文無駑字）使子擇焉子將何乘對曰乘良馬固車可以速至子墨子曰焉在矣來（盧云似謂焉在不知來文誤蘇云知與矣相近而誤而知上更脫不字也）孟山譽王子閭曰（孟山疑亦墨子弟子）昔白公之禍（詳非儒篇）執王子閭（左哀十六年傳白公欲以子閭爲王子閭不可遂劫以兵杜注云子閭平王子啟）斧鉞鉤要（畢云此正字餘文作腰者後改亂之耳）直兵當心（直兵劍矛之屬晏子春秋內篇襍上說崔

杼盟晏子云戟拘其頸劍承其心晏子曰曲刃鉤之直兵推之嬰不革矣呂氏春秋知分篇云直兵造胷曲兵鉤頸高注云直矛也謂之曰爲王則生不爲王則死王子閭曰何其侮我也殺我親而喜我以楚國我得天下而不義不爲也又況於楚國乎遂而不爲畢云說文云遂亡也从辵㒸聲王逸注楚詞云遂往也義出於此經典多借爲㒸字而忘其本義从意也詒讓案左傳云子閭不可遂殺之新序義勇篇同是子閭實死而非亡畢引許義與事不相應遂下疑當有外字王子閭豈不仁哉子墨子曰難則難矣然而未仁也若以王爲無道則何故不受而治也若以白公爲不義何故不受王句誅白公然而反王畢云言何不借王之權以殺白公然後反位於王俞云畢讀誅白公爲句則然而反王文不成義矣禮記檀弓篇穆公召縣子而問然鄭注曰然之言焉也誅白公然而反王猶云誅白公焉而反王七字爲一句故曰難則難矣然而未仁也子墨子使勝綽事項子牛勝綽墨子弟子項子牛三侵魯地項子牛齊人見前三侵魯不知在何年以史記六國年表

及田齊世家攻之魯元公十九年齊伐魯葛及安陵二十年取魯一城穆公二年齊伐魯取郕十六年伐魯取最或即三侵之事與而勝綽三從子墨子聞之使高孫子請而退之高孫子亦墨子弟子曰我使綽也將以濟驕而正嬖也畢云濟止也嬖同僻今綽也祿厚而譎夫子夫子三侵魯而綽三從是鼓鞭於馬靳也畢云說文云靳當膺也从革斤聲一本改作勒非言馬欲行而鞭其前所以自困猶使人仕而反來侵我也翟聞之言義而弗行是犯明也綽非弗之知也祿勝義也昔者楚人與越人舟戰於江渚宮舊事越人作吳越下同楚人順流而進迎流而退見利而進見不利則其退難越人迎流而進順流而退見利而進舊挩而字王補見不利則其退速越人因此若埶句亟敗楚人舊本埶亟作埶函王云埶字函字皆義不可通埶當爲埶埶即今勢字此若勢者此勢也若亦此也古人自有複語耳墨子書多謂此爲此若說見上文函當爲亟讀亟稱於水之亟亟數也言越人因此水勢遂數敗楚人也俗書函字或作函與亟相似

詒讓案：王說是也。渚宮舊事亦作勢，亟今據正。

公輸子畢云：舊有曰字，一本無。詒讓案：顧校季本亦無曰字。文選西都賦薛綜注云：魯般，一云公輸子，魯哀公時巧人。孟子離婁篇云：公輸子之巧，趙注云：公輸子，名班，魯之巧人也，或以爲魯昭公之子。檀弓云：季康子之母死，公輸若方小斂，般請以機封。鄭注云：般，若之族，多技巧者。後公輸篇作公輸盤。**自魯南游楚**渚宮舊事云：及惠王時。案余說近是，詳後公輸篇。畢云：太平御覽引作公輸般自魯之楚。**焉始爲舟戰之器**畢云：太平御覽引作具。王云：焉字下屬爲句，焉猶於是也，言於是始爲舟戰之器也。月令曰：天子焉始乘舟。晉語曰：焉始爲令。大荒西經曰：開焉始得歌九招。此皆古人以焉始二字連文之證。**作爲鉤強之備，退者鉤之，進者強之，**畢云：太平御覽引作謂之鉤拒，退則鉤之，進則拒之也。詒讓案：退者以物鉤之，則不得退；進者以物拒之，則不得進。此作鉤強無義，凡強字並當從御覽作拒。備穴篇有鐵鉤鉅，備高臨篇說弩亦有鉤距，鉅、距、拒義並同。故下文亦云子拒而距人，人亦拒而距子。荀子議兵篇說楚兵云：宛鉅鐵鉇，疑宛鉅亦兵器之名。楊倞注云：大剛曰鉅，恐非。**量其鉤強之長，而制爲之兵，**渚宮舊事作量短長而制爲兵。**楚之兵節，越之兵不節，楚人因此若埶，亟敗越人。**舊本埶亦誤執。

亟亦誤亟今依王校正史記楚世家惠王時無與越戰事葢史失之公輸子善其巧以語子墨子曰我舟戰有鉤強不知子之義亦有鉤強乎子墨子曰我義之鉤強賢於子舟戰之鉤強我鉤強我鉤之以愛揣之以恭揣亦當作拒鉤拒皆家上文言之下同弗鉤以愛則不親弗揣以恭則速狎畢云舊脫一狎字以意增詒讓案顧校季本亦重狎字狎而不親則速離故交相愛交相恭猶若相利也今子鉤而止人人亦鉤而止子子強而距人人亦強而距子交相鉤交相強猶若相害也故我義之鉤強賢子舟戰之鉤強公輸子削竹木以爲鵲說文鳥部舄篆文作鵲畢云太平御覽引作鵲成而飛之王云此當作削竹木以爲鵲鵲成而飛之今本少一鵲字則文不足義太平御覽工藝部九所引已與今本同初學記果木部白帖九十五並多一鵲字三日不下渚宮舊事云嘗爲木鳶乘之以窺宋城與此異列子湯問篇云墨翟之飛鳶張注云墨子作木鳶飛三日不集淮南子齊俗訓云魯般墨子以木爲鳶而

飛之三日不集此皆以䧾爲鳶又謂二人同爲之葢傳聞之異論衡儒增篇亂龍篇說並同韓非子亦云木鳶詳後畢云文選長笛賦注云案墨子削竹以爲鵲鵲三日不行者彼誤

公輸子自以爲至巧子墨子謂公輸子曰子之爲䧾也不如匠之爲車轄王云舊本匠作翟涉上下文翟字而誤今據太平御覽工藝部九引改畢云太平御覽末有也字須臾劉三寸之木說文車部云轄鍵也舛部云牽車軸耑鍵也案轄牽字通古車轄多以金爲之據此則亦有用木者淮南子繆稱訓云故終年爲車無三寸之轄不可以驅馳又人閒訓云車之所以能轉千里者以其要在三寸之轄文選七啟注引尸子云文軒六駃題無四寸之鍵則車不行諸書說鍵轄之度略同抱朴子應嘲篇云墨子刻木雞以厲天不如三寸之車轄此又以䧾爲雞與他書異畢云劉鏤字假音太平御覽引此作豎王云畢說非也劉當爲斲集韻斵或作斲廣雅曰斲斫也今本廣雅譌作劉俗書斵字作斲故斲字亦作劉形與劉相似因譌爲劉也言爲車轄者斫三寸之木而任五十石之重非刻鏤之謂也而任五十石之重說文禾部云柘百二十斤也經典通借石爲之五十石六百斤也故所爲功利於人謂之巧不利於人謂之拙畢云韓非子外儲說云墨子爲木鳶三年而成

蜚一日而敗弟子曰先生之巧至能使木鳶飛墨子曰不如爲車輗之巧也用咫尺之木不費一朝之事而引三十石之任致遠力多久於歲數今我爲鳶三年成蜚一日而敗惠子聞之曰墨子大巧巧爲輗拙爲鳶與此異也

公輸子謂子墨子曰吾未得見之時我欲得宋自我得見之後予我宋而不義我不爲子墨子曰翟之未得見之時也子欲得宋自翟得見子之後予子宋而不義子弗爲是我予子宋也畢云一本予作與舊本予作與今據吳鈔本正與上文同翟子務爲義翟又將予子天下

公輸第五十

淮南子道應訓云墨子爲守攻公輸般服而不肎以兵知卽本此篇

公輸盤畢云史記孟子荀卿傳集解後漢書張衡傳注文選陳孔璋爲曹洪與魏文帝書注皆引作般廣韻引作班詒讓案世說文學篇劉注文選長笛賦七命郭景純遊仙詩司馬紹統贈山濤詩李注並引作般戰國策宋策呂氏春秋愛類篇葛洪神仙傳同呂覽高注云公輸魯般之號在楚爲楚王設攻宋之具也爲楚造雲梯之械成淮南子兵略訓許慎注云雲梯可依雲而立所以瞰敵之城中又脩務訓高注云雲梯攻城具高長上與雲齊故曰

雲梯械器也史記索隱云梯者搆木瞰高也雲者言其昇高入雲故曰雲梯械者器也謂攻城之樓櫓也文選長笛賦注引此云公輸般爲雲梯壍成大山四起所謂善攻具也必取宋於是墨子見公輸般而止之似約此篇文但大山四起未詳其義史記鄭世家集解引服虔左傳注云樓車所以窺望敵軍兵法所謂雲梯也案服以雲梯爲兵車肊說不足據畢云張湛列子注云雲梯可以淩虛

將以攻宋

畢云文選注引作必取宋三字太平御覽云尸子云般爲蒙天之階階成將以攻宋蘇云呂氏春秋云聲王圍宋十月考墨子時世與聲王相值疑公輸爲楚攻宋在是時詒讓案國策宋策鮑彪注以此事爲在宋景公時於楚則謂當昭王或惠王與蘇說不同今攷鮑蘇二說皆非也墨子晚年逮見田和又得聞楚悼王吳起之亂其生蓋當在魯哀公之末悼公之初則非徒不及見楚昭王即宋景公末年亦恐未逾弱冠是鮑說與墨子之年不合公輸盤或謂魯昭公子固未必塙然檀弓載季康子母死時公輸若方小而般與斂事則般必年長於若可知攷康子父桓子卒於哀公三年其母死或亦在哀公初年則般當生於昭定閒自昭公卒年下距楚聲王元年亦已逾百歲則蘇說與公輸之年又不合竊以墨輸二子年代參合挍之墨子之止攻宋約當在宋昭公楚惠王時蓋是時楚雖有伐宋之議而以墨子之言中輟故史無其事耳渚宮舊事謂公輸子南游楚在惠王時其說蓋可信

子墨

子聞之起於齊畢云呂氏春秋愛類篇云自魯往是行十日十夜而至於郢高誘云郢楚都也畢云文選廣絕交論注引云公輸般欲以楚攻宋墨子聞之自魯往裂裳裹足十日至郢王云世說新語文學篇注引此作墨子聞之自魯往裂裳裹足日夜不休十日十夜而至於郢文選注所引從略然亦有自魯往裂裳裹足七字呂氏春秋愛類篇曰墨子聞之自魯往裂裳裹足日夜不休十日十夜而至於郢正與世說新語注所引同則其爲墨子原文無疑淮南脩務篇曰墨子聞而悼之自魯趨而往十日十夜足重繭而不休息裂裳裹足至於郢文亦小異而大同今本自魯往作起於齊又無裂裳裹足日夜不休八字蓋後人刪改之也詒讓案神仙傳云墨子聞之往詣楚脚壞裂裳裹足七日七夜到見公輸般而說之與諸書所云又小異見公輸盤公輸盤曰夫子何命焉爲子墨子曰北方有侮臣願藉子殺之俞云有侮臣下脫者字公輸盤不說吳鈔本作悅子墨子曰請獻十金畢云一本作千金是詒讓案諸宮舊事亦作獻千金於般公輸盤曰吾義固不殺人宋本國策作殺王吳師道校注引別本作𤯔即武后所制人字則與此同子墨子起再拜曰請說之吾從北方聞子爲梯畢云

太平御覽引作皆將以攻宋宋何罪之有荊國有餘於地而不足於民殺所不足而爭所有餘不可謂智宋無罪而攻之不可謂仁知而不爭不可謂忠爭而不得不可謂强義不殺少而殺衆不可謂知類公輸盤服子墨子曰然乎不已乎畢云太平御覽引作胡不已也詒讓案上乎字蓋即胡之誤二字音相近公輸盤曰不可吾旣已言之王矣子墨子曰胡不見我於王公輸盤曰諾子墨子見王呂氏春秋貴因篇云墨子見荊王錦衣吹笙疑即此時事蓋以救宋之急權爲之也曰今有人於此舍其文軒宋策高誘注云文軒文錯之車也鄰有敝轝宋策神仙傳並作弊輿而欲竊之舍其錦繡畢云已上十一字舊脫据太平御覽增一本亦有轝即輿異文耳顧云戰國策有鄰有短褐而欲竊之短裋之借字詳魯問篇舍其粱肉鄰有穅糟而欲竊之此爲何若人畢云言名此爲何等人也王曰必爲竊疾矣畢云太平御覽作耳王云案尸子止楚師篇及宋策

竝作必爲有竊疾矣此脫有字則文義不明耕柱篇亦曰有竊疾也子墨子曰荆之地方五千里宋之地方五百里畢云七字舊脫据太平御覽增顧云戰國策有此猶文軒之與敝轝也畢云太平御覽引敝作弊荆有雲夢爾雅釋地十藪楚有雲夢郭注云今南郡華容縣東南巴丘湖是也案華容爲今湖北監利石首二縣境犀兕麋鹿滿之畢云太平御覽滿作盈詒讓案御覽疑依宋策改江漢之魚鼈黿鼉爲天下富宋所爲無雉兔狐貍者也爲宋策作謂字通畢云太平御覽狐貍作鮒魚王云作鮒魚是也無雉兔對上文荆有犀兕麋鹿言之無鮒魚對上文荆有魚鼈黿鼉言之若狐貍則與魚鼈黿鼉不相應此後人不曉文義而改之也尸子戰國策竝作鮒魚詒讓案神仙傳亦作鮒魚此猶粱肉之與糠糟也道藏本及吳鈔本竝作糠即糠之俗備城門篇此作康荆有長松文梓楩枏豫章高云皆大木也畢云說文無楩字玉篇云鼻縣切楩木似豫章陸德明爾雅音義云鼻縣反又婢衍反字指云楩木似豫章尸子作便太平御覽引此亦只作楩詒讓案道藏本季本竝作梗吳鈔本作梗史記司馬相如傳集解引郭璞云楩杞也似梓枏葉似桑豫章大木也生七年乃可知也說文木部梗爲山枌榆

與楩柟異木宋無長木此猶錦繡之與短褐也臣以三事之攻宋也畢云戰國策云臣以王吏之攻宋王吏蓋三事之誤說文云叓古文事尸子作王使太平御覽作王之攻宋顧云國策王吏與此文三事皆有誤疑當云臣以王之事攻宋也詒讓案三事疑當作三吏涉周書大匡篇云王乃召冢卿三老三吏孔晁注云三吏三卿也左傳成二年晉侯使鞏朔獻齊捷于周王使委于三吏杜注云三吏三公也神仙傳作臣聞大王更議攻宋則假是王吏之譌爲與此同類臣見大王之必傷義而不得畢云已上十一字舊俱脫太平御覽有或當在此顧云此十一字不當有戰國策無王曰善哉雖然公輸盤爲我爲雲梯必取宋畢云太平御覽引有云宋王曰公輸子天下之巧士作爲雲梯設以攻宋曷爲弗取二下三字皆與此異豈此文已爲後人所節與詒讓案御覽所引與淮南子脩務訓文略同呂氏春秋愛類篇亦云王曰公輸般天下之巧土也已爲攻宋之械矣墨子舊本或與彼二書同於是見公輸盤子墨子解帶爲城以牒爲械史記索隱云謂墨子爲術解身上革帶以爲城也牒者小木札也械者樓櫓等也畢本牒改作褋云舊作牒太平御覽兵部引作褋北堂書抄作襟案作褋者是也褋省爲褋說文云南楚謂

禪衣曰襍玉篇云褋徒頰切禪衣也襍同又案陳孔璋爲曹洪與文帝書云墨子之守縈帶爲垣折箸爲械則似以意改用之王云禪衣不可以爲械畢改非也史記孟子荀卿傳集解引此正作牒索隱曰牒者小木札也說文札牒也廣雅曰牒版也故可以爲械後漢書張衡傳注亦引作偞洪頤煊說同俞云畢據太平御覽改作褋王氏又以作牒爲是其實牒褋皆叚字也其本字當作梜梜與牒疊韻字玉篇人部偞俠偞也虫部蛺蛺蝶也梜之與牒亦猶俠之與偞蛺之與蝶聲近而義通矣禮記曲禮篇羹之有菜者用梜鄭曰梜猶箸也以梜爲械者以箸爲械也陳孔璋書曰折箸爲械詒讓案俞說亦通世說注引亦云墨子縈帶守之與陳琳文同神仙傳作以幞爲械尤俁

公輸盤九設攻城之機變畢云太平御覽城一作宋之下御覽引有具字詒讓案史記集解文選注引並與今本同**子墨子九距之公輸盤之攻械盡**文選注攻下有城字神仙傳同史記索隱引劉氏云械謂飛梯橦車飛石車弩之具**子墨子之守圉有餘**畢云圉史記集解引作固一本作固太平御覽作禦御覽引有云今公輸設守之械墨子設守之備公輸九攻而墨子九拒之終弗能入於是乃偃兵輟不攻宋俱多於此文詒讓案御覽所引亦與淮南子文略同疑皆涉彼而譌**公輸盤詘**廣雅釋詁云詘屈也古字通吳鈔本作屈畢云太平御覽

引作屈文選注作出詁讓案史記集解引仍作詘索隱云詘音丘勿反謂般技已盡墨守有餘而曰吾知所以距子矣呂氏春秋慎大篇高注云墨子曰使公輸般攻宋之城臣請爲宋守之備公輸般九攻之墨子九卻之又令公輸般守備墨子九下之未知何據而下史記集解引有言字吾不言子墨子亦曰吾知子之所以距我畢云文選注引有者字詒讓案史記集解引亦有吾不言畢云文選注引有之字楚王問其故子墨子曰公輸子之意不過欲殺臣殺臣宋莫能守畢云文選注有乃字是可攻也然臣之弟子禽滑釐等三百人釐文選注引作氂陳琳書云翟氂鄙墨禽二子名也漢書儒林傳亦作氂史記索隱云禽滑釐者墨子弟子之姓字也釐音里案呂氏春秋當染篇作禽滑𪇆尊師篇作禽滑黎列子楊朱篇作禽骨釐殷敬順釋文作禽屈釐音骨狸漢書古今人表同惟列子湯問篇莊子天下篇說苑反質篇與此同滑骨屈釐釐氂黎並聲近字通孟子告子篇魯有慎滑釐或謂即禽子非也前耕柱篇有駱滑氂漢書有丞相劉屈氂疑皆同禽子名呂覽𪇆字字書所無疑即氂之譌說文犛部云氂犛曲毛可以箸起衣段玉裁謂劉屈氂當本作屈氂謂彊曲毛若然禽子名亦當作屈氂與已持臣守圉

之器畢云史記集解引圍作國在宋城上而待楚寇矣舊本待作侍戴云侍當作待是也今據正雖殺臣不能絕也楚王曰善哉吾請無攻宋矣畢云請後漢書注引作楚宋史記集解云宋城矣文選注引作也詒讓案後漢書張衡傳注引與今本同子墨子歸過宋墨子魯人此云歸過宋者上云起於齊則亦歸齊也依文選注及呂氏春秋淮南子作自魯往則當為歸魯自楚至齊魯皆得過宋也天雨庇其閭中畢云庇蔭詒讓案說文門部云閭里門也守閭者不內也管子立政篇云置閭有司以時開閉周禮鄉大夫云國有大故則令民各守其閭以待政令時楚將伐宋宋已聞之故墨子歸過宋守閭者恐其為閒諜不聽入也故曰治於神者眾人不知其功爭於明者眾人知之羣書治要引尸子貴言篇云聖人治於神愚人爭於明也畢云文與戰國策及尸子略同高誘注呂氏春秋慎大篇引此節文

傳古樓景印

四部要籍選刊・子部

聚珍版

墨子閒詁 一

【清】孫詒讓 校注

浙江大學出版社

傳古樓據上海圖書館藏清光緒二十一年毛上珍活字印本影印原書框高一九〇毫米寬一四一毫米

出版説明

《墨子閒詁》十五卷，清孫詒讓校注，據上海圖書館藏清光緒二十一年毛上珍活字印本影印。

墨學是戰國時期最有聲望的學派之一。《韓非子·顯學》曰：『世之顯學，儒、墨也。儒之所至，孔丘也。墨之所至，墨翟也。』《孟子·滕文公下》云：『聖王不作，諸侯放恣，處士横議，楊朱、墨翟之言盈天下。……楊、墨之道不息，孔子之道不著。』足見其在當時的影響力。但墨子思想中的核心觀點『兼愛』違背了傳統中國重視社會等級區分的根本原則，自然不能爲歷代統治階級所接受，故在秦漢以後便迅速衰落，少人問津。先秦諸子的代表性著作幾乎都有唐宋以前的舊注（《韓非子》舊注作者佚名，但王先慎根據《太平御覽》《事類賦》《初學記》皆曾引用的事實，推斷注者亦在宋前），而《墨子》獨無，即爲明證。〔一〕清乾隆四十九年畢沅刻《經訓堂叢書》本《墨子》，是爲校注全書之始，可惜疏誤尚多，未愜人意，至光緒時，孫詒讓復以畢本爲基礎，薈萃衆説，精析古義，撰成《墨子閒詁》一書。

孫詒讓，字仲容，號籀廎，浙江瑞安人，生於清道光二十八年（一八四八），卒於光緒三十四年（一九〇八）。他是晚清樸學大師，著作等身，已成者有《周禮正義》《墨子閒詁》《札迻》《大戴禮記斠補》《周書斠補》《九旗古誼述》《尚書駢枝》《古籀拾遺》《古籀餘論》《契文舉例》《名原》《温州經籍志》《周禮政要》《籀廎述林》等二十多種，未成者有《經迻》《四部别録》《諷籀餘録》《漢石記》《河間樂記撰訓》等六七種，共三十餘種。〔一〕其他零散遺文尚多。姜亮夫曾將其學術成就主要分爲四個方面：一是文字訓詁附帶校勘，以《名原》爲中心，帶動《古籀餘論》《古籀拾遺》《契文舉例》諸書。二是諸子，以《墨子閒詁》帶動《札迻》，爲一切諸子學的中心。三是典章制度，以《周禮正義》爲中心，帶動《九旗古誼述》《周禮政要》等。『從孫先生的治學方法來説，這三個中心，三種學問，又恰是相互關聯的學問。以文字訓詁爲基礎，以探索典章制度的實際情况，而諸子也是文學典章的證驗資料，翻過來，又以典章、制度、諸子以證文字，如連環相繞，經常是不能分割的。』〔二〕四是目録學，以《温州經籍志》

爲中心，帶動《四庫簡目箋記》等。而《墨子閒詁》不僅是孫仲容學問之菁華，同時也代表着清代墨學的最高成就。

孫仲容研治《墨子》之事跡，朱芳圃《孫詒讓年譜》〔四〕、孫延釗《孫詒讓年譜》〔五〕記録甚詳，孫延釗輯、張憲文整理的《孫詒讓序跋輯録》〔六〕亦有所涉及，今據之匯録於左：

同治十二年，題蘇時學《墨子刊誤》云：『癸酉四月，假海寧唐耑夫本移録，并校一過。此書是正譌脱尚爲精審，惟篤信古文書，又好以借字讀正字，是其蔽也。中容識於秦淮官閣。』（張）同年傳録戴子高斠畢刊本《墨子》。（孫）

光緒元年，書戴校《墨子》録本後云：『光緒乙亥十一月，瑞安孫詒讓讀過。時距子高之歾二年矣。檢復竟卷，不禁憮然。＼原校寫於畢刊本書眉。同治癸卯假得，屬友人別録爲此本。書中增乙處，一一依録，擬他日別用畢本録讀也。此本倘更增定，大可自成一書，當再研校，以竟其緒。詒讓又記。』（張）

光緒三年，撰《墨子閒詁》初稿。（朱）

光緒十二年春，德清蔡滙滄以陸存齋藏顧千里校道藏本《墨子》抄帙傳寫本見詒，册尾過録原識三條云：『乙卯二月七日校畢，澗薲記。』『嘉慶己未，再讀一過，又正錯簡數條。澗薲又記。』『千翁原本近爲長洲馬芝生銘所得，周意蓮先生假來渡校，因得借抄一過。朱墨句讀，悉仍原本。道光己酉十一月三十日，陳并識。』先生記曰：『陳并不知何許人，册内又有稱「陳大案」者，疑「奂」字之誤，蓋碩甫先生録者也。』又記曰：『以上四卷間出季本異文，不知何本，疑泰興季氏舊藏抄本也。以後又作李本，必有一誤，俟更訪千翁所校底本覆之。』

光緒十八年，草創《墨子閒詁》，用許叔重注《淮南鴻烈》題署遺意。（孫）按開始撰寫《閒詁》的時間，朱、孫二譜所記相去甚遠，然皆與作者光緒二十一年之自述不合。

光緒十九年，從丁氏嘉惠堂假讀影寫明皰庵手抄張青父舊藏本《墨子》十五卷，記云：『光緒癸巳六月，校讀一過，大致與道藏本同。』（孫）冬十月，撰《墨子閒詁》成。（朱）

光緒二十年夏，以《墨子閒詁》屬吴門梓人毛翼庭用聚珍版印成三百部。（朱）黄仲弢爲之詳校，舉剩義十餘事，詒讓以爲多精確。（孫）

光緒二十一年，重勘聚珍版《墨子閒詁》題識云：『光緒乙未夏，余著《墨子閒詁》甫脱稿，即以聚珍版印之。（今）重勘一過，距初寫此册時，忽忽廿四年矣。歲月不居，學殖荒落，家恤時艱，并集一時，展卷校字，無復少年時意興矣。耑夫物故，亦逾廿年，念之恤然。詒讓記。』

（張）按孫譜亦載此跋，然題爲重勘舊抄蘇時學《墨子刊誤》所記。

光緒二十二年，覆梁啟超書，題爲《答梁卓如啟超論墨子書》，曰『近欲博訪通人，更爲《墨詁補義》』云。按此事朱譜繫於光緒二十二年，孫譜繫於光緒二十三年。十二月，檢讀顧校《墨子》，記云：『《顧千里校道藏本〈墨子〉》，光緒丙戌春，德清蔡通判滙滄假陸氏十萬卷樓所藏傳録本寫贈，恐尚有脱誤，惜未得千翁手校復勘也。此本佳者，余已全采入《閒詁》，惟文義顯然訛衍者不録。然終當存此册，以見藏本面目。後人得此，勿以爲已陳之芻狗可也。丙申臘月，某某記。』又以《墨子閒詁》一部，托黄仲弢轉贈葉菊裳於京師（孫）。

光緒二十五年九月，斠讀張惠言《墨子經説解》上下二卷一册，記云：『皋文先生此書，余廿年前囑老友錢君無擇於常州訪之，渺不可得，以爲久付蠟車矣。近如皋冒孝廉廣生始屬其戚武進金淮生武祥以藏本録寄，爲之狂喜累日。所定《經下》句讀，與余前考定本略同，惟《説》間有割裂失當之處，當補録入《閒詁》也。光緒廿五年九月某記。〈余廿年前初治墨子書，即廣求精本，初得顧千里校道藏本於湖州陸氏，繼之又得吴文定寫本於錢塘丁氏。校釋之册，則惟

藤縣蘇氏《刊誤》，今又獲張氏此册，可無遺珠之憾矣。某又記，時距《閒詁》排印成後四年也。』（孫）

光緒二十六年，從永嘉張先生之綱得抄本陽湖楊葆彝《墨子經説校注》二卷一册，校記其後云：『光緒庚子十一月，從文伯姻兄假此册校讀一過。楊氏用心甚勤，惜未能精究校讎之學，遂不免沿誤爲説，不及皋聞張氏《説解》之簡當也。内有數條，足補拙著《閒詁》者，當補録增入也。』（孫）按此事朱譜繫於光緒二十九年。

光緒二十七年夏，武進金武祥以抄本張惠言《墨子經説解》寄貽先生。先生移書伸謝。（朱）按此事孫譜繫於光緒二十六年。

光緒二十七年，重閲楊氏《墨經注》，復記云：『楊氏與皋文先生同里，而未睹張先生《墨經解》。余頃從武進惲氏寫得之。陽湖費屺懷太史欲假刊之，亦足喜也。〳楊注内又引王氏《墨子注》，不審何人，豈出湘潭王壬秋闓運手耶。辛丑孟陬又記。』（孫）

光緒三十年，重校《墨子閒詁》竟。（朱）取甲午初印《墨子閒詁》以後别册隨録續得剩義百餘條，散入各卷，以增易前説之所未愜。（孫）

光緒三十三年夏初，重校理《墨子閒詁》，爲最後手定本。（孫）

宣統二年，家刻《墨子閒詁》成，永嘉王子祥明經爲之校刊。王氏復拾孫公餘論，補綴校語，别爲《墨商》三卷。（孫）

這些記録雖偶有出入，但基本事實是清楚的。孫仲容潛心墨學，至遲不晚於二十四歲。在此後的三十餘年中，他不斷搜集文獻，推敲舊説，始終對校理《墨子》之事保持較高的熱情，直到去世前一年才完成全書的定稿。章太炎稱其『神恉迥明，文可諷誦。自墨學廢二千歲，儒術孤行，至是較著』(七)。梁任公云：『蓋自此書出，然後《墨子》人人可讀，現代墨學復活，全由此書導之。古今注《墨子》者固莫能過此書，而仲容一生著述亦此書爲第一也。』(八)這樣的讚譽，《閒詁》當之無愧。

清光緒二十年夏，毛上珍依作者命用活字排印《閒詁》三百部，是爲該書的最初印本（内封題『光緒乙未』，即二十一年，與作者自述略有偏差）。宣統二年，王景羲、黄紹箕取作者於光緒三十三年寫成的增訂本雕版印行，因其年代較晚，且較初印本多有改正，故稱之爲定本《閒詁》。一般認爲，定本優於初印本，因此後來出版的影印本、排印本如上海商務印書館涵芬樓影印本《閒詁》、臺灣藝文印書館影印的《孫籀廎先生集》中收錄的《閒詁》以及中華書局於二〇〇一年出版的孫啟治點校本《閒詁》均以定本爲底本。

上海圖書館藏《閒詁》活字印本分裝八册，正文多有塗白改字或貼紙改字的現象，所改皆與定本吻合，可見這些修改是代表作者的意見。此本甚至可能就是作者用於增訂的工作本之一。筆者根據孫啟治點校本提供的校記線索，取其與定本相較，卻發現了一些有趣的問題。

點校本第三二頁，卷一《辭過》『衣皮帶茭』，注云：『帶茭，疑即《喪服》之絞帶。』出校曰：『絞，原誤茭，據《儀禮·喪服》改。』筆者按：活字本作『絞』，定本作『茭』。

點校本第三六頁，卷一《辭過》『口不能偏味』，注云：『《荀子·正名篇》云「香臭、芬鬱、腥臊、洒酸、奇臭以鼻異」。』出校曰：『洒，原誤酒，據《荀子·正名》改。』筆者按：活字本作『洒』，定本作『酒』。

點校本第六三頁，卷二《尚賢中》『農殖嘉穀』，注云：『僞孔傳云「后稷下教民播種農畝，生善穀」。』出校曰：『教，原誤降，據《尚書·呂刑》孔傳改。』筆者按：活字本作『教』，定本作『降』。

點校本第六四頁，卷二《尚賢中》『今王公大人將焉取挾震威彊哉』，注云：『此冢上「將焉取挾震威彊」爲問辭。』出校曰：『彊，原誤疆，據正文改。』筆者按：活字本作『彊』，定本作『彊』。

類似的例子比比皆是，總而言之，孫啟治點校時所發現的許多底本誤字，只是定本如此，活字本則不誤，如果用活字本校勘，就能快捷地改正相當一部分的誤字，不必依靠覆核史源來解決。（當然也有活字本、定本同誤者，如點校本第五九頁，卷二《尚賢中》『舉以爲三公』，注云：『韋注云「公，上公也」。』出校曰：『上，原誤三，據《國語·楚語上》改。』活字本、定本即同作『三』。）但在點校本中也有一些利用活字本校勘的例子，如第四五頁，卷二《尚賢上》『今上舉義不辟遠』，出校曰：『辟，原作避，據活字本改，與《墨子》原文合。』又如第四八頁，卷二《尚賢上》『文王舉閎夭泰顛於罝罔之中』，注云：『或以《詩·兔罝》有「公侯腹心」之語而爲說。』出校曰：『語，原誤詩，據活字本改，與畢刻合。』綜合考慮這兩類情況，不能不讓人感到疑惑，只能解釋爲孫啟治所見之活字本不同於上圖所藏之活字本，换言之，《閒詁》活字本内部也存在多個分支，彼此文本同樣有重大區別。這一點在年譜、目録等相關文獻中未曾提及（過去都將《閒詁》活字印本默認爲同一文本），幸好浙江圖書館收藏的另一部《閒詁》活字本爲此提供了證據。

浙圖本内封題『光緒乙未冬蘇州毛上珍聚珍版印成』，與上圖本一致，正文亦體現出明顯的活字印本特徵，但浙圖本的文本實更接近於定本。如上圖本卷十二第八葉前半葉『譬若機之將發也』，注云『若機辟將發也，與此義同』，浙圖本與定本均作『譬若機之將發也然』，注云『若機辟將發也』，無『與此義同』四字。下句正文，上圖本作『然君子之必以諫然而大人之利』，注云『蘇云此下有脱簡，下文「有之也君得之則必用之矣」十一字當在此。』浙圖本與定本均作『君子之必以諫』，下增注云『「子」下疑挩一字』，又下節注文『……十一字當在此』後增『案蘇校未塙』五字。由此可以確認，雖然在印刷形式上，《閒詁》只分爲活字本與刻本兩種類型，但在作者漫長的治《墨》生涯中，《閒詁》文本其實是在不斷演變的。尤爲值得注意的是，儘管刻本代表作者晚年定論，然與初印本相比，其文本質量並未全面提高，錯訛之處反倒增加不少，這也顯然有悖於我們熟悉的古籍常情（經過作者增訂的定本的文本準確性應該高於初印本），則此上圖本的文獻價值就不言自明了。

過去囿於成見，無論是影印還是校點，都習慣取《閒詁》定本爲底本，活字本則較爲希見。今傳古樓取此上圖本整理付梓（原書卷十缺末兩葉，用浙圖本補足），或於墨學研究之推進不無小補。最後想要補充説明的是，民國以來，學者們利用新出文獻陸續編撰了多種重校《墨子》的著作，其中不乏號稱可媲美甚至超越《閒詁》者，然而比較校記所言，我們卻更傾向於得出一個不太振奮人心的結論：文獻資源上的後發優勢，實不足以抹平主事者在天賦與學養上的巨大差距。盲目崇古妄自菲薄固是一弊，但脱離實際過度自信的問題在當下卻似乎更嚴重一些。贅言於末，與諸君共誡勉焉。

湖南大學　蔣鵬翔

〔一〕《墨子》舊有魯勝、樂臺注，均非通注全書，且亡佚已久，詳見孫啟治《〈墨子閒詁〉前言》。

（二）據雪克《孫詒讓治學要著述略》統計結果，《雪泥鴻爪——浙江大學古籍研究所建所二十周年紀念文集》中華書局，二〇〇三年版，第一二五頁。

（三）姜亮夫：《孫詒讓學術檢論》，《浙江學刊》一九九九年第一期。

（四）朱芳圃：《孫詒讓年譜》，《民國叢書》第四編第八六册，上海書店出版社，一九九二年版。

（五）孫延釗撰，徐和雍、周立人整理：《孫衣言孫詒讓父子年譜》，上海社會科學院出版社，二〇〇三年版。

（六）孫延釗輯，張憲文整理：《孫詒讓序跋輯録》，《文獻》一九八六年第一期。

（七）章炳麟：《太炎文録初編》卷二《孫詒讓傳》，《章太炎全集（四）》，上海人民出版社，一九八五年版，第二一三頁。

（八）梁啟超：《中國近三百年學術史》，《飲冰室合集》，中華書局，一九八九年版，專集七十五，第二三〇頁。

全書目録

第一册

卷十五

墨子附録一卷

墨子後語二卷

本册目録

第一册

卷五

卷六

卷七

墨子閒詁十五卷目錄一卷附

錄一卷後

語二卷

光緒乙未冬蘅州毛上珎

聚珎版印成　詒澤署檢

孟子以楊墨並言辭而闢之然楊非墨匹也楊子之書不傳略見於列子之書自適其適而已墨子則達於天人之理熟於事物之情又深察春秋戰國百餘年閒時勢之變欲補弊扶偏以復之於古鄭重其意反復其言以冀世主之一聽雖若有稍詭於正者而實千古之有心人也尸佼謂孔子貴公墨子貴兼其實則一韓非以儒墨並爲世之顯學至漢世猶以孔墨並稱尼山而外其莫尚於此老乎墨子死而墨分爲三有相里氏之墨有相夫氏之墨有鄧陵氏之墨今觀尚賢尚同兼愛非攻節用節葬天志明鬼非樂非命皆分上中下三篇字句小異而大旨無殊意者此乃相里相夫鄧陵三家相傳之本不同後人合以成書故一篇而有三乎墨氏弟子

網羅放失參攷異同具有條理較之儒分為八至今遂無可考者轉似過之乃唐以來韓昌黎外無一人能知墨子者傳誦既少注釋亦稀樂臺舊本久絕流傳闕文錯簡無可校正古言古字更不可曉而墨學塵薶終古矣

國朝鎮洋畢氏始為之注嗣是以來諸儒益加讎校塗徑既闢奧窔粗窺墨子之書稍稍可讀於是瑞安孫詒讓仲容乃集諸說之大成著墨子閒詁凡諸家之說是者從之非者正之闕略者補之至經說及備城門以下諸篇尤不易讀整紛剔蠹脈摘無遺旁行之文盡還舊觀訛奪之處咸秩無紊蓋自有墨子以來未有此書也以余亦嘗從事於此問序於余余何足序此書哉竊嘗推而論之墨子惟兼愛是以尚同惟

尙同是以非攻惟非攻是以講求備禦之法近世西學中光學重學或言皆出於墨子然則其備梯備突備穴諸法或即泰西機器之權輿乎嗟乎今天下一大戰國也以孟子反本一言爲主而以墨子之書輔之儻足以安內而攘外乎勿謂仲容之爲此書窮年兀兀徒敝精神於無用也光緒二十一年夏德清俞樾

漢志墨子書七十一篇今存者五十三篇魯問篇墨子之語魏越云國家昏亂則語之尚賢尚同國家貧則語之節用節葬國家憙音湛湎則語之非樂非命國家淫僻無禮則語之尊天事鬼國家務奪侵淩則語之兼愛非攻今書雖殘缺然自尚賢至非命三十篇所論略備足以盡其恉要矣經說上下篇、與莊周書所述惠施之論、及公孫龍書相出入、似原出墨子。而諸鉅子以其說綴益之。備城門以下十餘篇、則又禽滑釐所受兵家之遺法。於墨學爲別傳。惟脩身親士諸篇、誼正而文靡、校之它篇殊不類、當染篇又頗涉晚周之事、非墨子所得聞、疑皆後人以儒言緣飾之。非其本書也。墨子之生。葢稍後於七十子。不得見孔子。然亦甚老壽。故前得與魯陽文子公輸般相問荅而晚及見田齊太公和又逮聞齊康公興樂及楚吳起之亂身丁戰國之初感悕於獷暴淫侈之政故其言譸復深切務陳古以剴今亦喜稱道詩書及孔子所不脩百國春秋惟於禮則右夏左周欲變文而反之質樂則竟屏絕之此其與儒家四術六藝必不合者耶至其接世務爲和同而自處絕艱苦持之太過或流於偏激而非儒尤爲乖盭然周季道術分裂諸子舛馳荀卿爲齊魯大師而其書非十二子篇於游夏孟子諸大賢皆深相排笮洙泗齗齗儒家已然墨儒異方跬武千里其相非甯足異乎綜覽厥書釋其紕駮甄其純實可取者蓋十六七其用心篤厚勇於振世救敝殆非韓呂諸子之倫比也莊周天下篇之論墨氏曰不

侈於後世不靡於萬物不暉於數度以繩墨自矯而備世之急又曰墨子真天下之好也將求之不得也雖枯槁不舍也才士也夫斯殆持平之論與墨子既不合於儒術孟荀董無心孔子魚之倫咸排詰之漢晉以降其學幾絕而書僅存然治之者殊尠故挩誤尤不可校而古字古言轉多沿襲未改非精究形聲通叚之原無由通其讀也舊有孟勝樂臺注今久不傳近代鎮洋畢尚書沅始為之注藤縣蘇孝廉時學復刊其誤瓶通涂徑多所諟正余昔事讎覽旁撫眾家擇善而從於畢本外又獲見明吳寬寫本（黃丕烈所景鈔者今臧杭州丁氏鈌前五卷大致與道臧本同）顧千里校道臧本（臧本明正統十年栞畢本亦據彼校定而不無舛屚顧校又有季本傳錄或作李本未知孰是明槧諸本大氐皆祖臧本畢注略具今並不復詳校又嘗得倭寶厤閒放刻明茅坤本并為六卷而

篇數尚完具冊耑附校異文閒有可采惜所見本殘缺僅存後數卷用相勘覈別爲寫定復以王觀察念孫尚書引之父子洪州倅頤煊及年丈俞編修樾亾友戴茂才望所校參綜攷讀竊謂非儒以前諸篇誼恉詳焯畢王諸家校訓略備然亦不無遺失經說兵法諸篇文尤奧衍淩襍檢攬舊校疑滯殊眾研覈有年用思略盡謹依經誼字例爲之詮釋至於訂補經說上下篇旁行句讀正兵法諸篇之譌文錯簡尤私心所竊自憙以爲不繆者輒就畢本更爲增定用遺來學昔許叔重注淮南王書題曰鴻烈閒詁據宋槧本淮南子及晁公武讀書志閒者發其疑啎詁者正其訓釋今於字誼多遵許學故遂用題署亦以兩漢經儒本說經家法箋釋諸子固後學所睎慕而不能逮者也光緒十有九年歲在癸巳

十月瑞安孫詒讓序

墨子書舊多古字許君說文舉其羛綳二文今本並改易不見則其爲後人所竄定者殆不知凡幾蓋先秦諸子之譌舛不可讀未有甚於此書者今謹依爾雅說文正其訓故古文篆隸校其文字若尚同篇引術令卽書說命之佚文魏晉人作僞古文尚書不知術爲說之叚字遂攈其文竄入大禹謨矣兼愛篇注召之邸虖池之瀆召之邸卽孫炎本爾雅釋地之昭餘祁亦卽周禮職方氏之昭餘祁今本召譌爲后其義不可解畢氏遂失其句讀矣非攻篇之不著何卽周書王會之不屠何畢氏不憭依俗本改爲中山遂與墨子舊文不合矣明鬼篇迓無罪人乎道路術徑

迓卽孟子禦人於國門之外之禦非樂篇折壤坦折卽周禮晢蔟氏之晢今本迓譌爲退折譌爲拆畢蘇諸家各以意校改遂重悂貤繆不可究詰矣公孟篇夏后啓使菻斳雉已卜於白若之龜菻卽噬之籀文亦卽伯益與漢書述尙書古文伯益字正合今本菻斳雉已譌作翁難雉乙又挩雉字遂以翁難乙爲人姓名矣非攻下篇說禹攻有苗有神人面鳥身奉珪以侍此與秦穆公所見句芒同奉珪者東方之玉與禮經祀方明東方以珪之義合而今本奉珪誤作若瑾其義遂不可通矣若此之類輒罄蠡管證厥違迕它若經說篇之蟦爲蚓虎爲霍兵法諸篇之幎爲順又爲類茲爲芸桴爲杯其岐互尤不易理董覃思十年略

通其誼凡所發正咸具於注凡譌挩之文舊校精塙者徑據補正以資省覽其以愚意訂定者則箸其說於注不敢專輒增改以昭詳慎世有成學治古文者儻更宣究其恉俾二千年古子釐然復其舊觀斯亦達士之所樂聞與校寫既竟復記於後詒讓

墨子閒詁總目

墨子閒詁目

大凡十有九卷

墨子閒詁卷一

瑞安孫詒讓

親士第一

畢沅云衆經音義云倉頡篇曰親愛也近也說文解字云士从一从十孔子曰推十合一爲士玉篇云傳曰通古今辯然不謂之士此與脩身篇無稱子墨子云疑翟所著也詒讓案畢說未塙此書文多闕失或稱子墨子曰或否疑多非古本之舊未可據以定爲墨子所自著之書也又此篇所論大抵尚賢篇之餘義亦似不當爲第一篇後人因其持論尚正與儒言相近遂移冠篇首耳以馬總意林所引校之則唐本已如是矣

入國而不存其士則亡國矣說文子部云存恤問也見賢而不急則緩其君矣非賢無急非士無與慮國說文思部云慮謀思也緩賢忘士而能以其國存者未曾有也昔者文公出走而正天下畢云正讀如征王念孫云畢讀非也爾雅曰正長也晉文爲諸侯盟主故曰正天下與下霸諸侯對文又廣雅正君也尚賢篇曰堯舜禹湯文武之所以王天下正諸侯者凡墨子書言正天下正諸侯者非訓爲長即訓爲君皆非征伐之謂詒讓案王說是也

呂氏春秋順民篇云湯克夏而正天下高誘注云正治也亦非桓公去國而霸諸侯越王句踐遇吳王之醜蘇時學云醜猶恥也詒讓案呂氏春秋不侵篇欲醜之以辭高注云醜或作恥而尚攝中國之賢君畢云尚與上通攝合也謂合諸侯郭璞注爾雅云聶合攝同聶詒讓案合諸侯不必云賢君畢說未允凡古字訓合者引申之皆有齊等之義此攝疑亦謂齊等言得上與中國賢君齊稱也三子之能達名成功於天下也皆於其國抑而大醜也畢云猶曰安其大醜廣雅云抑安也俞樾云抑之言屈抑也抑而大醜與達名成功相對言於其國則抑而大醜於天下則達名成功正見其自屈抑而達下文所謂敗而有以成也畢注於文義未得案俞說是也太上無敗畢云李善文選注云河上公注老子云太上謂太古無名之君也詒讓案太上對其次爲文謂等之最居上者不論時代今古也畢引老子注義與此不相當其次敗而有以成此之謂用民言以親士故能用其民也吾聞之曰非無安居也我無安心也非無足財也我無足心也畢云言不肎苟安如好利之不知足是故君子自難而易彼畢云言自處於難卽躬自厚而薄責人之義衆人自

易而難彼君子進不敗其志內究其情內下畢增不字云舊脫此字據上文增疚究同猶云內省不疚俞云內當作衲即退字也進不敗其志退究其情正相對成文所謂大行不加窮居不損也因退從或體作衲又闕壞而作內畢氏遂據上句增入不字殊失其旨案俞說近是雖襍庸民終無怨心畢云言遺佚不怨彼有自信者也是故為其所難者必得其所欲焉未聞為其所欲而免其所惡者也是故偪臣傷君國語周語韋昭注云偪迫也偪臣謂貴臣權重迫君然此與諂下同舉而對弗弗之臣為文則不當云偪臣偪疑佞之譌諂下傷上畢云言佞人病國與偪臣同君必有弗弗之臣弗讀為咈說文口部云咈違也上必有詻詻之下廣雅釋訓云詻詻語也周禮保氏鄭康成注云軍旅之容暨暨詻詻莊子人閒世篇釋文引崔譔云逆擊曰詻案詻洪頤煊謂與謣同近是詳後畢云禮記云言容詻詻鄭君注云教令嚴也說文云論訟也玉篇云魚格切分議者延延而支苟者詻詻畢云支苟二字疑誤洪頤煊云延延長也支苟當是致敬之譌詻詻與謣謣同言分議者皆延延以念久長而致敬者又謣謣以盡其誠即上文所謂上必有詻詻之下也蘇云支苟二字疑

敬字之訛俞云支苟乃稽⿰禾敬二字之叚音說文禾部⿰禾敬稽⿰禾敬也徐鍇曰稽⿰禾敬不伸之意然則稽⿰禾敬者詻詻殆謂在下位者或為上所淩壓而不得申亦必詻詻然自伸其意而後已上文所謂上必有詻詻之下是也詒讓案淇謂苟為敬字之譌是也而校支字則未塙以文義推之支疑當為交形近而譌經說上篇圖規寫交也今本交亦誤支是其證敬讀為儆交儆謂交相儆戒也苟即敬之壞字國語楚語左史倚相見申公子亹曰唯子老耄故欲見以交儆子韋注云交爽也焉

可以長生保國王云焉字下屬為句焉猶乃也言如是乃可以長生保國也

臣下重其爵位而不言近臣則喑畢云當為瘖說文云瘖不能言也喑宋齊謂兒泣不止曰喑非此義玉篇云瘖於深切不能言喑於金於甘二切啼極無聲也則作喑亦是詒讓案喑瘖字同晏子諫下篇云近臣嘿遠臣瘖又云朝居嚴則下無言下無言則上無聞矣下無言則吾謂之瘖上無聞則吾謂之聾說苑正諫篇晏子云下無言則謂之喑喑即瘖也又穀梁文六年傳云下闇則上聾闇與喑瘖字亦通

遠臣則唫范望太玄經注云唫猶噤也亦與吟同文選蘇子卿古詩李善注引蒼頡篇云吟歎也漢書息夫躬傳顏師古注云唫古吟字畢云與噤音義同史記蒯通曰吟而不言索隱云吟音戶蔭反又音琴

怨結於民心蘇云喑唫心為韻

諂諛在側善議障

塞蘇云側塞亦爲韻則國危矣桀紂不以其無天下之士邪殺其身而喪天下故曰歸國寶畢云歸讀如齊人歸女樂之歸不若獻賢而進士今有五錐說文金部云錐銳也釋名釋用器云錐利也此其銛說文刀部云利銛也畢云史記集解云徐廣曰思廉反駰案漢書音義曰銛謂利銛者必先挫有五刀此其錯廣雅釋詁云錯磨也畢云言磨錯之利錯者必先靡䃺之叚字今省作磨謂銷磨也畢云挫靡爲韻靡字麻聲是以甘井近竭招木近伐畢云招與喬音相近竭伐爲韻詒讓案畢說是也經說下篇橋衡之橋亦作招可證靈龜近灼神蛇近暴畢云灼暴爲韻俞云四近字皆先字之誤上文曰今有五錐此其銛銛者必先挫有五刀此其錯錯者必先靡然則甘井四喻正承上文而言亦必是先字明矣先篆書作𠂒近字古文作𡲾篆書作𡲾兩形相似而誤詒讓案俞說是也意林引此二句近正作先莊子山木篇亦云直木先伐甘井先竭暴蛇者蓋以求雨淮南子齊俗訓云犧牛粹毛宜於廟牲其於以致雨不若黑蜧許慎注云黑蜧神蛇也潛於神淵能興雲雨春秋緐露求雨篇云春旱求雨暴巫聚蛇是故比干之殪其抗也抗亢聲類同莊子刻意篇云刻意尚行離世異

俗高論怨誹爲亢而已矣釋文李頤云窮高曰亢蘇云抗猶抗直孟賁之殺其勇也孟子公孫丑僞孫奭疏引皇甫謐帝王世紀云秦武王好多力之人齊孟賁之徒並歸焉孟賁生拔牛角史記范雎傳集解引許慎云孟賁衛人案依世紀說則賁在墨子後此文蓋後人所增竄西施之沈其美也蘇云案吳越春秋逸篇云吳亡後越浮西施於江令隨鴟夷以終其言與此合是吳亡西施亦死也墨子書記當時事必有據後世乃有五湖隨范蠡之說誣矣詒讓案吳越春秋逸文見楊慎丹鉛錄引修文殿御覽吳起之裂其事也淮南子繆稱訓云吳起刻削而車裂亦見氾論訓及韓詩外傳一呂氏春秋執一篇高注史記本傳不云車裂蓋文不具畢云詘事功蘇云墨子嘗見楚惠王而吳起之死當悼王二十一年上距惠王之卒已五十一年疑墨子不及見此事此蓋門弟子之詞也任中說同詒讓案魯問篇墨子及見田齊大公和和相受命爲諸侯當楚悼王十六年距起之死僅五年耳況非樂上篇說齊康公興樂萬康公之薨復在起死後二年然則此書雖多後人增益而吳起之死非墨子所不及見明矣蘇說殊之未審故彼人者寡不死其所長故曰太盛難守也故雖有賢君不愛無功之臣雖有慈父不愛無益之子是故不勝其任而

處其位非此位之人也不勝其爵而處其祿非此祿之主也良弓難張然可以及高入深良馬難乘然可以任重致遠良才難令然可以致君見尊是故江河不惡小谷之滿已也說文谷部云泉出通川爲谷爾雅釋水云水注川曰谿注谿曰谷故能大聖人者事無辭也物無違也故能爲天下器是故江河之水非一源之水也畢本作非一水之源也云舊云非一源也據初學記江引此增二字裘引此與舊同藝文類聚引作非一水之源北堂書抄引作非一源之水古無源字本書脩身云原濁者流不清只作原此類俗寫亂之非舊文也王云此本作江河之水非一源之水也今本脫之水二字而一源二字則不誤北堂書鈔衣冠部三初學記器物部引此並作非一源之水初學記地部中引作非一源之流流字雖誤而一源二字仍與今本同畢謂初學記作一水之源誤也太平御覽服章部十一引作江河之水非一源千鎰之裘非一狐皆節去下二字而一源二字亦與今本同其藝文類聚衣冠部引作非一水之源者傳寫誤耳案王說是也今據補正千鎰之裘畢云鎰从金俗寫本書貴義云待女以千益只作益文選注云賈逵國語

注曰一溢二十四兩漢書食貨志云黃金以溢爲名孟康曰二十兩爲溢也詒讓案貴義篇本作千盆非盆字畢誤非一狐之白也王藻云君衣狐白裘淮南子說山訓云天下無粹白之狐而有粹白之裘掇之衆白也晏子春秋外篇云景公賜晏子狐白之裘玄豹之茈其貲千金漢書匡衡傳顏注云狐白謂狐掖下之皮其毛純白集以爲裘輕柔難得故貴也夫惡有同方取不取同而已者乎畢云惡讀如烏言聖人之與士同方相合猶江河同源相得烏有不取諸此而自止者俞云取不二字傳寫誤倒而字當在取同二字之上己當爲人己之己此文本云夫惡有同方不取而取同己者乎同方謂同道也同己謂與己意同也聖人但取其與道同而不必其與己意同故曰夫惡有同方不取而取同己者乎傳寫錯誤遂不可讀畢曲爲之說非是案俞說近是蓋非兼王之道也是故天地不昭昭說文日部云昭日明也中庸鄭注云昭昭猶耿耿小明也大水不潦潦畢云說文云潦雨大皃然此義與明瞭同老子云水至清則無魚也大火不燎燎王德不堯堯者畢云說文云堯高也从垚在兀上高遠也白虎通云堯猶嶢嶢至高之貌乃千人之長也此與上云王德不相冢疑上句者字當爲若若乃連讀爲更端之詞下三語卽承此言之其直如矢其平

如砥不足以覆萬物是故谿陜者速涸說文谷部云谿山瀆無所通者阜部云陜隘也俗作陿狹非畢云說文云涸渴也讀若狐貈之貈逝淺者速竭王引之云逝淺二字義不相屬逝當為遊俗書遊字作遊與逝相似而譌遊即流字也曲禮注士視得旁遊目五步之中釋文遊作游云徐音流流淺與谿陜對文俞云逝當讀為澨古字通也詩有杕之杜篇噬肯適我釋文曰噬韓詩作逝然則逝之通作澨猶逝之通作噬也成十五年左傳則決睢澨楚辭湘夫人篇夕濟兮三澨杜預王逸注並曰澨水涯澨淺與谿陜對文因叚逝為澨其義遂晦案王說近是墝埆者畢云墝埆當為磽确磬石也見說文俗寫从土何休公羊學曰墝埆不生五穀其地不育王者涫澤不出宮中淮南子齊俗訓高注云涫厚也則不能流國矣

脩身第二

畢云脩治之字从彡从肉者脩脯字經典假借多用此

君子戰雖有陳而勇為本焉喪雖有禮而哀為本焉士雖有學而行為本焉俞云君子二字衍文也此蓋以戰雖有陳喪雖有禮二句起士雖有學一句若冠以君子二字則既言君子不必又言士矣馬總意林作君子雖有學行為本焉戰雖有陳勇為本焉喪雖有禮哀為本焉與今本

不同然有君子字即無士字亦可知今本既言君子又言士之誤矣士雖有學與君子雖有學文異而義同詒讓案說苑建本篇載孔子語與此略同君子似非衍文亦見家語六本篇

是故置本不安者無務豐末置與植通詩商頌那置我鞉鼓鄭箋云置讀曰植方言云植立也俞云者衍字也下文近者不親無務來遠親戚不附無務外交事無終始無務多業舉物而闇無務博聞上句並無者字是其證

近者不親無務來遠親戚不附曲禮云兄弟親戚稱其慈也孔穎達疏云親指族內戚言族外案古多稱父母爲親戚詳兼愛下篇此則似通內外族姻言之與孔義同

無務外交事無終始無務多業爾雅釋詁云業事也

舉物而闇無務博聞是故先王之治天下也必察邇來遠君子察邇而邇脩者也見不脩行畢讀句見毀畢讀句而反之身者也此以怨省而行脩矣譖慝之言無入之耳之畢本譌于今據道藏本正王校同畢云玉篇云慝他得切惡也經典多此字古只作匿王云譖慝即譖慝僖二十八年左傳閒執讒慝之口是也讒與譖古字通故小雅巷伯篇取彼譖人緇衣注及後漢書馬援傳並引作取彼讒人無入之耳言不聽讒慝之言也故下文曰雖

有詆訐之民無所依矣批扞之聲廣雅釋詁云批擊也易林睽之賁云批捍之言我心不快批扞即批捍也畢云說文云扞忮也玉篇云忓古安切又胡旦切擾也無出之口殺傷人之孩畢云當讀如根荄無存之心雖有詆訐之民畢云說文云詆訶也訐面相斥罪也玉篇云詆都禮切訐居謁切攻人之陰私也無所依矣故君子力事日彊願欲日逾逾當讀爲偷同聲叚借字此與力事日彊文相對禮記表記云君子莊敬日強安肆日偷鄭注云偷苟且也此義與彼正同設壯日盛畢云設壯疑作飾莊君子之道也貧則見廉富則見義畢云字當爲羛說文云墨翟書義从弗則漢時本如此今書義字皆俗改也王引之云弗於聲義均有未協弗當作丯丯古文我字與弗相似故譌作弗耳周晉姜鼎銘我字作丯是其明證羛之從丯聲與義之從我聲一也說文我字下重文未載古文作丯故於此亦不知爲丯字之譌蓋鐘鼎古篆漢人亦不能偏識也生則見愛死則見哀四行者不可虛假反之身者也藏於心者無以竭愛動於身者無以竭恭出於口者無以竭馴馴猶雅馴史記五帝本紀云不雅馴張守節正義云馴訓也案馴訓字通周禮

地官敘官鄭衆注云詷讀爲駉詷口與爾雅釋訓義同謂出口者皆典雅之言**暢之四支**說文肉部云胑體四胑也或作肢支卽肢之省易坤文言云美在其中而暢於四支孔穎達疏云四支猶言手足**接之肌膚**小爾雅廣詁云接達也亦與挾通儀禮鄉射禮鄭注云古文挾皆作接俗作浹義並同呂氏春秋論威篇云其藏於民心捷於肌膚也深痛疾固高注云捷養也案捷接字亦通高失其義**華髮隳顛**道藏本顛作巔非後漢書邊讓傳李賢注云華髮白首也畢云隳字當爲墮詁讓案說文髟部云鬌髮墮也頁部云顛頂也墮與鬌通墮顛卽禿與新序襍事篇云齊宣王謂閭丘卬曰士亦華髮墮顛而後可用耳**而猶弗舍者其唯聖人乎志不彊者智不達言不信者行不果**畢云文選注云許君注淮南子云果成也**據財不能以分人者不足與友守道不篤徧物不博**俞云徧亦辯也儀禮鄉飲酒禮衆賓辯有脯醢燕禮大夫辯受酬少牢饋食禮辯擩于三豆今文辯皆作徧是辯與徧通用物言徧是非言辯文異而義同**辯是非不察者不足與游本不固者末必幾**畢云廣雅云幾微也或禾字之假音說文云禾木之曲頭不能上也王云爾雅幾危也言木本不固者其末必危也畢引廣雅幾微也已非確詁又

引說文以幾爲禾則失之愈遠矣雄而不脩者畢云雄猶勇其後必惰原濁者流不清行不信者名必秏畢云舊从耒非玉篇云秏呼到切減也敗也詩云秏斁下土又云秏正作秏名不徒生而譽不自長功成名遂名譽不可虛假反之身者也務言而緩行雖辯必不聽多力而伐功雖勞必不圖蘇云圖謀也春秋傳曰勞之不圖報於何有慧者心辯而不繁說多力而不伐功此以名譽揚天下言無務爲多而務爲智無務爲文而務爲察故彼智無察畢云彼當爲非在身而情當爲惰形近而誤上云雄而不脩者其後必惰反其路者也路當爲務即冢上務爲智務爲察而言謂違反其所當務之事明鬼下篇云今執無鬼者曰鬼神者固無有則此反聖王之務此義與彼同畢讀在身而情反其路者也九字句云言非智無察則所欲反其道說文云情人之陰气有欲者失之善無主於心者不留行莫辯於身者不立名不可簡而成也譽不可巧而立也君子以身戴行者也戴載古通春秋隱十年經

伐戴穀梁作伐載釋名釋姿容云戴載也思利尋焉儀禮有司徹賈公彥疏引服虔左傳注云尋之言重也溫也畢云尋習忘名忽焉可以爲士於天下者未嘗有也

所染第三畢云呂氏春秋有當染篇文略同蘇云篇中言中山尚宋康皆墨子後事而禽子爲墨子弟子至與傳說並稱此必非墨子之言蓋亦出於門弟子汪中云宋康之滅在楚惠王卒後一百五十七年墨子蓋嘗見染絲者而歎之爲墨之學者增成其說耳詒讓案此篇因不出墨子但中山尚疑即桓公正與墨子相及蘇說未審

子墨子言見染絲者而歎曰染於蒼則蒼廣雅釋器云蒼青也染於黃則黃韓詩外傳云藍有青而絲假之青於藍地有黃而絲假之黃於地淮南子說林訓云墨子見練絲而泣之爲其可以黃可以黑所入者變其色亦變五入必考工記鍾氏染羽三入爲纁五入爲緅七入爲緇鄭注云玄其六入者與爾雅釋器云一染謂之縓再染謂之赬三染謂之纁必讀爲畢左隱元年傳同執畢至白虎通義崩薨篇引畢作必是其證言五入畢而爲五色也高誘云一入一色畢云一本無必字而已則爲五色矣畢云呂氏春秋無則字後漢書注引作五入之則爲五色太平御覽引作五入則爲五色故染不可不

愼也治要作可不愼耶非獨染絲然也國亦有染畢云太平御覽吳淑事類賦俱作治國亦然有節文舜染於許由高誘云許由陽城人堯聘之不至伯陽畢云高誘注呂氏春秋云伯陽蓋老子也舜時師之者也楊倞注荀子云老子姓李字伯陽號聃著書五千言案此云舜染則非聃也詒讓案呂氏春秋本味篇云堯舜得伯陽續耳然後成注云伯陽續耳皆賢人堯用之以成功也御覽八十一引尸子云舜事親養老爲天下法其遊也得六人曰雒陶方回續耳伯陽東不識秦不空皆一國之賢者也陶潛聖賢羣輔錄引皇甫謐逸士傳舜友七子亦有伯陽韓非子說疑篇作晉伯陽漢書古今人表作柏陽北堂書鈔四十九引尸子作柏楊此伯陽自是舜時賢人高以爲老子繆禹染於臯陶伯益湯染於伊尹仲虺高誘云仲虺居薛爲湯之左相武王染於太公周公此四王者所染當高誘云所從染得其人故曰當故王天下立爲天子功名蔽天地高誘云蔽猶極也舉天下之仁義顯人必稱此四王者高誘云稱美其德以爲喻也夏桀染於干辛畢云呂氏春秋云夏桀染於羊辛又愼大云桀爲無道干辛任威陵轢諸侯以及兆民高誘曰干辛桀之諛臣說苑云桀用干莘班固古今人

墨一

表云干辛崇侯與之爲惡則行表又作干莘同說苑詒讓案呂氏春秋知度篇云桀用羊辛漢書顏注云干莘桀之勇人也抱朴子良規篇亦作干辛**推哆**畢云本書明鬼云王手禽推哆大戲下又云推哆大戲主別兕虎指畫殺人古今人表作雅侈詒讓案推哆晏子春秋諫上篇賈子新書連語篇作推侈韓子說疑篇又作侯侈淮南子主術訓又作推移惟抱朴子良規篇作推哆與此同**殷紂染於崇侯惡來**高誘云崇國侯爵名虎惡來嬴姓飛廉之子紂之諛臣史記秦本紀云蜚廉生惡來惡來有力蜚廉善走父子俱以材力事殷紂周武王之伐紂並殺惡來**厲王染於厲公長父**治要作亦誤畢云呂氏春秋厲作虢注云虢榮二卿士洪云案荀子成相篇楊倞注引墨子作厲公長父呂氏春秋當染篇厲王染於虢公長父厲即虢字之譌今本作厲字又後人所改蘇云厲公虢君諡詒讓案荀子成相篇云孰公長父之難厲王流於彘楊注引此云厲公與孰公不同不知孰是或曰孰公長父即詩云皇父也孰或作郭案荀子別本作郭與呂覽合是也虢郭古通洪以厲爲虢之譌亦近是蘇以厲爲虢公諡未塙竹書紀年厲王三年淮夷侵洛王命虢公長父伐之不克後漢書東夷傳作虢仲今本紀年出於撫拾未知足據否**榮夷終**呂氏春秋當染同國語周語厲王說榮夷公爲卿士韋注云榮國名夷諡也書敘有榮伯史記周本紀集解引馬融云榮

伯周同姓畿內諸侯爲卿大夫也夷公蓋榮伯之後畢云終一本作公史記云厲王好利近榮夷公蘇云終或榮夷公名

幽王染於傅公夷 治要作幾蘇云傅公夷無攷國語惠王時有傅氏注曰傅氏貍姓也在周爲傅氏

蔡公穀 畢云蔡一本作祭呂氏春秋作虢公鼓祭公敦詒讓案高誘謂虢公鼓即虢石父見國語晉語鄭語未知是否蘇云蔡公穀呂覽作祭公敦竊謂當從呂覽作祭公爲是祭爲周畿內國周公少子所封自文公謀父以下世爲卿士於周隱元年所書祭伯來者即其後也若蔡當幽王時唯有釐侯所事不聞更有名穀者案蘇說是也

此四王者所染不當故國殘身死爲天下僇 高誘云不當者不得其人僇辱也僇治要作戮畢云此戮字假音

舉天下不義辱人必稱此四王者 舊本稱下挩此字今據道藏本補與上文及治要合呂氏春秋當染亦同高誘云稱其惡以爲戒也

齊桓染於管仲鮑叔晉文染於舅犯高偃 齊桓晉文下治要並有公字畢云未詳呂氏春秋高作郤疑當爲郤晉有郤氏王云高當爲𩫏𩫏即城郭之郭形與高相近因譌爲高賈子過秦篇據億丈之𩫏今本𩫏譌作高墨子多古字後人不識故傳寫多譌耳左傳晉大夫卜偃晉語作郭偃韋注曰郭偃晉大夫卜偃也商子更法篇韓子南面篇並與晉語同呂氏春秋作郤

偃郤卽郭之譌非郤氏之郤也太平御覽治道部一引呂氏春秋正作郭偃梁玉繩云高與郭聲之轉也俞云高亦可讀如郭詩緜篇毛傳曰王之郭門曰臯門郭偃之爲高偃猶郭門之爲臯門也

楚莊染於孫叔左宣十一年傳楚令尹蔿艾獵城沂孔穎達疏引服虔云艾獵蔿賈之子孫叔敖也洪适隸釋漢孫叔敖碑云楚相孫君諱饒字叔敖不知何據

沈尹畢云呂氏春秋作沈尹蒸又贊能有沈尹莖楚莊王欲以爲令尹沈尹莖辭曰期思之鄙人有孫叔敖者聖人也又尊師云楚莊師孫叔敖沈尹巫高誘曰沈縣大夫新序作沈尹竺案申尹莖巫竺皆字之譌詒讓案呂氏春秋察傳篇又作沈尹筮字形並相近未知孰爲正也至余知古渚宮舊事作沈尹華以呂氏春秋去宥篇攷之乃楚威王臣莽誤并爲一也

吳闔閭染於伍員閭呂氏春秋當染篇作廬左昭二十七年傳史記吳世家同此及後非攻中篇並作閭與史記十二諸侯年表淮南子泰族訓吳越春秋同

文義當染作文之儀畢云呂氏春秋尊師云吳王闔閭師伍子胥文之儀高誘曰文氏之儀名案彼有之字者如庾公差孟子云之斯專諸史記云設諸音之緩急

越句踐染於范蠡高誘云范蠡楚三戶人也字少伯

大夫種畢云高誘注呂氏春秋云大夫種文氏字子禽楚之鄒人詒讓案文選豪士賦李注引吳越春秋云文種者楚南郢人也姓文字少禽太平寰

字記說同呂覽注鄒郎郢之譌此五君者所染當舊挩者字今據治要增與呂氏春秋合故霸諸侯功名傳於後世治要無功字范吉射染於長柳朔王胜治要長作張畢云呂氏春秋長作張胜作生字高誘注云吉射晉范獻子鞅之子昭子也張柳朔王生二人者吉射家臣也詒讓案左哀五年傳初范氏之臣王生惡張柳朔言諸昭子使爲柏人此長柳朔王胜即張柳朔王生呂覽與左傳同長柳古複姓漢書藝文志有長柳占夢但據左傳則朔生乃范氏之賢臣朔并死范氏之難與此書異或所聞不同中行寅染於籍秦高彊畢云呂氏春秋作黃藉秦非高誘注云寅晉大夫中行穆子之子荀子也黃藉秦高彊其家臣高彊齊子尾之子奔晉爲中行氏之臣史記索隱云系本籍秦晉大夫籍游之孫籍談之子詒讓案呂覽注荀子當作荀文子即寅諡也見定八年左傳吳夫差染於王孫雒雒畢校改雄云舊誤作雒盧文弨云今外傳吳語王孫雄舊宋本作王孫雒墨子所染篇同吳越春秋夫差內傳句踐伐吳外傳越絕請糴內傳皆作王孫駱說苑雜言篇作公孫雒唯呂氏春秋當染篇作王孫雄史記越世家作公孫雄宋公序作國語補音定作雄字且爲之說曰漢改洛爲雒疑雒字非吳人所名今按宋說殊誤周禮職方氏豫州其川熒雒春秋文八年經書公子遂會雒戎傳作伊雒

之戎宣三年傳楚子伐陸渾之戎遂至于雒是漢以前本有雒字豈東京刱製此字乎以駱字證之則雒字是矣顧廣圻校同王云盧說是也隸書雄字或作雒與雒相似故雒譌爲雄困學紀聞引左氏類引國語呂氏春秋並作雒韓子說疑篇有吳王孫頟頟卽雒之譌則其字之本作雒益明矣

太宰嚭定四年左傳云伯州犂之孫嚭爲吳太宰畢云高誘注呂氏春秋云嚭晉伯宗之孫楚州犂之子詒讓案嚭爲伯州犂孫史記吳世家越絕書吳越春秋杜預春秋釋例說並同唯高誘呂氏春秋當染重言兩篇注以爲州犂之子誤也國語吳語韋注說與高同

知伯搖染於智國張武畢云搖一本作瑤詒讓案呂氏春秋當染亦作瑤高誘注云智瑤宣子申之子襄子也國武二人其家臣國語晉語云三卿宴於藍臺知襄子戲韓康子而侮段規知伯國聞之諫曰主不備難必至矣韋注云伯國晉大夫知氏之族左哀二十三年傳晉荀瑤伐齊將戰長武子請卜杜注云武子晉大夫案知國張武蓋卽知伯國長武子也長張字通淮南子人閒訓云張武教智伯奪韓魏之地而擒於晉陽

中山尚染於魏義偃長畢云偃呂氏春秋作榎高誘注云尚魏公子牟之後魏得中山以邑之義長其二臣蘇云中山爲魏之別封非春秋時之鮮虞也魏文侯滅中山而封其少子摯至赧王二十年爲趙武靈王所滅其君有武公桓公見世本此名尚者當爲最後之君詒讓

案中山即春秋之鮮虞左傳定四年始見於傳其初亡於魏文侯十七年使樂羊圍中山三年滅之以其地封子擊後擊立爲太子改封少子摯後中山復國又亡於趙則惠文王四年滅之並見史記魏趙世家及樂毅傳據水經滱水酈道元注及太平御覽百六十一引十三州志並謂中山桓公爲魏所滅則尙或即桓公墨子猶及見之高誘以爲魏別封非也至列子仲尼篇莊子讓王篇呂氏春秋審爲篇淮南子道應訓並云魏中山公子牟高誘張湛皆謂魏伐中山以邑子牟然魏牟與趙平原君秦魏冉范雎同時其時中山入趙已久安得尙屬魏則牟所封必非鮮虞之中山而尙亦必非牟後殆無疑義張湛又以子牟爲魏文侯子蓋捉牟與擊爲一人其說尤謬則楊倞已疑之矣畢引高說而不審校其時代亦其疏也

宋康染於唐鞅佃不禮

佃道藏本作伷非畢云呂氏春秋佃作田是禮作禮誤詒讓案宋王偃爲齊湣王所滅諡康見國策宋策呂氏春秋作宋康王此疑挩一王字荀子王霸篇又作宋獻佃不禮荀子解蔽篇楊注引亦作田不禮漢書古今人表有田不禮則似據趙世家也呂氏春秋淫辭篇云宋王謂其相唐鞅曰寡人所殺戮者衆矣而羣臣愈不畏其故何也唐鞅對曰王之所罪盡不善者也罪不善善者故爲不畏王欲羣臣之畏也不若無辨其善與不善而時罪之若此則羣臣畏矣居無幾何宋君殺唐鞅荀子解蔽篇亦云唐鞅蔽於欲權而逐載子又云唐

鞅戮於宋皆其事也史記趙世家載趙主父使田不禮相太子章後爲李兌所殺事當宋康之末年或即一人先仕宋而後仕趙與蘇云宋康之亡當楚頃襄王十一年上去楚惠王之卒一百四十三年此不獨與墨子時世不値且與中山之亡相距亦數年而皆在孟子之後孟子言方千里者九則中山未亡言宋王行仁政則宋亦未亡若此書爲墨子自著則墨子時世更在孟子之後不知孟子之闢墨子正在墨學方盛之時其必不然也審矣此六君者所染不當故國家殘亡畢云家呂氏春秋作皆身爲刑戮宗廟破滅絕無後類荀子禮論篇云先祖者類之本也楊注云類種也逸周書嘗麥篇云殷無類於冀州君臣離散民人流亡舉天下之貪暴苛擾者畢云擾擾字之譌經典通用此必稱此六君也凡君之所以安者何也以其行理也廣雅釋詁云理道也行理性於染當畢云性當爲生一本作在譌詒讓案治要及呂氏春秋並作生故善爲君者勞於論人高誘云論猶擇也而佚於治官佚治要作逸不能爲君者傷形費神愁心勞意然國逾危身逾辱逾治要並作愈呂氏春秋當染同高誘云愈益也此六君者非

不重其國愛其身也以不知要故也高誘云不知所行之要約也不知要者所染不當也高誘云所從染不得其人也非獨國有染也士亦有染以後至篇末與呂氏春秋當染篇文絕異其友皆好仁義淳謹畏令則家日益身日安名日榮處官得其理矣畢云理猶治詒讓案理亦道也則段干木畢云呂氏春秋云田子方學于子貢段干木學于子夏詒讓案呂覽尊師篇又云段干木晉國之大駔也學于子夏史記老子傳集解云段干是魏邑名也魏世家有段干木木蓋因邑爲姓風俗通氏姓注云姓段名干木恐或失之矣禽子詳公輸篇畢云呂氏春秋云禽滑釐學于墨子許犯學于禽滑釐此稱禽子則墨子門人小子之文矣傅說之徒傅說見尙賢中篇此與段干木禽子並舉似不類疑後人所增竄也是也其友皆好矜奮荀子正名篇云有兼聽之明而無奮矜之容又子道篇楊注云奮振矜也創作比周左文十八年傳云頑嚚不友是與比周杜注云比近也周密也則家日損身日危名日辱處官失其理矣則子西易牙豎刀之徒是也蘇云春秋時子西有三一爲鄭公孫夏一爲楚鬬宜申一爲楚公子申茲所舉

葢闕宜申也畢云經傳或作豎貂此作刁者貂省文舊作刁非玉篇云刁丁幺切亦姓俗作刁詒讓案論語憲問篇或問子西曰彼哉彼哉集解馬融云子西鄭大夫或曰楚令尹子西此子西或亦斥楚公子申蘇說未塙易牙豎刁並見公羊僖十八年傳左僖二年傳作寺人貂杜注云寺人奄官豎貂也貂刁字通

詩曰必擇所堪畢云堪當爲媅字假音王云媅訓爲樂與染義無涉堪當讀爲湛湛與漸漬之漸同說文作瀸云漬也月令湛熾必絜鄭注曰湛漬也內則說八珍之漬云湛諸美酒注曰湛亦漬也考工記鍾氏以朱湛丹秫注曰鄭司農云湛漬也玄謂湛讀如漸車帷裳之漸是湛與漸同湛漬皆染也楚辭七諫曰漸染而不自知兮王注曰稍漬爲漸汙變爲染考工記㡛氏注曰漬亦染也必擇所湛猶云必擇所染耳荀子勸學篇曰蘭槐之根是爲芷其漸之滫中君子不近庶人不服其質非不美也所漸者然也晏子春秋襍篇曰今夫蘭本三年而成湛之苦酒則君子不近庶人不佩湛之糜醢而賈匹馬矣非蘭本美也所湛然也願子之必求所湛說苑襍言篇曰今夫蘭本三年湛之以鹿醢既成則易以匹馬非蘭本美也願予詳其所湛既得所湛亦求所湛義並與墨子同案王說是也蘇云此葢逸詩

必謹所堪者此之謂也

法儀第四

畢云法說文云灋刑也平之如水从水廌所以觸不直者去之法今文省此借爲法度之義儀

義如渾天儀之儀說文云檥榦也儀與檥音相近又說文云儀度也亦通詒讓案爾雅釋詁云儀榦也與說文檥說解同管子形勢解篇云法度者萬民之儀表也此篇所論蓋天志之餘義

子墨子曰天下從事者不可以無法儀無法儀而其事能成者無有也舊本脫今據羣書治要增雖至士之爲將相者皆有法雖至百工從事者亦皆有法百工爲方以矩爲圓以規直以繩正以縣畢云此縣挂正字詒讓案考工記輿人云圜者中規方者中矩立者中縣衡者中水莊子馬蹄篇云匠人曰我善治木曲者中鉤直者應繩即此義無巧工不巧工皆以此五者爲法俞云五當作四上文百工爲方以矩爲圓以規直以繩正以縣並無五者詒讓案以考工記校之疑上文或當有平以水三字蓋本有五者而挩其一與巧者能中之畢云史記索隱云倉頡篇云中得也不巧者雖不能中放依以從事畢云說文云仿相似也放與仿同猶逾已畢云猶勝于已故百工從事皆有法所度治要無所字下同今大者治天下其次治大國而無法所度

此不若百工辯也畢云說文云辯治也然則奚以爲治法而可當皆法其父母奚若當與嘗通嘗試也王引之云當並與儻同畢云奚若與何如同天下之爲父母者眾而仁者寡若皆法其父母此法不仁也法不仁不可以爲法當皆法其學奚若學謂師也天下之爲學者眾而仁者寡若皆法其學此法不仁也法不仁不可以爲法當皆法其君奚若天下之爲君者眾而仁者寡若皆法其君此法不仁也法不仁不可以爲法故父母學君三者莫可以爲治法下舊有而可二字王云既言莫可以爲治法則不當更有而可二字此涉下句而衍案王說是也今據刪然則奚以爲治法而可故曰莫若法天天之行廣而無私其施厚而不德治要作息其明久而不衰故聖王法之既以天爲法動作有爲必度於天天之所欲則爲之天所不欲則止然而天何欲何惡者

也天必欲人之相愛相利而不欲人之相惡相賊也奚以知天之欲人之相愛相利而不欲人之相惡相賊也以其兼而愛之兼而利之也奚以知天兼而愛之兼而利之也治要知天下有之字以其兼而有之兼而食之也今天下無大小國大小治要作小大皆天之邑也人無幼長貴賤皆天之臣也此以莫不犓羊畢云當云牛羊豢犬豬畢云說文云犓以芻莖養牛也豢以穀圈養豕也玉篇云犓則俱切今作芻陸德明莊子音義云司馬云牛羊曰芻犬豕曰豢蘇云豢犓乃芻牛兩字而誤合爲一者文當云芻牛羊絜爲酒醴粢盛畢云絜字止作絜說文云粢稷也粢稻餅也然則粢盛之字作齍以敬事天此不爲兼而有之兼而食之邪天苟兼而有食之夫奚說以不欲人之相愛相利也故曰愛人利人者天必福之惡人賊人者天必禍之曰殺不辜者得不祥焉夫奚說人爲其相殺而天與禍乎是

以知天欲人相愛相利舊本無知字治要同王云是以下有知字而今本脫之則文義不明上文曰奚以知天之欲人之相愛相利而不欲人之相惡相賊也奚以知正與是以知相應案王說是也今據增而不欲人相惡相賊也昔之聖王禹湯文武兼愛天下之百姓畢云舊脫愛字以意增率以尊天事鬼其利人多故天福之使立爲天子天下諸侯皆賓事之廣雅釋詁云賓敬也暴王桀紂幽厲兼惡天下之百姓率以詬天侮鬼廣雅釋詁云詬罵也左昭十三年傳楚靈王投龜詬天而呼釋文云詬詈辱也其賊人多其賊舊本作賊其俞云按當作其賊人多與上文其利人多故天福之相對案俞校是也今據乙故天禍之使遂失其國家遂與隊通易震遂泥釋文云遂荀本作隊俗作墜淮南子天文訓高注云隊隕也身死爲僇於天下僇治要作戮大學辟則爲天下僇矣孔穎達疏云僇謂刑僇也荀子非相篇云爲天下大僇楊注云僇與戮同後世子孫毀之至今不息故爲不善以得禍者桀紂幽厲是也愛人利人以得福者禹湯文武是

也愛人利人以得福者有矣惡人賊人以得禍者亦有矣

七患第五

以下二篇所論皆節用之餘義

子墨子曰國有七患七患者何城郭溝池不可守而治宮室一患也邊國至境畢云當爲竟本書耕柱云楚四竟之田只八作竟洪云邊當是適字之譌古敵字多作適言敵國至境而四鄰莫救故可患也四鄰莫救二患也先盡民力無用之功賞賜無能之人民力盡於無用財寶虛於待客三患也仕者持祿游者愛佼舊本持譌待愛佼譌憂反羣書治要引待作持反作佼王云待當爲持憂反當爲愛交呂氏春秋愼大篇注持猶守也言仕者守其祿游者愛其交皆爲己而不爲國家也管子明法篇曰小臣持祿養交不以官爲事晏子春秋問篇曰士者持祿游者養交養交與愛交同意今本持作待愛交作憂反則義不可通逸周書大開篇禱無愛玉今本愛譌作憂隸書交字或作友與反相似而譌俞云王說是矣然以憂爲愛字之誤恐未必然古書多言持祿養交殆言持祿愛交者且持養二字同義荀子勸學篇除其害者以持養之榮辱篇以相羣居以相持養議兵篇高爵豐

祿以持養之。呂氏春秋長見篇中侯伯善持養吾意，並以持養連文。墨子天志篇亦云持養其萬民，然則此文旣云持祿，必云養交，不當云愛交也。墨子原文蓋本作羞交，羞卽養之叚字，古同聲而通用。莊子至樂篇若果養乎予果歡乎，養當讀爲恙。爾雅釋詁恙憂也，故與歡爲對文也。此云仕者持祿，游者恙交，恙當讀爲養。後人不達叚借之旨，引爾雅恙憂也之訓以釋之，遂有改其字作憂者，而墨子原文不可復見矣。詒讓案：王校是也，今據正。佼卽交字，通今從治要正。管子七臣七主篇云好佼友而行私請，又明法篇云以黨舉官，則民務佼而不求用，明法解云羣臣相推以美名，相假以功伐，務多其佼而不爲主用，並以佼爲交。此云愛佼，猶管子云好佼、務佼也。韓非子三守篇云羣臣持祿養交，荀子臣道篇云偷合苟容，以之持祿養交而已耳。諸書並云持祿，與此書同，而養交之文則與此書微異。俞校必欲改憂爲恙以傅合之，則又求之太深，恐未塙。

君脩法討臣，臣懾而不敢拂。舊本臣字不重，今據羣書治要補。拂，治要作咈。案咈正字，拂叚字。說文手部云拂過擊也，口部云咈違也。荀子臣道篇云事暴君者有補削無撟拂，楊注云拂違也。賈子保傅篇云潔廉而切直，匡過而諫邪者謂之拂，拂者拂天子之過者也。書堯典咈哉，僞孔傳云咈戾也。

四患

也，君自以爲聖智而不問事，自以爲安彊而無守備，四鄰謀之不知戒五患也所信者不忠所忠者不信上何信字舊本譌言又無兩者字今據羣書治要補正六患也畜種菽粟畜治要作蓄字通畢云菽正爲尗不足以食之大臣不足以事之畢云舊脫以字一本有詒讓案羣書治要亦有以字荀子正名篇楊注云事任使也賞賜不能喜誅罰不能威七患也以七患居國必無社稷畢云國稷爲韻詒讓案無疑當爲亡以七患守城敵至國傾畢云城傾爲韻七患之所當國必有殃畢云當殃爲韻凡五穀者民之所仰也君之所以爲養也故民無仰則君無養畢云仰養爲韻民無食則不可事畢云食事爲韻故食不可不務也地不可不力也用不可不節也力畢本作立云立節爲韻詒讓案畢本譌今據道藏本及明刻本正詳後五穀盡收則五味盡御於主獨斷云御者進也凡飲食入於口曰御不盡收則不盡御白虎通義諫諍篇云陰陽不調五穀不熟故王者爲不盡味而食之畢云主御爲韻王云畢說非也古音主在矦部御在質部則立節非韻原本立作力力在職部力節亦非韻主

在厚部御在御部則圭御非韻畢未能了然於古音之界限但知古人之合而不知古人之分故往往非韻而以爲韻若一一辯正徒煩筆墨故發凡於此以例其餘明於三代兩漢之音者自能辨之也

一穀不收謂之饉

二穀不收謂之旱 兪云按旱者不用也不得爲二穀不收之名疑旱乃罕字之誤一穀不收謂之饉二穀不收謂之罕饉也罕也皆稀少之謂饉猶僅也故襄二十四年穀梁傳作一穀不升謂之嗛嗛猶歉也然則二穀不收謂之罕其義正一律矣

三穀不收謂之凶四穀不收謂之餽 畢云漢書食貨志云負擔餽饟師古曰餽亦饋字言須饋餉邵晉涵云餽與匱通鄭注月令曰匱乏也王云須餽餉不得謂之餽畢說非邵說是也

五穀不收謂之饑 畢云太平御覽引作飢誤此飢饑字又畢本此下增五穀不孰謂之大侵八字云八字舊脫據蓺文類聚增穀梁傳云一穀不升謂之嗛二穀不升謂之饑三穀不升謂之饉四穀不升謂之康五穀不升謂之大侵爾雅云穀不孰爲饑蔬不孰爲饉果不孰爲荒與此異王云既言五穀不收謂之饑則不得又言五穀不孰謂之大侵蓺文類聚百穀部引墨子五穀不孰謂之大侵者乃涉上文引穀梁傳五穀不升謂之大侵而衍故太平御覽時序部二十百穀部一引墨子皆無此八字墨子所記本與穀梁傳不同不可強合也下文饑則盡無祿稟依類聚於饑

下增大侵二字亦御覽所無詒讓案王說是也釋慧苑華嚴經音義二引饑亦作飢下無五穀不孰八字歲饉則仕者大夫以下皆損祿五分之一旱則損五分之二凶則損五分之三餽則損五分之四饑畢据藝文類聚增大侵二字誤今不從則盡無祿稟食而已矣稟食謂有稍食而無祿也說文㐭部云稟賜穀也周禮司士鄭注云食稍食也又宮正注云稍食祿稟故凶饑存乎國人君徹鼎食五分之五曲禮鄭注云徹去也五分之五義不可通疑當作五分之三玉藻云諸侯日食特牲朔月少牢此五鼎則少牢也以禮經攷之蓋羊一豕二倫膚三魚四腊五五者各一鼎徹其三者去其牢肉則唯食魚腊不特殺也白虎通義諫諍篇云禮曰一穀不升徹鶉鷃二穀不升徹鳧雁三穀不升徹雉兔四穀不升損囿獸五穀不升不備三牲白虎通蓋據天子而言故云三牲大荒不特殺則不止不備而已大夫徹縣周禮小胥云卿大夫判縣鄭注謂左右縣曲禮云大夫無故不徹縣孔疏云徹亦去也士不入學周書糴匡篇云成年餘子務藝年儉餘子務穡是不入學也君朝之衣不革制君朝之衣天子皮弁服諸侯則冠弁服也周禮司服云眡朝則皮弁服鄭注云視朝視內外朝之事皮弁之服十五

弁白布衣積素以爲裳又凡甸冠弁服注云冠弁委貌其服緇布衣亦積素以爲裳諸侯以爲視朝之服是也周書大匡篇云大荒祭服敝不制朝服輕於祭服不制明矣蘇云革改也

諸侯之客四鄰之使雍食而不盛畢云雍食疑一饔字說文云饔孰食也王云雍食當爲雍飧周官外饔凡賓客之飧饔饗食之事鄭注曰飧客始至之禮饔既將幣之禮飧饔卽饔飧也饔雍古字通詒讓案王說是也羅匡篇云年儉賓祭以中盛年饑則勤而不賓大荒賓旅設位有賜與與賂同

徹驂騑畢云高誘注呂氏春秋云在中曰服在邊曰騑

塗不芸轂梁襄二十四年傳云大侵之禮延道不除范甯注云延內道路不修除也畢云塗俗寫从土本書非攻中云涂道之脩遠只作涂芸耘省文

馬不食粟婢妾不衣帛此告不足之至也今有負其子而汲者隊其子於井中畢云此墜正字說文云隊从高隊也井讀如阱詒讓案阱不當云汲畢誤

其母必從而道之蘇云道與導同謂引也

今歲凶民饑道餓重其子此疚於隊畢云言重于其子王引之云重其子此疚於隊當作此疚重於隊其子疚病也言此病較之隊其子者爲尤重也今本顛倒不成文義案王說是也蘇說同

其可無察邪故時年歲善畢云說文云䄟

（穀孰也故曰時季詁讓案年歲連讀年即歲也畢非）則民仁且良時年歲凶則民吝且惡夫民何常此之有（句）爲者疾食者衆則歲無豐（俞云按疾當爲寡爲之者寡食之者衆則雖有豐年不足以供之故歲無豐也今作爲者疾則不可通矣蓋後人據大學以改之而不知其非也）故曰財不足則反之時食不足則反之用故先民以時生財（禮記坊記鄭注云先民謂上古之君也書伊訓孔疏引賈逵國語注云先民古賢人也）固本而用財則財足故雖上世之聖王豈能使五穀常收而旱水不至哉然而無凍餓之民者何也其力時急而自養儉也故夏書曰禹七年水殷書曰湯五年旱（畢云管子權數云管子曰湯七年旱禹五年水與此文互異莊子秋水云湯之時八年七旱荀子王霸云禹十年水湯七年旱賈誼新書云禹有十年之蓄故免九年之水湯有十年之積故勝七年之旱淮南子主術云湯之時七年旱又異詁讓案呂氏春秋順民篇云昔者湯克夏而正天下天大旱五年不收湯乃以身禱於桑林與此書所言正合王充論衡感虛篇亦云書傳言湯遭七年旱或言五年是古書本有二說也）

此其離凶餓甚矣畢云離讀如羅詒讓案凶餓當作凶饑卽冡上三穀四穀不收而言下云不可以待凶饑又云民見凶饑則亡皆其誤也此涉下凍餓而誤然而民不凍餓者何也其生財密其用之節也故倉無備粟不可以待凶饑倉舊本譌食俞云按食乃倉字之誤倉無備粟與下句庫無備兵文正相對若作食字失其旨矣下文云食者國之寶也兵者國之爪也食字卽此文粟字不得據彼而疑此文當作食也案俞校是也今據正庫無備兵雖有義不能征無義城郭不備全不可以自守心無備慮不可以應卒是若慶忌無去之心不能輕出要離殺吳王子慶忌見呂氏春秋忠廉篇高注云慶忌者吳王僚之子也有力捷疾而人皆畏之無能殺之者案淮南子說山訓高注及吳越春秋闔閭內傳並以慶忌爲王僚子惟淮南詮言訓許注以爲僚之弟子未知孰是畢云言慶忌雖勇猶輕出致死昔吳王忠慶忌之在鄰國恐合諸侯來伐要離詐以負罪出奔戮妻子斷右手如衛求見慶忌與東之吳渡江中流順風而刺慶忌事見吳越春秋闔閭內傳蘇云去下據上文當脫備字夫桀無待湯之備故放紂無待武之備故殺王引之云桀敵謂之待魯

語師大餅以僤小國其誰云待之楚語其獨何力以待之韋注並云待禦也桀紂貴爲天子富有天下然而皆滅亡於百里之君者何也孟子公孫丑篇云湯以七十里文王以百里有富貴而不爲備也故備者國之重也食者國之寶也兵者國之爪也城者所以自守也畢云寶爪守爲韻此三者國之具也故曰以其極賞周書命訓篇云極賞則民賈其上賈其上則民無讓無讓則不順以賜無功虛其府庫以備車馬衣裘奇怪苦其役徒以治宮室觀樂死又厚爲棺椁畢云舊作槨俗寫多爲衣裘生時治臺榭畢云當爲謝荀子王霸云臺謝甚高楊倞曰謝榭同陸德明左氏音義云榭本亦作謝知古無榭字死又脩墳墓故民苦於外府庫單於內畢云史記云王之威亦單矣集解云徐廣曰單亦作殫索隱云按單音丹單盡也上不厭其樂下不堪其苦故國離冦敵則傷畢云離讀如罹民見凶饑則亡此皆備不具之罪也且夫食者聖人之所寶也故周書

曰國無三年之食者國非其國也家無三年之食者子非其子也此之謂國備畢云周書云夏箴曰小人無兼年之食遇天饑妻子非其有也大夫無兼年之食遇天饑臣妾輿馬非其有也國無兼年之食遇天饑百姓非其有也墨蓋夏教故義略同詒讓案御覽五百八十八引胡廣百官箴敘云墨子著書稱夏箴之辭蓋即指此若然此書當亦稱夏箴與周書文傳篇同而今本挩之

辭過第六

畢云辭受之字从受經典假借用此過謂宮室衣服飲食舟車蓄私五者之過也詒讓案此篇與節用篇文意略同羣書治要引幷入七患篇此疑後人妄分非古本也

子墨子曰古之民畢云太平御覽引作上古之民未知爲宮室時畢云舊脫室字據太平御覽增詒讓案藝文類聚長短經適變篇引亦有室字禮運云昔者先王未有宮室冬則居營窟夏則居橧巢就陵阜而居穴而處穴上疑挩一字下潤濕傷民故聖王作爲宮室畢云太平御覽引作人爲宮室之法畢云太平御覽引作制曰室高足以辟潤濕謂堂基之高舊本挩室字今據羣書治要補辟治要長短經並作避濕字治要無畢云辟避字假音邊足以圉風寒

畢云邊太平御覽引作中非圉李善注左思賦引作御太平御覽引作禦玉篇云圉禁也 上足以待雪霜雨露 王引之云待禦也節用篇待作圉圉即禦字也 宮牆之高 禮記儒行鄭注云宮謂牆垣也畢云太平御覽引作牆高二字 足以別男女之禮謹此則止 畢云謹廑字假音 凡費財勞力不加利者不為也 舊本捝凡字今據治要補畢云此下舊接是故聖王作為宮室云云今移 役畢云當云以其常役上脫三字 脩其城郭則民勞而不傷以其常正 蘇云正同征 收其租稅則民費而不病 道藏本則民作民則 民所苦者非此也苦於厚作斂於百姓 舊本此三十九字在作誨婦人治之下盧文弨校云當在此畢據移正王云作斂與籍斂同籍古讀若昨節用上篇其籍斂厚 是故聖王作為宮室便於生 治要作使上一字誤畢云太平御覽引作以便生 不以為觀樂也作為衣服帶履便於身 治要作使身誤 不以為辟怪也 畢云辟僻字假音 故節於身誨於民是以天下之民可得而治 長短經作故天下之人無可得而治四字 財用可得而足 長短經有也字 當今

之主（長短經作王）其爲宮室則與此異矣必厚作斂於百姓（治要長短經並無作字）暴奪民衣食之財以爲宮室臺榭曲直之望青黃刻鏤之飾（畢云已上六句太平御覽節）爲宮室若此故左右皆法象之（長短經法下有而字）是以其財不足以待凶饑振孤寡（振舊本作賑俗字今據治要正）故國貧而民難治也（長短經治作理蓋避唐諱改）君實欲天下之治而惡其亂也（實治要作誠）當爲宮室不可不節（王引之云當猶則也）古之民未知爲衣服時衣皮帶茭（畢云衣皮藝文類聚引作衣皮毛非說文云茭乾芻王云乾芻非可帶之物畢說非也說文茭竹索也其草索則謂之茭尚賢篇曰傅說被褐帶索謂草索也此言帶茭猶彼言帶索矣詒讓案禮運說上古云未有麻絲衣其羽皮帶茭疑卽喪服之絞帶傳云絞帶者繩帶也）冬則不輕而溫（長短經作煖案下文輕煖常見似是）夏則不輕而凊（曲禮冬溫而夏凊釋文云凊七性反字從冫冫冰冷也本或作水旁非也說文仌部云凊寒也）聖王以爲不中人之情（情治要作溫凊二字誤）故作誨婦人（長短

經作上有聖人二字與下文同但上已云聖王則此不當重復恐不足據治絲麻畢云治下舊有役脩其城郭云云四十八字今移前梱布絹畢云梱字當爲梱說文云絭束也詒讓案非樂上作綑布縿非命下作捆布縿此梱或當爲捆亦稛之叚字絹當爲綃綃與繰通故彼二篇又誤縿詳非樂篇以爲民衣爲衣服之法冬則練帛之中說文糸部云練湅繒也繒帛也畢云中讀去聲詒讓案畢說非也中即中衣凡上服以內之衣通稱中衣深衣鄭目錄云大夫以上祭服中衣用素練帛即素也詩唐風揚之水孔穎達疏云中衣者朝祭服之裏衣也其制如深衣儀禮聘禮賈疏云凡服四時不同假令冬有裘襯身有禪衫又有襦袴襦袴之上有裘裘上有裼衣裼衣之上有上服皮弁祭服之等若夏以絺綌絺綌之上則有中衣中衣之上加以上服也案裼衣亦通謂之中衣冬或服裘或服袍襺皆有中衣節用中篇云冬服紺緅之衣足以爲輕且暖足以爲輕且煖畢云文選注引作煗詒讓案後文煗字兩見說文火部煖煗並訓溫也長短經仍作煖夏則絺綌之中說文糸部云絺細葛也綌粗葛也禮家說以絺綌上加中衣此即以絺綌爲中衣者內衣通得謂之中也足以爲輕且清舊本挩煖至且十二字畢本據北堂書鈔增煖夏則絺綌輕且七字王云夏則絺綌輕且青本作夏則絺綌之中足以爲輕且

青與冬則練帛之中足以爲輕且煖對文北堂書鈔衣冠部三引作冬則練帛輕且煖夏則絺綌輕且青省文也若下二句丙獨少之帯足以爲五字則與上二句不對矣羣書治要所引上下皆有此五字當據補詒讓案王校是也長短經引云夏則絺綌足以爲輕清亦有足以爲三字謹此則止故聖人之爲衣服舊本挩之字今據治要補適身體和肌膚畢云北堂書鈔引云以適身體以和肌膚而足矣非榮耳目而觀愚民也長短經非下有以字當是之時堅車良馬不知貴也刻鏤文采不知喜也何則其所道之然故民衣食之財家足以待旱水凶饑者何也得其所以自養之情而不感於外也感治要同案當爲感之誤也字治要無是以其民儉而易治長短經引儉上有用字其君用財節而易贍也畢云呂氏春秋適音云不充則不贍高誘曰贍足也贍讀如澹然無爲之澹文選注云許君注淮南子云澹足也古無从貝字此俗寫府庫實滿足以待不然不然謂非常之變也漢書司馬相如傳發巴蜀之士各五百人以奉幣衛使者不然顏注引張揖云不然之變也治要作不極蘇云不然疑當作不時並誤

兵革不頓襄四年左傳甲兵不頓杜注云頓壞也士民不勞足以征不服故霸
王之業可行於天下矣當今之主舊本作王長短經同今據治要正與上下文合其
爲衣服則與此異矣冬則輕煗治要作煖下同夏則輕青皆已具矣
必厚作斂於百姓長短經無作字暴奪民衣食之財以爲錦繡文采
靡曼之衣舊本到作衣之俞云衣之當作之衣此十字一句讀詒讓案長短經正作以爲文彩靡曼之衣今據
乙小爾雅廣言云靡細也漢書韓信傳靡衣媮食顏注云靡輕麗也文選七發李注云曼輕細也鑄金以爲
鉤珠玉以爲珮治要作佩長短經同畢云當爲佩古無此字女工作文采男工作
刻鏤以爲身服治要作以身服之此非云益煗之情也俞云情猶實也煗之情猶
言煗之實云益者有益也廣雅釋詁曰云有也此非云益煗之情猶曰此非有益煖之實上文曰冬則輕煗夏則輕青而
此獨言煗者衣固以煗爲主耳單財勞力單亦盡也詳上篇畢歸之於無用也舊本挩今
據治要增以此觀之以長短經作由其爲衣服非爲身體皆爲觀好長短經下

有也字是以其民淫僻而難治，其君奢侈而難諫也。夫以奢侈之君，御好淫僻之民，治要、長短經並無好字欲國無亂，不可得也。君實欲天下之治，而惡其亂，實治要作誠當爲衣服不可不節。古之民未知爲飲食時，治要無時字素食而分處，素食謂食草木。管子七臣七主篇云「果蓏素食當十石」，素，疏之叚字。淮南子主術訓云「夏取果蓏，秋畜疏食」，疏俗作蔬。月令「取蔬食」，鄭注云「草木之實爲蔬食」。禮運說上古云「未有火化，食草木之實」，即此素食也。故聖人作誨男耕稼樹藝，畢云古只作埶，說文云埶，種也，从坴丮，持而種之以爲民食。其爲食也，足以增氣充虛，彊體適腹而已矣。呂氏春秋重己篇云「昔先聖王之爲飲食酏醴也，足以適味充虛而已矣」。故其用財節，其自養儉，民富國治。治要故字在民富上今則不然，厚作斂於百姓，治要無作字以爲美食芻豢，蒸炙魚鼈，蒸與烝通。毛詩小雅瓠葉傳云「炕火曰炙」。禮記禮運鄭注云「炙，貫之火上」。治要無魚鼈二字。畢云太平御覽引此炙作庖，鼈作鱉大國累百器，小國累十器，前方丈畢本作美食方丈云舊作前方丈三字今據文選注兩引改美食方丈太平御覽作前則方丈案畢據文選七命及應璩與從弟君苗君胄書注所引校也王云美食二字與上文相複畢改非也羣書治要引作前方丈則魏徵所見本正與今本同文選注引作美食方丈者此以上文之美食與下文之方丈連引而節去芻豢以下十七字乃是約舉其詞不得據彼以改此也太平御覽治道部八引作前則方丈句法較爲完足詒讓案孟子盡心篇云食前方丈趙岐注云極五味之饌食列於前方一丈目不能徧視手不能徧操口不能徧味冬則凍冰夏則飾饐畢云飾若嚌食之冪是也饐說文云飯傷溼也洪云案飾饐與凍冰對文皆言其食味之壞飾饐當作餲饐爾雅釋器食饐謂之餲郭璞注飯䬣臭論語鄉黨食饐而餲孔注饐餲臭味變也飾本作餙餲餙字形相近俞說同張文虎云覆食之冪義不當爲飾飾饐羣書治要引作餕饐是也玉藻日中而餕注云餕食朝之餘也論語鄭注云食餘曰餕餕饐者謂食餘而致壞也詒讓案洪說近是飾治要作餕則疑酸之借字荀子正名篇云香臭芬鬱腥臊洒酸奇臭以鼻異楊注云酸暑浥之酸氣也於此義亦得通張望文生訓不足據人君爲飲食如此故左右象之是以富貴者奢侈孤寡者凍餒畢云當爲餧說文云餧饑

也雖欲無亂（畢云舊脫雖字據太平御覽增）不可得也君實欲天下治而惡其亂（實治要作誠治上王校增之字）當爲食飲（當作飲食）不可不節古之民未知爲舟車時重任不移遠道不至故聖王作爲舟車以便民之事其爲舟車也全固輕利（畢云全太平御覽引作完詒讓案治要引亦作完意林同）可以任重致遠其爲用財少而爲利多是以民樂而利之法令不急而行（令治要作禁此上舊本有故字王云上故字涉下故字而衍羣書治要無）民不勞而上足用（畢云上舊作止一本如此詒讓案治要亦作上足下治要有以字）故民歸之當今之主其爲舟車與此異矣全固輕利皆已具（全治要亦作完具下有矣字）必厚作斂於百姓以飾舟車（治要作以爲舟車飾）飾車以文采飾舟以刻鏤女子廢其紡織而脩文采故民寒男子離其耕稼而脩刻鏤故民饑（治要作飢下同）人君爲舟車若此故左右象之是以其民饑寒

竝至故爲姦衺治要作邪姦衺多則刑罰深此句首舊本無姦衺二字王云舊本兩姦衺脫其一則義不可通今據羣書治要補刑罰深則國亂治要國上衍國字畢云太平御覽引云而國亂矣君實欲天下之治而惡其亂實治要作誠當爲舟車不可不節

凡回於天地之間回字譌蘇云當作同亦未塙包於四海之內天壤之情陰陽之和莫不有也雖至聖不能更也何以知其然聖人有傳天地也則曰上下四時也則曰陰陽人情也則曰男女禽獸也則曰牡牝雄雌也眞天壤之情雖有先王不能更也雖上世至聖必蓄私不以傷行私謂妾媵私人顧云晏子春秋內篇諫下古聖王畜私不傷行故民無怨宮無拘女故天下無寡夫小爾雅廣義云凡無妻無夫通謂之寡寡夫曰索左襄二十七年傳云齊崔杼生成及彊而寡杜注云偏喪曰寡寡特也內無拘女外無寡夫故天下之民衆當今之君畢云上俱作主其蓄私也大國拘女累千小

國累百是以天下之男多寡無妻女多拘無夫男女失時畢云女舊作子一本如此故民少君實欲民之衆而惡其寡當蓄私不可不節凡此五者聖人之所儉節也小人之所淫佚也儉節則昌淫佚則亡此五者不可不節夫婦節而天地和風雨節而五穀孰衣服節而肌膚和

三辯第七

畢云此辯聖王雖用樂而治不在此三者謂堯舜及湯及武王也詒讓案此篇所論葢非樂之餘義

程繁畢云太平御覽引作程子詒讓案公孟篇亦作程子葢兼治儒墨之學者問於子墨子曰夫子曰舊本無此三字王云聖王上當有夫子曰三字而今本脫之則文義不明下文今夫子曰聖王不爲樂是其證案王說是也今據增聖王不爲樂昔諸侯倦於聽治息於鍾鼓之樂鍾鼓謂金奏士大夫倦於聽治息於竽瑟之樂周禮小胥云卿大夫判縣士特縣曲禮云

大夫無故不徹縣士無故不徹琴瑟孔穎達疏以爲不命之
士若命士則特縣若然士大夫之樂亦有鐘鼓攷賈子新書
審微篇云大夫直縣士有琴瑟公羊隱五年何注引魯詩傳
云大夫士日琴瑟白虎通義禮樂篇云詩傳曰大夫士琴瑟
御大夫士北面之臣非專事子民故但琴瑟而已曲禮疏引
春秋說題辭亦謂樂無大夫士制此書義蓋與魯詩春秋緯
略同**農夫春耕夏耘**畢云說文云耘除苗間穢也芸或字此省文**秋歛冬藏**畢云古只作臧
息於聆缶之樂畢云聆當爲瓴聆缶太平御覽引作吟謠是也缶是缶字之壞王云今本墨子作聆缶者
聆乃瓵字之譌瓵即瓴字也但移瓦於左移令於右耳北堂
書鈔樂部七缶下鈔本太平御覽樂部三及二十二缶下引
墨子並作吟缶吟亦瓵之譌蓋墨子書瓴字本作瓵故今本
譌作聆諸類書譌作吟而缶字則皆不譌也其刻本御覽作
吟謠者後人不知吟爲瓵之譌遂改吟缶爲吟謠耳上文云
諸侯息於鐘鼓士大夫息於竽瑟此云農夫息於瓵缶鐘鼓
竽瑟瓵缶皆樂器也淮南精神篇叩盆拊瓴相和而歌盆即
缶也若吟謠則非樂器不得言吟謠之樂矣詒讓案王說是
也說文瓦部云瓴甕也似餅者又缶部云缶瓦器所以盛酒
漿秦人鼓之以節歌詩陳風宛丘篇坎其擊缶毛傳云盎謂
之缶爾雅釋器同郭注云盆也史記李斯
傳云擊甕叩缻眞秦之聲也缻即缶之俗**今夫子曰聖王不**

爲樂此譬之猶馬駕而不稅方言云稅舍車也趙宋陳魏之閒謂之稅郭璞注云稅猶脫也畢云太平御覽作脫同弓張而不弛無乃非有血氣者之所不能至邪俞云非字衍文子墨子曰昔者堯舜有茅茨者畢云茅茨舊作第期今據太平御覽改俞云茅茨土階是言古明堂之儉不得云且以爲禮且以爲樂也下文曰周成王之治天下也不若武王武王之治天下也不若成湯成湯之治天下也不若堯舜故其樂逾繁者其治逾寡然則其說堯舜亦當以樂言不當以宮室言也疑後人不達第期之義而臆改之未可爲據仍當從原文而闕其疑詒讓案俞說非也若第期專以樂言則下文不當云且以爲禮畢校不誤詩小雅甫田鄭箋云茨屋蓋也孔疏云墨子稱茅茨不翦謂以茅覆屋且以爲禮且以爲樂湯放桀於大水蘇云案列女傳云流於海死於南巢之山尚書大傳云國君之國也吾聞海外有人與其屬五百人去與此言合環天下自立以爲王事成功立無大後患因先王之樂又自作樂命曰護又脩九招畢云脩舊作循今以意改已上十六字舊脫今據太平御覽增呂氏春秋云湯命伊尹作爲大護歌晨露脩九招六列詒讓案道藏本雖亦有挩文然尚有自作樂

命曰九招七字則未全挩也風俗通義聲音篇云湯作護護言救民也藝文類聚帝王部引春秋元命苞云湯之時民大樂其救於患害故護者救也白虎通義禮樂篇云湯曰大護者言湯承衰能護民之急也公羊隱五年何注云殷曰大護殷時民樂大其護己也並與此同周禮大司樂護作濩漢書禮樂志同護濩字亦通九招即書皋陶謨簫韶九成舜樂也史記夏本紀云禹興九招之樂呂氏春秋古樂篇云譽作九招舜令質修之山海經大荒西經云啟始歌九招周禮大司樂作九磬招韶磬字並通

武王勝殷殺紂環天下自立以爲王事成功立無大後患因先王之樂又自作樂命曰象畢云呂氏春秋云周公爲三象所成王之樂此云象又是武王作未詳詒讓案毛詩周頌序云維清奏象舞也鄭箋云象用兵時刺伐之舞武王制焉禮記文王世子下管象鄭注云象周武王伐紂之樂春秋繁露三代改制質文篇云文王作武樂武王作象樂周公作汋樂白虎通義禮樂篇云周公曰酌武王曰象者象太平而作樂示已太平也合曰大武案周禮大司樂六樂有大武而無象則大武自爲周之正樂象葢舞之小者周頌孔疏謂象舞象文王之事大武象武王之事大武之樂亦爲象傳令武象爲一非也至此書云武王作象與董鄭諸儒說同呂氏春秋古樂篇謂象爲周公作左襄二十九年傳云見舞象箾南籥者杜注

云象箾舞所執文王之樂杜預又以象爲文王樂史記吳世家集解引賈逵詩周頌疏引服虔說並同蓋皆傳聞之異

周成王因先王之樂命曰騶虞王云御覽引作周成王因先王之樂又自作樂命曰騶吾是也上文云湯因先王之樂又自作樂命曰護武王因先王之樂又自作樂命曰象即其證今本脫去又自作樂四字則義不可通困學紀聞所引已同今本書傳中騶虞字多作騶吾故困學紀聞詩類引墨子尚作騶吾今作騶虞者後人依經典改之詒讓案鈔本御覽樂部三引此書騶虞又作騶吾字並通詩召南有騶虞篇蓋作於成王時故墨子以爲成王之樂凡詩皆可入樂也周禮大司樂大射令奏騶虞鄭注云騶虞樂章名周成王之治天下也不若武王武王之治天下也不若成湯成湯之治天下也不若堯舜故其樂逾繁者其治逾寡自此觀之樂非所以治天下也程繁曰子曰聖王無樂此亦樂已若之何其謂聖王無樂也子墨子曰聖王之命也命與令義同蘇云此下有闕文誤字多寡之此句當作多者寡之言凡物病其多者則務寡之食之利也以知饑而食之者智也因爲無

智矣今聖有樂而少此亦無也畢云言人所以生者食之利但必以知饑而食之否則非智今聖人雖用樂而少此亦無違于聖人無下疑有脫字詒讓案畢說非也因當作困今聖下當有王字此言食爲人之利然人饑知食不足爲智若困饑知食而謂之爲智則所知甚淺困爲無智矣以喻聖王雖作樂而少者之無樂也末句無下似無挩字

墨子閒詁卷二

瑞安孫詒讓

尚賢上第八

經典釋文叙錄引鄭康成書贊云尚者上也淮南子氾論訓云兼愛上賢右鬼非命墨子之所立也而楊子非之漢書藝文志亦作上賢畢云說文云賢多才也玉篇云有善行也尚與上同

子墨子言曰今者王公大人爲政於國家者今者舊本作古者王云此謂今之王公大人非謂古也古者當依羣書治要作今者義見下文詒讓案王說是也今據正禮運云大人世及以爲國鄭注云大人諸侯也孔疏云易革卦大人虎變對君子豹變故大人爲天子相見禮云與大人言言事君對士又云事君故以大人爲卿大夫皆欲國家之富人民之衆刑政之治然而不得富而得貧不得衆而得寡不得治而得亂則是本失其所欲得其所惡是其故何也子墨子言曰是在王公大人爲政於國家者不能以尚賢事能爲政也蘇云事當作使二字形近而訛詒讓案事使義同漢書高帝紀

如淳注云事謂役使也非訛字是故國有賢良之士眾則國家之治厚賢良之士寡則國家之治薄故大人之務將在於眾賢而已曰然則眾賢之術將柰何哉子墨子言曰譬若欲眾其國之善射御之士者必將富之貴之敬之譽之然后國之善射御之士后羣書治要作後下同將可得而眾也王引之云此將字猶乃也與上將字異義況又有賢良之士厚乎德行辯乎言談博乎道術者乎此固國家之珍而社稷之佐也畢云佐當爲左鈕樹玉云佐字見漢刻石門頌亦必且富之貴之敬之譽之然后國之良士亦將可得而眾也后道藏本作後是故古者聖王之爲政也舊本挩也字今據治要補言曰不義不富不義不貴不義不親不義不近治要不富不貴不親不近並在不義上是以國之富貴人聞之皆退而謀曰始我所恃者富貴也今上舉義不辟貧賤治要作避

下並同蘇云辟讀如避下同然則我不可不爲義親者聞之亦退而謀曰始我所恃者親也今上舉義不辟疏疏上舊本有親字治要同王云親字涉上文而衍不避疏義見上下文案王說是也今據刪然則我不可不爲義近者聞之亦退而謀曰始我所恃者近也今上舉義不辟遠舊本作近治要作遠近王云近字涉上文而誤近當爲遠不辟遠見下文詒讓案王說是也今據正蓋故書本衍一近字後人誤刪遠存近遂不可通然則我不可不爲義遠者聞之亦退而謀曰我始以遠爲無恃今上舉義不辟遠然則我不可不爲義逮至遠鄙郊外之臣遠鄙鄙下四鄙謂都鄙縣鄙也書文侯之命孔疏引鄭注云鄙邊邑也周禮載師杜子春注云五十里爲近郊百里爲遠郊又引司馬法云王國百里爲郊門庭庶子說文广部云庭宮中也周禮宮伯掌王宮之士庶子凡在版者鄭衆注云庶子宿衛之官鄭康成云王宮之士謂王宮中諸吏之適子也庶子其支庶也案士庶子卽公族及卿大夫之子宿衛宮中者也新序襍事一云楚莊王中庶子曰臣尚衣冠御郎十三年矣蓋凡宿衛位署皆在路寢內外朝門

庭之閒故此書謂之門庭庶子新序云御郎郎謂郎門即路寢門也凡宿衛子弟已命者謂之士未命者謂之庶子說詳周禮正義國中之眾周禮鄉大夫鄭注云國中城郭中也四鄙之萌人漢書劉向傳顏注云萌與甿同無知之貌管子山國軌篇尹注云萌田民也一切經音義云萌古文氓同史記三王世家姦巧邊萌索隱云萌一作甿說文民部云氓民也讀若盲又甿田民也畢云萌氓字之假音聞之皆競爲義是其故何也曰上之所以使下者一物也下之所以事上者一術也譬之富者畢云富舊作異一本如此有高牆深宮牆立既牆立既疑當作宮牆既立宮字涉上而挩既立又誤作立既遂不可通謹上爲鑿一門謹上疑當爲謹止辭過篇云謹此則止謹止爲鑿一門謹與僅通言於牆閉纔開一門不敢多爲門戶也有盜人入闔其自入而求之畢云自入言所從入之門盜其無自出是其故何也則上得要也故古者聖王之爲政列德而尚賢小爾雅廣詁云列次也國語周語韋注云列位次也雖在農與工肆之人論語子張篇云百工居肆以成其事有能則舉之高予之爵重予之祿

任之以事斷予之令禮記樂記鄭注云斷決也謂其令必行曰爵位不高則民弗敬蓄祿不厚則民不信政令不斷則民不畏舉三者授之賢者非為賢賜也欲其事之成故當是時治要無此二字以德就列論語季氏篇云陳力就列集解引馬融云當陳其才力度己所任以就其位亦釋列為位以官服事周禮大司徒鄭衆注云服事謂為公家服事者以勞殿賞殿治要作受畢云殿讀如奔而殿之殿俞云畢讀非也論功行賞勞者當在前安得反云殿乎殿者定也殿與定一聲之轉文選江賦注曰澱與淀古字通殿之與定猶澱之與淀也詩采菽篇殿天下之邦毛傳曰殿鎮也鎮即有定義小爾雅廣言殿填也填與奠通禮記檀弓篇主人既祖填池鄭注填池當為奠徹是也奠亦定也周官司士職曰以久奠食此云以勞殿賞句法一律殿奠文異而義同量功而分祿故官無常貴而民無終賤終治要作恆有能則舉之無能則下之舉公義辟私怨辟治要亦作避畢云辟讀如辟舉之辟俞云畢說非也豈有私怨者不問其賢否而概辟舉之乎小爾雅廣言辟除也辟私怨謂惟公義是舉而私怨在所不問故除去之也又禮記郊特牲篇有由辟焉鄭注曰

辟讀爲弭此辟字或從鄭讀亦通此若言之謂也王云若亦此也古人自有複語管子山國軌篇曰此若言何謂也地數篇曰此若言可得聞乎輕重丁篇曰此若言曷謂也此書節葬篇曰以此若三聖王者觀之又曰以此若三國者觀之皆並用此若二字故古者堯舉舜於服澤之陽畢云未詳其地服與蒲音之誤或即蒲澤今蒲州府詒讓案文選曲水詩序李注引帝王世紀云堯求賢而四嶽薦舜堯乃命于順澤之陽史記五帝本紀就時於負夏集解引鄭玄云負夏衛地孟子離婁篇舜生於諸馮遷於負夏趙注云諸馮負夏皆地名負海也粲服澤疑即負夏趙岐云負海必有所本授之政天下平禹舉益於陰方之中畢云未詳其地授之政九州成蘇云成與平爲韻湯舉伊尹於庖廚之中史記殷本紀阿衡欲奸湯而無由乃爲有莘氏媵臣負鼎俎以滋味說湯畢云韓非子云上古有湯至聖也伊尹至智也然且七十說而不受身執鼎俎爲庖宰昵近習親湯乃僅知其賢而舉之文選注云魯連子曰伊尹負鼎佩刀以干湯得意故尊爲宰舍又云文子曰伊尹負鼎而干湯授之政其謀得文王舉閎夭泰顛於罝罔之中書君奭云惟文王尚克修和我有夏亦惟有若虢叔有若閎夭有若散宜生有若泰顛有若南宮括僞孔傳云

閎泰氏天顛名詩周南兎罝敘云兎罝后妃之化也關雎之化行則莫不好德賢人衆多也毛傳云兎罝兎罟也畢云事未詳或以詩兎罝有公侯腹心之語而爲說恐此詩即賦閎天泰顛事古者書傳未湮翟必有據蘇云罝即詩所謂兎罝當爲閎夭而作泰顛當即太公望也罝屬夭則罔屬顛與太公釣渭遇文王事亦合詒馬融注十亂以泰顛與太公望並舉後世以爲二人然文王諸臣自以太公爲稱首書君奭篇唯以泰顛與諸臣並舉而不及太公逸周書克殷篇亦然若使果爲二人豈容都不道及是顛即望無疑也詒讓案罝罔通稱蘇分屬二人非也太顛即太公乃宋吳仁傑之謬說攷詩大雅緜孔疏引鄭君奭注云不及呂望太師也教文王以大德謙不以自比焉是馬鄭並以泰顛與太公非一人明書克殷篇有泰顛又有尚父尤其塙證吳說不足據蘇從之傎矣授之政西土服蘇云服與得爲韻故當是時雖在於厚祿尊位之臣莫不敬懼而施畢云下疑脫一字俞云畢非也施當讀爲惕尚書盤庚篇不惕予一人白虎通號篇引作不施予一人是也敬懼而施即敬懼而惕文義已足非有脫文雖在農與工肆之人莫不競勸而尚意意疑當爲悳形近而譌悳正字德叚借字故士者所以爲輔相承嗣也大戴禮記曾子立事篇云使子猶使臣也使弟猶使承嗣

也盧注云承嗣謂冢子也孔廣森云承丞也左傳曰請承嗣讀爲司丞司者官之偏貳故弟視之臣則私臣自所謂除也可以子視之詒讓案孔說是也此云輔相承嗣中篇云承嗣輔佐承嗣亦皆非嗣子承當與文王世子師保疑丞之丞同大戴禮記保傅篇以道充弼承爲四聖云博聞强記捷給而善對者謂之承承者承天子之遺忘者也書益稷欽四鄰孔疏引鄭康成云四近謂左輔右弼前疑後承文王世子孔疏引尚書大傳承作丞此承義並與彼同故得士則謀不困體不勞名立而功成美章而惡不生舊本作名立而功業彰而惡不生王云羣書治要引作名立而功成美章而惡不生是也功成與名立對文惡不生與美彰對文今本脫成字美字又譌作業則文不對而句亦不協矣美業字形相似故譌漢書賈誼傳一動而五美附今本美譌作業案王說是也今據補正則由得士也是故子墨子言曰得意賢士不可不舉不得意賢士不可不舉尚欲祖述堯舜禹湯之道王引之云尚與儻同詒讓案尚疑與上同下篇云上欲中聖人之道將不可以不尚賢夫尚賢者政之本也

尚賢中第九

子墨子言曰今王公大人之君人民主社稷治國家欲脩保而勿失故不察尚賢爲政之本也畢云故一本作胡蘇云胡是也下同詒讓案下文兩見一作胡一作故盧云當云尚賢之爲政本王云盧說非也下文曰胡不察尚賢爲政之本也且以尚賢爲政之本者亦豈獨子墨子之言哉與此文同一例則不得倒之字於爲政上矣故與胡同故下文又曰故不察尚賢爲政之本也管子後廢篇公將有行故不送公亦以故爲胡何以知尚賢之爲政本也曰自貴且智者爲政乎愚且賤者則治自愚賤者爲政乎貴且智者則亂愚下依上文亦當有且字是以知尚賢之爲政本也故古者聖王甚尊尚賢而任使能不黨父兄不偏貴富不嬖顏色賢者舉而上之富而貴之以爲官長不肖者抑而廢之貧而賤之以爲徒役是以民皆勸其賞畏其罰相率而爲賢者以賢者衆而不肖者寡俞云相率而爲賢絕句者字乃是字之誤屬下讀惟其相率而爲賢是以賢者衆而不肖者寡也兩句皆用是

以字古人行文不避重複今誤作相率而爲賢者則是民之相率爲賢以賢者衆而不肖者寡之故於義不可通矣此謂進賢畢云謂一本作爲詒讓案進賢依上文當作尚賢然後聖人聽其言迹其行察其所能而愼予官此謂事能事與使同詳上篇上文作使能故可使治國者使治國可使長官者使長官可使治邑者使治邑凡所使治國家官府邑里此皆國之賢者也賢者之治國也畢云國下一本有家字詒讓案道藏本國下有者字蚤朝晏退畢云蚤字同早聽獄治政是以國家治而刑法正賢者之長官也夜寢夙興收斂關市山林澤梁之利以實官府是以官府實而財不散賢者之治邑也蚤出莫入耕稼樹藝聚菽粟是以菽粟多而民足乎食故國家治則刑法正官府實則萬民富上有以絜爲酒醴粢盛以祭祀天鬼外有以爲皮幣與四鄰諸侯交接內有以食飢息勞飢舊本作

錢今依道藏本正將養其萬民俞云將當作持持養乃古人恆言詳見七患篇此作將養形似而誤天志中篇正作內有以食飢息勞持養其萬民可據以訂正非命上篇將養老弱亦持養之誤外有以懷天下之賢人王云外有以三字涉上文外有以爲皮幣而衍下文曰內者萬民親之賢人歸之是養民與懷賢皆內事非外事也是故上者天鬼富之外者諸侯與之內者萬民親之賢人歸之以此謀事則得舉事則成入守則固出誅則彊故唯昔三代聖王堯舜禹湯文武之所以王天下正諸侯者正長也義詳親士篇此亦其法已既曰若法未知所以行之術則事猶若未成畢云若猶順王云曰者有之壞字也若法此法也言既有此法而無術以行之則事猶然未成也畢以若法爲順法失之若與此同義猶若即猶然俞云王非也曰字乃云字之誤云者有也說見辭過篇既云若法即既有此法淺人不達云字之義謂是云曰之云疑本書皆用曰字此不當用云字故改云作曰耳是以必爲置三本何謂三本曰爵位不高則民不敬也蓄祿不厚則民不信也政

令不斷則民不畏也故古聖王高予之爵重予之祿任之以事斷予之令夫豈爲其臣賜哉欲其事之成也詩曰告女憂卹誨女予爵舊本爵誤爵盧以意改爲序爵畢從之王云爵爲爵之譌予則非譌字也上文言古聖王高予之爵重予之祿下文言今王公大人之用賢高予之爵而祿不從此引詩誨女予爵正與上下文予字同義則不得改予爲序矣毛詩作告爾憂恤誨爾序爵誰能執熱逝不以濯今墨子兩爾字皆作女序作予誰作孰逝作鮮以作用是墨子所見詩與毛異文也詒讓案王說是也王應麟詩攷引亦作序爵盧蓋兼據彼文然王攷多以意改□未必宋本予果作序也今不據改毛詩大雅桑柔傳云濯所以救熱也禮亦所以救亂也鄭箋云恤亦憂也逝猶去也我語女以憂天下之憂教女以次序賢能之爵其爲之當如手持熱物之用濯謂治國之道當用賢者孰能執熱鮮不用濯詩攷引孰作誰蓋亦王氏所改蘇云案詩大雅桑柔篇孰作誰鮮作逝用作以則此語古者國君諸侯之不可以不執善承嗣輔佐也王云善謂善待此承嗣輔佐之人卽上文所云高予之爵重予之祿任之以事斷予之令也善上不當有執字蓋涉上下文執熱而衍詒讓案王說非也執猶親密也曲

禮云執友稱其仁也鄭注云執友志同者呂氏春秋遇合篇云故嫫母執乎黃帝列女傳辯通篇齊鍾離春傳云衒嫁不售流棄莫執執並與親義相近此執善亦言親善也譬之猶執熱之有濯也將休其手焉爾雅釋詁云休息也古者聖王唯毋得賢人而使之唯舊本作惟今據王校改毋畢本改毋云毋讀如貫貫習之貫王云畢改非也毋語詞耳本無意義唯毋得賢人而使之者唯得賢人而使之也若讀毋為貫習之貫則文不成義矣下篇曰今唯毋以尚賢為政其國家百姓使國之為善者勸為暴者沮又曰然昔吾所以貴堯舜禹湯文武之道者何故以哉以其唯毋臨衆發政而治民使天下之為善者可而勸也為暴者可而沮也尚同中篇曰上唯毋立而為政乎國家為民正長曰人可賞吾將賞之若苟上下不同義上之所賞則衆之所非上唯毋立而為政乎國家為民正長曰人可罰吾將罰之若苟上下不同義上之所罰則衆之所譽下篇曰故唯毋以聖王為聰耳明目與豈能一視而通見千里之外哉一聽而通聞千里之外哉非攻中篇曰今師徒唯毋興起冬行恐寒夏行恐暑此不可以冬夏為者也春則廢民耕稼樹藝秋則廢民穫斂今唯毋廢一時則百姓飢寒凍餒而死者不可勝數節用上篇曰且大人唯毋興師以攻伐鄰國口久者終年速者數月男女久不相見此所以寡人之道也節葬下篇曰今雖毋法執厚葬久喪

者言以爲事乎國家又曰今唯無以厚葬久喪者爲政天志中篇曰故唯毋明乎順天之意奉而光施之天下則刑政治萬民和國家富財用足百姓皆得煖衣飽食便寧無憂非樂上篇曰今王公大人雖無造爲樂器以爲事乎國家又曰今王公大人唯毋處高臺厚榭之上而視之又曰今王公大人唯毋爲樂虧奪民衣食之財以拊樂如此多也又曰今唯毋在乎王公大人說樂而聽之卽必不能蚤朝晏退聽獄治政今唯毋在乎士君子說樂而聽之卽必不能竭股肱之力亶其思慮之智內治官府外收斂關市山林澤梁之利以實倉廩府庫今唯毋在乎農夫說樂而聽之卽必不能蚤出暮入耕稼樹藝多聚叔粟今唯毋在乎婦人說樂而聽之卽必不能夙興夜寐紡績織紝多治麻絲葛緒綑布縿以上諸篇其字或作毋或作無皆是語詞非有實義也孟康注漢書貨殖傳曰無發聲助也管子立政九敗解篇曰人君唯毋聽寢兵則羣臣賓客莫敢言兵人君唯毋聽兼愛之說則視天下之民如其民視國如吾國人君唯無好全生則羣生皆全其生而生又養人君唯無聽私議自貴則民退靜隱伏窟穴就山非世間上輕爵祿而賤有司人君唯無好金玉貨財必欲得其所好則必易之以大官尊位尊爵重祿人君唯毋聽羣徒比周則羣臣朋黨蔽美揚惡人君唯毋聽觀樂玩好則敗人君唯毋聽請謁任譽則羣臣皆相爲請人君唯無聽諂諛飾過之言則敗以上諸條其字或作毋或作無竝與墨子同義案

王說是也洪說同蘇云疑毋爲務字之假借非般爵以貴之畢云般讀如頒賜之頒裂地以封
之終身不厭賢人唯毋得明君而事之竭四肢之力以任君
之事終身不倦若有美善則歸之上是以美善在上而所怨
謗在下寍樂在君畢云當爲寍經典通用此憂慼在臣故古者聖王之爲
政若此今王公大人亦欲效人以尚賢使能爲政效人謂效古人之爲
政也高予之爵而祿不從也夫高爵而無祿民不信也曰此非
中實愛我也假藉而用我也漢書薛宣朱博傳贊假借用權宋祁校云借蕭該謂本作藉字
大戴禮記衛將軍文子篇云使其臣如藉畢云古無借字只用藉說文序有假借字从人俗寫亂之夫假藉之
民將豈能親其上哉故先王言曰貪於政者畢云貪舊作食一本如此不
能分人以事厚於貨者不能分人以祿事則不與祿則不分
請問天下之賢人將何自至乎王公大人之側哉若苟賢者

不至乎王公大人之側則此不肖者在左右也不肖者在左右則其所譽不當賢而所罰不當暴王公大人尊此以爲政乎國家則賞亦必不當賢而罰亦必不當暴若苟賞不當賢而罰不當暴則是爲賢者不勸而爲暴者不沮矣是以入則不慈孝父母國語齊語云不慈孝於父母不長弟於鄉里王引之云賈子道術篇云親愛利子謂之慈子愛利親謂之孝孝與慈不同而同取愛利之義故孝於父母亦可謂之孝慈莊子漁父篇曰事親則慈孝出則不長弟鄉里居處無節出入無度節度義同非命上篇云坐處不度出入無節男女無別使治官府則盜竊守城則倍畔君有難則不死出亡則不從使斷獄則不中分財則不均與謀事不得舉事不成入守不固出誅不彊故雖昔者三代暴王上文云故唯昔三代聖王堯舜禹湯文武之所以王天下正諸侯者王引之云雖即唯也古字通桀紂幽厲之所以失措其國家

傾覆其社稷者王云措字義不可通當是損字之誤大戴記曾子立事篇曰諸侯日旦思其四封之內戰戰恐惟失損之損讀爲抎故非命篇作失抎說文抎有所失也已此故也畢云古字以已通一本作以非何則皆以明小物而不明大物也周禮大司徒鄭注云物猶事也今王公大人有一衣裳不能制也必藉良工有一牛羊不能殺也必藉良宰呂氏春秋不苟篇與良宰遺之高注云宰謂膳宰故當若之二物者王公大人未知以尚賢使能爲政也王云未知當作未嘗不知義見上下文蘇云未知當作未有不知詒讓案未疑本之誤逮至其國家之亂社稷之危則不知使能以治之蘇云使能上當脫尚賢二字親戚則使之無故富貴面目佼好則使之詩陳風月出篇佼人僚兮釋文云佼字又作姣好也畢云佼姣字假音說文云姣好也玉篇云姣音狡妖媚也俞云無故富貴義不可通無乃衍字故富貴謂本來富貴者也不問其賢否而惟故富貴者是使則非尚賢之謂矣上文曰故古者聖王甚尊尚賢而任使能不黨父兄不偏富貴不嬖顏色此云親戚則使之是黨父兄矣故富貴面目佼好則使之是偏富貴而嬖

顏色矣後人不達故富貴之義而妄加無字殊失其旨下篇同詒讓案無故富貴中下兩篇屢見羣書治要引同無似非衍文俞說未塙無故疑當爲毋故毋貫古今字爾雅釋詁云貫習也毋故猶言故舊毋習耳毋毋形近毋無音近毋三寫成無遂不可通上文不言毋故者以毋故可賅於富貴之中也韓非子孤憤篇云凡當塗者之於人主也希不信愛也又且習故舊注釋習故爲慣習故舊卽此毋故之義呂氏春秋求人篇亦云故賢主之於賢者也物莫之妨戚愛習故不以害之夫無故富貴面目佼好則使之豈必智且有慧哉說文心部云慧儇也王云智且慧與前貴且智愚且賤文同一例慧上不當有有字蓋後人所加若使之治國家則此使不智慧者治國家也國家之亂既可得而知已且夫王公大人有所愛其色而使據下文當有之字其心不察其知而與其愛是故不能治百人者使處乎千人之官不能治千人者使處乎萬人之官此其故何也曰處若官者爵高而祿厚故愛其色而使之焉處若舊本到王云若與故義不相屬若處官者當爲處若官者若官此官也言以處此官

者爵高而祿厚故特用其所愛也下文曰雖日夜相接以治若官是其證若與此同義說見上文夫不能治千人者使處乎萬人之官則此官什倍也夫治之法將日至者也日以治之日不什脩小爾雅廣言云脩長也什脩謂十倍其長知以治之知不什益而予官什倍則此治一而棄其九矣雖日夜相接以治若官官猶若不治此其故何也則王公大人不明乎以尚賢使能爲政也故以尚賢使能爲政而治者夫若言之謂也王云夫亦此也詒讓案此夫對吾爲文疑當訓彼漢書賈誼傳顏注云夫猶彼人耳以下賢爲政而亂者下賢下當有不使能之語而今捝之若吾言之謂也若吾言疑亦當作吾若言今王公大人中實將欲治其國家欲脩保而勿失胡不察尚賢爲政之本也且以尚賢爲政之本者亦豈獨子墨子之言哉此聖王之道先王之書距年之言也畢云距年下篇作豎年猶云遠年案畢說未塙傳曰求

聖君哲人以裨輔而身國語晉語云裨輔先君韋注云裨補也此下篇云聯夫聖武知人以屏輔
爾身文義較詳備此約述之裨輔不當有聖君君蓋亦武之譌蘇云伊訓云敷求哲人俾輔于爾後嗣與此略同詒讓案
伊訓僞孔傳云布求賢智使師輔於爾嗣王言仁及後世湯誓曰書敍云伊尹相湯伐桀升自陑遂與桀戰于鳴
條之野作湯誓今湯誓無此文僞古文摭此爲湯誥謬聿求元聖與之戮力同心湯誥僞孔
傳云聿遂也大聖陳力謂伊尹孔疏云戮力猶勉力也案說文力部云勠并力也戮勠之借字以治天下蘇云
今書湯誥篇無同心以下六字則此言聖之不失以尚賢使能爲政也聖下當有
王字故古者聖王唯能審以尚賢使能爲政無異物雜焉天下
皆得其利道藏本作列誤古者舜耕歷山史記五帝本紀同畢云史記集解云鄭玄曰在河東
水經注云河東郡南有歷山謂之歷觀舜所耕處也有舜井媯汭二水出焉二說在今山西永濟縣高誘注淮南子云歷
山在泲陰城陽也一曰濟南歷城山也水經注又云周處風土記曰記云耕於歷山而始寗剡二縣界上舜所耕田於山
下多柞樹吳越之閒名柞爲櫪故曰歷山與鄭說異括地志云蒲州河東縣歷山南有舜井又云越州餘姚縣有歷山舜

井濮州雷澤縣有歷山舜井二所又有姚墟云生舜處也陶及嬀州歷山舜井皆云舜所耕處未詳也案說各不同

河瀕 呂氏春秋慎人篇云陶於河濵高注云陶作瓦器史記五帝本紀瀕亦作濵畢云此古濵字見說文史記集解云皇甫謐曰濟陰定陶西南陶丘亭是也正義曰按於曹州濵河作瓦器也括地志云陶城在蒲州河東縣北三十里即舜所都也南去歷山不遠或耕或陶所在則可何必定陶方得爲陶也舜之陶也斯或一焉按守節說本水經注是也雷澤則亦以山西永濟說爲強也詒讓案水經濟水注云陶丘墨子以爲釜丘也今檢勘全書無釜丘之文疑古本此文或作陶釜巳矣

漁雷澤 史記五帝本紀同畢云太平御覽玉海引作濩澤地理志河東郡有濩澤應劭曰澤在西北通典云澤州陽城縣有濩澤水史記集解云鄭玄曰雷夏兖州澤今屬濟陰案今山西永濟縣南四十里雷首山下有澤亦云舜所漁也王云雷澤本作濩澤此後人習聞舜漁雷澤之事而以其所知改其所不知也漢書地理志河東郡濩澤縣應劭曰有濩澤在西北穆天子傳天子四日休于濩澤郭璞曰今平陽濩澤縣是也濩音穫水經沁水注曰濩澤水出濩澤城西白澗渠東逕濩澤墨子曰舜漁濩澤又東逕濩澤縣故城南蓋以澤氏縣也初學記州郡部正文出舜澤二字注曰墨子曰舜漁于濩澤在濩澤縣西今本初學記作雷澤與注不合明是後人所改又元和郡縣志河東道下太平

寰宇記河東道下太平御覽州郡部九路史疏仡紀引墨子並作蔓澤是墨子自作濩澤與他書作雷澤者不同濩澤在今澤州府陽城縣西𡾰嶢山下下篇漁於雷澤亦後人所改

堯得之服澤之陽服澤詳上篇舉以為天子與接天下之政治天下之民伊摯有莘氏女之私臣詩商頌長發孔疏引鄭康成書注云伊尹名摯湯以為阿衡以尹天下故曰伊尹史記殷本紀云伊尹名阿衡欲奸湯而無由乃為有莘氏媵臣負鼎俎以滋味說湯索隱云孫子兵書伊尹名摯孔安國亦曰伊摯然解者以阿衡為官名非名也案孫子用閒篇云殷之興也伊摯在夏即小司馬所本也伊摯亦見楚辭離騷天問二篇畢云莘漢書作㜪玉篇㜪嫀二□同色臻切有㜪國說文云呂不韋曰有侁氏以伊尹侁女案呂氏春秋本味云有侁氏女子採桑得嬰兒於空桑之中獻之其君其君令烰人養之長而賢湯聞伊尹使人請之有侁氏有侁氏不可伊尹亦欲歸湯於是請取婦為婚有侁氏喜以伊尹為媵送女高誘曰侁讀曰莘有莘在今河南陳留縣括地志云古莘國在汴州陳留縣東五里故莘城是也陳留風俗傳云陳留外黃有莘昌亭本宋地莘氏邑也或云在陝西郃陽非

親為庖人周禮天官庖人鄭注云庖之言苞也裹肉曰苞苴說文广部云庖廚也莊子庚桑楚篇云伊尹以胞人籠湯呂氏春秋本味篇作烰人胞

㛃並庖之借字湯得之舉以爲已相與接天下之政治天下之民傅說被褐帶索庸築乎傅巖畢云庸史記索隱引作傭孔安國書傳云傅巖在虞虢之界史記索隱云在河東太陽縣又夏靖書云猗氏六十里河西岸吳阪下使得隱穴是說所潛身處也案今在山西平陸縣東二十五里詒讓案賈誼傳索隱引被作衣乎作於義並通書敘云高宗夢得說使百工營求諸野得諸傅巖孔疏引馬融云高宗始命爲傅氏又鄭康成云得諸傅巖高宗因以傅命說爲氏說文旻部引書敘釋之云傅巖巖穴也僞古文說命云說築傅巖之野僞孔傳云傅氏之巖在虞虢之界通道所經有澗水壞道常使胥靡刑人築護此道說賢而隱代胥靡築之以供食孔疏引皇甫謐云高宗夢天賜賢人胥靡之衣蒙之而來且曰我徒也姓傅名說明以夢示百官百官皆非也乃使百工寫其形象求諸天下果見築者胥靡衣褐帶索執役於虞虢之閒傅巖之野名說以其得之傅巖謂之傅說水經河水注云沙澗水出虞山東南逕傅巖歷傅說隱室前俗謂之聖人窟史記殷本紀傅巖作傅險音近字通武丁得之舉以爲三公國語楚語云武丁使以象夢求四方之賢聖得傅說以來升以爲公韋注云公三公也史記殷本紀云武丁得而與之語果聖人舉以爲相殷國大治與接天下之政治天下之

民此何故始賤卒而貴始貧卒而富則王公大人明乎以尚賢使能爲政是以民無飢而不得食寒而不得衣勞而不得息亂而不得治者故古聖王以審以尚賢使能爲政而取法於天雖天亦不辯貧富貴賤遠邇親疏賢者舉而尚之不肖者抑而廢之然則富貴爲賢以得其賞者誰也曰若昔者三代聖王堯舜禹湯文武者是也所以得其賞何也曰其爲政乎天下也兼而愛之從而利之又率天下之萬民以尚尊天事鬼愛利萬民是故天鬼賞之立爲天子以爲民父母萬民從而譽之曰聖王至今不已則此富貴爲賢以得其賞者也然則富貴爲暴以得其罰者誰也曰若昔者三代暴王桀紂幽厲者是也何以知其然也曰其爲政乎天下也兼而憎之

從而賊之賊舊本譌賤王云賤當爲賊字之誤也尚同篇則是上不相賊也天志篇上詬天中詬鬼下賊人非儒篇是賊天下之人者也今本賊字竝誤作賤此言桀紂幽厲之爲政乎天下兼萬民而憎惡之又從而賊害之非謂賤其民也上文云堯舜禹湯文武之爲政乎天下也兼而愛之從而利之愛利與憎賊正相反天志篇曰堯舜禹湯文武之兼愛天下也從而利之桀紂幽厲之兼惡天下也從而賊之故知賤爲賊之誤案王說是也今據正又率天下之民以詬天侮鬼賊傲萬民賊舊本亦譌賤王云賤亦當爲賊傲當爲殺說文敖字本作敫殺字古文作𢿢二形相似故誤爲敖又誤爲傲耳墨子多古字後人不識故傳寫多誤此說桀紂幽厲之暴虐故曰詬天侮鬼賊殺萬民非謂其賤傲萬民也上文言堯舜禹湯文武尊天事鬼愛利萬民愛利與賊殺亦相反法儀篇曰禹湯文武兼愛天下之百姓率以尊天事鬼其利人多桀紂幽厲兼惡天下之百姓率以詬天侮鬼其賊人多故知賤傲爲賊殺之誤魯問篇賊敖百姓太平御覽兵部七十七引賊敖作賊殺是其明證也案王說亦是也今並據正是故天鬼罰之使身死而爲刑戮子孫離散室家喪滅絕無後嗣萬民從而非之曰暴王至今不已則此富貴爲暴而以得其罰

者也然則親而不善以得其罰者誰也曰若昔者伯鯀帝之元子大戴禮記五帝德篇云禹高陽之孫鯀之子也帝繫篇云顓頊產鯀史記夏本紀云鯀之父曰帝顓頊三代世表亦云顓頊生鯀索隱云皇甫謐云鯀帝顓頊之子字熙系本亦以鯀爲顓頊子漢書律厤志則云顓頊五代而生鯀按鯀既仕堯與舜代系殊懸舜卽顓頊六代孫則鯀非是顓頊之子蓋班氏之言近得其實案小司馬說於理近是漢志亦引帝繫而與今本大戴禮舛異楚辭離騷王注引帝繫及淮南子原道訓高注說並與漢志同吳越春秋越王無余外傳亦以鯀爲顓頊之後山海經則云黃帝生駱明駱明生白馬白馬是爲鯀則又以鯀爲黃帝之孫諸文錯互此書云帝之元子疑墨子於鯀之世繫亦同世本說未能審校其年代也廢帝之德庸既乃刑之于羽之郊左傳襄二十五年杜注云庸用也書堯典孟子萬章篇史記五帝本紀並云殛鯀於羽山晉語韋注云殛放而殺也楚辭天問云永遏在羽山夫何三年不施王注云言堯長放鯀於羽山絕在不毛之地三年不舍其罪也案此刑亦謂放故下云乃熱照無有及也山海經云殺鯀於羽郊亦謂鯀放而死也畢云郭璞注山海經云今東海祝其縣西南有羽山案在今山東蓬萊縣詒讓案史記正義引括地志云羽山在沂州臨沂縣乃熱照無有及也畢云

言其罪積用弗成亦止見有所不及耳詒讓案此似言幽四之日月所不照畢說殊謬帝亦不愛則此親而不善以得其罰者也然則天之所使能者誰也曰若昔者禹稷皋陶是也何以知其然也先王之書呂刑道之書敘云呂命穆王訓夏贖刑作呂刑曰皇帝清問下民有辭有苗書釋文引馬融云清問清訊也僞孔安國傳云帝堯詳問民患皆有辭怨於苗民孔疏引鄭康成說亦以此皇帝爲堯畢云孔書作鰥寡有辭于苗曰羣后之肆在下畢云肆孔書作逮孫星衍云說文云肆極陳也詒讓案肆正字作隸與逮聲類同古通用此肆卽逮之叚字僞孔傳云羣后諸侯之逮在下國明明不常畢云孔書不作棐傳云輔据此當作匪孫星衍云不常言非常明察詒讓案明明謂明顯有明德之人不常猶言立賢無方也書作棐者匪之叚字匪不義同畢說得之僞孔傳云皆以明明大道輔行常法非經義孫說亦非鰥寡不蓋僞孔傳云使鰥寡得所無有掩蓋德威維威畢云孔書作畏詒讓案維孔書作惟下同禮記表記引甫刑二畏字亦並作威與此同德明維明僞孔傳云言堯監苗民之見怨則又增修其德行威則民畏服明賢則德明人所以無能名焉表記鄭注云德所威則人

皆畏之言服罪也德所明則人皆尊寵之言得人也**乃名三后**名命通說文口部云名自命也畢云孔書名作命**恤功於民**僞孔傳云堯命三后憂功於民**伯夷降典哲民維刑**書釋文引馬融云折智也王引之云折之言制也折正字哲借字畢云孔書哲作折詒讓案僞孔傳云伯夷下典禮教民而斷以法漢書刑法志引折作悊悊哲字同與此書合**禹平水土主名山川**僞孔傳云禹治洪水山川無名者主名之**稷隆播種**隆畢本依呂刑改爲降王云古者降與隆通不煩改字非攻篇天命融隆火于夏之城亦以隆爲降喪服小記注以不貳降釋文降一本作隆荀子賦篇皇天隆物以示下民隆卽降字魏策休祲降於天晉劉本作休烈隆於天說文隆從生降聲書大傳隆谷鄭注隆讀如厖降之降是隆降古同聲故隆字亦通作降荀子天論篇隆禮尊賢而王韓詩外傳隆作降史記司馬相如傳業隆於繈褓漢書隆作降淮南泰族篇攻不待衝降而拔衝降卽衝隆詒讓案王說是也今不據改**農殖嘉穀**僞孔傳云后稷下教民播種農畝生善穀孫星衍云農者廣雅釋詁云勉也殖者文選藉田賦注引蒼頡篇云種也案孫說是也王念孫劉逢祿說同**三后成功維假於民**畢云假一本作殷孔書亦作殷詒讓案僞孔傳云各成其功惟所以殷盛於民言禮教備衣食足此作假蓋與殷通士冠禮釋

文云嘏本或作假爾雅釋詁云嘏大也禮記郊特牲云嘏長也說文古部云嘏大遠也雒嘏於民言其功施於民者大且遠下文所謂萬民被其利也王應麟漢書藝文志攷證引墨子亦作假則宋本固如是今本或作假乃據孔書改非其舊也則此言三聖人者謹其言慎其行精其思慮索天下之隱事遺利以上事天則天鄉其德畢云鄉讀如向詒讓案鄉當讀爲亯明鬼下篇云帝享女明德畢讀非下施之萬民萬民被其利終身無已故先王之言曰此道也大用之天下則不窕舊本譌究畢云一本作窕非王云作窕者是也詒讓案尚同中篇亦云大用之治天下不窕今據正管子宙合篇共處大也不窕今本亦誤究與此正同說詳尚同中篇小用之則不困脩用之則萬民被其利終身無已周頌道之曰聖人之德若天之高若地之普其有昭於天下也若地之固若山之承承與丞通說文収部云丞翊也从廾从卩从山山高奉承之義若山之承亦言如山之高也不坼不崩若日之光若月之明與天地同常常猶言保守也詩魯頌閟宮篇魯邦是常鄭箋

云常守也俞云此文疑有錯誤當云聖人之德昭於天下若天之高若地之普若山之承不坼不崩若日之光若月之明與天地同常葢首四句下普隔句爲韵中二句承崩末三句光明常皆每句協韵昭於天下句傳寫脫去而誤補於若地之普下則首二句無韵矣又增其有也三字則非頌體矣既云若地之普又云若地之固重複無義故知其錯誤也則此言聖人之德章明博大埴固以脩久也淮南子泰族訓云勇者可令埴固畢云埴訓黏土堅牢之意故聖人之德蓋總乎天地者也今王公大人欲王天下正諸侯正長也詳親士篇夫無德義將何以哉其說將必挾震威彊今王公大人將焉取挾震威彊哉傾者民之死也此冢上將焉取挾震威彊爲問辭傾者者當爲諸之省也古與邪通漢書田蚡傳欲以傾諸將相顏注云傾謂踰越而勝之也此云傾諸民之死亦言驅民使必死以相傾也民生爲甚欲死爲甚憎所欲不得而所憎屢至畢云屢卽屨字省文史記或作屨漢書或作婁皆訓數自古及今未有嘗能有以此王天下正諸侯者也蘇云上有衍字今大人欲王天下正

諸侯將欲使意得乎天下名成乎後世故不察尚賢爲政之本也政上舊本挩爲字王據上文補故亦與胡同畢云當云不可不察非此聖人之厚行也

尚賢下第十

子墨子言曰天下之王公大人皆欲其國家之富也人民之衆也刑法之治也然而不識以尚賢爲政其國家百姓王公大人本失尚賢爲政之本也若苟王公大人本失尚賢爲政之本也則不能毋舉物示之乎今若有一諸侯於此爲政其國家也曰凡我國能射御之士我將賞貴之不能射御之士我將罪賤之問於若國之士孰喜孰懼我以爲必能射御之士喜不能射御之士懼我賞因而誘之矣賞當爲嘗嘗試也此句爲下文發端書中嘗字多譌爲賞詳尚同下篇曰凡我國之忠信之士我將賞貴之不忠

信之士我將罪賤之問於若國之士孰喜孰懼我以爲必忠信之士喜不忠信之士懼今惟毋以尚賢爲政其國家百姓畢本毋改毌云毌同慣下同案畢校非也毋語詞說詳中篇使國爲善者勸爲暴者沮大以爲政於天下畢云大一本作夫使天下之爲善者勸爲暴者沮然昔吾所以貴堯舜禹湯文武之道者何故以哉以其唯毋臨眾發政而治民使天下之爲善者可而勸也畢云高誘注淮南子云而能也古通陳壽祺說同王云可而猶可以也下文曰上可而利天中可而利鬼下可而利民與此文同一例詒讓案王說是也尚同下篇云尚用之天子可以治天下矣中用之諸侯可而治其國矣下用之家君可而治其家矣上句作可以下二句並作可而可證爲暴者可而沮也然則此尚賢者也與堯舜禹湯文武之道同矣而今天下之士君子居處言語皆尚賢逮至其臨眾發政而治民莫知尚賢而使能我以此知天下之士君

子明於小而不明於大也（上於字舊本挩今據羣書治要增與下文合）何以知其然乎（治要作也）今王公大人有一牛羊之財（畢云同材）不能殺必索良宰有一衣裳之財不能制必索良工當王公大人之於此也雖有骨肉之親無故富貴（無疑當爲毋下同詳中篇）面目美好者實知其不能也不使之也是何故恐其敗財也當王公大人之於此也則不失尚賢而使能王公大人有一罷馬不能治（罷治要作疲下同案罷疲字同國語齊語云天下諸侯罷馬以爲幣韋注云罷不任用也管子小匡篇作疲馬尹知章注云疲謂瘦也）必索良醫有一危弓不能張（考工記弓人云豐肉而短寬緩以茶若是者爲之危弓）必索良工當王公大人之於此也雖有骨肉之親無故富貴面目美好者實知其不能也（實治要作誠）必不使是何故恐其敗財也當王公大人之於此也則不失尚賢而使能逮至其國家

則不然（逮至治要作至逮）王公大人骨肉之親無故富貴面目美好者則舉之則王公大人之親其國家也（親疑並當作視）不若親其一危弓罷馬衣裳牛羊之財與（下句其字治要無）我以此知天下之士君子皆明於小而不明於大也（畢云舊脫明字一本有詒讓案道藏本季本並有）此譬猶瘖者而使爲行人（說文疒部云瘖不能言也）聾者而使爲樂師是故古之聖王之治天下也其所富其所貴未必王公大人骨肉之親無故富貴面目美好者也是故昔者舜耕於歷山陶於河瀕漁於雷澤（當作濩澤說詳上篇）灰於常陽（畢云疑即恒山之陽洪云灰當是販字之譌尚書大傳販於頓丘史記五帝本紀就時於負夏索隱就時猶逐時若言乘時射利也義亦與販相近俞云灰疑反字之誤反者販之段字販從反聲古文以聲爲主故止作反也）堯得之服澤之陽立爲天子使接天下之政而治天下之民昔伊尹爲莘氏女師僕（畢云僕佚也女

師見詩云言告師氏王云僕卽佚之譌此謂有莘氏以伊尹媵女非以爲僕也說文佚送也呂不韋曰有侁氏以伊尹佚女侁莘同今本呂氏春秋本味篇佚作媵經傳皆作媵而佚字罕見唯墨子書有之而字形與僕相似因譌而爲僕淮南時則篇具曲楳筥筐今本楳作撲誤與此同俞云師當爲私聲之誤僕猶臣也禮記禮運篇仕於公曰臣仕於家曰僕是臣僕一也私僕猶曰私臣中篇曰伊摯有莘氏女之私臣案王說近是使爲庖人湯得而舉之立爲三公使接天下之政治天下之民昔者傅說居北海之洲畢云書正義云尸子云傅巖在北海之洲孔傳云傅巖在虞虢之界洲當爲州詒讓案虞虢界近南河距北海絕遠墨子尸子說蓋與漢晉以後地理家異圜土之上畢云史記殷本紀云說爲胥靡築於傅巖孔傳云說賢而隱代胥靡築之以供食故此云圜土也詒讓案呂氏春秋求人篇亦云傅說殷之胥靡也周禮大司徒鄭注云圜土謂獄也獄城圜又比長注云圜土者獄城也獄必圜者規主仁以仁心求其情古之治獄者閔於出之釋名釋宮室云獄又謂之圜土言築土表墻其形圜也月令孔疏引鄭志崇精問曰獄周曰圜土殷曰羑里夏曰均臺案周以圜土爲繫治罷民之獄據此書則殷時已有圜土之名不自周始矣衣褐帶索庸築於傅巖之城武丁得

而舉之立爲三公使之接天下之政而治天下之民是故昔者堯之舉舜也湯之舉伊尹也武丁之舉傅說也豈以爲骨肉之親無故富貴面目美好者哉惟法其言惟治要作唯用其謀行其道上可而利天而猶以也畢云而同能非中可而利鬼下可而利人是故推而上之古者聖王既審尚賢欲以爲政故書之竹帛琢之槃盂爾雅釋器云雕謂之琢韓非子大體篇云至安之世不著名於圖書不錄功於槃盂傳以遺後世子孫於先王之書呂刑之書然王曰於畢云孔書作吁詒讓案僞孔傳云吁歎也釋文引馬融本作于云于於也來有國有土孔傳云有國土諸侯畢云孔書國作邦詒讓案史記周本紀亦作國告女訟刑段玉裁云訟刑公刑也古訟公通用畢云孔書女作爾訟作詳詒讓案今書又改作詳孔傳云告汝以善用刑之道周禮大宰大司寇鄭注引並作詳後漢書劉愷傳李注引鄭書注云詳審察之也此訟疑即詳之譌在今而安百姓畢云孔書而作爾是女何擇言人畢云孔書無女字作何擇非人

王引之云言當爲否篆書否字作吾言字作音二形相似隸書否字或作吾言字或作音亦相似故否誤爲言否與不古字通故下二句云何敬不刑何度不及也今書作何擇非人何敬非刑何度非及非否不並同義段玉裁云言人當是吉人之譌謂何擇非吉人乎冡上苗民罔擇吉人言之詒讓案王說是也何敬不刑何度不及孔傳云在今爾安百姓兆民之道當何所擇非惟吉人乎當何所敬非惟五刑乎當何所度非惟及世輕重所宜乎釋文引馬融云度造謀也案以此下文推之則墨子訓不及爲不及堯舜禹湯文武之道猶言何慮其不能逮也與孔說異畢云孔書爾不字作非能擇人而敬爲刑堯舜禹湯文武之道可及也是何也則以尚賢及之於先王之書豎年之言然曰畢云豎距字假音睎夫聖武知人畢云睎疑當从目蘇云睎當從日作晞晞夫歎詞猶嗚呼也詒讓案畢說是也說文目部云睎望也聖武謂聖人與武人也知與智通逸周書皇門篇云乃方求論擇元聖武夫羞于王所以屏輔而身此言先王之治天下也必選擇賢者以爲其羣屬輔佐曰今也天下之士君子皆欲富貴而惡貧賤之舊本譌言王云言當爲之今天下之士

君子皆欲富貴而惡貧賤又見下文草書言與之相似故之譌爲言詒讓案王說是也今據正曰然女何爲而得富貴而辟貧賤畢云辟同避莫若爲賢爲賢之道將柰何曰有力者疾以助人有財者勉以分人有道者勸以教人若此則飢者得食寒者得衣亂者得治若飢則得食寒則得衣亂則得治此安生生王引之云安猶乃也言如此乃得生生也今王公大人其所富其所貴皆王公大人骨肉之親無故富貴面目美好者也今王公大人骨肉之親無故富貴面目美好者焉故必知哉論語子路皇侃義疏云焉猶何也顏之推家訓音辭篇引葛洪字苑云焉字訓何訓安音於愆反若不知使治其國家則其國家之亂可得而知也今天下之士君子皆欲富貴而惡貧賤然女何爲而得富貴而辟貧賤哉曰莫若爲王公大人骨肉之親無故富貴面目美好者舊本挩此八字王據上下文補

今從之王公大人骨肉之親無故富貴面目美好者此非可學能者也使不知辯舊本脫知字今據道藏本補德行之厚若禹湯文武不加得也王公大人骨肉之親躄瘖聾暴爲桀紂不加失也說文止部云躄人不能行也呂氏春秋盡數篇高注云躄不能行也躄卽躄之或體躄瘖聾皆癈疾不宜與暴並舉且荀子非相篇稱桀紂長巨姣美則必無此諸疾疑聾下挩一字下暴爲桀紂自爲句爲又如之誤二字艸書相近躄瘖聾言其有惡疾暴如桀紂言其有惡行也又案聾下或挩瞽字耕柱篇亦云聾瞽是故以賞不當賢罰不當暴其所賞者已無故矣王云故乃攻字之誤攻故字相似又涉上文無故富貴而誤攻卽功字也無功與無罪對文其所罰者亦無罪是以使百姓皆攸心解體畢云攸一本作放詒讓案攸與悠通言悠忽也淮南子脩務訓高注云悠忽游蕩輕物也沮以爲善垂其股肱之力垂義不可通字當作舍草書二字形近而誤尚同中篇云至乎舍餘力不以相勞隱匿良道不以相教腐㱙餘財不以相分與此文意正同節葬下篇亦云無敢舍餘力隱謀遺利而不爲親爲之者矣此以下六句卽舍力遺利

隱謀之事而不相勞來也爾雅釋詁云勞來勤也孟子滕文公篇云勞之來之史記周本紀云武王曰日夜勞來定我西土說文力部云勑勞勑也勞來卽勞勑腐臭餘財畢云臭殠省文而不相分資也戰國策齊策高誘注云資與也莊子大宗師篇郭象注云資者給濟之謂隱慝良道尙同上中並作隱匿良道畢云慝卽匿字異文隱匿之字亦寫从心知經典慝惡字卽匿也而不相教誨也若此則飢者不得食寒者不得衣亂者不得治舊本挩此十二字王據上文補今從之推而上之以王云此五字與上下文義不相屬蓋涉上文推而上之而衍是故昔者堯有舜舜有禹禹有皐陶湯有小臣此卽上文所謂伊尹爲有莘氏女師僕也楚辭天問云成湯東巡有莘爰極何乞彼小臣而吉妃是得王注云小臣謂伊尹也呂氏春秋尊師篇云湯師小臣高注云小臣謂伊尹武王有閎夭泰顚南宮括散宜生閎夭泰顚南宮括散宜生並見書君奭篇散宜生亦見孟子盡心篇趙注云散宜生文王四臣之一也散宜生有文德而爲相大戴禮記帝繫篇云堯娶於散宜氏之女散宜蓋以國爲氏也畢云紂拘文王於羑里於是散宜生乃以千金求天下之珍怪得騶虞雞斯之乘玄玉百工大貝百朋玄

豹黃羆青豻白虎文皮千合以獻于紂以費仲而通紂見而悅之乃免其身殺牛而賜之見淮南子道應訓而天下和庶民阜是以近者安之遠者歸之日月之所照舟車之所及雨露之所漸廣雅釋詁云漸潰也粒食之所養王云自而天下和至此凡三十七字舊本誤入下文國家百姓之利之下今移置於此詒讓案王校是也今依乙正粒食謂食穀之人小爾雅廣物云穀謂之粒書益稷云烝民乃粒僞孔傳云米食曰粒天志上篇云四海之內粒食之民王制云西方曰戎被髮衣皮有不粒食者矣北方曰狄衣羽毛穴居有不粒食者矣得此莫不勸譽且今天下之王公大人士君子中實將欲為仁義求為上士上欲中聖王之道下欲中國家百姓之利王云自得此莫不勸譽至此凡四十五字舊本誤入上文而天下和之上今移置於此得此莫不勸譽舊本脫莫字今補求為上士舊本脫上字今據各篇補案王校是也今依乙補故尚賢之為說而不可不察此者也治要作是故尚賢之為說不可不察也尚賢者天鬼百姓之利而政事之本也

墨子閒詁卷三

瑞安孫詒讓

尚同上第十一

尚亦與上通漢書蓺文志作上同注如淳云言皆同可以治也趙岐孟子章指云墨子元同質而違中亦指此畢云楊倞注荀子尚作上

子墨子言曰古者民始生未有刑政之時道藏本刑作形字通蓋其語人異義俞云此本作古者民始生未有政長之時蓋其語曰天下之人異義中篇文同可據訂是以一人則一義二人則二義十人則十義其人茲眾其所謂義者亦茲眾蘇云茲滋古通用是書皆作茲詒讓案說文艸部云茲艸木多益水部云滋益也古正作茲今相承作滋是以人是其義以非人之義故交相非也是以內者父子兄弟作怨惡畢云非也是舊作非是也字倒今以意改離散不能相和合天下之百姓皆以水火毒藥相虧害小爾雅廣言云虧損也至有餘力不能以相

勞爾雅釋詁云勞勤也孟子滕文公篇趙注云共井之家各相營勞也卽此相勞之義腐㱙餘財不以相分尚賢下作腐臭餘財臭㱙亦聲近畢云舊本㱙俱作列非說文云㱙腐也或从歺隱匿良道不以相教天下之亂若禽獸然夫明虖天下之所以亂者說文虍部云虖哮虖也此借爲乎字生於無政長畢云政當爲正是故選天下之賢可者王云選下有擇字而今本脫之下文及中下二篇皆作選擇太平御覽皇王部二引此同立以爲天子天子立以其力爲未足又選擇天下之賢可者置立之以爲三公天子三公既以立以天下爲博大遠國異土之民是非利害之辯不可一二而明知故畫分萬國畢云說文云畫界也立諸侯國君諸侯國君既已立以其力爲未足又選擇其國之賢可者置立之以爲正長爾雅釋詁云正長也書立政云立民長伯立政政與正同此正長卽中篇所云左右將軍大夫及鄉里之長與上文正長通天子諸侯言者異淮南子脩務訓云且古之立帝王者非以奉養其欲也聖人踐位者

非以逸樂其身也爲天下強掩弱衆暴寡詐欺愚勇侵怯懷知而不以相教積財而不以相分故立天子以齊一之爲一人聰明而不足以徧燭海內故立三公九卿以輔翼之絕國殊俗僻遠幽閒之處不能被德承澤故立諸侯以教誨之是以地無不任時無不應官無隱事國無遺利蓋本此書正長既已具天子發政於天下之百姓言曰聞善而不善畢云而與如同王引之云而猶與也言善與不善也而與與聲之轉故莊子外物篇與其譽堯而非桀大宗師篇與作而皆以告其上上之所是必皆是之所非必皆非之上有過則規諫之下有善則傍薦之畢云則一本作必詒讓案傍與訪通王訓爲徧非也義詳中篇上同而不下比者樂記鄭注云比猶同也此上之所賞而下之所譽也意若聞善而不善不以告其上上之所是弗能是上之所非弗能非上有過弗規諫下有善弗傍薦下比不能上同者此上之所罰而百姓所毀也韓非子難三篇云明君求善而賞之求姦而誅之其得之一也故以善聞之者以說善同於上者也以姦聞之者以惡姦同於上者也此宜賞

譽之所及也不以姦聞是異於上而下比周於姦者也此宜毀罰之所及也與此說略同上以此爲賞罰甚明察以審信甚舊本譌其王云其當爲甚甚明察以審信見中篇案王校是也今據正是故里長者里之仁人也此里爲鄉之屬別與周禮地官六遂所屬里異里長發政里之百姓言曰聞善而不善必以告其鄉長鄉長之所是必皆是之鄉長之所非必皆非之去若不善言學鄉長之善言去若不善行學鄉長之善行則鄉何說以亂哉察鄉之所治者何也所下據下文當有以字鄉長唯能壹同鄉之義壹中下篇並作一字通是以鄉治也鄉長者鄉之仁人也鄉長發政鄉之百姓言曰聞善而不善者必以告國君國君之所是必皆是之國君之所非必皆非之去若不善言學國君之善言去若不善行學國君之善行則國何說以亂哉察國之所以治者何也國君唯能壹同

國之義是以國治也國君者國之仁人也國君發政國之百姓言曰聞善而不善必以告天子天子之所是皆是之天子之所非皆非之去若不善言學天子之善言去若不善行學天子之善行則天下何說以亂哉察天下之所以治者何也天子唯能壹同天下之義是以天下治也天下之百姓皆上同於天子而不上同於天子舊本作一蘇云一當作子俞云而字乃夫字之誤夫字篆書作亦與而相似故誤一夫不上同於天謂有一夫不與天同也尚同下篇使天下之民若使一夫以一夫對天下之民言與此一律可證戴云依中篇夫既上同乎天子云云當如蘇說詒讓案蘇戴校是也今據正則菑猶未去也菑上依中篇當有天字畢云菑巛字之假音菑不耕田也見說文今若天飄風苦雨王云今若天天當爲夫夫與天字相似篇內又多天字故夫誤爲天今若夫猶言今夫兼愛篇曰今若夫攻城野戰殺身而爲名此天下百姓之所皆難也又曰今若夫兼相愛交相利此自先聖六王者親行之又曰今若夫兼相愛交相利此其有利且易爲

也不可勝計也鴻烈覽冥篇曰今若夫申韓商鞅之爲治也皆其證矣詒讓案王說亦通但中篇云故當若天降寒熱不節雪霜雨露不時五穀不孰六畜不遂疾菑戾疫飄風苦雨荐臻而至者此天之降罰也則此天字似非誤文爾雅釋言云迴風爲飄詩大雅何人斯毛傳云飄風暴起之風釋文云疾風也左莊四年傳云春無凄風秋無苦雨杜注云霖雨爲人所患苦禮記月令云苦雨數至五穀不滋**溱溱而至者**畢云溱同臻太平御覽作臻史記三王世家云西溱月氏北義云溱音臻詒讓案溱溱言風雨之盛也詩小雅無羊云室家溱溱毛傳云溱溱衆也廣雅釋言云蓁蓁盛也溱蓁聲同字通中篇作薦臻**此天之所以罰百姓之不上同於天者也是故子墨子言曰古者聖王爲五刑請以治其民**俞云請字衍文古者聖王爲五刑以治其民十一字爲一句中篇曰昔者聖王制爲五刑以治天下是其證也詒讓案請與誠通此書誠多作請詳下篇俞以爲衍文非**譬若絲縷之有紀**畢云說文云紀絲別也詒讓案紀本義爲絲別引申之爲絲之統總亦爲紀說文系部云統紀也禮記樂記鄭注云紀總要之名也禮器云紀散而衆亂注云絲縷之數有紀**罔罟之有綱**畢云說文云綱維紘繩也**所連收天下之百姓不尚同其上者也**

俞云所下奪以字所以連收天下之百姓不尚同其上者也者無以字則不成義中篇曰將以運役天下淫暴而一同其義也彼云將以此云所以文法雖異而實同

尚同中第十二

子墨子曰方今之時復古之民始生未有正長之時易雜卦傳云復反也謂反而考之古之民始生之時蓋其語曰天下之人異義是以一人一義十人十義百人百義其人數茲衆其所謂義者亦茲衆是以人是其義而非人之義故相交非也戴云當從上篇作交相非也內之父子兄弟作怨讐皆有離散之心不能相和合至乎舍餘力不以相勞隱匿良道不以相教腐死餘財不以相分畢云死舊作列見上天下之亂也至如禽獸然無君臣上下長幼之節父子兄弟之禮是以天下亂焉明乎民之無正長以一同天下之義而

天下亂也是故選擇天下賢良聖知辯慧之人立以為天子使從事乎一同天下之義天子既以立矣以為唯其耳目之請畢云請當為情下同顧云史記樂書情文俱盡徐廣曰古請字或假借作請諸子中多有此比洪云列子說符篇發於此而應於外者唯請張湛注請當作情荀子成相篇聽之經明其請楊倞注請當為情言古文言字與心字篆文心字形近故情字多為請不能獨一同天下之義是故選擇天下贊閱賢良聖知辯慧之人漢書東方朔傳顏注云贊進也太玄經范望注云閱簡也置以為三公與從事乎一同天下之義天子三公既已立矣以為天下博大山林遠土之民不可得而一也是故靡分天下俞云靡當為歷字之誤也大戴記五帝德篇歷離日月星辰是歷與離同義此云歷分天下與彼云歷離日月星辰文義正同若作靡字則無義矣非攻下篇禹既已克有三苗焉磨為山川別物上下天志中篇磨為日月星辰以昭道之兩磨字皆磿字之誤磿即歷之叚字也設以為萬諸侯國君使從事乎一同其國之義國君既

已立矣又以爲唯其耳目之請不能一同其國之義是故擇其國之賢者置以爲左右將軍大夫將軍謂卿也周禮夏官軍將皆命卿春秋戰國時侯國亦皆以卿爲將通謂之將軍非攻中篇云晉有六將軍即六卿也管子立政篇云將軍大夫以朝水經河水鄴道元注引竹書紀年云邯鄲命將軍大夫適子代吏皆貂服並稱卿大夫爲將軍大夫以遠至乎鄉里之長遠當爲逮形近而誤後文云逮至有苗之制五刑以亂天下尚賢上篇云逮至遠鄙郊外之臣門庭庶子國中之衆四鄙之萌人聞之皆競爲義與此文例正同與從事乎一同其國之義天子諸侯之君天子子疑當作下民之正長既已定矣天子爲發政施教曰凡聞見善者必以告其上聞見不善者亦必以告其上上之所是必亦是之上之所非必亦非之已有善傍薦之祭義云卿大夫有善薦於諸侯鄭注云薦進也謂在上之人已有善則告進之於上也傍當爲訪之借字二字皆从方得聲古多通用魯問篇云所謂忠臣者上有過則微之以諫已有善則訪之上而無敢以告外匡其邪而入其善尚同而無下比與此上下文義

並略同可證傍薦之義上篇亦同王云己字義不可通己當爲民字之誤也傍者溥也偏也說文旁溥也旁與傍通言民有善則衆共薦之若堯典所云師錫也上篇曰上有過則規諫之下有善則傍薦之下亦民也詒讓案此已字可通不必依上篇改下王失檢魯問篇文故不得其解**上有過規諫之尙同義其上**義當作乎下文云尙同乎鄉長尙同乎國君可證**而毋有下比之心**管子小匡篇云公又問焉曰於子之鄉有不慈孝於父母不長弟於鄉里驕躁淫暴不用上令者有則以告有而不以告謂之下比尹注云下與有罪者比而掩蔽之

上得則賞之萬民聞則譽之意若聞見善不以告其上聞見不善亦不以告其上上之所是不能是上之所非不能非已有善不能傍薦之王云已亦民之誤非上有過不能規諫之下比而非其上者上得則誅罰之萬民聞則非毀之故古者聖王之爲刑政賞譽也甚明察以審信是以舉天下之人皆欲得上之賞譽而畏上之毀罰是故里長順天子政而一同其里之義

里長既同其里之義率其里之萬民以尚同乎鄉長曰凡里之萬民皆尚同乎鄉長而不敢下比鄉長之所是必亦是之鄉長之所非必亦非之去而不善言學鄉長之善言去而不善行學鄉長之善行鄉長固鄉之賢者也舉鄉人以法鄉長夫鄉何說而不治哉察鄉長之所以治鄉者何故之以也曰唯以其能一同其鄉之義是以鄉治鄉長治其鄉而鄉既已治矣王云舊本脫鄉長治三字下文曰國君治其國而國既已治矣今據補案王校是也蘇說同有率其鄉萬民有讀爲又下並同以尚同乎國君曰凡鄉之萬民皆上同乎國君而不敢下比國君之所是必亦是之國君之所非必亦非之去而不善言學國君之善言去而不善行學國君之善行國君固國之賢者也舉國人以法國君夫國何說而不治

哉察國君之所以治國而國治者何故之以也曰唯以其能一同其國之義是以國治國君治其國而旣已治矣有率其國之萬民以尙同乎天子曰凡國之萬民上同乎天子而不敢下比天子之所是必亦是之天子之所非必亦非之去而不善言學天子之善言去而不善行學天子之善行天子者固天下之仁人也舉天下之萬民以法天子夫天下何說而不治哉畢云下舊作子一本如此察天子之所以治天下者何故之以也曰唯以其能一同天下之義是以天下治夫旣尙同乎天子而未上同乎天者則天菑將猶未止也故當若天降寒熱不節王云天亦夫字之誤降字則因下文降罰而衍詒讓案天降二字蓋通貫下文言之王說未塙雪霜雨露不時五穀不孰道藏本作熟非六畜不遂國語齊語云犧牲不略則牛羊遂韋注云遂長也

疾菑戾疫漢書食貨志顏注云戾惡氣也案戾疫即兼愛下篇之癘疫戾癘一聲之轉畢云戾沴字之假音亦過飄風苦雨荐臻而至者荐薦同毛詩大雅節南山傳云薦重也爾雅釋詁云臻仍乃也仍與重義亦同易坎象水荐至釋文引京房荐作臻此天之降罰也將以罰下人之不尚同乎天者也故古者聖王明天鬼之所欲而避天鬼之所憎而舊本誤不今據道藏本正天志中篇同以求興天下之利除天下之害是以率天下之萬民齊戒沐浴齊道藏本作齋潔爲酒醴粢盛畢云本書多作絜俗从水以祭祀天鬼其事鬼神也酒醴粢盛不敢不蠲潔周禮宮人鄭注云蠲猶絜也呂氏春秋尊師篇云臨飲食必蠲絜犧牲不敢不腯肥曲禮云豚曰腯肥鄭注云腯亦肥也腯充貌也左桓六年傳云吾牲牷肥腯又云奉牲以告曰博碩肥腯珪璧幣帛不敢不中度量珪璧有度若考工記玉人云四圭尺有二寸以祀天兩圭五寸有邸以祀地之屬是也幣帛有度若漢書食貨志云周法布帛廣二尺二寸爲幅周禮內宰鄭注引天子巡守禮云制幣丈八尺純四咫是也王制云布帛幅廣狹不中度量不粥

於春秋祭祀不敢失時幾聽獄不敢不中畢云幾讀如關市譏俞云畢以幾字屬下聽獄不敢不中讀然關市與獄訟不當并為一事殆失之矣幾字仍當屬上讀幾者期也詩楚茨篇如幾如式毛傳訓幾為期是也不敢失時幾者不敢失時期也國語周語注曰期將事之日也是期以日言不敢失時并不敢失日故曰不敢失時幾分財不敢不均居處不敢怠慢曰其為正長若此是故上者天鬼有厚乎其為政長也下云天鬼之所深厚則此厚上疑挩深字下者萬民有便利乎其為政長也天鬼之所深厚而能彊從事焉則王云有上者天鬼以下至此凡三十八字舊本誤入下文入守固之下今移置於此而能彊從事焉舊本脫能字今據下文補案王校是也蘇說同今從乙補天鬼之福可得也萬民之所便利而能彊從事焉則萬民之親可得也其為政若此是以謀事得畢云舊脫此字據後文增舉事成入守固出誅勝者何故之以也曰唯以尚同為政者也故古者聖王之為政若此今天下之人曰方今

之時王云自出誅勝以下至此凡三十八字舊本誤入上文上者天鬼之上今移置於此案王校是也蘇說同今從乙正天下之正長猶未廢乎天下也而天下之所以亂者何故之以也子墨子曰方今之時之以正長則本與古者異矣譬之若有苗之以五刑然畢云苗舊作量據下改昔者聖王制爲五刑書舜典僞孔傳云五刑墨劓剕宮大辟以治天下畢云文選注引此云畫衣冠異章服而民不犯疑此閒脫文逮至有苗之制五刑此卽下五殺之刑以亂天下俞云之衍字則此豈刑不善哉用刑則不善也是以先王之書呂刑之道畢云當云道之詞讓案下文兩云之道此疑不到曰苗民否用練折則刑畢云孔書作弗用靈制以刑靈練否弗折制音同錢大昕云古書弗與不同否卽不字靈練聲相近緇衣引作匪用命命當是令之譌令與靈古文多通用令靈皆有善義鄭康成注禮稱爲政令似違王鳴盛云古音靈讀若連故轉爲練也折與制古字亦通古文論語云片言可以折獄魯論折作制是也段玉裁云靈作練者雙聲也依墨子上下文觀之練亦訓善與孔正同緇衣作命者古靈令通用皆

訓善令之爲命字之譌誤也詒讓案僞孔傳云三苗之主頑凶若民習蚩尤之惡不用善化民而制以重刑三苗竝堯所誅呂刑及緇衣孔疏引書鄭注云苗民謂九黎之君也九黎之君於少昊氏衰而棄善道上效蚩尤重刑必變九黎言苗民者有苗九黎之後顓頊代少昊誅九黎分流其子孫爲居於西裔者三國至高辛之衰又復九黎之君惡堯興又誅之堯末又在朝舜時又竄之後禹攝位又在洞庭逆命禹又誅之後王深惡此族三生凶惡故著其氏而謂之民民者冥也言未見仁道又鄭緇衣注云命謂政令也高辛氏之末諸侯有三苗者作亂其治民不用政令專制御之以嚴刑乃作五虐蚩尤之刑以是爲法案鄭書禮二注不同書注與此合於義爲長戰國策魏策吳起云昔者三苗之居左彭蠡之波右洞庭之水文山在其南而衡山在其北恃此險也爲政不善而禹放逐之史記吳起傳作左洞庭右彭蠡五帝本紀張守節正義據彼云今江州鄂州岳州三苗之地也案古三苗國當在今湖南湖北境

唯作五殺之刑曰法

僞孔傳云惟爲五虐之刑自謂得法畢云孔書殺作虐孫星衍云虐殺義相同詒讓案呂刑下文云殺戮無辜爰始淫爲劓刵椓黥則止四刑書堯典孔疏引今文夏侯等書作臏宮割劓頭庶剠臏一宮割二劓三頭庶剠四亦無五刑以呂刑五刑之辟校之惟少大辟疑即以殺戮晐大辟矣

則此言善用刑者以治民不善

用刑者以爲五殺則此豈刑不善哉用刑則不善故遂以爲五殺是以先王之書術令之道曰唯口出好興戎蘇云出書大禹謨詒讓案術令當是說命之叚字禮記緇衣云兌命曰惟口起羞惟甲冑起兵惟衣裳在笥惟干戈省厥躬鄭注云兌當爲說謂殷高宗之臣傅說也作書以命高宗尚書篇名也羞猶辱也惟口起辱當愼言語也案此文與彼引兌命辭義相類術說令命音並相近必一書也晉人作僞古文書不悟乃以竄入大禹謨疏繆殊甚近儒辯古文書者亦皆不知其爲說命佚文故爲表出之僞孔傳云好謂賞善戎謂伐惡言口榮辱之主則此言善用口者出好不善用口者以爲讒賊寇戎則此豈口不善哉用口則不善也故遂以爲讒賊寇戎故古者之置正長也將以治民也譬之若絲縷之有紀而罔罟之有綱也將以運役天下淫暴而一同其義也王云運役二字義不可通當依上篇作連收字之誤也連收二字正承絲縷罔罟而言是以先王之書相年之道曰畢云相年當爲拒年夫建國設都乃作后王君

公否用泰也論語子罕皇疏云泰驕泰也王引之云否非也輕大夫師長畢云輕當爲卿盧云下篇作奉以卿字誤也否用佚也維辯使治天均辯辮字通周易集解引易鄭注云辯分也謂分授以職使治天均王念孫釋辯爲偏未塙詳下篇詩大雅節南山秉國之均毛傳云均平也莊子寓言篇云天均者天倪也非此義下篇作治天明又案王引之尚書述聞據廣雅釋詁訓此辯爲使則辭義重復亦不可從則此語古者上帝鬼神之建設國都立正長也非高其爵厚其祿富貴佚而錯之也王云佚上有游字而今本脫之則語意不完下篇曰非特富貴游佚而擇之也是其證游佚即淫佚佚語之轉耳畢云錯讀如舉措將以爲萬民興利除害富貴貧寡此與上下文例不合疑當作富貧眾寡安危治亂也故古者聖王之爲若此戴云爲下疑脫政字今王公大人之爲刑政則反此戴云刑字衍政以爲便譬政與正同畢云譬讀如僻僎云論語季氏友便辟馬鄭皆讀辟爲譬謂巧爲譬諭以求容媚義即本此宗於父兄故舊宗於疑宗族之誤以爲左右置以爲正長戴云政以爲便譬三句當作宗於便譬父兄故

舊立以爲左右置以爲正長便譬誤寫在宗字上以爲左右上之立立字又誤作政政以爲三字又誤在句首故不可通更譬謂巧爲譬喻見公羊定四年疏引論語鄭注或當爲便嬖亦通宗讀爲是崇立字與正相似故誤爲正又誤沾攴旁耳詒讓案戴說未塙民知上置正長之非正以治民也戴云非下正字衍是以皆比周隱匿比周詳前篇而莫肯尙同其上是故上下不同義若苟上下不同義賞譽不足以勸善而刑罰不足以沮暴何以知其然也曰上唯毋立而爲政乎國家爲民正長王云唯與雖同詒讓案毋語詞詳尙賢中篇曰人可賞吾將賞之若苟上下不同義上之所賞則衆之所非曰人衆與處於衆得非則是雖使得上之賞未足以勸乎上唯毋立而爲政乎國家爲民正長曰人可罰吾將罰之若苟上下不同義上之所罰則衆之所譽曰人衆與處於衆得譽則是雖使得上之罰未足以沮乎若立而爲

政乎國家爲民正長賞譽不足以勸善而刑罰不沮暴沮暴上亦當有足以二字則是不與鄉吾本言民始生未有正長之時同乎若有正長與無正長之時同則此非所以治民一眾之道故古者聖王唯而審以尚同畢云而讀與能同舊脫審字文選注引作能審以尚同今據增以爲正長是故上下情請爲通畢云文選注引作是故上下通情舊脫故字今據增王云此本作是故上下請通請卽情字也墨子書多以請爲情今作情請爲通者後人旁記情字而寫者遂誤入正文又涉上文以爲正長而衍爲字耳文選東京賦注引情通作通情者乃涉賦又上下通情而誤顧校同俞云惟以爲正長句亦有衍字下文曰故古者聖人之所以濟事成功垂名於後世者無它故異物焉曰唯能以尚同爲政者也然則此文當云唯而審以尚同爲政上下文義始相應因涉上文屢言正長遂誤作以爲正長上下不應矣且既云審以尚同又云以爲正長一句中兩用以字義亦未安上文曰其爲正長若此是故出誅勝者何故之以也曰唯以尚同爲政者也然則爲正長以人言爲政以事言明爲正長者當以尚同爲政也若作尚同以爲正長卽失其義矣下篇云聖王皆以尚同爲政故天下治亦其

證也案俞校未塙上有隱事遺利隱事遺利與節葬篇隱謀遺利義同下得而利之下有蓄怨積害上得而除之是以數千萬里之外有爲善者其室人未徧知鄉里未徧聞天子得而賞之數千萬里之外有爲不善者其室人未徧知鄉里未徧聞天子得而罰之是以舉天下之人皆恐懼振動惕慄不敢爲淫暴曰天子之視聽也神畢云子舊作下一本如此先王之言曰非神也夫唯能使人之耳目助己視聽使人之吻助己言談說文口部云吻口邊也以上句文例校之吻上疑有脣字非命下篇云今天下之士君子之爲文學出言談也非將勤勞其喉舌而利其脣呡也呡與吻字同使人之心助己思慮使人之股肱助己動作助之視聽者衆則其所聞見者遠矣助之言談者衆則其德音之所撫循者博矣荀子富國篇云拊循之楊注云拊與撫同撫循慰悅之也助之思慮者衆則其談謀度速得矣

王云謀度上不當有談字蓋涉上文言談而衍案王說是也蘇說同 助之動作者眾卽其舉事速成矣 舊本其在舉下蘇云當作則其舉事速成矣俞云此本作卽其舉事速成矣上文三言則其此言卽其卽則古通用也今作卽舉其事誤案俞說是也今據乙 故古者聖人之所以濟事成功垂名於後世者無他故異物焉 異物猶言異事韓非子右儲說上篇云晉文公一舉而八有功所以然者無他故異物從狐偃之謀假顛頡之脊也 曰唯能以尚同為政者也是以先王之書周頌之道之曰 古書詩書多互偁 載來見彼王 詩載見敘云諸侯始見乎武王廟也毛傳云載始也鄭箋云諸侯始見君子謂見成王也畢云一本作載見辟王同詩 聿求厥章 道藏本聿字鈌蘇云聿詩作曰詒讓案聿曰古通用鄭箋云求車服禮儀之文章制度也 則此語古者國君諸侯之以春秋來朝聘天子之廷受天子之嚴教退而治國政之所加莫敢不賓 爾雅釋詁云賓服也 當此之時本無有敢紛天子之教者 廣雅釋詁云紛亂也謂不敢變亂天子之教令 詩曰我馬維駱 爾雅釋畜云白馬黑鬣駱 六

轡沃若毛詩衛風氓傳云沃若猶沃沃然載馳載驅周爰咨度毛詩小雅皇皇者華傳云咨禮義所宜爲度又曰我馬維騏毛詩魯頌駉傳云蒼綦曰騏六轡若絲毛傳云言調忍也蘇云若詩作如載馳載驅周爰咨謀毛傳云咨事之難易爲謀卽此語也王云卽與則同語猶言也則此語三字文義直貫至以告天子而止則語下不當有也字凡墨子書用則此語三字者語下皆無也字此蓋後人不曉文義而妄加之古者國君諸侯之聞見善與不善也皆馳驅以告天子是以賞當賢罰當暴不殺不辜不失有罪則此尚同之功也是故子墨子曰今天下之王公大人士君子請將欲富其國家王云請卽誠字案說詳節葬下篇俞云請上奪中字墨子書多以請爲情中請卽中情也下篇曰今天下王公大人士君子中情將欲爲仁義是其證也後人不知請之當讀爲情故誤刪中字耳尚賢篇曰且今天下之王公大人士君子中實將欲爲仁義中實亦卽中情也衆其人民治其刑政定其社稷當若尚同之不可不察此之本也畢云當云此爲政之本也俞云若字衍文不可

不察上奪說字此下奪爲政二字當據下篇補詒讓案畢俞校是也惟若字實非衍文當若猶言當如尚賢中篇云故當若之二物者王公大人未知以尚賢使能爲政也兼愛下篇云當若兼之不可不行也此聖王之道而萬民之大利也非攻下篇云當若繁爲攻伐此實天下之巨害也又云故當若非攻之爲說而將不可不察者此也節葬下篇云故當若節喪之爲政而不可不察此者也明鬼下篇云當若鬼神之有也將不可不尊明也非命下篇云當若有命者之言不可不強非也皆其證俞以若爲衍文失之

尚同下第十三

畢云中興書目云一本自親士至上同凡十三篇者即此已上諸篇非有異本

子墨子言曰知者之事必計國家百姓所以治者而爲之必計國家百姓之所以亂者而辟之畢云辟同避然計國家百姓之所以治者何也上之爲政得下之情則治不得下之情則亂何以知其然也上之爲政得下之情則是明於民之善非也若苟明於民之善非也畢云若苟二字舊倒據下文改則得善人而賞之得

暴人而罰之也善人賞而暴人罰則國必治上之爲政也不得下之情則是不明於民之善非也若苟不明於民之善非則是不得善人而賞之不得暴人而罰之善人不賞而暴人不罰爲政若此國眾必亂故賞不得下之情蘇云賞下當脫罰字俞校同而不可不察者也俞云而不可當作不可而猶言不可以也然計得下之情將柰何可故子墨子曰唯能以尚同一義爲政然後可矣何以知尚同一義之可而爲政於天下也而陳壽祺讀爲能今案而亦猶以也說詳尚賢下篇下文諸侯可而治其國家君可而治其家同然胡不審稽古之治爲政之說乎王云然猶則也然胡不則胡不也俞云治字乃始字之誤下文曰古者天之始生民未有正長也云云是從古之始爲政者說故此云胡不審稽古之始爲政之說乎古者天之始生民未有正長也百姓爲人戴云此人字讀如人偶之人若苟百姓爲人是一人一義十人十義百

人百義千人千義逮至人之衆不可勝計也則其所謂義者亦不可勝計此皆是其義而非人之義是以厚者有鬬而薄者有爭畢云薄舊作蕩一本如此是故天下之欲同一天下之義也[illegible]二字疑當作天畢云文選注引作古者同天之義是故選擇賢者立爲天子文選王元長三月三日曲水詩序注引此作上聖立爲天子蓋李善所改易〇又袁彥伯三國名臣序贊注引則並與此同天子以其知力爲未足獨治天下是以選擇其次立爲三公三公又以其知力爲未足獨左右天子也是以分國建諸侯諸侯又以其知力爲未足獨治其四境之內也是以選擇其次立爲卿之宰之猶與也卿之宰又以其知力爲未足獨左右其君也是以選擇其次立而爲鄉長家君是故古者天子之立三公諸侯卿之宰鄉長家君非特富貴游佚而擇之也擇當依中篇讀爲措將使

助治亂刑政也治下亂字疑衍故古者建國設都乃立后王君公奉以卿士師長此非欲用說也王云說字義不可通說當爲逸字之誤也中篇曰夫建國設都乃作后王君公否用泰也卿大夫師長否用佚也否用佚卽非用逸是其證否猶非也說見尙賢下僞古文說命建邦設都樹后王君公承以大夫師長不惟逸豫卽用墨子而小變其文詒讓案王說是也僞孔傳云言立國設都立君臣上下不使有位者逸豫民上言立之主使治民唯辯而使助治天明也舊本助治天下有助字王云下助字衍唯辯而使助治天明者辯讀爲偏古偏字多作辯天明天之明道也哀二年左傳曰二三子順天明言所以設北卿士師長者唯偏使助治大道也中篇作維辯使治天均詒讓案王謂下助字衍是也今據刪辯當訓爲分王讀爲偏尙未得其義左傳哀二年孔疏釋天明爲天之明道卽王說所本大戴禮記虞戴德篇云法于天明開施教于民左昭二十五年傳云則天之明義並略同僞古文書說命作惟以亂民疑僞孔讀天明爲天民今此何爲人上而不能治其下爲人下而不能事其上則是上下相賊也賊舊本譌賤今依王校正說詳尙賢中篇蘇云賤當作殘或殘賊二字各脫其偏傍非何故以然則義不同

也若苟義不同者有黨上以若人爲善將賞之畢云賞舊作毀一本如此若人唯使得上之賞唯雖字通而辟百姓之毀辟避字亦同後文辟避錯出是以爲善者必未可使勸見有賞也上以若人爲暴將罰之若人唯使得上之罰而懷百姓之譽是以爲暴者必未可使沮見有罰也故計上之賞譽不足以勸善計其毀罰不足以沮暴此何故以然則義不同也然舊本挩此六字王云此何故以然是問詞則義不同也是荅詞然則欲同一天下之義將柰何可又是問詞舊脫中六字則上下文皆不可通矣今據上文補案王校是也今從之則欲同一天下之義將柰何可故子墨子言曰然胡不賞使家君試用家君發憲布令其家王云賞字義不可通賞當爲嘗嘗賞字相似又涉上下文賞罰而誤使家君三字則涉下文使家君而衍既言用家君則不得又言使家君胡不嘗試用家君發憲布令其家作一句讀詒讓案王校是矣然下文說國君發憲布令則云故又使家君總其家之義以尙同於國君說天子發憲布令則云

故又使國君選其國之義以尚同於天子則此文疑亦當云胡不嘗使家人總其身之義以尚同於家君試用家君發憲布令其家前後文例乃相應葢今本胡不嘗使家下挩十一字使家君三字非衍文也發憲猶言布憲憲者法也非命上篇云先王之書所以出國家布施百姓者憲也曰若見愛利家者必以告若見惡賊家者亦必以告若見愛利家以告亦猶愛利家者也上得且賞之衆聞則譽之若見惡賊家不以告亦猶惡賊家者也上得且罰之衆聞則非之是以徧若家之人畢云徧舊作禍一本如此下同皆欲得其長上之賞譽辟其毀罰是以善言之不善言之畢云舊脫四字一本有家君得善人而賞之得暴人而罰之善人之賞而暴人之罰則家必治矣然計若家之所以治者何也唯以尚同一義爲政故也家既已治國之道盡此已邪則未也國之爲家數也甚多國之舊本作天下畢云天下下當脫之字一本天下作國之詒讓案國之是下文云天下之爲

國數也甚多則此不當作天下明矣今據正此皆是其家而非人之家是以厚者有亂而薄者有爭故又使家君總其家之義畢云舊脫此字一本有以尚同於國君國君亦爲發憲布令於國之眾曰若見愛利國者必以告若見惡賊國者亦必以告若見愛利國以告者亦猶愛利國者也上得且賞之眾聞則譽之若見惡賊國不以告者亦猶惡賊國者也上得且罰之眾聞則非之是以徧若國之人皆欲得其長上之賞譽避其毀罰是以民見善者言之見不善者言之國君得善人而賞之得暴人而罰之善人賞而暴人罰則國必治矣然計若國之所以治者何也唯能以尚同一義爲政故也國既已治矣天下之道盡此已邪則未也天下之爲國數也甚多此皆是其國畢云舊脫其字一本有而非

人之國，是以厚者有戰而薄者有爭。故又使國君選其國之義以尚同於天子。[舊本以下有義字。畢云：一本無此字，是。俞云：下義字衍文。上文云故又使家君總其家之義以尚同於國君，下文云天子又總天下之義以尚同於天，竝無下義字，是其證也。上下文竝言總而此言選，選亦總也。詩猗嗟篇舞則選兮，毛傳訓選爲齊，選其國之義猶齊其國之義，曰總曰選，文異而義同也。史記仲尼弟子列傳任不齊字選，是選有齊義。賈子等齊篇曰撰然齊等，撰與選通。戴說同。案：一本是也，今據刪。]天子亦爲發憲布令於天下之衆曰：若見愛利天下者，必以告；若見惡賊天下者，亦以告。若見愛利天下以告者，亦猶愛利天下者也，上得則賞之，衆聞則譽之；若見惡賊天下不以告者，亦猶惡賊天下者也，上得且罰之，[畢云：且，一本作則。]衆聞則非之。是以徧天下之人，皆欲得其長上之賞譽，避其毀罰，是以見善不善者告之。天子得善人而賞之，得暴人而罰之，善人賞而暴人罰，天下必治矣。然計天下之所以治者何也？唯而以尚同一義爲政故也。畢云：一本無「而」字，非。「而」同「能」。天下既已治，畢云：「既」，一本作「計」，非。天子又總天下之義以尚同於天。舊本「天下」亦作「天子」。俞云：當作「天子又總天下之義以尚同於天」，義見上下文。案：俞校是也，今據正。故當尚同之爲說也，「同」，舊本作「用」，蓋與下文互譌。蘇云：「用」當作「同」，是也，今據正。尚用之天子，舊本「用」作「同」。畢云：一本作「上同」。王改「尚用」，云：舊本「用」作「同」，涉上句而誤，今據下文改。案：王校是也，今從之。蘇云：當作「上用」。可以治天下矣；中用之諸侯，可而治其國矣；王引之云：「而」與「以」同義，故二字可以互用。詒讓案：王說是也，詳尚賢下篇。小用之家君，可而治其家矣。王引之云：「小用之」當作「下用之」，與「尚用之」、「中用之」對文。下文「小用之」則與「大用之」對文。今本「下用」作「小用」者，即涉下文「小用之」而誤。是故大用之治天下不窕，小用之治一國一家而不橫者，畢云：爾雅云「窕，閒也」，猶云無閒。王云：畢說非也。窕，不滿也；橫，充塞也。孔子閒居「以橫於天下」，鄭注：「橫，充也。」祭義曰：「置之而塞乎天地，溥之而橫乎四海。」以小居大則窕，以大入小則塞。唯此尚同之道，則大用之治天下而不窕，小用之治一國一家而不塞也大戴記王言篇曰布諸天下而不窕內諸尋常之室而不塞又云廣雅曰窕寬也昭二十一年左傳鍾小者不窕杜注曰窕細不滿也呂氏春秋適音篇不詹則窕高注云窕不滿密也若道之謂也故曰治天下之國若治一家使天下之民若使一夫意獨子墨子有此而先王無此其有邪疑當作無有此邪其字衍則亦然也聖王皆以尚同為政故天下治何以知其然也於先王之書也大誓之言然書敘云惟十有一年武王伐殷一月戊午師渡孟津作泰誓古書泰皆作大偽孔傳云大會以誓眾則作大是曰小人見姦巧乃聞不言也發罪鈞畢云孔書無此文蘇云發當作廢今泰誓云厥罪惟鈞江聲云發謂發覺也鈞同也言知姦巧之情而匿不以告此事發覺則其罪與彼姦巧者同此言見淫辟不以告者其罪亦猶淫辟者也故古之聖王治天下也其所差論以自左右羽翼者皆良王云差論皆擇也爾雅曰既差我馬差擇也所染篇曰故善為君者勞於論人而佚於治官呂氏春秋當染篇同高注論猶擇也非攻篇差論其爪牙之士比列其舟車之眾

義與此同外爲之人外爲二字疑誤助之視聽者衆故與人謀事先人得之與人舉事先人成之光譽令聞先人發之畢云光舊本作先之二字一本作光是今據改俞云光廣古通用光譽即廣譽孟子曰令聞廣譽施於身詒讓案俞校是也非命下篇作光譽令問問與聞字通唯信身而從事故利若此古者有語焉曰一目之視也畢云舊脫之字一本有不若二目之視也一耳之聽也不若二耳之聽也一手之操也不若二手之彊也畢云舊脫之字一本有夫唯能信身而從事故利若此是故古之聖王之治天下也千里之外有賢人焉其鄉里之人皆未之均聞見也說文土部云均平徧也此與中篇云室人未徧知鄉里未徧聞義同聖王得而賞之千里之內有暴人焉其鄉里畢云據上文當有之人二字未之均聞見也聖王得而罰之故唯毋以聖王爲聰耳明目與王云唯亦與雖同詒讓案毋語詞詳尚賢中篇豈能一視而通見千

里之外哉一聽而通聞千里之外哉聖王不往而視也不就而聽也然而使天下之爲寇亂盜賊者周流天下無所重足者詩無將大車鄭箋云重猶累也何也其以尙同爲政善也是故子墨子曰凡使民尙同者愛民不疾以下文校之不疾疑當作必疾或當云不可不疾呂氏春秋尊師篇高注云疾力也民無可使曰必疾愛而使之致信而持之致舊本譌敃今據道藏本正蘇云敃當作敬非國語越語韋注云持守也富貴以道其前明罰以率其後爲政若此唯欲毋與我同唯舊本作雖云舊作唯以意改王云古者雖與唯通不煩改字王引之云禮記少儀雖有君賜鄭注曰雖或爲唯說文雖字以唯爲聲故雖可通作唯唯亦可通作雖將不可得也

是以子墨子曰今天下王公大人士君子中情將欲爲仁義王云情卽誠字言誠將欲爲仁義則尙同之說不可不察也尙賢篇曰且今天下之王公大人士君子中實將欲爲仁義實亦誠也非攻篇曰情不知其不義也故書其言以遺後世若知其不義也夫奚說書其不義以遺後世哉情不知卽誠

不知凡墨子書中誠情通用者不可枚舉又齊策臣知誠不如徐公美劉本誠作情呂氏春秋具備篇三月嬰兒慈母之愛諭焉誠也淮南繆稱篇誠作情漢書禮樂志正人足以副其誠漢紀誠作情此皆古書誠情通用之證洪云中請欲三字書中屢見或作中請欲請卽情字或作中實欲情實也其義並同求爲上士士上舊本無上字王據各篇補上欲中聖王之道下欲中國家百姓之利故當尚同之說而不可不察舊本作而不察畢云當云不可不察王亦據補尚同爲政之本而治要也畢云當云治之要也

墨子閒詁卷四

瑞安孫詒讓

兼愛上第十四

邢昺爾雅疏引尸子廣澤篇云墨子貴兼　畢云㤅好之字作㤅从夊者行皃經典通用此

聖人以治天下爲事者也必知亂之所自起句焉能治之王引之云言知亂之所自起乃能治之也顧云三焉字皆下屬詒讓案王顧讀是也焉訓乃說詳親士篇不知亂之所自起則不能治譬之如醫之攻人之疾者然小爾雅廣詁云攻治也必知疾之所自起句焉能攻之不知疾之所自起則弗能攻治亂者何獨不然必知亂之所自起句焉能治之不知亂之所自起則弗能治聖人以治天下爲事者也不可不察亂之所自起當察亂何自起當讀爲嘗同聲叚借字荀子君子篇先祖當賢楊注云當或爲嘗孟子萬

章篇是時孔子當阬說苑至公篇引當阬作嘗阬是其誤嘗試也下篇云姑嘗本原若眾害之所自生語意與此同起不相愛臣子之不孝君父所謂亂也子自愛不愛父故虧父而自利故意林引作欲下同弟自愛不愛兄故虧兄而自利臣自愛不愛君不下舊衍自字今依道藏本刪上文凡言不愛者不下皆無自字故虧君而自利此所謂亂也雖父之不慈子兄之不慈弟君之不慈臣此亦天下之所謂亂也父自愛也不愛子故虧子而自利兄自愛也不愛弟故虧弟而自利君自愛也不愛臣故虧臣而自利是何也皆起不相愛雖至天下之爲盜賊者亦然盜愛其室不愛其異室王云下句不當有其字蓋涉上下文而衍下文不愛異家不愛異國皆無其字是其證意林引無其字故竊異室以利其室賊愛其身不愛人故賊人以利其身俞云賊人字下並奪身字本作賊愛其身不愛人身故賊人身以利其身方與上句一律下文云賊人身若其身誰賊亦以人

身其身對言中篇云今人獨知愛其身不愛人之身是以不憚舉其身以賊人之身並可證人下當有身字也此何也皆起不相愛雖至大夫之相亂家諸侯之相攻國者亦然大夫各愛其家舊本無其字畢云一本云愛其家詒讓案以下文校之有者是也今據增不愛異家故亂異家以利其家舊本無其字畢云一本云利其家詒讓案以下文校之亦當有其字今據增諸侯各愛其國不愛異國故攻異國以利其國天下之亂物具此而已矣物亦事也言天下之亂事畢盡於此察此何自起皆起不相愛

若使天下兼相愛愛人若愛其身句首愛字舊本挩今依盧校補猶有不孝者乎視父兄與君若其身舊本挩猶有以下十四字王據下文校補猶有不孝者乎視父若其身十一字今案當於父下更補兄與君三字蓋墨子此文以無不孝晐無不忠不弟猶下文以無不慈晐無不惠不和也上文亦云臣子之不孝君父所謂亂也可證王因下云不孝故但補父而不及兄與君則與下無不慈之兼子弟臣言者不相對矣惡施不孝猶有不慈者乎視子弟與臣若其身惡施不

慈故不孝不慈亡有王云舊本脫故不慈有四字畢據下文補有字今以上下文考之當作故不孝不慈亡有不孝不慈亡有總承上文而言下文曰故盜賊亡有故大夫之相亂家諸侯之相攻國者亡有與此文同一例今補猶有盜賊乎故視人之室若其室故字疑衍誰竊視人身若其身誰賊故盜賊亡有畢云二字舊倒非下同猶有大夫之相亂家諸侯之相攻國者乎視人家若其家誰亂視人國若其國誰攻故大夫之相亂家諸侯之相攻國者亡有若使天下兼相愛國與國不相攻家與家不相亂盜賊無有君臣父子皆能孝慈若此則天下治故聖人以治天下為事者惡得不禁惡而勸愛故天下兼相愛則治交相惡則亂舊本挩交字王據下二篇補故子墨子曰不可以不勸愛人者此也

兼愛中第十五

子墨子言曰：仁人之所以爲事者，必興天下之利，除去天下之害，以此爲事者也。然則天下之利何也？天下之害何也？子墨子言曰：今若國之與國之相攻，家之與家之相簒，說文厶部云：屰而奪取曰簒。人之與人之相賊，君臣不惠忠，父子不慈孝，兄弟不和調，此則天下之害也。然則崇此害亦何用生哉？俞云：崇字無義，乃察字之誤。何用生者，何以生也。一切經音義卷七引蒼頡篇曰：用，以也。詩桑柔篇逝不以濯，尚賢篇引作鮮不用濯，即其證也。言國與國相攻，家與家相簒，人與人相賊，以及君臣父子兄弟之不惠忠、不慈孝、不和調，當察其害之何以生，故曰然則察此害亦何用生哉。上篇曰當察亂何自起，與此同義。案俞說是也。蘇云：用疑當作由，非。以不相愛生邪？俞云：以不相愛生邪，當作以相愛生邪，乃反言以問之，起子墨子之正對也。下篇云：姑嘗本原若衆害之所自生，此胡自生？此自愛人利人生與？即必曰非然也，必曰從惡人賊人生。又云：姑嘗本原若衆利之所自生，此胡自生？此自惡人賊人生與？即必曰非然也，必曰從愛人利人生。皆以反言發問，而起正對，正與此同。若如今本，則文義複沓矣。子墨子言以不相愛生今諸侯獨知愛其國不愛人之國是以不憚舉其國以攻人之國今家主獨知愛其家（家主謂卿大夫也周禮春官敘官鄭注云家謂大夫所食采地又大宰鄭眾注云主謂公卿大夫世世食采不絕者）而不愛人之家是以不憚舉其家以篡人之家今人獨知愛其身不愛人之身是以不憚舉其身以賊人之身是故諸侯不相愛則必野戰家主不相愛則必相篡人與人不相愛則必相賊君臣不相愛則不惠忠父子不相愛則不慈孝兄弟不相愛則不和調天下之人皆不相愛強必執弱（以下文校之此下疑脫眾必劫寡四字）富必侮貧貴必敖賤（畢云敖一本作傲此傲字假音）詐必欺愚凡天下禍篡怨恨其所以起者以不相愛生也是以仁者非之既以非之何以易之子墨子言曰以兼相愛交相利之法易之然則兼相愛交

相利之法將奈何哉子墨子言視人之國若視其國視人之家若視其家視人之身若視其身是故諸侯相愛則不野戰家主相愛則不相篡人與人相愛則不相賊君臣相愛則惠忠父子相愛則慈孝兄弟相愛則和調天下之人皆相愛強不執弱眾不劫寡富不侮貧自君臣相愛以下至此凡四十字舊本誤入下文今天下之士之下王移置於此是也今從之貴不敖賤詐不欺愚凡天下禍篡怨恨可使自毋起者以相愛生也是以仁者譽之然而今天下之士貴不敖賤以下至此凡三十八字舊本誤入上文君臣相愛之上王移置於此又凡天下禍篡怨恨可使毋起者以相愛生也是以仁者譽之舊本挩去以相愛生也是六字王據上文云凡天下禍篡怨恨其所以起者以不相愛生也是以仁者非之補六字是也今並從之君子曰王云然而今天下之士君子曰爲一句舊本君子曰作子墨子曰此因與下文子墨子言曰相涉而誤下文云然而今天下之士君子曰今據改詒讓案王校是也畢本作子墨子言曰尤誤道藏本無

言字然句乃若兼則善矣王引之云乃若轉語詞也雖然天下之難物于故也于舊本作於今據道藏本正俞云於故二字當爲衍文下文云然而今天下之士君子曰然乃若兼則善矣雖然不可行之物也正與此文一律惟其爲難物故爲不可行之物也今衍於故二字則無義矣詒讓案于故難難通然非衍文也竊疑于即迂之借字文王世子云況于其身以善其君乎鄭注于讀爲迂是其證故者事也迂故言迂遠難行之事尚同中篇云故古者聖人之所以濟事成功垂名於後世者無他故異物焉此云難物迂故與他故異物文例正同子墨子言曰天下之士君子特不識其利辯其故也俞云辯其下脫害字下文愛人者人必從而愛之利人者人必從而利之是其利也惡人者人必從而惡之害人者人必從而害之是其害也詒讓案害字似不必增今若夫攻城野戰殺身爲名此天下百姓之所皆難也苟君說之則士眾能爲之況於兼相愛交相利則與此異夫愛人者人必從而愛之利人者人必從而利之惡人者人必從而惡之害人者人必從而害之此何難之有特上弗

以為政士不以為行故也昔者晉文公好士之惡衣畢云太平御覽引作服故文公之臣畢云太平御覽引作大夫二字皆牂羊之裘詩小雅苕之華云牂羊墳首毛傳云牂羊牝羊也畢云爾雅云羊牝牂韋以帶劍畢云舊作錢據太平御覽改詒讓案公孟篇正作劍漢書東方朔傳云孝文皇帝以韋帶劍顏注云但空用韋不加飾練帛之冠練帛詳辭過篇畢云太平御覽引此練作大帛詒讓案練帛蓋即大帛左閔二年傳衛文公大帛之冠杜注云大帛厚繒後漢書馬皇后傳李注云大練大帛也入以見於君出以踐於朝舊本踐下挩於字王據上句補畢云淮南子齊俗訓云晉文君大布之衣牂羊之裘韋以帶劍威立于海內王云練帛之冠下當有大布之衣且苴之屨八字而今本脫之上文曰晉文公好士之惡衣此但言冠而不言衣則與上文不合又以見於君是總承上文而言出以踐於朝則專指且苴之屨而言今本脫且苴之屨四字則踐字義不可通下篇曰大布之衣牂羊之裘練帛之冠且苴之屨以見文公出以踐之朝是其證是其故何也君說之故臣為之也王云為上脫能字下文君說之故臣能之也能下脫為字前文曰苟君說之則士眾能為之後文曰若苟君說之則眾能為之皆其證昔者楚靈王好

士細要畢云舊作腰俗寫後漢書注引此云楚靈王好細腰而國多餓人詒讓案晏子春秋外篇云楚靈王好細腰其朝多餓死人韓非子二柄篇云楚靈王好細腰而國中多餓人後漢書注疑涉彼二書而誤故靈王之臣故字畢本挩今據道藏本補皆以一飯爲節畢云太平御覽引此一作三詒讓案戰國策楚策莫敖子華曰昔者先君靈王好小腰楚士約食馮而後能立式而後能起吳師道校注引此云楚靈王好士細腰故此言皆三飯爲節與御覽同脅息然後帶畢云脅舊作脇據太平御覽改詒讓案戰國策校注引亦不誤扶牆然後起兩然字戰國策校注引並作而比期年朝有黧黑之色畢云黧非古字當爲黎呂氏春秋行論云禹宮爲司空以通水潦顏色黎黑只作黎王篇云黧亦作黎色舊本作危王引之云危與黧黑二字義不相屬危當爲色人瘻則面色黧黑義見上文案王校是也蘇說同今據正是其故何也何舊本爲作何今據正君說之故臣能之也能下王校補爲字說詳上昔越王句踐好士之勇教馴其臣馴讀爲訓詳脩身篇和合之此三字無義疑當作私令人屬下讀焚舟失火舟非藏寶之所御覽宮室部引墨子作自焚其室疑舟當爲內內謂寢室呂氏春秋用民篇云句踐試其民於寢宮

民爭入火死者千餘矣遂擊金而卻之劉子新論閱武篇同韓非子內儲說上篇亦云焚宮室並與此事同內舟形近而譌非攻中篇從大舟舟譌作內與此可互證下篇亦同試其士曰越國之寶盡在此越王親自鼓其士畢本鼓改鼔云鼔擊之字从攴鐘鼓之字从支詒讓案周禮小師鄭注云出音曰鼓此與六鼓之鼓字同而義小異經典凡鐘鼓與鼓擊字通如此作說文攴部雖別有鼔字而音義殊異畢從宋毛晃說強爲分別非也而進之畢云舊此下有曰字衍文士聞鼓音破碎亂行碎疑焠之借字萃亦行列之謂穆天子傳七萃之士郭璞注云萃集也聚也蓋凡卒徒聚集部隊謂之萃破萃亂行皆謂淩躐其曹伍爭先赴火也蹈火而死者左右百人有餘畢云太平御覽引云越王好士勇自焚其室曰越國之寶悉在此中王自鼓蹈火而死者百餘人越王擊金而退之是故子墨子言曰乃若夫少食惡衣殺身而爲名王引之云乃若發語詞也此天下百姓之所皆難也若苟君說之則衆能爲之況兼相愛交相利與此異矣夫愛人者人亦從而愛之利人者人亦從而利之惡人者人

亦從而惡之害人者人亦從而害之此何難之有焉特上不以爲政而士不以爲行故也然而今天下之士君子曰然乃若兼則善矣雖然不可行之物也譬若挈太山越河濟也淮南子俶眞訓高注云挈舉也孟子梁惠王篇云挾泰山以超北海語人曰我不能是誠不能也與此語意相類畢云此濟字當爲泲郎山山西垣曲縣王屋山之流水也从齊者石濟水出直隸贊皇縣也子墨子言是非其譬也夫挈太山而越河濟可謂畢劫有力矣淮南子覽冥訓云體便輕畢高注云畢疾也劫於義無取疑當爲劫之誤廣韻十八業云劫用力也或當爲勁下篇及非樂上篇並有股肱畢強之文勁與強義亦同自古及今未有能行之者也況乎兼相愛交相利則與此異古者聖王行之何以知其然古者禹治天下西爲西河漁竇書禹貢黑水西河惟雍州又云浮于積石至于龍門西河會於渭汭僞孔傳云龍門之河在冀州西孔疏云在冀州西界故謂之西河王制云自東河至於西河千里而近是河相對而爲東西也畢云西河在今山西陝西之界

漁竇疑即龍門。詒讓案：漁蓋即渭之譌。以泄渠孫皇之水，畢云：「未詳其水。」詒讓案：此蓋亦與江河淮漢嘑池諸五湖皆周禮職方氏九州川浸澤藪之名。此渠孫皇亦必雍州大川澤之一。以職方攷之，疑當作蒲弦澤，即雍州澤藪之弦蒲也。鄭注云：「弦蒲在汧。」鄭衆云：「弦或爲汧，蒲或爲浦。」漢書地理志云：「右扶風汧，北有蒲谷鄉弦中谷，雍州弦蒲藪。汧水出西北，入渭。」蒲渠字並从水旁，因而致誤。弦正字作𢎗，亦類孫字。澤作皇者，澤从睪聲，古書睪或捏作皐。史記天官書澤字作澤，封禪書澤山，集解引徐廣云：「澤一作皐。」左襄十七年傳澤門，釋文云：「澤或作皐。」皆其證也。顏元孫干祿字書云：「皋俗作睪，通作皐。」漢孔彪碑又作皐，與皇字並絕相似，故傳寫譌互矣。據漢志，弦即汧水，入渭，渭復入河，故西河渭瀆可泄此澤之水。而蒲谷鄉與弦中谷合而名澤，故弦蒲亦可稱孫蒲，弦參互審校，似無疑義。弦蒲藪在今陝西隴州西四十里。北爲防原泒，說文𨸏部云：「防，隄也。」周禮稻人云：「以防止水。」原亦水名，無攷。畢云：「泒疑即雁門泒水也。」詒讓案：說文水部云：「泒水起鴈門葰人戍夫山，東北入海。」即嘑池之原。此舉其原，下又詳其委也。注后之邸，畢讀注屬上句，非。此與下注五湖之處文例正同。后之邸疑即職方氏并州澤藪之昭余祁也。爾雅釋地十藪，燕有昭餘祁，釋文引孫炎本祁作底。祁、底、邸並音近相通。昭作后者，疑省昭爲召，又誤作后。之、余音亦相轉。漢書地理志太原郡鄔

九澤在北是爲昭余祁并州藪**嘑池之竇**職方氏并州其川
在今山西太原府祁縣東七里虖池鄭注云虖池
出鹵城案漢書地理志亦作虖池禮記禮器作惡池注云惡
當爲呼聲之誤也嘑呼字同戰國策秦韓中山策並作呼池
畢云卽虖沱河出今山西繁時縣古無池字卽沱與文故此
亦以池爲沱也顧云竇卽瀆字周禮大宗伯注四竇釋文本
亦作瀆**洒爲底柱**底當作厎禹貢東至于厎柱孔傳云厎柱
山名河水分流包山而過山見水中若柱然
在西虢之界畢云說文云灑汛也洒假音字水經云砥柱山在
河東大陽縣東河中括地志云底柱山俗名三門山硤石縣
東北五十里黃河之中案在今山**鑿爲龍門**畢云水經云龍
西平陸縣東五十里三門山東門山在河東皮
氏縣西括地志云龍門山在同州韓城
縣北五十里山在今河津韓城二縣界**以利燕代胡貉與西**
河之民畢云貉非攷中作貊是疑左傳云狄之廣莫于晉爲
都廣卽少廣莫卽貊也詒讓案畢說非也貊貉之俗
說文豸部云貉北方豸種也職方氏有九貉漢書高帝紀顏
注云貉在東北方三韓之屬皆貉類也考工記鄭注云胡今
匈奴**東方漏之陸**以上下文例校之東方方當作爲與西爲北
爲南爲文正同漏之陸疑當作漏大陸淮南
子本經訓說禹治水云鴻水漏九州乾言大陸之水漏而乾
也畢讀漏之陸防句云陸防疑卽大陸在今山東鉅鹿縣案

畢說不誤而讀則非**防孟諸之澤**禹貢豫州導菏澤被孟豬史記夏本紀曰作明都漢書溝洫志作盟豬職方氏云青州其澤藪曰望諸爾雅釋地云宋有孟諸此與爾雅字同漢書地理志云孟豬在梁國睢陽縣東北畢云澤在今山東虞城縣西北十里有孟諸臺接商邱縣界水經云明都澤在梁郡睢陽縣東北明孟諸都音相近**灑爲九澮**畢云此巜字之假音爾雅云水注溝曰澮說文以澮爲水名案九巜即九河也詒讓案灑釃字通漢書溝洫志云禹廼釃二渠以引其河注孟康云釃分也分其流泄其怒也史記河渠書釃作廝索隱云廝漢書作灑史記舊本亦作灑字從水韋昭云疏決爲灑此與史漢舊本字正同漢書司馬相如傳決江疏河灑沈澹災顏注云灑分也所宜反淮南子要略云禹鬄河而道九岐**以楗東土之水**畢云說文云楗門限則此益言限也玉篇渠偃切詒讓案呂氏春秋愛類篇云禹於是疏河決江爲彭蠡之障乾東土所活者千八百國**以利冀州之民**爾雅釋地云兩河間曰冀州說文北部云冀北方州也案古通以中土爲冀州穀梁桓五年傳云鄭同姓之國也在乎冀州楊士勛疏云冀州者天下之中州唐虞夏殷皆都焉逸周書嘗麥篇云在大國有殷是威厥邑無類於冀州晏子春秋問上篇云桓公撫存冀州淮南子墬形訓云正中冀州曰中土高注云冀大也四州之主故曰中土又覽冥訓注云冀九州中謂今四海

之內山海經大荒北經郭注云冀州中土也**南爲江漢淮汝東流之注五湖之處**玉海地理門引作東流注之五湖范成大吳郡志同淮南子要略云禹鑿江而通九路辟五湖而定東海職方氏揚州其浸五湖鄭注云五湖在吳南國語越語韋注云五湖今太湖此云注五湖蓋專據江漢言之水經沔水酈注云南江東注於具區謂之五湖口五湖謂長蕩湖太湖射湖貴湖滆湖也又引虞翻說太湖云是湖有五道故曰五湖案晉唐人釋五湖名多差異要不出太湖之枝別今不具論畢云文選注云張勃吳錄曰五湖者太湖之別名也周行五百餘里今案江南吳吳江宜興武進無錫浙江烏程長興七縣皆瀕此湖也**以利荊楚干越**干畢本作于云四字舊作楚荊越與據文選注改王云畢改非也文選江賦注本作荊楚干越之民干古寒反今本墨子作楚荊越與南夷之民但誤倒荊楚二字又脫干字耳若與南夷之與則不誤也上文云燕代胡貉與西河之民此文云荊楚干越與南夷之民與非誤字明矣南夷謂荊楚干越以南之夷故曰荊楚干越與南夷文選注無與南夷三字省文耳畢誤以楚荊越與連讀故刪去與字耳干越即吳越非春秋所謂於越也畢改干越爲于越亦非又云干越者吳越也莊子刻意篇曰夫有干越之劍者釋文司馬彪云干吳也吳越出善劍也案吳有谿名干谿荀子勸學篇曰干越夷貉之子楊倞曰干越猶言吳越

淮南原道篇曰干越生葛絺高注曰干吳也是干越卽吳越也干越爲二國若春秋之於越卽是越而以於爲發聲與中越不同**與南夷之民**畢云江淮汝在荆五湖在越也**此言禹之事吾今行兼矣**

昔者文王之治西土若日若月乍光于四方于西土下篇引作泰誓蘇云此與泰誓略同疑有脫誤詒讓案今爲古文卽采此書僞孔傳云言其明德充塞四方明著岐周義互詳下篇**不爲大國侮小國不爲衆庶侮鰥寡不爲暴勢奪穡人黍稷狗彘**畢云說文云嗇愛濇也从來从㐭來者㐭而藏之故田夫謂之嗇夫穡與嗇通**天屑臨文王慈**以上疑並出古泰誓今僞古文止采下篇故無之後漢書馬廖傳李注云屑顧也畢云漢書武帝紀云屑然如有聞**是以老而無子者有所得終其壽連獨無兄弟者**畢云連同鰥音相近字之異也經典或作矜或作憐皆假音王引之云無兄弟不得謂之鰥鰥矜憐三字聲與連皆不相近畢說非連與獨文義不倫連疑當作逴逴與連相似而誤逴猶獨也故以逴獨連文莊子大宗師篇彼特以天爲父而身猶愛之而況其卓乎郭注曰卓者獨化之謂也秋水篇吾以一足趻踔而行玉篇逴敕角切蹇也蹇者獨任一足故謂之逴逴與卓通漢書河閒獻王傳

卓爾不羣說苑君道篇踔然獨立說文䆙特止徐鍇曰特止卓立也卓踔䆙並與逴同聲皆獨貌也洪云爾雅釋畜未成雞健郭璞注江東呼雞少者曰健連與健同連獨猶言孤獨也俞云連當讀爲離連與離一聲之轉淮南子原道篇終身運枯形于連嶁列埒之門高注曰連嶁猶離嶁也是其證也又本經篇愚夫惷婦皆有流連之心注曰流連猶爛漫失其職業也然則流連即流離也亦其證也詒讓案連疑當讀爲矜一聲之轉猶史記龜策傳以荅葉爲蓮葉爾雅釋詁云矜苦也詩小雅鴻鴈云爰及矜人毛傳云矜憐也又何草不黃云何人不矜連獨猶言窮苦煢獨耳矜从令聲今經典並从今誤有所雜於生人之閒雜讀爲集廣雅釋詁云集成也就也言連獨之人得以成就其生業少失其父母者有所放依而長放依義同檀弓子貢曰昔人其萎則吾將安放此文王之事以上下文校之此字下亦當有言字則吾今行兼矣昔者武王將事泰山隧廣雅釋詁云將行也周禮小宗伯云將事于四望畢云隧或爲隊穆天子傳云鈃山之隊玉篇云隊以醉切掘地通路也或作鐩案隊隧字皆說文䢋字之省閻若璩云玩其文義乃是武王既定天下後望祀山川或初巡守岱宗禱神之辭非伐紂時事也傳曰泰山有道曾孫周王有事僞古文書武成襲此文云告于皇天

后土所過名山大川曰惟有道曾孫周王發孔疏云自稱有道者聖人至公爲民除害以紂無道言己有道所以告神求助不得飾以謙辭也稱曾孫者曲禮說諸侯自稱之辭云臨祭祀外事曰曾孫某侯某哀六年左傳蒯聵禱祖亦自稱曾孫皆是己承藉上祖奠享之意大事既獲小爾雅廣言云獲得也仁人尙作說文人部云作起也以祇商夏蠻夷醜貉僞武成云予小子既獲仁人敢祇承上帝以遏亂略華夏蠻貊罔不率俾僞孔傳云仁人謂太公周召之徒言誅紂敬承天意以絕亂路案祇當讀爲振內則祇見孺子鄭注云祇或作振國語周語云以振救民韋注云振拯也此謂得仁人以拯救中國及四夷之民僞書改爲祇承上帝失其恉矣醜貉者貉類衆多爾雅釋詁云醜衆也雖有周親不若仁人萬方有罪維予一人蘇云書泰誓篇若作如萬方有罪作百姓有過維作在詒讓案僞古文泰誓卽襲采此文僞孔傳云周至也言紂至親雖多不如周家之少仁人民之有過在我教不至又論語堯曰篇云雖有周親不如仁人百姓有過在予一人集解孔安國云親而不賢不忠則誅之管蔡是也仁人謂箕子微子來則用之又說苑貴德篇云武王克殷問周公曰將奈其士衆何周公曰使各宅其宅田其田無變舊新惟仁是親百姓有過在予一人尙書大傳韓詩外傳淮南子主術訓文並略同羣書治要引尸子綽子

篇云文王曰苟有仁人何必周親則以爲文王語與墨子韓詩說苑並異此言武王之事吾今行兼矣是故子墨子言曰今天下之君子忠實欲天下之富畢云忠一本作中舊云士富士字衍詒讓案忠中通而惡其貧欲天下之治而惡其亂當兼相愛交相利此聖王之法天下之治道也不可不務爲也

兼愛下第十六

子墨子言曰仁人之事者必務求興天下之利除天下之害然當今之時天下之害孰爲大曰若大國之攻小國也大家之亂小家也強之劫弱衆之暴寡詐之謀愚貴之敖賤畢云敖一本作傲此天下之害也呂氏春秋侈樂篇云故彊者劫弱衆者暴寡勇者凌怯壯者傲幼從此生矣語意與此同又與爲人君者之不惠也又與舊本作人與王云人與當依下文作又與廣雅與如也上文若大國之攻小國也云云若如也此文兩言又與亦謂又如也畢反欲改下又與爲人與傎矣案王校是也蘇說

同臣者之不忠也父者之不慈也子者之不孝也此又天下之害也又與今人之賤人（王云今下衍人字）執其兵刃毒藥水火以交相虧賊此又天下之害也姑嘗本原若衆害之所自生（舊脫此字今依下文衆利章補）此胡自生此自愛人利人生與即必曰非然也必曰從惡人賊人生分名乎天下惡人而賊人者兼與別與即必曰（畢云舊脫此字據上文增）別也然即之交別者（即則同交別猶言交相別）果生天下之大害者與是故別非也子墨子曰（俞云此本作是故下文是故子墨子曰兼是也與此為對文可證）非人者必有以易之若非人而無以易之譬之猶以水救火也（畢云一本作火救水顧校季本同蘇云火救水是也當據改俞云以水救火何不可之有畢校云一本作火救水然墨子此譬本明無以易之之不可若水火是相反之物無論以水救火以火救水皆是有以易之與設喻之旨不合疑墨子原文本作猶以水救火也故曰其說將必無可今本作水救

火別本作火救水皆有脫文案俞說近是其說將必無可焉是故子墨子曰兼以易別然卽兼之可以易別之故何也曰藉爲人之國若爲其國夫誰獨舉其國以攻人之國者哉爲彼者由爲已也畢云由同猶爲人之都若爲其都夫誰獨舉其都以伐人之都者哉爲彼猶爲已也爲人之家若爲其家夫誰獨舉其家以亂人之家者哉爲彼猶爲已也然卽國都不相攻伐人家不相亂賊此天下之害與天下之利與卽必曰天下之利也姑嘗本原若衆利之所自生此胡自生此自惡人賊人生與卽必曰非然也必曰從愛人利人生分名乎天下愛人而利人者別與兼與卽必曰兼也然卽之交兼者果生天下之大利者與是故子墨子曰兼是也且鄉吾本言曰畢云鄉鄉字省文說文云鄉不久也鄭君注儀

禮云鄉曩也仁人之事者舊本事譌是今據道藏本正必務求興天下之利除天下之害今吾本原兼之所生天下之大利者也舊本脫今據道藏本補吾本原別之所生天下之大害者也是故子墨子曰別非而兼是者出乎若方也樂記鄭注云方猶道也畢云乎舊作平以意改今吾將正求與天下之利而取之蘇云與當作興以兼為正是以聰耳明目相與視聽乎舊本是下衍故字今據道藏本刪與下句文例正同是以股肱畢強畢與中篇云畢劫有力義同相為動宰乎畢云舊動下有為字一本無詒讓案宰疑當作舉尚同中篇云使人之股肱助己動作動舉與動作義同而有道肆相教誨爾雅釋言云肆力也文選東京賦厥庸孔肆薛綜注云肆勤也言勤力相教誨是以老而無妻子者有所侍養以終其壽畢云侍當為持古書多言持養後人不達而改為侍非是案俞校是也詳七患及非命下篇下並同幼弱孤童之無父母者有所放依以長其身今唯毋以兼為正舊本今譌令蘇云令當作今戴云毋

詁詞案道藏本作今今據正卽若其利也戴云若此也不識天下之士畢云舊作事一本如此所以皆聞兼而非者其故何也然而天下之士非兼者之言猶未止也曰卽善矣雖然豈可用哉子墨子曰用而不可雖我亦將非之雖我舊本作雖哉畢云雖哉二字與下文義不相屬雖哉當爲雖我字之誤也言兼愛之道如其用而不可則雖我亦將非之也下文曰我以爲當其於此也天下無愚夫愚婦雖非兼者必從兼君是也是其證案王說是也蘇校同今據正且爲有善而不可用者姑嘗兩而進之誰以爲二士王引之云誰字義不可通誰當爲設言設爲二士於此而使之各執一說也隸書設字作設誰字作誰二形畧相似故設誤爲誰使其一士者執別使其一士者執兼是故別士之言曰吾豈能爲吾友之身若爲吾身爲吾友之親若爲吾親是故退睹其友飢卽不食寒卽不衣陳澧云此謂友飢而不餽以食友寒而不贈以衣也疾病不侍養死喪不葬埋畢云當爲薶說文云薶瘞也玉篇云埋與薶同本書或作

徑別士之言若此行若此兼士之言不然行亦不然曰吾聞爲高士於天下者必爲其友之身若爲其身爲其友之親若爲其親然後可以爲高士於天下舊挩於字畢云一本有詒讓案有者是也今據增是故退睹其友飢則食之寒則衣之疾病侍養之死喪葬埋之兼士之言若此行若此若之二士者言相非而行相反與舊本無士字畢云一本有士字是今據增當使若二士者王引之云當與儻同若此也言儻使此二士之言行相合則無言而不行也詒讓案當疑當爲嘗之借字詳上篇戴云依下文當宜作常非言必信行必果使言行之合猶合符節也無言而不行也然卽敢問今有平原廣野於此被甲嬰冑漢書賈誼傳顏注云嬰加也畢云說文云嬰頸飾也將往戰死生之權權疑當作機未可識也又有君大夫之遠使於巴越齊荆左傳桓九年杜注云巴國在巴郡江州縣常璩華陽國志云巴黄帝高陽之支庶世爲侯伯周武王克商封其宗姬

於巴蜀之以子七國稱王巴亦稱王周慎王五年秦遣張儀司馬錯伐蜀滅之因取巴執王以歸置巴郡往來及然即敢否未可識也舊本重及否未三字王云此當作往來及否未可識也案王校是也今據刪問不識將惡也俞云惡下脫從字將惡從也猶云將何從也下文曰不識將擇之二君者將何從也是其證蘇云句有脫誤也字疑當作託戴云也字乃宅之誤二形相似宅居也或云侂字誤侂即託詒讓案俞校近是據此則下文家室上當有挩文下云寄託則此不當云託蘇說非家室奉承親戚錢大昕云古人稱父母爲親戚大戴禮記曾子疾病篇親戚既沒雖欲孝誰爲孝孟子盡心篇人莫大焉亡親戚君臣上下案錢說是也亦見節葬下非命上中篇提挈妻子而寄託之不識於兼之有是乎於別之有是乎戴云有字皆友之聲誤我以爲當其於此也我舊本譌哉王云哉亦當爲我蘇校同今據正天下無愚夫愚婦雖非兼之人必寄託之於兼之有是也此言而非兼擇即取兼即此言行費也畢本費改拂云舊作兼費一本如此王云古者拂與費通不煩改字大雅皇矣篇四方以無拂鄭箋曰拂猶佹也中庸君子之道費而隱注曰費猶佹也釋文費本又作

拂同扶弗反是其諸顧說同不識天下之士所以皆聞兼而非之者其故何也然而天下之士非兼者之言猶未止也曰意可以擇士而不可以擇君乎舊本作子王云子當爲乎字之誤也乎與意文義相承下文曰意不忠親之利而害爲孝乎是其證案王校是也今據正姑嘗兩而進之誰以爲二君誰亦當依上文王校作設使其一君者執兼使其一君者執別其字舊本挩道藏本有與上句同今據補是故別君之言曰舊本挩今據道藏本補吾惡能爲吾萬民之身若爲吾身舊本挩若字今據道藏本補此泰非天下之情也畢云泰一本作大人之生乎地上之無幾何也譬之猶駟馳而過隙也三年問云若駟之過隙鄭注云喻疾也莊子知北遊篇云人生天地之閒若白駒之過郤忽然而已釋文云郤本亦作隙隙孔也又盜跖篇云天與地無窮人死者有時操有時之具而託於無窮之閒忽然無異騏驥之馳過隙也畢本隙改郤云郤舊作隙据文選注引作郤云古隙字郄卻也說文云隙壁際孔也郤節郤也節郤言節之會亦際縫之意皆通詒讓案隙郤通不必改是故

退睹其萬民飢即不食寒即不衣疾病不侍養侍亦當從俞校爲持詳前下同死喪不葬埋別君之言若此行若此兼君之言不然行亦不然曰吾聞爲明君於天下者必先萬民之身畢云先舊作萬一本如此後爲其身然後可以爲明君於天下是故退睹其萬民畢云舊脫其字以意增飢即食之寒即衣之疾病侍養之死喪葬埋之兼君之言若此行若此然即交若之二君者戴云然即交三字無義當是衍文詒讓案以上文校之疑當作然即交兼交別若之二君者今本交下挩三字耳戴校未塙言相非而行相反與常使若二君者蘇云據上文常宜作當詒讓案常王亦讀爲儻疑當讀爲當詳前言必信行必果使言行之合猶合符節也無言而不行也然即敢問今歲有癘疫萬民多有勤苦凍餒畢云當作餧轉死溝壑中者孟子公孫丑篇云凶年饑歲子之民老羸轉於溝壑趙注云轉轉尸於溝壑也國語吳語云子之父母將轉於溝壑韋注云轉

人也逸周書大聚篇云死無傳尸淮南子主術訓作槥尸高注云槥棄也案高說爲允既已眾矣不識將擇之二君者將何從也我以爲當其於此也天下無愚夫愚婦雖非兼者者舊本作君王校改者云涉上下文兼君而譌案王校是也今據正必從兼君是也言而非兼擇即取兼畢云二字舊脫據上文增詒讓案畢校是也然以上文校之下句首仍當有即字因兩即相涉而誤挩耳此言行拂也不識天下所以皆聞兼而非之者其故何也然而天下之士非兼者之言也猶未止也畢云猶舊作獨一本如此曰兼即仁矣義矣雖然豈可爲哉吾譬兼之不可爲也猶挈泰山以超江河也畢云泰一本作太詒讓案中篇作譬若挈太山越河濟也泰亦作太故兼者直願之也夫豈可爲之物哉子墨子曰夫挈泰山以超江河自古之及今戴云之字衍生民而來未嘗有也今若夫兼相愛交相利此自先聖六王者親行之下文上有四王此六疑四篆文之誤

下同何知先聖六王之親行之也畢云何下太平御覽引有以字子墨子曰吾非與之並世同時親聞其聲見其色也以其所書於竹帛鏤於金石琢於槃盂文選廣絕交論李注引云琢之盤盂銘於鍾鼎傳於後世疑兼用魯問篇文呂氏春秋求人篇云功績銘乎金石著於盤盂高注云金鍾鼎也石豐碑也盤盂之器皆銘其功傳遺後世子孫者知之畢云遺劉逵注左思賦引作于詒讓案天志中非命下及貴義魯問四篇皆作遺劉引非泰誓曰尙同下篇天志中篇非命上中下篇並作大誓此作泰與今僞孔本同疑後人所改文王若日若月乍照光于四方于西土于舊本並作於今據道藏本改畢云孔書云唯我文考若日月之照臨光於四方顯於西土孫星衍云乍古與作通卽此言文王之兼愛天下之博大也譬之日月兼照天下之無有私也卽此文王兼也雖子墨子之所謂兼者雖與唯通下並同於文王取法焉且不唯泰誓爲然唯舊本作雖今據道藏本改雖禹誓畢云大禹謨文云禹誓者禹之所誓也詒讓案今大禹謨出僞古文卽采此書爲之惠棟

云皋陶謨言苗頑勿即功則舜陟後禹當復有征苗誓師之事即亦猶是也禹曰濟濟有眾孔安國云濟濟眾盛之貌咸聽朕言畢云孔書作命非惟小子敢行稱亂孔安國云稱舉也畢云孔書無此八字蘇云二語今見湯誓惟作台蠢茲有苗爾雅釋訓云蠢不遜也孔安國云蠢動也用天之罰畢云孔書無此四字若予既率爾羣對諸羣以征有苗畢云孔書作肆予以爾眾士奉辭伐罪羣猶眾惠棟云羣猶君也周書大子晉云侯能成羣謂之君堯典言羣后蘇云羣字疑譌或爲辟辟君也詒讓案惠說近是此羣對諸羣當讀爲羣封諸君封與邦古音近通用封對形近而譌羣封諸君言眾邦國諸君也禹之征有苗也非以求以重富貴載云下以字衍干福祿詩小雅假樂篇干祿百福鄭箋云干求也樂耳目也以求興天下之利除天下之害即此禹兼也雖子墨子之所謂兼者於禹求焉求以上下文校之當作取法且不唯禹誓爲然唯舊本亦作惟今據道藏本改雖湯說即亦猶是也周禮大祝六祈六曰說鄭注云說以辭責之用幣而已此下文亦云以詞說於上帝鬼神若然則說禮殷時已有之論語堯曰篇集解孔

安國云墨子引湯誓國語周語內史過引湯誓與此下文畧同韋注云湯誓商書伐桀之誓也今湯誓無此言則已散亾矣案孔安國引此作湯誓或兼據國語文尙賢中篇引湯誓今書亦無之湯曰畢云今湯誥文惟予小子履論語堯曰篇無惟字孔注云履殷湯名此伐桀告天之文案孔以此爲伐桀時事白虎通義三正篇及周語韋注說同然據此後文則是湯禱旱之辭孔說葢誤大戴禮記少閒篇云乃有商履代興白虎通義姓名篇云湯王後更名爲子孫法本名履也畢云孔書作肆合小子敢用玄牡告於上天后論語作敢昭告于皇皇后帝孔注云殷家尙白未變夏禮故用玄牡皇大后君也大大君帝謂天帝也白虎通義三正篇云論語曰予小子履云云此湯伐桀告天以夏之牲也與論語孔注說同書湯誥孔疏云鄭玄解論語云用玄牡者爲舜命禹事於時總告五方之帝莫適用用皇天大帝之牲其意與孔異國語周語皇天嘉禹胙以天下韋注亦引論語帝臣不蔽二語又詩閟宮孔疏云論語曰皇皇后帝論語說帝受終文祖宜總祭五帝也並從鄭以此爲禹事與墨子尸子說異御覽八十三引帝王世紀載此文作告于上天后土疑此后下亦挩土字畢云孔書作上天神后曰今天大旱即當朕身履帝王世紀云湯自伐桀後大旱七年禱于桑林之社其辭如此畢云詳此文是湯禱旱文孔書亦無此十字未知

得罪于上下畢云孔書作未知獲戾于上下有善不敢蔽有罪不敢赦簡在帝心論語集解包咸云順天奉法有罪者不敢擅赦何晏云言桀居帝臣之位罪過不可隱蔽以其簡在天心故案論語作帝臣不蔽何氏以爲指桀與此義不合非也僞湯誥云爾有善朕弗敢蔽罪當朕躬弗敢自赦惟簡在上帝之心孔傳云所以不蔽善人不赦己罪以其簡在天心故也孔疏云鄭玄注論語云簡閱在天心言天簡閱其善惡也畢云皆與孔書微異萬方有罪即當朕身朕身有罪無及萬方孔安國云無以萬方萬方不與也萬方有罪我身之過羣書治要引尸子綽子篇云湯曰朕身有罪無及萬方萬方有罪朕身受之帝王世紀云萬方有罪罪在朕躬朕躬有罪無及萬方無以一人之不敏使上帝鬼神傷民之命並與此文小異畢云俱與孔書微異孔安國注論語有罪不敢赦帝臣不蔽簡在帝心朕躬有罪無以萬方萬方有罪罪在朕躬云墨子引湯誓其辭若此國語周語內史過引湯誓云余一人有辠無以萬夫萬夫有辠在余一人詒讓案僞湯誥云其爾萬方有罪在予一人予一人有罪無以爾萬方孔傳云在予一人自責化不至無用爾萬方言非所及即此言湯貴爲天子富有天下然且不憚以身爲犧牲以祠說于上帝鬼神呂氏春秋

順民篇云昔者湯克夏而正天下天大旱五年不收湯乃以身禱於桑林曰余一人有罪無及萬夫萬夫有罪在余一人無以一人之不敏使上帝鬼神傷民之命於是翦其髮鄺其手以身爲犧牲用祈福於上帝與此文合則湯說卽禱桑林之辭也御覽八十三引尸子及帝王世紀說與呂覽畧同卽此湯兼也雖子墨子之所謂兼者於湯取法焉且不惟誓命與湯說爲然誓命依上文當作禹誓漢書藝文志禹作命顏注云古禹字此書多古字蓋亦作命與命相似而誤校者不悟又移著誓下遂與上文不合矣周詩卽亦猶是也周詩曰王道蕩蕩不偏不黨王道平平不黨不偏蘇云見書洪範篇四不字作無茲稱周詩或有據詒讓案洪範云無偏無黨王道蕩蕩無黨無偏王道平平不僞孔傳云蕩蕩言開闢平平言辯治呂氏春秋貴公篇高注云蕩蕩平易也史記張釋之馮唐傳說苑至公篇引書並作不與比周古詩書亦多互稱戰國策秦策引詩云大武遠宅不涉卽逸周書大武篇所云遠宅不薄可以互證其直若矢其易若厎君子之所履小人之所視蘇云詩大東篇作周道如砥其直如矢下無爾之字詒讓案小雅大東毛傳云如砥貢賦平均也如矢賞罰不偏也鄭箋云此言古者天子之恩厚也君子皆法傚

而履行之其如砥矢之平小人又皆視之共之無怨孟子萬章篇引詩砥亦作厎字通趙注云厎平矢直視比也周道平直君子履直道小人比而則之案厎道藏本作底爲說文厂部云厎柔石也重文作砥又广部云底山居也下也二字迥別今經典多互譌 若吾言非語道之謂也古者文武爲正正與政同均分賞賢罰暴勿有親戚弟兄之所阿呂氏春秋高義篇高注云阿私也即此文武兼也雖子墨子之所謂兼者於文武取法焉不識天下之人所以皆聞兼而非之者其故何也然而天下之非兼者之言猶未止曰意不忠親之利而害爲孝乎蘇云忠當作中讀去聲戴云中當訓爲得子墨子曰姑嘗本原之孝子之爲親度者吾不識孝子之爲親度者亦欲人愛利其親與意欲人之惡賊其親與蘇云意讀如抑下文亦然以說觀之即欲人之愛利其親也然即吾惡先從事即得此若我先從事乎愛利人之親然後人報我愛利吾親

乎愛利上當有以字意我先從事乎惡人之親俞云惡下脫賊字當據上文補然後人報我以愛利吾親乎即必吾先從事乎愛利人之親然後人報我以愛利吾親也然即之交孝子者之交孝子猶上云交兼交別果不得已乎毋先從事愛利人之親者與意以天下之孝子爲遇遇當爲愚同聲段借字畢云一本作偶而不足以爲正乎姑嘗本原之舊本捝此字今據道藏本補先王之所書所字疑衍前同中篇云是以先王之書周頌之道之曰是其證大雅之所道曰無言而不讐無德而不報大雅抑毛傳云讐用也鄭箋云教令之出如賣物物善則其售賈貴物惡則其售賈賤蘇云大雅抑篇無兩而字投我以桃報之以李鄭箋云此言善往則善來人無行而不得其報也投猶擲也即此言愛人者必見愛也而惡人者必見惡也不識天下之士所以皆聞兼而非之者其故何也意以爲難而不可爲邪舊本兼作愛誤今據道藏本正嘗有難此而可爲者

昔荊靈王好小要（畢云舊作腰非）當靈王之身荊國之士飯不踰乎一固據而後興（畢云固一本作握詒讓案固據屬下讀說文手部云據杖持也別本蓋讀一握句非）扶垣而後行故約食爲其難爲也（俞云其當作甚下二句並同甚難爲即至難爲也下文曰是故約食焚舟苴服此天下之至難爲也是其證）然後爲而靈王說之（後疑當作衆中篇云若苟君說之則衆能爲之是其證下並同）未踰於世而民可移也（踰當作揄下並同爾雅釋言云揄變也言世未變而民俗已爲之移也非命上篇云此世未易民未渝在於桀紂則天下亂在於湯武則天下治又中篇云此世不渝而民不改上變政而民易教又下篇云此世不渝而民不易上變政而民改俗此云未渝於世猶彼云世不渝也）卽求以鄉其上也（鄉與向字通）昔者越王句踐好勇教其士臣三年以其知爲未足以知之也（蘇云上知字當讀如智）焚舟失火（舟疑當作內詳上篇）鼓而進之其士偃前列（廣雅釋詁云偃僵也儀禮鄉射禮鄭注云偃猶仆也）伏水火而死有不可勝數也（王云有字文義不順有當爲者字之誤也中篇曰士聞鼓音破碎亂行蹈火而

死者左右百人有餘是其證案王說是也蘇校同當此之時不鼓而退也退上疑挩不字謂士爭進前赴火雖止不鼓而仍不肯退也越國之士可謂顫矣顫當讀爲憚非攻下篇云以譂其衆顫譂並與憚同畢云玉篇云顫動也言其驚畏故焚身爲其難爲也其亦當作甚然後爲之越王說之畢云上之字據前後文當爲而未踰於世而民可移也即求以鄉上也昔者晉文公好苴服苴粗字通術中篇云惡衣當文公之時晉國之士大布之衣左閔二年傳衛文公大布之衣杜注云大布麤布淮南子齊俗訓許注義同牂羊之裘練帛之冠二句中篇同且苴之屨畢云且當爲粗上云且苴即麤粗麤倉胡反粗才戶反廣雅釋詁粗麤大也詒讓案王說是也春秋繁露俞序篇云始於麤粗終於精微晏子春秋諫下篇云縵密不能麤苴論衡量知篇云夫竹木麤苴之物也說文角部云觕角長皃讀若麤觕與且苴並聲近字通入見文公出以踐之朝故苴服爲其難爲也其亦當作甚然後爲而文公說之未踰於世而民可移也即求以鄉其上也是故約食焚舟苴服

焚舟依上文當作焚身此天下之至難爲也然後爲而上說之未踰於世而民可移也何故也即求以鄉其上也今若夫兼相愛交相利舊本挩愛交相三字今依王校補此其有利且易爲也不可勝計也我以爲則無有上說之者而已矣苟有上說之者勸之以賞譽威之以刑罰我以爲人之於就兼相愛交相利也蘇云於就當作就於詒讓案於就不誤蘇校非譬之猶火之就上水之就下也不可防止於天下故兼者聖王之道也王公大人之所以安也萬民衣食之所以足也故君子莫若審兼而務行之爲人君必惠爲人臣必忠爲人父必慈爲人子必孝爲人兄必友爲人弟必悌畢云悌當爲弟此俗寫故君子莫若欲爲惠君忠臣慈父孝子友兄悌弟王云若欲爲惠君忠臣云云若上不當有莫字蓋涉上文莫若而衍當若兼之不可不行也當若猶言

當如詳尚同中篇戴云若字疑如字誤非此聖王之道而萬民之大利也

墨子閒詁卷五

瑞安孫詒讓

非攻上第十七 淮南子氾論訓高注云非猶譏也

今有一人入人園圃畢云說文云園所以樹果種菜曰圃竊其桃李眾聞則非之上為政者得則罰之此何也以虧人自利也至攘人犬豕雞豚者穀梁成五年范甯注云攘盜也其不義又甚入人園圃竊桃李是何故也以虧人愈多依下文當有苟虧人愈多五字其不仁茲甚茲滋古今字詳尚同上篇罪益厚至入人欄廄欄即闌之借字說文門部云闌門遮也廣雅釋室云欄牢也畢云說文無欄字玉篇云木欄也取人馬牛者其不仁義又甚攘人犬豕雞豚依上下文此句疑不當有仁字此何故也以其虧人愈多苟虧人愈多其不仁茲甚罪益厚至殺不辜人也扡其衣裘畢云扡讀如終朝三拕之拕陸德明易音義云鄭

本作扡徒可反拖卽扡異文王云也卽拖字之誤而衍者詒讓案說文手部云扡曳也淮南子人閒訓云秦牛缺徑於山中而遇盜拖其衣被許注云拖奪也拖卽扡之俗取戈劍者，其不義又甚入人欄廄取人馬牛。此何故也？以其虧人愈多。苟虧人愈多，其不仁茲甚矣，罪益厚。當此，天下之君子畢云舊挩此字據後文增皆知而非之，謂之不義。今至大爲攻國，畢云據後文云大爲不義攻國則弗知非，本作之舊脫非字據後文增詒讓案道藏本季本並不挩從而譽之，謂之義。此可謂知義與不義之別乎？可舊本作何畢云一本作可是今據正殺一人謂之不義，必有一死罪矣，荀子正論篇云殺人者死傷人者刑是百王之所同也若以此說往，殺十人十重不義，必有十死罪矣；殺百人百重不義，必有百死罪矣。當此，天下之君子皆知而非之，謂之不義。今至大爲不義攻國，則弗知非，舊本知作之下又衍而字畢云一本無而字是王云之當爲知俗音知之相亂故知誤爲之上文皆知而

（非之正與弗知非非相對且上下又皆作弗知非則之爲知之誤明矣案王校是也今據正）從而譽之謂之義，情不知其不義也（王云情誠通用），故書其言以遺後世。若知其不義也，夫奚說書其不義以遺後世哉？（奚說言何辭以解說也畢云奚說猶言何樂失之）今有人於此，少見黑曰黑，多見黑曰白，則以此人不知白黑之辯矣（依下文則下當有必字人下當有爲字）；少嘗苦曰苦，多嘗苦曰甘，則必以此人爲不知甘苦之辯矣。今小爲非，則知而非之；大爲非攻國，則不知非（舊本不知下衍而字今據王蘇校刪），從而譽之，謂之義（畢云舊之謂二字倒一本如此）。此可謂知義與不義之辯乎？（舊本可上挩此字又謂誤爲畢云一本作謂是詒讓案道藏本可上有此字爲正作謂今據補正季本謂亦不誤）是以知天下之君子也（也字疑衍），辯義與不義之亂也。

非攻中第十八

子墨子言曰古者王公大人爲政於國家者情欲譽之審賞罰之當刑政之不過失情亦與誠通下並同王云古者當爲今者說見尚賢篇譽上有毀字而今本脫之則文義不明尚同篇舉天下之人皆欲得上之賞譽而畏上之毀罰是其證過失下有脫文下文曰今者王公大人情欲得而惡失欲安而惡危故當攻戰而不可不非是故子墨子曰古者有語謀而不得則以往知來論語學而篇云告諸往而知來者以見知隱謀若此可得而知矣今師徒唯毋興起徒舊本誤從今據道藏本正唯毋毋語詞詳尚賢中篇冬行恐寒夏行恐暑此不可以冬夏爲者也春則廢民耕稼樹藝秋則廢民穫斂此下依上文或當有此不可以春秋爲者也句今唯毋廢一時則百姓飢寒凍餒而死者不可勝數今嘗計軍上嘗猶試也下同上字誤疑當作出國策齊策云軍之所出矛戟折鐶弦絕傷弩破車罷馬亡失之大半竹箭羽旄幄幕畢云說文云幄木帳也幄當从木詒讓案幄節葬下篇作屋此俗作周禮幕人鄭注云在旁曰帷在上曰幕四合象宮室曰幄甲盾

撥劫史記孔子世家索隱云撥音伐謂大盾也劫未詳疑當作刧古書从缶从去之字多互譌備城傳篇法譌作㳒此刧譌作劫可以互證說文刀部云刧刀把也郎禮記少儀之拊也刀把或以木爲之故有靡敝腐爛之患往而靡獘腑冷不反者畢云往舊作住一本如此腑即腐字異文冷爛音相近當爲爛詒讓案戰國策秦策高注云獘壞也此與少儀國家靡敝義微異不可勝數又與矛戟戈劍乘車與下當依下文補其字其列住碎折靡獘而不反者列住二字誤畢以意改歺往並以往屬下爲句與上文同然其歺二字仍與上下文並不屬竊疑當作往則讀其往則碎折靡獘而不反者十一字句今本往譌住則譌列又到其文遂不可過耳不可勝數與其牛馬肥而往瘠而反往死亡而不反者王云下往字涉上往字而衍詒讓案往字假不必刪不可勝數與其涂道之脩遠糧食輟絕而不繼畢云粮俗字玉篇云粮同糧詒讓案周禮廩人凡邦有師役之事則治其糧與其食鄭注云行道曰糧謂糒也止居曰食謂米也孟子梁惠王篇云師行而糧食飢者弗食勞者弗息趙注云行軍皆遠轉糧食而食之百姓死者不可勝數也與其居處之不安食飯之不

時王云食飯當爲食飲之誤食飲不時見下篇飢飽之不節百姓之道疾病而死者不可勝數喪師多不可勝數喪師盡不可勝計則是鬼神之喪其主后后與後字通王制云天子諸侯祭因國之在其地而無主後者鄭注云絕無後爲之祭主者即此義洪云后當作石郘祏字省文左氏昭十八年傳使祝史徙主祏于周廟杜預注祏廟主石函說文祏宗廟主也周禮有郊宗石室一曰大夫以石爲主从示从石石亦聲案洪說未塙亦不可勝數國家發政奪民之用廢民之利若此甚眾然而何爲爲之曰我貪伐勝之名及得之利故爲之子墨子言曰計其所自勝無所可用也計其所得反不如所喪者之多今攻三里之城七里之郭譙守篇云率萬家而城方三里孟子公孫丑篇亦云三里之城七里之郭戰國策齊策云即墨三里之城七里之郭又作三里之城五里之郭攻此不用銳且無殺而徒得此然也殺人多必數於萬寡必數於千然後三里之城七里之郭且可得也今萬乘

之國虛數於千畢云虛墟字正文俗从土詒讓案虛下疑挩城字下文云以爭虛城不勝而入畢云舊作人以意改廣衍數於萬畢云王逸注楚辭曰衍廣大也不勝而辟畢云此闢字之假音入辟爲韻然則土地者所有餘也王民者所不足也王云王民二字義不可通當是士民之誤士民與土地對文下文王民同今盡王民之死嚴下上之患以爭虛城則是棄所不足而重所有餘也爲政若此非國之務者也

飾攻戰者言曰畢云舊作也言一本如此南則荆吳之王吳當作越墨子時吳已亡故下文以夫差亡吳事爲戒不宜此復舍越而舉吳也下篇云今天下好戰之國齊晉楚越節葬下篇云諸侯力征南有楚越之王而北有齊晉之君皆其證也北則齊晉之君始封於天下之時其土地之方舊挩地字今據道藏本補未至有數百里也人徒之衆未至有數十萬人也以攻戰之故土地之博至有數千里也人徒之衆至有數百萬人故當攻戰而不可爲也俞云不可爲也當作不可不爲也方與上文語

意相屬此是飾攻戰者之言非子墨子之言也今𠛬不字義不可通詒讓案下文云故當攻戰而不可不非則此文當作故當攻戰而不可非也俞校未塙

子墨子言曰雖四五國則得利焉猶謂之非行道也譬若醫之藥人之有病者然句今有醫於此和合其祝藥之于天下之有病者而藥之畢云祝謂祝由見素問或云祝藥猶言疰藥非一本無祝字非也詒讓案畢說非也周禮瘍醫掌腫瘍潰瘍金瘍折瘍之祝藥鄭注云祝當爲注讀如注病之注聲之誤也注謂附著藥彼祝藥爲創瘍附著之藥此下文云食則與彼義異畢云祝由又與此書及周禮義並不合不可信也惠士奇謂祝藥猶行藥亦未知是否萬人食此若醫四五人得利焉猶謂之非行藥也蘇云食者多而利者少則非常行之藥故孝子不以食其親忠臣不以食其君古者封國於天下尚者以耳之所聞畢云尚同上近者以目之所見以攻戰亡者不可勝數何以知其然也東方有莒之國者畢云今山東莒州其爲國甚小閒於大國之閒不敬事於大

大國亦弗之從而愛利是以東者越人夾削其壤地國策齊策云莒恃越而滅與此異西者齊人兼而有之計莒之所以亡於齊越之閒者以是攻戰也杜預春秋釋例云莒國嬴姓少昊之後周武王封茲輿期於莒十一世茲平公方見春秋共公以下微弱不復見四世楚滅之蘇云史記云楚簡王元年北伐滅莒據此則莒實為齊滅故其地在戰國屬齊詒讓案戰國策西周策云邾莒亡於齊亦其證雖南者陳蔡其所以亡於吳越之閒者左傳魯哀公十七年楚滅陳史記管蔡世家蔡侯齊四年楚惠王滅蔡案在貞定王二十二年亦以攻戰雖北者且不一著何道藏本如此畢本作中山諸國云四字舊作且一不著何五字一本如此史記趙世家云惠文王三年滅中山遷其王於膚施表作四年元和郡縣志云定州戰國時為中山國中山之地方五百里城中有山故曰中山今直隸定州是蘇云中山之亡當魏文侯世墨子與子夏之門人同時此事猶當及見之畢引史記趙惠文王三年滅中山非是詒讓案中山初滅於魏後滅於趙詳所染篇然此中山諸國四字乃後人肊改實當作且不著何四字舊本作且一道藏本作且不二並衍文且疑柤之借字國語晉語獻公田見翟柤之氛韋注云翟柤國名是也不著何

亦北胡國周書王會篇云不屠何青熊孔晁注云不屠何亦東北夷也管子小匡篇敗胡貉破屠何尹注云屠何東胡之先也劉恕通鑑外紀周惠王三十三年齊桓公救燕破屠何屠著聲類同不著何即不屠何也又王會伊尹獻令正北有且略豹胡且略即此且及左傳翟柤豹胡亦即不屠何豹不胡何並一聲之轉不屠何漢爲徒河縣屬遼西郡故城在今奉天錦州府錦縣西北柤據國語爲晉獻公所滅所在無考　其所以亡於燕代胡貊之閒者貊貉之俗詳兼愛中篇　亦以攻戰也是故子墨子言曰古者王公大人情欲得而惡失古者亦當從王校作今者說見前情與誠通詳非攻下篇欲安而惡危畢云欲舊作故以意改　故當攻戰而不可不非飾攻戰者之言曰彼不能收用彼衆是故亡我能收用我衆以此攻戰於天下誰敢不賓服哉子墨子言曰子雖能收用子之衆子豈若古者吳闔閭哉閭左傳昭二十七年作廬字通詳所染篇　古者吳闔閭教七年畢云案史記闔閭九年入郢吳越春秋云九年十月楚二師陳於柏舉即此事也俞云教下疑脫士字　奉甲執兵奔三百

里而舍焉呂氏春秋簡選篇云吳闔廬選多力者五百人利趾者三千人以爲前陳此云奉甲執兵奔三百里而舍卽多力利趾者也俞云奉甲執兵奔三百里而舍卽教士之法乃古所謂武卒者荀子議兵篇魏氏之武卒以度取之衣三屬之甲操十二石之弩負矢五十箇置戈其上冠軸帶劍贏三日之糧日中而趨百里中試則復其戶利其田宅今據墨子之言則闔閭先有此法矣**次注林出於冥隘之徑**左傳定四年吳伐楚舍舟於淮汭自豫章與楚夾漢左司馬戌謂子常曰我悉方城外以毀其舟還塞大隧直轅冥阨釋文云阨本或作隘杜注云三者漢東之隘道案此冥隘卽左傳之冥阨史記蘇秦傳云塞鄳阨亦卽此集解引徐廣云鄳江夏鄳縣注林地無考以左傳校之疑當作淮汭淮注形近汭篆文作𣲖與林亦相近因而致誤畢云淮南子地形訓作澠阨高誘曰澠阨今宏農澠池是也則在今河南永寧縣史記魏世家云秦攻冥阨之塞集解云徐廣曰或以爲江夏鄳縣又杜預注左傳云漢東之隘道括地志云石城山在申州鍾山縣東南二十一里魏攻冥阨卽此山呂氏春秋淮南子九塞此其一也玉海在信陽軍東南五十里今在河南信陽州東南九十里**戰於柏舉**事見春秋定四年經柏舉杜注云楚地呂氏春秋首時篇高注云柏舉楚南鄙邑畢云在今湖北麻城縣元和郡縣志云麻城縣龜頭山在縣東南十八里舉水之所出也春秋吳

楚戰於柏舉即此地也　中楚國而朝宋與及魯　蘇云及魯二字誤倒魯字屬上句及字屬下句也詒讓案左傳闔閭時無宋魯朝吳事疑因哀七年夫差會魯於鄫徵宋魯百牢事傳會之　至夫差之身北而攻齊舍於汶上戰於艾陵　見春秋哀十一年經畢云在今山東泰安縣東南史記吳太伯世家云夫差七年北伐齊敗齊師於艾陵至繒　大敗齊人而葆之大山　蘇云大山即太山篇中太多作大魯問篇齊太王作大王是也　東而攻越濟三江五湖　畢云史記索隱云韋昭云三江謂松江錢塘江浦陽江史記正義云顧夷吳地記云松江東北行七十里得三江口東北入海爲婁江東南入海爲東江并松江爲三江詒讓案漢書地理志云會稽郡吳南江在南東入海毗陵北江在北東入海丹陽郡蕪湖中江出西南東至陽羨入海此即書禹貢周禮職方氏揚州之三江也國語越語云吳之與越也三江環之韋昭別據松江浙江浦陽江爲釋即張守節所引是也水經沔水酈注云松江自太湖東北流逕七十里江水奇分謂之三江口吳越春秋稱范蠡去越乘舟出三江之口入五湖之中者也此與顧夷說同要皆非古之三江竊謂禹貢中江北江並於吳境入海南江入海又兼涉越境則三江下流自足環吳越水經注又引郭璞云三江者岷江松江浙江也此即據禹蹟下流言之近代胡渭

金榜並援以說越語之三江取爲據當畢攻之未審五湖詳前兼愛中篇而葆之會稽左傳哀元年吳王夫差敗越于夫椒遂入越越子以甲楯五千保於會稽杜注云上會稽山也在會稽山陰縣南葆保字通會稽山詳節葬下篇畢云今浙江山陰會稽山九夷之國莫不賓服爾雅釋地云九夷八狄七戎六蠻謂之四海王制孔疏云九夷依東夷傳九種曰畎夷于夷方夷黃夷白夷赤夷玄夷風夷陽夷李巡注爾雅云一曰玄菟二曰樂浪三曰高驪四曰滿飾五曰鳧臾六曰索家七曰東屠八曰倭人九曰天鄙案王制疏所云皆海外遠夷之種別此九夷與吳楚相近蓋即淮夷非海外東夷也書敘云成王伐淮夷遂踐奄韓非子說林上篇云周公旦攻九夷而商蓋服商蓋即商奄則九夷亦即淮夷故呂氏春秋古樂篇云成王立殷民反王命周公踐伐之商人服象爲虐於東夷周公遂以師逐之至於江南又樂成篇云猶尚有管叔蔡叔之事與東夷八國不聽之謀高注云東夷八國附從二叔不聽王命周公居攝三年伐奄八國之中最大著在尚書餘七國小又先服故不載於經也案東夷八國亦即九夷也春秋以後蓋臣屬楚吳越三國戰國時又專屬楚說苑君道篇說越王句踐與吳戰大敗之兼有九夷淮南子齊俗訓云越王句踐霸天下泗上十二諸侯皆率九夷以朝戰國策秦策云楚苞九夷方千里魏策云張儀曰楚破南陽九夷內沛許鄢陵死文選李斯上

秦始皇書說秦伐楚包九夷制鄢郢李注云九夷屬楚夷也若然九夷實在淮泗之閒北與齊魯接壤故論語子欲居九夷參互校覈其疆域固可攷矣**於是退不能賞孤**說文子部云孤無父也月令立冬賞死事恤孤寡鄭注云死事謂以國事死者孤寡其妻子也**施舍羣萌**畢云此氓字之假音詒讓案尚賢中篇云四鄙之萌人舍予聲近字通施舍猶賜予也左昭十三年傳云施舍寬民又云施舍不倦杜注云施舍猶云布恩德**自恃其力伐其功譽其智怠於教遂築姑蘇之臺七年不成**國語吳語說吳王夫差云高高下下以罷民於姑蘇韋注云姑蘇臺名在吳西近湖案國語以築姑蘇爲夫差事與此書正合畢云史記集解云越絕書曰闔閭起姑蘇之臺三年聚材五年乃成高見三百里顏師古注漢書伍被傳云吳地記云因山爲名西南去國三十五里今江南蘇州府治詒讓案越絕以姑蘇爲闔閭所築疑誤**及若此則吳有離罷之心**蘇云罷讀如疲**越王句踐視吳上下不相得收其衆以復其讐入北郭徙大內**王云徙大內三字義不可通大內當爲大舟隸書舟字或作月與內相似而誤吳語越王句踐襲吳入其郛焚其姑蘇徙其大舟韋注曰大舟王舟吳越春秋夫差內傳亦作徙其大舟詒讓案王說是也吳語韋注云

郛郭也徙取也此哀十三年越入吳事與二十年圍吳事不相涉此類舉之耳圍王宮國語吳語云越師入吳國圍王宮韋注云王宮姑蘇而吳國以亡左傳哀二十年十一月越圍吳二十二年十一月越滅吳昔者晉有六將軍六將軍卽六卿爲軍將者也春秋時通稱卿爲將爲將軍穀梁文六年傳云晉使狐射姑爲將軍是也淮南子道應訓云趙文子問於叔向曰晉六將軍其孰先亡乎又人閒訓云張武爲智伯謀曰晉六將軍中行文子最弱許注云六將軍韓趙魏范中行智伯也而智伯莫爲強焉計其土地之博人徒之眾欲以抗諸侯以爲英名攻戰之速故差論其爪牙之士皆列其舟車之眾王云皆當爲比天志篇比列其舟車之卒是其證下篇皆列同詒讓案王說是也又舊本列下挩其字王據上句補今從之以攻中行氏而有之以其謀爲旣已足矣又攻茲范氏而大敗之茲字疑衍中行氏卽荀氏范氏卽士氏左傳定十三年晉逐荀寅士吉射乃知伯瑤祖文子躒事此及魯問篇並通舉不復析別并三家以爲一家而不止又圍趙襄子於晉陽及若此則韓魏亦相從而謀曰古者有

語脣亡則齒寒戰國策趙策淮南子人閒訓並以此爲張孟談說韓魏之君語穀梁僖二年傳虞宮之奇曰語曰脣亡則齒寒左僖五年傳語作諺趙氏朝亡我夕從之趙氏夕亡我朝從之畢云我舊作吾一本如此詩曰魚水不務務疑當讀爲騖東魏嵩陽寺碑朝野傾務務騖字通淮南子主術訓云魚得水而鶩高注云鶩疾也又或當作斿即游之省陸將何及乎王云陸將何及乎不類詩詞乎字葢後人所加蘇云此葢逸詩是以三主之君一心戮力畢云戮勠字假音辟門除道蘇云辟同闢奉甲興士韓魏自外趙氏自內擊智伯大敗之畢云事俱見韓非子是故子墨子言曰古者有語曰君子不鏡於水而鏡於人鏡於水見面之容鏡於人則知吉與凶蘇云書酒誥篇云古人有言曰人無於水監當於民監太公金匱陰謀有武王鏡銘云以鏡自照見形容以人自照見吉凶二書所云與此合葢古語也詒讓案國語吳語云申胥曰王盍亦鑑於人無鑑於水今以攻戰爲利則葢嘗鑒之於智伯之事乎畢云葢同盍此其爲不吉而凶既可得而知矣

非攻下第十九

子墨子言曰今天下之所譽善者其說將何哉舊本脫哉字王云天志篇曰天下之所以亂者其說將何哉今據補爲其上中天之利而中中鬼之利而下中人之利故譽之與舊本作譽王引之據下改與是也今從之蘇云下譽當作與讀平聲意亡非爲其上中天之利而中中鬼之利而下中人之利故譽之與王引之云意與抑同亡與無同皆詞也非命篇曰不識昔者三代之聖善人與意亡昔三代之暴不肖人與蘇說同雖使下愚之人畢云舊愚之二字倒以意移必曰將爲其上中天之利而中中鬼之利而下中人之利故譽之今天下之所同義者畢云義舊作養一本如此聖王之法也今天下之諸侯將猶多皆免攻伐并兼俞云免字衍文天志篇云今天下之諸侯將猶皆侵凌攻伐兼并無免字可證則是有譽義之名而不察其實也此譬猶盲者之與人同命白黑之名而不

能分其物也則豈謂有別哉是故古之知者之為天下度也必順慮其義而後為之行是以動則不疑速通成得其所欲戴云成下當脫則字詒讓案戴說未塙速通成得其所欲疑當作遄適咸得其所欲而順天鬼百姓之利則知者之道也畢云知讀智是故古之仁人有天下者必反大國之說反當作交二字形近詳七患篇此謂與大國交相說下交云以此效大國則小國之君說交效字通一天下之和總四海之內句焉率天下之百姓戴云焉猶乃也以農臣事上帝山川鬼神洪云左氏襄十三年傳小人農力以事其上管子大匡篇耕者用力不農有罪無赦廣雅釋詁農勉也利人多功故又大戴云故即功之衍文益功一本作攻因誤為故而寫者合之耳是以天賞之鬼富之畢云鬼舊作愚以意改人譽之使貴為天子富有天下名參乎天地至今不廢此則知者之道也先王之所以有天下者也今王公大人天下之諸侯則不然將必皆差論

其爪牙之士皆列其舟車之卒伍皆亦當作比詳上篇於此爲堅甲利兵以往攻伐無罪之國入其國家邊境芟刈其禾稼斬其樹木墮其城郭說文𨸏部云敗城𨸏曰隓篆文作𡐦墮卽𡐦之變體左傳僖二十二年杜注云墮毀也畢云墮一本作墜以湮其溝池畢云湮塞之字當爲垔攘殺其牲牷周禮牧人掌牧六牲而阜蕃其物以共祭祀之牲牷鄭注云六牲謂牛馬羊豕犬雞牷體完具鄭衆云牷純色燔潰其祖廟王引之云燔與潰義不相屬燔潰當爲燔燎隸書尞字或作寮與貴字相似故字之從尞者或誤從貴史記仲尼弟子傳索隱引家語有申繚今本家語七十二弟子篇作申續趙策魏殺呂遼下文又作呂遺皆其類也尞與貴隸相似故燎誤爲燔又誤爲潰耳此篇云攘殺其牲牷燔燎共祖廟天志篇云焚燒其祖廟攘殺其犧牲文異而義同也勁殺其萬民左傳定四年杜注云勁取其首史記陳涉世家索隱引三蒼郭璞注云勁刺也下文云刺殺天民與此義同畢云勁字从刀覆其老弱逸周書周祝篇孔注云覆滅也遷其重器孟子梁惠王篇文同趙注云寶重之器卒進而柱乎鬬戴云柱乃極字誤草書極與柱相似乎字衍極亟字之借曰死命爲上多殺

次之身傷者爲下又況失列北橈乎哉罪死無赦舊本失作先赦作殺王云先列二字義不可通當是失列之誤謂失其行列也罪死無殺義亦不可通當作罪死無赦此涉上下文殺字而誤畢本橈作撓云北謂奔北也北之言背馳撓之言曲行詘逗撓詒讓案王校是也今據正撓俗字據道藏本正國語吳語韋注云軍敗奔走曰北左成二年傳師徒橈敗杜注云橈曲也以譂其衆畢云說文玉篇無譂字古字言心相近即憚字詒讓案畢說是也國語周語韋注云憚懼也國策秦策云王之威亦憚矣賈子新書解縣篇云陛下威憚大信夫無兼國覆軍漢書貨殖傳注孟康云無發聲助也案無與唯無辭意同蘇云無疑當作務非賊虐萬民以亂聖人之緒廣雅釋詁云緒業也意將以爲利天乎夫取天之人以攻天之邑此刺殺天民剝振神之位傾覆社稷攘殺其犧牲王云剝與振義不相屬振當爲𢬷𢬷字之誤也說文剝裂也廣雅𢬷裂也曹憲音必麥反是剝𢬷皆裂也故曰剝𢬷神之位自刺殺天民以下皆以四字爲句今本作剝振神之位之字涉上文取天之人攻天之邑而衍攘殺其犧牲其字亦涉上文攘殺其牲牲而衍則此上不中天之利矣意將以爲利鬼乎夫

殺之人畢云舊作神据後文改戴云殺下脫天字滅鬼神之主廢滅先王賊虐萬民百姓離散則此中不中鬼之利矣意將以為利人乎夫殺之人為利人也博矣戴云殺下脫天字俞云博疑當作薄言殺人以利人其利亦薄也若作博字則不可通詒讓案俞校是也此疑當作夫殺人之為利人也薄矣與上文不同戴說非又計其費此為周生之本王云周字義不可通周當為害財者生之本也用兵而費財故曰害生之本隸書害字或作䖡與周相似而誤竭天下百姓之財用不可勝數也則此下不中人之利矣

今夫師者之相為不利者也曰將不勇士不分畢云同忿詒讓案分疑奮聲近段借字兵不利教不習師不眾率不利和俞云率讀為將率之率利即和字之誤而衍者威不圉圉與疆圉義同逸周書諡法篇云威德剛武曰圉孔注云圉禦也害之不久害疑當作圍形近而誤爭之不疾孫之不強孫無義疑當作係國語吳語韋注云係縛也盖謂係纍民人植心不堅與國諸侯疑與國諸侯疑則敵生慮而意羸矣

偏具此物畢云偏當爲徧王云古多以偏爲徧不煩改字非儒篇遍施周徧公孟篇今子偏從人而說之皆是徧之借字益象傳莫益之偏辭也本或作徧檀弓二名不偏諱大戴記勸學篇偏與之而無私魏策偏事三晉之吏漢書禮樂志海內偏知上德皆以偏爲徧又漢書郊祀志其遊以方偏諸侯張良傳天下不足以偏封張湯傳偏見貴人史記並作偏若諸子書中以偏爲徧者則不可枚舉漢三公山碑興雲膚寸偏雨四海亦以偏爲徧然則偏之爲徧非傳寫之譌也而致從事焉則是國家失卒畢云一本作足而百姓易務也今不嘗觀其說好攻伐之國若使中興師君子此下有挩字疑當云君子數百庶人也必且數千徒倍十萬然後足以師而動矣久者數歲速者數月是上不暇聽治士不暇治其官府農夫不暇稼穡婦人不暇紡績織紝畢云說文云紡網絲也績緝也織作布帛之總名也紝機縷也絍紝或字則是國家失卒而百姓易務也然而又與其車馬之罷獘也幔幕帷蓋說文巾部云幔幕也廣雅釋器云幔帳也幕帷詳中篇三軍之用甲兵之備五分

而得其一則猶爲序疏矣序疏二字義不可通疑當爲厚餘皆形之誤厚餘言多餘也孫子作戰篇國之貧於師者力屈財殫中原內虛於家百姓之費十去其七公家之費破車罷馬甲冑矢弓戟楯矛櫓丘牛大車十去其六此說與彼略同然而又與其散亡道路道路遼遠疑衍道路二字說文辵部云遼遠也粮食不繼傺食飲之時畢云王逸注楚辭云傺住也楚人名住曰傺王云傺字與上下文義不相屬未詳之時當爲不時食飲不時與粮食不繼對文俞云傺即際字張遷碑騰正之際是也昭四年左傳爾未際孟子萬章篇敢問交際何心也杜預趙岐注並曰際接也疑墨子原文本作粮食不傺不傺即不接也與中篇所云粮食輟絕而不繼文異義同後人不達傺字之義據中篇改爲不繼而寫者兩存之遂作不繼傺耳案王俞說近是廁役以此饑寒凍餒疾病而轉死溝壑中者王云廁役二字義無所取當爲廝役之誤宣十二年公羊傳廝役扈養死者數百人是其證不可勝計也此其爲不利於人也天下之害厚矣而王公大人樂而行之則此樂賊滅天下之萬民也豈不悖哉今天下好戰之國齊晉楚越若使此四

國者得意於天下此皆十倍其國之衆而未能食其地也食謂治田以耕者周禮遂師云經牧其田野辨其可食者言四國荒土多民不能盡耕之也是人不足而地有餘也今又以爭地之故而反相賊也然則是虧不足而重有餘也重舊本譌動道藏本作重與中篇合今據正今遝夫好攻伐之君舊本遝作還洪云明鬼下篇逮至昔三代文與此同還當是遝之譌遝逮古字通用戴云還當是儇字之誤王逸注楚詞云儇佞也則儇夫猶佞人也詒讓案洪說是也今據正下文云則此夫好攻伐之君可證又飾其說以非子墨子曰以攻伐之爲不義畢云以攻伐之據後文當云子以攻伐非利物與昔者禹征有苗湯伐桀武王伐紂此皆立爲聖王是何故也子墨子曰子未察吾言之類未明其故者也大取篇云辭以故生以理長以類行荀子非十二子篇楊注云類謂比類彼非所謂攻謂誅也依下文謂上亦當有所字說文言部云誅討也罰討有罪與攻伐無罪之國異昔者三苗大亂舊本者下有有字王云郎者字之誤而衍者今據開元占經卷

平御覽引刪天命殛之日妖宵出日妖不可通日疑當爲有之譌下云婦妖宵出有鬼宵吟通鑑外紀引隨巢子汲冢紀年云三苗將亡日夜出晝日不出則疑妖是衍文雨血三朝開元占經三引太公金匱云有苗時天雨血沾衣龍生於廟犬哭乎市舊本挩於字又犬作大王云龍生廟當作龍生於廟方合上下句法太平御覽禮儀部十引此正作龍生於廟太哭乎市文義不明大當爲犬犬哭乎市與龍生於廟對文開元占經犬占引墨子曰三苗大亂犬哭于市太平御覽獸部十七引隨巢子曰昔三苗大亂龍生于廟犬哭于市皆其證詒讓案王校是也今據正通鑑外紀引隨巢子汲冢紀年云青龍生於廟夏冰地坼及泉畢云太平御覽引此云三苗欲滅時地震坼泉湧五穀變化民乃大振畢云同震高陽乃命玄宮畢云舜高陽第六世孫故云王云此當作高陽乃命禹於玄宮下文禹征有苗正承此文而言又下文天乃命湯於鑣宮與此文同一例今本挩禹於二字則文義不明詒讓案蓺文類聚符命部引隨巢子云天命夏禹於玄宮有大神人面鳥身云云則非高陽所命也此文疑有挩誤今本竹書紀年帝舜三十五年帝命夏后征有苗有苗氏來朝禹親把天之瑞令畢云把文選注引作抱說文云瑞以玉爲信也詒讓案令文選東京賦李注引作命說文手部云把

搤也以征有苗四電誘祗未詳疑當爲雷電誖振振雷擾字爲田又誤爲四誖誘振祗形並相近誖勃振震字通書無逸云治民祗懼史記魯世家祗作震是其證也有神人面鳥身若瑾以侍人面鳥身之神即明鬼下篇秦穆公所見之句芒也若瑾以侍義不可通若瑾疑奉珪之誤若古文作叒奉篆文作𡴂二形相似珪瑾亦形之誤儀禮覲禮記方明六玉云東方圭周禮大宗伯禮四方玉云東方以青圭白虎通義文質篇云珪位在東方是珪於方位屬東句芒亦東方之神故奉珪猶國語晉語說西方之神蓐收執鉞矣藝文類聚符命部引隨巢子云有大神人面鳥身降而福之司祿益富而國家實司命益年而民不夭疑即指此事搤矢有苗之祥疑當作將將或通作牂與祥形近而譌玉篇手部云牂今作將同搤矢未詳苗師大亂後乃遂幾道藏本後作后廣雅釋詁云幾微也言三苗之後世遂衰微也禹既已克有三苗何焉磨爲山川別物上下王云焉字下屬爲句焉猶於是也乃也下文湯焉敢奉率其眾武王焉襲湯之緒義並與此同又云磨字義不可通磨當爲磿磿與歷通周官遂師注曰磿者適歷中山經歷石之山郭注或作磿史記高祖功臣侯表磿簡侯程黑漢表作歷春申君傳濮磿之北新序善謀篇作歷樂毅傳故鼎反乎磿室燕策作歷歷之言離也大戴禮記

五帝德篇曰歷離日月星辰是歷與離同義淮南精神篇曰別爲陰陽離爲八極然則磿爲山川亦謂離爲山川也離與磿皆分別之義故曰磿爲山川別物上下世人多見磨少見磿故書傳中磿字多譌作磨史記及山海經注磿字今本皆譌作磨叉逆周書世俘篇伐磨楚策遠自棄於磨山之中今本亦譌作磨顏氏家訓勉學篇曰太山羊肅讀世本容成造磿以磿爲碓磨之磨則以磿爲磨自古已然矣卿制大極畢云說文云卿章也詒讓案疑當爲鄉制四極鄉與卿形近四篆文作𠘨與大篆文亦近故互譌鄉卽饗之省爾雅釋地云東至於泰遠西至於邠國南至於濮鈆北至於祝栗謂之四極郭注云皆四方極遠之國而神民不違天下乃靜則此禹之所以征有苗也還至乎夏王桀畢云文選注引作夏桀時還舊本作遝王云還字義不可通或曰還卽旋字案禹桀相去甚遠不得言旋至乎桀還當爲遝遝與逮同逮及也遝與還字形相似而誤下文還至乎商王紂同又云遝之誤爲還猶鰥之誤爲鱞漢書律厤志丙午遝師今本誤作還中庸所以逮賤也釋文逮作遝哀十四年公羊傳祖之所逮聞也漢石經逮作遝案王說是也洪說同今據正天有轄命畢云轄當是誥字詒讓案轄疑當爲酷謂嚴命也說文告部云嚳急告之甚也白虎通義號篇云嚳者極也嚳酷字亦通一切經音義云酷古文借嚳焅三形

日月不時，寒暑雜至，易釋文引孟喜云雜亂也謂寒暑錯亂而至失其恆節五穀焦死史記龜策傳說桀紂云天數枯旱國多妖祥螟蟲歲生五穀不成鬼呼國王云呼下當有於字方合上下句法詒讓案御覽八十三引帝王世紀亦云鬼呼於國鶴鳴十夕餘鸛舊本作鸖盧云鸖字未詳若作鸛與鶴同詒讓案道藏本季本並作鸛今據改鶴字唐姚元景造象記作鸖楚金禪師碑作鸖並俗書爲變通鑑外紀夏紀云鶴鳴於國十日十夕不止即本此文通志夏紀鶴作鸛疑誤天乃命湯於鑣宮畢云舊脫天字据文選注增鑣藝文類聚引作驪文選注作鑣王紹蘭云鑣宮即孟子牧宮天乃命湯於鑣宮往而誅之即天誅造攻自牧宮也詒讓案孟子萬章篇趙注云牧宮桀宮似與此鑣宮異王說未塙用受夏之大命夏德大亂予既卒其命於天矣往而誅之必使汝堪之畢云文選注𢧵文類聚引作戡此𢧵字之假音說文云𢧵殺也爾雅云堪勝也詒讓案夏德大亂以下四句文義與下文重複疑校書者附記異同遂與正文楷掍文選辯命論褚淵碑文注兩引亦無此數語畢所校乃下文之異文也湯焉敢奉率其眾是以鄉有夏之境王引之云焉猶乃也言湯既受天命乃敢伐夏也王紹蘭云焉之爲言於是也帝乃使陰暴毀有夏之城陰疑降之誤少少有神來告曰夏德大亂往攻之予必使汝大堪之予既受命於天天命融隆火畢云隆疑作降言命祝融降火王云降與隆通不煩改字詳尚賢中篇詒讓案國語周語內史過說夏亡回祿信於聆隧韋注云回祿火神聆隧地名左昭十八年傳鄭災禳火於玄冥回祿孔疏云楚之先吳回爲祝融或云回祿即吳回也是融即回祿此與周語所云即一事也于夏之城間西北之隅湯奉桀衆以克有蘇云有下脫夏字屬諸侯於薄禮記經解鄭注云屬猶合也畢云此作薄是也管子地數云湯有七十里之薄周書殷祝解云湯放桀而復薄荀子議兵云古者湯以薄武王以滈呂氏春秋云湯嘗約于郼薄皆作薄地理志云河南偃師尸鄉殷湯所都是今河南偃師也史記集解云皇甫謐曰梁國穀孰爲南亳即湯都也括地志云宋州穀孰縣西南三十五里南亳故城即南亳湯都也宋州北五十里大蒙城爲景亳湯所盟地因景山爲名河南偃師爲西亳帝嚳及湯所都盤庚亦從都之又案薄惟孟子作亳非正字也亳京兆杜陵亭見說文別有亳王號湯在今陝西三原縣地各不同薦章天命爾雅釋詁云薦進也儀禮士冠禮鄭注云章明也通于四方而天下諸侯莫敢

不賓服則此湯之所以誅桀也遝至乎商王紂遝舊本亦作還今依王校正詳上畢云文選注引作商王紂時太平御覽作紂之時天不序其德王云序順也言天不順紂之德非樂篇引湯之官刑曰上帝不順是也爾雅曰順敘也敘與序同法言問神篇曰事得其序之謂訓訓與順同周語曰周旋序順序亦順也逸周書序曰文王告武王以序德之行俞云序乃享字之誤莊子則陽篇隨序之相理釋文曰序一本作享是其例也天不享其德文義甚明字誤作序不可通矣詒讓案俞說是也尚賢中篇云則天鄉其德鄉亦與享通祀用失時史記龜策傳說桀紂云逆亂四時失百鬼當蓋言祭祀不以時舉也兼夜中有挩誤十日雨土于薄畢云太平御覽引作亳假音字詒讓案李淳風乙巳占亦引墨子曰商紂不德十日雨土於亳今本紀年帝辛五年雨土于亳九鼎遷止婦妖宵出有鬼宵吟文選蘇子卿古詩李注引蒼頡篇云吟歎也有女爲男天雨肉呂氏春秋愼大篇說殷亡之妖云天雨血棘生乎國道國道謂國中九經九緯之涂也王兄自縱也王云兄與況同況益也言紂益自放縱也小雅常棣篇況也永嘆毛傳曰況茲也茲與滋同益也晉語衆況厚之韋注曰況益也無逆則皇自敬德漢石經皇作兄王肅本作況云況滋

葢用毄德大雅桑柔篇倉兄填兮召旻篇職兄斯引傳並曰兄兹也案王說是也顧說同蘇謂即微子出奔之事誤

赤鳥銜珪 畢云鳥太平御覽引作雀珪初學記引作書詒讓案太平御覽時序部引尚書中候云周文王爲西伯季秋之月甲子赤雀銜丹書入豐止于昌戶王乃拜稽首受取曰姬昌蒼帝子亡殷者紂也宋書符瑞志同史記周本紀集解正義引尚書帝命驗云季秋之月甲子赤爵銜丹書入于酆止于昌戶其書云敬勝怠者吉云云與大戴禮記武王踐阼篇丹書文同與此異以上諸書並作銜書與初學記同呂氏春秋應同篇云文王之時赤鳥銜丹書集之周社亦與此書降岐社事同疑皆一事而傳聞緣飾不免詭異耳

降周之岐社 今本紀年帝辛三十二年有赤烏集于周社

曰天命周文王伐殷有國 畢云太平御覽云命曰周文王伐殷事類賦云命伐殷也

泰顛來賓 蘇云孟子云太公避紂居北海之濱聞文王作興曰盍歸乎來即來賓之事也詒讓案泰顛與太公非一人詳尚賢上篇

河出綠圖 北堂書鈔地部引隨巢子云姬氏之興河出綠圖呂氏春秋觀表篇云綠圖幡薄從此生矣淮南子俶真訓云至德之世洛出丹書河出綠圖

地出乘黃 周書王會篇云白民乘黃乘黃者似狐其背有兩角山海經海外西經同宋書符瑞志云帝舜即位地出乘黃之馬劉賡稽瑞引孫氏瑞應圖云王者德御四方輿

服有渡秫馬不過所業則地出乘黃淮南子云黃帝治天下飛黃服皁高注云飛黃乘黃**武王踐功**踐功疑踐阼之誤**夢見三神曰**畢云舊脫此字據文選注藝文類聚增**予既沈漬殷紂于酒德矣**書微子我用沈酗于酒孔疏云人以酒亂若沈於水故以耽酒爲沈也史記宋世家紂沈湎于酒詩小雅釋文云漬淹也一切經音義引通俗文云水浸曰漬畢云漬藝文類聚引作瀆**往攻之予必使汝大堪之**畢云堪藝文類聚文選注引作戡**武王乃攻狂夫反商之周**攻狂夫疑當作往攻之上文屢見往狂之夫形近而誤攻字又誤移著乃下遂不可通耳戴云狂夫疑獨夫之誤非**天賜武王黃鳥之旗**畢云賜太平御覽引作錫北堂書鈔引隨巢子云天賜武王黃鳥之旗抱朴子云武王時興天給之旗**王既已克殷成帝之來**周書商誓篇云武王曰予惟甲子克致天之大罰□帝之來革紂之□□予亦無敢違大命與此文意略同畢云來當爲賚**分主諸神祀紂先王**明鬼下篇云昔者武王之攻殷誅紂也使諸侯分其祭曰使親者受內祀疏者受外祀是其事也**通維四夷**維當作于上文說湯云通于四方**而天下莫不賓**句**焉襲湯之緒**詩魯頌閟宮云纘禹之緒毛傳云緒業也王引之云

言武王乃襲
湯之緒也
此卽武王之所以誅紂也若以此三聖王者觀
之則非所謂攻也所謂誅也則夫好攻伐之君又飾其說以
非子墨子曰子以攻伐爲不義非利物與昔者楚熊麗
畢云史記
楚世家云鬻熊子事文
王蚤卒其子曰熊麗
始討此睢山之閒
畢云討字當爲封
睢山卽江漢沮漳
之沮詒讓案史記楚世家熊繹當周成王之時舉文武勤勞
之後嗣而封熊繹於楚蠻是始封楚者爲熊麗之孫繹與此
書不同梁玉繩云麗是繹祖雖爲楚望然則繹之前已
建國楚地成王蓋因而封之非成王封繹始有國耳
越王
緊虧
盧校緊改繄云卽無餘也繄舊作緊非以意改畢本從
之詒讓案緊虧無攷盧胒改緊爲繄亦無據今仍從舊
本無餘見越絕書外傳記地篇吳越春秋越王無余外傳字
作余同但無餘遠在夏世此緊虧疑據周世越君始稱王者
言之史記正義引輿地志云周敬王時有越侯夫譚子曰允
常拓土始大稱王漢書古今人表亦云越王允常與史記越
世家以允常子句踐始爲越王不同此越王或當是允常與
又案國語世本並以越爲羊姓則疑緊虧或卽執疵詳後
出自有遽
史記越世家云其先禹之苗裔而夏后帝少康之
庶子也封於會稽以奉守禹之祀吳越春秋云少

康恐禹迹宗廟祭祀之絕乃封其庶子於越號曰無餘水經漸江水注云夏后少康封少子杼以奉禹祠爲越則與帝杼同名疑誤水經注又云秦望山南有嶕峴峴裏有大城越王無餘之舊都也故吳越春秋句踐語范蠡曰先君無餘國在南山之陽則酈氏亦兼據趙說矣但此云出自有遽古籍無徵國語鄭語云羋姓夔越與史記不同吳語韋注云越王句踐祝融之後允常之子羋姓也又引世本亦云越羋姓也漢書地理志顏注引臣瓚亦據世本明越非禹後大戴禮記帝繫篇云陸終產六子其六曰季連是爲羋姓季連產付祖氏付祖氏產穴熊九世至于渠婁鯀出自熊渠有子三人其孟之名爲無康爲句亶王其中之名爲紅爲鄂王其季之名爲疵爲戚章王史記楚世家云熊渠立其長子康爲句亶王中子紅爲鄂王少子執疵爲越章王孔廣森云婁鯀或當爲夔越越即越章也戚章字形之誤詒讓案以世本帝繫證之則國語之說不爲無徵左僖二十六年傳夔子曰我先王熊摯漢書古今人表及史記正義引宋均樂緯注並謂熊摯亦熊渠子竊疑夔越同出孔說似可通若然此出自有遽或當云出自熊渠猶帝繫云婁鯀出自熊渠也渠遽聲近古通用

始邦於越唐叔與呂尚邦齊晉此皆地方數百里今以并國之故四分天下而有之 蘇云墨子當春秋後其時越方強盛而晉尚未亡故以荆越齊晉爲四大

國不數秦者時秦方衰亂故也此可徵墨子在孔子後而未及戰國也凡書中涉戰國時事者皆其徒爲之爾是故何也子墨子曰子未察吾言之類未明其故者也古者天子之始封諸侯也萬有餘畢云呂氏春秋用民云當禹之時天下萬國至於湯而三千餘國戴云當補國字文義始足今以并國之故萬國有餘皆滅戴云萬國有餘當作萬有餘國而四國獨立此譬猶醫之藥萬有餘人而四人愈也則不可謂良醫矣則夫好攻伐之君又飾其說曰我非以金玉子女壤地爲不足也我欲以義名立於天下以德求諸侯也畢云求一本作來下同子墨子曰今若有能以義名立於天下以德求諸侯者天下之服可立而待也夫天下處攻伐久矣譬若傅子之爲馬然傅畢本改傳云傳子言傳舍之人王云畢說非也傳當爲僮字之誤也僮今童字也說文僮未冠也魯語曰使僮子備官史記樂書曰使僮男僮女七十人俱歌宋世家曰彼狡僮兮玉篇曰僮今爲童耕柱篇曰大國之攻小國譬猶

童子之爲馬也童子之爲馬足用而勞今大國之攻小國也攻者農夫不得耕婦人不得織以守爲事攻人者亦農夫不得耕婦人不得織以攻爲事故大國之攻小國也譬猶童子之爲馬也是其證洪云傳子當是倀子之譌方言燕齊之閒養馬者謂之倀後漢書杜篤傳李注引方言倀養馬人也詒讓案道藏本作傳王說近是蘇校同傳或當爲孺孺俗作擩與傳形近孺子僮子義同今若有能信効先利天下諸侯者効讀爲交同聲叚借字信交謂相交以信周禮大行人云凡諸侯之邦交歲相問也殷相聘也世相朝也大國之不義也則同憂之大國之攻小國也則同救之小國城郭之不全也必使修之布粟之絕則委之王云之絕二字不詞當是乏絕之誤月令曰賜貧窮振乏絕是也委讀委輸之委後漢書千乘貞王伉傳租委鮮薄注委謂委輸也詒讓案王說是也周禮小行人云若國凶荒則令賙委之幣帛不足則共之畢云共同供以此効大國則小國之君說効亦讀爲交此云交大國則不定云小國之君說疑小國亦當爲大國上文云是故古之仁人有天下者必交大國之說是其證人勞我趨則我甲兵強寬以惠緩易急民必移呂氏春秋義賞篇云賞重則民

移之高注云移猶歸也 易攻伐以治我國攻必倍 攻當爲功之借序 量我師舉之費以爭諸侯之斃 爭舊本作諍王云涉下文諸字從言而誤今改蘇云諍疑與征同詒讓案王校是也說文犬部云獘頓仆也或作斃从死左襄二十七年傳以誣道蔽諸侯釋文引服虔作斃云斃踣也一曰罷也 則必可得而序利焉 王引之云序利當爲厚利隸書厚字或作厚見漢荊州刺史度尚碑□文作序見三公山碑形與序相似而誤詩序厚人倫釋文厚本或作序非荀子王霸篇桀紂即厚於有天下之埶鹽鐵論國病篇無德厚於民今本厚字並譌作序此言量我與師之費以爭諸侯之斃者則厚利必可得也明鬼篇曰豈非厚利哉今本厚作序則義不可通俞云序亦享字之誤詒讓案俞說是也詳前 督以正 說文目部云督察也爾雅釋詁云督正也郭注云督謂御正 義其名 即上文云我以義名立於天下也 必務寬吾眾信吾師以此授諸侯之師 授字無義疑當爲援禮記儒行鄭注云援猶引也取也 則天下無敵矣其爲下不可勝數也 蘇云句有脫字當作其爲利天下不可勝數也 此天下之利而王公大人不知而用則此可謂不知利天下之巨務矣 畢云巨舊

作臣以意改詒讓案顧校季氏本正作巨是故子墨子曰今且天下之王公大人士君子王引之云今且今夫也中情將欲求興天下之利除天下之害當若繁爲攻伐此實天下之巨害也今欲爲仁義求爲上士尚欲中聖王之道尚上字通下欲中國家百姓之利故當若非攻之爲說而將不可不察者此也畢云舊脫下不字以意增王云不可不察者此也本作不可不察此者也此字指非攻之說而言言欲爲仁義則不可不察此非攻之說也今本此者二字倒轉則與上文今欲二字義不相屬矣節葬篇故當若節喪之爲政而不可不察者此也者此亦也者之誤尚賢篇故尚賢之爲說而不可不察此者也明鬼篇故當鬼神之有與無之別以爲將不可以不明察此者也此者二字皆不誤

墨子閒詁卷六

瑞安孫詒讓

節用上第二十

聖人爲政一國，一國可倍也。畢云：言利可倍。大之爲政天下，天下可倍也。其倍之非外取地也，因其國家去其無用之費，舊本挩「用之費」三字，王據下文及中篇補。足以倍之。聖王爲政，其發令興事，使民用財也，使，舊本作「便」。王云：「便民」二字與下句文意不合，「便民」當爲「使民」，言必有用之事，然後使民爲之也。案：王校是也，今據正。無不加用而爲者，是故用財不費，民德不勞，德與得通，下同。其興利多矣。其爲衣裘何以爲？冬以圉寒，夏以圉暑。圉、禦字通，詳辭過篇。凡爲衣裳之道，冬加溫，夏加凊者，芊鉏；不加者，去之。畢云：「芊鉏」二字凡四見，疑「鮮」字之誤。鮮，少也。言少有不加於溫凊者，去之。即下篇云「諸加費不加于民利者，聖王弗爲」是也。「不加」猶云無益。洪云篇中言爲宮室甲盾五兵舟車芊䱟字凡四見其文義皆同以中篇言衣服舟楫宮室句證之芊䱟當是則此二字之譌則誤爲鮮止譌爲且傳寫者又割裂譌爲芊䱟俞云芊䱟二字凡四見疑當作鮮且蓋鮮字左旁之魚誤移在且字左旁耳且讀爲𪓐鮮且者鮮𪓐也說文黹部𪓐合五采鮮色從黹虘聲詩曰衣裳𪓐𪓐鮮色謂之𪓐故合而言之曰鮮𪓐今詩作楚楚毛傳曰楚楚鮮明貌然則鮮𪓐連言正古義也鮮且不加謂徒爲華美而無益於用畢云不加猶言無益是也𪓐從虘聲虘從且聲故𪓐得以且爲之如籀文𨘥小篆作𨑢或作徂而詩溱洧篇士曰既且釋文曰且往也則即以且爲之是其例矣詒讓案俞說近是公孟篇云楚莊王鮮冠組纓芊䱟鮮組並鮮𪓐之異文又疑當爲華駔晏子春秋諫下篇云今君之服駔華不可以導衆又云聖人之服中倪而不駔此䱟字从魚且聲舊本並同俞正變謂羊乃善說䱟乃但誤則誤似爲从且又讀羊屬上爲句並謬蘇云或作鮮有二字亦非**其爲宮室何以爲冬以圉風寒夏以圉暑雨有盜賊加固者芊䱟不加者去之其爲甲盾五兵何**周禮司兵云掌五兵五盾又軍事建車之五兵鄭衆注云五兵者戈殳戟酋矛夷矛鄭康成云步卒之五兵則無夷矛而有弓矢司馬法定爵篇云弓矢圍殳矛守戈戟助凡五兵當長以衞短短以救長案五兵古說多差異惟

鄭君與司馬法合當爲定論此甲盾五兵並舉而衛宏漢舊儀說五兵有甲鎧周禮肆師賈疏引五經異義公羊說穀梁莊二十五年范甯注曾子問孔疏引禮記隱義揚雄大玄經玄數說五兵並有盾皆非也以爲以圉寇亂盜賊若有寇亂盜賊有甲盾五兵者勝無者不勝畢云者舊作有以意改

是故聖人作爲甲盾五兵凡爲甲盾五兵加輕以利堅而難折者芊䱉不加者去之其爲舟車何以爲車以行陵陸舟以行川谷以通四方之利凡爲舟車之道加輕以利者芊䱉不加者去之凡其爲此物也無不加用而爲者舊無不字俞云上文云無不加用而爲者此脫不字案俞校是也今據補是故用財不費民德不勞其興利多矣有去大人之好聚珠玉鳥獸犬馬舊本無矣字戴云多下當依上文補矣字有疑者字之誤者上脫今字去字乃王公二字之誤詒讓案戴校多下補矣字是也今據增有當讀爲又此承上文言聖人爲衣裳宮室甲盾五兵舟車既去其芊䱉不加者而不爲又去珠玉鳥獸犬馬之玩好以益爲衣裳五者故其數自倍增也

戴說並非以益衣裳宮室甲盾五兵舟車之數於數倍乎若則不難戴云若猶此也則不難下有脫文詒讓案審校文義似無挩文故孰為難倍唯人為難倍然人有可倍也昔者聖王為法曰丈夫年二十毋敢不處家明吳寬鈔本作不敢毋毋處家左文十八年傳云男有家周禮大司徒鄭注云有夫有婦然後為家女子年十五吳鈔本作二十誤毋敢不事人周禮媒氏令男三十而娶女二十而嫁賈疏引王肅聖證論云前賢有言丈夫二十不敢不有室女子十五不敢不有其家王肅語本於此此聖王之法也韓非子外儲說右篇齊桓公下令於民曰丈夫二十而室婦人十五而嫁亦見說苑貴德篇墨子此說與彼同國語越語亦云女子十七不嫁其父母有罪丈夫二十不娶其父母有罪齊越之令或亦本聖王之法與聖王既沒于民次也次讀為恣言恣民之所欲其欲蚤處家者有所二十年處家其欲晚處家者有所四十年處家王云所猶時也言有時二十年有時四十年也文十三年公羊傳注曰所猶時也以其蚤與其晚相踐玉藻鄭注云踐當為翦聲之誤也呂氏春秋制樂篇高注云翦除也戴云

踐讀如籩豆有踐之踐傳曰踐行列皃行列有比校之義案戴說未允後聖王之法十年若純三年而字子生可以二三年矣周禮玉人注云純猶皆也蘇云字猶養也下年字疑當作人蓋聖王之法二十而處家今後十年彼早處家者當有二三子也戴云虞氏注易屯卦云字姙娠也下年字乃人字之誤詒讓案蘇戴說是也說文子部云字乳也廣雅釋詁云字乳生也此不惟使民蚤處家惟吳鈔本作唯而可以倍與且不然已此文未足必有挩字明鬼下篇云且不惟此爲然此且不下疑亦挩惟此爲三字今天下爲政者其所以寡人之道多其使民勞其籍斂厚王引之云籍斂稅斂也大雅韓奕篇實畝實籍箋曰籍稅也此義引宣十五年公羊傳曰什一而籍民財不足凍餓死者不可勝數也且大人惟毋興師以攻伐鄰國惟毋吳鈔本作唯無畢本毋改毌云毌毋同貫案畢校非也唯毋毋語詞說詳尚賢中篇久者終年速者數月男女久不相見此所以寡人之道也與居處不安飲食不時作疾病死者有與侵就俀橐有讀爲又侵就未詳橐以舉火攻城之具見備穴篇

韓非子八說篇云干城距衝不若堙穴伏槖疑此儇亦當爲伏之譌畢云儇即援字異文攻城野戰死者不可勝數此不令爲政者所以寡人之道數術而起與畢云令當爲令戴云不當非也聖人爲政特無此此字疑當重誤挩其一不聖人爲政其所以衆人之道亦數術而起與故子墨子曰去無用之費王云舊本脫費字中篇曰諸加費不加于民利者聖王弗爲今據補聖王之道天下之大利也

節用中第二十一

子墨子言曰古者明王聖人所以王天下正諸侯者彼其愛民謹忠說文言部云謹慎也此蓋與信義近利民謹厚忠信相連又示之以利是以終身不饜吳鈔本作厭殁世而不卷殁吳鈔本作沒世舊本作二十二字盧云二十二字疑當爲世今據正蘇云卷當爲倦詒讓案正字當作券說文力部云券勞也考工記輈人鄭注云券今倦字也卷即券之叚字古者明王聖人其所以王天下正諸侯者此也正長也詳親士篇

是故古者聖王制爲節用之法曰凡天下羣百工輪車鞼匏畢云鞼說文云韋繡也匏當爲鞄說文云柔革工也讀若朴王云鞼卽攷工記函鮑韗韋裘之韗非謂韋繡也輪車梓匠爲攻木之工陶爲摶埴之工冶爲攻金之工然則鞼匏卽韗鮑爲攻皮之工也凡文吻問與脂旨至古音多互相轉故韗字或作鞼鞄之爲匏亦借字耳故攷工記又借作鮑詒讓案王說近是說文革部云韗攻皮治鼓工也或从韋作韗又云鞄柔革工也周禮曰柔皮之工鮑氏鞄卽鮑也此鞼鞄字爲之非儒篇有鮑函車匠字亦作鮑或云考工記設色之工畫繢鞼卽繢之借字亦通陶冶梓匠使各從事其所能曰凡足以奉給民用則止諸加費不加于民利者聖王弗爲畢云舊民用下作諸加費不加民利則止今据後文改史記李斯列傳李斯曰凡古聖王飲食有節車器有數宮室有度出令造事加費而無益於民利者禁卽用此義古者聖王制爲飲食之法曰足以充虛繼氣強股肱畢云太平御覽引有使字耳目聰明則止不極五味之調芬香之和畢云芬字同芬不致遠國珍怪異物怪舊本作恢畢云恢一本作怪太平御覽引同說文云恢大也亦通詒讓案作

怪是也今據正恢篆文相近而譌公羊昭三十一年傳有珍怪之食何注云珍怪猶奇異也荀子正論篇云食飲則重大牢而備珍怪淮南子精神訓云珍怪奇異人之所美也而堯糲粢之飯藜藿之羹 何以知其然古者堯治天下南撫交阯 吳鈔本作趾案阯趾之叚字大戴禮記少閒篇韓非子十過篇淮南子脩務訓並作趾高注云交趾南方之國荀子楊注引尸子及賈子新書並作阯案交阯卽今越南國 北降幽都 王云降字義不可通降當爲際爾雅際接捷也郭注曰捷謂相接續也際降字形相似故傳寫易譌周易集解豐象傳天降祥也王弼本降祥作際翔詒讓案王校是也淮南子脩務訓高注云陰氣所在故曰幽都今雁門以北是莊子在宥篇云堯流共工於幽都釋文引李頤云卽幽州也尚書作幽州北裔也 東西至日所出入 畢云謂暘谷昧谷詒讓案荀子王霸篇楊注引尸子云堯南撫交阯北懷幽都東西至日月之所出入韓非子十過篇云昔者堯有天下其地南至交趾北至幽都東西至日月之所出入者莫不賓服文並略同又大戴禮記少閒篇云昔虞舜以天德嗣堯朔方幽都東服南撫交趾出入日月莫不率俾淮南子脩務訓云堯北撫幽都南道交趾賈誼新書脩政語上云堯撫交阯北中幽都亦與此文大同小異 莫不賓服逮至其厚愛黍稷不二羹胾不重 說文

肉部云胾大臠也詩魯頌閟宫毛炰胾羹毛傳云胾肉也羹大羹鉶羹也管子弟子職羹胾中别尹注云胾謂肉而細切案不重謂止一品不多重也

飯於土塯飯舊本譌飲王云土塯乃飯器非飲器飲乃飯字之誤案王校是也今據正畢云塯當爲𤬪太平御覽引此云飯土軌史記李斯列傳二世責問李斯曰吾有所聞於韓子也曰堯飯土匭啜土鉶徐廣曰匭一作𤬪說文無塯字玉篇云力又切瓦飯器也詒讓案史記秦始皇本紀云飯土簋索隱本簋作塯云如字一音鏤一作簋又敘傳云食土簋集解徐廣云一作塯與此字並同韓非子十過篇云堯飯於土簋飲於土鉶即李斯所本韓詩外傳三又云舜飯乎土簋啜乎土型文並大同小異

啜於土形畢云太平御覽引作鉶鄭君注周禮云鉶羹器也後漢書注引此云堯舜堂高三尺土階三等茅茨不翦采椽不斲歓土簋歠土鉶糲粱之飯藜藿之羹夏日葛衣冬日鹿裘是約己也文選注亦以爲此文案出韓非子顧云秦本紀正作土形太史公自序作刑詒讓案說文口部云啜嘗也形刑並鉶之叚字史記敘傳司馬談論六家要指云墨者亦尙堯舜道言其德行曰堂高三尺土階三等茅茨不翦采椽不刮食土簋啜土刑糲粱之食藜藿之羹夏日葛衣冬日鹿裘後漢書注所引疑即本史記文史記正義引顏氏云刑所以盛羹也土謂燒土爲之即瓦器也秦始皇本紀作啜土形集解引如淳云土形飯器之屬瓦器也李斯傳作

鍘韓非子十過篇同韓詩外傳又作型斗以酌王云斗上脫一字此與下文義不相屬酌下必多脫文不可考詒讓案詩大雅行葦云酌以大斗說文木部云枓勺也勺部云勺挹取也此斗酌即枓勺之叚借字謂以枓挹酒漿也俛仰周旋威儀之禮畢云說文云頫低頭也或从人免聖王弗爲此句上以上下文例校之當亦有諸加費不加於民利者九字古者聖王制爲衣服之法曰冬服紺緅之衣輕且暖畢云說文云紺帛深青揚赤色玉篇紺古憾切案緅非古字當爲纔考工記云五入爲緅鄭君注云今禮俗文作爵言如爵頭色說文纔云帛雀頭色與鄭注緅義合說文無緅字是知當爲纔夏服絺綌之衣輕且青則止諸加費不加於民利者聖王弗爲古者聖人爲猛禽狡獸暴人害民廣雅釋詁云狡健也呂氏春秋恃君篇服狡蟲高注云狡蟲蟲之狡害者此狡獸與彼狡蟲義同於是教民以兵行日帶劒爲刺則入日疑當爲曰擊則斷旁擊而不折此劒之利也甲爲衣則輕且利動則兵且從兵字無義疑當作弁與兵形近而誤弁者變之叚字書堯典於變時雍漢孔宙碑作於亓時雝亓即弁之隸變

是其證也考工記函人爲甲衣之無斷則變此甲之利也車也鄭注云變隨人身便利此變且從之義爲服重致遠乘之則安引之則利安以不傷人利以速至此車之利也古者聖王爲大川廣谷之不可濟於是利爲舟楫王云利字義不可通利當爲制隸書制字或作利與利相似而誤足以將之則止廣雅釋詁云將行也此舊譌上今據道藏本正雖上者三公諸侯至畢云上舊作止以意改舟楫不易津人不飾說文水部云津水渡也津人蓋掌渡之吏士左傳昭二十四年王子朝用成周之寶珪于河甲戌津人得諸河上列子黃帝篇云津人操舟若神劉向列女傳辯通篇趙津女娟者趙河津吏之女此舟之利也古者聖王制爲節葬之法曰衣三領意林作三領之衣荀子正論篇楊注云三領三稱也禮記君陳衣於序東西領南上故以領言足以朽肉棺三寸意林作三寸之棺說詳節葬下篇足以朽骸荀子正論篇云世俗之爲說者曰太古薄葬棺厚三寸衣衾三領葬田不妨田故不掘也蓋戰國時相傳有是語不獨墨家言也掘穴深不通於泉意林不作則誤掘吳鈔本作堀下同畢云說文云堀兔窟

也此竈字假音詒讓案畢說非也說文土部別有堀字訓突也引詩曰蜉游堀閱段玉裁注本校改堀篆作堀而刪堀兔窟也一條最爲精審此堀穴則借爲窟字戰國策楚策云堀穴窮巷漢書鄒陽傳則士有伏死堀穴巖藪之中耳顏注云堀與窟同流不發洩則止畢云流疑當爲氣据下篇有云氣無發洩於上死者既葬生者毋久喪用哀古者人之始生未有宮室之時因陵丘堀穴而處焉聖王慮之以爲堀穴曰冬可以辟風寒畢云辟同避言堀穴但可以避冬日風寒而已逮夏畢云逮舊作建以意改下潤溼上熏烝熏道藏本吳鈔本作重誤恐傷民之氣于是作爲宮室而利于吳鈔本作於戴云下有脫文然則爲宮室之法將柰何哉子墨子言曰其旁可以圉風寒上可以圉雪霜雨露其中蠲潔可以祭祀蠲潔詳尚同中篇宮牆足以爲男女之別則止諸加費不加民利者聖王弗爲下疑有挩文

節用下第二十二　闕

節葬上第二十三闕

節葬中第二十四闕

節葬下第二十五畢云說文云葬臧也从死在茻中一其中所以薦之易曰古之葬者厚衣之以薪又云節竹約也經典借爲約之義

子墨子言曰仁者之爲天下度也辟之無以異乎孝子之爲親度也畢云辟同譬今孝子之爲親度也將柰何哉曰親貧則從事乎富之人民寡則從事乎眾之眾亂則從事乎治之當其於此也亦有力不足財不贍智不智此字與知通下同畢云一本作知然後已矣無敢舍餘力隱謀遺利而不爲親爲之者矣隱謀謂隱匿其智謀猶尚同上篇云隱匿良道不以相教也荀子王制篇云無隱謀無遺善而百事無過非君子莫能若三務者畢云舊脫此字據後文增孝子之爲親度也既若此矣雖仁者之爲天下

度畢云舊脫爲字一本有亦猶此也曰天下貧則從事乎富之人民寡則從事乎衆之衆而亂則從事乎治之當其於此亦有力不足財不贍智不智然後已矣無敢舍餘力隱謀遺利而不爲天下爲之者矣若三務者此仁者之爲天下度也句首此字據上文不當有畢云舊脫也字據上文增既若此矣今逮至昔者三代聖王既沒盧云今逮至昔者連下爲文亦見下篇天下失義後世之君子或以厚葬久喪以爲仁也義也孝子之事也或以厚葬久喪以爲非仁義非孝子之事也曰二子者言則相非畢云則字據下當爲即詒讓案二字古通行即相反即吳鈔本作則皆曰吾上祖述堯舜禹湯文武之道者也而言即相非行即相反於此乎後世之君子皆疑惑乎二子者言也若苟疑惑乎之二子者言然則姑嘗傳而爲政乎國家萬民而

觀之 傳道藏本吳鈔本並同畢本作傳王云傳字義不可通當依舊本作傳傳與轉通呂氏春秋必己篇若夫萬物之情人倫之傳高注曰傳猶轉莊子天運篇無方之傳應物而不窮漢書劉向傳禹稷與咎繇傳相汲引傳並與轉同惟南土衞篇生無乏用死無轉尸逸周書大聚篇轉作傳襄二十五年左傳注傳寫失之釋文傳一本作轉言若疑惑乎二子之言則試轉而爲政乎國家萬民以觀之也 計厚葬久喪奚當此三利者我意若使法其言用其謀厚葬久喪實可以富貧眾寡定危治亂乎此仁也義也孝子之事也 畢云舊脫此字據前後文增 爲人謀者不可不勸也 畢云此下舊有仁者將求興天下誰霸而使民譽之云云共六十四字與下文複出今刪詒讓案吳鈔本亦衍霸作伯 仁者將興之天下 將下當依俞校補求字 誰賈而使民譽之終勿廢也 誰賈義不可通當爲設置之誤兼愛下篇設以二士設今本亦譌作誰可證置與賈亦形近而譌畢校一本作霸尤譌謬不足據也下文云仁者將求除之天下相廢而使人非之興與除置與廢譽與非文並相對也俞云此上舊有仁者將求興天下誰霸而使民譽之云云畢氏刪之是也惟將下當有求字下文云仁者將求除天下之相廢而使人非

之終身勿爲與此爲對文可證也此當云仁者將求興天下之之利而使民譽之終身勿廢也詒讓案將下當依俞校補求字餘並非是意亦使法其言用其謀厚葬久喪實不可以富貧衆寡定危理亂乎畢云理前作治詒讓案唐人避諱改此非仁非義非孝子之事也爲人謀者不可不沮也仁者將求除之天下畢本作除天下之今據道藏本吳鈔本乙正與上文仁者將興之天下句法正同相廢而使人非之相廢義難通相疑當爲措與廢義同書微子之命敘云殷既錯天命釋文引馬融云錯廢也非命上篇云今雖毋求有命者之言不必得不亦可錯乎措錯字通今本作相者形近而譌終身勿爲俞云此當云仁者將求除天下之害而使人非之終身勿爲也詒讓案句末當依俞校補也字餘並非是且故興天下之利王云且故二字文義不順當爲是故之誤興利除害正承上文而言詒讓案王說是也俞謂終身勿爲下舊有也字且卽也字之誤失之除天下之害令國家百姓之不治也自古及今未嘗之有也當作未之嘗有也何以知其然也今天下之士君子將猶多皆疑惑厚葬久喪之

爲中是非利害也穆天子傳郭璞注云中猶合也故子墨子言曰然則姑嘗稽之今雖毋法執厚葬久喪者言毋舊譌毌畢改毋非詳尚賢中篇王云雖與唯同蘇云雖字誤當從下文作唯案王說是也以爲事乎國家此存乎王公大人有喪者曰棺椁必重畢云椁舊作槨以意改詒讓案檀弓云天子之棺四重柏椁以端長六尺鄭注云諸公三重諸侯再重大夫一重士不重荀子禮論篇云天子棺椁十重諸侯五重大夫三重士再重楊注云禮記云天子之棺四重今云十重蓋以棺椁與杭木合爲十重也諸侯以下與禮記多少不同未詳也案莊子天下篇述喪禮作天子棺椁七重餘與荀子同葬埋必厚衣衾必多喪大記云小斂君錦衾大夫縞衾士緇衾皆一衣十有九稱大斂君陳衣百稱大夫五十稱士三十稱文繡必繁文繡謂棺飾若帷荒之屬周禮縫人鄭注云孝子既啟見棺猶見親之身既載飾而以行遂以葬若存時居於帷幕而加文繡是也丘隴必巨說文土部云壠丘壠也禮記曲禮鄭注云丘壟也壟冢也隴壟之叚字淮南子說林訓云或謂冢或謂隴名異實同也呂氏春秋安死篇云世俗之爲丘壟也其大若山其樹之若林存乎匹夫賤人死者匹舊本譌作正畢云正同征王云畢說非也正

當爲匹白虎通義曰庶人稱匹夫上文王公大人爲一類此文匹夫賤人爲一類無取於征夫也隸書匹字或作疋與正相似而誤禮器匹士大牢而祭謂之攘釋文匹本或作正緇衣唯君子能好其正注正當爲匹案王說是也今據正

殆竭家室莊子養生主釋文引向秀云殆疲困也乎諸侯死者畢云乎當云存乎虛車府然後金玉珠璣比乎身比舊本譌北今依道藏本吳鈔本正俞云車乃庫字之誤漢書王尊傳師古注曰比周也比乎身猶言周乎身綸組節約車馬藏乎壙淮南子齊俗訓云古者非不能竭國麋民虛府殫財含珠鱗施綸組節束追送死也許注云綸絮也束縛也案節約與淮南書節束義同又必多爲屋幕吳鈔本作幄幙案屋非攻中篇亦作幄幄俗字古止作屋詩大雅抑尙不愧于屋漏鄭箋云屋小帳也史記周本紀云有火自上復於下至屋王屋並以屋爲幄幙俗幕字鼎鼓几梴壺濫梴道藏本吳鈔本並作挺从手說畢云梴同筵呂氏春秋節喪有云壺濫高誘曰以冰置水漿於其中爲濫取其冷也盧文弨云壺濫蓋器名高注似臆說呂覽愼勢篇云功名著乎盤盂銘篆著乎壺鑑案履繩云周禮春始治鑑集韻鑑或從水案盧說是也戈劍羽旄齒革呂氏春秋節喪篇云國彌大家彌富葬彌厚含珠鱗施夫玩好貨寶鍾鼎壺濫轝馬衣被戈劍

不可勝其數諸養生之具無不從者寢而埋之說文云扶而埋之扶王引之校改挾此寢字疑亦挾字之誤
滿意滿意義同說文心部云意滿也若送從此當從公孟篇作送死若徙荀子禮論篇云具生器以適墓象
徙道也此挽死字送字誤箸若字之下徙又誤從遂不可通曰天子殺殉畢云古只爲徇詒讓案天子下
疑當有諸侯二字衆者數百寡者數十將軍大夫殺殉將軍大夫卽卿大夫詳尚同中篇
衆者數十寡者數八處喪之法將奈何哉曰哭泣不秩
聲翁爾雅釋詁云秩常也儀禮士喪記云哭晝夜無時禮記云中路嬰兒失其母焉何常聲之有畢云言聲無次第
翁義未詳洪云畢讀作翁縗絰句案翁字屬聲爲句聲翁當是聲嗌之譌說文嗌咽也籒文作䓞與翁字形相近案洪說
是也縗絰畢云說文云縗服長六寸博四寸直心鄭君注儀禮云麻在首在要皆曰絰說文云絰喪首戴也垂
涕處倚廬寢苫枕凷禮喪服傳及士喪記云居倚廬寢苫枕塊鄭注云倚木爲廬在中門外東方北
戶苫編稾塊堛也釋文塊本又作凷案凷本字塊或體又相率强不食而爲飢閒傳云斬衰三
日不食齊衰二日不食大功三不食小功緦麻再不食薄衣而爲寒使面目陷㬶畢云當爲

陬陬之訓陬隅言面瘦棱棱也盧云玉篇有𩕳字先外切云瘦病也則當爲𩕳詒讓案莊子天地篇云卑陬失色釋文云李云卑陬愧懼貌一云顏色不自得也此陬疑亦與陬同皆形容阻喪之貌與瘦異也顏色黧黑黧黎之俗詳兼愛中篇耳目不聰明手足不勁強不可用也又曰上士之操喪也必扶而能起杖而能行喪服四制云百官備百物具不言而事行者扶而起言而后事行者杖而起鄭注云扶而起謂天子諸侯也杖而起謂大夫士也以此共三年若法若言行若道王引之云若猶此也使王公大人行此則必不能蚤朝俞云蚤朝下脫晏退二字蚤朝晏退與下蚤出夜入夙興夜寐對文若無晏退二字文義未完尙賢中篇非樂上篇非命下篇並有蚤朝晏退之文尙賢篇與夜寢夙興蚤出莫入相對非樂篇非命篇與蚤出暮入夙興夜寐相對是其證也詒讓案俞說是也但此處挩文尙不止此二字今未敢肊補五官六府此當作使士大夫行此則必不能治五官六府蓋上王公大人指天子諸侯言此治五官六府辟草木實倉廩指卿大夫言也非樂上篇云王公大人蚤朝晏退聽獄治政此其分事也士君子內治官府外收斂關市山林澤梁之利以實倉廩府庫此其分事也此與彼正同今本五官上有挩文遂以五官

六府以下並爲王公大人之事非也又案五官者殷周侯國之制也史記周本紀云古公作五官有司大戴禮記千乘篇云千乘之國列其五官曾子問諸侯適天子乃命國家五官而後行鄭注云五官五大夫典事者管子大匡篇云乃令五官行事商子君臣篇云地廣民衆故分五官而守之戰國策齊策云五官之計不可不日聽也曲禮天子之五官曰司徒司馬司空司士司寇典司五衆天子之六府曰司土司水司木司草司器司貨典司六職鄭注云此亦殷時制也府主藏六物之稅者周禮大宰設邦國官制云設其參傅其伍鄭注云伍謂大夫五人檀弓孔疏引崔靈恩說謂小宰小司徒小司馬小司寇小司空是也蓋諸侯雖止三卿然亦備五官但其二官無卿耳戰國時諸侯蓋猶沿其制至淮南子天文訓云何謂五官東方爲田南方爲司馬西方爲理北方爲司空中央爲都春秋繁露五行相生篇云司馬者火也司營者土也司徒者金也司寇者水也司農者木也左昭二十九年傳云五行之官是謂五官木正曰句芒火正曰祝融金正曰蓐收水正曰玄冥土正曰后土此並古五官之別制與周侯國五官之名不甚合也六府古籍無明文曲禮六府鄭君以爲殷制則非周法左傳文七年大戴禮記四代篇並以水火金木土穀爲六府亦非官府漢書食貨志說太公爲周立九府圜法顏注謂卽周官大府玉府內府外府泉府天府職內職金職幣等官若然天子有九府六府或亦諸侯制與

辟

草木畢云辟同闢草即艸字假音實倉廩使農夫行此則必不能蚤出夜入畢云夜一本作晚耕稼樹藝說文丮部云埶種也藝即埶之俗使百工行此則必不能修舟車爲器皿矣使婦人行此婦吳鈔本作娟則必不能夙興夜寐紡績織紝畢云紝紝二字皆通細計厚葬爲多埋賦之財者也蘇云之字衍俞云細字無義蓋即上句紝字之誤而衍者紝本作紝因誤爲細矣埋賦二字亦不可通賦當作贓玉篇貝部贓作郞切藏也是埋贓即埋藏也贓賦相似因而致誤耳詒讓案俞以細爲衍文是也而破賦爲贓則非此當云計厚葬爲多埋賦財者也與下文云計久喪爲久禁從事者也文例同計久喪爲久禁從事者也財以成者畢云以同已扶而埋之王引之云扶字義不可通扶當爲挾謂挾已成之財而埋之也隸書挾字或作挾與扶相似而誤俞云扶乃抉字之誤廣雅釋詁抉穿也抉而埋之謂穿地而埋之也說文穴部突穿也又曰⿰扌突㴱抉也義並與抉相近後得生者而久禁之畢云言厚葬則埋已成之財久喪則禁後生之財詒讓案此謂死者之親屬得生而禁其從事耳非謂財也畢失其義以此求富此譬猶禁耕而

求穫也富之說無可得焉是故求以富家 畢云舊求以二字倒據後文改 而既已不可矣欲以衆人民意者可邪其說又不可矣今唯無以厚葬久喪者爲政 唯舊本作惟今據吳鈔本改下文亦作唯唯無唯毋義同畢本並改無爲毋非詳前吳鈔本喪下無者字 君死喪之三年父母死喪之三年 喪服經爲父斬衰三年父卒爲母齊衰三年說苑修文篇齊宣王謂田過曰吾聞儒者喪親三年喪君三年則戰國時非儒者葢不盡持三年服也 妻與後子死者 孔廣森云後子者爲父後之子即長子也戰國策謂齊太子申爲後子荀子謂丹朱爲堯後子其義並同畢云後子嗣子適也 五皆喪之三年 畢云左傳曰王一歲有三年之喪二周禮如此詒讓案喪服經父爲長子斬衰三年夫爲妻齊衰期畢據左昭十五年傳證此文是也彼叔向語指景王有穆后太子壽之喪而云有三年之喪二是妻亦有三年之義杜注云天子絕期唯服三年故后雖期通謂之三年喪孔疏云喪服傳曰父必三年然後娶達子之志也父以其子有三年之戚爲之三年不娶則夫之於妻有三年之義故可通謂之三年之喪孔廣森云雜記云期之喪十一月而練十三月而祥十五月而禫有練有祥有禫故妻喪禫期兼得三年之稱也假令遭喪於

中年之末除禫於丙年之首前後已涉三年王云者五當爲五者謂君父母妻與後子也非儒篇曰妻後子三年今本五者二字倒轉則義不可通俞云上文君死父母死既已別而言之此不當總數爲五五疑二字之誤案王俞二說不同未知孰是然後伯父叔父兄弟孼子其畢云其同期詒讓案公孟篇正作期非儒篇作其與此同喪服經爲世父母叔父母昆弟眾子並齊衰期說文子部云孼庶子也孼子即眾子對前後子爲冢適也族人五月喪服經爲從祖祖父母從祖父母報從祖昆弟並小功五月王云族人當爲戚族人戚族人謂族人之近者也非儒篇正作戚族人五月見儀禮喪服今本脫戚字則義不可通公孟篇戚族人五月今本亦脫戚字姑姊甥舅皆有月數喪服爲姑姊妹在室期適人大功九月甥舅相爲緦麻三月王云月數當爲數月公孟篇正作姑姊舅甥皆有數月之喪亦見喪服今本數月二字倒轉則文義不明則毀瘠必有制矣使面目陷隰顏色黧黑耳目不聰明手足不勁強不可用也又曰上士操喪也必扶而能起杖而能行以此共三年若法若言行若道苟其飢約又若此矣是故百姓冬不仞寒畢云仞忍字假音夏不

仞暑作疾病死者不可勝計也此其爲敗男女之交多矣以此求衆譬猶使人負劍而求其壽也負伏通左傳襄三年魏絳將伏劍孔疏云謂仰劍刃身伏其上而取死也衆之說無可得焉是故求以衆人民而既以不可矣畢云以同已欲以治刑政意者可乎其說又不可矣今唯無以厚葬久喪者爲政唯舊本作惟今從吳鈔本改國家必貧人民必寡刑政必亂若法若言行若道使爲上者行此則不能聽治使爲下者行此則不能從事上不聽治刑政必亂下不從事畢云不下舊有行字衍文衣食之財必不足若苟不足爲人弟者求其兄而不得不弟弟必將怨其兄矣爲人子者求其親而不得不孝子必是怨其親矣是據下文疑當作且爲人臣者求之君而不得不忠臣必且亂其上矣是以僻淫邪行之民僻淫吳鈔本作淫僻出則無衣也

人則無食也內續奚吾俞云四字不可解疑當爲內積奚后吾字之誤也奚后卽謑詬之叚音說文言部謑恥也重文謨曰謑或從奊又曰詬謑詬恥也重文詢曰詬或從句荀子非十二子篇作謑詢是其本字漢書賈誼傳作奊詬奊卽謨之省墨子作奚后奚卽謑之省后卽詬之省古文以聲爲主故省不從言耳內積謑詬者內積恥辱也蓋出則無衣入則無食不勝其恥辱故並爲淫暴而不可勝禁也並爲淫暴而不可勝禁也是故盜賊衆而治者寡夫衆盜賊而寡治者王云夫字承上文而言舊本夫譌作先今改正以此求治譬猶使人三睘而毋負己也王引之云睘與還同還讀周還折還之還謂轉折也使人三轉其身於己前則或轉而向己或轉而背己皆勢所必然如此而欲使其毋背己不可得也故曰以此求治譬猶使人三睘而毋負己也亦言求治之必不可得也負亦背也明堂位天子負斧依注負之言背也秦策齊東負海北倚河高注負背也負與背古同聲而字亦相通史記主父偃傳南面負扆漢書負作背漢書高紀項羽背約史記背作負詒讓案王說是也莊子說劍篇說趙文王宰人上食王三環之釋文云環繞也睘環義同治之說無可得焉是故求以治刑政而既已不可矣欲以禁止大國

之攻小國也意者可邪其說又不可矣是故昔者聖王既沒天下失義諸侯力征國語吳語云以力征一二兄弟之國大戴禮記用兵篇云諸侯力政不朝於天子盧注云言以威力侵爭案征政通明鬼下篇又作力正南有楚越之王而北有齊晉之君此皆砥礪其卒伍畢云礪當爲厲以攻伐并兼爲政於天下是故凡大國之所以不攻小國者積委多說文禾部云積聚也周禮大司徒鄭注云少曰委多曰積左傳僖三十三年杜注云積芻米禾薪城郭修吳鈔本作脩上下調和是故大國不耆攻之漢書景帝紀顏注云耆讀曰嗜畢云之舊作者據後文改無積委城郭不修上下不調和是故大國耆攻之畢云耆舊作者據上文改今唯無以厚葬久喪者爲政唯無舊本作惟毋今據吳鈔本改國家必貧人民必寡刑政必亂若苟貧是無以爲積委也若苟寡是城郭溝渠者寡也王云城郭溝渠上當有脩字而今本脫之則義不可通此脩字正承上文城郭脩城郭不脩而言蘇校同若苟亂是

卷六　十四

出戰不克，入守不固，此求禁止大國之攻小國也，而既已不可矣。欲以干上帝鬼神之福，意者可邪？其說又不可矣。今唯無以厚葬久喪者爲政，唯舊本作惟，今據吳鈔本改。國家必貧，人民必寡，刑政必亂。若苟貧，是粢盛酒醴不淨潔也；若苟寡，是事上帝鬼神者寡也；若苟亂，是祭祀不時度也。今又禁止事上帝鬼神，爲政若此，上帝鬼神始得從上撫之曰：我有是人也，與無是人也，孰愈？曰：我有是人也，與無是人也，無擇也。則惟上帝鬼神惟吳鈔本作唯。王云：惟與雖同。降之罪厲之禍罰而棄之，王云：之禍罰之之猶與也，謂罪厲與禍罰也。之字古或訓爲與。則豈不亦乃其所哉！乃畢本作反，云舊作乃，以意改。王云：畢改非也。乃其所猶言固其宜，言以不事上帝鬼神而獲禍，固其宜也。襄二十一年左傳曰：若上之所爲而民亦爲之，乃其所也。是其證。又二年傳：吾以勇求右，無勇而黜，亦其所也。哀十六年傳：克則爲卿，不克則亨，固其所也。若改爲反其所，則義不可逌故古聖王畢云後漢書注引作古者聖人詒讓案北堂書鈔禮儀部十三引亦同制爲葬埋之法曰畢云初學記引作桐餘書亦多作日棺三寸棺上當有桐字左傳哀二年云桐棺三寸不設屬辟下卿之罰也釋文云棺用雜朽之木桐木易壞不堪爲棺故以爲罰墨子尚儉有桐棺三寸荀子禮論篇說刑餘罪人之喪棺厚三寸衣衾三領呂氏春秋高義篇云楚子囊死爲之桐棺三寸是皆示罰之法墨子制爲極典則太儉矣檀弓云夫子制於中都四寸之棺五寸之椁鄭注云爲民作制荀子楊注引墨子曰桐棺三寸葛以爲緘葢兼用下文孟子公孫丑篇云古者棺椁無度中古棺七寸椁稱之自天子達於庶人蓋與此異足以朽體衣衾三領足以覆惡畢云死者爲人惡之故云覆惡以及其葬也下毋及泉上毋通臭壟若參耕之畝參耕之畝謂三耦耕之畝也考工記匠人爲溝洫耜廣五寸二耜爲耦一耦之伐廣尺深尺謂之甽鄭注云古者耜一金兩人併發之其壟中曰甽甽上曰伐今之耜岐頭兩金象古之耦也說文耒部云耕廣五寸爲伐二伐爲耦與考工說同若然一耦之甽其廣一尺則三耦之甽其廣三尺也則止矣死者既以葬矣生者必無久哭王云久哭當爲久喪喪字從哭亾聲墨子原文葢本作喪見玉篇廣韻而傳寫脫

去亾字耳節用篇曰死者既葬生者毋久喪用哀是其證久喪二字見於本篇及它篇者多矣若作久哭則語不該備而疾而從事人爲其所能以交相利也此聖王之法也今執厚葬久喪者之言曰厚葬久喪雖使不可以富貧眾寡定危治亂然此聖王之道也畢云之舊作也以二字據後文改子墨子曰不然昔者堯北教乎八狄藝文類聚十一引帝王世紀舜攝政二十八年堯與方回遊陽城而崩畢云北堂書鈔引作北狄詒讓案畢據書鈔九十二引陵然書鈔二十五又引仍作八狄爾雅釋地有八狄詩小雅蓼蕭孔疏引李巡本爾雅云五狄在北方周禮職方氏又云六狄禮記王制孔疏引李巡云五狄一曰月支二曰穢貊三曰匈奴四曰單于五曰白屋道死葬蛩山之陰畢云蛩初學記引作鞏一本亦作鞏北堂書鈔後漢書注太平御覽俱引作邛呂氏春秋安死云堯葬於穀林高誘曰堯葬成陽此云穀林成陽山下有穀林詒讓案後漢書趙咨傳注作堯葬邛之山水經瓠子河注引帝王世紀云墨子堯北教八狄道死葬蛩山之陰山海經曰堯葬狄山之陽一名崇山二說各殊以爲成陽近是堯冢也史記五帝本紀集解云皇覽曰堯冢在濟陰城陽劉向曰堯葬濟陰丘壠皆小呂氏春秋曰堯葬

穀林皇甫謐曰穀林即城陽正義云括地志云堯陵在濮州雷澤縣西三里郭緣生述征記云城陽東有堯冢亦曰堯陵有碑是也**衣衾三領穀木之棺**說文木部云穀楮也毛詩小雅鶴鳴傳云穀惡木也禮天子棺用梓杝此用穀尚儉畢云穀字从木**葛以緘之**釋名釋喪制云棺束曰緘緘函也古者棺不釘也喪大記云凡封用綍去碑負引君封以衡大夫士以咸鄭注云咸讀為緘凡柩車及壙說載除飾而屬紼於柩之緘令齊人謂棺束為緘繩又檀弓云棺束縮二衡三案禮棺束用皮此用葛亦尚儉也漢書楊王孫傳云昔帝堯之葬也窾木為匵葛藟為緘其穿下不亂泉上不泄殠**既氾而後哭**畢云氾當為犯窆字之假音也**滿埳無封**畢云古無埳字當為坎北堂書鈔後漢書注太平御覽俱引作坎玉篇云埳苦感切亦與坎同封後漢書注引作窆封窆聲相近俞云上云既氾畢云氾當為犯窆字之假音也則此不當云無窆矣且窆者葬下棺也葬雖至薄亦必下棺而云無窆之理不可通封仍當讀如本字禮記王制篇不封不樹鄭注曰封謂聚土為墳無封言不為墳也檀弓曰古也墓而不墳**巳葬而牛馬乘之舜西教乎七戎**畢云北堂書鈔太平御覽引俱作犬戎詒讓案爾雅釋地有七戎詩蓼蕭孔疏引李本爾雅云六戎在西方周禮職方氏又云五戎王制孔疏引李注云六戎一曰僥夷二曰戎夷三曰老白

四曰耆羌五曰鼻息六曰天㓱**道死葬南巳之市**書鈔九十二御覽八十一引帝王世紀云舜南征崩於鳴條年百歲殯以瓦棺葬於蒼梧九疑山之陽是爲零陵謂之紀市在今營道縣孟子離婁篇云舜卒於鳴條史記五帝本紀舜踐帝位三十九年南巡狩崩於蒼梧之野葬於江南九疑是爲零陵集解皇覽曰舜冢在零陵營浦縣畢云後漢書注引作舜葬紀市又一引作葬南巴之中太平御覽亦作紀呂氏春秋安死云舜葬於紀市不變其肆高誘曰傳曰舜葬蒼梧九疑之山此云于紀市九疑山下亦有紀邑案南巳實當作南巴形相近字之譌也高誘以爲紀邑非九疑古巴地史記正義云周地志云南渡老子水登巴嶺山南迴記大江此南是古巴國因以名山是巳王云南巳後漢書王符傳注引作南巴巴卽巳之誤畢以作巴者爲是且云九疑古巴地案北堂書鈔及初學記禮部下引墨子竝作南己後漢書趙咨傳注及太平御覽竝引作南紀呂氏春秋安死篇舜葬於紀市卽所謂南紀之市則己非誤字也若是巴字則不得與紀通矣墨子稱舜所葬地本不與諸書同不必牽合舜葬九疑之文也至謂九疑爲古巴地以牽合南巴則顯與上文西教乎七戎不合此無庸辯也詒讓案王說是也舜葬古書多云在蒼梧孟子又云卒鳴條與此云葬南[illegible]竝不相涉困學紀聞引薛季宣謂蒼梧山在海州界近莒之紀城羅苹路史注又謂紀卽冀河東皮氏東北有冀亭鳴條在安邑西

北其地相近斯並欲傅合諸說爲一實不可通近何秋濤艾謂周書王會篇正西枳己即此南己云紀市與枳己聲近蓋即一地尤爲肊說不足據劉賡稽瑞引墨子曰舜葬於蒼梧之野象爲之耕與此不同疑誤以他書之文改此書衣衾三領穀木之棺畢云後漢書注引穀作款非葛以緘之已葬而市人乘之淮南子齊俗訓云昔舜葬蒼梧市不變其肆禹東教乎九夷九夷詳非攻中篇畢云太平御覽引作教于越者以意改之王云鈔本北堂書鈔及初學記引此並作於越非作御覽者以意改也今本作九夷者後人因上文七戎八狄而改之不知此說堯舜禹所至之地初非以七戎八狄九夷爲次序也據下文云葬會稽之山會稽正在越地則當以作於越者爲是道死葬會稽之山稽瑞引墨子云禹葬會稽鳥爲之耘疑此佚文史記夏本紀云或云禹會諸侯計功而崩因葬焉命曰會稽會稽者會計也集解云皇覽曰禹冢在山陰縣會稽山上會稽山本名苗山在縣南去縣七里越傳云禹到大越上苗山大會計爵有德封有功因而更名苗山曰會稽因病死葬葦棺穿壙深七尺上無漏泄下無即水壇高三尺土階三等周方一畝正義括地志云禹陵在越州會稽縣南十三里案越傳即越絕今本越絕記地傳文與裴駰所引略同衣衾三領畢云史記集解引衾作裘非詒讓案周禮職方氏賈疏引亦作

袠與㬎本紀集解同**桐棺三寸**畢云後漢書注引尸子云禹之葬法死於陵者葬於陵死於澤者葬於澤桐棺三寸制喪三日詒讓案宋書禮志引尸子云禹治水爲喪法曰使死於陵者葬於陵死於澤者葬於澤桐棺三寸制喪三月越絕書記地外傳吳越春秋越王無余外傳並云禹葬會稽葦槨桐棺**葛以緘之**緘當作繃說文糸部云繃束也引墨子曰禹葬會稽桐棺三寸葛以繃之卽此文藝文類聚十一御覽三十七引帝王世紀亦云禹葬會稽葛以繃之段玉裁云繃今墨子此句三見皆作緘古蒸侵二部合轉取近也畢云太平御覽引緘作繃注云補庚切則此緘字俗改**絞之不合通之不埳**道藏本吳鈔本通並作道**土地之深**土云上地二字文義不明土地當爲掘地寫者脫其右半耳下文曰掘地之深下無菹漏氣無發泄於上節用篇曰掘穴深不通於泉皆其證**下毋及泉**毋吳鈔本作無下同**上毋通臭**後漢書趙咨傳注引作皆下不及泉上無遺臭書鈔無作不餘並與李引同**既葬收餘壤其上**說文土部云壤柔土也九章算術商功篇穿地四爲壤五爲堅三劉徽注云壤謂息土堅謂築土畢云太平御覽引作收餘壤爲壟則當云爲其上壟詒讓案以上文校之壟不得屬上爲句畢說非**壟若參耕之畝**藝文類聚十一御覽三十七引帝王世紀文略同蓋卽本此書吳越春秋越王

無余外傳禹命羣臣曰吾百世之後葬我會稽之山葦椁桐棺穿壙七尺下無及泉墳高三尺土階三等葬之後田無改畝卽其事也畢云壟前漢書注作隴則止矣畢云則舊作耶據前漢書注改若以此若三聖王者觀之此若若亦卽此也詳尚賢上篇後同則厚葬久喪果非聖王之道故三王者皆貴爲天子富有天下豈憂財用之不足哉以爲如此葬埋之法畢云太平御覽引作以爲葬埋之法也王云北堂書鈔初學記亦如是於義爲長今王公大人之爲葬埋則異於此必大棺中棺禮記喪大記云君大棺八寸屬六寸椑四寸上大夫大棺八寸屬六寸下大夫大棺六寸屬四寸士棺六寸鄭注云大棺棺之在表者也檀弓曰天子之棺四重水兕革棺被之其厚三寸杝棺一梓棺二四者皆周此以內說而出也然則大棺及屬用梓椑用杝以是差之上公革棺不被三重也諸侯無革棺再重也大夫無椑一重也士無屬不重也庶人之棺四寸案此云大棺中棺卽大棺與屬下云革闠三操疑卽所謂水兕革棺被之也革闠三操畢云闠同鞼操同繰假音字詁讓案說文革部云鞼韋繡也國語齊語鞼盾韋注云綴革有文如績也若然革棺或亦有文飾與操畢讀爲繰義亦難通疑當爲襍淮南子詮言訓高注

云襍币也襍操形近而誤璧玉即具王云即字文義不順即當爲既言璧玉既具而戈劍等物又皆具也戈
劍鼎鼓壺濫並詳前文繡素練大鞅萬領說文革部云鞅頸靼也釋名釋車云鞅嬰
也喉下稱嬰言纓絡之也案鞅爲馬鞁具之一無大小之分此大字疑誤又不當云萬領所未詳也輿馬女樂
皆具曰必捶涂吳鈔本無必字畢云捶當爲塗說文云塗土也涂當爲涂說文玉篇無涂字言築涂使堅
詒讓案疑當讀爲捶除內則鄭注云捶擣之也說文手部云擣一曰築也則捶亦有堅築之義涂除聲義亦通謂除道也
差通壟雖凡山陵差通疑當作羨道周禮冢人鄭注云隧羨道也九章算術商功篇云今有羨除劉注
云羨除隧道也其所穿地上平下邪史記衛世家共伯入釐侯羨自殺索隱云羨墓道也竊疑此當讀必捶涂羨道爲句
即九章所謂羨除也壟雖凡山陵爲句大意蓋謂巨壟之高如山陵耳然雖凡二字必誤無以正之今姑從舊讀截云疑
當作雖凡山陵差通爲壟脫爲字又倒其文耳案截讀義仍不可通今不據改此爲輟民之事靡民
之財不可勝計也其爲毋用若此矣是故子墨子曰鄉者畢云鄉鄉
省文吾本言曰意亦使法其言畢云舊脫法字一本有用其謀句計厚

葬久喪請可以富貧眾寡定危治亂乎畢本請改作誠云舊作請一本如此王云古者誠與請通不煩改字尚同篇今天下之王公大人士君子請將欲富其國家眾其人民治其刑政定其社稷請即誠字也墨子書情請二字並與誠通說見尚同篇則仁也義也孝子之事也為人謀者不可不勸也意亦使法其言用其謀若人厚葬久喪實不可以富貧眾寡定危治亂乎則非仁也非義也非孝子之事也為人謀者不可不沮也是故求以富國家甚得貧焉欲以眾人民甚得寡焉欲以治刑政甚得亂焉求以禁止大國之攻小國也而既已不可矣欲以干上帝鬼神之福又得禍焉上稽之堯舜禹湯文武之道而政逆之政正通下稽之桀紂幽厲之事猶合節也若以此觀則厚葬久喪其非聖王之道也今執厚葬久喪者言曰厚葬久喪果非聖王之道夫胡說中國

之君子爲而不已畢云猶言何說操而不擇哉畢云擇同釋詒讓案淮南子說山訓高注云釋舍也子墨子曰此所謂便其習而義其俗者也習吳鈔本作事下同俞云義猶善也謂善其俗也禮記緇衣篇章義癉惡釋文曰尚書作善是云義善也是義與善同意詒讓案義當讀爲宜俞說未塙昔者越之東有輆沐之國者畢云輆舊作輆不成字据太平廣記引作該音善愛反今攺盧云列子湯問篇作輒才新論作軫沐顧云世德堂列子作木影宋本作沐詒讓案意林引列子及道藏本劉子風俗篇並作輒沐博物志五引作駭沐宋本列子作輙沐注云又休道藏本殷敬順釋文及盧重元注本並作輒休殷云[illegible]文作耴諸涉切耳垂也休美也蓋儋耳之類是也諸家本作輙沐者誤耳案諸文舛互此無文義可校集韻十九代云輆沐國名在越東是北宋本實作輆沐依殷說則輆當作輒後魯問篇以食子爲啖人國俗與此復不同後漢書南蠻傳說啖人國在交阯西交阯郎南越而國名及方域並異未知孰是其長子生則解而食之盧云解魯問作鮮與列子同杜預注左傳云人不以壽死曰鮮顧云此列子釋文之謬說詒讓案殷敬順列子釋文引杜說而釋之云謂少也即盧說所本盧校列子則謂鮮析一聲之轉引析支亦作鮮支爲證說較長蓋解鮮析義並同新論作其

長子生則解肉而食其母謂之宜弟其大父死負其大母而棄之博物志引作父死則負其母而棄之新論作其人父死則負其母而棄之案此不必定爲大父母疑張劉所引近是曰鬼妻不可與居處此上以爲政下以爲俗爲而不已操而不擇則此豈實仁義之道哉此所謂便其習而義其俗者也楚之南有炎人國者顧云季本炎作啖盧云列子作炎殷敬順釋文讀去聲詒讓案魯問篇亦作啖人新論同博物志引作炎道藏本列子釋文作啖人云談去聲本作炎後漢書亦作噉人國疑當從啖爲是詳魯問篇其親戚死親戚謂父母也詳兼愛下篇朽其肉而棄之畢云列子朽作死同太平廣記引作刳詒讓案御覽七百九十引博物志亦作刳列子釋文云死本作咼音寡剔肉也又音朽殘作咼同蒸咼之譌說文咼部云咼剔人肉置其骨也新論作坼尤誤然後埋其骨乃成爲孝子秦之西有儀渠之國者畢云渠舊作秉據列子及太平廣記改史記正義括地志云寧原慶三州秦北地郡戰國及春秋時爲義渠戎國之地今甘肅慶陽府也在陝西之西詒讓案渠吳鈔本作秉不成字博物志引作義渠新論同宋本列子渠下注云又康康與秉並渠

之形誤周書王會篇云義渠以茲白孔晁注云義渠西戎國後漢書西羌傳云涇北有義渠之戎俞云史記秦本紀厲共公三十三年伐義渠虜其王即此國也其親戚死聚柴薪而焚之燻上謂之登遐畢云燻即熏字俗寫太平廣記引作熏其煙上謂之登煙霞詒讓案列子亦作燻則煙上謂之登遐新論作煙上燻火謂之昇霞博物志作動之即煙上謂之登遐呂氏春秋義賞篇云氐羌之民其虜也不憂其係累而憂其死不焚也荀子大略篇說同義渠在秦西亦氐羌之屬登遐者禮記曲禮云天子崩告喪曰天王登假鄭注云登上也假已也上已者若僊去云爾釋文云假音遐漢書郊祀志云世有僊人登遐倒景顏注云遐亦遠也案依廣記所引及新論似皆以遐爲霞之叚字非古義也然後成爲孝子成爲吳鈔本作謂之此上以爲政下以爲俗爲而畢云太平廣記引有云而未足爲非也詒讓案博物志引有中國未足爲非也七字列子作而未足爲異也不已操而不擇則此豈實仁義之道哉此所謂便其習而義其俗者也若以此若三國者觀之則亦猶薄矣若以中國之君子觀之舊本挩以字王據上文補則亦猶厚矣王云爾雅猶已也言亦已薄亦已厚也如

彼則大厚如此則大薄然則葬埋之有節矣故衣食者人之生利也然且猶尚有節葬埋者人之死利也吳鈔本無者字夫何獨無節於此乎子墨子制爲葬埋之法曰棺三寸足以朽骨衣三領足以朽肉韓非子顯學篇云墨者之葬也冬日冬服夏日夏服桐棺三寸服喪三月掘地之深下無菹漏菹與沮通廣雅釋詁云沮溼也氣無發洩於上壟足以期其所畢云言期會則止矣哭往哭來反從事乎衣食之財佴乎祭祀畢云說文佴佽也佽訓便利詒讓案佴者次比之義言不疏曠也畢說非以致孝於親於吳鈔本作乎故曰子墨子之法不失死生之利者此也故子墨子言曰今天下之士君子中請將欲爲仁義請舊本作謂畢本改誠云舊作謂以意改王云謂即請之譌請與誠通畢從改爲誠未達假借之旨案王校是也顧說同今據正求爲上士上欲中聖王之道下欲中國家百姓之利故當若節喪之爲政而不可不察

此者也此者二字舊本到今依王校乙詳非攻下篇

墨子閒詁卷七

瑞安孫詒讓

天志上第二十六

春秋繁露楚莊王篇云事君者儀志事父者承意事天亦然此天志之義也畢云玉篇云志意也說文無志字鄭君注周禮云志古文識則識與志同又篇中多或作之疑古文志亦只作之也

子墨子言曰今天下之士君子知小而不知大何以知之以其處家者知之若處家得罪於家長猶有鄰家所避逃之畢云廣雅云所尻也玉篇云處所也王云所猶可也言有鄰家可避逃也下文同畢引廣雅所尻也失之詒讓案此當從畢說下文云此有所避逃之者也又云無所避逃之卽承此文然且親戚兄弟所知識親戚謂父母也下篇云父以戒子兄以戒弟共相儆戒畢云共舊作其一本如此下同皆曰不可不戒矣不可不慎矣惡有處家而得罪於家長而可為也非獨處家者為然雖處國亦然處國得罪於國君猶有鄰國所避逃之

然且親戚兄弟所知識共相儆戒皆曰不可不戒矣不可不慎矣誰亦有處國得罪於國君而可爲也此有所避逃之者也相儆戒猶若此其厚況無所避逃之者相儆戒豈不愈厚然後可哉且語言有之曰焉而晏日焉而得罪將惡避逃之

曰舊本作曰畢校并上曰字皆改爲日云猶云日暮途遠兩日字舊作曰以意改俞云畢改兩曰字皆作日然上曰字實不誤且語有之曰蓋述古語也言字即語字之誤而衍者下曰字當從畢改作日焉而字疊出文義難通疑上焉而字亦爲衍文墨子本作且語有之曰晏日焉而得罪將惡逃避之晏者清也明也說文日部晏天清也小爾雅廣言晏明也文選羽獵賦于是天清日晏淮南子繆稱篇暉日知晏陰蟾知雨並其證也此謂人苟於昏暮得罪猶有可以逃避之處若晏日則人所共覩無所逃避矣下文曰夫天不可爲林谷幽門無人明必見之然則墨子正以晏日之不可逃避起下文明必見之之意晏之當訓明無疑矣畢注謂猶云日暮途遠是但知晏晚之義而忘天清之本訓宜於墨子之意不得矣詒讓案俞說晏日之義是也此當以焉而晏日焉而得罪八字爲句上焉與於同義焉而猶言於而言於此晴晏之日焉

而得罪也俞以上焉而二字爲衍文則尚未得其義曰無所避逃之夫天不可爲林谷
幽門無人畢云門當爲㵎王云畢據明鬼篇文也余謂門當爲閒閒讀若閑言天監甚明雖林谷幽閒無人之
處天必見之也賈子耳痺篇曰故天之誅伐不可爲廣虛幽閒攸遠無人雖重襲石中而居其必知之乎淮南覽冥篇曰
上天之誅也雖在壙虛幽閒遼遠隱匿重襲石室界障險阻其無所逃之亦明矣義皆本於墨子則幽門爲幽閒之誤明
矣明鬼篇雖有深谿博林幽澗毋人之所幽澗亦幽閒之誤詒讓案王校是也但讀閒爲閑尚未得其義閒當讀爲閒隙
之閒荀子王制篇云無幽閒隱僻之國莫不趨使而安樂之楊注云幽深也閒隔也明必見之然而天
下之士君子之於天也舊本挩士字及之於二字王據上下文補士字又以意補之於二字今從
之忽然不知以相儆戒此我所以知天下士君子知小而不
知大也然則天亦何欲何惡天欲義而惡不義然則率天下
之百姓以從事於義則我乃爲天之所欲也我爲天之所欲
天亦爲我所欲然則我何欲何惡舊本無我字畢云一本則下有我字案有者是也王

亦據增。我欲福祿而惡禍祟，若我不爲天之所欲，而爲天之所不欲，舊本脫此十五字，王據中篇補。然則我率天下之百姓，以從事於禍祟中也。然則何以知天之欲義而惡不義？吳鈔本無以字。曰：天下有義則生，無義則死；有義則富，無義則貧；有義則治，無義則亂。然則天欲其生而惡其死，欲其富而惡其貧，欲其治而惡其亂，此我所以知天欲義而惡不義也。畢云：「我，舊作義，以意改。」顧云：「季本我。」曰：且夫義者，政也。王云：「政與正同，下篇皆作正。」詒讓案：意林引下篇正皆作政，二字互通。義者，正也，言義者所以正治人也。無從下之政上，必從上之政下。是故庶人竭力從事，未得次已而爲政，畢云：「次，恣字省文，下同。一本作恣，俗改。」王引之云：「畢說非也。次猶即也，下文諸次字並同。此言士在庶人之上，故庶人未得即已而爲正，有上正之也。次、即聲相近，而字亦相通。康誥『勿庸以次女封』，荀子致士、宥坐二篇並作『勿庸以即女』，家語始誅篇作『勿庸以即女心』，皆其證。說文垐古文作堲，亦其例也。」詒讓案：意林引下篇次並作恣。

則畢說亦通節用上篇云聖王既沒于民次也恣亦作次可證有士政之士竭力從事未得次已而爲政有將軍大夫政之將軍大夫即卿大夫也詳尚同中篇將軍大夫竭力從事未得次已而爲政有三公諸侯政之三公諸侯竭力聽治未得次已而爲政有天子政之天子未得次已而爲政有天政之天子爲政於三公諸侯士庶人天下之士君子固明知天之爲政於天子天下百姓未得之明知也畢云當云明知之也俞云上之字當在天字上屬上爲句本云天子爲政於三公諸侯士庶人天下之士君子固明知之今之字誤在天字下則固明知句文氣未足且天爲政與天子爲政相對不當作天之爲政也詒讓案固明知下當有之字至天之爲政於天子下文屢見之字似不當刪故昔三代聖王禹湯文武欲以天之爲政於天子明說天下之百姓故莫不犓牛羊豢犬彘潔爲粢盛酒醴畢云爲粢二字舊脫據後文增以祭祀上帝鬼神而求祈福於天我未

嘗聞天下之所求祈福於天子者也顧云據中下二篇下字衍蘇校同戴云案中篇云吾未知天之祈福於天子也則此文衍下字及所求二字及者字我所以知天之爲政於天子者也故天子者天下之窮貴也天下之窮富也戴云窮極也此二字轉相訓故於富且貴者於吳鈔本作欲當天意而不可不順順天意者兼相愛交相利必得賞反天意者別相惡交相賊必得罰然則是誰順天意而得賞者誰反天意而得罰者子墨子言曰昔三代聖王禹湯文武此順天意而得賞也畢云賞下當有者字昔三代之暴王桀紂幽厲此反天意而得罰者也然則禹湯文武其得賞何以也子墨子言曰其事上尊天中事鬼神下愛人故天意曰此之我所愛兼而愛之我所利兼而利之愛人者此爲博焉利人者此爲厚焉故使貴爲天子富有天下業萬

世子孫傳稱其善業滑子孫纂業也左昭元年傳臺駘能業其官杜注釋為纂業又疑當為葉萬子孫葉與世同公孫龍子云孔穿孔子之葉也萬丁世字彷古文有秦詛楚文云葉萬子孫毋相為不利亯弓云世世萬子孫毋變也毛詩長發傳云葉世也方施天下畢云方猶旁或當為旁字之壞詒讓案方旁古通皋陶謨方施象刑惟明新序節士篇方作旁說文上部云旁溥也方施言施溥徧於天下也至今稱之謂之聖王然則桀紂幽厲得其罰何以也依上文當作其得罰何以也此誤到子墨子言曰其事上詬天中詬鬼中下詬字道藏本吳鈔本並作詆畢云據上當有神字下賊人賊舊本譌賤今依王校正說詳尚賢中篇故天意曰此之我所愛別而惡之我所利交而賊之惡人者此為之博也賤人者此為之厚也賤亦賊之誤此並承上文別相惡交相賊而言故使不得終其壽不殁其世殁吳鈔本作没至今毀之謂之暴王然則何以知天之愛天下之百姓以其兼而明之何以知其兼而明之以其兼而有之何以知其兼而有之

以其兼而食焉何以知其兼而食焉曰四海之内粒食之民大戴禮記少閒篇云粒食之民昭然明視莫不犓牛羊豢犬彘潔爲粢盛酒醴以祭祀於上帝鬼神天有邑人畢云邑舊作色非以意改何用弗愛也且吾言殺一不辜者必有一不祥殺不辜者誰也則人也予之不祥者誰也則天也若以天爲不愛天下之百姓則何故以人與人相殺而天予之不祥此我所以知天之愛天下之百姓也此我下吳鈔本有之字順天意者義政也反天意者力政也然義政將柰何哉畢云舊脫政字一本有子墨子言曰處大國不攻小國處大家不篡小家强者不劫弱貴者不傲賤多詐者不欺愚中篇及兼愛中篇下篇文並略同皆無多字此疑衍此必上利於天中利於鬼下利於人三利無所不利故舉天下美名加之謂之聖王力政者則與此

異言非此畢云非僭背行反此猶倴馳也畢云倴一本作傰誤案倴疑僢之誤玉篇人部云淮南子分流僢馳僢相背也與舛同今淮南子說山訓作舛又氾論訓高注云舛乖也偝與背同見坊記投壺及荀子與僢義亦同處大國攻小國，處大家篡小家，强者劫弱，貴者傲賤，多詐欺愚。此上不利於天，中不利於鬼，下不利於人，三不利無所利，故舉天下惡名加之，謂之暴王。子墨子言曰：我有天志，譬若輪人之有規，匠人之有矩。輪匠執其規矩，以度天下之方圜，曰：中者是也，不中者非也。今天下之士君子之書不可勝載，言語不可盡計，上說諸侯，下說列士，其於仁義則大相遠也畢云相舊作其一本如此。何以知之？曰：我得天下之明法以度之。

天志中第二十七

子墨子言曰：今天下之君子之欲爲仁義者吳鈔本君子下無之字，則不可不察義之所從出既曰不可以不察義之所從出然則義何從出子墨子曰義不從愚且賤者出必自貴且知者出何以知義之不從愚且賤者出而必自貴且知者出也曰義者善政也何以知義之爲善政也曰天下有義則治無義則亂是以知義之爲善政也王云舊本脫兩爲字下篇曰何以知義之爲正也天下有義則治無義則亂我以此知義之爲正也今據補俞云二善字皆言字之誤隸書善字或作善見張遷碑靈臺碑孫叔敖碑與言字相似故言誤爲善義者言政也何以知義之言政也曰天下有義則治無義則亂是以知義之言政也語意甚明若作善政則義之善政不可通矣下篇曰義者正也何以知義之爲正也天下有義則治無義則亂我以此知義之爲政也並無善字可知此文善字之誤善之言政猶義之爲正也夫愚且賤者不得爲政乎貴且知者畢云當脫貴且知者四字然後得爲政乎愚且賤者此吾所以知義之不從愚且賤者出而必自貴且知者出也然則孰爲貴孰爲

知曰天爲貴天爲知而已矣然則義果自天出矣今天下之人曰當若天子之貴諸侯諸侯之貴大夫傐明知之（畢云傐當爲碻言確然可知鈕樹玉云傐明當作高明詒讓案畢說是也兩貴字下疑皆當有於字）然吾未知天之貴且知於天子也子墨子曰吾所以知天之貴且知於天子者有矣曰天子爲善天能賞之天子爲暴天能罰之天子有疾病禍祟必齋戒沐浴潔爲酒醴粢盛以祭祀天鬼則天能除去之然吾未知天之祈福於天子也此吾所以知天之貴且知於天子者不止此而已矣又以先王之書馴天明不解之道也知之（畢云馴與訓同言訓釋天之明道）曰明哲維天（畢云舊作大以意改）臨君下土（土舊本作出王引之云下出二字義不可通出當爲土明哲維天臨君下土猶詩言明明上天照臨下土耳隸書出字或作士若數省作敖貴省作賁數省作敖之類形與土相似故土譌爲出案王說是也今據正）則此語天

之貴且知於天子，不知亦有貴知夫天者乎？夫，吳鈔本作乎。曰：天爲貴，天爲知而已矣。然則義果自天出矣。是故子墨子曰：今天下之君子，中實將欲遵道利民，本察仁義之本，天之意不可不慎也。慎與順同，上下文屢云順天意，下同。既以天之意以爲不可不慎已，然則天之將何欲何憎？畢云：之下當有意字。子墨子曰：天之意不欲大國之攻小國也，大家之亂小家也，强之暴寡，詐之謀愚，貴之傲賤，此天之所不欲也。不止此而已，舊本脫不字，又止作上，王校補不字，畢校改上爲止，今並據正。欲人之有力相營，文選陸士衡贈從兄車騎詩李注引鍾會老子注云：經護爲營。有道相教，有財相分也。又欲上之强聽治也，下之强從事也。上强聽治，則國家治矣；下强從事，則財用足矣。若國家治，財用足，則內有以潔爲酒醴粢盛，潔，吳鈔本作絜。以祭祀天鬼；外有以爲環璧珠玉以聘撓四鄰畢云撓與交同音諸侯之寃不興矣一切經音義云古文寃窓二形今作怨同蘇云寃當讀如怨邊境兵甲不作矣內有以食飢息勞持養其萬民荀子榮辱篇楊注云持養保養也義詳非命下篇則君臣上下惠忠父子弟兄慈孝故唯毋明乎順天之意唯舊本作惟今據吳鈔本改毋語詞詳尚賢中篇奉而光施之天下光與廣通則刑政治萬民和國家富財用足百姓皆得煖衣飽食便寍無憂廣雅釋詁云便安也寍舊本作寍今據吳鈔本改是故子墨子曰今天下之君子中實將欲遵道利民本察仁義之本天之意不可不慎也慎亦讀爲順且夫天子之有天下也戴云子字衍辟之無以異乎國君諸侯之有四境之內也吳鈔本辟作譬畢云辟同譬今國君諸侯之有四境之內也夫豈欲其臣國萬民之相爲不利哉俞云臣國當爲國臣正對國君而言君曰國君故臣曰國臣也今倒作臣國義不可通今若

處大國則攻小國，處大家則亂小家，欲以此求賞譽，終不可得，誅罰必至矣。夫天之有天下也，將無已異此。（畢云：已同以。）今若處大國則攻小國，（畢云：舊脫則字，據下句增。）處大都則伐小都，（吳鈔本二句並無則字。）欲以此求福祿於天，福祿終不得，而禍祟必至矣。然有所不爲天之所欲，而爲天之所不欲，則夫天亦且不爲人之所欲，而爲人之所不欲矣。人之所不欲者何也？曰病疾禍祟也。（畢云：舊脫禍字，據下文增。）若已不爲天之所欲，而爲天之所不欲，是率天下之萬民以從事乎禍祟之中也。故古者聖王明知天鬼之所福，而辟天鬼之所憎，以求興天下之利，而除天下之害。是以天之爲寒熱也節，四時調，陰陽雨露也時，五穀孰，（道藏本、吳鈔本作熟，俗字。）六畜遂，疾菑戾疫凶饑則不至。（戾厲字通，詳尚同中篇。）是故子墨子曰今天下之君子中實將欲遵道利民畢云舊脫道字一本有本察仁義之本天意不可不慎也且夫天下蓋有不仁不祥者曰當若子之不事父弟之不事兄臣之不事君也故天下之君子與謂之不祥者王云故猶則也畢云與同舉今夫天兼天下而愛之撽遂萬物以利之物吳鈔本作民下同畢云說文云擊旁擊也但未詳擊遂之義俞云撽遂二字義不可通撽當爲邀疑本作邀或作撽傳寫誤合之爲撽邀而邀又誤爲遂耳邀與交通莊子庚桑楚篇夫至人者相與交食乎地而交樂乎天徐無鬼篇作吾與之邀樂於天吾與之邀食於地是交邀古通用也邀萬物以利之卽交萬物以利之與兼天下而愛之同義交猶兼也兼愛中篇曰以兼相愛交相利之法易之又曰視兼相愛交相利與此異矣又曰欲天下之治而惡其亂當兼相愛交相利下篇曰今若夫兼相愛交相利此自先聖六王者親行之非命上篇曰與其百姓兼相愛交相利然則愛言兼利言交固本書之通義矣詒讓案韓非子說林上篇云有欲以御見荊王者曰臣能撽鹿莊子至樂篇云莊子至楚見空髑髏撽以馬箠成玄英疏云撽打擊也家撽遂萬物以利之猶下云以長遂五穀麻絲使民得而財

利之俞説未塙若豪之末豪吳鈔本作毫下同畢云豪本作豪毫字正文經典或从毛非非天之所爲也爲舊本作謂今據吳鈔本正蘇云非上當有莫字下同謂當從下文作爲俞云非非上脫無字下文同言雖至秋豪之末無非天之所爲也而民得而利之則可謂否矣蘇云否義未詳疑當作厚俞云否字義不可通乃后字之誤后讀爲厚禮記檀弓篇后木正義曰世本云厚此云后其字異耳是后厚古通用說文厚古文作垕本從后聲故聲近而義通也此云若豪之末無非天之所爲也而民得而利之則可謂厚矣言天愛民之厚也下文且吾所以知天之愛民之厚者有矣又曰此吾以知天之愛民之厚也並可爲證案俞說是也然獨無報夫天而不知其爲不仁不祥也此吾所謂君子明細而不明大也且吾所以知天之愛民之厚者有矣曰以磨爲日月星辰以字舊挩今據道藏本吳鈔本補顧云顏氏家訓世本容成造曆以曆爲碓磨之磨王云磨亦當爲磿磿爲日月星辰猶大戴禮五帝德篇言歷離日月星辰也案王校是也詳非攻下篇以昭道之說文日部云昭明也制爲四時春秋冬夏以紀綱之雷降雪霜雨露王云雷降雪霜雨露義不可通雷當

賞字之誤賞與隕同左氏春秋經莊七年星隕如雨公羊隕作賞爾雅隕降落也故曰賞降雪霜雨露以長遂五穀麻絲使民得而財利之列爲山川谿谷播賦百事畢云播布以臨司民之善否畢云司讀如伺俗从人爲王公侯伯侯伯舊本作諸伯吳鈔本作侯伯道藏本作諸侯審校文義吳本較長今據正使之賞賢而罰暴畢云賢舊作焉一本如此顧云藏本賢李本同詒讓案吳鈔本亦作賢賊金木鳥獸賊當爲賦形近而誤言賦斂金木鳥獸而用之也從事乎五穀麻絲吳鈔本作絲麻以爲民衣食之財自古及今未嘗不有此也今有人於此驩若愛其子一切經音義引三蒼云驩古歡字竭力單務以利之蘇云單同殫索見七患篇其子長而無報子求父蘇云當云其子長而無報乎父故天下之君子與謂之不仁不祥畢云與同舉今夫天兼天下而愛之撽遂萬物以利之以吳鈔本作而若豪之末非天之所爲非上亦當有無字畢云據上文當有也字而民得而利之則可謂否矣否亦當作后讀爲厚詳前

然獨無報夫天而不知其爲不仁不祥也此吾所謂君子明細而不明大也 吳鈔本無君子二字 且吾所以知天愛民之厚者不止此而足矣曰殺不辜者天予不祥不辜者誰也 不上亦當有殺字 曰人也予之不祥者誰也曰天也若天不愛民之厚夫胡說人殺不辜而天予之不祥哉 夫舊本亦作天王云天胡說之天當爲夫此涉上下文夫字而誤夫發聲也言若夫非愛民之厚則人殺不辜而天予之不祥者果何說哉節葬篇曰厚葬久喪果非聖王之道夫胡說中國之君子爲而不已操而不擇哉是其證 此吾之所以知天之愛民之厚也 舊本挩之所二字今據吳鈔本增 且吾所以知天之愛民之厚者 吳鈔本吾下有之字天下無之字 不止此而已矣曰愛人利人順天之意得天之賞者有矣憎人賊人 畢云二字舊脫據下文增 反天之意得天之罰者亦有矣夫愛人利人順天之意得天之賞者誰也曰若昔三代聖王堯舜

禹湯文武者是也堯舜禹湯文武焉所從事曰從事兼不從事別兼者處大國不攻小國處大家不亂小家強不劫弱衆不暴寡詐不謀愚貴不傲賤觀其事上利乎天中利乎鬼下利乎人三利無所不利是謂天德聚斂天下之美名而加之焉曰此仁也義也愛人利人順天之意得天之賞者也不止此而已書於竹帛畢云後漢書注引書於作書其事據下文亦然戴云當依下文補脫文三字今作書於竹帛者後人據兼愛下篇刪之鏤之金石琢之槃盂吳鈔本槃作盤下同畢云後漢書注引槃作盤傳遺後世子孫曰將何以爲將以識夫愛人利人順天之意得天之賞者也皇矣道之曰帝謂文王予懷明德不大聲以色不長夏以革不識不知順帝之則詩大雅毛傳云懷歸也不大聲見於色革更也不以長大有所更鄭箋云夏諸夏也天之言云我歸人君有光明之德而不虛廣言語以外作容貌不長諸夏以變

更王法者其其爲人不識古不知今順天之法而行之者此言天之道尚誠實貴性自然案墨子說詩與鄭義同帝善其順法則也故舉殷以賞之使貴爲天子富有天下名譽至今不息故夫愛人利人順天之意得天之賞者既可得留而已畢云據下云既可謂知也此句未詳王云既可得留而已當作既可得而智已智即知也墨子書知字多作智見於經說耕柱二篇者不可枚舉言順天之意得天之賞者既可得而知已尚賢篇曰既可得而知也舊本作既可得留而已者皆誤爲留又誤在而字上耳下文云故夫憎人賊人反天之意得天之罰者既可謂而知已亦當作既可得而知也前後相證則兩處之誤字不辯而自明下篇亦云既可得而知也夫憎人賊人賊吳鈔本作疾反天之意得天之罰者誰也曰若昔者三代暴王桀紂幽厲者是也桀紂幽厲焉所從事曰從事別不從事兼別者處大國則攻小國處大家則亂小家强劫弱衆暴寡詐謀愚貴傲賤觀其事上不利乎天中不利乎鬼下不利乎人三不利無所利是

謂天賊聚斂天下之醜名而加之焉曰此非仁也非義也憎人賊人反天之意得天之罰者也不止此而已又書其事於竹帛鏤之金石琢之槃盂傳遺後世子孫曰將何以爲將以識夫憎人賊人反天之意得天之罰者也大誓之道之誓道藏本吳鈔本並作明莊述祖云墨書引大誓有去發有大明去發當爲太子發爲大誓上篇大明即詩所謂會朝清明也詩序皆曰大明明武王之再受命爲中篇詒讓案此文非命上中二篇並作大誓明塙爲譌字葢誓省爲折明即禁古折字之譌顏師古匡謬正俗引書湯誓誓字作斷山井鼎七經孟子考文載古文甘誓誓字作斯葢皆斷斯二字傳寫譌舛與明形略相類（去）說不足據曰紂越厥夷居江聲云夷居倨嫚也說文尸部云居蹲也不肎事上帝棄厥先神祇不祀祇舊本譌祇今據道藏本正乃曰吾有命無廖僔務天畢此句非命上作無僇匪漏非命中作毋僇其務據孔書泰誓云罔懲其侮則知無罔音義同廖僇皆懲字之譌僔則其字之譌務音同侮雖孔書僞作作者取墨書時猶見善本故足據也孫星衍云當作無僇其務言不勠力其事或孔書侮字

反是務假音未可解也江聲從毋僇其務云僇讀爲勠力之
勠言也有命不畏鬼神毋爲勠力於鬼神之務明鬼篇云古
者聖王必與鬼神爲其務又云今執無鬼者曰鬼神者固無
有則此反聖王之務此非命天志引書之意與明鬼篇大指
略同詒讓案無當讀爲侮詳非命中篇書太誓僞孔傳云平
居無故廢天地百神宗廟之祀紂言吾所以有兆民有天命
故羣臣畏罪不爭無能止
其慢心孔說非墨子義
天下畢云二字疑衍卽下天亦二
字重文莊讀無僇鼻務天下
爲句云僇且也鼻當爲
眉案莊說難通不足據
天亦縱棄紂而不葆畢云孔書泰誓
云紂乃夷居弗
事上帝神祇遺厥先宗廟弗祀
乃曰吾有民有命罔懲其侮
察天以縱棄紂而不葆者反天之意也故夫憎人賊人賊吳鈔
本作疾
反天之意得天之罰者旣可得而知也得舊本誤謂今據吳
鈔本正王校亦改得
是故子墨子之有天之畢
云
一本作志
疑俗改
辟人無以異乎輪人之有規辟人人當作之上文云
辟之無以異乎國君諸
侯之有四境之
內也是其證
匠人之有矩也今夫輪人操其規將以量度天下之圜與不圜也量度吳鈔
本到下同
曰中吾規者謂之圜不中吾

規者謂之不圜是以圜與不圜皆可得而知也此其故何則圜法明也匠人亦操其矩將以量度天下之方與不方也曰中吾矩者謂之方不中吾矩者謂之不方是以方與不方皆可得而知之此其故何則方法明也故子墨子之有天之意也王云天之意本作天之天之卽天志本篇之名也子墨子之有天之已見上文古志字通作之說見號令篇後人不達又見上下文皆云順天之意反天之意故於天之下加意字耳上將以度天下之王公大人爲刑政也爲上吳鈔本有之字下將以量天下之萬民爲文學出言談也觀其行順天之意謂之善意行反天之意謂之不善意行王校刪二意字云舊本謂之善下衍意字謂之不善下脫行字又衍意非二字今據下文改正詒讓案意疑當作悳與德通善德行不善德行猶下云善言談不善言談也王謂衍文未塙下衍字舊本譌非今從王校正觀其言談順天之意謂之善言談反天之意謂之不善言談觀其刑

政順天之意謂之善刑政反天之意謂之不善刑政故置此以爲法立此以爲儀將以量度天下之王公大人卿大夫之仁與不仁譬之猶分黑白也是故子墨子曰今天下之王公大人士君子中實將欲遵道利民本察仁義之本天之意不可不順也順天之意者義之法也

天志下第二十八

子墨子言曰天下之所以亂者其說將何哉則是天下士君子皆明於小而不明於大何以知其明於小不明於大也以其不明於天之意也何以知其不明於天之意也以處人之家者知之今人處若家得罪將猶有異家所以避逃之者畢云據下文當有矣字王引之云所以可以也詒讓案此所當從畢訓爲處所詳上篇然且父以戒子兄

以戒弟曰戒之慎之處人之家不戒不慎之而有處人之國者乎〔有疑當爲可〕今人處若國得罪將猶有異國所以避逃之者矣然且父以戒子兄以戒弟曰戒之慎之處人之國者不可不戒慎也今人皆處天下而事天得罪於天將無所以避逃之者矣然而莫知以相極戒也〔王引之云極字義不可通極戒當爲儆戒字之誤也上篇相儆戒三字凡五見俞云極戒即儆戒也極通作亟荀子賦篇出入甚極又曰反覆甚極楊倞注並曰極讀爲亟是也廣雅釋詁亟敬也亟爲敬敬故亦爲儆矣亟又與苟通見爾雅釋詁篇釋文而敬字即從苟是可知其義之通說文心部㥛疾也從心亟聲一曰謹重貌謹重之義亦與儆相近〕吾以此知大物則不知者也是故子墨子言曰戒之慎之必爲天之所欲而去天之所惡曰天之所欲者何也所惡者何也天欲義而惡其不義者也何以知其然也曰義者正也〔正猶言正人詳上篇〕何以知義之爲正也天下

有義則治無義則亂我以此知義之爲正也然而正者無自下正上者必自上正下是故庶人不得次己而爲正意林引次並作恣正並作政案次當依馬讀爲恣王訓爲卽似未塙詳上篇有士正之士不得次己而爲正有大夫正之大夫不得次己而爲正有諸侯正之諸侯不得次己而爲正有三公正之三公不得次己而爲正有天子正之天子不得次己而爲政依上下文亦當作正有天正之今天下之士君子皆明於天子之正天下也而不明於天之正天子也王云舊本不明於天下脫之字正下又脫天子二字今補是故古者聖人明以此說人曰天子有善天能賞之天子有過天能罰之天子賞罰不當聽獄不中天下疾病禍福王云福字義不可通禍福當爲禍祟下者降也言降之以疾病禍祟也疾病禍祟見中篇霜露不時天子必且犓豢其牛羊犬彘絜爲粢盛酒

醴粢舊本作潔今據吳鈔本改下同以禱祠祈福於天我未嘗聞天之禱祈
福於天子也畢云禱下當有祠字吾以此知天之重且貴於天子也吳鈔
本此作是重且貴作貴且重以此下文及中篇校之重且貴當作貴且知是故義者不自愚且賤
者出必自貴且知者出曰誰爲知天爲知俞云此上脫誰爲貴天爲貴六字中
篇曰然則孰爲貴孰爲知曰天爲貴天爲知而已矣是其證然則義果自天出也今天下
之士君子之欲爲義者則不可不順天之意矣曰順天之意
何若曰兼愛天下之人何以知兼愛天下之人也以兼而食
之也食謂享食其賦稅物產何以知其兼而食之也自古及今無有遠
靈孤夷之國戴云遠靈二字義不可通靈疑當作秀秀說文以爲籀文旁字旁與方通今文尚書多借旁爲
方遠秀言遠方也詒讓案靈疑虛之誤北魏孝文帝祭比干文虛作虗南唐本業寺記作䨓東魏武定二年邑主造象頌
靈作䨓二形並相似耕柱篇鬲靈亦彝虛之誤與此正同皆犓豢其牛羊犬彘潔爲粢盛

酒醴以敬祭祀上帝山川鬼神，以此知兼而食之也。苟兼而食焉，必兼而愛之。譬之若楚越之君，譬，吳鈔本作辟。今是楚王食於楚之四境之內，王引之云：今是與今夫義同。故愛楚之人；越王食於越，戴云：當據上文補之四境之內五字，墨子文不避重復，不得於此文獨省也。故愛越之人。道藏本、季本、吳鈔本並挩楚之人以下十字。今天兼天下而食焉，我以此知其兼愛天下之人也。且天之愛百姓也，不盡物而止矣。王云：物字義不可通，物當爲此，此字指上文而言。中篇曰不止此而已矣，又曰不止此而已，皆其證。今天下之國粒食之民，殺一不辜者，必有一不祥。王云：舊本民下衍國字，今刪。殺一下脫不辜者必有一六字，今據上中二篇補。曰：誰殺不辜？曰：人也。孰予之不辜？依上文當作不祥。曰：天也。若天之中實不愛此民也，何故而人有殺不辜，而天予之不祥哉？且天之愛百姓厚矣，天之愛百姓別矣，王引之云：別讀爲偏，言天偏愛百姓也。古或以別爲偏樂記其治辯者其禮具鄭注辯偏也史記樂書辯作辨集解一作別其證也既可得而知也何以知天之愛百姓也吾以賢者之必賞善罰暴也何以知賢者之必賞善罰暴也吾以昔者三代之聖王知之吳本三代之聖王作之三代聖王故昔也三代之聖王堯舜禹湯文武之兼愛之天下也下之字吳鈔本無疑衍從而利之移其百姓之意焉率以敬上帝山川鬼神天以爲從其所愛而愛之從其所利而利之於是加其賞焉使之處上位立爲天子以法也戴云以法疑當作以爲儀法脫二字耳以爲儀法見下文也當爲世之誤世名之曰聖人何詒讓案以下文校之此處挩文甚多以法也三字乃其幾字之僅存者戴說未塙今以此下文及尚賢中篇補之疑當作以爲民父母是以天下之庶民屬而譽之業萬世子孫繼嗣譽之者不之廢也此法也即廢也之誤鐘鼎款識皆以灋爲廢名之曰聖人以此知其賞善之證畢云舊脫知字據下文增是故昔也三代之暴王桀紂幽厲之兼惡天下也

從而賊之移其百姓之意焉率以詬侮上帝山川鬼神天畢云一本有鬼神天三字詒讓案道藏本季本吳鈔本並有以爲不從其所愛而惡之不從其所利而賊之於是加其罰焉使之父子離散國家滅亡抎失社稷畢云說文云抎有所失也春秋傳曰抎子辱矣玉篇云抎于粉切憂以及其身是以天下之庶民屬而毀之業萬世子孫繼嗣毀之賁不之廢也業萬世詳上篇王云賁當爲者隸書者字或作者見漢衛尉卿衡方郃陽令曹全碑與賁相似而誤不之廢衍之字廢者止也見中庸表記注言業萬世子孫繼嗣而毀之者猶不止也尚賢篇云萬民從而非之曰暴王至今不已是也今本者譌作賁下文又衍之字則文不成義名之曰失王蘇云失字誤上篇皆暴王以此知其罰暴之證今天下之士君子欲爲義者則不可不順天之意矣曰順天之意者兼也反天之意者別也兼之爲道也義正別之爲道也力正曰義正者何若曰大不攻小也强不侮弱也衆

不賊寡也詐不欺愚也貴不傲賤也富不驕貧也壯不奪老也是以天下之庶國莫以水火毒藥兵刃以相害也若事上利天中利鬼下利人三利而無所不利是謂天德故凡從事此者聖知也仁義也忠惠也慈孝也是故聚斂天下之善名而加之是其故何也則順天之意也曰力正者何若曰大則攻小也强則侮弱也衆則賊寡也詐則欺愚也貴則傲賤也富則驕貧也壯則奪老也是以天下之庶國方以水火毒藥兵刃以相賊害也若事上不利天中不利鬼下不利人三不利而無所利是謂之賊俞云之當作天是謂天賊與是謂天德對文中篇正作天賊故凡從事此者寇亂也盜賊也不仁不義不忠不惠不慈不孝是故聚斂天下之惡名而加之是其故何也則反天之意也故

子墨子置立天之以為儀法 畢云之一本作志疑係改考古志字只作之說文無志字 若輪人之有規匠人之有矩也今輪人以規匠人以矩以此知方圜之別矣 王云舊本脫知字中篇曰圜與不圜方與不方皆可得而知今據補 是故子墨子置立天之以為儀法 畢云之當為志 吾以此知天下之士君子之去義遠也 道藏本吳鈔本義下有之字 何以知天下之士君子之去義遠也 吳鈔本義下有之字 今知氏大國之君 俞云知字衍文蓋涉上句吾以知天下之士君子何以知天下之士君子兩句並有知字而衍氏當讀為是禮記曲禮篇是職方鄭注曰是或為氏儀禮覲禮篇大史是右注曰古文是為氏也周官射人注引作大史氏右然則是氏古通用今氏即今是也今是即今夫也禮記三年問篇今是大鳥獸荀子禮論篇今是作今夫荀子宥坐篇今夫世之陵遲亦久矣韓詩外傳今夫作今是並其證也上文曰今是楚王食於楚之四境之內此云今氏大國之君文法正同上文作是此文作氏則字之異耳 寬者然曰 俞云寬者下當有闕文蓋言其土地之廣大也故下文以然字作轉語詒讓案疑當作寬然曰者乃衍文寬當為囂之借字聲義並與讙同說

文㗊部云囂呼也讀若讙寬囂同从莧聲古通用言今大國之君皆囂然爭持攻國之論也俞說非吾處大國而不攻小國吾何以爲大哉是以差論蚤牙之士蚤吳鈔本作爪非攻中下二篇並作爪比列其舟車之卒俞云卒下脫伍字非攻下篇作皆列其舟車之卒伍是其證也皆列即比列以攻罰無罪之國罰當從非攻下篇作伐入其溝境王云溝境二字不詞當依非攻篇作邊境此涉下文溝池而誤也刈其禾稼斬其樹木殘其城郭史記樊酈滕灌傳集解引張晏云殘有所毀也以御其溝池王引之云御字義不可通御當爲抑抑之言堙也謂壅其城郭以塞其溝池若周語所云墮高堙庳也史記河渠書禹抑鴻水索隱曰抑漢書溝洫志作堙堙抑皆塞之也是抑與堙同義非攻篇作湮其溝池湮亦堙也隸書抑字或作抑見漢校官碑御字或作御見帝堯碑二形相似而誤焚燒其祖廟攘殺其犧牷吳鈔本作牲民之格者則勁拔之畢云勁舊作勁从力非勁拔即剄刜拔音同刜詒讓案勁拔疑剄殺之誤非攻下篇云剄殺其萬民殺與拔篆文相近而誤不格者則係操而歸畢云係一本作繫王引之云民可係而歸不可操而歸古亦無以係操二字連文者操當爲纍

即孟子所謂係累其子弟也䌢誤爲臬後人因改爲操耳詒讓案王校是也孟子梁惠王篇趙注云係累猶縛結也丈夫以爲僕圉丈舊譌大顧云當爲丈王引之宋翔鳳校並同今據正左傳文十八年杜注云僕御也周禮夏官鄭注云養馬曰圉畢云圉舊作圄以意改胥靡史記賈誼傳云傅說胥靡索隱引徐廣云胥靡腐刑也晉灼云胥相也靡隨也古者相隨坐輕刑之名莊子庚桑楚篇釋文引司馬彪云胥靡刑徒人也崔譔云腐刑也荀子儒效篇楊注云胥靡刑徒人也胥相靡繫也謂鏁相聯相繫漢書所謂鋃鐺者也顏師古曰聯繫使相隨而服役之猶今囚徒以鏁連枷也案尙賢中篇說傅說被褐帶索庸築乎傅巖郎史記所謂胥靡則當爲刑徒役作之名徐崔說誤婦人以爲舂酋吳鈔本婦作媍酋作囚誤畢云周禮云其男子入于辠隸女子入于舂稾又說文云酋繹酒也禮有大酋掌酒官也未詳婦人爲酋之義酋與舀聲形相近說文云抒臼也亦舂稾義與王云畢以酋爲或舂或舀之舀非也說文酋繹酒也從酉水半見於上禮有大酋掌酒官也月令注酒孰曰酋據此則酒官謂之酋者以其掌酒也然則女奴之掌酒者亦得謂之酋矣周官酒人女酒三十人奚三百人鄭注曰女酒女奴曉酒者古者從坐男女沒入縣官爲奴其少才知以爲奚是其證惠士奇禮說曰酒人之奚多至三百則古之酒皆女子爲之即墨子所謂婦人以爲舂酋也宋翔鳳云

呂氏春秋精通篇云臣之父不幸而殺人不得生臣之母得生而爲公家爲酒則此言春酒者或爲春或爲酒也詒讓案畢說是也周官春人有女春抌二人鄭注云女春抌女奴能春與抌者抌抒臼也說文臼或作抌此以春酒連文則酒即抌之叚字可知畢呂二書義本不同王宋說非則夫好攻伐之君不知此爲不仁義以告四鄰諸侯曰吾攻國覆軍殺將若干人矣其鄰國之君亦不知此爲不仁義也有具其皮幣有與又通下同發其總處畢云未詳說文玉篇無總字詒讓案總吳鈔本作緫即總之俗於義亦無取疑總處當作徒遽徒正字作𨑒隸變或作徒彳與糸相似止與心相似遂譌作總耳遽處亦形近而誤國語吳語云徒遽來告韋注云徒步也遽傳車也周禮行夫注云遽若今時乘傳騎驛而使者也發其徒遽謂使人致賀於攻伐之國必起發卒徒車馬以從行也或云總即從之譌從隸古或作𢓸右半形與忍相類亦通使人饗賀焉饗當讀爲聘亯之亯周禮玉人鄭注云享獻也則夫好攻伐之君有重不知此爲不仁不義也有書之竹帛藏之府庫爲人後子者後子即嗣子詳節葬下篇必且欲順其先君之行曰何不當

發吾府庫舊本脫府字王據上文補視吾先君之法美王云法美二字義不相屬美當爲義字之誤也少儀言語之美鄭注美當爲儀案美乃義字之誤義即古儀字法義即法儀也前有法儀篇云天下從事者不可以無法儀非命篇曰先立義法即儀法當讀爲嘗荀子性惡篇今當試去君上之埶無禮義之化去法正之治無刑罰之禁則天下之悖亂而相亾不待頃矣呂氏春秋疑似篇戎寇當至當並與嘗同史記西南夷傳嘗擊南越者八校尉漢書嘗作當嘗試也言試發吾府庫視吾先君之法儀也必不曰文武之爲正者若此矣曰吾攻國覆軍殺將若干人矣則夫好攻伐之君不知此爲不仁不義也其鄰國之君不知此爲不仁不義也是以攻伐世世而不已者此吾所謂大物則不知也所謂小物則知之者何若今有人於此入人之場園取人之桃李瓜薑者上得且罰之衆聞則非之是何也曰不與其勞獲其實言不與種植之勞而取其實也已非其有所取之故此有誤擬當云以非其所有取之故已以同所有二字誤到遂不可

通

而況有踰於人之牆垣以下文校之於字疑衍抯格人之子女者乎蘇云抯說文云挹也从手且聲讀若樝格挌舉持也爾雅釋訓云格格舉也俞云抯字無義當爲衍文蓋卽垣字之誤而複者格人之子女與下竊人之金玉蚤絫竊人之牛馬一律曰格曰竊皆以一字爲文也下文踰人之牆垣抯格人之子女者亦衍抯字又下文此爲踰人之墻垣格人之子女者正無抯字可證上兩處之衍矣畢反謂其脫抯字非也格人之子女謂拘執人之子女後漢書鍾離意傳注曰格拘執也是其義詒讓案抯摣字通方言云抯摣取也南楚之閒凡取物溝泥中謂之抯或謂之摣釋名釋姿容云摣叉也五指俱往叉取也俞說非與角人之府庫俞云角字無義乃穴字之誤穴隸書作内角隸書作⻆兩形相似而誤竊人之金玉蚤絫者乎王引之云蚤絫二字義不可通蚤絫當爲布喿隸書布字作𢂞蚤字作蚤二形相似故布譌爲蚤荀子儒效篇必蚤正以待之也新序雜事篇蚤作布喿蓋繰之借字布繰卽布帛說文繰帛如紺色或曰深繒讀若喿繰喿同音故字亦相通凡書傳中從喿從參之字多相亂故非樂篇多治麻絲葛緒綑布繰今本作布縿而權弓之布幕衞也繰幕魯也今本亦作縿幕其它從喿之字亦多變而從參隸書參字作叅與絫相似因譌爲絫矣西伯戡黎乃罪多參在上馬融讀參爲絫亦以其字形之相

似金玉布繰皆府庫所藏故曰角人之府庫竊人之金玉布喿與踰人之欄牢欄吳鈔本作闌下同義詳非攻上篇周禮充人鄭注云牢閑也說文牛部云牢閑養牛馬圈也竊人之牛馬者乎而況有殺一不辜人乎今王公大人之爲政也畢云人舊作天以意改詒讓案道藏本吳鈔本作夫季本作人與畢校合自殺一不辜人者踰人之牆垣担格人之子女者與角人之府庫竊人之金玉蚤絫者道藏本吳鈔本下並有乎字與踰人之欄牢竊人之牛馬者畢云舊脫之字据上文增與入人之場園毛詩豳風七月傳云春夏爲圃秋冬爲場鄭箋云場圃同地自物生之時耕治之以種菜茹至物盡成熟築堅以爲場竊人之桃李瓜薑者王引之云舊脫者與入人之場圃竊人之十字當據上下文補今王公大人之加罰此也雖古之堯舜禹湯文武之爲政亦無以異此矣今天下之諸侯將猶皆侵淩攻伐兼并此爲殺一不辜人者數千萬矣此爲踰人之牆垣格人之子女者畢云据上格上當脫担字

與角人府庫竊人金玉蚤絫者數千萬矣踰人之欄牢竊人
之牛馬者與入人之場園竊人之桃李瓜薑者數千萬矣而
自曰義也故子墨子言曰是蕡我者蕡畢本並改責云舊作蕡下同以意改顧云賁讀若治絲而棼之棼我當爲義詒讓案顧說是也棼亦與紛同尚同中篇云本無有敢紛天子之教者與此文例略同急就篇云芬薰脂粉膏澤筩芬皇象本作蕡此以蕡爲棼與彼相類則豈有以異是蕡黑白甘
苦之辯者哉今有人於此少而示之黑謂之黑王引之經傳釋詞謂下刪之字多示之黑謂白必曰吾目亂不知黑白之別今有人於此
能少嘗之甘畢云能少當爲少而據上文如此能而音同故也王引之云能猶而也能與而古聲相近故義亦相通謂戴說同詒甘多嘗謂苦王氏釋詞多嘗下增之甘二字必曰吾口亂不知其
甘苦之味今王公大人之政也戴云政上當有爲字或殺人其國家禁
之此蚤越戴云三字有脫誤有能多殺其鄰國之人因以爲文義王云

文義二字義不可通亦當爲大字之誤也謂多殺鄰國之人聞之者不以爲不義反以爲大義也非攻篇曰小爲非則知而非之大爲非攻國則不知非從而譽之謂之義此之謂也 此豈有異蕡白黑甘苦之別者哉 別辯聲近字通 故子墨子置天之以爲儀法 畢云之當爲志 非獨子墨子以天之志爲法也 王云志字亦後人所加之即志字也案說詳中篇 於先王之書大夏之道之然 俞云大夏即大雅也雅夏古字通荀子榮辱篇曰越人安越楚人安楚君子安雅儒效篇曰居楚而楚居越而越居夏而夏是夏與雅通也下文所引帝謂文王六句正大雅皇矣篇文 帝謂文王予懷明德 吳鈔本懷下有而字 毋大聲以色毋長夏以革 蘇云詩大雅文王篇二毋字作不詒讓案中篇引毋並作不與詩同 不識不知順帝之則 義並詳中篇 此誥文王之以天志爲法也 吳鈔本誥作告畢云誥字據上文當爲語詒讓案也字疑衍 而順帝之則也且今天下之士君子中實將欲爲仁義求爲上士上欲中聖王之道下欲中國家百姓之利者當天之志而不可不察

也天之志者義之經也兩志字王校亦刪詳前

傳古樓景印

圖書在版編目（CIP）數據

墨子閒詁 / 孫詒讓校注． — 杭州 ： 浙江大學出版社，2017.10 （2023.9 重印）
（四部要籍選刊）
ISBN 978-7-308-17531-9

Ⅰ．①墨… Ⅱ．①孫… Ⅲ．①墨家②《墨子》－注釋 Ⅳ．①B224.2

中國版本圖書館 CIP 數據核字（2017）第 250021 號

墨子閒詁
【清】孫詒讓 校注

叢書策劃　陳志俊
叢書主編　蔣鵬翔
責任編輯　王榮鑫
責任校對　田程雨
封面設計　夏　霖
出版發行　浙江大學出版社
（杭州市天目山路 148 號　郵政編碼 310007）
（網址：http://www.zjupress.com）
排　　版　杭州尚文盛致文化策劃有限公司
印　　刷　浙江海虹彩色印務有限公司
開　　本　850mm×1168mm 1/32
印　　張　33.5
字　　數　260 千
印　　數　1201—1500
版 印 次　2017 年 10 月第 1 版　2023 年 9 月第 2 次印刷
書　　號　ISBN 978-7-308-17531-9
定　　價　150.00 元（全三册）

浙江大學出版社發行中心聯繫方式：（0571）88925591；http://zjdxcbs.tmall.com